日本のM&A

理論と事例研究

Hattori Nobumichi
服部暢達

日経BP社

序文

　本書は2008年に出版された前著『実践M&Aハンドブック』を大幅に改訂したものである。2008年以降、会社法制定以来初となる改正が実現し、組織再編税制も企業結合会計もかなり大幅な変更が加えられた。本書執筆では、会社法・税法・会計基準などM&Aにとって重要な制度の改正をできるだけ細かく網羅したつもりである。

　さらに前著では触れなかった「M&A成功の条件」というテーマで、日本企業が関係する過去のM&Aの成功例と失敗例を多数ケーススタディし、それらのケースから共通する失敗の法則と成功のための最低必要条件を考察した。

　番外編としてM&Aを考える基本となる企業金融論を日本の財政問題に応用して、現在の日本の国家財政が破綻に瀕しているという一般に論じられている現状認識が実は大きくミスリードされていて、現実には日本の財政は他の先進国と同程度にそれなりに健全であり、当面全く問題がないということを公開されているデータを基に議論している。そのうえで、このようなミスリードの裏に潜む現代日本の真の問題点とその解決のための提言も試みた。

■ 日本全体の時価総額に匹敵する世界のM&A

　筆者が米国の経営大学院を卒業して、ニューヨークの投資銀行で働き始めた1989年秋ごろ、日本はバブル経済の絶頂期であり、日本企業が世界中の名だたる会社や不動産を買いあさっていた。日本株の株価収益率（PER）は総じて米国の5倍以上だったが、それでもその異常な価値評価が間違っていない理由を、学者や市場関係者がさまざまなメディアで競い合って発表していた。

　持ち合い株を除いた浮動株だけの時価総額でPERを計算したり、土地や株式の含み益を算入してqレシオを計算したりしていた。現状を追認する作業は、多くの関係者にとって楽しい作業に見えた。一方、

米国もそのころは第一次LBOブームの絶頂期だった。KKRやドレクセルバーナム証券、マイケル・ミルケンといった単語が、毎日のようにウォールストリート・ジャーナルの一面を飾っていた。この頃、世界のM&Aは5000億ドルを超えて過去最高となっていた。

　あれから20年以上の年月が流れた。世界のM&Aは2007年に4兆ドルとなり、過去最高を更新したが、「いつか来た道」、その後世界経済は米国のサブプライムローン問題に続くリーマンショックとユーロのソブリン問題などでしばらく停滞を余儀なくされた。

　この間、世界の金融界にはさまざまな人種、さまざまな性格の、しかし大多数がとびきりスマートでアグレッシブな人々が、常に「金儲け」のネタを探して跋扈してきた。

　日本が米国のS&L（貯蓄貸付組合）損失処理に学ばず、失われた10年(以上)を経験しようと、米国が日本のバブル崩壊に学ばず、大手銀行が再び不動産に対する過剰融資で巨額の損失を計上しようと、社会主義＋資本主義の中国でGDPの46％を占める総固定資本形成が不動産バブルと影の銀行の破綻に見舞われて崩壊しようと、資本主義経済の歩みが止まることはない。

　そしてその経済活動のかたわらで、「カネ」を商売道具に次々と新手の商品や手法を編み出して「儲ける」輩も、その歩みが止まることはない。世界の金融界は一時的に周期的な停滞期に入っても、しばしの休息を終えれば、再びさらなる頂きを求めて猪突猛進する。しかし、世界の金融界で生きる集団が単に「カネ儲け」を人生の目的として生きているわけではないだろう。結果として「儲かる」ことは多いのではあるが。

　さて、会社を売り買いするM&Aなる経済活動も、金融界にとっては今や重要な「商品」の一つだが、売り買いすることそれ自体が目的ではない。あくまで結果としての株主価値増大が見込めることが実行の必要条件だ。しかし、企業経営者にとっては時間を短縮して市場シェアを獲得したり、競争相手を減少させて価格支配力を強めたりするためには、非常に有効な手段であるが、その結果、社会全体に追加的な富が形成されているかというと、大きな疑問が残ると言わざるを得

ないケースもある。

まして事業会社ではなく財務的買収者が、レバレッジ効果による買収自己資金の減少と、負債金利負担による株主価値の減少との間に成立するミスマッチを利用して裁定取引を試みるLBOなる手法は、社会に何らの追加的な富をもたらすものではない。しかし、これを実行したスマートでアグレッシブな集団にはかなりの確率で巨大な成功報酬がもたらされる。

ごく少数のスマートでアグレッシブな集団が密かに「儲ける」だけなら社会全体にそれほど大きなインパクトを持つには至らなかったのであろうが、いまや日本全体の時価総額に匹敵するような規模の会社群が毎年M&A市場で売り買いされる。「あいつがやるなら、自分もやらねば！」。7年に1回程度の周期的な金融業界の停滞が、この連鎖反応を止めるほどの効果を持つことは恐らくないのだ。

■ 実は日本人はM&A好き

一方ではすべてのM&Aが、追加的な富を生み出さない裁定取引であるはずもない。筆者は、過去数々の日本企業の大型合併・買収案件の目撃者として、生き残りをかけた企業経営者が、ステークホルダーすべての未来のために、株主価値の再生・創造を目指して邁進する姿を幾度となく目にしてきた。結果として大きな果実を実現したケースも多いが、そうではなかったケースにおいても、その過程の中で会社の枠を超えて真剣な議論が繰り返され、その後の企業経営に大きな教訓と財産を残したケースも少なくない。これもM&Aの現実の姿である。要は発想の根源がどこにあるか、ではないだろうか。

筆者は、日本人はM&Aが非常に好きだと思っている。敵対買収など日本の企業文化にそぐわないという意見もあるようだが、賛成できない。戦前からの歴史を見れば、大手財閥の形成過程に買収は不可欠であった。時には無理をしたケースも少なくない。

戦後70年間は確かにやや異なる価値観が社会を覆った面があるかもしれないが、日本人のDNAがM&Aを拒否して受け入れない、と

いうことは恐らくないだろう。誰でもそうだが、特に日本人が（少なくとも）M&Aの買い手になるのが好きであることは、バブル経済時代を振り返るまでもなく、2008年以降の再度の海外企業買収ブームを見るまでもなく明らかだ。そして買い手がいれば、必ず反対側には売り手がいる。

■ M&Aは総合格闘技である

　しかし、現代の日本の経営者がM&Aに熟達しているかといえば、残念ながらそうとは言えない。しばらくのあいだ、ご無沙汰してきたわけであるから、勘を取り戻すには多少のトレーニングが必要だろう。M&Aはその実行過程でさまざまな法律や規測の制約を受けるし、その制約の中でどのように案件を設計するかが結果を大きく左右する。つまり「総合格闘技」だ。加えて動かすものが不動産や機械ではなく会社である。

　会社は人の集団でもあるから、法律や規則以外にそこで働く人々の心の問題もM&Aの成功のためには重要な要素となる。だからといってリストラをしてはいけないと言う気は毛頭ない。資本主義経済の枠組みの中で最大多数の最大幸福を追求することが求められるという現実から目を背けることは、既にこの試合の参加資格を欠いていることを意味する。このあたりの折り合いをどうつけるかが一番難しいところだろう。

　M&Aに慣れていない経営者が犯しがちな間違いでいちばん多いのが「実行を断念する勇気を持てない」ことだ。M&Aの機会は突然勃発する。最初は半信半疑に検討するのだが、そのうち思い入れが募ってくると、どうしても完了したくなり、値段が法外に高騰してしまった場合など、さまざまな条件が最終的に自己の利益にならない組み合わせとなっても、いったん完了できそうになった案件を自分の決断で破棄することは非常に勇気がいる。しかし、この勇気はM&Aの成功のために最も重要な要素の一つだ。

　そういう意味では、期初に予算を計上して買収案件を探すといった

行為はやめた方が良い。もちろん財務的見地からみて買える金額の上限はあるのだが、M&Aの対価は対象企業の内容と、自己が生み出せる追加的価値によって決まるものであり、予算を決めてかかるべきものではない。まして予算を消化するために実行すべきものではない。

次に多い間違いが、リスク回避手段の取り間違いだろう。会社を買収して自己の経営方針で経営を根本的に変えれば価値を創造できると信じるなら、全体を買って完全支配することがベストだ。だが、日本の経営者の集団意思決定の弊害として、一部の反対意見に配慮する結果、投資金額を減らしてリスクをコントロールしようとすることが少なくない。

100%ではなく51%買って上場を維持しよう、あるいは40%だけ買って経営は現経営陣に任せて、その果実だけを取り込もうといった発想だ。これらはすべて失敗のもとだ。投資金額を減らして経営支配力が弱まれば、経営を変革してこそ生み出される果実が生み出されないリスクに思いが至らないのだろうか。まして、5%や10%買って何ができるというのだろう。投資信託ではないのだ。

もうひとつ顕著な間違いは、「文化のギャップを甘く見る」というケースだ。残念ながら、日本企業の文化は欧米とも中国・韓国とも大きく異なる。日本の社会で不可欠な製品品質が欧米では過剰品質であることも多い。また日本の労働者が喜ぶ上場会社での勤務と、欧米の労働者が喜ぶ業績連動報酬や会社の再上場果実の分配のギャップは目を覆うばかりだ。

しかし、これは日本人が世界の中で突出して無能であるということではない。欧米から見ても、恐らく中国・韓国より日本こそがミステリーなのだ。日本鉱業、ソニー、松下電器、NEC、富士通、NTTグループ、第一三共の大型海外買収は、ことごとく失敗に終わっている。逆に、三菱自動車、西友、日本テレコムなど欧米大企業による日本企業買収の多くも、成功していない。問題は双方にあるようなのだ。

今後、本当はM&Aが好きな日本人は、M&Aという機会を活用する場面がますます増大していくだろう。「あいつがやるから」ではなく、「石に齧りついても、この会社を自分が経営して、今の何倍もの

利益を実現させてこそ、多くの富を社会にもたらすことができるのだ」と信じて、実行する。そういう力が、今後の(特に大企業の)経営者に不可欠な時代となってきている。

しかし、気持ちを入れすぎてはいけない。冷静さを失えば撤退の勇気をなくす。常に自己を客観的に見つめ、傍観者意識を失わずにことにあたれば、成功の確率は上がるだろう。特に2008年以降の世界不況で、M&A市場も株式市場も金融セクターを中心に停滞したが、この状況下で、相対的にこの問題への露出が少なかった日本では、バブル経済末期とネットバブル期に続く、3回目の海外企業買収ブームが続いている。これはM&Aによる国際展開のための千載一隅の好機を迎えているということだ。例えば日本の大手銀行が、欧米の大手銀行をマイノリティではなく、完全買収するチャンスもないわけではない。

過去の日本企業による欧米企業買収で成功したといえる事例は僅かしかない。やはり文化のギャップを乗り越えて成果を上げるためには、有能かつ新たな経営方針の下で買収者との相乗効果を実現できる、選りすぐりの現地経営者を登用することが重要だろう。加えてそのような優秀な現地経営者を真に使いこなす技量が買い手の経営者に求められる。また、チャンスの時ほど、冷静な傍観者意識がいつにもまして必要不可欠だ。

ところで、そのような心の持ち方の前提条件となるのが、「総合格闘技」のすべてのルールへの広範な理解だ。つまり知識と自信は、心の負担を減少させる。そういう意味で、本書が日本の企業経営者のM&A好きを正しい方向へ導く一助となることを願うものである。前著に続いて、本書が日本における健全なM&Aの普及と企業の成長や経営効率向上、ひいては日本国の経済成長に少しでも寄与できれば、この上ない幸せである。

2015年1月吉日

早稲田大学大学院ファイナンス研究科客員教授
服部暢達

目次

序文 001

第1部　M＆A基礎篇

第1章　世界と日本のM&A市場動向
第1節　M&A市場 014
第2節　日本の敵対買収 017
第3節　日本の三角合併 021
第4節　日本のLBO 029

第2章　買収プレミアムの研究
第1節　M&Aの意味 041
第2節　買収プレミアムの意味 045
第3節　日米買収プレミアム比較 049
第4節　買収プレミアムの決定要因 058
第5節　重回帰分析 101
第6節　まとめ 116

第3章　M&A案件設計と会社法の概要
第1節　M&Aにおける案件設計の意義 121
第2節　会社法による株式と新株予約権関連の規定 125
第3節　会社法による会社の機関設計に関する規定 133
第4節　会社法による会社の計算等に関する規定 136
第5節　2015年施行の改正会社法 139

第4章　株式取得
第1節　発行済み株式の取得 144

第2節	公開買付ルール	152
第3節	新株の第三者割当増資	164
第4節	取締役会と株主総会の決議事項	170

第5章 合併
| 第1節 | 合併の概要 | 176 |
| 第2節 | 合併に関する会社法の規定 | 180 |

第6章 三角合併・現金合併
| 第1節 | 三角合併と現金合併の概要 | 190 |
| 第2節 | 三角合併に関する会社法の規定 | 196 |

第7章 株式交換・株式移転
第1節	株式交換の概要	203
第2節	株式交換に関する会社法の規定	206
第3節	株式移転の概要	212
第4節	株式移転に関する会社法の規定	216

第8章 事業譲渡
| 第1節 | 事業譲渡の概要 | 218 |
| 第2節 | 事業譲渡に関する会社法の規定 | 223 |

第9章 会社分割
第1節	会社分割の概要	229
第2節	会社分割に関する会社法の規定	233
第3節	M&Aの主な手法の比較	242

第10章 組織再編税制
| 第1節 | 組織再編税制の概要 | 244 |
| 第2節 | 三角合併への対応 | 250 |

第3節	繰越欠損金の引き継ぎ	255
第4節	連結納税とグループ法人税制	262
第5節	組織再編税制の問題点	264

第11章　企業結合会計

第1節	企業結合会計の概要	280
第2節	暖簾の定期償却の是非	285
第3節	M&A関連の日本会計基準の変遷	289

第12章　M&A契約書

第1節	M&A契約書の構成	295
第2節	M&A契約書の内容	297

第2部　M&A応用篇

第13章　LBO研究

第1節	LBOとMBO	314
第2節	LBOの仕組み	322
第3節	LBOの経済性	326
第4節	事例研究	337

(1) トーカロ：ＭＢＯの利益相反問題を提起

(2) 日本テレコム：買った瞬間に買い値の5倍になるディール

(3) ボーダフォン：すべてを帳消しにした「神風」iPhone

(4) ワールド：エクイティ出資者（現経営陣）にとって極めて美味しいＭＢＯ

(5) ポッカコーポレーション：奇妙な事実経緯

(6) すかいらーく：銀行主導？　恣意性のない業績予測

(7) キューサイ：資本市場を舐めた事例

(8) 東芝セラミックス：結局は損切りされたカーライル案件

(9) レックス・ホールディングス：双方の中間をとる裁判所の判決

（10）　三洋電気：ＬＢＯでは儲からないケース
　　　（11）　サンスター：裁判所による取得価格引き上げ
　　　（12）　幻冬舎：ＭＢＯの一般化・大衆化を象徴する騒動
　　　（13）　ローランド：素人同然の破綻した論理で公開買付価格が決定
　　第5節　MBO と MBO 以外のプレミアム比較·····································385

第 14 章　敵対買収防衛策

　　第1節　敵対買収防衛策の本質··394
　　第2節　米国における強圧二段階買収とポイズンピル··························399
　　第3節　ユノカル判決、レブロン判決··402
　　第4節　ピルの使用制限遵守の証明··405
　　第5節　北越製紙対王子製紙事件··412
　　第6節　日本型防衛策の効果··416
　　第7節　ブルドックソース 対 スティールパートナーズ事件·····················428

第3部　M＆A成功の条件

第 15 章　投資銀行を正しく上手く使いこなす方法

　　第1節　アドバイザー就任の可否に関する利益相反チェックの問題·············455
　　第2節　アドバイザリー契約の内容に関する問題······························473
　　第3節　契約遂行中の問題··482
　　第4節　まとめ··490

第 16 章　M&A の失敗事例

　　第1節　日本鉱業によるグールド買収··494
　　第2節　三菱地所によるロックフェラー・グループ・インターナショナル買収···496
　　第3節　ソニーによるコロンビア・ピクチャーズ買収··························497
　　第4節　富士通による ICL 買収···499
　　第5節　松下電器産業による MCA 買収·······································500

第6節	NECによるパッカードベル買収	502
第7節	ソフトバンクによるキングストン買収	504
第8節	NTTコミュニケーションズによるベリオ買収	505
第9節	NTTドコモによるAT&Tワイアレス社の16%買収	507
第10節	古河電工によるルーセント社光ファイバー事業の買収	510
第11節	日立製作所によるIBMのHDD事業買収	511
第12節	第一三共によるランバクシー買収	513
第13節	リコーによるアイコン・オフィス・ソリューションズの買収	516
第14節	海外企業による日本企業買収の失敗例	519
第15節	鴻海とシャープの資本・業務提携	527
第16節	メガバンク統合――日本企業同士の失敗例	534
第17節	パナソニックによる三洋電機の買収	537
第18節	まとめ	540

第17章　M&Aの成功事例

第1節	旭硝子によるグラバーベル社買収	548
第2節	ブリヂストンによるファイアストン買収	549
第3節	ジャスコ（現イオン）によるタルボット買収	551
第4節	京セラによるAVX社買収	554
第5節	日本たばこによるRJRインターナショナル買収	555
第6節	日本たばこによるギャラハー買収	557
第7節	その他の日本企業の買収例	561
第8節	ロシュによる中外製薬買収	565
第9節	ルノーによる日産自動車買収	568
第10節	DDI・KDD・IDOの三社合併	570
第11節	NKKと川崎製鉄の合併	575
第12節	成功と失敗の原因分析	578

第18章　M&A成功の条件

| 第1節 | 日本企業のM&A成功の5条件 | 595 |

第2節　ストラクチャーと契約書の重要性 ………………………… 601
第3節　欧米と日本の仕事意識の違い ……………………………… 606

番外篇

第19章　日本政府の財政問題

第1節　ストックとしての国債依存度 ……………………………… 614
第2節　フローとしての国債依存度 ………………………………… 632
第3節　日本経済の実力 ……………………………………………… 638

第 1 部

M&A基礎編

第1章
世界と日本のM&A市場動向

第1節　M&A市場

　M&A（企業の合併・買収）は、世界中の企業経営者にとってもはや日常となった。図1-1が示すように、近年の世界のM&A総額はおおむね年間2兆ドルから4兆ドルの間で推移している[*1]。2000年ごろのネットバブルや2007年ごろのリーマンショック直前の好調時には3兆ドル以上のM&Aが成立した。そういったピークの後にくる停滞期でも、2兆ドルを下回らない金額のM&Aが成立している。

　また、ブームの周期については、20世紀の100年間、世界のM&Aはほぼ20年周期で増減を繰り返してきていたが、21世紀に入ってからはその周期は10年未満に短縮されてきている。いずれにせよ、い

図1-1　世界のM&A

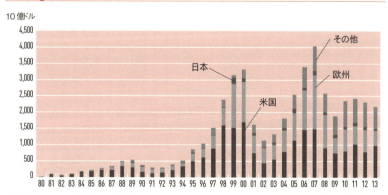

出典：トムソン・ファイナンシャル、完了 (Completed, Unconditional, Partially Completed)・完了予定 (Pending, Intended) 案件のみ、発表日ベース、2014年1月現在、Self-Tender/Repurchase/Privatization は除く

まや世界の企業経営者にとってM&Aは一時的にブームとなる一過性の現象ではなく、自社の株主価値を増大させる有力な経営戦略の選択肢の一つとして、常に検討しなければならない日常現象として定着したと言っていいだろう。

日本もその例外ではない。図1-2が示すように、日本のM&Aは、1999年[*2]には1975億ドルで世界の6.3%を占めた。この年はみずほ銀行と三井住友銀行という二つのメガバンクの統合が発表されたため、金額が膨れ上がった。1998年以前の日本のM&A金額はおおむね数十億ドルから数百億ドルで、世界シェアも1%未満が多かったことを考えれば、1999年は日本のM&A元年と言ってもいいだろう。

リーマンショック以降の隠れた海外企業買収ブーム

その後は、ほぼ安定して500億ドルから1000億ドル程度で推移しており1999年から2013年までの累計金額ベースの世界シェアは3.9%である。1999年を境に日本のM&Aは確かにクォンタム・ジャンプをはたしたと言える。だが、日本の経済規模は、例えば株式市場の時価総額でも世界の約7%を占めているし、GDPなら8%以上である。そのことを考えると、M&Aの金額シェアは、今後少なくとも現在の2倍程度まで増大していくことが自然と思われる。

図1-2 日本のM&A

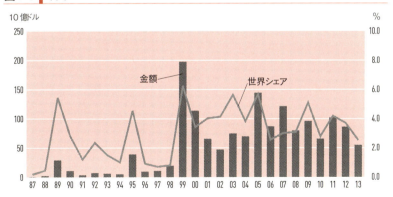

出典：トムソン・ファイナンシャル（完了(Completed, Unconditional)・完了予定(Pending, Intended, Pending Regulation, Partially Completed)案件のみ、発表日ベース、2007年7月現在）

ところで、日本企業が関与するM&Aの中で、図1-2の金額に含まれないものがある。それは対象企業が日本以外の会社で買い手が日本企業という場合だ。いわゆるイン・アウトM&Aといわれるタイプである。

図1-3のOutboundの金額と件数が、日本企業のイン・アウトM&Aの推移だ。日本企業による海外企業の買収というとバブル時代に多かったような印象があるが、実はリーマンショック以降の超円高環境は日本企業に隠れた海外企業買収ブームをもたらしていた。その後の円高是正局面でもこの勢いはそれほど衰えていない。ただし、第16章以降で詳しく議論するが、日本企業による海外企業の買収はこれまで成功確率が非常に低いと言わざるを得ない。

さらに言えば、図1-3でInboundとして表示されている海外企業による日本企業の買収、いわゆるアウト・イン型も成功確率は高くない。

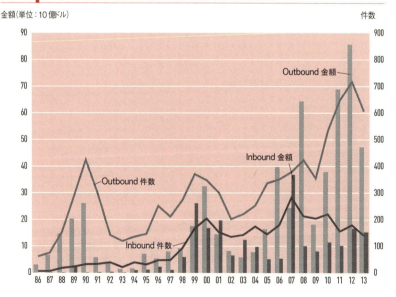

図1-3 日本のイン・アウトとアウト・インM&A（件数と金額）

出典：トムソン・ファイナンシャル、完了 (Completed, Unconditional, Partially Completed)・完了予定 (Pending, Intended) 案件のみ、Self Tender/Repurchase/Privatization は除く、発表日ベース、2014年1月現在

加えて日本企業同士のイン・イン型も含めてこれまでの歴史で見る限り、日本企業が関係するM&Aはすべての類型において成功確率が欧米等に比べて低いようである。これはゆゆしき問題なのだが、そうかといって世界中の企業にとってもはや常識となったM&Aによる成長戦略を日本企業だけが放棄するというわけにはいかない。1999年が日本企業によるM&A元年だったとすれば、現在は日本のM&Aの長期的な成長期に当たると言えるだろう。

今後、ますます増大してゆくであろう日本のM&Aの成長ドライバーは、大きく考えて四つあると思われる。第一は敵対買収、第二は2007年5月に解禁された三角合併、第三がLBO、そして第四がイン・アウト型とアウト・イン型のいわゆる日本を取り囲むクロスボーダーのM&Aだ。

第2節 日本の敵対買収

第一の敵対買収[*3]については、図1-4が示すように、世界のM&A市場では敵対買収金額は年によって激しく増減するものの、総額はおおむね毎年数千億ドル規模で、盛んに起きているように見える。しかし、件数ベースでは年間100件から200件程度であり、これは世界のM&A件数の0.4%程度にすぎない。金額ベースの敵対買収シェアがM&A全体に対して10%程度であることを考えると、件数比率は著しく低い。

つまり敵対買収は、通常のM&Aに比べて規模が平均で約25倍（=10÷0.4）の大型案件が多いということが分かる。確かに敵対買収はそもそも大変な手間のかかるものであり、小型案件で手間暇をかけても割に合わないため大型案件が多くなるというのは自然な成り行きだろう。

問題はその結果の分布だ。図1-5が示すように、敵対買収の結果は、三つのケースがある。第一は敵対買収者が買収に成功するケース、第二が買収に失敗して対象会社が独立を維持するケース、第三は対象会社が自らを好ましいと考える第三者（ホワイトナイト）に売却するケ

図1-4 世界の敵対買収（金額と件数）

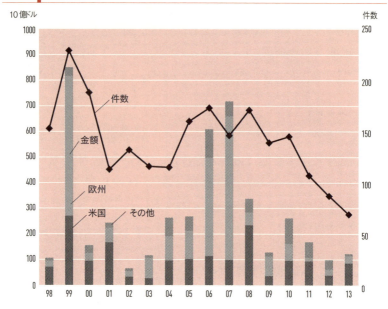

図1-5 2004～2013の10年累計　敵対買収の結果

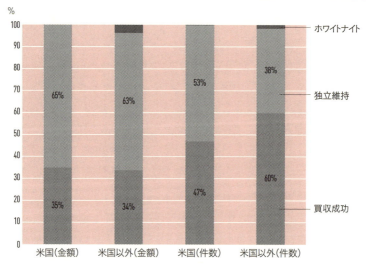

出典：トムソン・ファイナンシャル（「敵対買収の完了と非完了」+「ホワイトナイトの完了」を敵対買収全体とし、ワンシチュエーションでも敵対買収の非完了とホワイトナイトにダブルカウントの場合あり、M&A全体も同様にダブルカウント、発表日ベース、2014年1月現在

ースだ。図からわかるように、敵対買収は年間100件から200件程度しか発生しないが、一旦発生すれば金額ベースで50%前後、件数ベースで35%程度の確率で敵対買収者が買収に成功している。

重要な敵対買収の成功率向上

　日本でも以前に比べれば近年、敵対買収がたまに発生するようになってきた。しかし、2005年の日本技術開発に対する夢真ホールディングスの公開買付、2006年のオリジン東秀に対するドンキホーテの公開買付や北越製紙に対する王子製紙の公開買付、2007年のスティールパートナーズによるサッポロホールディングスに対する買収提案やブルドックソースと天竜製鋸に対する公開買付など、ほとんどすべての案件が結果として失敗に終わっている。

　なかには2005年のライブドアによるニッポン放送株式の大量取得や村上ファンドによる阪神電鉄株式の大量取得のように、大量取得自体には成功したケースも散見されるが、これらは本格的な「買収」というよりは取得した株式の転売による利益を目的としたグリーンメイラー的行為の色彩が強い。買収ファンドが経営権取得目的で行った敵対買収や、戦略的な事業会社が事業目的で始めた敵対買収が成功したケースはほとんどない。

　歴史を紐解けば、1999年に国際電話サービス大手の国際デジタル通信が国際電話への参入が許可された日本電信電話に買収される直前に、英国のケーブルアンドワイアレス（C&W）に敵対買収を仕掛けられ、結局、C&Wが買収に成功したケースや、2000年にドイツの製薬大手ベーリンガーインゲルハイムが、すでに20%弱の株式を取得していた大衆薬大手のエスエス製薬に対して経営権取得を目指した公開買付をエスエス製薬経営陣の同意を得ることなく開始したケースなど、稀に敵対買収が成功したケースがないわけでもない。

　しかし、最近のケースを考えると、日本での敵対買収の成功確率は欧米に比べると異常なほど低い。本格的な買収が成立したケースとしては、2011年に独立系投資ファンドのDRCキャピタルがジャスダック上場の登山用品販売チェーンの好日山荘を運営する株式会社コージ

ツを、経営陣が買付価格が低廉だなどとして反対意見を表明する中、公開買付を経て完全子会社にすることに成功したケースぐらいだ。このケースも買収時価総額が38億円とこぶりであり、市場に与えるインパクトは小さかった。

　欧米で、特に最高の防衛策といえるポイズンピルが普及している米国で敵対買収が成立するのはなぜかというと、そもそも欧米では経営者が敵対買収を買収者と発行済み株式の所有者（株主）の間の取引と捉え、対象会社はその取引の直接の当事者ではないことを理解した上で、買収を防衛することは赤の他人（株主）が自分の財産（株式）を有利な価格で売却する機会を破壊する行為であり、他人の財産権の侵害に該当しかねないという、当り前の理屈を十分理解しているからだ。

　経営者はあくまで株主にとって不利な条件での強圧的な株式の買い集めに反対し、株主を代表して買収者に買収条件を正当なレベルまで押し上げるように交渉することしかできないという考え方で買収防衛策を運用しているのだ。

　一方、日本では、買収防衛策という言葉がそのまま独り歩きして、すべての買収提案を一律に退ける手段が防衛策だと誤解されている面がある。このような経営陣による株主に敵対的な行為が、無制限に許されるはずはない。日本でもブルドックソースのケースなど防衛策に関する裁判所の判例も徐々に積み重なっており、買収防衛策が買収排除策ではないということが市場に理解され始めている。

　この流れが本格的になれば、日本でも正当な対価を支払って経営権の取得を目指すという本来の敵対買収が、ある程度の確率で成功するようになるはずだ。そうなれば、これまで非常に少なかった敵対買収によって日本の産業構造が変革され、過剰なプレーヤーを抱える産業セクターの効率化に大きく寄与することになるだろう。敵対買収の成功率の向上は、日本のM&A市場の成長ドライバーの重要なピースとなるはずだ。

第3節　日本の三角合併

次に三角合併について考えてみよう。図1-6は世界のM&Aのうち、買い手と売り手の国籍が異なり、かつ対価の一部または全部が株式で支払われた案件、つまり国際株式交換を年度別・対象会社の地域別に集計したものだ。この資料からわかるように国際株式交換は年度によって金額に増減があるものの、毎年欧米その他のすべての地域の企業を対象に世界中において数十兆円規模で行われている。また、その金額ベースの規模は、買い手と売り手の国籍が異なるクロスボーダー案件全体の10〜40％を占めている。つまり国際株式交換は、世界の常識なのだ。

しかし、2007年5月に会社法の組織再編対価の多様化が施行されるまでは、外国企業が日本企業を国際株式交換で買収することはできなかった。1999年に施行された日本型の株式交換は、当時の商法上、合併と同じ手続きで行われる組織再編行為と定義されたため、通常は設立準拠法の異なる国境を越えた企業同士が合併できないと考えられるために、外国企業がこの制度を使って日本企業を株式対価で買収することはできなかった[*4]。それが組織再編対価、特に合併対価の多様

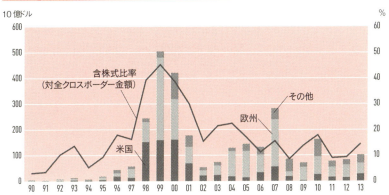

図1-6　対象会社地域別国際株式交換の金額

出典：トムソン・ファイナンシャル、完了 (Completed, Unconditional, Partially Completed)・完了予定 (Pending, Intended) 案件のみ、発表日ベース、Self Tender/Repurcase/Privatization は除く、2014年1月現在

化により、合併の対価を合併存続会社の親会社の株式で支払う、いわゆる三角合併が日本で実施できることとなり、ついに日本でも国際株式交換が解禁されたのだ。

　会社法のこの部分の施行は、会社法自体の施行時期から1年間遅れて実施された。これは会社法案が国会で審議されている2005年、ライブドアによるニッポン放送株式の大量取得事件などが勃発して、国際株式交換の解禁が外国企業による日本企業の無差別敵対買収を誘発する結果となりはしないかといった危惧が政府内で囁かれたことから、日本企業に買収防衛策を整備する時間的余裕を与える必要があるとの議論によって、施行が1年間延期されたためだ。

　三角合併はあくまで合併であり、そもそも法が定めた手続き上、敵対的合併は起こり得ない。理由を説明しよう。合併が株主総会の特別決議による承認が必要であることは、周知の事実だ。ところが、世界の主な国の会社法も概ね同様だが、日本の会社法でも株主総会が承認するのは、合併そのものではなく、合併当事会社の取締役会が合意して調印した合併契約書である[*5]。だから、取締役会が反対している場合には、いくら株主総会を開催しても承認すべき合併契約書が存在しないため、合併は株主総会の議題にさえならない。株式を300単位[*6]取得すれば株主総会での株主提案権が得られるが、この権利を行使しても株主総会に合併を議案として提案することはできない。つまり取締役会が最後まで反対を貫く限り、敵対的な合併は手続き上起こり得ないのだ。

　この点を誤解、ないし曲解した経済団体が、会社法の作成過程では三角合併解禁に賛成しいていたにもかかわらず、施行直前になってあわてて反対意見を表明した。当時の議論はその後の会社法改正議論における社外取締役の義務化についての議論などとも通じる話であるため、その議論を振り返ってみよう。

三角合併反対論者の論点

　三角合併解禁に反対する人の論点は、概ね次の二つに要約された。第一は、三角合併は先進国で主として米国だけに存在する制度であり、

世界標準と言える制度ではないから、日本が導入する必要はないというものだ。第二は、欧米の敵対的買収が最終的に合併によって実行されるケースが多数存在する。日本においても、例えばまず公開買付により対象会社の過半数の株式を取得し、その後、株主総会で取締役を全員三角合併に賛成する者に入れ替えれば、第二段階で残りの半分の株式を三角合併によって取得し、対象会社を完全子会社とすることができる。したがって、敵対的三角合併は可能であるとの議論だ。彼らはこういった論点を根拠に三角合併の解禁に反対し、あるいはもし解禁するなら、その決議要件を特別決議ではなく特殊決議にするように求めた。

特殊決議とは、株式会社が発行する株式に譲渡制限を付す際に、総株主の半数（定款で加重可能）以上で議決権の３分の２（定款で加重可能）以上の多数で行う決議[*7]などだ。まさに非常に特殊な状況でのみ求められる決議である。まして日本の上場会社の株主総会は（海外でもあまり大きな違いはないが）出席議決権は70％〜80％程度だが、個人を含めた株主数の過半数が出席する株主総会はまず存在しない。つまり議決要件を特殊決議にするということは事実上、上場会社に対する三角合併を禁止するのと同じだ。

これらの議論はいずれも誤解または曲解に基づく間違った議論である。第一の点については、確かに三角合併はアメリカだけにある制度だが、既に図1-6で見たように国際株式交換は米国企業を対象とする案件だけでなく、欧州やそれ以外の地域の企業を対象に毎年多数実行されている。

過去最大のM&Aである1999年の英国携帯電話大手ボーダフォンによる独複合企業マンネスマンの買収や、この遠因となったマンネスマンによる英携帯電話大手オレンジの買収、ヘキスト（独）とローヌプーラン（仏）の経営統合など、あるいは2006年の鉄鋼世界最大手ミタルスチール（多国籍企業だが、この時点の登記上の所在地はオランダ）によるルクセンブルグ国籍の世界鉄鋼２位アルセロールの買収など、欧州での大型国際企業再編は、その多くが国際株式交換で実行されている。

これは欧州の場合は多くの国に三角合併制度がないが、その代り公開買付の対価を買付者の株式とする、いわゆるエクスチェンジ・オファー（あるいはストック・テンダー）が普及しているからだ。さらに対象会社議決権の90%〜95%など大多数の議決権を取得すれば、残りの少数株主を強制的に退出させることができる制度もあり[*8]、加えて公開買付に応じた株主のキャピタルゲイン課税が一定の条件を満たせば受領した株式を売却してキャピタルゲインが確定するまで繰り延べられる制度も整備されているのだ。

　つまり欧州では三角合併はないが、代わりに公開買付で直接株式を交換して国際株式交換を実行できる別の制度が整備されているのである。日本でも国際株式交換を解禁するにあたり、欧州型の直接交換を採用しようという考えもあった。

　ボーダフォンがマンネスマンを敵対買収したように、直接交換は三角合併と異なり敵対買収にも使用できる。だからこそ日本は直接交換ではなく米国型の三角合併を採用したのだ。三角合併が米国だけのローカルルールだから日本に導入しないと言うなら、世界の常識・日本の非常識となっている国際株式交換の禁止を撤廃するために、代わりに欧州各国で使用されている直接交換制度を導入するべきだった。少なくとも三角合併がアメリカだけの制度であることが、日本に国際株式交換制度を導入しなくてもよいという理由にはならない。

　また、第二の点はやや議論が複雑になるが、そもそも買収を株式交換で行う最大のメリットは、買収資金を現金で調達する必要がないことだ。第一段階で対象会社株式の過半数を公開買付で取得しようとする場合、日本では欧州型の直接交換は課税繰り延べ制度がないので実行できない[*9]。つまり、対価を株式とすることはできない。したがって、現金を対価に公開買付をすることになる。現金対価で対象会社の株式の過半数を取得できてしまえば、その時点で既に買収は成功している。そのような買い手にとって、残りの少数株主持ち分を自社株対価で強制取得できるかどうかは、買収の実行判断にほとんど影響を与えない。

　また、そもそも現金で過半数を買収されてしまうケースを例示して

株式による買収を実行できるという議論は論理が破綻していると言わざるを得ない。さらに言えば、確かに欧米では敵対買収が最終的に合併によって実行される場合がある。しかし、これは対象会社の取締役会が買収防衛策を買収排除策として使用していかなる買収提案に対しても条件如何に関わらず一貫して反対を貫くことが許されない、という原則を守って行動するために発生する事象だ。

　買収者に対して、自らの株主を代表して、株主の利益のために買収条件を交渉するツールとしてだけ買収防衛策を使用し、提示条件が株主に不利と断言できない程度まで改善した時点で潔く賛成に回る、ということが常に遵守される場合にだけ、敵対的な買収が最終的に合併という手続きで実行される場合があるのだ。しかし、日本では最近の多くの敵対買収事例に見られるように、取締役会は提示条件如何に関わらず買収提案にとことん反対するケースが非常に多い。このような行動が容認される限り、日本で敵対買収が合併手続きで実行されることはあり得ない。

　公平な議論のために敢えて言えば、日本でも三角合併で敵対買収を実行する手段がないわけではない。買収者が対象会社の株主提案権を確保したうえで、事前に三角合併による買収条件を公式に表明し、株主総会でかかる三角合併に賛成する人間だけを取締役に選任するように取締役選任決議を株主提案するという手法だ。

　会社側の取締役選任議案が否決されて買収者の議案が承認されれば、株主総会直後に新しい取締役が取締役会で三角合併契約書を調印・承認し、さらに臨時株主総会の招集を決議して三角合併契約書の承認手続きを進めれば、少々時間はかかるが、敵対的に開始された三角合併提案が対象会社株主の過半数の支持を得ること、つまり買収者が提案する取締役選任のための株主総会普通決議が承認されること、並びに二回目の株主総会で三角合併が議決権の３分の２以上の支持を得て株主総会特別決議が承認されること、を条件に実行可能となる。

　しかし、前出の議論のように、買収者がこれらの株主総会決議を支配するためにあらかじめ現金を対価に対象会社株式を大量取得することは、現金を使用しないで買収を実行する三角合併の原則に反するた

め、行わないことが前提だ。そうなると株主提案権獲得のための最小限の議決権を取得するだけで、あとは一般株主に対して自らが提案する合併条件の優位性を説明するなどして議決権争奪戦（プロキシーファイト）を繰り広げることになる。

このような手順で、日本の株主総会で、現経営陣を全員解雇して買収者の従業員や経営者だけを新しい取締役に選任するような議案が承認される可能性は非常に低いだろう。現経営陣がよほどの不祥事をかかえているなど特殊な条件が重ならない限り、その可能性はほとんどゼロと言ってよいのではないだろうか。結局、日本では敵対的な合併はまず起こらないと言ってよいだろう。

背景に著しく低い日本企業の時価総額

これらの議論以外にも、外国会社が自由に三角合併で日本企業を買収すると、日本の株主が外国株を強制取得させられ、不利な扱いを受ける恐れがあるため、上場会社を対象とした三角合併は対価の株式を日本で上場することを義務付けるか、あるいはやはり成立要件を特殊決議などに加重すべきだ、といった議論もあった。

確かに国内で上場していない外国株式をもらっても国内の投資家は個人でも新たに外国株式を保有する証券口座を開設しなければならないし、投資信託などの場合、投資方針に合致しない株式を受領してしまうと可及的速やかにこれを売却しなければならないなど問題があることは確かだろう。しかし、三角合併のあるアメリカでも、対価として使用する株式の国内上場は制度上の義務とはなっていない。

米国で上場会社を買収するために三角合併を用いてその株主に自社株式を配れば、それは米国証券取引法上の公募に該当し、証券取引委員会（SEC）に米国会計基準で作成した財務諸表を含む有価証券届出書に該当する書類（F-1など）の提出と、その後の継続開示のための有価証券報告書に該当する書類（20-Fなど）の継続提出が必要となる。

これだけの準備をするのであれば、その株式を米国の証券取引所にADRなどの形で上場するのとほぼ同等の手間が必要であり、また対

象会社の株主の賛成を得るためにも上場したほうが良いに決まっているので、実際にはほとんどのケースで買い手は自己の株式を米国内で上場することになる。しかし、これは義務ではない。

　日本も同じことだ。三角合併解禁前の日本の証券取引法では、合併の存続会社が有価証券報告書提出義務のない会社（非開示会社）で、消滅会社が有価証券報告書提出義務のある会社（開示会社）である場合、合併による株式の発行については有価証券届出書の提出義務はなかったが、存続会社が消滅会社の継続開示義務を承継する結果として開示会社になる、という仕組みとなっていた。

　しかし、三角合併が解禁されたため、非開示会社が存続会社、開示会社が消滅会社となる三角合併で、対価として存続会社の親会社（非開示会社）の株式が交付される場合、合併の存続会社が非開示会社であってもこの存続会社は消滅会社の継続開示義務を承継して開示会社となるが、その親会社は合併に係る株券発行によっては有価証券届出書提出義務を負わないので、継続開示義務が発生せず、結果として消滅会社の株主は対価として受領した親会社株式に関する情報の継続開示を受けられないという問題が生まれた。

　そこで2007年9月に施行された金融商品取引法では[*10]、合併、会社分割、株式交換、株式移転の四種類の組織再編（総称して合併等）の結果、消滅会社の株主に存続会社の株式、新株予約権、新株予約権付社債[*11]、あるいは有価証券信託受益証券および預託証券で新株予約権（付社債）が対象の物（総称して株券等）が交付される場合で、消滅会社が開示会社であり、消滅会社の株主に交付される株式等について継続開示が行われていない場合、消滅会社株主に交付される株式は従来の公募と同等とみなされて、新設された組織再編に係る有価証券届出書の提出が必要とした[*12]。そのような会社は、その後有価証券報告書提出会社となり継続開示義務も課されることになった[*13]。つまり、この問題に対する手当はなされていたのだ。

　ただ、日本の場合、日本企業の都合で日本における継続開示に日本の会計基準以外の米国会計基準での開示を認めているため、日本で継続開示する外国企業に日本の会計基準を強制することはできないだろ

う[*14]。アジア諸国の会計基準で作成された財務諸表を日本の投資家がどの程度理解できるかといった問題はあるかもしれない。しかし、こういった点は世界の常識たる国際株式交換を日本で実行可能とする必要性に比べれば、各論に過ぎない。国内投資家の保護は、適正な開示基準の整備で達成すべき問題であり、これを理由に三角合併を使えない制度にすることは許されることではないだろう[*15]。

　そもそもこういった議論が出てくる背景には、日本の大企業が相対的に欧米の同業に比べて時価総額が著しく低いという現実がある。米マイクロソフトの時価総額は約3035億ドル[*16]だが、マイクロソフトが買収したいと思うかどうかは別として、ソニーの時価総額は1.8兆円だ。GEの時価総額は約2542億ドルだが、日立製作所は3.8兆円にすぎない。ファイザーの時価総額は約2023億ドルだが、武田薬品工業は3.7兆円だ。

　GM502億ドル、トヨタ自動車21兆円というように日本企業の方が大きい例も稀にあるのだが、どの業界でも多くの場合、日本の大手は海外の最大手の半分以下、下手をすれば10分の1の規模しかない。これで三角合併が解禁されれば海外の大手企業がこぞって日本企業を買収に来るのではないかといった恐怖感が、経済界の一部の人々から現実を直視する余裕を奪い、幻想を抱かせたのかもしれない。

▍企業再編の効果的なツール

　三角合併については、このような誤解・曲解に基づく不毛な議論は全く不要だ。むしろ三角合併は、友好的な企業再編に非常に効果的な手段として、今後の日本のM&A市場を活性化していく重要なツールの一つとなるだろう。1999年に日本型株式交換が始まったときも、これは日本ではじめて株式を対価に企業買収を実行できる制度なので、資本関係のない対象会社を（場合によっては敵対的に）ゼロから買収する手段として多用されるのではないかと言われた。蓋を開けてみれば、日本型株式交換は、究極の友好的買収手段であり、例えば子会社の完全子会社化に最も多用されたのだ。

　株式交換第1号は、ソニーによるソニーミュージック、ソニーケミ

カル、ソニープレシジョンの上場三子会社の完全子会社化であったし、その後、同様の案件が松下電器やNTTドコモなど日本を代表する大企業によって多数実行された。日本型株式交換の手続きは合併と同じであり、当初言われたような敵対的案件に使用されることは全くなく、すべて友好的な案件に使用された。三角合併もおそらく同じだろう。

例えば日産自動車の43.4%を保有する仏ルノーは、自社の株価によっては価値の逆転現象が発生し、ルノーを買えば割安に日産自動車の実質的支配権を獲得できる、といった状態が時々発生しており、悩みの種となっている。この問題を解決するもっとも簡単な方法は、ルノーが自社株を対価に三角合併で日産自動車を完全子会社にして、日産自動車の株主には東京証券取引所外国部に上場した（恐らく持ち株会社に再編した）ルノー日産ホールディングスといった名称の株式を保有してもらうことだろう[17]。

日本でも既に同様の問題を解決するため、2005年にセブン−イレブン・ジャパン、デニーズジャパン、イトーヨーカ堂が共同株式移転で持ち株会社体制に移行した例などがある。これと同じ再編が国境を越えて実行できるようになるのが三角合併なのだ。今後は中外製薬を59.8%保有するロシュが、中外を完全子会社化して中外の成長の果実を自己にすべて取り込もうと考えるということもあるかもしれない。このように三角合併候補は、友好的な案件だけで非常に多数の大型案件が目白押しなのだ。三角合併は、間違いなく日本のM&A市場の重要な成長ドライバーとなるはずだ[18]。

第4節 日本のLBO

次にLBO（Leveraged Buy-Out）を考えてみよう。これは第13章で詳しく述べるが、図1-7が示すようにリーマンショック直前の世界のM&A市場ではLBOが1980年代末に続いて二度目の一大ブームとなっていた。1980年代のLBOブームは、KKRによるRJRナビスコの買収に代表されるように当時のM&A全体の約20%を占め大ブームとなったが、発表日ベースでピーク時の1988年の年間LBO総

図1-7　世界のLBO

出典：トムソン・ファイナンシャル、完了 (Completed, Unconditional, Partially Completed)・完了予定 (Pending, Intended) 案件のみ、発表日ベース、2014年1月現在、Self-Tender/Repurchase/Privatizationは除く

額は1000億ドルにすぎなかった。

　それが2006年にはLBO総額が6600億ドルに達した。M&A全体も2006年には3.4兆ドルに達しており、LBOのM&A全体に占める比率は19%と1988年とおおむね同じ水準だ。2007年前半にはさらに増勢を強め、上半期のLBOは発表ベースで5000億ドルとなったが、2007年後半には米国のサブプライムローン破綻に端を発する金融市場の混乱が資本市場全体を不安定にしたため、世界的に信用収縮が発生し、LBOも大きく減速した。そして、翌年のリーマンショックへつながったのだ。

　しかし、リーマンショック後の欧州のソブリン危機を経てもなお、全世界で年間1000億ドル以上の規模でLBOが行われている。世界不況後の世界的な金融緩和競争の結果、傷んだ銀行から高リスクな借入金の調達が困難になったためLBOは減少したが、プライベート・エクイティ・ファンド（PEF）に資金が供給され続けたため、LBOはなくなってはいない。

低金利だから、日本企業は美味しいターゲット

　LBOはそもそも理論上、買った瞬間に含み益を持つことができるほど非常に高い利回りを期待できる買収手法であり運用手法であるの

で、今後も一時的な減速はあるだろうが、この世から消えることは考えられない。

　日本も例外ではないだろう。特に日本の金利は世界的にみて非常に低い。それなのに日本の株価は株価収益率で見て、もはや世界と大差ない。買収資金の大半を調達するノン・リコース・ローンの税引き後の利回りの逆数より低い株価収益率で対象会社を買収できれば、LBOは買った瞬間に含み益を持つことができる[*19]。日本のノン・リコース・ローン市場は近年始まったばかりで、参加する金融機関も特に日本の銀行は経験不足であり、かつ過当競争にさらされているため、利率の絶対値もクレジット・スプレッドも米ドル市場に比べて著しく低い。

　長期国債利率が1%でも、投資不適格格付けのノン・リコース・ローンが3%程度で出てしまう。税率を40%とすれば、税引き後金利コストの逆数は56倍となる。東証一部全体の平均株価収益率は近年15倍から20倍程度であるから、ほとんどの日本企業はLBOファンドにとって非常に美味しいターゲット候補となる。

　この状況は、米ドル市場と比較すればその差は歴然だ。米国で米ドル建てのノン・リコース・ローンを調達しようとすれば、長期資金の場合で長期国債利回りに対して500ベーシスポイント（5%）程度のクレジット・スプレッドを要求される。金融機関から見てもハイリスクでハイリターンなローン市場であるから、この程度のリスクプレミアムが世界の常識なのだ。米国長期国債利回りを長期平均で5%程度とすれば、ローンのコストは10%だ。米国の税率も40%として計算すれば、税引き後金利コストの逆数は17倍となり、日米の差は明らかだろう。

　リーマンショック以降の欧米ではさすがに減速感が感じられるのも確かだ。そういう状況となれば、ますます相対的に日本市場の魅力が増すと言えるだろう。今後、日本のM&A市場ではLBOが非常に重要な市場の成長ドライバーの一つになる可能性がある。

証券不況7年周期説

　この考えに対しては、賛否両論が考えられる。賛成意見は欧米の証

券不況7年周期説に基づき、反対意見は2006年のアドバンテッジパートナーズによるレックス・ホールディングスの公開買付価格に関する2009年最高裁判決や、2007年のサンスターのMBOにおける公開買付価格に関する2010年最高裁判決にみられるように、LBOやMBOの買付価格に関する一般株主の訴えに対する司法判断の積み重ねを根拠にしている。

まずLBOが日本のM&A市場で成長ドライバーになるという見方についてみてみよう。過去20年程度にわたって欧米の証券市場は7年周期で大型不況が訪れている。

最初は1987年のブラックマンデーだ[20]。このときは、米国のほとんどの大手証券が新卒採用さえ大幅にカットした。その7年後の1994年には、経常収支赤字に悩むメキシコ政府の突然のペソの切り下げから始まったメキシコ通貨危機が中南米やアジアの新興市場、欧州にも影響し、米カリフォルニア州オレンジ郡のデリバティブ損失による財政破綻などにもつながる証券不況があった。このときも、証券界のボーナスが大幅にカットされるというニュースが多く報道された。

その次は、記憶に新しい2001年のネットバブル崩壊不況だ[21]。2000年まで一本調子で上昇してきた株式相場は世界の証券業界から慎重さを奪い取り、人員の採用も水膨れし、コスト上昇も限界点に達していた。そこへインターネット関連のハイテク、通信銘柄を中心とした高株価収益率銘柄の株価暴落が襲いかかり、再び世界の証券界は不況に転落した。その後、ネットバブル崩壊の影響は約1年で一巡し、世界の証券業界は再び高成長路線に回帰した。その結果、世界のM&A金額は冒頭述べたように2000年のピークをわずか6年で更新し、さらにはファンド資本主義などと言われるほどPEFやヘッジファンドにお金が集まり好況を謳歌した。

だが、歴史が示すように、永遠に続く好況はない。2001年から7年目に当たる2008年にはリーマンショックが起きた。世界的な証券不況のサイクルがちょうどこの年だったのだ。一方、2007年にはいくつかのPEFが自らを上場しようという動きがあった。PEFは株式を安く買って高く売ることで利鞘を稼ぐプロ中のプロである。そのプ

ロが自分の株を売ろうというのだから、その時点がPEFの絶頂期であり、LBOやM&Aが一時的とはいえ縮小する可能性が高いと彼らプロたちが判断していた、ということだろう。

　歴史に学ぶのであれば、7年周期でやってくる証券不況がどの程度の期間継続したかも重要だ。古くは1929年の大恐慌で初めての大暴落を経験した米国の株価（ダウ工業株平均）は1932年まで3年もの長期間、下落を続け、ピークの11%となり、89%下落した。暴落前のレベルに戻ったのは1954年のことであり、暴落分を取り返すのに実に25年間の歳月を要した。

　1987年10月19日のブラックマンデーでは、ダウ工業株平均の最安値への下落はわずか一日で起きている。この日に22.6%も急落したが、この回復に要した期間はわずか1年間強で、1989年1月には元にレベルに復帰していた。

　2000年のネットバブル崩壊も2002年までに約38%下落したが、2006年には元のレベルに復帰している。これをもう少し細かく見れば、2000年以降、2002年までのダウ工業株平均は10000前後と横ばいで推移し、本格的な下落は2002年5月末に10000を割り込んでから同年10月の安値7286にかけての5カ月間に集中している。そこから10000までの回復に要した期間は、2003年12月までの1年少々である。

次の危機の震源は中国？

　総じて株式市場の特性から、株価のボラティリティがある程度高いのは当然だ。しかし、企業や政府に厳格なディスクロージャーを課すさまざまな法律や、新しいコミュニケーション・情報受発信手段の普及に基づいて、迅速な情報共有と情報伝達が確立した現代社会においては、さまざまな市場セーフティネットなどとあわせて、資本市場の暴発はすでにかなりコントロールされている。一時的要因による不況を完全に防ぐことはできないが、不況からの回復期間は過去に比べて著しく短縮されている。

　歴史に残るブラックマンデーやネットバブル崩壊でさえ1年程度で

回復している[*22]。ただ、2008年のリーマンショック以降については、その後、この金融危機がもう一つまったく別の欧州ソブリン危機を表面化させ、言ってみれば、ダブルパンチとなって世界経済を襲ったため、世界経済の回復はこれまでの危機に比べて遅れている。

計算上は次の金融危機は2008年の7年後で2015年ということになる。おそらく今回は、ダブルパンチの後の回復に時間を要しているので、次の危機も1回飛ばして2022年前後になるのかもしれない。時期はともかく次の世界的金融危機の原因となるのは、おそらく中国におけるシャドーバンクと不動産バブルの崩壊となる可能性が高いという見解もある。

以上のような状況下でLBOは世界的にスピードダウンしているが、これが世の中から全くなくなってしまうということは考えられないし、むしろ、いずれは今後再び増勢を取り戻していくと考えるのが自然だろう。場合によっては、欧米の勢いが衰えている期間、かえって日本のLBOマーケットは活況を呈する可能性もある。

消費税を上げても増税分を借金の返済には回さず国土強靭化などと言って無駄遣いをやめない現状では、政府の借金も増えることはあっても減ることはないだろう。そういう意味で円の世界で意味のある金利上昇が当面起こり得ないことを考えれば、世界中のPEFにとって日本は金城湯池に見えるはずだ。LBOが今後の日本のM&A市場を成長させる重要なドライバーであると考えることは大きな間違いではあるまい。

減益予想後の公開買い付けというMBOへの司法判断

逆にLBOが日本のM&A市場で成長ドライバーとはならないという見方について考えてみよう。それには、慎重な議論が必要だろう。

2006年11月に発表されたレックスのMBO（Management Buy-Out）は、公開買付発表前に経営陣が発表した大幅な業績下方修正により株価が50万円台から10万円台に急落した直後に発表された。そのため、経営陣が意図的に株価を下げてから公開買付を始めた疑いがあるとして、一部の株主による訴訟が起きた[*23]。レックスのMBO

をめぐる訴訟は、最近の多くの日本型MBO（LBO）に共通する問題点なのだ。

古くは2001年にMBOを発表したトーカロのケースもそうだし、2005年のワールド、ポッカのケースも、すべてMBO発表前に経営陣が減益予想を発表し、株価が下がってから経営陣やPEFによる公開買付が発表されている。公開買付が終了してMBOに成功してから、実は業績は好調で、減益どころかむしろ増益であったと、後出しで明らかにされることが非常に多いのだ。

欧米でもLBOは多い。ファンドと経営陣が組んで会社を買収することも多い。過去には、そもそも売り手である株主の代表である経営陣が、買い手の一部を構成するMBOには利益相反が付き物であり、日本と似たようなケースが批判されたケースもあった。その後、MBOはLBOの一種であり、基本的には金儲け以外に主たる目的がないことを欧米の資本市場は十分理解している。したがって日本のように露骨な、株価操作まがいの減益発表をMBO直前に行うようなケースは現在ではまずない。

ところが、すべてにおいて資本市場後進国の日本では、いまだにこのような犯罪まがい、詐欺まがいの行為がまかり通っている。その中で特定の案件が裁判で争われたというのが現状だ。市場関係者はレックスの裁判の行方に神経を尖らせていたことだろうが、恐らく一般株主が経営陣の業績予想を「故意による間違い」（つまり「嘘」）と証明することは不可能だろう。

実際、レックスのケースでは減損会計など恣意性の疑いを拭い去れない要因が減益の主な原因ではあるが、減益発表後、公開買付が成功し、その後の本決算で発表された業績はむしろ下方修正された予想値を下回っていた。公開買付終了後に減益予想を撤回して増益を発表したワールドなどのケースであれば、むしろその恣意性を証明するハードルは低かったかもしれないが、レックスのケースでは会計士が減損の適用を誰かに頼まれたとは思えないし、仮にそうだとしても、そう証言することはあり得ないだろうから、株主が恣意性を証明するのは困難だったはずだ。

ところが、2009年に確定したレックスのケースの最高裁の司法判断は、原告株主の訴えを一部認めて、公正な買付価格を原告株主の主張（50万円）と実際の公開買付価格（23万円）の中ほどの33万円とするものだった。また、2007年のサンスターのMBOにおいても、MBO発表前の業績予想下方修正が恣意的であるとの一部株主の訴えに対して2010年に最高裁が下した最終判断は、サンスターの実際の業績が下方修正した予想よりさらに悪かったというレックスと酷似した状況であったにもかかわらず、原告株主の主張を一部認め、実際の公開買付価格（650円）を約29％上回る840円を公正な買付価格とするものだった。

　このように最近の司法判断は、LBOやMBOに先立つ、経営陣による恣意的な株価操作まがいの行動に対してある意味で過剰ともいえる厳しさで臨んでいる。このようないわば行き過ぎたきらいのある司法判断が、「日本のLBO市場を委縮させるのではないか」という議論がある。しかし、経営陣がLBOやMBOにあたって公正な業績予想開示を行わなければならないことや、公開買付価格に対して公正な意見表明を行わなければならないことは当然であり、このこと自体が日本においてLBOやMBOを行いにくくするということではないだろう。

　また、東京証券取引所も2006年以降、MBOや支配株主による公開買付など経営陣と一般株主の間に利益相反が発生しうる公開買付については、買付価格の算定根拠等に関する適時開示基準を段階的に強化しており、現在の基準では第三者委員会の設置義務や、算定根拠となる第三者による価値評価に使用したDCF（ディスカウント・キャッシュフロー）の前提となった業績予測の細かい数値まで開示を求められており[24]、恣意的な運用はかなり困難となっている。

　なにしろ第13章で詳しく述べるように、LBOは買った瞬間から含み益をえられるような、儲かる取引だ。やはりLBOは今後の日本のM&A市場にとって重要なファクターとなる可能性が高いと言えるだろう。

　ただし、日本企業はM&Aで会社を買うのは大好きだが、一般的に

売るのは大嫌いである。したがって、日本にはLBOやMBOで会社を買いたいというファンドは海外のファンドも日系のファンドもたくさんあるのだが、残念ながら売り手、売り物となる会社が少ない。これが日本でLBOが爆発的に増加しない最大の理由なのかもしれない。この点は、第18章で詳しく議論したい。

　最後のイン・アウト型とアウト・イン型のいわゆる日本を取り囲むクロスボーダーのM&Aは、図1-3でも明らかなように、今後の日本企業のM&A活動にとって重要なファクターであることは間違いない。同時にこの分野での日本企業の成功確率が少なくともこれまで非常に低かったことも事実だ。この点については、第16章以降で詳しく議論する。

　以上述べたように、敵対買収、三角合併、LBO（MBO）、クロスボーダー型M&Aの4類型を重要なファクターとして、日本企業のM&A活動は今後ますます活性化していくだろう。もはやM&Aがあくなき成長を目指す世界の企業経営者にとって、避けて通ることのできない重要な経営戦略の選択肢であることは変わりようがない。すべての経営者は、M&Aを理解し、計画し、実行できる素養を持つことが必要不可欠な時代なのだ。

　本書は企業経営に携わる多くの人々に、会社法だけでなく、金融商品取引法、法人税法、所得税法、企業会計基準、証券取引所ルールなどさまざまな制度を横断的に理解することが求められる一見難解なM&Aの世界をわかりやすく解説し、その実践の一助となることを目指している。

　次章以降は、最初にM&Aの世界における企業価値評価の重要なファクターである買収プレミアムの実態について詳述する。次にM&Aの手法ごとに最新の日本の制度変更を反映した解説を試み、案件実行方法の選択のために最低限度必要な基本知識を網羅する。最後に応用篇として、いくつかのトピックとケーススタディを通じてさらなる制度理解と現状の問題点の把握をめざす。

註

*1 トムソン・ファイナンシャルのデータによる。同データベースでは議決権50%超の買収の場合、買収対象会社の買収株主価値に引き継ぎ純有利子負債を加えた会社総価値を案件金額としている。合併の場合も相対的に会社総価値の小さい会社が買われたものとして計算している。ただし、銀行等の場合は買収株主価値を案件金額としている。

*2 すべてのM&Aは通常、当事者による最初の発表を案件の発生年度として集計されている。また、地域については、買収対象会社の属する国籍をその案件の所属地域と定義している。したがって、「日本の案件」とは買い手の国籍を問わず、売り手が日本企業の案件のこと。

*3 敵対買収とその防衛策については第14章で詳しく述べる。

*4 もちろん株式対価で公開買付することは可能だが、税制が対応していないため、事実上この方法も使えない。この問題の詳細は、第4章（株式取得）第2節（公開買付ルール）(12)日本の公開買付制度の問題点②参照

*5 会社法783条1項、795条1項

*6 または総議決権の100分の1以上、いずれか少ない方を6カ月以上前から継続して保有している株主の権利（会社法303条、305条）

*7 会社法309条3項

*8 この「特別支配株主の株式等売渡請求」制度は、2015年施行の改正会社法で日本にも導入された。

*9 金融商品取引法の公開買付ルール上は、対価が株式等の現金以外の場合が規定されているのだが、問題は税制の対応がないことである。公開買付対価を買い手の株式等にすると、当該株式を受領した対象会社の株主は税法上対象会社株式をいったん現金で売却してから買い手株式に再投資したとみなされて、キャピタルゲイン課税がなされる。実際は受領株式を売却するまでキャピタルゲインは確定しないので、株主は不利となり、かかる公開買付に応札しにくい。仮に応札した場合、課税通りのキャピタルゲインを確定するため、当該株主は当該受領株式を直ちに売却することが考えられ、買い手の株価にも悪影響が出る（フローバック）。

*10 旧証券取引法は2007年9月30日から金融商品取引法と名称が変わっている。

*11 以下、新株予約権と新株予約権付社債を総称して、新株予約権（付社債）と表記する。

*12 組織再編に係る有価証券届出書は通常の届出書に加えて、組織再編契約の内容・手続きに関する情報、組織再編対象会社（三角合併の場合は親会社と子会社）に関する情報、組織再編後の財務情報、の開示が必要となっている。なお、交付される株式について継続開示がなされている場

合には、組織再編に係る臨時報告書において同様の内容の開示が求められる（企業内容の開示に関する内閣府令8条1項3号、5号、2項3号など）。

*13 金融商品取引法4条2項2号、金融商品取引法施行令2条の3など。

*14 東京証券取引所は外国会社が上場する場合、日本会計基準以外に金融庁長官が認めた他国の会計基準による財務諸表の開示を認めている。過去に認められた会計基準は、米国、カナダ、IFRS、英国、アイルランド、ドイツ、フランス、オランダ、韓国、香港、豪州、シンガポール、マレーシア等である。

*15 この点に関しては、日本は子会社上場が多いので、親会社が賛成してしまえば少数株主が反対しても容易に三角合併が成立してしまう土壌があり、一般株主が予期せぬ外国会社株式を受領してしまうリスクが高いという議論もなされた。そもそも、そのようなリスクが問題だと主張するなら、子会社上場を今すぐ禁止するべきだろう。

*16 2014年現在、以下同じ。

*17 東京証券取引所で創設が議論されているJDR（預託証券）による買収も、今後重要な選択肢となるだろう。

*18 2007年に、米国シティグループが、公開買付などで発行済株式の約68%を保有していた日興コーディアルグループを三角株式交換方式で日本法人の完全子会社にした。三角合併等の実施第1号である。これは子会社の完全子会社化であるから、日本における株式交換の多くの実施例と同様、究極の友好的買収事例と言える。

*19 ただし、買収前後で対象会社の株価収益率が変化しないことなど一定の仮定の下での話である。詳細は第13章参照。

*20 これ以前も、1973年の第一次オイルショック（第四次中東戦争）と1979年の第二次オイルショック（イラン革命）も、概ね7年周期説と一致して、世界の株価に影響を与えている。

*21 これ以前の1998年にメリルリンチ出身の債券トレーダーのジョン・メリウェザーが率いる大手ヘッジファンドLTCMがアジア通貨危機とロシア財政危機に端を発した混乱によって破綻し、1000億ドル規模の資金をLTCMに投資していた欧米の金融機関に危機が迫った。しかし、このときは米国のルービン財務長官が米国大手金融機関に奉加帳を回して36億ドルの緊急投融資を行わせ、短期間に危機を脱したので大きな混乱にはならなかった。

*22 日経平均はバブル崩壊期に1989年12月の3万8915円から2003年4月の7607円まで14年余りの期間に80%下落し、25年経過した2014年でも未だに高値の半分程度までしか回復していない。このクラッシュは米国1929年の大恐慌に匹敵する、あるいはこれを超える大事件であったことになる。

一方、米国 NASDAQ 市場コンポジットは、2000 年 3 月に 5046 の高値を付けて以降、2002 年 10 月の 1114 まで約 2 年半の期間に 78% 下落したが、2014 年で高値の 90% 以上のレベルまで回復した。NASDAQ におけるネットバブルも非常に大きなオーバーランだったのだが、その後のアメリカ経済の実力はまだまだ健在ということだろう。

*23 少数株主スクイーズアウト手続きの一環である全部取得条項の発動にあたり、会社法 172 条の定めに従い、一部の株主が取得の価格の決定の申し立てを行ったものである。

*24 2013 年 7 月に東証が公表した適時開示規制の改正により、MBO や支配株主による公開買付の開示内容が拡充された。

第2章

買収プレミアムの研究

第1節　M&Aの意味

　M&Aの定義はいろいろな表現が可能だが、本書では「企業の株主価値増大を目指して実行される会社支配権の移動」と定義する。企業の株主価値は、一般にその企業が将来生み出す株主に帰属するキャッシュフローの現在価値の総和と定義されるので、人間には将来を正確に予測することが不可能である以上、株主価値も将来予測の変化によって変動する動く目標（ムービング・ターゲット）である。

　したがって、M&Aがある時点の経営者による合理的な判断に基づいて実行された場合であっても、結果として株主価値の増大につながらないケースもある。あくまで合理的な判断の下に株主価値の増大が予測される場合に実行される支配権の移動なのだ。ところでM&Aの世界では「買収プレミアム」という言葉がよく出てくる。上場会社がM&Aで買収される場合に、支払われる買収株主価値は対象会社の直前の時価総額を数十パーセント上回ることが通常であり、その差額あるいはその差額の、元の時価総額に対する比率を買収プレミアムと言う。

予想キャッシュフローを増やせるか

　M&Aが起きるためには、売り手と買い手の双方が、株主価値の増大が期待できると判断して、両社の間に売買の合意を成立させるインセンティブが発生することが必要である。つまりM&Aは売り手と買い手双方が、それぞれ自己の株主価値増大を見込むことができると判

断する場合にしか実行されないはずなのだ。しかし、売り手と買い手では株主価値増大のハードルが格段に異なる。

売り手は買収プレミアムを受け取るので、例えばある会社がある事業部門を第三者に現金で売却する場合、買収プレミアムを受け取れば、M&Aで売却しない限り永久に時価総額に反映されることのないプレミアム分を現金で受領することにより、その分だけ売り手の株主価値は増大すると考えてよいだろう。この場合、M&Aの実行による売り手の株主価値増大はほぼ確実だ。

一方、買い手はプレミアムを支払って、当該事業部門を買収し、その部門を従来と全く同じ財務予想をベースに経営していたのでは、支払ったプレミアム分だけ自分の株主価値は確実に減少してしまうだろう。だから、買い手は買収後に対象事業の経営方針を変更して、新たな戦略の下で経営し、将来の予想キャッシュフローを増大させなければ買収する意味がない。そのように経営方針を変更することで価値を増大でき、かつ増大する株主価値が支払ったプレミアムを上回ると判断できる場合にしか買収してはいけない。

だからこそ、M&Aは「支配権の移動」なのだ。支配権を移動することで経営方針を根底から変えることが可能になる。経営方針を変えない限り、プレミアムを上回る価値増大は達成できないはずだ。

経営方針の変更による価値増大には、さまざまなルートがある。M&Aの世界でよく言われるのが、シナジー（相乗効果）という言葉だ。対象事業部門が売り手の多角化（非本業）部門で、売り手の本業とは直接関係がない場合には、売り手の内部に相乗効果はそれほどないかもしれないが、対象事業が新たな所有者（買い手）の本業である場合には、その所有者の本業分野を買った事業と一体で事業展開することで相乗効果が生まれ、自然と株主価値が増大する、といったケースが考えられる。

一般にシナジーの源泉は、マーケットシェア拡大等による売上の増大と、重複する部門の合理化等によるコスト削減にある。シナジー以外にも、元々の経営者が充分に合理的で効率的な経営を行っていない場合には、経営そのものを改善することで株主価値増大が達成される

場合もある。しかし、シナジーはあくまで将来の見込みであるから、見込みが外れる場合もある。つまり売り手に比べて買い手の株主価値増大ははるかにリスクが高い賭けなのだ。

容易ではない買い手側の株主価値増大

　この点に関しては、米国等に多くの実証研究がある。Jensen and Ruback[*1]は、「1958年〜1981年までの多数の研究報告を総合すると、買収に成功した場合、買収対象会社の株価は公開買付で30％、合併で20％のプラスの短期（案件発表後8〜12カ月の期間）でのCAR（Cumulative Abnormal Return、累積超過収益）[*2]が報告されており、買い手についてはこの値が公開買付で4％、合併で0％となる。

　買収に失敗した場合には、買い手・売り手ともにマイナス1％〜マイナス5％程度の小さなマイナスの短期CARが報告されている。買い手のリターンがほぼゼロなので、買い手・売り手の規模差にかかわりなく、トータルとしては「会社支配権市場」は合計としては株主の富を創造していると考えられる」と報告している。

　また、Bruner[*3]は、「1971年〜2001年までの130の研究報告を総合すると、買収対象会社の株価は、20〜30％のプラスの短期（主として案件発表後、5〜10日の超短期）でのCARを報告しており、買い手については、この値がおおむねゼロとなっている。売り手と買い手のトータルについては、20の研究報告のうちの18がプラスの短期CARを報告しており、そのうち過半の11が統計的に有意なプラスの短期CARを報告している。

　一方、長期的な買い手の財務パフォーマンスは買収後にやや悪化するかほとんど変化しないとの研究報告がある。したがって、M&Aはトータルとしては株主の富を創造していると考えられるが、買い手の場合にはその期待値がゼロ近辺となるため、慎重な意思決定が求められる」と報告している。

　さらに、Rau and Vermaelen[*4]は、「1980年〜1991年の約4000件の合併と公開買付について発表後3年間の長期的な買い手株価CARを、企業規模とPBR（株価純資産倍率）で補正し、Buy and Hold（買

って保有）を前提に測定した結果、合併においては、買い手は有意なマイナスの CAR が、公開買付においては有意ではないが、プラスの CAR が測定された。また、合併におけるマイナスの CAR は合併時点で PBR の高い買い手に集中しており、買い手の買収前の株価が過大評価されている可能性を示唆している」と報告している。

　このように総じて、M&A は売り手についてはその株価効果がおおむね肯定されているものの、買い手については、平均してせいぜいプラスマイナスゼロの結果であり、シナジーの発現等による予定された株主価値の増大は容易なことではないということがうかがえる。

　しかし、一方では、ボストン・コンサルティング・グループ[*5] による報告では、1993 年〜 2002 年における、米国の上場企業サンプル 705 社から、M&A を 5 回以上行い、2002 年の時価総額の 70% 以上をこれに費やした「M&A 好き」のグループ 148 社と、M&A を 1 回以下しか行わず、2002 年の時価総額の 5% 以下しかこれに費やさなかった「M&A 嫌い」のグループ 108 社を抽出し、TSR（Total Shareholder's Return、株主総利回り）[*6] を比較したところ、「前者のグループが後者を年率で 1% 以上、10 年間で 29% 上回った」との報告もあり、企業の価値創造に対する M&A の有効性を示している例もある。ただし、この報告では TSR の差に有意差があるかどうかの統計的検証は行われていない。

　いずれにせよ、M&A はそれ自体が目的ではなく、売り手、買い手の双方が経営者の唯一最大の目的である自社の株主価値の増大に寄与すると判断する場合にのみ実行することが許される経営戦略であるという点は忘れてはならない。ところで、経営方針を変えて株主価値を増大させるという M&A の基本は、日本に多い対等合併でも実行不可能ではない。NKK と川崎製鉄の合併に見られるように、対等の精神で合併しても合併後の経営方針を大幅に変化させて株主価値を増大させたケースもある。

　逆に株式買収でも、旧経営陣にそのまま経営を任せて何ら経営革新を行わなければ、株主価値増大は実現しない。経営統合や買収の手法はさまざまであり、手法の選択は時として M&A の結果に重大な影響

を与えるのだが、どのような手法を採用しようとも、M&Aの唯一最大の目的である株主価値の増大をめざさない案件は必ず結果として失敗すると言ってよいだろう。重要なのは、M&Aを実行する経営者の心構えと実行能力、ということだ。

第2節　買収プレミアムの意味

理論価値、市場価値

次に買収プレミアムの理論的裏付けを考えてみよう。

図2-1は、さまざまな企業の価値（ここでは会社総価値ではなく、株主価値と定義する）の相対関係を示したものだ。一番左の「理論価値」（スタンドアロン・フルバリュー）とは、ある企業が現在の経営方針を継続する場合に将来生み出す株主に帰属するキャッシュフローの現在価値総和である。つまりスタンドアロン（経営権の移動を前提とせず、現在の経営方針を継続するという意味）を前提としたエクイティDCF（Discounted Cash Flow、割引キャッシュフロー）[*7]の計算結果だ。

これに対して左から二番目の「市場価値」は、同じ前提でこの会社の株式が上場されている場合の時価総額だ。時価総額は通常DCF価

図2-1 異なる企業価値概念の相互関係

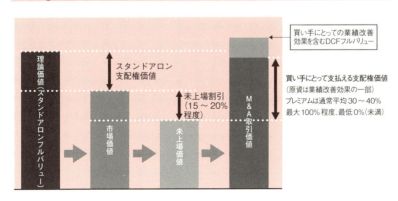

値よりは低い。なぜなら DCF 価値は将来のキャッシュフローの現在価値総和であり、会社の価値をこの価格で評価するためにはその会社の将来のキャッシュフローをその処分方法を含めて完全に自由にできるだけの権利を保有していなければならないが、株式市場で形成される株価はあくまで僅かな持ち分の株式を市場で購入する場合の1株当たり価格であり、時価総額はその総和にすぎないので、時価総額には会社の「所有権」は含まれていないと考えられるからである。

　もし仮にある買い手が市場価格で対象会社の株式を、支配権を行使できるまで、例えば発行済株式の過半数まで買い続けたとすれば、当然ながら需給関係によって株価は急騰し、現在の株価のままで過半数の株式を取得することはできないだろう。この差を、スタンドアロンを前提とした支配権プレミアムと呼ぶ。このプレミアムはスタンドアロンを前提としているので、M&A における買収プレミアムとは異なる別のものだ。

未上場価値

　次に、図 2-1 の左から三番目の「未上場価値」とは、対象会社がその株式を市場に上場していない場合の時価総額だ。この値は、上場していない以上、正確に測定することはできないが、上場時価総額のおおむね 15 〜 20% 割引程度と言われている。割り引かれる原因は、流動性の欠如だ。同じ株式でも、所有者が換金したいと思ったときに、いつでも時価で容易に現金を対価に処分できる上場株式と、処分・換金が保証されない未上場株式ではその価値に明確な差があると考えるのが M&A、あるいは資本市場の常識だ。M&A の世界では未上場会社が対象になる場合もあるので、未上場の価値を考えることも重要なファクターとなる。ただ、その差が 15 〜 20% と断言する根拠はあまり強いものではない。

　この差を推定する手掛かりとなるのは、会社を株式市場に新規上場する際の公募価格と、上場直後に平穏な状態で測定される市場価格との差である。新規上場時には、投資家はその株式が上場されれば流動性が生まれることを前提に投資判断を行うが、既に上場されている株

式に比べれば、上場に成功したとしてもどの程度の流動性が生まれるかに関する過去の実績は存在しない。

　つまり新規上場時の投資家によるブックビルディングの結果、形成される公募価格は、その株式の過去の流動性の実績の欠如に関する割引がなされると考えられている。新規上場が失敗するケースは極めて稀なので、将来の流動性はほぼ確実に保証されている。したがって、新規上場は片側（過去側）だけに関わる流動性の割引と言える。この値は新規上場（IPO）市場の活況や資本市場全体のムード、新規上場会社の業績や業界に対する評価などさまざまな要因で変化するが、欧米の通常の株式発行市場ではこの値が 10 〜 15% 程度と言われている[*8]。

　一方、M&A における未上場割引は新規上場と異なり、当面上場を予定していないので、過去と将来の両側に関わる流動性割引がなされなければならない。したがって、新規上場の割引よりやや高めの値として 15 〜 20% という値がよく使われる。この値にはこれ以上の理論的な説明は困難だが、実務的にはおおむねこの値で市場に受け入れられている。

M&A 取引価値

　では最後の、図 2-1 の一番右の「M&A 取引価値」はどのように決まるのだろうか。これはその左にある三つの価値のいずれとも異なる値である。対象会社が未上場である場合を想定すれば、その M&A 取引価値は、右から三番目の未上場価値に買収に関わる支配権プレミアム（買収プレミアム）を上乗せした値ということになる。

　ではこの買収プレミアムとはどのような値かというと、一番左のスタンドアロンとは異なり、新たな経営者が支配権を獲得して従来と異なる新たな経営方針で経営する場合に予想されるキャッシュフローの現在価値総和である、新たな「DCF フルバリュー」よりは低い値で、売り手である株主と合意できる程度のプレミアムを含んだ値、とういことになる。

　このときに合意される値が M&A 取引価値であり、その会社が上場

されていたとすれば、その時価総額との差が、上場会社の M&A で測定される買収プレミアムということになる。もちろん、未上場の会社が売買された場合でも買収プレミアムは存在するのだが、公開情報から第三者がこれを測定することは通常できない。しかし、対象会社が上場している場合には、買収プレミアムを容易に測定することができる。

実際には、上場会社の M&A で測定される買収プレミアムも非常にバラバラで、これがどのような要因によって決定されているのかに関する実証研究は、これまでのところ多くはない。強いて例をあげれば、Anderson & Dyl[*9] による米国の上場会社による自社株公開買付におけるプレミアムに関する研究がある。

この研究によると、1979 年から 1999 年までの 399 件のセルフテンダーに関して重回帰分析によって分析した結果、プレミアムは、公開買付前一定期間(市場取引成立株数が公開買付よる買付株数と同数となる過去の期間)の平均株価で代替した株主の税務上の推定簿価と買付価格から計算した投資家のキャピタルゲイン税額が小さいほど小さくなり、時価総額の小さい会社ほど大きくなり、公開買付前 30 日間の株価動向が低調なほど高くなり、買付の規模とプレミアムには相関関係がみられないと報告されている。

あるいは第 13 章でも触れるが、Renneboog, Simons, & Wright による英国の LBO 案件の研究では、上場廃止に至る LBO 案件の買収プレミアムは上場廃止前の経営陣の持ち株が少ないほど大きく、機関投資家による持ち株が少ないほど大きく、案件発表 1 カ月前までの 1 年間の株価パフォーマンスが低いほど大きい、と報告されている[*10]。

さらに第 14 章でも触れるが、Comment & Schwert などによると、米国におけるポイズンピル(買収防衛策)が買収プレミアムを上昇させる効果が認められるといった報告もある[*11]。

これ以外にも買収手法を公開買付に限定して、プレミアムが買収者の買付以前の持ち株数(マイナスの影響)や必要取得株数比率(プラスの影響)などにどのように影響を受けるかを研究した例[*12] などいくつか断片的な研究はあるが、M&A のプレミアムを網羅的に分析し

た実証研究例はほとんどない。そこで次に米国と日本の M&A 市場を対象に、両国を比較しながら、上場会社の M&A における買収プレミアムの決定要因を分析してみよう。

第3節　日米買収プレミアム比較

米国は 36%、日本は 20%

　図 2-2 は、日米の買収プレミアムを 1997 年から 2006 年までの 10 年間について、買収プレミアムを計算できる上場会社が対象のケースで、米国については案件サイズ（対象会社の会社総価値）[*13] が 2 億 5000 万ドル以上の 1652 件、日本については案件サイズ（会社総価値）5000 万ドル以上の 352 件を対象に、年度ごとに集計して比較したものだ[*14]。

　実際に観測される買収プレミアムは、負の値になる場合もあるが、この図ではプレミアムが 0% 以上 100% 未満のケースだけを抽出してある。なお、次の図 2-3 からもわかるが、買収プレミアムが 100% 以上となるのは日米共にかなり特殊なケースと言ってよい。

　図 2-2 からわかるように、米国での 10 年間の平均買収プレミアムは 36% で、日本の 20% の 2 倍近い値となっている。日本の場合、買収プレミアムを支払わない対等合併が米国に比べて非常に多いことが一つの原因と思われる。また、標準偏差は日米共に平均値に近い値であり、米国の買収プレミアム長期平均が 36% といっても標準偏差は 23% であり、±標準偏差の 2 倍で考えれば、案件ごとの買収プレミアムはマイナスの値から 100% 近い値までの間に広く分布していることがわかる[*15]。

　さらに特に米国においては、年度によって平均買収プレミアムの値が大きく変動しており、2000 年のネットバブルとユーロ通貨統合景気による M&A ブームにおいては、買収プレミアムが全体的に高かったことが見て取れる。最近の日本の M&A では、金額ベースでは 1999 年が最も多かったわけだが、米国に比べれば年度ごとの買収プ

図2-2 日米の買収プレミアム 年度別平均

米国内案件（会社総価値2億5000万ドル以上）の対発表4週前株価プレミアム（0〜100%）
1652案件の平均＝35.6%、標準偏差＝22.6%

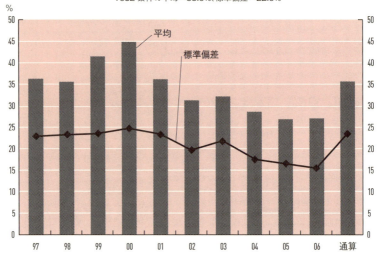

日本国内案件（会社総価値5000万ドル以上）の対発表4週前株価プレミアム（0〜100%）
352案件の平均＝19.9%、標準偏差＝18.6%

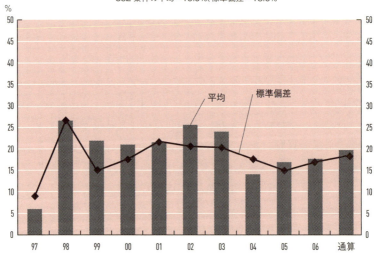

出典：トムソン・ファイナンシャル　米国における会社総価値2億5000万ドル以上と日本における同5000万ドル以上の完了案件で発表4週間前の株価に対するプレミアム、但しプレミアムが0%以下と100%以上の案件を除く、2007年1月現在

図2-3 日米の買収プレミアム 分布

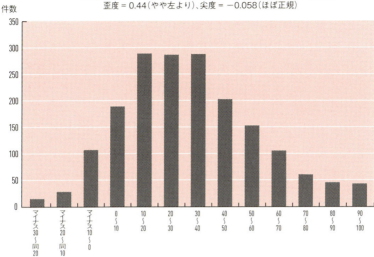

米国内案件(会社総価値2億5000万ドル以上)の対発表4週間前株価買収プレミアム分布
マイナス30〜100%の1803件の平均 = 31.9%、標準偏差 = 25.0%
歪度 = 0.44(やや左より)、尖度 = −0.058(ほぼ正規)

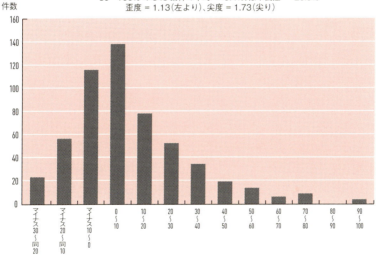

日本国内案件(会社総価値5000万ドル以上)の対発表4週間前株価買収プレミアム分布
−30〜100%の545案件の平均 = 9.4%、標準偏差 = 20.9%
歪度 = 1.13(左より)、尖度 = 1.73(尖り)

出典:トムソン・ファイナンシャル 1997年〜2006年の米国における会社総価値2億5000万ドル以上と日本における同5000万ドル以上の完了案件で発表4週間前の株価に対するプレミアム、但しプレミアムが−30%以下と100%以上の案件を除く 2007年1月現在

レミアム平均値の変動は小さく、規則性も認められない。

次に図2-3は、図2-2と同じ条件で集計したデータを使用して、日米の買収プレミアムをプレミアムの値を10%刻みにしてヒストグラムとしたものである。この図ではプレミアムの値はマイナス30%以上、プラス100%未満の範囲を抽出した。この図からわかるように、日米ともにプレミアムはマイナスの領域から100%程度の範囲まで幅広く分布しており、最頻値は全体のやや左側に位置し、その右側にロングテールが続く分布形状が見られる。

これらの分布の正規分布からの乖離を確認してみると、歪度は米国で0.44、日本で1.13であるから、米国は概ね正規性の高い分布形状だが、日本の分布は（視覚的にも明らかなように）ピークが左よりの分布になっている。また、尖度は米国で-0.06、日本で1.73であるから、米国はやはりおおむね正規性の高い分布形状だが、日本はやや尖った分布となっている。

3分の1以上がマイナス・プレミアムの日本

日米で大きく差がある点は、マイナスのプレミアムの量だ。米国においてもマイナス・プレミアムが観測される場合はあるが、それはこの図で分析対象となっている1803件のうち150件で、比率は8%にすぎない。全体の10分の1未満だ。しかし、日本では全体545件のうちマイナスプレミアムが194件、全体の36%と3分の1以上がマイナス・プレミアムという結果になっている。

マイナスの買収プレミアムは、理論的には会社の経営権を時価未満で第三者に引き渡すということであるから、本来あり得ない行為なのだが、実際にはこのようにある程度は観測される事態だ。しかし、注意すべきなのは、ここで分析対象としている買収プレミアムは当事者が合意したプレミアムの値ではなく、あくまで公開情報から計算された見かけのプレミアムであるという点だ。

M&Aにおいては、合併であろうと買収であろうと、最後まで敵対的に事が進んで買収者による買収審査（デュー・ディリジェンス）が行われない場合を別にすれば、買い手と売り手が互いにインサイダー

となって秘密情報を共有する。

　上場会社が適時開示を遵守している限り、会社の価値に重大な影響を及ぼす未開示の重要事実など存在しないはず、というのが建前ではあるが、実際の世の中では建前は必ずしも正しくない。むしろ、どんな会社にも会社の価値にプラスにもマイナスにも両方向で、重大な影響を与え得る未開示の重要事実が多少なりともあるのが普通だ。

　ある時価総額100億円の会社が売却される際に、株主価値にマイナス方向で30億円程度の影響がある未開示の重要な事実（たとえば過去の投資案件の損失で関連会社に飛ばして塩漬けにしているもの、など）があり、買収審査の結果、買い手がこれを知ったとしよう。

　両者は交渉の結果、その重要事実を含めると対象会社の株主価値はせいぜい70億円と合意するだろう。そこに30%の買収プレミアムを上乗せして91億円で買収合意が成立したとしても、当事者の合意した買収プレミアムは30%だが、われわれが測定できる買収プレミアムはマイナス9%ということになってしまう。

　あるいは対等合併で当事者が合意したプレミアムはゼロなのだが、合意を形成するときに使用した株価が合意前のある期間、例えば発表4カ月前から1カ月前の3カ月間の平均株価であれば、本章の分析で使用している発表4週間前の株価とは必ずしも一致しない。結果として、当事者はプレミアムゼロと合意していても、観測されるプレミアムがプラス10%であったり、マイナス5%である、というようなケースも十分にあり得るのだ。

　このようなことが起こり得るので、マイナスのプレミアムがすべて異常事態というわけではない。しかし、それが米国のようにM&A全体の10分の1未満というなら理解可能だが、日本のように3分の1以上というのは異常と言わざるを得ない。これは、すでに述べたように、日本の場合、原則として買収プレミアムを支払わない対等合併が非常に多く、その場合に当事者がゼロと合意したプレミアムが、観測される値と当事者が合意した値の間に生じる誤差によって、観測値としてはマイナスになってしまう場合があることが一つの原因だろう。

第三者割当増資の多用が原因か

　また、対等合併でなくプレミアムが支払われる場合であっても、当事者が合意するプレミアムのレベルが平均して米国の約半分と低いため、同様の誤差によってマイナス・プレミアムが観測されてしまう確率が米国よりも高いということもあるだろう[*16]。

　これに加えて、日本では上場会社等の発行済み株式の3分の1超を取得する場合には公開買付が義務付けられているため、大株主が存在する上場企業株式を大株主が売却しようとする場合に、公開買付を経ながら一般株主の応札を排除して売却を進めるために、公開買付で故意にマイナスのプレミアムを設定する場合があることも原因と思われる。

　しかし、このようなマイナスのプレミアムによる公開買付は1990年代には頻繁に見られたが、2000年代に入ってからはその数は激減しており、ここで分析対象としている過去10年のデータでマイナスのプレミアムが観測される理由としては、むしろ前者のようなケースが多いものと思われる。

　さらに、欧米ではM&Aの手段としてほとんど用いられることのない第三者割当増資による新株の割当てが、日本では頻繁に実行されることも影響している可能性がある。第三者割当増資は、発行会社の定款上の授権株式数の範囲内で、発行価格が有利発行でなければ取締役会決議で実行可能であり、授権枠に十分な余裕があれば、発行済株式数を2倍以上とするような増資、すなわち1回の増資で特定の買い手に増資後議決権の過半数を与えるようなM&Aも会社法上は実行可能である。

　しかし、欧米ではこのような行為は取締役会が恣意的に自己の支配株主を選択する行為であり、会社法上許されていても上場会社においては株主総会の承認がなければ実行できないと考えられており、証券取引所等のルールでもそのような規制がある場合が多い。ところが、日本ではこれがほとんど野放しで実行可能である。

　そして、この場合の発行価格は多くの場合、有利発行とならない範

囲で時価から10%以内の割引をして決定する場合が少なくない。そうなれば、当事者の決定したプレミアムも観測されるプレミアムも、両方がマイナスの値となる。このように複数の要因で日本の買収プレミアムは、マイナスのケースが多くなっているようだ。いずれにしても、買収プレミアムの分布状況は日米で大きく異なることは事実である。

100%取得案件でも、プレミアムは幅広く分布

次に図2-4は、M&Aのうち買い手が売り手の株式（議決権）の100%（すべて）を一連の取引で取得したケースに限定して買収プレミアムの分布を日米で比較したものである。米国の場合はこれまでと同様、案件サイズが2億5000万ドル以上のケースだが、米国では買収する以上、たとえ相手が上場会社であってもすべての株式を取得して完全買収するケースが多いため、過去10年間でこのようなケースは買収プレミアムがマイナス30%〜プラス100%の範囲に限定しても1509件ある。

一方、日本では上場会社を買収する場合、対象会社の上場を維持して従業員のプライドや士気に配慮するケースが多いため、100%株式を取得するケースは少ない。そこで分析対象データ数を確保するため、案件サイズを買収会社総価値1000万ドル以上とした。その結果、日本でもプレミアムがマイナス30%〜プラス100%の範囲で99件が抽出された。

この分析の意図は、後で出てくるように、一般にM&Aの買収プレミアムがどの程度になるかを説明する変数として最も説明力が高い変数が、取得議決権比率、つまり買収にあたってどの程度の比率の株式を買い集めるか、という数値なのだが、この説明変数を用いても全体のごく一部しか説明できないことが以下の分析で確認される。

このことを先回りして確認するために、この分析を行っているわけだ。つまりM&Aの買収プレミアムが取得議決権比率でほぼ完全に説明できるなら、取得議決権比率を100%に限定した場合、各案件の買収プレミアムはおおむね同じような値をとるはずだろう。

図2-4 日米の買収プレミアム 100％取得案件の分布

米国のM&A（会社総価値2億5000万ドル以上） 完了案件 取得議決権100％のみ
1997～2006 対発表4週前株価プレミアム（マイナス30～100％のみ）の分布
1509件の平均 = 34.7％ 標準偏差 = 24.4
プレミアム0％超の1,418件の平均 = 37.4％ 標準偏差 = 22.5％

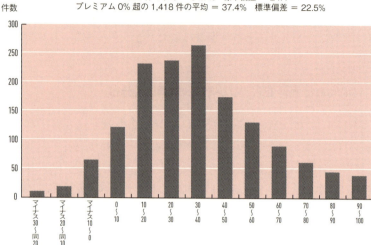

日本のM&A（会社総価値1000万ドル以上）完了案件 取得議決権100％のみ
1997～2006 対発表4週前株価プレミアム（マイナス30～100％のみ）の分布
99件の平均 = 13.0％ 標準偏差 = 23.85
プレミアム0％超の68案件の平均 = 23.8％ 標準偏差 = 20.5％

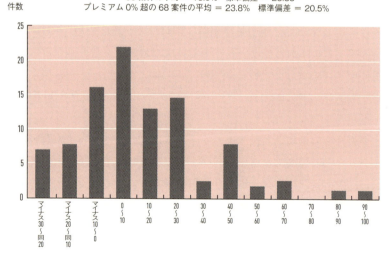

出典：トムソン・ファイナンシャル 1997年～2006年の米国における会社総価値2億5000万ドル以上と日本における同1000万ドル以上の完了案件で発表4週間前の株価に対するプレミアム、但しプレミアムがマイナス30％以下と100％以上の案件を除く、100％議決権取得案件のみ 2007年1月現在

ところが、結果はそうではない。図2-4から明らかなように、米国でも日本でも100%取得案件だけを見ても、買収プレミアムはマイナス30%からプラス100%程度の範囲に広く分布し、米国では平均が全案件の平均（プレミアム抽出範囲が図2-4と同じである、図2-3の米国平均は32%）とほぼ同じ35%、標準偏差も全案件（図2-3の米国の標準偏差は25%）とほぼ同じ24%である。日本においてもこの傾向は全く同じである。

　換言すれば、取得議決権を説明変数、買収プレミアムを被説明変数とした回帰分析において、取得議決権比率が100%のときの回帰残差の分散は100%未満のときに比べて小さくはならず、100%取得に絞っても大きな残差分散が残るのである。つまり取得議決権比率は、結果として買収プレミアムを説明する重要な変数であることが本章でのちに確認されるが、それはけっしてオールマイティな説明変数ではないということだ。

数値化できない変数の存在

　ここで定性的に買収プレミアムに影響を与える変数がどのくらい考えられるかを考察してみよう。実務的にいえば、買収プレミアムは無数のファクターに影響され、最終的には当事者の合意によって決まる。あえて買収プレミアムに影響を与え得る変数を列挙すれば、取得議決権割合以外にも、買収価格で見た対象会社の評価倍率（PERやPBR等）、支払われる対価の種類（株か現金か等）、案件の敵対性、買い手の属性（戦略的買い手か、財務的買い手か）、担当者の交渉の巧拙やアドバイザーの能力、対抗ビッドの有無、買収手法（合併か公開買付か、等）、案件サイズ（絶対値の大小、あるいは買い手との相対関係）、クロスボーダーか否か、暖簾の大小、合意時点のM&A市場の活性度、などが考えられる。これらの変数については、順に実際の数値で分析を試みる。

　しかし、データで分析することができない、あるいは困難な、これ以外の変数も実際には買収プレミアムに影響を及ぼす場合がある。例えば、買い手の買いたさ、売り手の売りたさ、売却手法（競争入札か、

相対協議か[*17]）、予想シナジーの規模、業績予想精度、売り手株価位置、買い手株価位置、売り手資産の含み損益、買い手の会計基準、売り手の会計基準、売り手の希少性、売り手経営陣の能力、買い手経営陣の性格、当事者の国籍／国民性、会社文化、などである。

　これらの変数は数値化することが困難であったり、第三者が公開情報から数値を入手することが不可能であったりするため、定量的に分析することはできない。買収プレミアムの決定要因を定量的に分析するということは、買収プレミアムの決定式を推定することだ。

　数値化できるデータを用いて、重回帰分析によって決定係数が高い回帰式を導くことができればいいわけだが、以下の分析結果のように、他の数値化できないさまざまな要因の影響を受けるうえに、既に述べたように、そもそも観測されるプレミアムと当事者が合意したプレミアムは、インサイダー情報の共有や基準となる株価の採用時期のずれ等の要因によって、元々同一のものではないという問題もある。そのため、回帰式の決定係数はそれほど高いものになることは期待できない。このような前提の下で、さらに分析を進めてみよう。

第4節　買収プレミアムの決定要因

インサイダー取引横行を示唆するの直前の日米株価

　図2-5は、買収プレミアムを発表4週前株価[*18]と比べて測定した場合と発表前日株価で測定した場合の結果を日米別々に比較したものである。案件サイズは米国が2億5000万ドル以上、日本が5000万ドル以上で、対発表4週前株価プレミアムの範囲は米国では0％〜100％でスクリーニング、マイナス案件が相対的に多い日本ではマイナス30％〜100％でスクリーニングしてある。この分析は、当然ながら発表4週前がいつかは発表時点まで分からないから、予測モデルとしての買収プレミアム説明式を求めるためには役に立たないのだが、日米共に興味深い結果となっている。

　図は横軸に発表4週前、縦軸に発表前日のプレミアムを取り、横軸

図2-5 対発表4週前株価と対発表前日株価のプレミアム

米国M&A（会社総価値2億5000万ドル以上）の買収プレミアム（1997～2006）
4週前　対　前日
p値＝1E－200

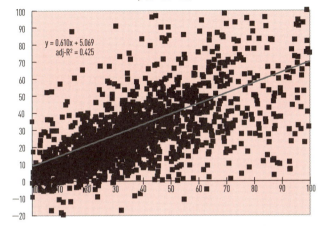

対発表4週前株価プレミアム（但し0～100%の1,653件）

日本のM&A（会社総価値5000万ドル以上）の買収プレミアム（1997～2006）
4週前　対　前日
p値＝6E－125

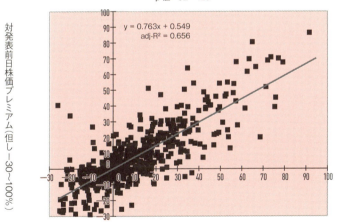

対発表4週前株価プレミアム（但し－30～100%の531件）

出典：トムソン・ファイナンシャル　米国における2億5000万ドル以上の完了案件で発表四週間前の株価に対するプレミアム（0～100%）と日本における5000万ドル以上の完了案件で発表4週前株価に対するプレミアム（－30～100%）、1997～2006、2007年1月現在

を説明変数、縦軸を被説明変数として単回帰分析した結果を示している。回帰の自由度調整済み決定係数は米国で0.4、日本で0.6程度となっており、この後に出てくるどの分析よりも高い決定係数を示している。それは当り前のことだ。発表4週前と発表前日の株価の相関が高いのは当然だろう。

　問題は、日米共に回帰直線の傾きが明確に1より小さくなっている点だ。つまり日米共に多くのM&Aにおいてプレミアムを支払うM&Aが発表さる前日の株価は、4週前の株価より、M&Aの価格が示す株価に鞘寄せしているということだ。図2-5の分析は、プレミアムがおおむねプラスの場合に限定しているから、株価が発表前4週間の間に上昇しているということである。そして日米共に同じ現象が起きているということだ。

　回帰分析は相関関係を分析することはできるが、因果関係を分析することはできない。したがって、このような事実が観測される原因を回帰分析で求めることはできない。しかし、素直に考えれば、日米共にある程度の規模のM&Aは、発表前に情報がリークしており、一部の投資家によるインサイダー取引が行われている場合が多い、と解釈するのが自然だろう。

　もちろんM&Aは会社の売却という側面もあるから、売り手は自社の株価が上昇基調で、取引価格やプレミアムの交渉に有利な局面を選んで売却交渉をする場合が多い、ということが原因と推定することも理論上は可能だ。あるいは当事者による発表以前にマスコミに案件の噂が流れて、株価がこれに影響されるケースもあるだろう。

　実務的には、会社の業績や株価が好調なときには、買収を考えることはあっても、売却を考えることは多くない。さらに言えば、むしろM&Aを検討している買い手は買収対象会社を買収するチャンスを虎視眈々と狙い、相手の株価が一時的に下がってきたところをとらえて買収提案をすることが多い。やはりこの分析結果の素直な解釈としては、日米共にM&Aに関してインサイダー取引が横行している可能性が高いと言わざるを得ないように感じられる。

不十分な不正摘発

　2007年に出された村上ファンドによるニッポン放送株式取得に関するインサイダー取引事件の東京地方裁判所の判断は、有罪判決で妥当と思われる[*19]。もう少し時間をさかのぼれば、2002年には大和証券SMBCへ住友銀行から出向していたM&A担当の部長が、自社で請け負ったニチメンによるグループ企業の公開買付による完全子会社化の公表前に同グループ会社株を購入し、高値で売却して数百万円の利益を得ていたとの言語道断のインサイダー取引が検挙されたケースもあった。

　また、米国でも買収ファンド大手ブラックストーン・グループによるヒルトンホテルズ買収や、メディア大手のダウ・ジョーンズ、学生ローンのサリーメイ、病院チェーンのHCAなど大型M&Aの正式発表に先駆けて株式の売買が急増するケースが後を絶たず、米証券取引委員会（SEC）が調査に乗り出すケースが増えている。

　2007年には米連邦地検とSECが共同で、モルガン・スタンレーの法令遵守担当の弁護士、ベアー・スターンズのブローカー、UBSのアナリストなど大手投資銀行の社員14人をM&Aがらみのインサイダー取引の疑いで一斉に摘発したケースもある。このように当局も不正の摘発には全力を挙げていると思われるのだが、M&A取引の発表前後は、当局のマークがいまだに十分行き届いていない可能性がある。今後の重要な課題と言えるだろう。

　なお図2-5に示すように、この単回帰分析の無相関の検定結果は、米国でp[*20]値=1E-200、日本でp値=6E-125であるから無相関との帰無仮説は棄却される。

取得議決権比率は強い説明力

　図2-6は、すでに述べたM&Aにおける取得議決権比率と発表4週前株価で計算した買収プレミアムの関係を分析したものだ。案件サイズは米国が2億5000万ドル以上、日本が5000万ドル以上で、プレミアムの範囲は米国が0%〜100%、マイナス案件が相対的に多い日

図2-6 取得議決権比率と買収プレミアム（100％取得案件を除く）

米国のM&A（会社総価値2億5000万ドル以上）のプレミアムと取得議決権％（1997〜2006）
取得議決権　対　対発表4週前株価プレミアム
p値＝3E－8

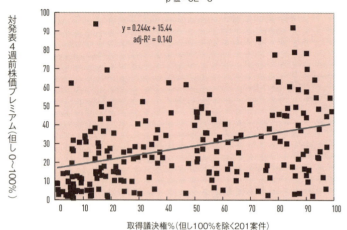

取得議決権％（但し100％を除く201案件）

日本のM&A（会社総価値5000万ドル以上）の買収プレミアム（1997〜2006）
取得議決権　対　対発表4週前株価プレミアム
p値＝3E－9

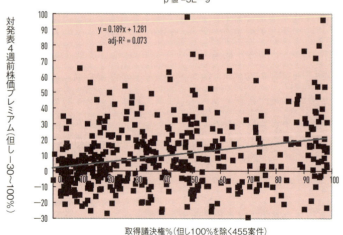

取得議決権％（但し100％を除く455案件）

出典：トムソン・ファイナンシャル　米国における2億5000万ドル以上の完了案件で発表4週間前の株価に対するプレミアム（0〜100％）と日本における5000万ドル以上の完了案件で発表4週前株価に対するプレミアム（−30〜100％）、1997〜2006、2007年1月現在

本ではマイナス30%～プラス100%でスクリーニングしてある。ただし、日米共に取得議決権が100%の案件を除いてある。

　この回帰分析は、前出の発表4週前対発表前日株価プレミアムに続いて、二番目に高い決定係数が観測できた単回帰分析である。日米共に取得議決権比率と買収プレミアムの間には正の相関がみられ、米国は約200件の観測ポイントに対して0.14の自由度調整済み決定係数が算出され、日本では約450件に対して0.07の自由度調整済み決定係数が算出された。これらは決定係数としては一般的にそれほど高い数値とは言えないが、そもそも説明変数を探すこと自体が困難な買収プレミアムの世界では、取得議決権比率はきわめて有力な説明変数であると言える。

　しかし、問題はすでに指摘したように、これは100%取得案件を除いた場合にのみ意味を持つ説明変数である。そして100%取得案件では、買収プレミアムはその他の無数の決定要因に左右されて幅広い値をとることがすでに分かっているのである。このことに留意しつつも、やはりこの変数は買収プレミアムを分析するうえで非常に重要な説明変数であることは否定できない。

　なお、図2-6の上（米国）の分析で、説明変数である取得議決権比率が0以上～40%未満、40%以上～80%未満、80%以上～100%未満の三つに分けて、この単回帰分析で得られた回帰式が与える理論値と観測値の差である残差に関して、残差の絶対値の平均と残差の標準偏差を求めると、以下のようになる。

取得議決権比率 （データ数）	残差の絶対値の平均	残差の標準偏差
0%～40%（101）	12.09	16.03
40%～80%（55）	15.08	18.92
80%～100%（45）	18.90	22.67

　このデータを見ると、取得議決権が大きな値となるにつれて、残差

の絶対値の平均と残差の標準偏差が大きくなっていることがわかる。つまり、取得議決権は有力な説明変数だが、取得議決権が100%のときでも買収プレミアムがさまざまな値をとることは、既に図2-4で確認した。取得議決権が100%未満であっても、これを説明変数とする買収プレミアムの説明モデルは取得議決権が100%に近付くにつれて、ノイズが大きくなる傾向があるということを示している。

なお、図2-6に示すように、この単回帰分析の無相関の検定結果は、米国でp値=3E-8、日本でp値=3E-9であるから、無相関との帰無仮説は棄却される。

買収価格とPER

図2-7は、買収価格が示す対象会社の株価収益率（PER）[※21]と買収プレミアムの関係を分析したものである。案件サイズは米国が2億5000万ドル以上、日本が5000万ドル以上で、プレミアムの範囲は米国では0～100%、日本ではマイナス30～100%でスクリーニングしてある。

また、買収価格PERについても、異常値を排除するため0～100の範囲にスクリーニングした。この回帰分析の自由度調整済み決定係数は、米国で0.022、日本で0.0052であり、日米共に買収価格PERと買収プレミアムの間にはほとんど相関はないと言ってよいレベルである。

ただ、自由度調整済み決定係数は日本より米国でやや高く、回帰直線の傾きが示すように、PERが一単位上昇することで増加する買収プレミアムも日本に比べて米国の方が大きい。決定係数は非常に低いのだが、図2-7に示すようにこの単回帰分析の無相関の検定結果は米国でp値=1E-7、日本でp値=0.0892であるから、無相関との帰無仮説は米国では問題なく、日本でも10%レベルでは棄却される。

さらに付言すれば、本章後半で実行する重回帰分析の結果では、買収PERは買収プレミアムを説明する変数として正の偏回帰係数が観測され、その係数は統計的に有意である場合が多い。

したがって、この単回帰分析で観測された日米の違いをサポートす

図2-7　買収価格PERと買収プレミアム

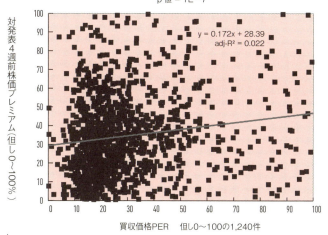

米国M&A（会社総価値2億5000万ドル以上）の買収プレミアム　（1997〜2006）
買収PER　対　対発表4週前株価プレミアム
p値 = 1E−7

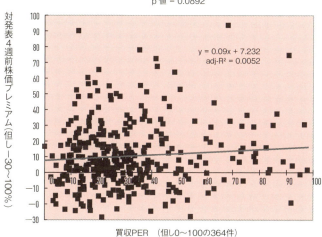

日本のM&A（会社総価値5000万ドル以上）の買収プレミアム（1997〜2006）
買収PER　対　対発表4週前株価プレミアム
p値 = 0.0892

出典：トムソン・ファイナンシャル　米国における2億5000万ドル以上以上の完了案件で発表4週間前の株価に対するプレミアム（0〜100%）と日本における5000万ドル以上の完了案件で発表4週前株価に対するプレミアム（−30〜100%）、1997〜2006、2007年1月現在

る理屈があるかを、実務的観点から考察することには多少の意味はあるだろう。そこで参考として考察すると、買収PERが高いということは一般的には買収価格が割高である場合に相当すると言えるだろう。一般の売買であれば、割高な価格設定であれば買い手が慎重になり、競合も少なくなり、買収プレミアムも小さくなるという考え方もあるだろうが、M&Aの場合には元々会社が売りに出る（買える）という状況はそれだけで既に稀なことであり、その中で買収価格が割高になるのは対象会社が魅力的であり、他にも買収を検討している買い手があり、競争が激しいケースが多いと考えられる。

そのような場合に対象会社の魅力や、買収の競争条件の結果、買い手が提示する買収価格が上昇して、結果的に買収プレミアムが高くなる、という現象は定性的に理解できるだろう。

しかも、高いPERが必ずしも割高な買収価格を示すとは限らないという面もある。株式市場では、将来予測される純利益の成長率が高い会社ほどPERが高くなると考えられる。例えば、ゼロ成長の会社のPERが10倍だとして、向こう5年間純利益が年率20%で成長することが見込まれる会社に対しては、現在の純利益の25倍のPERがついたとしても、5年後にはこの会社の利益は現在の2.5倍（≒1.2の5乗）になるので、成長を達成した後の利益に対してはゼロ成長の会社と同じ10倍のPERで評価していることになる。

成長が達成される限り、25倍のPERは割高とはいえないのだ。同じようにM&A市場でも高い成長が見込まれる会社に対しては、高いPER評価が与えられるだろう。正当なPERで評価する限り、高いPERが必ずしも割高な買収価格を意味するわけではない。

買収ファンドのプレミアムは米国では事業会社より低い

図2-8は、買い手の属性と買収プレミアムの関係を分析している。案件サイズは、米国が2億5000万ドル以上、日本が5000万ドル以上で、プレミアムの範囲は日米共に0～100%でスクリーニングしてある。また、買い手については、戦略的買い手である事業会社の場合と、財務的買い手である買収ファンドの場合に分類して、両者の買収

図2-8 買い手属性と買収プレミアム

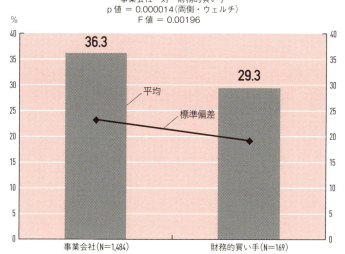

米国M&A(会社総価値2億5000万ドル以上)の買収プレミアム(0～100%)(1997～2006)
事業会社　対　財務的買い手
p値＝0.000014(両側・ウェルチ)
F値＝0.00196

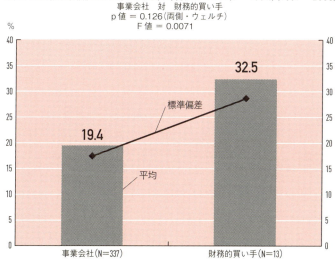

日本のM&A(会社総価値5000万ドル以上)の買収プレミアム(0～100%)(1997～2006)
事業会社　対　財務的買い手
p値＝0.126(両側・ウェルチ)
F値＝0.0071

出典：トムソン・ファイナンシャル　米国における会社総価値2億5000万ドル以上と日本における同5000万ドル以上の完了案件で発表4週間前の株価に対するプレミアム、ただしプレミアムが0%以下と100%以上の案件を除く、2007年1月現在。

プレミアムの平均に統計的に有意な差があるかを検定したものだ。

　米国の場合にはデータ件数が大きく、事業会社で1484件、買収ファンドでも169件と、検定を行うために十分な大きさのサンプルが対象となっている。結果は事業会社のプレミアムの平均が36%で、ファンドの平均である29%を大きく上回っている。p値[*22]が0.0014%と非常に小さく、この2つのサンプル集団の母集団平均は1%レベルを大きく超える有意水準で、差が認められることがわかる[*23]。

　一般に買収ファンドはLBOなど投資リターンを最大化する買収手法でM&Aを実行するが、買収ファンドは元来転売目的であり、買収にあたってコスト意識が高い。また、事業会社と違って対象会社の事業を自ら営んでいるケースはないため、事業会社が買収プレミアムの原資とする事業シナジーはファンドにはない。場合によっては買収合戦の中で、LBOのレバレッジ効果によって買った瞬間に儲かるスキームを組んでいるため、買収ファンドが最高値で落札者となるケースもあるが、全体を平均すれば、事業シナジーが期待できない買収ファンドは事業会社に比べて支払うプレミアムが限定されるという結果が米国では示されているということだ。

　ところが、日本ではこれが逆転している。日本の場合、事業会社のサンプルは337と統計処理には十分な大きさだが、買収ファンドによる完了した買収案件は13サンプルしかないことから、あくまで参考値との位置づけだ。事業会社の平均プレミアムが19%であるのに対して、買収ファンドの平均はこれを大きく上回り、33%となっている。

　p値は12.6%と大きいので、両者の母集団平均に差があるといえる有意水準は10%レベルにも達していない。ファンドのサンプル数が増加すれば有意水準が上昇する可能性もあるが、現時点では日本において、買収プレミアムが測定できる上場会社の買収で、買い手が買収ファンドである案件はいくつかのLBO（MBO）案件などに限定されるため、サンプルが増大すれば平均の差自体が縮小する可能性もある。

ただ一点言えるのは、日本の買収ファンドによる買収は一部のグリーンメイラー的なファンドによる敵対的な案件が散見されるため、後で出てくるように案件の敵対性によってファンドの買収プレミアムが高く見えている可能性がある。日米共に敵対買収は友好的な買収に比べて買収プレミアムが大きい。この点を含めてこの問題は、今後案件サンプルが増大していく将来に向けての課題と言える。

公開買い付けのプレミアムは高い

図2-9は、買収手法が買収プレミアムに与える影響を分析している。案件サイズは米国が2億5000万ドル以上、日本が5000万ドル以上で、プレミアムの範囲は日米共に0〜100%でスクリーニングしてある。米国の場合は、公開買付（399件）のプレミアムを合併及び三角合併（743件）のプレミアムと比較しており、日本の場合は公開買付（85件）を合併及び株式交換（158件）と比較している。日本の場合には公開買付の対価は必ず現金だが、米国の場合は証券取引法や税制の手当てが進んでいるため、株式対価あるいは現金と株式のミックスを対価とする公開買付が頻繁に行われる。

また、合併等についても、日本は、対価は（会社法の組織再編対価の多様化が施行された2007年5月より以前の案件が分析対象なので）必ず株式だが、米国では現金合併も現金と株式のミックスを対価とする合併も実行可能である。したがって、この分析の趣旨は対価の違いが買収プレミアムに与える影響を比較することではなく、あくまで株主が自発的に買付に応じるか応じないかが買収の成否を決める公開買付と、株主総会での議決権行使が買収の成否を決める組織再編行為である場合が、買収プレミアムに与える影響を分析しようとするものである。

結果は日米共に、公開買付の買収プレミアムが、株主総会決議を必要とする組織再編のプレミアムに比べて高くなっている。また、平均の差の検定によれば、日米共にp値は1%未満であり、母集団平均の差は1%レベル以上の有意水準で認められる結果となっている。

この結果の解釈は必ずしも容易ではないが、恐らく、対象会社の株

図2-9 公開買付と合併・株式交換

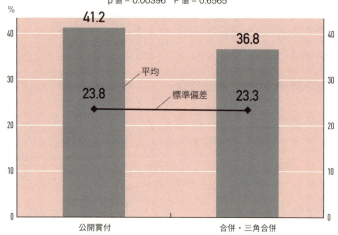

米国のM&A(1997～2006) 会社総価値2億5000万ドル以上
公開買付（株式対価を含む、399件）と株式交換（主として合併と三角合併、743件）の
対発表4週前株価プレミアム（0～100%）比較
p値 = 0.00396　F値 = 0.6565

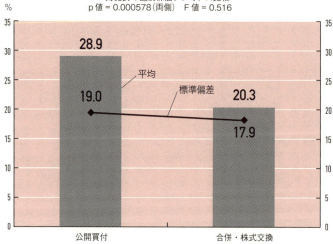

日本のM&A(97～06) 会社総価値5000万ドル以上
公開買付（85件）と合併・株式交換（158件）の
対発表4週前株価プレミアム比較
p値 = 0.000578(両側)　F値 = 0.516

出典：トムソン・ファイナンシャル　米国における2億5000万ドル以上の完了案件で発表4週間前の株価に対するプレミアム（0～100%）、1997～2006と日本における5000万ドル以上の完了案件で発表4週前株価に対するプレミアム（0～100%）、1997～2006、2007年1月現在。

主の行動原理として、公開買付に応札して株式を手放す（投資を終了する）意思決定をすることは、株主総会で合併等に賛成票を投じて買収案に賛成する（合併会社に対する投資を継続する）ことに比べてハードルが高いことを意味していると考えることができる。

もともと値上がりすると思って投資対象に選定した株式銘柄であるから、これを手放すことには若干なりとも抵抗があるだろうという考え方だ。もっとも米国では、合併等の対価がすべて現金である場合もあり、そのケースでは合併等に賛成票を投じることは、保有株式を現金対価の公開買付に応札すること（つまり投資を終了すること）と全く同じである。

しかし、米国でも合併等の対価の一部または全部が株式である場合も多いことから、やはり株主総会で賛成票を投じることは公開買付に応札することに比べて株式を完全に手放す結果にならない場合が少なくない。このことが要求されるプレミアムの差となっているのではないだろうか。

日本の場合には（少なくとも本分析の対象となっている案件では）、公開買付は必ず株式を手放す結果となり、合併等の場合は必ず株式を継続保有する結果となるので、この差はより顕著である。後で出てくる分析によれば、対価自体の差は株式と現金では、米国では現金の場合の方が結果として買収プレミアムは少なくなる傾向があり、日本では両者に差がないという結果であるため、この点との対比は興味深い。

また、別の視点としては、手続きの差が影響しているという解釈も有力かもしれない。株主は少なくとも毎年1回、株主総会で議決権を行使しており、日米共に通常は会社の取締役会が提案する議案が否決されることは稀である。株主は株主総会では賛成票を投じる習慣が身についているということだ。

保有株式が公開買付の対象になることは稀であり、株主は公開買付に応じるという習慣を持っていないのではないだろうか。さらに言えば、公開買付では株主は意思決定の瞬間には無記名で応札の諾否を決定できるが、株主総会は現経営陣の目の前で行われる記名投票であり、この差も株主が株主総会ではプレミアムの大小に大きく影響はされず

に現経営陣が提案する組織再編に賛成票を投じる習慣があり、この習慣が公開買付では機能せず、シビアにプレミアムの大小を判断基準にして行動するという説明も考えられる。

公開買付は、場合によっては敵対的に行われる場合もあるが、合併等の組織再編は敵対的に始まることはあっても、最後まで敵対的に実行されることはない。この点も公開買付のプレミアムが合併等に比べて高くなる要因の一つかもしれない。

米国のテンダー・マージャー

図2-10は、公開買付に限定して買収プレミアムの説明変数を変化させた分析である。ここでは100%取得案件を除いた分析を行うケースがあるため、サンプル数を確保する必要があるので、案件サイズは米国が1億ドル以上、日本が1000万ドル以上で、プレミアムの範囲は日米共にマイナス30〜プラス100%でスクリーニングしてある。説明変数を3つ想定している。第一は取得議決権比率、第二が取得後持ち分比率、第三が買い付け予定議決権比率である。

公開買付においては、たとえば既に30%の議決権を保有する対象会社の全株式取得を目指して公開買付を開始し、結果として60%の応札があり、これをすべて取得した結果、議決権90%を保有するにいたった場合、第一の変数（取得%）は60%、第二の変数（取得後持ち分%）は90%、第三の変数（買い付け予定%）は70%となる。結果はまず、日米共にすべての変数について買収プレミアムの値と正の相関関係が認められる。

米国においては、この三つの変数のうち回帰の決定係数が最も大きいのは、第一の変数である。ただし、米国では多くのM&Aがゼロから完全買収を目指すから、第一の変数が100%のケースが圧倒的に多い。そのため、ここでは100%取得したケースを除いて回帰分析を実行している。このケースのサンプル数は87件、自由度調整済み決定係数は0.08である。

これに対して100%取得案件を含めて計算した第二の変数の自由度調整済み決定係数は0.0018、100%取得案件を含めて計算した第三の

図2-10　公開買付における取得％、取得後持ち分％、買付予定％

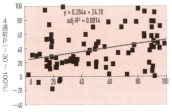

米国のM&A　会社総価値1億ドル以上　97～06　87件
公開買付（除くSELF-TENDER）　取得％と4週前プレミアム
p値 = 0.0014

y = 0.284x + 24.18
adj-R² = 0.0814

取得％（100％取得を除く）

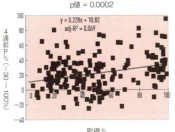

日本のM&A　会社総価値1000万ドル以上　97～06　187件
公開買付（除くSELF-TENDER）　取得％と4週前プレミアム
0～100％案件の平均 = 28.7％（σ = 19.7％）
p値 = 0.0002

y = 0.228x + 10.82
adj-R² = 0.069

取得％

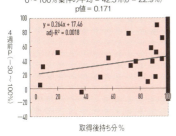

米国のM&A　会社総価値1億ドル以上　97～06　481件
公開買付（除くSELF-TENDER）　取得後持ち分％と4週前プレミアム
0～100％案件の平均 = 42.5％（σ = 22.9％）
p値 = 0.171

y = 0.264x + 17.46
adj-R² = 0.0018

取得後持ち分％

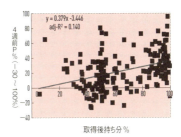

日本のM&A　会社総価値1000万ドル以上　97～06　187件
公開買付（除くSELF-TNDER）　取得後持ち分％と4週前プレミアム
p値 = 9E-9

y = 0.379x -3.446
adj-R² = 0.140

取得後持ち分％

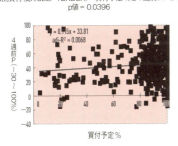

米国のM&A　会社総価値1億ドル以上　97～06　481件
公開買付（除くSELF-TENDER）　買付予定％と4週前プレミアム
p値 = 0.0396

y = 0.145x + 33.81
adj-R² = 0.0068

買付予定％

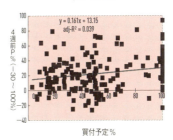

日本のM&A　会社総価値1000万ドル以上　97～06　187件
公開買付（除くSELF-TENDER）　買付予定％と4週前プレミアム
p値 = 0.0041

y = 0.161x + 13.15
adj-R² = 0.039

買付予定％

出典：トムソン・ファイナンシャル　米国における会社総価値1億ドル以上の完了案件で発表4週間前の株価に対するプレミアム（-30～100％）と日本における同1000万ドル以上の完了案件で発表4週前株価に対するプレミアム（-30～100％）、1997～2006、2007年1月現在。

変数の自由度調整済み決定係数は 0.0068 である。ただし、第一の変数で 100% 取得ケースを含めて回帰分析してもサンプル数は 481 件で自由度調整済み決定係数は 0.02 となり、やはり僅かではあるが、第二と第三の説明変数の決定係数を上回る結果となる[*24]。一方、日本では第二の変数の自由度調整済み決定係数が最も高く 0.14 となっている。第一の変数の自由度調整済み決定係数は 0.069、第三の変数の自由度調整済み決定係数は 0.039 だ。この分析結果の解釈は容易ではないが、まず日本の分析結果について考えてみよう。

　取得比率や買付予定比率ではなく、取得後持ち分比率が最も買収プレミアムに影響するという結果だ。一般的に考えれば、買収者がすでに 40% を保有している場合にあと 11% を取得して過半数の議決権を得ようとする場合と、買収者がまったく議決権を保有していない状態から 11% を取得しようとする場合では、前者の方が、買収者が獲得する支配権に大きな意味があるので、買収者としても後者の場合より多くのプレミアムを支払おうと考えるだろう。売り手にしても、前者の場合の方が応札を検討する株主が全体の 60% しかないので、すべての株主が応札を検討できる後者よりも買収者にとって不利だ。だから、自然と買収プレミアムが上昇する、と考えることができる。

　実際、日本の公開買付の分析結果はそのようになっているのだ。第一の変数では値が同じ 11% であっても、第二の変数が 11% なのか 51% なのかが買収プレミアムに影響して、これを上昇させる効果があるということだ。米国でも本来は第二の変数が強い説明力を持つはずなのだが、そうならないのは日米の M&A 制度の違いが大きく影響していると思われる。

　つまり図 2-10 の米国の第二変数のグラフを見ればわかるように、米国の公開買付の取得後持ち分はほとんどのケースで 100% なのだ。これは米国の場合、第一段階の公開買付で過半数[*25]の議決権を取得すれば、次の第二段階で現金合併を行うことで公開買付と同じ条件で残りの少数株主を強制排除でき、ほとんどの案件でこのような手続きが踏まれるからである。

　これを一連の取引とみなして、米国ではテンダー・マージャー（公

開買付合併）と呼んでいる。分析に使用しているトムソン・ファイナンシャルのデータは、テンダー・マージャーの場合に第一段階の公開買付でどの程度の応札があったかという途中経過に関するデータがないため、第二変数の値がほとんどの案件で100%となってしまうのだ。そのため、第二変数の説明力が弱く見えてしまっているのであろう[*26]。

　この点は日米の制度の違いと共に、M&Aに対する考え方の違いを示しているともいえる。米国ではM&Aで対象会社を買収する場合、買い手が新たな経営方針で対象会社の経営にあたり、支払う買収プレミアムを上回る価値創造が可能と判断して買収を実行する以上、その果実の一部を一般株主に与える一部買収は基本的に行わない。買収の経済性に自信があるなら、経済的にはこちらが合理的な行動だろう。

　日本では公開買付で完全買収を目指すケースもあるが、上場を維持したいなどの理由で対象会社に少数株主を故意に残すケースが多い。だからこそ、第二変数がさまざまな値をとり得るので、この変数の説明力が本来の姿を現すということだろう。日本で完全買収を目指さずに上場を維持するのは、多くの場合、対象会社の上場を維持した方が従業員の士気に良い影響がある、といった議論があるからだが、本当にそうだろうか。むしろ完全買収して上場を廃止し、業績を改善したのちに高い評価で再上場し、その際に従業員や経営者にもストックオプションなどで価値創造の対価を分配するとのスキームを組んだ方が従業員の士気は高まるのではないだろうか。

　少なくともアメリカ人は、労働意欲が現金と素直にリンクする人が多いようだ。しかし日本では（今後は変わるかもしれないが）、これまでは必ずしもそうとは言えないようだ。上場会社に働いていることの方が、将来多額の現金報酬をもらえる可能性より労働意欲に対してプラスの効果を及ぼす人も多いようだ。このあたりが日米のM&Aに対する考え方の大きな違いの一つと言えるだろう。

　なお図2-10に示すように、第一の変数に関するこの単回帰分析の無相関の検定結果は米国でp値=0.0014、日本でp値=0.0002であるから、無相関との帰無仮説は棄却される。第二、第三変数についての

p値も図に示した通りである。

「CASH IS KING」ではない日本

　図2-11は、買収通貨が買収プレミアムに与える影響を分析している。案件サイズは米国が2億5000万ドル以上だが、日本は案件数を確保するため1000万ドル以上で、プレミアムの範囲は日米共に0～100％でスクリーニングしてある。買い手が買収の対価として支払う通貨は通常、株式か現金のいずれかである。日本では税法の制約があるため、株式と現金のミックス（ハイブリッド）の案件はほとんど存在しないが、米国にはこれが結構ある。

　まず米国の結果だが、サンプル数が現金で735件、株式で474件、ハイブリッドで304件あるが、プレミアムの平均は現金が36％、株式が38％、ハイブリッドが36％である。現金と株式を比較すると、現金の方が僅かにプレミアムが小さい。現金と株式のケースについて平均の差の検定を行うと、p値が6.3％となり、10％有意水準で二つの母集団平均には有意差があるとの結果となっている[*27]。

　一方、日本では現金のサンプルが283件、株式のサンプルが203件だが、両者の平均は現金が19％で株式は20％であり、ほとんど差がない。p値も79％であり、（母集団平均に差がないとの）帰無仮説は棄却できないので、両者の母集団平均に有意差はないことになる。

　一般にM&Aの世界では対価としては現金が最強で、売り手は対価が現金の場合の方が、プレミアムが小さいことを容認し、同じプレミアムの株式対価の条件より現金対価の条件が優越すると考える、と言われている。資本主義経済の世の中では現金に勝る物はないのだ。これに対する反論としては、合併などの場合で合併会社が明らかにシナジーを実現して価値が急上昇していくと考えられる場合には、現金対価よりも、今後の価値上昇が見込まれる株式対価の方が売り手にとって長期的には有利な場合があるはずであり、M&Aが実行される場合、買い手は対象会社の価値上昇に自信があるわけだから、多くの場合、売り手は株式対価を選好するはずだ、という議論があるだろう。

　しかし、一般的にはそうは考えられないのだ。M&Aの世界では買

図2-11　買収通貨と買収プレミアム

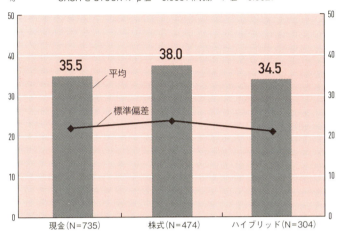

米国M&A（会社総価値2億5000万ドル以上）　対発表4週前株価プレミアムと買収通貨
（プレミアムは0〜100%、CASHはOTHER・UNKNOWN除く）
CASHとSTOCKのp値＝0.0631（両側）　F値＝0.0627

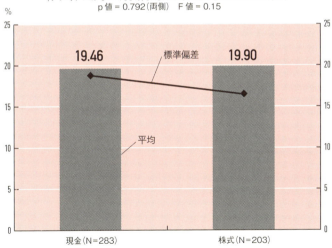

日本のM&A（会社総価値1000万ドル以上）の対発表4週前株価プレミアムと買収通貨
（プレミアムは0〜100%、CASHはOTHERとUNKNOWN除く）
p値＝0.792（両側）　F値＝0.15

出典：トムソン・ファイナンシャル　（米国における2億5000万ドル以上の完了案件で発表4週間前の株価に対するプレミアム（0〜100%）、1997〜2006と日本における5000万ドル以上の完了案件で発表4週前株価に対するプレミアム（0〜100%）、1997〜2006、2007年1月現在。

い手が実現する予定のシナジーの一部は買収プレミアムとして対価の計算上、既に売り手に支払われている。しかし、これを株式で受け取っても、シナジーが実現するかどうかの不確実性が残ってしまう。むしろシナジーを確定した値で先渡ししてもらえる現金の方が売り手にとって有利と考えるべきなのだ。

当然ながら、買収条件が売り手に不利で、買収プレミアムが不十分な場合、株式対価の方がシナジーへの参加を期待できるという場合もあるだろうが、その場合には株式対価を選択するのではなく、不十分な条件を理由に買収に反対するのが合理的な売り手の行動なのだ。

また、買い手の会社が上場会社の場合には現金を受領しておけば株式での将来のシナジー実現に賭けてみたい投資家は受領した現金で買い手の株式を購入することも可能であり、やはり現金が株式に勝るというのが通常の考え方なのだ。

ところが、これが日本では通用しない。日本の分析では現金と株式は買収プレミアムについて中立という結果となっている。これは日本の場合、株式対価はほとんどが合併か株式交換であり、特に日本に多い対等合併のケースが株式対価のサンプルに多く含まれている。この対等合併ケースでは、通常ほとんどプレミアムが支払われない。

形式的に株式交換や共同株式移転で経営統合する場合でも、「対等の精神での経営統合」の名の元に買収プレミアムがほとんど支払われず、代わりに売り手の経営陣が統合会社の取締役に数多く就任するというケースも日本の対等案件の特徴である。こういった事情が、日本の株式対価の買収プレミアムを低下させていると考えることができる。

なお、図2-9で述べた日本の手法別の買収プレミアム比較で、合併・株式交換はすべて対価が株式で、公開買付ではすべて対価が現金であると述べたが、図2-9では現金対価の公開買付の方が買収プレミアムが1%有意水準以上で高いという結果となっていた。

これを買収手法の比較ではなく買収対価の比較と捉えると、図2-9は図2-11の結果と矛盾することになる。しかし、事実はそうではない。図2-11の現金対価には公開買付以外に第三者割当増資が数多く含まれている。日本では会社法上の授権株式数の範囲内で有利発行で

ないという条件を満たせば、取締役会決議で第三者割当増資がかなり自由に行えるため、M&Aの手段としてこれが使用されるケースが欧米に比べて格段に多い。そして第三者割当増資は倒産懸念会社の救済的な局面で実行されることも多く、そうでない場合でも通常時価近辺あるいはやや割引の条件で行われ、プレミアムはなし、あるいは小さなマイナスの場合が多い。

これが図2-9の公開買付の買収プレミアム（29%）に比べて、図2-11の現金対価の買収プレミアム（19%）がかなり低い値となっている原因と思われる[*28]。いずれにせよ、M&Aの世界では「CASH IS KING」と言われるのだが、米国のデータはこれを裏付けるが、日本ではその常識は少なくとも表面上は裏付けられないということだ。

敵対買収は高いプレミアム

図2-12は、敵対買収[*29]と友好買収の買収プレミアムを比較したものだ。案件サイズは米国が2億5000万ドル以上だが、日本は案件数を確保するため1000万ドル以上で、プレミアムの範囲は日米共に0〜100%でスクリーニングしてある。米国では友好案件がサンプル数1526件で、敵対案件はサンプル数29件である。ここでも敵対買収がいかに件数的には稀なケースであるかがわかる。

米国の買収プレミアムの平均は、友好案件が37%であるのに対して敵対案件では50%と友好案件より大幅に高い。p値も0.2%なので1%有意水準以上で母集団平均に差があるという結果だ。これは直感的に理解できる結果だろう。対象会社の取締役会が反対して買収に抵抗する以上、最終的には株主の支持を得て無理やり買収に成功するしか道はない。無理をして買えば、どうしても買収コストが割高になるというわけだ。

なお、米国では周知の通り、多くの上場企業がポイズンピル型の買収防衛策を導入しているが、取締役会がこれを買収排除策としては使用せず、買収条件の交渉ツールとしてしか使用しないということはすでに述べた通りだ。したがって、米国ではピルなどの防衛策がその本来の使用方法に従って正しく運用されているために、結果として敵対

図2-12　敵対性と買収プレミアム

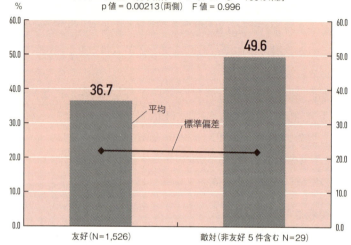

米国M&A（会社総価値2億5000万ドル以上）の対発表4週前株価プレミアムと敵対性
1997～2006の完了案件　プレミアム　0～100%未満
p値 = 0.00213（両側）　F値 = 0.996

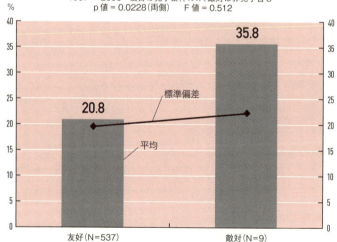

日本のM&A（会社総価値1000万ドル以上）の対発表4週前株価プレミアム（0～100%）と敵対性
1997～2006　友好は完了案件のみ、敵対は非完了含む
p値 = 0.0228（両側）　F値 = 0.512

出典：トムソン・ファイナンシャル　（米国における2億5000万ドル以上の完了案件で発表4週間前の株価に対するプレミアム（0～100%）、1997～2006と日本における1000万ドル以上の完了案件（友好のみ、敵対は非完了含む）で発表4週前株価に対するプレミアム（0～100%）、1997～2006、2007年1月現在、日本の9件は昭栄、ユシロ化学、ソトー、日本技術開発（株式分割補正後）、新日本無線、オリジン東秀、北越製紙、サンテレフォン、明星食品。

買収の買収プレミアムが友好案件に比べて高いと解釈することもできる。

　一方、日本でも敵対買収の買収プレミアムは友好案件よりも高いというまともな結果が出ている。サンプル数は友好案件が 537 件であるのに対して、敵対案件はわずか 9 件[*30]だが、友好案件の平均買収プレミアムは 21% であり、敵対買収の平均は 36% とやはり友好案件の平均を大きく上回っている。

　サンプル数が少ないが p 値も 2.3% であり、母集団平均は 5% 以上の有意水準で差異が認められるという結果になっている。敵対買収は日本では最近始まったばかりで、まだ多くないが、いろいろ不思議なことが起こる日本の M&A 市場でも敵対買収の世界では常識的な買収プレミアムの水準が観測されていると言えるだろう。

　しかし、米国に比べれば敵対買収の買収プレミアムも絶対水準はまだ高いとは言えない。なお、敵対買収においては一般に買収者は買収審査を行うことができないので、買収者が対象会社のインサイダーとなって未公開情報を入手することはない。したがって敵対買収においては、当事者が固有の情報に基づいて決定した買収プレミアムが表面上の数値と一致しないという現象は起こりにくい。むしろ敵対買収者はできるだけ高いプレミアムを提示して株主に対して売却に応じるインセンティブを醸成しようとする。

　その際、過去の通常の M&A 案件で提示されたプレミアムの値を参考にして、これを上回る値を提示する傾向がある。株主側も対象会社の株価位置や業績見通しなどと並んで、過去の類似案件と比較して提示されている買収プレミアムが魅力的な値であるかどうかを買収提案の諾否の意思決定にあたって重視する傾向がある。この点は、敵対買収のプレミアムが友好案件を上回るメカニズムとして重要な点と思われる。

▍暖簾の定期償却の有無が影響

　図 2-13 は、買収価格で計算される対象会社の株価純資産倍率（PBR）[*31]と買収プレミアムの関係を分析したものだ。案件サイズは

図2-13　PBRと買収プレミアム

米国M&A（会社総価値2億5000万ドル以上）のPBRと対発表4週前株価プレミアム1997〜2006
（プレミアム：0〜100%　PBR：0〜10の1,407件）
p値 = 6E−9

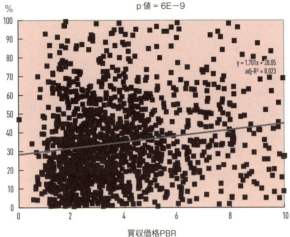

買収価格PBR

日本のM&A（会社総価値5000万ドル以上）のPBRと対発表4週前株価プレミアム（1997〜2006）
PBR：0〜10　プレミアム：−30〜100%の498件
p値 = 0.56

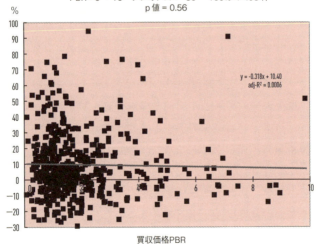

買収価格PBR

出典：トムソン・ファイナンシャル　（米国における2億5000万ドル以上の完了案件で発表4週間前の株価に対するプレミアム（0〜100%）、PBR（0〜10）、1997〜2006と日本における5000万ドル以上の完了案件で発表4週前株価に対するプレミアム（−30〜100%）、PBR（0〜10）、1997〜2006、2007年1月現在。

米国が 2 億 5000 万ドル以上、日本は 5000 万ドル以上で、プレミアムの範囲は米国が 0 ～ 100% だが、日本はマイナスプレミアムが多いことに配慮してマイナス 30 ～ プラス 100% でスクリーニングしてある。また、PBR については、異常値を排除する意味で 0 ～ 10 の範囲でスクリーニングした。結果は米国においては PBR と買収プレミアムの間の単回帰係数は正の値だが、自由度調整済み決定係数は 0.023 と非常に低い。

日本では逆に単回帰係数は負の値だが、自由度調整済み決定係数は 0.0006 とほとんどゼロに近い。図 2-13 に示すようにこの単回帰分析の無相関の検定結果は米国で p 値 =6E-9、日本で p 値 =0.56 であるから、無相関との帰無仮説は米国では問題なく棄却されるが、日本では棄却されない。

しかし、本章後半の重回帰分析で PBR が有意な説明変数となる場合もあるので、参考までに実務上の観点から日米の回帰係数の符号が逆になるとの結果を解釈する理屈を考察してみよう。

わずかだが観測される日米の差は、企業結合会計の差が影響している可能性があるかもしれない[*32]。米国では 2001 年以降、米国財務会計基準審議会（FASB）の新ルールにより PBR が 1 以上の価格で会社を買収した場合、暖簾を計上しないで対象会社の貸借対照表を簿価で受け入れる持ち分プーリング法を廃止し、パーチェス法の会計処理でも暖簾の定期償却を廃止して減損処理だけで済むようにした[*33]。この影響で米国では PBR が高い企業を買収する場合でも、その買収価格の合理性を客観的に証明できれば、会計上の償却負担を気にして買収金額の提案に躊躇する要因が減少した。

また、2001 年以前も株式対価で買収するなど一定の基準を満たして持ち分プーリング法を適用すれば、やはり暖簾償却を気にする必要がなかった。これだと PBR は PER と概ね同じ効果を持つことになり、評価の高い対象会社の買収の場合に競争や対象の魅力度の関係で、それほど強い影響ではないが PBR が高くなるにしたがって買収プレミアムが高くなる傾向が見られる可能性があることになる。

しかし、日本の場合はこの逆で、元々持ち分プーリング法は合併な

ど一定のケースでしか認められなかったが、2006年4月からはこれがさらに厳格になり、非常に特殊なケース以外はパーチェス法となり、暖簾の計上とその定期償却が義務づけられている。この基準の正式適用以前も、日本ではパーチェス法による会計では常に暖簾の定期償却が必要だった。

　したがって、この分析時点ではニューヨーク証券取引所に株式を上場して連結財務諸表を米国会計基準で作成している僅かな会社以外は、PBRの高い会社を買収する場合には暖簾の定期償却負担が心理的に買い手の経営者に重くのしかかる。自然と買収価格を抑える心理が働いても不思議はない。

　これがPBRと買収プレミアムの間の相関が、わずかだが日米で逆に出る原因と考えることができるかもしれない。しかし、そもそも上場会社の株価はPBRが1以上であることが常識である。それなのに日本の会計基準はすべての会社のPBRの公正な値は1であり、M&Aで買収した会社のPBRは1になるように、支払いすぎた部分を10年から20年で定期的に費用計上（償却）しろと言っている。米国や欧州の会計基準も昔は今の日本と同じで持分プーリング法とパーチェス法の二本立てだったが、持分プーリング法を廃止してパーチェス法に統一する際、初めは暖簾の定期償却を義務付ける案が出されていた。

　これに対して産業界や証券界が一大キャンペーンを張って、暖簾の定期償却を阻止することに成功したという経緯がある。このキャンペーンの裏には、暖簾の償却負担があるとM&Aが阻害されて、証券界もビジネス上好ましくないといった必ずしも正当ではない動機が働いたことも事実だろう。

　結論として、すべての会社の価値はPBR=1であるべきとする考え方が、保守的ではあるが資本市場の現実から大きく乖離した机上の空論であることは確かだろう。日本も最近ようやく企業会計基準委員会がこの問題に正面から取り組む姿勢を見せた。

　2007年8月に企業会計基準委員会は、日本の会計基準を2011年6月までに、国際会計基準理事会が定め、多くの欧州企業が準拠する国際会計基準（IAS、その後のIFRS）と統一すると発表した。2014年

時点では、まだ実現していない。IFRSとは別に、日本でも暖簾の定期償却の廃止が検討される方向ではあるが、結論は今後の議論次第である[*34]。やや遅きに失している面もあるが、早急な対応が期待されている。

日本のM&A実行者の米国に比べた相対的な未熟さ

図2-14は案件サイズ（対数）と買収プレミアムの関係を分析したものだ。案件サイズは米国が2億5000万ドル以上、日本は5000万ドル以上で、プレミアムの範囲は米国が0～100%だが、日本はマイナスプレミアムが多いことに配慮してマイナス30～プラス100%でスクリーニングしてある。結果は、日米共に自由度調整済み決定係数が0.0006～0.0009程度で相関は非常に低いが、米国の一次回帰線の傾きは負の値で、日本は逆に正の値となっている。この結果はPBRの分析に比べてもさらに決定係数が低い。

図2-14に示すように、この単回帰分析の無相関の検定結果は、米国でp値=0.114、日本でp=0.168であるから、無相関との帰無仮説は日米共に棄却できないが、そのレベルは10%をわずかに超えたレベルである。

そこでふたたび実務的な観点から強いてコメントするなら、一般的には案件サイズが大きくなればそれだけ重大な案件で、買い手も慎重にならざるを得ず、買収プレミアムにある程度ブレーキがかかって回帰線の傾きは負の値になるべきと思われるが、反対にM&Aに関して経験が浅くリスク評価が甘い経営陣が大型案件を実行すると、何千億円、何兆円という会話に感覚が麻痺して、ついプレミアムを支払いすぎてしまい、一次回帰線の傾きが正の値となる、という可能性もあるかもしれない。

日本の回帰線の傾きが正の値で米国と逆であることの解釈が必要であれば、このような説明が可能かもしれないが、この単回帰分析の結果からは、そのような推論を強く支持するデータは観測されていないと言ってよいだろう。

図2-14 案件サイズと買収プレミアム

米国のM&A（会社総価値2億5000万ドル以上）の案件サイズと対発表4週前株価プレミアム
プレミアム = 0〜100%　1997〜2006の1639件
p値 = 0.114

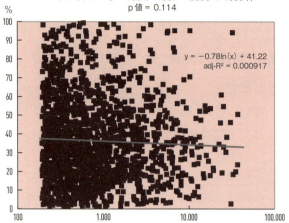

日本のM&A（会社総価値5000万ドル以上）の案件サイズと対発表4週前株価プレミアム
プレミアム = －30〜100%、1997〜2006の545件
p値 = 0.168

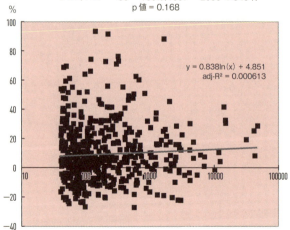

出典：トムソン・ファイナンシャル　（米国における2億5000万ドル以上の完了案件で発表4週間前の株価に対するプレミアム（0〜100%）、1997〜2006と日本における5000万ドル以上の完了案件で発表4週前株価に対するプレミアム（－30〜100%）、1997〜2006、2007年1月現在。

図 2-15 は単なる案件サイズではなく、相対的な案件サイズ、すなわち、売り手（対象会社）の会社総価値（株主価値＋純負債）が買い手の株主価値の何倍か、という比率（ただし自然対数）を説明変数として採用して、買収プレミアムとの関係を分析したものだ。案件サイズは米国が 2 億 5000 万ドル以上、日本はデータ数を確保するために 1000 万ドル以上で、プレミアムの範囲は日米共に 0 〜 100% でスクリーニングしてある。結果は日米共に自由度調整済み決定係数が 0.004 〜 0.009 程度であり、非常に低い。

　しかし、ここでも一次回帰の傾きは米国が負の値であるのに対して、日本は正の値となっている。また、図 2-15 に示すように、この単回帰分析の無相関の検定結果は米国で p 値 =0.0001、日本で p 値 =0.11 であるから、無相関との帰無仮説は米国では問題なく棄却される。日本では棄却できないが、そのレベルは 10% をわずかに超えたレベルである。さらに再び本章後半の重回帰分析の結果を参照すると、この変数が有意な説明変数となる場合もあるので、実務的観点からあえて議論をするなら、結果が図 2-14 と同じとなっている点には注意を要するかもしれない。

　この分析では、買い手が買収資金を調達する際に、資金を株式で調達しようが社債や銀行借入等の負債で調達しようが、調達力の根源は自己の株主価値であるから、分母に買い手の株主価値をとり、一方調達すべき買収資金の規模は、買い手が引き受ける負債も含めて考える必要があるので、分子は対象会社の会社総価値にして、その比を取って説明変数としたわけだ。

　この変数と買収プレミアムの関係は一般的には、自己を大きく上回る大型でリスクの高い買収を実行する場合には、自己の規模に比べて非常に小さな会社を買収する場合に比べて、失敗した場合のリスクが大きくなるので、買収プレミアムにある程度ブレーキがかかって回帰線の傾きは負の値になるべきと思われる。反対に M&A に関して経験が浅くリスク評価が甘い場合には、ついプレミアムを支払いすぎてしまい、一次回帰線の傾きが正の値となる、という図 2-14 と全く同じ議論が成立し得ると思われる。

図2-15 売り手会社総価値÷買い手株主価値とプレミアム

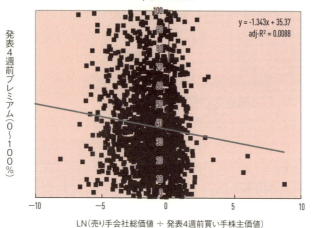

米国 M&A 1997～2006（会社総価値1億ドル以上）
買い手と売り手の規模比率と対発表4週前株価プレミアム 1525件
p値 = 0.0001

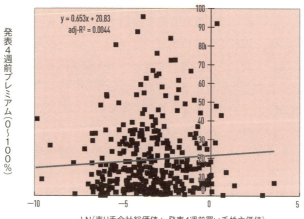

日本のM&A 1997～2006 会社総価値1000万ドル以上
売り手・買い手の規模比と対発表4週前株価プレミアム（0～100%）354件
p値 = 0.1113

出典：トムソン・ファイナンシャル （米国における2億5000万ドル以上の完了案件で発表4週間前の株価に対するプレミアム（0～100%）、1997～2006と日本における5000万ドル以上の完了案件で発表4週前株価に対するプレミアム（-30～100%）、1997～2006、2007年1月現在。

そして、結果が図2-14と2-15で同じ方向に出ているという点は、日本のM&A実行者の米国に比べた場合の相対的な未熟さを表しているという可能性があり、実務上の経験からもこの結果と推論はあながち安易に否定すべきではないように思われる。

なお、図2-15の米国の一次回帰分析で説明変数（売り手会社総価値÷買い手株主価値）が5.0を超えるデータポイントがグラフの右下に3点あるが、この3点を除外して回帰分析を行っても回帰係数は-1.267、自由度調整済み決定係数は0.008となり、データポイントを除外しない場合（回帰係数－1.343、自由度調整済み決定係数0.0088）と結果はほとんど同じである。

さらに説明変数が2.0を超える右下のデータポイント（合計7点）をすべて削除しても結果はほとんど同じである。したがって、少数のIDD[*35]の影響で回帰係数が負の値となっているというわけではなさそうである。

クロスボーダーはプレミアムが高い

図2-16は、買い手と売り手（対象会社）の国籍が同じ国内案件と、国籍が異なる国際案件（クロスボーダー）に分けて、両者に買収プレミアムの差があるかを検定したものだ。案件サイズは米国が、年度別に検定を行うためにデータ件数を確保する意味で1億ドル以上、日本はやはりデータ数を確保するために1000万ドル以上で、プレミアムの範囲は日米共に0〜100%でスクリーニングしてある。

日本については、年度別に分析するにはデータ件数が不足しているので、1997年〜2006年の10年間を前後二つに分けて前半5年間と後半5年間に分けている。結果は米国においては2001年までの前半の5年間はすべて国際案件の方が買収プレミアムが高い傾向がある。ただし、平均の差の検定結果がアスタリスクで年度表記欄に示してあるが、10%有意水準でも母集団平均に差があると言えるのは2000年だけで、それ以外の年度はp値が概ね20%以上であり、母集団平均に差があるとは言えない。

一方、日本の場合は前半、後半共に米国の早い時期と同様に国際案

図2-16　国内案件とクロスボーダー（国際）案件

米国企業対象のM&A　97～06　（会社総価値1億ドル以上）
国内案件（2016件）と国際案件（390件）の対発表4週前株価プレミアム（0～100%）　2406件
＊：10%水準　＊＊：5%水準　＊＊＊：1%水準

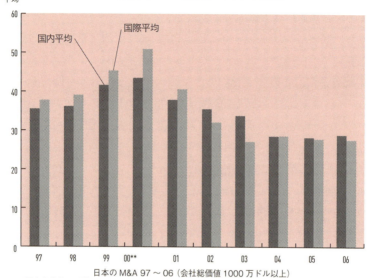

日本のM&A 97～06（会社総価値1000万ドル以上）
国内案件（571件）と国際案件（54件）の対発表4週前株価プレミアム（0～100%）　625件

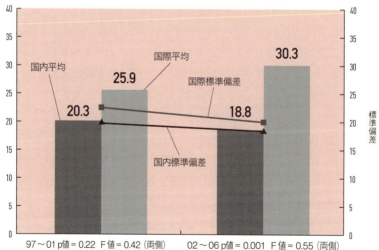

97～01 p値=0.22　F値=0.42（両側）　　02～06 p値=0.001　F値=0.55（両側）

出典：トムソン・ファイナンシャル　（米国における1億ドル以上の完了案件で発表4週間前の株価に対するプレミアム（0～100%）、1997～2006と日本における1000万ドル以上の完了案件で発表4週前株価に対するプレミアム（0～100%）、1997～2006、2007年1月現在。

件の方が、買収プレミアムが高い傾向にあり、p値でみると後半の方が1%有意水準で母集団平均に差があるとの結果になっている。前半については、p値が22%で母集団平均に差があるとは言えない[*36]。一般的にはクロスボーダー案件は、国内案件で会社法や税法、会計基準などを熟知し、相手の経営者も同じ国籍や民族である場合に比べて、案件の実行に際して発生する困難さは格段に増加する。

　困難な案件を、場合によっては相対的に有利な、対象会社と同じ国籍の他の買い手候補と争って買収合戦に勝利するには、買収プレミアムをより多く支払う必要があるかもしれない。したがって、どちらかと言えば国際案件の方が、買収プレミアムが高くなるという方が実務的な経験則と一致する。しかし、分析結果はそのような傾向が日米共に観測されるものの、その差は年度別に差があり、統計的にあまり有意でない時期もあるということだ。

財務アドバイザーの効果

　図2-17は、交渉の巧拙という定量化しにくい、しかし実務的には買収プレミアムに非常に大きな影響を与える要因を分析するために、売り手の財務アドバイザーがその国でM&Aアドバイザリー業務を頻繁に行っており、経験値が高いと言えるいわゆる大手証券会社の場合と、そうでない場合に分けて買収プレミアムに差があるかを分析したものだ。案件サイズは米国が、年度別に検定を行うためにデータ件数を確保する意味で1億ドル以上、日本はやはりデータ数を確保するために1000万ドル以上で、プレミアムの範囲は日米共に0〜100%でスクリーニングしてある。

　日本については、年度別に分析するにはデータ件数が不足しているので、1997年〜2006年の10年間を前後二つに分けて前半5年間と後半5年間に分けている。アドバイザーについては米国においては大手証券をアドバイザーランキング上位常連のゴールドマン・サックス、モルガン・スタンレー、シティグループ、CSFB、ドイツ銀行、JPモルガン、リーマンブラザース、メリルリンチ、ソロモンスミスバーニーの9社とし、日本においてはやはりランキング上位常連のモルガ

図2-17 売り手アドバイザー能力と買収プレミアム

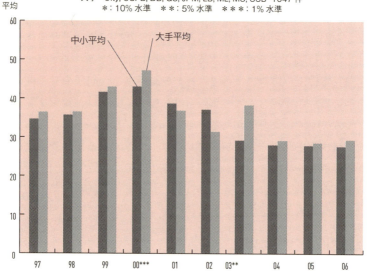

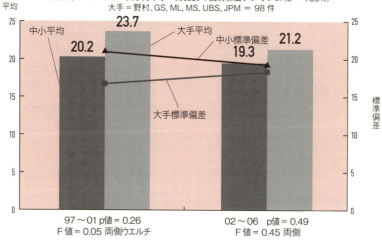

出典：トムソン・ファイナンシャル （米国における1億ドル以上の完了案件で発表4週間前の株価に対するプレミアム(0～100%)、1997～2006と日本における1000万ドル以上の完了案件で発表4週間前株価に対するプレミアム(0～100%)、1997～2006、2007年1月現在。

ン・スタンレー、ゴールドマン・サックス、メリルリンチ、UBS、JPモルガンの外資系5社に野村証券を加えた6社とした。買い手のアドバイザーではなく売り手のアドバイザーを説明変数に選んだのは、近年世界中でM&Aが増加しており、案件進行管理が売り手のアドバイザーによってシステマティックに行われる場合が多いからである。

多くの案件がまず売り手が自己の財務アドバイザーを指名することから始まり、オークション形式で進行する場合が多く、その場合買い手よりも売り手のアドバイザーが案件の進行全体を強く管理するので、売り手のアドバイザー能力が案件の結果に強く影響すると言えるのだ。結果は日米共に売り手アドバイザーが経験豊富な大手である場合の方がそうでない場合に比べて買収プレミアムが高くなるという傾向が見られた。

米国の場合、2001年と2002年を除く8年で売り手アドバイザーが

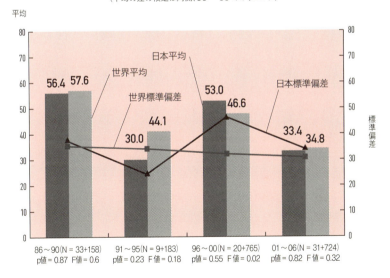

図2-18 日本企業は外国企業を高値掴みするのか？

日本買い手と日本以外買い手のクロスボーダーM&Aの対発表4週前プレミアム
(日本買い手は1000万ドル以上の93件、日本以外買い手は1億ドル以上の1830件、プレミアムは0〜200%、(平均の差の検定は両側、96〜00のみウエルチ)

出典:トムソン・ファイナンシャル 1986年〜2006年の完了案件 世界における会社総価値1億ドル以上のクロスボーダー案件(日本買い手除く)と日本買い手の同1000万ドル以上のクロスボーダー案件、発表4週間前の株価に対するプレミアム、但しプレミアムが0%以下と200%以上の案件を除く、2007年1月現在。

図2-19 日本買い手のクロスボーダー案件　プレミアム順リスト

発表日	対象会社	買い手
1988. 3. 17	Firestone Tire & Rubber Co	Bridgestone Corp
2005. 9. 9	PalmSource Inc	Access Co Ltd
2000. 2. 15	7-Eleven Inc	IYG Holding Co
1996. 2. 29	Sithe Energies（Cie Generale）	Marubeni Corp
2000. 12. 29	Berlitz Intl Inc（Benesse Corp）	Benesse Corp
1988. 3. 21	John O Butler Co	Sunstar Inc
1990. 4. 16	Dataproducts Corp	HND Corp
2004. 10. 5	DuPont Photomasks Inc	Toppan Printing Co Ltd
1989. 8. 21	Lyphomed Inc	Fujisawa Pharmaceutical Co Ltd
1987. 6. 25	Reichhold Chemicals Inc	Dainippon Ink & Chemicals Inc
1989. 9. 28	AVX Corp(Kyocera)	Kyocera Corp
2000. 5. 5	Verio Inc	NTT Communications Corp
1988. 8. 30	Gould Inc	Nippon Mining Co Ltd
1990. 9. 24	MCA Inc	Matsushita Electric Industrial
1990. 4. 23	Aquascutum Group PLC	Renown Inc

　大手の場合の方が、買収プレミアムが高くなるという結果が出ており、p値は2000年と2003年で1%未満と5%未満になり、高い有意性を示している。しかし、図からわかるようにその差は近年縮小する傾向にある。

　一方、日本でも前半の5年間と後半の5年間双方とも、売り手アドバイザーが大手の場合の方が、買収プレミアムが高くなるという結果であるが、前半のp値は26%、後半のp値は49%であり、特に有意性は認められない。

　つまり一般的には売り手アドバイザー能力は買収プレミアムに正の影響を与える傾向が見られるが、M&A件数が増加して、アドバイザー間の経験値の差も縮小し、また当事者である買い手や売り手自身も経験値の蓄積があるため、近年その傾向は縮小しているということであろう。加えて、日本においては米国に比べれば、外資系大手といえどもアドバイザー能力の点で中小アドバイザーとの力量の差が少ないということも言えるようだ。

(1986年～2006年　発表ベース対発表4週前株価プレミアム順)

発表4週前 P	会社総価値	取得 %	取得後 %	対象国籍
148.1	2,779	100	100	United States
140.9	265	100	100	United States
130.2	540	—	72	United States
126.4	196	29.5	29.5	United States
112.9	110	22.8	100	United States
106.2	161	100	100	United States
81.8	136	100	100	United States
72.9	703	100	100	United States
68.8	782	70	100	United States
64.4	567	100	100	United States
59.9	653	100	100	United States
57.9	6,321	90	100	United States
55.0	1,447	99.6	100	United States
54.4	7,086	100	100	United States
52.8	133	100	100	United Kingdom

日本企業による高値掴みは、本当か

　図2-18はこれまでと少し視点を変えて、日本企業が海外で企業を買収する場合によく言われる、「日本企業による高値掴み」という現象が存在するのかを統計的に検証したものである。1986年から2006年までの21年間を5年ごと（最後だけ6年間）の四つに分けて、日本企業が買い手で対象会社が日本以外（クロスボーダー案件）の場合と、日本企業以外が買い手で案件がクロスボーダーの場合の買収プレミアムの平均を比較した。

　案件サイズは、日本が買い手の場合はデータ件数確保のため1000万ドル以上、日本以外が買い手の場合は1億ドル以上、プレミアムは異常に高い100%以上のプレミアムを支払うケースを補足するため、0～200%でスクリーニングしている。

　結果は四つの期間のうち三つでむしろ日本企業以外が買い手のケースの平均買収プレミアムが高く、いずれの期間も両者の平均の差の検定結果は母集団平均に有意な差はないとの結果となっている。つまり

図2-20 日本買い手のクロスボーダー案件　案件規模順リスト

発表日	対象会社	買い手
2000. 11. 30	AT&T Wireless Group	NTT DoCoMo Inc
1999. 3. 8	RJ Reynolds International	Japan Tobacco Inc
1990. 9. 24	MCA Inc	Matsushita Electric Industrial
2000. 5. 5	Verio Inc	NTT Communications Corp
2006. 2. 6	Westinghouse Electric Co LLC	Investor Group
2005. 10. 31	Pilkington PLC	Nippon Sheet Glass Co Ltd
2000. 5. 9	KPN Mobile NV	NTT Mobile Commun Network Inc
1988. 3. 17	Firestone Tire & Rubber Co	Bridgestone Corp
1988. 9. 29	Inter-Continental Hotels	Seibu Saison Group
2001. 7. 24	Lucent Tech-Optical Fibre Unit	Furukawa Electric Co Ltd
1995. 10. 13	Ziff Davis Media Inc	Softbank Corp
2002. 4. 17	IBM Corp-Hard Disk Drive	Hitachi Ltd
1987. 9. 11	CBS Records Group(CBS Inc)	Sony Corp
2000. 7. 12	Hutchison 3G UK Holdings Ltd	NTT DoCoMo Inc
1989. 9. 18	Lloyds Bank-US Coml Banking	Daiwa Bank Ltd
1988. 8. 30	Gould Inc	Nippon Mining Co Ltd
1990. 7. 18	International Computers Ltd	Fujitsu Ltd
1989. 9. 11	CIT Group Holdings Inc	Dai-Ichi Kangyo Bank Ltd
2000. 4. 4	BT Industries AB	Toyoda Automatic Loom Works
2006. 11. 2	Instinet Group Inc	Nomura Holdings Inc

　巷で言われるように、日本企業が外国企業を買収する際、経験不足から高値で摑まされるという傾向は、1980年代後半のバブル絶頂期の期間を含めて観測されないということである。

　この結果については、実務上の経験からはかなり違和感がある。実際、バブル期に日本企業が米国企業を買収した大型案件で、ソニーのコロンビア・ピクチャーズや松下電器のMCAのように、その後巨額の特別損失を計上した例など、高値で買ったことが後日明らかになったケースも多数見受けられるからだ。この点をさらに分析するために、図2-19では同期間の日本企業が買い手の案件サイズ1億ドル以上の案件を買収プレミアムが高い順に15件抽出したリストを作成した。

　このリストでは、ブリヂストンによるファイアストン社の買収が148%のプレミアムで第1位、ベネッセによるベルリッツやイトーヨ

(1986年～2006年　発表ベース　案件サイズ順)

発表4週前P	会社総価値	取得%	取得後%	対象国
	9,805	16.0	16.0	United States
	7,832	100.0	100.0	Netherlands
54.4	7,086	100.0	100.0	United States
57.9	6,321	92.7	100.0	United States
	5,402	100.0	100.0	United States
22.2	4,001	80.2	100.0	United Kingdom
	3,596	15.0	15.0	Netherlands
148.1	2,779	100.0	100.0	United States
	2,269	100.0	100.0	United Kingdom
	2,127	100.0	100.0	United States
	2,100	100.0	100.0	United States
	2,050	100.0	100.0	United States
	2,000	100.0	100.0	United States
	1,808	20.0	20.0	United Kingdom
	1,600	100.0	100.0	United States
55.0	1,447	99.6	100.0	United States
	1,407	80.0	80.0	United Kingdom
	1,280	60.0	60.0	United States
35.5	1,242	100.0	125.1	Sweden
	1,200	100.0	100.0	United States

第2章　買収プレミアムの研究

ーカ堂による米国セブンイレブンの買収など、プレミアムが100%を超える案件が6件ある。しかし、これらは例外的にプレミアムが高い案件で、プレミアム上位15位はレナウンによるアクアスキュータムの買収で、既にプレミアムは常識的な範囲以内と言える53%だ。この期間の日本企業による1億ドル以上の外国企業買収案件が合計78件あることを考えると、やはり日本企業による外国企業の高値掴みを示すデータは見つからない。

　そこで、図2-20をみてみよう。これは日本企業が買い手で、対象会社が日本以外で、対象が未上場会社あるいは上場会社の一部の部門の案件を含んで、1986年から2006年までの期間で発生した案件を案件サイズ順に並べたものだ。図には上位20件が示されている。図2-19との違いは、未上場会社や部門を対象にした案件では対象に株

価がないから、買収プレミアムの値が測定できず、この欄が空欄となっているという点だ。

　この図を見ると、日本企業の過去20年間のクロスボーダー案件の上位21件のうち、買収プレミアムが測定できる案件は7件しかなく、あとの14件はプレミアムが分からない案件ということだ。そしてそれらの14件の中に、NTTドコモによるAT&TワイアレスやKPNモバイル、日本たばこによるRJR、東芝などによるウエスティングハウスの原子力発電事業など、世間の耳目を集めた大型案件で、かつその後に買い手が巨額の損失を計上した、あるいはそもそも買収発表時点で市場の評価によって高値掴みではないかと言われた案件が多数顔を覗かせている。

　つまり、日本企業による外国企業の高値掴みは存在するのだが、その多くが買収プレミアムを測定できない案件であるため、図2-18や2-19ではこれが捕捉されない、ということではないだろうか。最近では、日本たばこのギャラハーや日本板硝子のピルキントンのように大型案件でも20～30%程度の極めてリーゾナブルな買収プレミアムでの外国会社買収案件が多く出てきており、さすがの日本企業も、東芝・ウエスティングハウスのような例外はあるものの、近年はだいぶ学習効果を見せ始めている、ということもある程度言えるように思われる。

発表前の株価動向との関係

　次に、図2-21は米国において対象会社の買収発表前の株価の動きと買収プレミアムの関係を分析したものだ。上図は、発表4週前から発表前日までの対象会社株価の騰落率を説明変数として案件発表4週前株価に対するプレミアムとの関係を示したものだ。下図は、対象会社の発表4週前株価が発表前52週（1年）の最高値の何%かという数値（株価位置）を説明変数（0～150%でスクリーニング）として、発表4週前プレミアムとの関係を示したものだ。

　いずれも案件サイズは1億ドル以上、プレミアムの値は0～100%でスクリーニングした。結果は、自由度調整済み決定係数が上図で

図2-21 株価位置と買収プレミアム

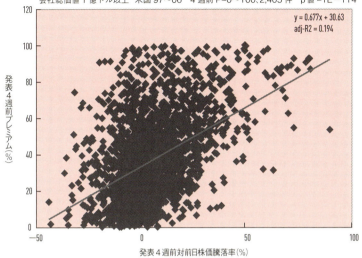

発表4週株価騰落率と対発表4週前株価P
会社総価値1億ドル以上 米国97～06 4週前P=0～100、2,405件 p値=1E-114

y = 0.677x + 30.63
adj-R2 = 0.194

発表4週前プレミアム(%)
発表4週前対前日株価騰落率(%)

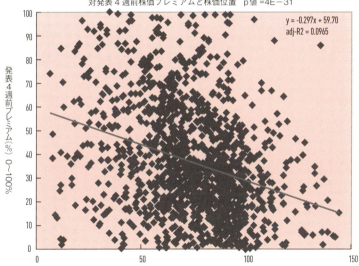

米国97～06 会社総価値1億ドル以上
対発表4週前株価プレミアムと株価位置 p値=4E-31

y = -0.297x + 59.70
adj-R2 = 0.0965

発表4週前プレミアム(%) 0～100%
発表4週前株価の対52週高値株価位置(0～150%)1,322件

出典：トムソン・ファイナンシャル （米国における1億ドル以上の完了案件で発表4週間前の株価に対するプレミアム(0～100%)、1997～2006と日本における1000万ドル以上の完了案件で発表4週前株価に対するプレミアム(0～100%)、1997～2006、2007年1月現在

0.19、下図で 0.097 と本節の分析の中では比較的高い値を示している。

なお、単回帰分析の無相関との検定結果は上下共に 1% レベル以上の有意水準で棄却されている。この変数は本章第 2 節で紹介した先行研究がプレミアムの値に対して対象会社の買収以前の株価パフォーマンスが悪いほどプレミアムが高くなる傾向があると報告されていることを検証しようとしたものだ。

ただし、Anderson & Dyl の報告にある投資家の想定キャピタルゲインとプレミアムの関係は、キャピタルゲインが小さいほどプレミアムが低いと報告されており、これは（自社株買い入れという M&A とは異質の状況での研究であるが）株価パフォーマンスが悪い（値上がりが少なくキャピタルゲインが少ない）ほどプレミアムが小さいことを意味しており、Renneboog などの報告とは矛盾している。

図 2-21 の結果も、上図（4 週間という短期の株価パフォーマンス）と下図（1 年間という比較的長期の株価パフォーマンス）では逆の結果が出ている。4 週間の短期では株価が値上がりしているほどプレミアムは大きくなっているが、1 年間の長期では株価が値上がりしているほどプレミアムが小さくなっている。この結果の解釈は容易ではないが、上図（短期）については図 2-5 で分析したように、既に案件発表直前の株価であり、一部の株価は情報のリークや場合によっては内部者取引の発生などによって株価が案件の影響を受けてしまっているために、下図（長期）と逆の結果が出ているのではないかと考えられる。

本来は Renneboog などの先行研究が示すように、買収前の株価のパフォーマンスが悪ければ、一時的に値下がりした株価を元に買収できるので、低い株価に対してはプレミアムを乗せやすいという当然の心理が働くであろうから、株価パフォーマンスとプレミアムの関係は負の相関関係が観測されるべきであると思われ、下図（長期）の結果はそのような考え方と整合するものとなっている。

なお、本章の分析に使用しているトムソン・ファイナンシャルのデータでは下図（長期）の変数データが日本の M&A 案件については何らかの理由で掲載されていないので、この分析を日本の案件について

は行っていない。上図の分析については、日本の結果は掲載していないが、米国と同様の結果が観測されている。

第5節　重回帰分析

　以上の分析を踏まえて、最後に、日米別々に、買収プレミアムを決定する回帰式を重回帰分析で探してみよう。

　図2-22は、米国の100％取得以外の案件を対象に分析した結果だ。対象はこれまでと同様、1997年から2006年までの10年間の米国企業対象案件で、案件サイズは1億ドル以上でスクリーニングしている。説明変数としては、以下の10種類を使用している。データ件数はもともとこの条件では2839件のデータが抽出できるのだが、以下に述べる各変数について個別にスクリーニングを行った結果、残ったのは124件である。回帰式は：

買収プレミアム[37]　＝　α_1　×　取得議決権％（100％以外に限定）
　　　　　　　　　　＋α_2　×　PER（0〜100の範囲に限定）
　　　　　　　　　　＋α_3　×　買い手事業会社（事業会社＝1、それ以外＝0）
　　　　　　　　　　＋α_4　×　公開買付（公開買付＝1、株式交換＝0[38]）
　　　　　　　　　　＋α_5　×　対価現金（現金＝1、それ以外＝0）
　　　　　　　　　　＋α_6　×　敵対（敵対買収＝1、それ以外＝0）
　　　　　　　　　　＋α_7　×　PBR（0〜20の範囲に限定）
　　　　　　　　　　＋α_8　×　国際（国際案件＝1、国内案件＝0）
　　　　　　　　　　＋α_9　×　ビッド数[39]
　　　　　　　　　　＋α_{10}　×　市場規模指数（96年第一四半期＝1[40]）
　　　　　　　　　　＋ε（残差）

となる。$\alpha_1 \sim \alpha_{10}$が求める偏回帰係数である。

　ここでは図2-17で分析した売り手の財務アドバイザーが大手かどうか、という変数はα_8（国際案件＝1）と相関係数が40％と比較的高い程度で、他の変数との相関はこれより低いのだが、この変数を含

図2-22 米国M&A 買収プレミアム重回帰分析（100％取得案件以外）

米国 M&A　97〜06　会社総価値1億ドル以上　100％取得案件以外　重回帰分析

[基本統計量]

件数　124

変数名	合計	平均	標準偏差 :n-1	標準偏差 :n
取得 %	4715.513	38.028	28.998	28.881
PER（0〜100）	3553.735	28.659	20.361	20.279
買い手事業会社 =1	116	0.935	0.247	0.246
公開買付 =1　株式交換 =0	107	0.863	0.345	0.344
対価現金 =1	92	0.742	0.439	0.438
敵対 =1	7	0.056	0.232	0.231
PBR（0〜20）	423.363	3.414	2.337	2.327
国際 =1	22	0.177	0.384	0.382
ビッド数	129	1.040	0.198	0.197
市場規模指数（96Q1=1, 1Q 前の値）	274.193	2.211	1.003	0.999
発表四週前 P（0〜100）	3395.64	27.384	20.756	20.672

[相関行列]

	取得 %	PER	買い手事業会社 =1	公開買付 =1
取得 %	1			
PER（0〜100）	0.021	1		
買い手事業会社 =1	-0.414	-0.008	1	
公開買付 =1　株式交換 =0	-0.221	0.050	0.086	1
対価現金 =1	-0.088	0.055	-0.080	0.569
敵対 =1	-0.006	-0.115	0.064	-0.004
PBR（0〜20）	0.003	0.210	-0.019	0.045
国際 =1	0.282	-0.065	0.036	0.062
ビッド数	0.258	0.100	0.054	-0.037
市場規模指数（96Q1=1, 1Q 前の値）	-0.030	0.071	0.056	0.130
発表四週前 P（0〜100）	0.326	0.214	0.008	0.027

[重回帰式]　目的変数　発表四週前 P

説明変数名	偏回帰係数	t 値	p 値	判定
取得 %	0.217	3.116	0.002	[***]
PER（0〜100）	0.212	2.571	0.011	[**]
買い手事業会社 =1	5.614	0.750	0.455	
公開買付 =1　株式交換 =0	11.566	1.987	0.049	[**]
対価現金 =1	-12.438	-2.756	0.007	[***]
敵対 =1	10.397	1.470	0.144	
PBR（0〜20）	0.068	0.095	0.925	
国際 =1	8.479	1.841	0.068	[*]
ビッド数	11.627	1.341	0.183	
市場規模指数（96Q1=1, 1Q 前の値）	4.698	2.876	0.005	[***]
発表四週前 P（0〜100）	-17.759	-1.442		

[精度]

決定係数	R^2 =	0.334
自由度修正ずみ決定係数	$R^{2'}$ =	0.275
重相関係数	R =	0.578
自由度修正ずみ重相関係数	R' =	0.524

[分散分析表]

変動	偏差平方和	自由度	不偏分散	分散比
全体変動	52990.621	123		
回帰による変動	17674.340	10	1767.434	5.655
回帰からの残差変動	35316.281	113	312.533	

「TA 大手」は符号チェック（多重共線性）の為、除外
案件規模比（売り手 EV ÷ 買い手 EQV）は件数不足のため、除外

出典：トムソン・ファイナンシャル　米国完了案件のみ　1997〜2006

第2章 買収プレミアムの研究

凡例：
*** 1% 水準有意
** 5% 水準有意
* 10% 水準有意

	対価現金=1	敵対=1	PBR	国際=1	ビッド数	市場規模指数	発表四週前P
	1						
	-0.015	1					
	-0.043	0.002	1				
	0.081	-0.022	0.144	1			
	-0.066	0.127	0.046	0.012	1		
	0.078	0.114	0.009	0.118	-0.002	1	
	-0.154	0.134	0.101	0.249	0.240	0.273	1

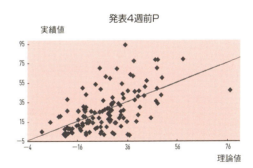

発表4週前P

	P 値	判定
	0.000	***

めた重回帰式のこの変数の偏回帰係数が、単相関の符号と一致しないので説明変数からは除外している[*41]。

また、図2-15で分析した、売り手と買い手の規模比率(売り手の会社総価値÷買い手の株主価値)、並びに図2-21で分析した株価位置については、データ件数が非常に少ないため分析に使用できなかった。米国ではそもそも100%取得案件以外のデータの総数が不足しているのでこのような結果になっている。

図2-22の一番上の表は、各変数の基本統計量、二番目の表は各変数間の相関行列、三番目の表が重回帰式の偏回帰係数とそのt値、p値などを示している。第三表からわかるように、この重回帰式では$\alpha 1$(取得議決権%)、$\alpha 5$(対価現金)と$\alpha 10$(市場規模指数)の3個の変数が1%有意水準で偏回帰係数が有意であり、次に$\alpha 2$(PER)と$\alpha 4$(公開買付)が5%水準で有意であり、加えて$\alpha 8$(国際)が10%水準で有意となっている。

回帰式全体の自由度調整済み決定係数は、0.2746となっている。定量化不可能な変数の影響を強く受ける買収プレミアムの説明式の決定係数としてはかなり高いレベルと言ってよいだろう。各変数の偏回帰係数の符号も、第4節で分析した結果とすべて一致している。結果として求められた重回帰式は:

買収プレミアム＝　　0.2175　×　取得議決権%(0～100%の範囲に限定) ***
　　　　　　　　＋0.2116　×　PER(0～100の範囲に限定) **
　　　　　　　　＋5.6135　×　買い手事業会社(事業会社＝1、それ以外＝0)
　　　　　　　　＋11.5656 ×　公開買付(公開買付＝1、株式交換＝0) **
　　　　　　　　－12.4382 ×　対価現金(現金＝1、それ以外＝0) ***
　　　　　　　　＋10.3970 ×　敵対(敵対買収＝1、それ以外＝0)
　　　　　　　　＋0.0676　×　PBR(0～20の範囲に限定)
　　　　　　　　＋8.4794　×　国際(国際案件＝1、国内案件＝0) *
　　　　　　　　＋11.6273 ×　ビッド数
　　　　　　　　＋4.6979　×　市場規模指数(96年第一四半期＝1) ***
　　　　　　　　－17.7592　　(定数項)

*	10％水準で有意
**	5％水準で有意
***	1％水準で有意

となっている。

つまり、例えばこの回帰式から、以下のことが言える。

米国の 100％ 取得以外の M&A の買収プレミアムは、取得議決権が 10％ 増大するごとに約 2.2％ 高くなる（図 2-6 の単回帰では約 2.4％）。PER が 10 倍高くなるごとに約 2.1％ 高くなる（図 2-7 の単回帰では約 1.7％）。買い手が事業会社の場合はファンドの場合に比べて約 5.6％ 高くなる（図 2-8 の平均の差は約 7％）。公開買付なら、それ以外（合併あるいは三角合併）に比べて約 11.6％ 高くなる（図 2-9 の平均の差は約 4.4％）。

対価が現金であれば、株式に比べて約 12.4％ 低くなる（図 2-11 の平均の差は約 2.5％）。敵対買収の場合は、友好案件に比べて約 10％ 高くなる（図 2-12 の平均の差は約 12.9％）。PBR が 1 倍高くなるごとに約 0.06％ 高くなる（図 2-13 の単回帰では約 1.7％）。国際案件は、国内案件より約 8％ 高くなる（図 2-16 の平均の差は年度によって異なり -6.6〜7.4％）。ビッド数が一つ増大するごとに約 12％ 高くなり、直前四半期の米国 M&A 市場規模が 1996 年第一四半期の 2 倍になれば、1 倍のときに比べて約 5％ 高くなる。

これらの偏回帰係数の値は、本章の個別の分析ともおおむね整合しているし、実務的な感覚とも大きく乖離しておらず、リーズナブルな結果と言ってよいだろう。

次に図 2-23 は、図 2-22 と同じ条件でスクリーニングした米国案件で 100％ 取得案件だけを対象に重回帰分析を行ったものだ。この場合は最も説明力のある「α1：取得議決権％」という変数が使用できないので、重回帰式の説明力は図 2-22 に比べて格段と低くなる。対象となる案件は同じ 2839 件からスクリーニングした結果、470 件となっている。説明変数としては、図 2-22 の変数から取得議決権％ を除

き、代わり図 2-22 で除外された三つの変数(「株価位置」、「売り手会社総価値÷買い手株主価値」と「売り手アドバイザー大手」)を加えて 12 の説明変数で重回帰分析を行っている。重回帰式は:

買収プレミアム[42] = β_1 × PER(0〜100 の範囲に限定)
+ β_2 × 買い手事業会社(事業会社=1、それ以外=0)
+ β_3 × 公開買付(公開買付=1、それ以外=0)
+ β_4 × 対価現金(現金=1、それ以外=0)
+ β_5 × 敵対(敵対買収=1、それ以外=0)
+ β_6 × PBR(0〜20 の範囲に限定)
+ β_7 × 国際(国際案件=1、国内案件=0)
+ β_8 × ビッド数
+ β_9 × 株価位置(四週前対 52 週高値、0〜150%)
+ β_{10} × 市場規模指数(96 年第一四半期=1)
+ β_{11} × 規模比率(LN(売り手 EV÷買い手 EQV[43])
+ β_{12} × 売り手アドバイザー大手(大手=1、他=0[44])
+ ε(残差)

となる。

図 2-23 は図 2-22 と同じで一番上の表が各変数の基本統計量を示し、二番目の表が各変数間の相関係数行列を示し、三番目の表が β_1 から β_{12} の説明変数の偏回帰係数などを示している。この回帰式の自由度調整済み決定係数は 0.1053 であるから、図 2-22 と比べればかなり説明力は低下していることがわかる。

各説明変数の中では、β_9(株価位置)が 1% 水準で有意であり、次に β_2(買い手事業会社)、β_3(公開買付)、β_7(国際)と β_8(ビッド数)が 5% 水準で有意となっている。重回帰の結果求められる回帰式は:

買収プレミアム= 0.0984 × PER(0〜100 の範囲に限定)
　　　　　　　+16.5858× 買い手事業会社(事業会社=1、それ以外=0) **

＋ 8.7374　× 公開買付（公開買付＝ 1、株式交換＝ 0）　**
　＋ 0.1882　× 対価現金（現金＝ 1、それ以外＝ 0）
　＋ 10.5480× 敵対（敵対買収＝ 1、それ以外＝ 0）
　＋ 0.3285　× PBR（0 〜 20 の範囲に限定）
　＋ 9.4258　× 国際（国際案件＝ 1、国内案件＝ 0）　**
　＋ 9.2287　× ビッド数　**
　− 0.2743　× 株価位置（％）　***
　＋ 0.7236　× 市場規模指数（96 年第一四半期＝ 1）
　− 0.5670　× 規模比率（LN（売り手 EV ÷買い手 EQV））
　− 2.4573　× 売り手アドバイザー大手（大手＝ 1、他＝ 0）
　＋ 24.2014　（定数項）

　　　　　　　　　　　　　　　*　　10％水準で有意
　　　　　　　　　　　　　　　**　　5％水準で有意
　　　　　　　　　　　　　　　***　　1％水準で有意

となる。
　この回帰式は図 2-22 の回帰式に比べて決定係数が低いが、定性的には概ね図 2-22 やそれ以前の分析結果と整合する結果となっている。$β1$（PER）については図 2-22 より p 値が低いが、偏回帰係数は大差なく、図 2-7 の結果とも整合している。$β2$（買い手事業会社）については偏回帰係数がやや大きいが、図 2-22 より p 値が高く有意となっており、図 2-8 とも整合している。
　$β3$（公開買付）については、図 2-22 とおおむね同じ結果で有意である点も同じで、図 2-9 とも整合している。$β4$（対価現金）については、残念ながら図 2-22 と異なり全く有意でなく、偏回帰係数も小さいが正の値となっており、図 2-11 の結果と整合しない。$β5$（敵対）については、図 2-22 より p 値は低いが、結果はおおむね同じであり、図 2-12 とも整合する。$β6$（PBR）については有意でない点も含めて概ね図 2-22 と同じで図 2-13 とも整合している。$β7$(国際)は、有意である点も含めて図 2-22 とも図 2-16 とも整合している。$β$

図2-23 米国M&A 買収プレミアム重回帰分析（100％取得案件）

米国M&A 97～06 会社総価値1億ドル以上 100％取得案件のみ 重回帰分析
件数 470

変数名	合計	平均	標準偏差 :n-1	標準偏差 :n
PER	13121.394	27.918	17.058	17.040
買い手事業会社	462	0.983	0.129	0.129
公開買付	49	0.104	0.306	0.306
対価現金	122	0.260	0.439	0.438
敵対	3	0.006	0.080	0.080
PBR	1631.131	3.470	1.784	1.782
国際	25	0.053	0.225	0.224
ビッド数	494	1.051	0.272	0.272
株価位置	37438.049	79.655	22.302	22.278
市場規模指数	1071.061	2.279	1.028	1.027
LN(TEV÷AEQV)	-806.823	-1.717	1.657	1.655
TA 大手	219	0.466	0.499	0.499
発表四週前 P	16567.15	35.249	23.654	23.629

[相関行列]

	PER	買い手事業会社	公開買付	対価現金
PER	1			
買い手事業会社 =1	0.086	1		
公開買付 =1	0.004	0.045	1	
対価現金 =1	0.094	0.003	0.449	1
敵対 =1	0.017	0.011	0.060	-0.047
PBR	0.406	0.047	0.030	0.083
国際 =1	0.068	0.031	0.043	0.162
ビッド数	0.029	0.025	0.038	0.103
株価位置	-0.009	-0.024	-0.001	0.040
市場規模指数	-0.119	0.085	0.046	0.003
LN(TEV÷AEQV)	-0.053	-0.039	-0.093	-0.265
TA 大手 =1	0.037	0.024	0.072	0.050
発表四週前 P	0.098	0.118	0.131	0.085

[重回帰式] 目的変数 発表四週前 P

説明変数名	偏回帰係数	t 値	p 値	判定
PER	0.098	1.462	0.145	
買い手事業会社	16.586	2.055	0.040	**
公開買付	8.737	2.289	0.023	**
対価現金	0.188	0.067	0.947	
敵対	10.548	0.804	0.422	
PBR	0.328	0.514	0.608	
国際	9.426	1.994	0.047	**
ビッド数	9.229	2.372	0.018	**
株価位置	-0.274	-5.696	0.000	***
市場規模指数	0.724	0.690	0.490	
LN(TEV÷AEQV)	-0.567	-0.845	0.399	
TA 大手	-2.457	-1.145	0.253	
定数項	24.201	2.350		

[精度]

決定係数	R2 =	0.128
自由度修正ずみ決定係数	R2' =	0.105
重相関係数	R =	0.358
自由度修正ずみ重相関係数	R' =	0.325

[分散分析表]

変動	偏差平方和	自由度	不偏分散	分散比
全体変動	262411.227	469		
回帰による変動	33644.042	12	2803.670	5.601
回帰からの残差変動	228767.185	457	500.585	

凡例：
*** 1% 水準有意
** 5% 水準有意
* 10% 水準有意

第2章 買収プレミアムの研究

敵対	PBR	国際	ビッド数	株価位置	市場規模指数	LN(TEV ÷ AEQV)	TA 大手	発表四週前 P
1								
0.014	1							
-0.019	0.043	1						
-0.015	-0.017	-0.044	1					
-0.060	0.050	0.080	-0.002	1				
-0.027	-0.075	0.033	-0.026	-0.223	1			
-0.002	-0.006	-0.042	0.132	0.073	-0.016	1		
0.086	0.102	0.102	0.076	-0.021	0.033	0.167	1	
0.052	0.044	0.075	0.101	-0.264	0.090	-0.077	-0.016	1

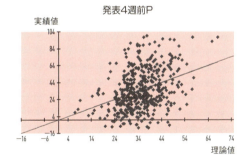

発表4週前 P

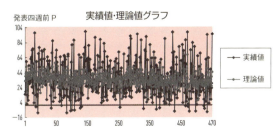

実績値・理論値グラフ

P値	判定
0.000	***

109

β8（ビッド数）は図2-22より有意で同図と整合している。

β9（株価位置）は特に有意であり、図2-21右グラフとも整合している。β10（市場規模指数）は図2-22と異なり有意ではなく、偏回帰係数の値もゼロに近いので図2-22とはやや異なっている。β11（規模比）は有意ではないが図2-15の結果とは整合している。β12（売り手アドバイザー大手）は有意でなく、偏回帰係数は負の値なので図2-17の結果とは整合しない。総じて、β4（対価現金）とβ12以外の10の変数については、程度の差はあるが大きな違和感はないという結果になっている。

最後に、日本の場合を検討してみよう。図2-24は日本の100%取得以外の案件を対象に分析した結果だ。対象はこれまでと同様1997年から2006年までの10年間の日本企業対象案件で、案件サイズはデータ件数を確保するために1000万ドル以上でスクリーニングしている。説明変数としては、以下の7種類を使用している。データ件数は、もともとこの条件では1,209件のデータが抽出できるのだが、以下に述べる各変数について個別にスクリーニングを行った結果、残ったのは196件である。回帰式は：

買収プレミアム＝[*45] γ_1 × 取得議決権%（100%以外）
　　　　　　　　＋γ_2 × PER（0〜100の範囲）[*46]
　　　　　　　　＋γ_3 × 公開買付（公開買付＝1、株式交換・合併＝0）
　　　　　　　　＋γ_4 × PBR（0〜20の範囲に限定）
　　　　　　　　＋γ_5 × 国際（国際案件＝1、国内案件＝0）
　　　　　　　　＋γ_6 × 売り手アドバイザー大手（大手＝1、他＝0）[*47]
　　　　　　　　＋γ_7 × 国内市場規模指数[*48]（96年第一四半期＝1）
　　　　　　　　＋ε（残差）

となっている[*49]。

図2-24も図2-22や図2-23と同じで一番上の表が各変数の基本統計量を示し、二番目の表が各変数間の相関係数行列を示し、三番目の

表が γ1 から γ7 の説明変数の偏回帰係数などを示している。この回帰式の自由度調整済み決定係数は 0.1106 であるから、図 2-22 と比べれば説明力は低いが、図 2-23 に比べればやや高い。各説明変数の中では、γ1（取得議決権 %）と γ5（国際）が 1% 水準で有意であり、次に γ2（PER）が 5% 水準で有意である。重回帰の結果求められる回帰式は：

買収プレミアム　＝　0.1548　×　取得議決権％（100％以外）＊＊＊
　　　　　　　　＋ 0.1432　×　PER（0〜100 の範囲）＊＊
　　　　　　　　＋ 2.6476　×　公開買付（＝ 1、合併・株式交換＝ 0）
　　　　　　　　＋ 0.1775　×　PBR（0〜20 の範囲に限定）
　　　　　　　　＋ 25.8161　×　国際（国際案件＝ 1、国内案件＝ 0）＊＊＊
　　　　　　　　＋ 1.5194　×　売り手アドバイザー大手（大手＝ 1、他＝ 0）
　　　　　　　　− 0.5969　×　国内市場規模指数（96 年第一四半期＝ 1）
　　　　　　　　＋ 3.9668　　　（定数項）

　　　　　　　　　　　　　　　　　　　　　　　＊　　10％水準で有意
　　　　　　　　　　　　　　　　　　　　　　＊＊　　5％水準で有意
　　　　　　　　　　　　　　　　　　　　　＊＊＊　　1％水準で有意

となっている。

　これらの偏回帰係数を図 2-22 の米国案件の 100％ 取得案件以外の偏回帰係数（α1〜α10）と比較してみると、γ1（取得議決権）、γ2（PER）、γ4（PBR）は米国の回帰式とかなり近い数値が得られている。一方、γ3（公開買付）は米国でも正の値（公開買付の方が買収プレミアムが高い）との結果であり、図 2-9 の分析結果と整合していたが、γ3 の値（2.6％）は α4（11.6％）に比べてかなり低い値となっており、その意味では図 2-9 の結果と符号は一致しているが、偏回帰係数の絶対値は必ずしも図 2-9 の結果と完全に整合しているとまでは言えない。

　さらに、この変数は重回帰分析に使用しなかった「対価現金 =1」

図2-24 日本のM&A買収プレミアム重回帰分析(100%取得案件以外)

日本M&A　97～06　会社総価値1000万ドル以上　100%取得以外　重回帰分析

[基本統計量]

件数　196

変数名	合計	平均	標準偏差 :n-1	標準偏差 :n
取得%	9788.912	49.943	25.592	25.526
PER（0～100）	5396.606	27.534	19.781	19.730
公開買付=1	70	0.357	0.480	0.479
PBR（0～20）	337.998	1.724	1.374	1.370
国際=1	4	0.020	0.142	0.141
TA大手	26	0.133	0.340	0.339
国内市場規模指数（96Q1=1、1Q前の値）	917.798	4.683	2.615	2.608
発表四週前P	2906.15	14.827	18.123	18.077

[相関行列]

	取得%	PER	公開買付=1	PBR
取得%	1			
PER（0～100）	0.025	1		
公開買付=1	-0.313	0.193	1	
PBR（0～20）	-0.010	0.164	0.029	1
国際=1	0.132	0.049	0.194	0.122
TA大手	0.190	0.058	-0.072	0.043
国内市場規模指数（96Q1=1、1Q前の値）	0.070	0.191	-0.061	0.115
発表四週前P	0.226	0.173	0.075	0.055

[重回帰式]

目的変数　発表四週前P

説明変数名	偏回帰係数	t値	p値	判定
取得%	0.155	2.950	0.004	[***]
PER（0～100）	0.143	2.189	0.030	[**]
公開買付=1	2.648	0.933	0.352	
PBR（0～20）	0.178	0.194	0.846	
国際=1	25.816	2.835	0.005	[***]
TA大手	1.519	0.413	0.680	
国内市場規模指数（96Q1=1、1Q前の値）	-0.597	-1.234	0.219	
発表四週前P	3.967	0.957		

[精度]

決定係数	$R^2 =$	0.143
自由度修正ずみ決定係数	$R^{2'} =$	0.111
重相関係数	$R =$	0.378
自由度修正ずみ重相関係数	$R' =$	0.333

[分散分析表]

変動	偏差平方和	自由度	不偏分散	分散比
全体変動	64044.932	195		
回帰による変動	9130.659	7	1304.380	4.466
回帰からの残差変動	54914.273	188	292.097	

「対価現金=1」は「公開買付=1、株式交換・合併=0」と相関1.00（多重共線性）の為除外
Target Advisoir　大手：　外国証券大手＋野村　（野村、GS、JPM、MS、City、UBS）　会計事務所は除く

第2章 買収プレミアムの研究

凡例：
*** 1%水準有意
** 5%水準有意
* 10%水準有意

	国際 =1	TA 大手	国内市場規模指数	発表四週前 P
	1			
	0.050	1		
	-0.077	0.058	1	
	0.262	0.080	-0.058	1

発表4週前P

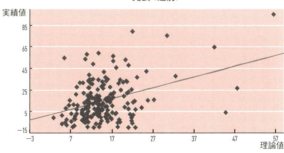

	P 値	判定
	0.000	***

図2-25 単回帰・平均差検定と重回帰の比較

変数	米国 単回帰 回帰係数	adj-R²	平均差検定 差	判定（p値）	日本 単回帰 回帰係数	adj-R2	平均差検定 差
取得議決権 %	0.244	14.000%			0.189	7.30%	
PER	0.172	2.200%			0.09	0.52%	
買い手事業会社 =1			7.0	***			-13.1
公開買付 =1			4.4	***			8.6
対価現金 =1			−2.5	*			-0.54
敵対 =1			12.9	***			15
PBR	1.71	2.300%			-0.318	0.06%	
国際 =1 ビッド数			−6.6 〜 7.4	(0.03 〜 1.0)			5.6 〜 11.5
TA 大手 =1			−5.8 〜 9.8	(0.01 〜 0.88)			1.9 〜 3.5
LN(売り手EV÷買い手EQV) 市場規模指数	-1.343	0.880%			0.653	0.44%	
LN（案件サイズ EV）	-0.78	0.092%			0.838	0.06%	
株価位置	-0.297	9.650%					

との変数と相関が1で全く同じ変数となっている。「対価現金」については、図2-11で分析したように日本では米国に比べて対価が現金になっても買収プレミアムにほとんど差が出ないという結果であったが、$\gamma 3$の値はこれと完全には整合しない。

これは図2-11では対価に関するスクリーニングだけを行って分析しているために、対価が現金の案件の中に公開買付以外の第三者割当増資が多く含まれていて、対価が現金か株式か、が必ずしも買収手法が公開買付か、合併・株式交換かという変数と一致しないデータが抽出されていたが、この重回帰分析では多数の変数について重複してスクリーニングを行うため、第三者割当増資のケースが結果的にスクリーニングされて、対価現金と買収手法が公開買付か、が全く同一の変数になってしまったためと思われる。

さらに$\gamma 5$（国際）は$\alpha 8$と同様に正の値だが、偏回帰係数の値が26%で、$\alpha 8$（8%）の値よりかなり大きい。$\gamma 6$（売り手アドバイザー大手）については、図2-23の米国の100%取得案件では図2-17と

判定 (p値)	米国 100% 以外 重回帰 偏回帰係数 (adj-R2 =27.46%)	判定	米国 100% 重回帰 偏回帰係数 (adj-R2 = 10.53%)	判定	日本 100% 以外 重回帰 偏回帰係数 (adj-R2 = 10.06%)	判定
	0.218	***	データなし		0.155	***
	0.212	**	0.098		0.143	**
	5.614		16.586	**	件数不足	
***	11.566	**	8.737	**	2.648	
	-12.438	***	0.188		公開買付と高相関	
**	10.397		10.548		件数不足	
	0.068		0.329		0.178	
(0.01〜0.22)	8.479	*	9.426	**	25.816	***
	11.627		9.229	**	件数不足	
(0.05〜0.45)	符号チェック		-2.457		1.519	
	件数不足		-0.567		件数不足	
	4.698	***	0.724		-0.597	
			-0.274	***		

整合しない(売り手アドバイザーが大手だと買収プレミアムが減少する)結果となってしまっていたが、図 2-24 では図 2-17 と整合する(売り手アドバイザーが大手だと買収プレミアムが増加する)との結果となっている。最後に $\gamma 7$(市場規模指数)は図 2-22 の $\alpha 10$ と逆の(市場規模が大きくなると買収プレミアムが減少する)との結果になっている。

以上のように、日本の場合には米国の場合に比べれば 100% 取得案件以外に対して取得議決権 % という最有力な説明変数を使用してもなお、自由度調整済み決定係数が 0.1106 と不十分な重回帰式しか導くことはできないが、それでも各偏回帰係数の定性的な検証から考えれば、実務的にある程度の示唆を与える程度の説明式が得られたと言ってよいのではないだろうか。

第6節 まとめ

　図2-25に各変数についてその変数についてのみスクリーニングしたうえで、使用可能なすべてのデータを用いて実行した単回帰分析や平均の差の検定の結果と、同様の変数に関して重複したスクリーニングをした結果、限定されたデータ件数について実行した重回帰分析の結果の比較表を掲げる。

　以上分析してきたように、買収プレミアムを定量的に予測するモデルを高い精度で導くことは困難である。すでに述べたように買収プレミアムが定性的には買い手が獲得する支配権の対価であり、原資は買い手が行う対象会社の経営革新等による価値増大の一部であるという理論的裏付けは明確である。

　しかし、個別の買収プレミアムの値は定量化可能な各変数以外に、買い手の買いたさ、売り手の売りたさ、対象会社の希少性などのように定量化できない要因や、予想シナジー規模のように定量化は可能だが第三者が公開情報から推定できない要因などの影響を大きく受けることと、そもそも観測されるプレミアムと当時者が合意したプレミアムは同一のものではないという問題があるので、結果として精度の高い回帰式を求めることは、分析する以前から困難な命題である、と言えるだろう。

　そうはいっても、M&Aの実行にあたり買収プレミアムをどのようなレベルに設定するかは交渉当事者の非常に大きな関心事であり、特に米国の100%取得案件以外の分析で自由度調整済み決定係数が0.2746（理論値と実績値の自由度調整済み相関係数で0.52）という結果は、実務に多少の示唆を与え得る、意味のある結果と言えるのではないだろうか[*50]。

註

[*1]　Journal of Financial Economics, 1983, "The Market for Corporate

Control：Scientific Evidence"

*2 Cumulative Abnormal Return、βで補正した、市場インデックスに対する当該株式の市場価格変動の相対的な勝ち負けを比率で表した指標。イベントスタディで一般的に用いられる指標で、プラスであれば当該イベント（この場合はM&Aの発表）が当該株価に統計的にプラスの影響を与えていると判断される。

*3 Batten Institute, 2001, "Does M&A Pay? A Survey of Evidence for the Decision Maker"

*4 Journal of Financial Economics, 1998, "Glamour, value and the post-acquisition performance of acquiring firms"

*5 2004, "Successful Value Creation Record of Acquisitive Growth Strategy"

*6 Total Shareholders' Return、Buy and Holdした場合のキャピタルゲインと配当の合計。

*7 Discounted Cash Flow、株主に帰属するフリーキャッシュフローを株主資本コストで現在価値に換算して合計する価値算定手法

*8 日本の株式新規公開市場で、特に活況な市場環境では上場後初値が公募価格を大幅に上回ることも多い。これは日本の伝統的な引受証券会社の「小さく産んで大きく育てる」という考え方が影響していることが原因と言われる。また市場環境によっては、初値は大幅に上げるがその後下落して公募価格近辺に落ち着くケースもある。これは一時的に価値評価指標を無視して新規公開銘柄に群がる低スキルの投資家群の売買行動に株価形成が影響される結果と解説される場合もある。

*9 Financial Management, Spring, 2004、"Determinants of Premiums on Self Tender Offers"

*10 "Why do public firms go private in the UK?"

*11 Poison or Placebo? Evidnce on the deterrence and wealth effect of modern anti-takeover measures, Journal of Financial Economics（39-1995）

*12 Bradley, Desai and Kim（1988）, Stulz, Walking and Song（1990）など。

*13 トムソン・ファイナンシャルのデータによる。対象会社の買収価格株主価値に買い手が引き継いだ純負債を加えた値。以下本章において他に断りがない限り同じ。

*14 プレミアムは当事者による最初の公式発表の4週前株価と最終合意された買収条件から算出。分析対象期間が1997年から2006年の10年間の完了案件である点を含めて、以下本章において他に断りがない限り同じ。

*15 正規分布であれば、±標準偏差の1.96倍に全体の95%が分布することになる。

*16 なお2008年以降のデータを見ると日米の買収プレミアムの差は縮小して

おり、2008年から2013年のマイナス・プレミアムを除いた平均では日米ともに約42%で差はない。ただ、日本では約3分の1の案件がマイナス・プレミアム案件という状況は変わっていない。

*17 相対でも一つの買い手候補との交渉が決裂すれば、次の相手と交渉することもあるので、この変数は必ずしも対抗ビッド数とは一致しない。

*18 発表日とは当事者による正式な案件の発表日であり、新聞等による観測記事の掲載日は、当事者がその日に当該報道を認めない限り未発表との扱いである。本章のすべての分析について同様。日本ではM&A当事会社が非常に多くの社員を巻き込んで交渉に当たる場合が多く、情報管理が困難になるので、新聞に観測報道が掲載されることがある。

　　また、観測報道時点では当事者は案件を認めず、しばらく後に当事者が案件を正式発表するケースもある。欧米ではM&Aの交渉はCEOとCFOなどごく少数の幹部しか関与しないので、当事者による発表が最初の新聞報道である場合が多い。

*19 地裁判決の判決理由で「ライブドアによるニッポン放送株式大量取得の実現の可能性はゼロでなければ、その高低は内部者取引規制上、無関係」とした点に問題があることは言うまでもない。この解釈を順守すれば世の中に上場会社のM&Aという行為は存在できなくなる。この事件の司法判断はその後、2011年の最高裁判決でやや後退した。詳細は第4章第1節参照

*20 p値はt検定もしくはウェルチ検定の有意水準を表し、F値はF検定の有意水準を表す。

*21 トムソン・ファイナンシャルのデータにおけるRatio of Equity Value to Net Incomeを使用している。Equity Valueは買収株価に、対象会社の直近の貸借対照表に記載された発行済流通株式数に転換社債等に係る潜在株式数を加えた値を掛けたもの。Net Incomeは対象会社の案件発表前最新の財務諸表による直近12カ月（Latest Twelve Months）の継続事業に係る税引後純利益の実績値であり、残念ながら予想数値ではない。

*22 2つのサンプルの母集団平均に差がないとする帰無仮説が棄却される有意水準確率

*23 検定は両側検定。このサンプルの母集団分散を比較するF値は0.00196と非常に小さいため、両者の母分散が等しいとは言えないため、平均の差の検定はウェルチ検定によっている。本章ではまずF検定によって両者の分散が等しいと言えるかを検定し、分散が等しい場合には通常のt検定を行い、等しいと言えない場合にはウェルチ検定を行っている。

*24 このケースは、図2-10には示されていない。

*25 デラウエア州会社法で設立された会社の場合。デラウエア州会社法では合併は普通決議で足りる。

*26 ちなみに米国の第二変数で100%案件を除くとデータ件数がほとんどな

- *27 このケースでは F 値が 6.3% で、5% 有意水準で両者の母集団分散は等しいと言えるので通常の T 検定を行い、ウェルチ検定は行っていない。
- *28 案件サイズのスクリーニング条件が異なるので単純比較はできないがその差は歴然だ。
- *29 買収者による最初の買収発表に対して対象会社の取締役会が反対を表明した案件。
- *30 米国の敵対案件は他の分析と同様、完了案件のみを対象としているが、日本の 9 件は図 2-12 にあるように、公開買付が実際に開始されるなどリアルな案件のみだが、案件数を確保するために最終的に買収に成功していないケースを含んでいる。
- *31 Equity Value は PER と同じ定義、Book Value も LTM の実績値。
- *32 PBR も PER と同様、会社の割高、割安あるいは競争の多寡を示しているとすれば PER と同様の議論も成立しうるが、ここでは日米で弱い相関が逆に出る点に注目してその原因を考察している。
- *33 主として欧州企業が当時採用していた国際会計基準(IAS)の M&A 暖簾処理も 2005 年から米国基準と同様の処理に統一された。しかし米国基準でも実際の運用では監査会計士が、業種や暖簾の内容にもよるが、暖簾の数十％程度を 10 年から 15 年程度の期間で定期償却することを求める場合も多かった。
- *34 日本経済新聞 2014 年 1 月 27 日付朝刊 3 面、「暖簾処理　欧米型に」。しかし、この問題は IFRS 型の処理を適用した時点で自動的に解決するわけではない。新しい会計基準の適用以前に買収暖簾を計上して定期償却を開始している会社が、新基準適用以降に過去の会計処理を変更できるのか、など検討すべき問題は残されている。
- *35 Independently Distributed Data point　(異常値)
- *36 アスタリスクは ＊＊＊ が 1% 水準、＊＊ が 5% 水準、＊ が 10% 水準で、p 値自体は図には表記していない。
- *37 案件発表 4 週前株価をベースに計算した数値、0〜100% でスクリーニングした。
- *38 米国において株式交換とは主として合併と三角合併を意味する。
- *39 売却時に買い手のビッド数(入札数)が何件あったか(競争の強弱を表わす変数)
- *40 1996 年第 1 四半期の米国企業対象の実績 M&A 金額(発表ベース、$125,869M)をベースにそれぞれの案件が発表された四半期の一四半期前の M&A 実績金額がベース値の何倍かを示す数値、M&A 市場の活性度を表す変数。予測モデルとして使用できるように案件発表の一四半期前の数値を使用している。
- *41 ちなみにこの変数を含めた場合の重回帰ではこの変数の偏回帰係数の p

値は 20% で、結果としてこの説明変数は 10% 有意水準でも有意とは言えないとの結果が出ている。

*42 ここでも 0 〜 100% の範囲でスクリーニングしている。

*43 売り手（対象会社）の買収株主価値に引き継ぎ純負債を加えた会社総価値を買い手の株主価値で割った値の自然対数

*44 図 2-17 と同様に、売り手のアドバイザーが大手（ゴールドマン・サックス、メリルリンチ、モルガン・スタンレー、リーマンブラザース、CSFB、JP モルガン、ソロモンスミスバーニー、ドイツ銀行、シティグループ）の 9 社の場合= 1、それ以外の場合 =0 とした変数。

*45 日本のケースでは、データ数を確保するためとマイナスプレミアムが多いことに配慮してマイナス 10 〜 100% でスクリーニングした。

*46 この変数は、対価現金 =1（その他 =0）の変数（図 2-21 では $\alpha 5$）とスクリーニング後のデータセットでは相関が 1 なので、対価現金の変数を除外している。

*47 大手 = 野村、ゴールドマン・サックス、JP モルガン、モルガン・スタンレー、シティグループ、UBS。

*48 1996 年第 1 四半期の日本企業を対象とした M&A 金額（6282 億円）をベースにそれぞれの案件が発表された四半期の一四半期前の国内 M&A 実績金額がベースの何倍かを示す数値、国内 M&A 市場の活性度を表す変数。予測モデルとして使用できるように案件発表一四半期前の数値を使用している。

*49 図 2-22 で使用した変数のうち、買い手事業会社（$\alpha 3$）、敵対（$\alpha 6$）、ビッド数（$\alpha 9$）が使用できていない。これは日本には敵対買収とファンドによる買収の件数がまだ少なく、ビッドが複数になるケースも少ないため、これらのデータ件数が不足しているためである。

*50 本章の執筆に当たっては、一橋大学国際企業戦略研究科の本多俊毅氏と野間幹晴氏に貴重な助言を頂いた。

第3章

M&A案件設計と会社法の概要

第1節　M&Aにおける案件設計の意義

　M&Aは売り手、買い手双方が株主価値増大を目指して行う会社支配権の移動であるが、現象面を端的にいえば、会社の売り買いであるともいえる。通常の物件売買の実行に当たっては、当事者間で対象物件の価格（価値評価）に合意が成立すれば、売買の合意はその大半が形成されたと考えるのが普通だろう。

　しかし、M&Aの世界では対象会社の価値評価に合意が成立しても、まだM&Aの実行のための合意は半分も成立していないと考えるのが普通である。この点が、M&Aと土地や機械などの通常の物件売買との大きな違いである。

　ではM&Aにおいて合意が必要な他の要因とは何だろうか。通常は対象会社の価値評価と並んで、これと同じか場合によってはそれ以上に重要なファクターが、案件の実行方法、すなわち案件設計である[*1]。簡単な例を用いて、この点を考えてみよう。

　ある会社を売り手（対象会社の株主1名が100%を保有）が買い手に売却するケースを考えてみる。図3-1に示すように、対象会社の貸借対照表は資産100億円、負債50億円、資本50億円としよう。対象会社の価値評価としては、株主価値で50億円という合意がすでに成立しているものとする。PBRが1ということだ。対象会社の発行済み株式は50株で、1株当たりの価値は1億円とする。会社を売却する手法として最も単純なのは、買い手（B）が対象会社の株式を取得する方法だ。ここで第一段階として、買い手は対象会社の議決権の

図3-1 発行済株取得と第三者割当増資引受の比較

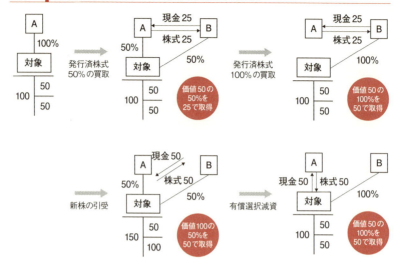

50%を取得するものとしよう。

　その場合、これを株式の取得で行うとしても、少なくとも二つの根本的に異なる実行方法が存在する。第一は買い手（B）が売り手（株主A）から発行済み株式を取得する方法だ。この場合、買い手は25億円の現金を売り手（株主A）に支払い、対象会社の株式25株（50%）を取得することになる。第二の方法は新株引受だ。この場合は、買い手は50億円の現金を対象会社に支払い、対象会社の新株を50株取得することになる。

　この結果、対象会社の発行済み株式は50株から100株に増大し、買い手は対象会社の議決権の50%を保有することになる。このように対象会社の価値に合意があっても、案件の実行方法を少し変えただけで、実際には買い手が支払う金額も、その金額を支払う相手先も大きく変化するのだ。

　しかし、この二つの方法を比べると、明らかに買い手のコストは第二の方法（新株引受）が第一の方法（発行済み株式の取得）の2倍であり、同じ議決権割合を取得する方法としては第二の方法が著しく経済的に効率が悪い。

では第二の方法で買収を行うことは経済的に損なのだろうか、ということそういうわけではない。第一の方法では、対価は売り手に支払われるので、対象会社の価値50億円は不変であり、買い手は50億円の価値の50%を25億円で取得したことになる。一方、第二の方法では、対価は対象会社に支払われるので、対象会社の価値は新株発行以前の価値が50億円で、それに現金が50億円追加されるので、合計で100億円になっている。つまり第二の方法は100億円の価値のあるものの、50%を50億円で取得しているので、こちらも経済的には合理的なのだ[*2]。

　次に第二段階として第一段階に続いて何らかの取引を行い、買い手（B）が対象会社の100%を取得する方法を考えてみよう。第一の方法の延長としては、買い手がさらに25億円を売り手（株主A）に支払い、残りの25株を取得すればよい。これで買い手は50億円の価値の100%を50億円で取得したことになる。

　一方、第二の方法では買い手はいくら多額の現金を対象会社に出資しても、新株の引き受けだけでは対象会社の議決権の100%を取得することはできない。あくまで売り手（株主A）が保有する50株に相当する議決権がAに帰属したままになるからだ。しかし、全く方法がないわけではない。

　たとえば、第一段階で買い手が対象会社の新株を50株引き受けたのち、有償選択減資（株式の発行会社自身が有償で一部の株主の持ち株だけを買い入れ、消却すること）という手法で、対象会社が株主Aの保有する株式のみを対象に、自己株式の買い入れ消却を実行するとしよう。

　第一段階でBが払い込んだ50億円を原資として、対象会社から株主Aに50億円が支払われ、対象会社の価値は100億円から元の50億円に戻り、結果として買い手（B）は対象会社の発行済み株式のすべてを保有することになる。このルートを通っても最終的には買い手（B）は50億円の対象会社の100%を50億円で取得したことになり、第一の方法と結果は全く同じになる。しかし、売り手（株主A）にとっては、第一のルートと第二のルートでは税務上の結果が大きく異な

る場合がある。

税金は重要な検討事項

　そもそも有償選択減資は全株主の合意が必要だが、このケースでは株主はAとBの2名しかいないので、全株主の合意は形成されたとしよう。そうすると、第一の方法では、Aは保有株式を単に第三者に売却したので、売却価格が保有株式の税務上の簿価を上回っていればその差額がキャピタルゲインとして課税される。しかし、第二の方法ではAは保有株式を株式の発行会社に売却している。

　この場合、一定の条件を満たせば売却代金の一部がみなし配当として、A（法人に限る）にとって税務上益金不算入の扱いを受ける可能性があるのだ。基本的には有償減資による受取金額は減資会社の自己資本に占める配当可能利益の比率に該当する部分がみなし配当となり、税務上は配当と同じ扱いを受ける。

　そして減資会社の発行済株式の25％以上（平成27年度税制改正後は3分の1超となる予定）を6カ月以上継続して保有する法人株主が受領する配当は、受け取り会社における当該株式投資に係る負債利子を控除した金額の全額が益金不算入となるのだ。そうなると、Aにとっては税引き後の手取りの売却代金が第一の方法と第二の方法では大きく異なる場合がある。資本主義経済の下での事業活動にとって税金は最大のコストである。

　したがって、M&Aにおいても税金は案件設計を考える上で極めて重要な検討事項だ。たとえばこの例で、売り手の対象会社株式の税務上の簿価がほとんどゼロであったとすると、第一の方法では法人税の実効税率を40％として、売り手の手取り金額は第二段階までいって100％株式を売却した場合でも30億円（＝50億円 x (1-0.4)）となる。

　しかし、第二の方法で、対象会社の自己資本の大半が配当可能利益であるとした場合[*3]、売り手の手取り金額はおおむね50億円となり、第一の方法の1.7倍近くになる。この差は非常に大きい。

　たとえば対象会社の価値評価に関して合意が整わず、売り手であるAは50億円、買い手であるBは30億円と主張して譲らなかったと

しても、売り手の頭の中に有償選択減資という特殊な手法がないとすれば、売り手の頭の中の手取り金額は30億円ということになる。そこでBが30億円という主張は変えないが、Aの手取りが30億円になる方法を提案すれば、価値評価の溝が一気に埋まる可能性があるということだ。

　つまり両者の主張の差を国税当局が補助金を出して埋めてくれる場合があるといってもよい。このように、案件設計（英語ではディール・ストラクチャリングという）は、会社法だけでなく、金融商品取引法、法人税法、企業会計基準、証券取引所規則など会社経営にかかわるあらゆるルールを駆使して最善の実行方法を編み出すことを意味する。その重要性は、対象会社の価値評価自体に勝るとも劣ることはない。そして最適な案件設計を編み出すためには、その都度最新のM&A関連諸制度を幅広く理解している必要がある。

第2節　会社法による株式と新株予約権関連の規定[*4]

　以下、本章では2006年5月に施行された会社法とその施行規則等によって、M&Aに関連する株式会社の基本的な枠組みが旧商法の時代に比べてどのように変化したかを、M&Aに関連する重要な点に絞って解説する。

　まずは株式と新株予約権の設計に関する事項をまとめることにしよう[*5]。なお、以下の議論は、M&Aに関連する内容に絞っているので、株式会社のみを対象として進める。さらに本章の最後では、2015年に施行された改正会社法の中でM&Aに関連する内容についても解説する。

①**少数株主権は、以下のように整理された。**

議決権又は株式数	継続保有要件	権利内容
総議決権の1%以上又は300個以上	6カ月継続保有	株主提案・議案要領通知請求

総議決権の 1% 以上	6 カ月継続保有	総会検査役選任請求
総議決権の 3% 以上	6 カ月継続保有	総会召集請求
総議決権の 3% 以上	なし	役員責任免除異議申立
総議決権の 3% 以上又は発行済株式の 3% 以上	6 カ月継続保有	役員解任請求、清算人解任請求
総議決権の 3% 以上又は発行済株式の 3% 以上	なし	業務執行検査役選任、帳簿閲覧請求
総議決権の 10% 以上又は発行済株式の 10% 以上	なし	解散判決請求訴権
原則として発行済株式の 6 分の 1 以上	なし	簡易組織再編反対

②**全部の株式の内容**：107 条の定めにより会社の発行する全部の株式に均一に付することができる内容として定款により以下の設計が可能となった。107 条によって設計された株式は種類株式とはならない。

(1) 譲渡制限株式：定款により全部につき譲渡の際に当該会社の承認を要する旨（107 条 1 項 1 号）を定めることができる。譲渡不承認時先買権者の定めも可能（139 条 1 項）。定款変更は特殊決議。

(2) 取得請求権付株式：定款により全部につき株主が会社に取得を請求できる旨（107 条 1 項 2 号）を定めることができる。対価（社債、新株予約権（付社債）、金銭その他の財産が可能。株式以外の対価の場合には、剰余金分配制限に服する（166 条 1 項））と行使期間は定款で定める必要がある。定款変更は特別決議。

(3) 取得条項付株式：定款により全部につき（一定に事由に基づき）会社が株主から株式を取得できる旨（107 条 1 項 3 号）を定めることができる。対価（剰余金分配制限あり）・行使期間

（取締役会の定める日でも可）は、定款で定める必要がある。一部を取得することも可能（取得株式の決定方法は定款で定める。株主平等原則に反する定めはできない）。定款変更は、株主全員の同意（110条）が必要。

③ **種類株式**：108条の定めにより配当・残余財産分配・議決権・譲渡制限・取得請求権・取得条項・全部取得条項・拒否権・役員選任権につき異なる内容の種類株式を発行できることとなった。なお、譲渡制限、取得条項および取得請求権を除く108条に定める株式の内容を付した種類株式を発行するためには、2種類以上の株式を発行できる旨の定款の定めがなければならないが、実際に2種類以上の株式が発行されている必要はない。結果として、発行済株式すべてについて配当、残余財産分配、議決権、全部取得条項、拒否権、役員選任権に関する108条が定める権利を付すことが可能である[*6]。

(1) 優先種類株式・劣後種類株式：定款により配当・残余財産分配に差がつく旨を定めることができる。配当金額の差や特定事業の業績連動なども可。優先株式等の内容は要綱を定款で定め、具体的細目は取締役会で決定できる（108条3項）が、旧商法と異なり、細目の決定時期が「当該種類の株式を初めて発行する時まで」となったため、配当率等の異なる優先株式を取締役会決議のみでシリーズ発行することができなくなり、その都度、株主総会で定款変更して発行する必要があることとなった。

(2) 議決権制限種類株式：定款により議決権行使を制限する株式を設計できる。一定数以上の株式を持ったものの議決権を制限することや一定期間保有しないと制限すること、なども可能との法務省見解[*7]がある。定款変更は特別決議。公開会社[*8]においては、議決権制限株式は発行済み株式の2分の1を超えることができない（115条）。議決権制限株式への定款変更株主総会決議に関しては、（共益権の制限なので）買取請求権はな

い。

(3) 譲渡制限種類株式：一部の種類株式のみに譲渡制限を付すことが可能となった。定款変更は特殊決議。旧商法では行使されうる新株予約権がある場合、譲渡制限を設定できないとされていたが、会社法ではかかる制限はなくなり、代わりに反対株主および反対新株予約権者に買取請求権を認めた（116条1項2号、118条1項2号）。

(4) 取得請求権付種類株式・取得条項付種類株式：一部につきかかる定めをおくことができる。株式以外の対価の場合、剰余金分配制限に服する（166条1項、170条5項）。

(5) 全部取得条項付種類株式：特別決議によりある種類の株式の全部を取得できる。定款変更は特別決議。全株主の同意まではなくとも100％減資が実施可能となる。普通株式に全部取得条項を付す定款変更に当たって反対株主は買取請求権を有する（116条1項2号）。買取請求の結果分配可能額を超えて金銭を支払った場合、取締役は会社に対して超過額の支払い補てん義務を負う（464条1項）。

(6) 拒否権付種類株式：いわゆる黄金株。特定事項につき、その種類の株式の株主総会の承認を要するとの定めが可能。

(7) 役員選任権付種類株式：委員会設置会社および公開会社、以外の会社はある種類の株式の株主総会で一定数の取締役を選任できる旨の定めをおくことができる。

④**株主平等原則**：株主はその有する株式の内容および数に応じて平等の扱いを受けるべきであるとの明文規定がなされた（109条1項）。しかし、例えば一定割合以上の株式を有する株主が行使できないと

の差別的行使条件付新株予約権が、直ちに株主平等原則に反するわけではないとの解釈が主流[*9]。

⑤**定款変更**：一般的には特別決議だが、全部の株式に取得条項を付す場合は、全株主の同意（110条）、ある種類株式を取得条項付とする場合は当該種類株主全員の同意（111条1項）、種類株式に譲渡制限を付す場合は種類株主総会特殊決議（111条2項）、全部取得条項を付す場合は特別決議（111条2項）、が必要となる。

⑥**授権株式制度**：旧商法（02年4月施行改正以前）ですべての株式会社が対象であった発行済み株式数の4倍までとの規制は、会社法では公開会社に限られたため、定款における相対的記載事項となった（113条3項）。旧商法では株式の消却・併合は授権株式数を自動的に減少させるものと取り扱われていた（昭和27年3月28日民事甲第227号民事局長通達）が、会社法では一方である行為により定款変更が自動的になされたとみなす旨の明文規定[*10]がいくつか存在するが、この点についての明文規定はないので、株式の消却・併合は授権株式数に自動的には影響を与えないことと解釈される[*11]。

したがって、公開会社が発行済株式数の4倍上限一杯の授権枠を定款で定めている場合に株式消却・併合を行うと、別途定款変更をしない限り、授権株式数が発行済株式数の4倍以上となり、会社法違反の状態となる。かかる違反については、可及的速やかに違反状態の回復をなすべきだが、かかる回復をいつまでに実行しなければならないとの規定は2015年施行の改正会社法以前にはなかった[*12]。

⑦**買取請求権**：譲渡制限あるいは全部取得条項を付す定款変更、取得請求権付あるいは取得条項付株式の対価株式に譲渡制限あるいは全部取得条項を付す定款変更、株式の併合・分割・無償割当・単元数変更・株主割当発行等をする場合で種類株主に損害を及ぼす可能性があり、かつ種類株主総会決議を不要としている場合には、かかる

種類株主（の反対株主）に買取請求権が認められる（116条1項）。反対株主とは、会社法上厳密に定義された言葉である。株主総会決議を要する場合には、当該行為に反対する旨を事前に会社に通知し、かつ当該株主総会で反対投票をすることが求められる（116条2項）が、議決権を有さない株主にはかかる条件はない。

　また、株主総会決議を要さない場合には、すべての株主に買取請求権が認められる。これらの反対株主の買取請求の結果、分配可能額を超えて金銭を支払った場合、取締役は超過額の支払い義務を負う（464条1項）。また、一定の組織再編行為等に反対する株主にも買取請求権が認められているが、この場合には財源規制がないため、取締役に分配可能額超過額の支払い義務はない。

⑧**株主名簿**：旧商法の名義書換代理人は株主名簿管理人と名称が改められたが、制度に大きな変更はない（123条）

⑨**基準日**：基準日以降に株式を取得した者の全部又は一部を、取締役会決議等の意思決定により株主総会議決権行使可能と認めることができる（124条4項）が、当該株式の基準日における株主の権利を害することはできない（124条5項）。基準日以降に行われた第三者割当増資で株式を取得した株主に議決権があるかは、主要目的ルールを含めて個別に判断が必要と思われる[*13]。

⑩**子会社による親会社株式の取得**：他の会社の事業の全部を譲り受ける結果として取得する場合、合併消滅会社から承継する場合、吸収分割の結果として承継する場合、新設分割により承継する場合（以上135条）、その他法務省令（施行規則23条）で定める場合（施行規則は日本の会社の海外子会社が現地法に基づいて行う三角合併等の場合を規定）、子会社が自ら（国内で）行う吸収合併・株式交換・吸収分割等の組織再編行為の対価として親会社株式を交付するために取得する場合（800条）を例外規定とし、それ以外の場合には認められない。

⑪**譲渡承認請求**：譲渡制限付株式の譲渡請求を会社が承認しない場合、会社は自らこれを取得するか買取人を指定する旨の通知をしなければならない点は旧商法と同様だが、対象株式の売買価格は通知から20日以内に両者の協議によって定められ（144条1項、7項）、かかる期間に裁判所に売買価格決定の申し立てが行われず協議も整わなかった場合には、1株当たり純資産（施行規則25条）で売買価格が決定される（144条5項、7項）。

⑫**自己株式の取得**：譲渡承認請求や取得条項などに基づく取得（155条）に加えて、株主総会決議による（取締役会への委任に基づく）通知按分取得（普通決議）、特定の者からの相対取得（特別決議）、定款規定（したがって特別決議）に基づく市場取引または公開買付による取得などが認められている（156条）。

　譲渡制限株式の買取請求による取得、株主総会決議に基づき市場取引等で株主との合意による取得、通知按分制度による取得、特定の者から相対取引での取得（株主総会特別決議が必要で他の株主に追加請求権がある点は旧商法と同様だが、市場価格のある株式の市場価格以下での取得等には追加請求権は発生しないものとした（161条））、全部取得条項付株式を株主総会決議で取得する場合など一定の場合に財源規制を統一的に適用した（461条1項各号）。旧商法では、株主総会決議による取得は定時株主総会決議を必要としたが、会社法では臨時株主総会決議でも可能とした（156条）。

⑬**併合・分割・無償割当**：株式併合は株主総会特別決議が必要（180条2項）で授権株式数は自動的に変動しないが、株式分割は取締役会決議で可能（183条2項）であり、授権株式数は自動的に増加する（184条2項）。株式の無償割当制度が新設され（185条）、異なる種類の株式を含む株式を株主の申し込み行為なしで、株主割当で無償発行できることとなった。無償割当は取締役会決議で実行される。

⑭ **単元株式数**：単元数は施行規則34条で定める数（1,000株、旧商法の発行済株式の200分の1未満との規制は撤廃された）を超えずに定款で定める（188条1項）。種類株式についてはその種類ごとに定める（188条3項）。定款変更であり特別決議が必要だが、分割と単元数変更の結果、議決権総数が減少しない場合は取締役会決議で可能とし（191条）、単元数の減少も取締役会決議で可能とした（195条1項）。

ただし、一部の有議決権種類株式のみ単元数を減少させる場合は他の種類株主に損害を与える恐れがある場合に該当し、種類株主総会特殊決議が必要（322条1項1号ロ）。

⑮ **自己株式の処分**：旧商法の解釈と異なり、自己株式の処分は新株発行と同様の規制に従う旨が明文化された（199条1項）。したがって、将来税制が対応して（欧州型の）公開買付対価を自己株式とする株式の直接交換が解禁された場合でも、日本の会社はたとえ金庫株を使用してもこれが現物出資規制に服するため、検査役の調査が必要となり実行が困難となった。

⑯ **設立時現物出資**：現物出資財産の定款記載総額が500万円以下の現物出資、市場価格のある有価証券（旧商法での例外規定は「相場ヲ越エザル」受入価格の場合であったが、会社法では「法務省例で定める方法で算定される価格」以下での受入とされた。その方法とは、「価格決定日終値（当日取引がない場合は、その後、最初の取引初値）と公開買付対象の場合は買付価格のいずれか高いほう」（施行規則43条）とされた）、価額相当性に関する弁護士等の証明があるもの、については検査役調査等の現物出資規制は及ばないこととした。（33条10項1号～3号）

⑰ **募集現物出資**：上記⑯（設立時現物出資）の3例に加えて、引受人に割り当てる株式総数が発行済株式総数の10分の1を超えない場

合、並びに現物出資財産が弁済期の到来している当該株式会社に対する金銭債権で、当該負債の帳簿価額以下で出資する場合（DES）、についても現物出資規制は及ばないものとした（207条9項1号～5号）。

⑱**新株予約権無償割当**：新株予約権の無償割当制度（277条）により株主の申し込み行為なしで、株主割当で無償発行できることとなった。無償割当は取締役会決議で実行される。この結果、買収防衛策として発行する新株予約権の株主割当が容易になった。

⑲**新株予約権行使による現物出資の対価の柔軟化**：新株予約権行使に際して出資するものを金銭以外の資産とすることも可能となった（236条1項3号）。その場合、原則として現物出資規制に服するが、新株予約権一個ごとに例外規定が採用されると解釈される[*14]との説を採用すれば、500万円以下の行使価格あるいは発行済株式の10分の1以下の規定（284条9項）により現物出資規制が回避される場合がほとんどと思われる。また、新株予約権有償発行時の対価を金銭以外とすることも認められ（246条2項）、その場合は、現物出資規制は及ばない。

⑳**取得条項付新株予約権**：これにより会社が新株予約権の行使を強制することができ、買収防衛策として発行する新株予約権が株主の失念等により行使されない可能性を排除できることとなった（236条1項7号イ、ロ）。

第3節　会社法による会社の機関設計に関する規定

次に会社法に定められた会社の機関設計に関する、M&Aに関連する制度変更事項をまとめる。以下はM&Aに関連する事項に絞って議論するため、株式会社のうち取締役会を設置する会社を念頭に議論する。

①機関設計は大幅に柔軟化されたが、大会社（資本金5億円以上又は負債総額200億円以上）で公開会社（譲渡制限のない株式を1種類でも発行している会社）で、取締役会設置会社で会計監査人設置会社である会社については（取締役と共同して計算書類等を作成する）会計参与を任意に設置できる以外、大きな変更はない。

②株主総会：召集地に関して本店所在地又は隣接地との規制が撤廃された。株主の承諾を得て電磁的方法により召集通知・参考書類・議決権行使書面のすべてを発することができることとなった（301条2項、302条3項）。株主提案権については、総議決権の10分の1以上の賛成を得られなかった（実質的に同一の）議案は、3年間再提案できない（304条、305条）。

③相互保有株式：株式会社の総議決権の4分の1以上（旧商法では「超える」であった）を有する（あるいはその他の事由を通じて当該株式会社が実質的に支配することができる（施行規則67条1項））株主（会社に限らず組合等を含む）が保有する当該株式会社の議決権は行使できない（308条）として、実質支配基準を導入した。

　ただし、完全子会社が完全親会社株式の4分の1以上を保有する場合のように、当該株主以外のものが議決権を持たず、保護すべき少数株主が存在しない場合にはかかる株主の議決権は行使できる。

④普通決議：総議決権の過半数（定款で無限に低減可能、ただし、役員選解任決議に限り3分の1未満にできない）を定足数とし、出席議決権の過半数で行う決議（309条1項）。

⑤特別決議：総議決権の過半数（3分の1以上まで定款で低減可能）を定足数とし、出席議決権の3分の2（定款で加重可能）以上の多数で行う決議。（309条2項）

⑥特殊決議：総株主の半数（定款で加重可能）以上で総議決権の3分の2（定款で加重可能）以上の多数で行う特殊決議（309条3項）は、譲渡制限の設置並びに公開会社の合併・株式交換・株式移転における株主に対する譲渡制限株式の交付の決議に必要な決議である。
　また、総株主の半数（定款で加重可能）以上で総議決権の4分の3（定款で加重可能）以上の多数で行う特殊決議（309条4項）は、譲渡制限会社で株主によって異なる扱いの新設・変更の定款変更に必要な決議である。

⑦種類株主総会：旧商法では株式分割・併合や組織再編等において、ある種類の株主に損害を及ぼす場合には当該種類株主総会の決議が必要としていたが、会社法では定款の定めにより種類株主総会の決議を要しない旨の定めをおくことができるとした（322条2項）。その場合、種類株主には買取請求権が認められる（116条1項3号）。

⑧取締役：選解任決議は、定款の定めによる加重がない限り普通決議（341条）となり、解任要件が軽減された。累積投票で選任された取締役の解任（及び監査役の解任）は、特別決議が必要（309条2項）。

⑨監査役：監査役会設置会社は、3名以上で構成する監査役の半数以上が社外監査役でなければならないとした（335条3項）。

⑩取締役会：大会社は内部統制システムの整備を取締役会で決定しなければならないとした（362条5項）。取締役会の書面（持ち回り）決議を認めた（370条）。

⑪委員会設置会社：定款の定めにより規模にかかわらず、すべての株式会社が委員会設置会社となることができることとした（326条2項）。取締役が使用人を兼務することが明文で禁止された（331条

3項）が、取締役が執行役を兼務することはできる。使用人兼務の執行役の使用人部分の報酬決定権も報酬委員会に委ねられた（404条3項）。

⑫取締役等の責任：取締役、会計参与、監査役、執行役または会計監査人の会社に対する法令・定款違反等による損害賠償責任は、委員会設置会社もそれ以外も任務懈怠責任と整理された（423条1項）。取締役または執行役の利益相反取引の損害賠償責任は、任務懈怠責任だが、立証責任が役員に転換された（423条3項）。取締役または執行役の剰余金配当に関する責任は、委員会設置会社もそれ以外も　任務懈怠責任ではなく単なる過失責任とし、無過失を立証すれば責任を免れるとした（462条1項）。

　さらに株主総会特別決議あるいは定款の定めに基づく取締役会決議によって、423条1項の任務懈怠責任は善意かつ重過失がない場合に限り、当該会社から得た財産上の利益の、代表取締役・代表執行役は6年分、その他の取締役・執行役は4年分、社外取締役・会計参与・会計監査人は2年分を限度に免除できる。

　しかし、定款の定めに基づく取締役会決議による免除は、議決権の100分の3以上の異議の表明があれば、かかる免除は失効する。（426条5項）

第4節 会社法による会社の計算等に関する規定

次に会社法に定められた、会社の計算等に関してM&Aに関連する制度変更事項をまとめる。

①計算書類：利益処分案が廃止され、株主資本等変動計算書および個別注記表が新設された（計算規則91条1項）。

②純資産：企業会計基準5号並びに計算規則108条により、新株予約権・少数株主持分・評価換算差額等を純資産に記載することとし

た。これに伴い、旧商法で株主資本と呼ばれたもの（すなわち資本金＋準備金＋剰余金に評価換算差額を加えた値）は、会社法では「自己資本」と呼ばれ、これに新株予約権と少数株主持分を加えた値（純資産）と区別されることとなった。

③役員賞与：企業会計基準4号並びに361条1項により、役員賞与は廃止され、役員報酬等としてすべて費用（損金）処理することとなった。税務上の損金算入条件は、別途税法の定めによる。

④事業報告：旧商法の営業報告書は、事業報告と改められた（435条2項、計算規則118条〜127条）。

⑤決算公告：すべての株式会社は、定時株主総会後、遅滞なく貸借対照表（大会社は損益計算書も）を公告しなければならない（440条1項）。ただし、電子公告を採用しない会社は公告に代えその内容（貸借対照表の要旨で可）を5年間継続して電磁的方法で公衆の縦覧に供することで足りる（440条3項）。なお有価証券報告書提出会社は、決算公告不要である（440条4項）。

⑥資本等の額：旧商法で定時株主総会でのみ行うことができた利益処分等が臨時株主総会でも行えることとなった。一方、旧商法で取締役会決議で可能であった（資本）準備金の資本組み入れは原則として（会計監査人（および監査役会）を設置する会社が別途定款の定めを置かない限り）株主総会普通決議が必要となった（448条1項、計算規則48条1項1号）。

　資本金の減少（剰余金の増加）で減少後なお分配可能金額が生じない場合は（決議を定時株主総会で行えば）普通決議で足り、債権者保護手続きも不要とした（447条1項、309条2項9号、これ以外は特別決議＋債権者保護手続きが必要）。

　準備金の減少（剰余金の増加）も株主総会普通決議＋債権者保護手続きで可能（448条、449条）だが、定時株主総会（定款の定め

がある場合は取締役会）決議で行い、減少後なお分配可能金額が生じない場合には債権者保護手続きは不要とした。
また、準備金減少の上限額につき準備金から資本金の4分の1を控除した金額との制限が撤廃された。

⑦剰余金の配当：定時・臨時の区別無く株主総会の決議でいつでも剰余金の配当が行えることとなった（454条1項）。また、取締役会設置会社で会計監査人（および監査役会）を設置し、かつ取締役任期を1年以内とする会社は（委員会設置会社でなくとも）定款の定めにより取締役会決議によっていつでも剰余金の配当ができることとなった（459条1項）。

⑧連結配当規制：連結計算書類を作成する会社は、その選択により連結配当規制適用会社になることができる。その場合、連結株主資本が単体株主資本より小さい場合その差額が分配可能額の減算項目となる。

⑨社債管理者：旧商法の社債管理会社は社債管理者と改められた（702条）

⑩類似商号規定の廃止：同一市町村内で同一事業目的での同一商号登記禁止規定が廃止された。

⑪設立：発起設立の場合、払込金保管証明が不要となった。最低資本金規制も撤廃された。ただし、純資産額300万円未満の場合、剰余金の配当はできない（458条）。

⑫公告：すべての会社につき、官報掲載・日刊紙掲載・電子公告のいずれを採用するかを定款の任意的記載事項とした（939条1項）。ただし、合併の債権者保護手続きなど会社法が定める公告が必要な手続きの中で官報公告が必須となっている場合には、いずれの会社

もこれを省略することはできない。

第5節　2015年施行の改正会社法

以下2013年11月29日に閣議決定し、2014年通常国会で可決成立し、2015年に施行された改正会社法の内容のうち、M&Aに関連する内容について解説する。

第1部　企業統治の在り方：

(1) 監査等委員会設置会社制度：委員会設置会社と監査役設置会社の中間形態を創設。監査等委員会は3名以上で過半数社外取締役により構成。任期2年。他の取締役とは別の株主総会決議で選任。取締役会で議決権を持つ監査役を作るもの（従来の委員会設置会社は「指名委員会等設置会社」に名称を変更）（327条等）。

(2) 社外取締役・監査役の要件：親会社・兄弟会社の取締役等は欠格とし、過去当該会社等の取締役・使用人等である場合の欠格を過去10年に限定（2条15号等）、有価証券報告書提出会社で社外取締役を置かない場合、その理由を記載しなければならないとした（過去について有価証券報告書＋将来について株主総会選任議案での説明）（327条の2等）。

(3) 支配株主の異動：公開会社（株式に譲渡制限のない会社）による、既所有株式を加えて過半数議決権を有する株主が出現する第三者割当増資（TPA）は、議決権10％以上の株主の反対があれば株主総会普通決議が必要となり、新株予約権の割り当てについても同様の規制が設けられた（206条の2第4項等）。

(4) 会計監査人の選解任に関する議案：監査役（設置があれば監査役会）は株主総会に提出する会計監査人の選任および解任並び

に再任しないことに関する議案の内容につき決定権を有することとされた。（344条）従来は同意する権限であった。

(5) 取締役・監査役の責任限定契約：業務執行取締役以外の社内取締役および社内監査役についても社外取締役・社外監査役と同様責任限定契約を締結できることとした。（427条1項）

第2部　親子会社に関する規律：

(1) 多重代表訴訟：完全親会社の議決権の1％以上を6カ月以上継続して保有する株主はその子会社の取締役に対する代表訴訟権を有する。ただし、子会社株式の簿価が完全親会社総資産の5分の1超であることが必要（これにより、本件はほとんど骨抜きとなっている[*15]。）（847条の3）。

(2) 株式交換等での株主代表訴訟の原告適格：株式交換・株式移転・合併消滅会社によっても、その効力発生日以前の原因に関する株主代表訴訟の原告適格は消滅しないとした（847条の2）。

(3) 親会社による子会社株式の譲渡：親会社総資産の5分の1を超える簿価の子会社株式を譲渡する場合で議決権の過半数を有さなくなる場合には、親会社株主総会の特別決議が必要とした（上記(1)多重代表訴訟と同様に骨抜きになっている。また、子会社のTPAによる親会社の議決権過半数喪失は規制されない）（467条1項2号の2）。

(4) 特別支配株主の株式等売渡請求（キャッシュアウト）：議決権の90％以上を有する特別支配株主は、対象会社取締役会の承認を条件に、他の株主および新株予約権者全員に売渡請求ができる。少数株主は本手続きの差止請求の一環として裁判所に売買価格の決定申立をできる。価格決定申立は、全部取得条項付種類株式や株式併合による端株の買取請求についても設けられ

た（179条）。

(5) 組織再編における株式買取請求：
①買取請求者の意図的撤回防止のため請求株式を保管する口座を創設（116条6項等）、
②買取請求の効力発生は買取請求の元となった行為の効力発生日にさかのぼるとし、利息と配当の二重取りを排除した（117条6項等）、
③買取請求においては多額の利払いを防ぐため、価格決定前に公正な価格を先払いできるとした（117条5項等）、
④簡易組織再編の合併存続会社・吸収分割承継会社・株式交換完全親会社と簡易事業譲渡の譲受会社の株主は買取請求権なし（797条1項、469条1項2号）、略式組織再編と略式事業譲渡の支配会社は買取請求権なし（469条2項2号等）、
⑤全部取得条項付株式の取得（171条の3）、株式併合（182条の3）、略式組織再編以外の組織再編でも簡易の要件を満たす場合を除き（784条の2等）、株主は当該組織再編等が法令または定款に違反する場合で株主が不利益を受ける恐れがあるときは差止請求ができる。

(6) 詐害的な会社分割における債権者の保護：吸収分割会社または新設分割会社が譲受会社に承継されない債務の債権者を害すること知って分割した場合、承継されない債権の残存債権者は承継会社等に承継財産の価額を限度として債務の履行を請求できるとした（759条4項）。

第3部　その他：
(1) 金商法違反者による議決権行使差し止め請求：公開買付規制に違反して株式を取得した株主の議決権を他の株主が差し止め請求できる（この内容は改正案の最終段階まで存在していたが、今回の改正法では最終的に国会に提出された法案の段階で採用

されなかった)。

(2) 株式併合と授権枠：株式併合時には必要に応じて授権枠を修正・削減しなければならない（180条2項4号、同条3項）。

註

*1 さらに言えば、価値評価と実行方法に関する合意事項を精緻な契約書に文書化する作業がもう1つの重要なファクターと言える。価値と実行方法が合意されても、契約書で例えば瑕疵担保条項に基づく売買価格の調整条項の内容によっては、当初合意した価値評価が実質的に大幅に変動する場合もあるからだ。

*2 ただし、買い手が対象会社を買収後に連結対象として作成する損益計算書で、買収コスト（借り入れで調達したなら金利、増資で調達したなら発行済株式数の増加）を勘案した買い手の連結1株あたり利益は第二の方法の方が第一の方法より少なくなる。第二の方法で対象会社に入る現金が直ちに事業に投資されて元の対象会社と同じ効率で利益を生まない限り、第一の方法と第二の方法で連結される利益の額はほぼ同一なのにコストが2倍だからである。

*3 通常は自己資本の大半が配当可能利益であることは少ないが、会社法では資本準備金は株主総会普通決議でその他資本剰余金（すなわち配当可能利益）に組み入れることが可能であり、株主総会特別決議による資本金の減資差益も、その他資本剰余金として配当可能利益を生むので、実際は自己資本の大半を配当可能利益とすることは不可能ではない。

*4 本章を含めて会社法等法令関係の記述にあたっては、長島・大野・常松法律事務所編『アドバンス会社法』（商事法務刊）と西村ときわ法律事務所編『新会社法実務相談』（商事法務刊）などを参照した。

*5 以下、単に条文番号がある場合は2015年施行の改正会社法の条文番号、会社法施行規則は施行規則、会社計算規則は計算規則と表記する。

*6 商事法務1742（葉玉）

*7 商事法務1742（葉玉）

*8 会社法上の「公開会社」とは譲渡制限を付していない株式を1種類でも発行している会社を意味し、上場会社を意味しているわけではない。

*9 第14章（敵対買収防衛策）参照

*10 112条1項、608条3号など

*11 会社法（弥永）など。

*12 第14章で議論する2007年のブルドックソース対スティールパートナーズ事件では、ブルドックソースがこの理由により授権株式数が発行済株式数の4倍を超える状態であった。

*13 『新会社法実務相談』P404など。

*14 商事法務1742（相澤、豊田）。なお株式に対する現物出資規制（上記⑯）では、発行株式1株ごとに例外規定が採用されるとの説はない。したがって、新株予約権に関してこの解釈が正しいとすると、株式の現物出資規制を回避するために、行使可能期間1日で行使価格が時価の新株予約権のオプション価値は限りなくゼロであるからこれを無償発行しても有利発行とならず、その新株予約権を、金銭以外を対価に行使させることで、現物出資規制を事実上尻抜けできる可能性がある。

*15 多重代表訴訟については、株式移転によって純粋持ち株会社の形態をとる上場会社が多数存在する現状で必要との議論から今回の会社法改正に盛り込まれたが、実業界の反対意見が強く、最終的にほとんど機能しない内容となった。特に通常の株主代表訴訟と異なり、議決権1%以上を保有する株主に限定された少数株主権となったことで最小単位株主等の個人株主がこの権利を行使することは不可能となった。

　また、総資産の5分の1要件を満たす上場持ち株会社は、巨大な事業子会社を持つ純粋持ち株会社に限定され、メガバンクやNTTなど20社程度しか該当しないようだ。

第4章 株式取得

第1節 発行済み株式の取得

　本章から実際の各種M&A実行方法について順次解説する。最初に株式取得である。いろいろあるM&Aの実行方法のうちで、単純な手法である株式取得の中でさらに最も単純なのが、対象会社の発行済み株式を取得するという手法だろう。本節では、この手法について主な留意点を列挙する。

①**現象**：発行済み株式の取得は、図4-1にあるように、買い手が対象会社の株主から直接対象会社の発行済み株式を取得する方法である。対象会社の株主は、保有株式をすべて売却すれば対象会社と資本関係がなくなるが、保有株式の一部を売却すれば資本関係が残る。（そのことが図4-1の点線で示されている。）

②**実行手続き**：買い手も売り手も（必要なら）取締役会決議で実行する。通常株主総会決議は必要ない。

③**結果**：対象会社の任意（0〜100%）の議決件比率の取得が可能、議決権あたり費用は新株引受より安価となるが、経済的には新株引

図4-1 発行済株式の取得

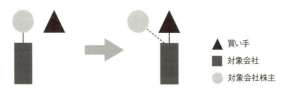

受に比べて特に有利でも不利でもない[*1]。

④**金融商品取引法上の規制**[*2]：
(1) 　内部者取引規制：上場会社等の発行済み株式の取得に当たっては、内部者取引規制の適用がある（新株引受にはこの適用はない）。内部者取引規制は、いわゆるインサイダー取引規制と言われる金融商品取引法上の規制である。上場会社の未開示の重要事実を知ったものは、かかる事実が公知となるまで、その会社の株式等の売買ができない。売り買い一方の取引を行うだけで規制の対象となるので、売買の結果としての利益の確定は構成要件とならない点にも注意が必要である。

村上ファンド事件の最高裁判決

　　また、2007年のニッポン放送株式取得に関する村上ファンド事件の村上世彰被告に対する裁判の最高裁判決（2011年6月）で話題となったように、対象会社あるいは対象会社以外の者が対象会社の発行済み株式に対して公開買付を実施または中止（すること）に関する事実を知った場合（当時の証券取引法167条、現在の金商法も同じ）、あるいは公開買付に準ずる行為として発行済み株式の5％以上の買い集めを実施（すること）に関する事実を知った場合（当時の証券取引法施行令31条、現在の金商法も同じ）も、対象会社の株式等の売買が規制される。実施に関する事実の場合は買付が規制され、中止に関する事実の場合は売付が規制される。

　　この「実施に関する事実」の定義について、村上裁判の東京地裁判決（2007年7月）では、実現の可能性がまったくない場合は別として、可能性が少しでもあれば、その可能性の多寡によらず、重要事実として規制の対象になるとの、かなりアグレッシブな解釈が示された。

　　その後、2011年の最高裁判決ではやや後退したものの、「公開買付け等を行うことについての決定をした」というためには、

167条2項にいう「業務執行を決定する機関」において、公開買付け等の実現を意図して、公開買付け等又はそれに向けた作業等を会社の業務として行う旨の決定がされれば足り、公開買付け等の実現可能性があることが具体的に認められることは要しない、とされた。

　この最高裁判決は、地裁判決に比べればかなり現実的に修正されたものの、引き続き実務的には不便な判例となっている。たとえば、買い手がM&Aを検討し、対象会社と会話する中で、対象会社が発行済株式の5%を超える自社株買い入れの計画を、時期や規模が未定のため、未発表ながら執行機関の決定として持っていることが分かれば、あるいは対象会社が他の会社の取締役会から非公式に買収提案を受けており、その実行方法として公開買付に言及していることを知った場合、それだけで、買い手は対象会社の発行済み株式を1株足りとも市場内外取引等で購入することができなくなる可能性がある。

　従来からこの問題は、例えば上場会社の買収にあたり、安易に買収審査を実行して業績や事業計画に関する未開示の重要事実を知れば、その時点で買い手はインサイダーとなり、新株引受での買収は実行できるが、発行済み株式を買い集める形での買収は、かかる重要事実が公知となるまで実行できないという問題が指摘されてきた。村上裁判の最高裁判決を文字どおりに解釈すれば、この問題がさらに深刻になることが指摘されている。

　さらに2014年4月施行の金融商品取引法改正により、株式等の売買を行わない場合でも、会社関係者が重要事実を知り、他人に対してその公表前に取引をさせることにより利益を得させる等の目的をもって当該重要事実を伝達し、または取引を勧める行為も、規制の対象となった（金融商品取引法167条の2）。これらの内部者取引行為は、すべて課徴金（金融商品取引法175条）と罰金（金融商品取引法197条の2等）の対象ともなっている。

(2) 公開買付ルール：上場会社等の発行済み株式の取得に当たっては、公開買付ルールの適用がある（新株引き受けには適用がない）。内部者取引規制と並んで発行済み株式の取得によるM&Aの実行にあたって注意を要するのがこの点だ。基本的には日本は米国と異なり、欧州型の強制公開買付制度を採用しているため、上場会社等の発行済み株式の3分の1超を取得する場合等には、必ずこの制度の適用を受ける。

　公開買付制度は、近年その内容が目まぐるしく変更されている。特に2006年12月に施行された証券取引法改正（当時）で大幅に内容が変わり、その後もさまざまな変更がされている。次節でこれらの変更内容を含めて現在の制度をまとめている。

⑤**少数株主の排除**：発行済み株式の取得は、すべての株主の同意を得れば、新株引受と異なり理論的には100%議決権の取得が可能だが、実際には、特に上場会社を買収する場合、すべての株主が公開買付に応札してくることはあり得ないので、実際には100%取得は保証されない。したがって、この場合には、別途少数株主排除策を設計することが必要となる。

　実務的には、2006年のカーライルグループとユニゾンキャピタルによる東芝セラミックス買収のケースのように、公開買付後に買収のための特別目的会社が株式交換で対象会社を完全子会社にする手続きにおいて、株式交換比率を、公開買付に応じなかった残存株主のうちの最大株主の持ち株数以上に設定し、すべての残存株主に単元未満株式を交付して買取請求を促す仕組みが存在する（買取請求に伴う金銭支払いは、2006年10月に改正・施行された組織再編税制でも税制適格要件を満たす）。

　さらに、①公開買付終了後に株主総会特別決議により定款変更を行い、種類株式発行会社となり、②同時に株主総会特別決議によって発行済普通株式をすべて全部取得条項付種類株式とし、③再度の株主総会特別決議で全部取得条項を発動して種類株式をすべて取得

し、対価としては別の種類株式等を交付する[*3]が、交付割合を全少数株主が単元未満株式を受領するように設定し、④少数株主に単元未満株式の買取請求を促す、あるいは、単に種類株を現金で全部取得条項に従って取得する、との手法で少数株主を排除する仕組みも使用される（例：2006年のNIF[*4]などによるキューサイ（株）の買収、投資ファンドのアドバンテッジパートナーズによる（株）レックス・ホールディングスの買収など）。

少数株主排除にあたっての合法性の判断

そもそも会社法の組織再編対価の多様化が2007年5月に施行されたことで、会社法上は現金を対価とする合併や株式交換が実行可能となり、結果として公開買付で議決権の3分の2以上を取得して株主総会特別決議を支配できれば、強制的に残りの少数株主を現金対価で退出させることが会社法上は可能となっている。

しかし、2006年10月施行組織再編税制によって、従来の合併等だけでなく株式交換においても税制適格再編の条件が同一となったため、現金を対価にした株式交換による少数株主排除は税制非適格再編となった。

税制非適格再編になることが、対価を受け取る少数株主の課税繰り延べがなくなるだけであれば、現金対価の場合にはそもそも課税繰り延べは必要ないので何ら問題はなかったのだが、加えて対象会社の資産についても組織再編時点で含み益に時価課税を行うというとんでもない制度が株式交換にも適用されてしまったので、この手法は資産に何らかの含み益をかかえる対象会社の少数株主排除策としては使えなくなってしまった[*5]。

そのために上記のような単元未満株式処理や全部取得条項付種類株式を利用した、技術的な対応が必要となっている。

なお、旧商法においては、交付金合併（現金合併）等が認められていなかったため、大株主が株主総会特別決議等を経て少数株主を排除することは株主権の濫用に当たる可能性があり、個別のケースに従って慎重に判断すべきとの議論があった。この点については、例えば藤

縄（商事法務 1656）によれば、株主権の濫用であるとの可能性を排除するためには、係る手続きを実行する前に大株主が総議決権の 90% 程度以上を保有していることが望ましいとしていた。

　この議論の根拠の一つとなっていたのが、当時の東京証券取引所の上場廃止基準である。当時の基準は、廃止基準のうち株主分布状況については少数特定株主（大株主上位 10 名と役員等の保有株式の合計）の保有割合が 75% を超えると 1 年間の猶予期間を経て上場廃止となり、90% を超えた場合には猶予期間なしで直ちに上場廃止となっていた。しかし、現在では、会社法によって交付金合併が認められ、株主総会特別決議により現金を対価に少数株主を排除することが明示的に認められた。

　また、東京証券取引所の上場廃止基準も 2007 年 11 月より、株主分布状況については従来の基準を変更して、流通株式数 2,000 単位未満となった場合（猶予期間 1 年）、流通株式時価総額 5 億円未満となった場合（猶予期間 1 年）、および流通株式比率 5% 未満となった場合（猶予期間なし）等に上場廃止とした（流通株式とは上場株式数の 10% 以上を有する者が所有する株式、役員等が保有する株式、自己株式の合計を意味し、ただし投資信託または年金信託等が保有する株式は含まないものとされた）。

　この問題を取り巻く環境は大きく変化したといえるので、少数株主排除にあたっての合法性の判断も以前よりは緩和の方向にあると考えるべきだろう。なお、第 3 章でも述べたように、2015 年施行の改正会社法で議決権の 90% 以上を有する特別支配株主は対象会社取締役会の承認を条件に、他の株主および新株予約権者全員に株式売渡し請求ができるとし、小数株主は本手続きの差止請求の一環として裁判所に売買価格の決定申立をできるとした。ちなみに価格決定申立は、全部取得条項付種類株式や株式併合による単元未満株式の買取請求についても設けられた。

⑥その他の一般的な留意点：

（1）　暖簾の償却による損益計算書へのインパクト：株式取得の結果、

対象会社が連結対象となった場合で、取得対価の価額が対象会社の時価純資産を上回れば、日本の企業会計基準では原則として連結暖簾が発生し、その定期償却が発生する。2010年4月1日以降開始の事業年度より企業結合会計基準により「共同支配企業の形成」[*6]と「共通支配下の取引」[*7]の場合は持ち分プーリング法に近い処理で簿価引き継ぎとなるが、これら以外はすべてパーチェス法となり、持ち分プーリング法は日本の企業会計基準上、廃止となった。

　パーチェス法で連結対象となった場合、取得対価が対象会社の資産・負債を時価評価する等の処理を行ったうえでの時価純資産を上回れば、日本の企業会計基準では原則として連結暖簾（かつての連結調整勘定）が発生し、20年以内の効果の及ぶ期間で、定額法あるいはその他の合理的な手法での定期償却が発生する。米国会計基準（USGAAP）や国際会計基準（IFRS）では、暖簾の定期償却はせず、必要に応じて減損処理だけを行う。

(2) 株式交換との関係：株式交換も現象としては発行済み株式の取得だが、本節では対象会社株主が任意で買い手の買付提案に応じるかを判断する通常の株式取得を想定して議論している。株主総会特別決議を経て強制的に行う株式交換については、別途第7章で議論する。

(3) 瑕疵の引き継ぎ：原則として対象会社の瑕疵は自動的に引き継がれる。しかし、合併と異なり、買い手と対象会社の法人格が融合しないので、買い手は対象会社の瑕疵に対して株主有限責任の原則により、倒産隔離がなされる（親会社としての社会的責任や銀行等に対する保証行為等の責任については、別途検討が必要）。

(4) 契約上の地位の移転：対象会社の法人格が維持されるので原則

として不要。Change of Control条項等のある契約は別途検討が必要。

(5) 繰越税務損失の引き継ぎ：原則として対象会社がそのまま利用可能。

(6) 課税：原則として売却株主は課税取引。

(7) 独占禁止法上の規制：2010年1月施行の独禁法改正により、グループ国内売上200億円超の会社が、グループ国内売上50億円超の会社の株式を新たに20%超、50%超保有する場合に事前届出義務が発生（グループ内再編を除く）。受理後30日間は、株式取得禁止期間。受理後120日又は禁止期間に要請された追加報告受領後90日間のいずれか遅い日まで審査可能[*8]。

(8) 取引価格制限・数量制限：本章第3節で述べる新株引受と異なり、発行済み株式の取得は（株式交換等の組織再編行為は別とすれば）買い手と売り手（株主）の相対の取引[*9]であり、対象会社は取引の当事者ではない。したがって、新株引き受けで問題になる有利発行の規制は及ばない。

　つまり取引価格が時価を下回ったとしても、会社法上の問題はないことになる。もちろん時価のある有価証券を、時価を大幅に下回る価格で売買すれば、税務上売り手から買い手に利益供与があったとみなされて、買い手が受贈益課税を受ける可能性がある。また、その場合には売り手も受贈益部分について譲渡損失があったとしても、これを税務上損金算入できない。

　さらに売り手自身は自己の株主に対して自己の財産を低廉譲渡して、自己の株主に財産上の損害を与えることになるので、その合理性を説明できない限り、株主代表訴訟などに晒されるリスクもある。このように売買当事者双方にさまざまな問題が

発生するので、価格設定に無限の自由度があるというわけではないが、少なくとも時価を下回る価格で譲渡するからといって新株発行のように直ちに会社法違反となって取引無効の訴え等がなされることにはならない。

また、発行済み株式の売買には新株発行と異なり、定款上の授権株式数の制限もかからないので、既に述べた金融商品取引法上の公開買付ルール等に関する制限を別にすれば、売買数量に関する制限も特にない。

第2節 公開買付ルール

公開買付（TOB、take-over bid）[*10]とは、経営権の掌握等を目的にその会社の株券、新株予約権等の議決権を有する資本性証券（議決権株券等）を市場外において一定期間内に一定価格で買い取ることを不特定かつ多数の相手に公告し、取得する方法である。制度の目的は、投資家の保護と証券取引の秩序維持にある。

諸外国では、米国、英国、フランス、ドイツなどでそれぞれ内容は異なるが一定の規制が設けられている。日本の場合は、1971年（昭和46年）にこの制度が設けられ、その後たびたび改正されており、一定の場合に公開買付による取得が義務付けられる強制公開買付の制度を採用している。

(1) 対象会社

強制公開買付の対象となる会社は、有価証券報告書提出会社と定義されている。有価証券報告書の提出義務は、金融商品取引法24条の規定によれば、①上場有価証券の発行者、②店頭登録有価証券の発行者、③有価証券の公募又は売出しについて有価証券届出書を提出した会社[*11]、④当該事業年度末日及びその開始の日以前4年以内に開始した事業年度の何れかの末日で所有者が1000名以上である株券等の発行者（金融商品取引法施行令3条の6第4項）、である。

なお、当該提出義務は、③の場合で、当該事業年度末日とその開始

の日以前 4 年以内に開始した事業年度末日すべての所有者数が 300 名未満で、内閣総理大臣の許可を受けた場合等に免除される（金融商品取引法施行令 3 条の 5 第 2 項）。したがって、対象は、上場会社はもちろん、非上場会社であるものの、いったん株主数が 1000 名を超えて有価証券報告書提出会社となった会社も対象となる。

(2) 対象取引

次に対象となる取引（すなわち強制公開買付が適用される取引）は、当該対象会社の（議決権）株式、その新株予約権（付社債）その他政令で定めるもの（以下「株券等」）の発行者自身以外による市場外での取得で、取得者及びその特別関係者[*12]による所有[*13]割合の合計が、

① 買付け後 5% 以下である場合は、買付する相手方の人数に関係なく適用除外、

② 買付後 5% 超となる場合には、著しく少数（＝ 60 日間に 10 人以下）からの買付ならば適用除外、

③ 買付後に 3 分の 1 を超える場合には、「著しく少数」であっても適用、

④ 50% を超えて所有している会社の株の買い増しは、「著しく少数」であれば適用除外（ただし本節の後で述べる全部買付義務に該当する場合を除く）、

となっている[*14]。

通常は会社の支配権を取得するためには、発行済株式の過半数、少なくとも株主総会特別決議の拒否権を得る 3 分の 1 超の取得を目指すが、そういった取得はたとえ 1 名の支配株主からのまとまったブロックの取得であっても強制公開買付の対象となり、他の一般株主にも大株主に対すると同じ条件で売却の機会を与えなくてはならないことになる[*15]。

なお、ある種類の株式の株主が 25 名未満でその全株主が同意すればその種類の株式について強制公開買付は適用されない（金融商品取引法施行令 6 条の 2 第 1 項 7 号）。

ところで、公開買付が義務付けられる「株券等」の定義は金融商品

取引法施行令6条1項に記載があるが、基本的には対象会社の株券、新株予約権、新株予約権付社債およびそれらの性質を有する信託受益証券等が挙げられており、例えば上場会社の株式を3分の1超保有している非上場の（海外の）持ち株会社の株式を取得することが「株券等」の定義に該当するかは議論があった。

　過去においては、複数の取引で日本法の著名な弁護士事務所が適法意見を出して、そのような海外の持ち株会社の株式を売買する形で実質的に公開買付義務を潜脱する取引が行われていた。

　2010年1月にKDDIがJASDAQ上場でCATV大手のジュピターテレコムの37.8%を保有する米国リバティーメディア社傘下の海外の持ち株会社の株式100%を公開買付によらず相対取引で取得すると発表したのも、そのような取引の一つであった。

　ところが、この取引が発表された2カ月後の2010年3月、金融庁は突然、ホームページに掲載していた「株券等の公開買付に関するQ&A」という項目に大量のQ&Aを追加した。その一つであるQ&A（問15）は以下の内容だった。

　　Q「有価証券報告書提出会社の3分の1超を保有する資産管理会社の株式を取得することは、公開買付規制上、どのような問題がありますか」
　　A「形式的には対象会社の『株券等の買付等』に該当するものではありませんが、当該資産管理会社の状況（例えば当該資産管理会社が対象者の株券等以外に保有する財産の価値、当該資産管理会社の会社としての実態の有無等）によっては実質的には対象会社の『株券等の買付け等』の一形態に過ぎないと認められる場合もあると考えられます」

　この不透明な行政指導は、その発表以前のKDDIの取引に対しても適用されるとの見解を非公式に示したとも伝えられている。KDDIとしては、取引金額（3617億円）の25%に達しうる課徴金の支払いを恐れて、取得を3分の1未満にとどめ、残りを信託銀行に信託する

などの修正をした。このQ&Aの存在により、現在ではこのような取引は公開買付規制の対象になると市場に理解されているが、KDDIの案件については金融庁の対応は非常に問題があったと言わざるを得ない。

（3）一連取引規制

　さらに2006年の公開買付ルールの大改正（2006年12月施行の証券取引法改正（当時）による改正、以下「2006年改正」という）で、脱法的な様態の取引への対応として、市場内外等の取引を組み合わせた急速な買付の結果、所有割合が3分の1を超えるような場合に公開買付の対象となることを明確化した。一連取引規制と呼ばれる規制である。

　この内容は複雑だが、証券取引法（当時）27条の2、1項4号では、3カ月以内に10%を超える取得を、「市場内・外取引」又は「新株引受」で実行する場合で、取得後持ち分が3分の1を超える場合で、かつ追加取得分の10%超のうち、競（せり）売買以外の市場取引（すなわちこれは立会外取引を意味する）と市場外での取引（相対取引を意味し、公開買付を含まない）で5%を超える場合には、かかる「市場内・外取引」（＝相対・立会外）での取得に対して公開買付規制を適用することになっている[*16]。詳細の判断はかなり技術的となるが、以下の行為は（一連取引取得合計が10%超で、3カ月以内に完了する限り）すべて規制対象となる[*17]：

①相対・立会外で5%超取得＋市場での取得により3分の1を超える場合の相対・立会外取得
②相対・立会外で5%超取得＋第三者割当により3分の1を超える場合の相対・立会外取得
③相対・立会外で5%超取得＋相対・立会外により3分の1を超える場合の相対・立会外取得
④相対・立会外で5%超取得＋公開買付で3分の1を超える場合の相対・立会外取得

特に注意が必要なのは、時間を遡って公開買付を実行することはできないので、5%超を相対・立会外で取得後3カ月間は、一連取引取得合計が10%超で、取得後持分が3分の1超となる、市場取引、第三者割当増資引受、相対・立会外取引ならびに公開買付は禁止となることだ。

ただし、規制対象はあくまで相対・立会外取引での取得が5%以上含まれる場合なので、第三者割当増資[*18]のみでゼロから3分の1超を取得することは規制の対象外であるし、競(せり)市場での取得のみでゼロから3分の1超を取得することも規制の対象外である。

ところで、この一連取引規制の導入によって、従来公開買付が不要であった子会社株式の買い増しについては、所有割合が50%超の子会社株式を、市場内外取引を組み合わせて急速に買い増す場合には、相対・立会外で5%超取得し、3カ月以内の追加取得合計が10%超になる場合には公開買付によらなければならない[*19]との指摘があった。

この問題に対応するため、2014年4月施行(平成25年法律第45号)の金融商品取引法改正では、相対・立会外での取得が5%以上との一連取引規制の条件から、あらかじめ公開買付の適用除外が認められている取引を「適用除外買付け等」と称して規制対象から除外するとの改正がなされた。これにより、そもそも50%超を所有している子会社株式を著しく少数から取得する行為は「適用除外買付け等」に該当するので一連取引規制の対象とならないこととなった。

(4) 公開買付の開始

公開買付を開始する者は、公開買付開始公告を日刊紙に掲載しなければならない。開始公告については2005年4月施行の内閣府令改正によりEDINET(金融商品取引法に基づく有価証券報告書等の開示書類に関する電子開示システム)による公告と日刊紙1紙への掲載で足りることとなった。買付期間は2006年改正により20営業日以上60営業日以内となっている。

ただし、対抗公開買付を開始された場合には、かかる対抗買付の末

日まで延長できる。買付価格はすべての応募株主について均一でなければならず、金銭以外の対価など複数の対価を選択させる場合もそれぞれの種類ごとにその対価を選択した応札者について均一としなければならない。

　さらに買付者は、公告の日に管轄財務局へ公開買付届出書を提出しなければならない。また、対価が有価証券でその有価証券の募集または売り出しとみなされる場合には、有価証券届出書等も提出しなければならない。加えて公開買付届出書の写しを、対象有価証券を上場する証券取引所に提出し、公開買付説明書を対象株主に対して交付する必要もある。

　公開買付期間中に買付条件を変更した場合は、直ちに変更内容を公告し、公開買付届出書の訂正届出書を財務局に提出し、訂正公開買付説明書を株主に交付しなければならない。ただし、下記（7）で述べる特定の場合を除き、買付価格の引き下げ、買付予定株数に上限を設定する場合の上限の減少、下限を設定する場合の下限の上昇、期間の短縮、など応札者に不利となる条件の変更はできない。

　また、原則として公開買付期間中は、買付者は市場取引を含め、公開買付以外の方法で対象有価証券を取得することはできない。公開買付に応札した株主は、期間中はいつでも応札を撤回できるが、買付者はあとで述べる特別な理由がない限り公開買付を撤回できない。

（5）投資者への情報提供の充実

　2006年改正で公開買付届出書における開示の充実や対象会社による意見表明の義務化、買付者への質問権の付与がなされた。

①公開買付届出書における開示の充実[20]：買付等の目的について支配権取得または経営参加を目的とする場合における経営方針等の記載を求め、純投資の場合にも取得後の保有方針、売買方針、議決権行使方針とその理由の記載を求めた。また、公開買付以降の追加取得の予定や、上場廃止となる見込みの有無等について記載を求めた。
　　加えて、買付者が、（ア）対象会社の役員、（イ）対象会社の役員

の依頼に基づいて公開買付を行うもので当該役員と利益を共通にするもの（いわゆるMBOに該当する場合を意味していると思われる）、（ウ）対象会社を子会社とする者、である場合には、第三者の意見そのものの写しの添付を求め、買付価格の公正性を担保する措置を講じているときはその内容の記載を求め、当該公開買付を行うことを意思決定するにいたった過程の開示を求め、利益相反を回避するための措置を講じているときは、その具体的内容の開示を求めた[*21]。

②買付対象者による意見表明の義務化（27条の10、1項）：従来任意であった対象会社による公開買付への賛否の意見表明報告書が、開始から10営業日以内に提出が義務化され、記載内容も結論に至ったプロセスなど内容の充実化が図られた[*22]。

③買付対象者が買付者に対して質問を行う機会の付与（27条の10、2項）：上記の意見表明報告書において買付者に対して質問をする権利が明文化され規定された。質問がなされた場合には買付者は意見表明報告書の受領から5営業日以内に対質問回答報告書の提出が義務付けられた[*23]。

さらに、上記の発行者以外の者による株券等の公開買付の開示に関する内閣府令の改正に合わせて、東京証券取引所は2006年以降MBOや支配株主による公開買付など経営陣と一般株主の間に利益相反が発生しうる公開買付について、

（ア）対象会社の取締役は意見表明において当該公開買付に「賛同」するか否かだけでなく、投資家に公開買付への応札を「推奨」するか否かを含めて意見表明すること、

（イ）公開買付発表前に業績予想の下方修正を行っている場合など恣意的に市場株価を引き下げているとの疑義を招く可能性がある場合などには特に充実した説明をすること、

（ウ）対象会社が第三者から公正な株価等の算定書を取得している場合には取引所に写しを提出するとともにその内容を投資家に説明すること、

（エ）いわゆる二段階買収については、スクイーズアウト（少数株主排除）の条件を当初の公開買付と同条件にするなど配慮すること、

（オ）意思決定にあたり弁護士やアドバイザーのアドバイスを取得し、その名称や意見の内容を必要に応じて投資家に開示するなど、公正性を担保するための措置をとること、

（カ）利害関係を有する取締役・監査役以外の承認を得ていることや、社外取締役や独立第三者委員会に対する諮問の状況や内容を投資家に開示するなど、利益相反を回避するための措置の内容を投資家に説明することなどを求めるなど、適時開示基準を段階的に強化している。

　2013年7月に東証が公表した基準では、この内容がさらに厳しくなり、公正な買付価格の算定根拠となる第三者による価値評価に使用したDCFの前提となった業績予測の各年度の売上・営業利益・フリーキャッシュフロー等の数値やそれが当該取引の実施を前提としているか否か（シナジー効果を含んでいるか否か）、類似会社比較法で選択した類似会社の名称、使用したマルチプルの種類などまでかなり詳細な開示を求めることとなっている[*24]。

(6) 公開買付期間の延長

　2006年改正で買付期間を実質的に延長するとともに株主に十分な熟慮期間を与える対策が取られた

　公開買付期間[*25]：従来、暦日ベースで20日以上60日以内であっ

たが、これが20営業日以上60営業日以内とされ、実質延長された。

対象者の請求による延長（27条の10、2項）：買付期間が30営業日未満の場合、対象会社が請求することにより、自動的に買付期間が30営業日まで延長されることとした[*26]。

（7）公開買付の撤回等の一部柔軟化

2006年改正により、いわゆる買収防衛策が発動された場合等に公開買付の撤回や買付条件の変更を容認した。

①買付条件の変更の柔軟化（27条の6、1項1号）：従来は買付価格の引き下げを含む応募株主に不利となる買付条件の変更は認められていなかったが、対象会社が株式分割を行った場合と新株予約権を発行した場合に限り、希薄化の比率を限度に買付価格を引き下げることができることとした[*27]。

②買付の撤回の柔軟化[*28]：いったん開始した公開買付の撤回は、従来は公開買付開始公告等であらかじめ指定した撤回事由が実際に起きた場合で、対象会社が、目的達成に重大な支障となる、株式交換、株式移転、会社分割、合併、解散、破産、民事再生手続・会社更正手続の申立、減資、営業譲渡、上場廃止を行った場合など、特殊な場合にしか認められなかったが、買収防衛策として使用される、①株式分割、②株式等の無償割り当て、③新株の発行、④自己株式の処分、⑤既発行株式への拒否権条項または取締役監査役選解任条項の付与、⑥重要な財産の処分等、⑦多額の借財、⑧公開買付後の買付者の所有割合を10%以上減少させることになる新株の発行その他の行為を行うことがある旨のすでになされていた決定を維持する旨の決定、⑨上記⑤で定める権利を付した株式を既に発行している場合でその条項を変更しない旨の決定、⑩買付者が株主総会で議決権を行使できる事項を変更することとなる株式の交付等を行うことがある旨のすでになされた決定を維持する旨の決定、の10項目のいずれかがなされた場合には撤回可能とした。

ただし、上記①〜⑩に該当する行為であっても、希薄化率が10%未満の新株発行等や総資産の10%未満の借財など軽微な場合には撤回が認められない。

(8) 全部勧誘義務（27条の2、5項）・全部買付義務の一部導入（27条の13、4項）

従来は買付者が買付予定株数（上限）を設定した場合で、応札が買付予定数を上回る場合には、按分比例方式によって、予定数を上回る部分の全部または一部を買付しないことが許容されていたが、2006年改正により、買付後に上場廃止に至るようなケースにおいては、株主を保護すべきとの観点から、買付後の所有割合が3分の2以上となる場合には、対象会社が発行するすべての株式を買い取りの対象とすることが義務付けられた（全部勧誘義務）[*29]。さらにかかる場合には、買付者は買付予定数（上限）を設定せず、応募株式の全部を買い付けることが義務付けられた（全部買付義務）。

(9) 買付者間の公平性の確保（27条の2、1項5号）

2006年改正により、ある者が公開買付を実施している期間中、3分の1超を保有している者が、当該公開買付の末日までにさらに5%超を追加で買付する場合、公開買付によらなければならないとした[*30]。また、買付者の公開買付期間中の対象会社株式の公開買付以外の方法による買付、いわゆる別途買付の禁止（27条の5）については、従来対象会社が外国に株券を上場している場合等で、その国で日本の公開買付に準じる手続きをもって行う買付行為も別途買付として禁止されてきたが、これを例外として認めた[*31]。

(10) 大量保有報告制度の改正

2006年12月施行の証券取引法改正（当時）により機関投資家の開示義務が強化された。具体的には機関投資家の特例報告制度に係る報告期限を3ヵ月ごと（翌月15日以内）から2週間ごと（毎月2回以上5営業日以内）に短縮した（27条の26、1項〜3項）。また、10%

超から10%未満への変更報告は機関投資家特例が適用されないこととした。(27条の26、2項3号) さらに、機関投資家に一般報告が義務付けられる「事業支配目的」を「重要提案行為等を行う目的」に変更した (27条の26、1項)。また、EDINETでの報告書提出が義務化された (27条の30の2)。

さらに、大量保有報告の提出者はその保有割合が1%以上増減した場合やその株式を担保に差し入れた場合、保有目的が変更になった場合その他、大量保有報告書に記載すべき重要な事項に変更が生じた場合には、変更報告書を提出しなければならないが、従来1%以上の低下の結果保有割合が5%以下となった場合には、その後の開示義務が免除されるが、保有目的や担保の設定などその他の理由で重要な変動があったことに基づき提出された変更報告書においては、保有割合がその後5%以下になってもその後の開示義務が免除にならないという条文上の矛盾があった。

そこで2013年6月公布 (平成25年法律第45号) の金融商品取引法改正では、いかなる理由で提出された変更報告書であっても、保有割合が5%以下になればその後の開示義務が免除されることとした[*32]。

(11) 公開買付の結果

公開買付の結果は買付期間末日の翌日に日刊紙に公告し、公開買付報告書を財務局に提出しなければならない。買付者は買付予定株数の上限・下限を設定する場合以外は応札された株式のすべてを取得しなければならない。上限を設定する場合で上限を上回る応札があった場合は、上回る分の全部または一部を買付ないか、あるいは按分比例方式によりすべての応札者から公平に応札株を均等比率で買付けるかを事前に公告しておかなければならない。下限を設定する場合で応札が下限に達しない場合は全ての株式を買付ないこととなる。

(12) 日本の公開買付制度の問題点

以上が日本の公開買付制度の概要である。この節の最後に日本の公開買付制度の問題点をいくつか指摘しておこう。

① 日本の強制公開買付制度は主な欧州諸国の制度と類似しているが、欧州諸国が全部買付義務を議決権の３分の１程度以上を取得する場合から課しているのに対して、日本では３分の２以上の取得の場合に限られる。このため過半数の議決権を獲得しで会社の支配権を獲得したうえで上場を維持する公開買付が可能である。このような制度を採用する理由は、支配権を獲得したうえで従業員の士気向上等の目的で上場を維持したいという社会的ニーズが存在するからであるといわれている。

　一方、上場会社の過半数を保有する大株主がこの支配権を第三者に売りたい場合、買い手が100%買収ではなく過半数買収で上場を維持したい場合でも公開買付によらなければならず、買付条件が魅力的であれば一般株主も応札するので、大株主は（全株主が応札した場合）おおむね自己の所有する株式の半分程度しか処分できないというジレンマに陥る。これを回避する手段として、日本ではいまだに年間数件程度だが、ディスカウント公開買付（時価を大幅に下回る買付価格での公開買付）が行われる。

　会社支配権を有している１名の株主が存在する場合にはその株主が支配権プレミアムを、他の支配権を有さない株主に分け与えることなく独占しても特段問題があるとは思えない。このような不透明なディスカウント公開買付をなくすためにも、著しく少数からの取得の公開買付免除規定については議決権の３分の１以下ではなく50%まで免除することとするか、あるいは全部買付義務を３分の１などから課してそもそもディスカウント公開買付が起こらないようにするか、いずれかの措置が必要と思われる。

② 自社株式を対価に公開買付を行うこと（いわゆるエクスチェンジオファー）は、金融商品取引法上は可能だが、法人税法や所得税法など税法の対応がない。公開買付に応じた株主が、対価として受領した株式を実際に売却するまでキャピタルゲイン課税を繰り延べる措置が存在しないのである。このため、投資家は公開買付に応じな

いか応じた場合には受領した株式を直ちに売却して実際のキャピタルゲインと課税されるキャピタルゲインを一致させなければならない。

したがって、このようなオファーは課税繰り延べがなされない売り主にとっても、対価として支払う自社株式が短期間に大量に売られるリスクを抱える買い手側にとっても使えない制度となっている。株式を対価に対象会社を完全買収する方法は、株式交換や三角合併など他の手法もあるので、日本では不要との意見もあるが、株式交換や三角合併では完全買収しか実行できない。全部買付義務を3分の2以上に設定して上場を維持した過半数議決権の買収を（そのような取引形態に社会的ニーズがあるなどとして）制度上認めているのであれば、エクスチェンジオファーによる、買い手株式を対価とした、上場を維持した過半数買収も実行可能なように税法の対応を考えるべきだろう。

なお、エクスチェンジオファーについては、税法以外にも、現物出資にあたる、プレミアムを支払うので自社株の有利発行にあたるなどの問題も指摘されているが、これらについては経済産業省の主導で制定された「産業活力の再生及び産業活動の革新に関する特別措置法」（産活法、2014年1月より産業競争力強化法の施行に伴い廃止）で一定の条件を満たして経産省の認可を受けて実行すれば、会社法上の有利発行や現物出資規制の問題は生じないとの手当がなされているので、あとは税法の対応だけが残されている状況である。

第3節　新株の第三者割当増資

次に、株式取得によるM&A実行方法のうち、第三者割当増資による新株の引き受けについて留意点をまとめる。

①**現象**：新株の第三者割当増資引受とは、図4-2にあるように、対象会社が発行する新株[*33]を買い手が引き受けて対象会社の議決権を

図4-2 新株の第三者割当増資引受

取得する方法である。この場合は図4-1と異なり、選択減資など特殊な手法を組み合わせない限り、対象会社の元の株主は対象会社の希薄化後の株式を保有し続けることになる（その点が図4-2右側の実線で示されている）。

②**実行手続き**：売り手は発行後の発行済株式数が定款上の授権株式数を超えず、発行価格が有利発行でなければ、取締役会決議で実行、買い手は（必要なら）取締役会決議で実行。

③**結果**：100％取得は（減資等を組み合わせない限り）不可能。議決権あたりの取得費用は発行済み株式取得より高価であるが、対価が発行会社に支払われるため、発行済み株式の取得と比べて経済的に損得はない。

④ **会社法上の規制**：
(1) 有利発行：有利発行は株主総会特別決議、すなわち議決権過半数（又は3分の1以上の定款で定めた比率）の出席する株主総会で3分の2以上（又はこれ以上の定款で定めた比率）の賛成で承認される決議が必要。会社法は「特に有利な価格」での新株発行あるいは自己株の処分を有利発行として、株主総会特別決議を求めている（会社法199条3項、201条1項）わけだが、具体的にどのような価格での発行が「特に有利」かに関する規定はない。

　　　第三者割当増資については、日本証券業協会が「取締役会決議直前日の終値に0.9を乗じた額以上」であること（ただし、

直前日までの価格または売買高の状況等を勘案して当該決議の日から最長六カ月を遡った日から直前日までの平均に 0.9 を乗じた額以上とすることもできる）を発行会社に要請するように会員証券会社に求める指針がある（平成 18 年 5 月 1 日改正の第三者割当増資の取り扱いに関する指針）。

　この指針に従えば、有利発行にならないとの保証があるわけではないが、このルールを引用して判断している裁判例が多いことから実質的に重要なルールとして定着している。また、有利発行決議の有効期間は 2002 年 4 月施行商法改正（平成 13 年法 128 号）により、それまでの「決議から 6 カ月以内の最初の発行にのみ有効」との規定が、「決議から 1 年以内の複数回の発行について有効」と変更された（旧商法 280 条ノ 2、4 項）が、会社法ではこの規定が踏襲されている（会社法 200 条 3 項）。

　これにより、時価発行の取締役会決議も 1 年間有効と解釈されるとの考え方が有力である。この結果、M&A で時価による（有利発行ではない）第三者割当増資を取締役会決議して公表したのち、独占禁止法等の手続きで発行の払い込み日が決議日の 6 カ月以上後になった場合で、事案公表によって株価が上昇していた場合に有利発行決議が必要になるとのリスクが低減されたが、この点は会社法でも維持された。

(2) 授権株式数：授権株式数を超えて新株を発行することはできない。授権株式数の拡大も定款変更なので株主総会特別決議が必要。

(3) 現物出資：現物出資は原則検査役調査が必要（会社法により事後設立[*34]は検査役調査が不要となった）。

⑤ **その他の一般的な留意点：**
(1) 暖簾の償却による損益計算書へのインパクト：2010 年 4 月 1

日以降開始の事業年度より企業結合会計基準により「共同支配企業の形成」[*35]と「共通支配下の取引」[*36]以外はすべてパーチェス法となり、持ち分プーリング法は日本の企業会計基準上廃止となった。

　パーチェス法の場合で連結対象となった場合、取得対価が対象会社の資産・負債を時価評価する等の処理を行ったうえでの時価純資産を上回れば日本の企業会計基準では原則として連結暖簾（かつての連結調整勘定）が発生し、20年以内の効果の及ぶ期間で、定額法あるいはその他の合理的な手法での償却が発生する。米国会計基準（USGAAP）や国際会計基準（IFRS）では暖簾の定期償却はせず、必要に応じて減損処理だけを行う。

(2) 瑕疵の引き継ぎ：原則として対象会社の瑕疵は対象会社に自動的に残存する。しかし、合併と異なり、買い手と対象会社の法人格が融合しないので、買い手は対象会社の瑕疵に対して株主有限責任の原則により倒産隔離がなされる（親会社としての社会的責任や銀行等に対する保証行為等の責任については別途検討が必要）。

(3) 契約上の地位の移転：対象会社の法人格が維持されるので、原則として不要（Change of Control条項等のある契約は別途検討が必要）。

(4) 繰越税務損失の引き継ぎ：原則として対象会社がそのまま利用可能。

(5) 課税：原則として資本取引なので対象会社も引受先（買い手）も非課税。

(6) 独占禁止法上の規制：2010年1月施行の独禁法改正により、

グループ国内売上200億円超の会社が、グループ国内売上50億円超の会社の株式を新たに20%超、50%超保有する場合に事前届出義務が発生（グループ内再編を除く）。受理後30日間は株式取得禁止期間。受理後120日又は禁止期間に要請された追加報告受領後90日間のいずれか遅い日まで審査可能。

(7) 新株の取得は直接新株を取得しなくても、いったん新株予約権の第三者割当を受けて、その後にこれを行使することによっても実行可能である。しかし、新株予約権の第三者割当は合理的な手法で計算したオプション価値を対価にする必要があり、その合理的な対価より特に有利な価格でこれを発行すれば有利発行とみなされて、株主総会特別決議の承認が必要となる点、新株予約権の発行時点で授権株式数を上回る新株予約権の発行決議をすることはできない点などは、新株発行と基本的に同じである。

　ただ、買収者が対象会社に対する公開買付等により対象会社の発行済み株式の過半数の取得を目指す際に、友好的な案件の場合にはこれに先立って対象会社の発行済株式数を若干上回る新株予約権を取締役会が買収者に割り当てる決議を行う場合がある。

　公開買付の結果、取得株式が過半数に達しない場合に限り、過半数取得のために必要な株式数に相当する新株予約権だけを実際に取得してこれを行使する。残りの新株予約権（の第三者割当）については払い込みを行わずに失権する、という仕組みを使えば、公開買付の結果に関わらず、対象会社の支配権を確実に獲得することができ、対抗買収提案等を抑止する効果も期待できる。このように新株引き受けによる買収においては、新株予約権を必要に応じて並行利用する仕組みが考えられる。

(8) 上記の新株予約権を経由した新株の取得には脱法的な動きが過去にあった。例えば2007年9月7日に東証マザーズ上場のウ

エディング・プロデュース会社、モックは株主総会特別決議で10対1の株式併合、授権株式数の大幅拡大並びに新株予約権の有利発行、の三種類の特別決議の承認を受けたうえで、まず授権株式数の拡大を発効させ、その後に株式併合を行い、最後に行使価格を株式併合以前の株価で決定した新株予約権を大量に第三者割当で発行した。

2015年施行の改正会社法以前では、条文構成から株式併合は授権株式数を自動的に減少させないと解釈されていた。このため当初の発行済株式数が13万4263株、授権株式数30万株であったところ、授権株式数を53万7000株に拡大したのち、10対1の株式併合を実行したので発行済株式数は1万3426株となり、授権株式数はその約40倍の53万7000株のままとなった。そののち、株式併合後で40万株（当時の発行済み株式数の約30倍）相当の新株予約権を香港系投資ファンドに発行した。

株式併合直前の同社の株価は8700円で、時価総額は11.7億円であった。新株予約権の行使価格は1万5000円であり、これは株式併合前の時価より高いが、株式併合を考慮した時価（8万7000円/株）の17%であり、強烈な有利発行であった。新株予約権がすべて行使されれば60億円の現金が調達され、これは時価総額の5倍以上である。新株予約権は今後数年間にわたって順次行使されると発表した。

この仕組みは有利発行等に関する株主総会特別決議が承認されているので、会社法上の手続きの瑕疵はないものと思われるが、意図的に会社法違反状態を作って強烈な有利発行による大量資金調達を行うことは、会社法の趣旨に反するだけでなく、特別決議に反対した少数株主に対する背任行為とも言える。

ただ、特別決議は創業社長の持ち株数約24.6%以外に多数の賛成を得て成立しており、特別決議可決の経緯がそもそも疑問視されるとの指摘もある。同様の事象は大証ヘラクレス上場のマンションリフォームのアライブコミュニケーションなども

実行した。このような問題に対応するため、第3章でも述べたように2015年に施行された改正会社法では、株式併合時には併合に応じて授権枠を修正・削減しなければならないとの規定が設けられた。

第4節 取締役会と株主総会の決議事項*37

本章の最後に、会社法の規定による株式会社の主な取締役会決議事項、株主総会普通決議事項、株主総会特別決議事項を列挙する。

■主な取締役会決議事項：定款で取締役会を置くと定める場合3人以上の取締役が必要

①会社の業務執行の決定（以下の重要な業務執行は取締役にその決定を委任できない：例示、362条4項）
　(1) 重要な財産の処分及び譲り受け
　(2) 多額の借財
　(3) 支配人その他の重要な使用人の選任・解任
　(4) 支店その他の重要な組織の設置、変更・廃止
　(5) 社債募集に関する重要な事項
　(6) 取締役職務執行が法令及び定款に適合することを確保するための体制の整備
　(7) 定款の定めに基づく取締役会決議による役員および会計監査人の会社に対する責任免除

②取締役の職務執行の監督

③代表取締役の選定・解職（①〜③、362条2項）

④その他重要な事項：（例：株式譲渡承認請求の諾否、（株主総会普通決議に基づく、あるいは定款の定めによる）市場取引・公開買付による自社株式の取得、組織再編契約書の締結、新株の発行、重要な業務契約の締結、株主総会の招集（計算書類を含む）、株主総会議案の決定、取締役等の利益相反・競業取引の承認、中間配当の決定、など）（416条4項）

⑤委員会設置会社の場合さらに：執行役の選任・解任、代表執行役の選定・解職、執行役の職務分掌、執行役の職務の監督、計算書類の承認、各委員の選定・解職、等

■主な株主総会普通決議事項：総議決権の過半数（役員選任・解任決議は3分の1以上まで定款で低減可能、その他は無制限に低減可能）を定足数とし、出席議決権の過半数の多数で行う決議。（309条1項）：
①取締役等選任・解任
②計算書類の承認（委員会設置会社の場合は報告）
③自己株式の市場取引・公開買付による取得の取締役会への委任
④減資後分配可能額が生じない資本減少
⑤資本準備金の資本組み入れ、資本準備金の剰余金組み入れ
⑥金銭分配請求権を与える現物配当
⑦その他の定款規定事項
⑧株主提案のうち特別決議に該当しない内容、など

■主な株主総会特別決議事項：総議決権の過半数（3分の1以上まで定款で低減可能）を定足数とし、出席議決権の3分の2（定款で加重可能）以上の多数で行う決議。（309条2項）：[*38]
①特定株主からの自己株式の取得　：対象とならなかった一般株主は同じ条件で自己の保有株式を買付対象に加えることを求めることができる（ピギーバックライト）。
②全部取得条項付種類株式　：普通株式を全部取得条項付種類株へ変更する決議。取得決定も特別決議。取得条項付き普通株式への転換は全株主の同意が必要。
③普通株式に対する取得請求権の設定
④累積投票で選任された取締役等の解任：ただし通常の取締役解任は（定款で加重されない限り）普通決議。
⑤株式併合：ただし、株式分割は（2種以上の種類株式を発行している会社のある種類のみの分割以外は）取締役会決議で可能。

⑥株式等の有利発行

⑦定款変更

⑧役員責任の一部免除

⑨資本金の減少：減資後なお分配可能額がマイナスの場合は普通決議で可。資本準備金の資本組み入れ、資本準備金の剰余金組み入れも普通決議。

⑩金銭分配権を与えない現物配当

⑪重要な事業の譲渡契約書承認

⑫他の会社の事業全部の譲受契約書承認

⑬合併契約書承認

⑭会社分割契約書、会社分割計画書の承認

⑮株式交換契約書承認

⑯解散

⑰これ以外に2種類の特殊決議（総株主の半数以上で総議決権の3分の2以上の賛成が必要な、株式譲渡制限の設定など、並びに総株主の半数以上で総議決権の4分の3以上の賛成が必要な、譲渡制限株主の異なる扱いの設定など）がある。

註

＊1　ただし、買い手が買収の結果、対象会社を連結決算に取り込んだ場合、買い手の1株当たり純利益が増大するか減少するかは、買い手の買収後の株価形成に重大な影響があるが、この観点では、新株引き受けに比べて発行済み株式の取得は対象会社の同額の純利益取り込みに必要な資金コストが小さいので、有利である（TPAの対価が新規事業に使用されて新たな利益を生むことは考えに入れない場合）。

＊2　旧証券取引法は、2007年9月30日以降法の名称が変更されて金融商品取引法となったが、本節で扱う内容の多くは名称変更以前の証券取引法の時代にたびたびの改正を経て施行されていた。

＊3　ここで対価として現金を交付しても、全部取得条項の発動は、組織再編行為とは別の取引であるとみなせれば、現金を受け取る株主が課税されるだけであろうが、全体を一連の取引とみなして税制非適格組織再編とみなされれば、対象会社の資産が時価課税されるリスクがある。また全部取得条項の行使、並びに単元未満株買い取りや反対株主買取請求は、

剰余金分配制限の対象であり配当可能金額を超えて金銭等を支払えば取締役は超過額の補てん義務を負う点に注意が必要である。

*4 大和証券 SMBC 系のベンチャーキャピタル
*5 詳細は第 10 章　組織再編税制を参照。
*6 共同支配企業の形成とは、複数の独立した企業が契約に基づき共同で支配される企業を形成する場合で、その場合には移転直前の簿価を引き継ぐ。
*7 共通支配下の取引とは、企業集団内における共通支配下の取引、例えば子会社の吸収合併等であり、その場合には原則として移転直前の簿価を引き継ぐ。ただし、少数株主からの取得分は時価で移転する。
*8 近年、日本企業の M&A 手続きにおいては、中国独禁法当局の取り扱いがボトルネックとなるケースが多発している。中国独禁法は、企業集中に参加するすべての会社の合計世界売上高が 100 億元（約 1500 億円）超で、そのうち少なくとも 2 社の中国国内売上高がそれぞれ 4 億元（約 60 億円）超の場合、あるいはすべての会社の合計中国国内売上高が 20 億元（約 300 億円）超で、そのうち少なくとも 2 社の中国国内売上高がそれぞれ 4 億元（約 60 億円）超の場合に義務付けている。

やや定義に曖昧なところがあるため、電通による英イージス社買収や KDDI・住友商事によるジュピターテレコム社の買収など通常常識的には届け出不要と思われる案件でも届け出が必要となり、かつ 2012 年以降は日本企業案件の受理後の処理が大幅に遅れる事例が増加している。
*9 公開買付や市場取引であれば不特定多数の売り手と特定の買い手の間の取引となるが、これも無数の相対取引の連続という意味で、ここでは相対と表現している。もちろん金融商品取引法の制限の範囲内で、市場外で特定の売り手と相対取引することも可能である。
*10 これは和製英語であり、英語の正確な表現は Public Tender Offer である。
*11 ただし、2004 年 12 月施行証券取引法改正（当時）で社債の公募により有価証券報告書提出会社となったものは公開買付規制の対象から除外されている。
*12 特別関係者とは、買付者が個人の場合にはその親族（配偶者及び 1 親等以内の血族と姻族）、法人の場合には当該法人が発行済株式等の 100 分の 20 以上を所有する法人並びにその役員を含み、さらに、買付者と共同して議決権行使する契約あるいは当該株券等の取得または譲渡の合意をしている者を含む。したがって公開買付を行う者は、自社の持ち分法適用関連会社の取締役が個人の証券口座で所有する対象会社の株式についても把握している必要がある。
*13 「所有」とは、当該株券等の引渡し請求権の取得、議決権行使権限あるいは行使指図権限の取得、当該株券への投資権限の取得、買い主の地位の取得権の取得、コールオプションの取得等が含まれる。

*14 ただし、当該株券の所有者が25名未満ですべての株主の同意を得ている場合には、取得後所有割合に関わらず公開買付規制の対象外となっている。

*15 公開買付規制の対象となる取得取引は市場外取引だが、立会外取引（東証のToSTNeT-1、-2、大証のJ-NETなど）による取得は、従来は市場取引と定義されてきた。しかし、2005年7月施行証券取引法改正（当時）により、政令で「買付後の所有割合が3分の1を超える結果となる場合に限り、市場外取引」と定義され、公開買付規制の対象となった。

*16 そもそも株式の取得方法は6種類ある。①新株引受、②既所有新株予約権の行使、③競り市場での取得、④立会外取引での取得、⑤相対取得、⑥公開買付。このうち公開買付規制は④の一部と⑤に対して課されており、それ以外の取得方法には無関係である。

*17 ここで5%と10%という数値については金融商品取引法施行例7条2項〜4項に定めがある。

*18 新株発行の引き受けを意味し、金庫株の買付はこの範疇にはいらず、一連取引規制の対象となると解釈されている。商事法務1774（大来）、商事法務1790（内間・松尾）。実務的には金庫株と新株を区別する必要も意味も希薄でありできれば避けたい解釈である。

*19 商事法務1786（大来）

*20 「発行者以外の者による株券等の公開買付の開示に関する内閣府令」に定めた第二号様式の記載上の注意(5)

*21 発行者以外の者による株券等の公開買付の開示に関する内閣府令13条1項8号

*22 金融商品取引法施行例13条の2、1項

*23 金融商品取引法施行例13条の2、2項

*24 ただし、これらの東証の基準は東証が有料で販売している会社情報適時開示ガイドブックに掲載されており、基準の改正も東証から上場会社の情報取扱責任者へ宛てた手紙という形態をとっているので東証のホームページ等で公開されていない。適時開示のガイドライン等は一般投資家にとっても重要な情報であり、本来は東証が自ら進んで無償で公開すべきと思われる。

*25 金融商品取引法施行例8条1項

*26 金融商品取引法施行例9条の3、6項

*27 金融商品取引法施行例13条1項、内閣府令19条1項

*28 金融商品取引法施行例14条1項

*29 金融商品取引法施行例8条5項3号

*30 金融商品取引法施行例7条5項、6項

*31 金融商品取引法施行例12条7号

*32 金融商品取引法27条の5

* 33　金庫株が解禁されて以来、発行者が所有する金庫株を処分することでも新株発行と同様の効果が生まれる。会社法では金庫株の処分は現物出資規制など新株の発行と同様の手続き規制に服することとされているが、公開買付ルールの一連取引規制の脚注（18）で述べたように、金融商品取引法上は必ずしも同じ扱いではないことには注意が必要である。

* 34　事後設立については第8章　事業譲渡の第2節⑥項参照

* 35　共同支配企業の形成とは、複数の独立した企業が契約に基づき共同で支配される企業を形成する場合で、その場合には移転直前の簿価を引き継ぐ。

* 36　共通支配下の取引とは、企業集団内における共通支配下の取引、例えば子会社の吸収合併等であり、その場合には原則として移転直前の簿価を引き継ぐ。ただし、少数株主からの取得分は時価で移転する。

* 37　本節では会社法の条文番号を記す。

* 38　ここでは公開会社（株式に譲渡制限を付さない会社）の場合を想定している。

第5章

合併

第1節 合併の概要[*1]

　M&Aの実行方法のうち、第4章で述べた株式取得と並んで使用頻度が高いのが合併であろう。合併とは二つ以上の法人格が一つの法人格に集約される会社法上の組織再編行為である。選択肢としては、図5-1が示すように、対象となる会社の一つが存続会社となり、残りの会社の法人格が消滅する吸収合併と、図5-2が示すように、対象となるすべての会社の法人格が消滅して新たに設立された法人に集約される新設合併の二つの方式が可能である。

　実務的には、新設合併を選択する必要性はないことが多い。官公庁の許認可等いずれかの対象会社が所有する、法人格が消滅すると新たに取得しなければならない資格等を生かすなどの目的で、吸収合併が選択される場合がほとんどである。

図5-1 吸収合併

● 存続会社株主　■ 存続会社
▲ 消滅会社株主　■ 消滅会社

図5-2 新設合併

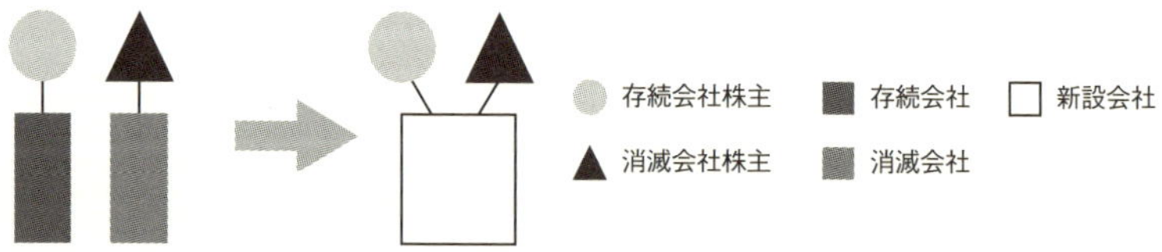

● 存続会社株主　■ 存続会社　□ 新設会社
▲ 消滅会社株主　■ 消滅会社

日本では合併と言うと対等合併が主流で、この場合にはどちらかがどちらかの会社を買収する、というよりは二社以上の会社が対等に経営統合するという意味合いが圧倒的に多い。

　欧米では、合併も買収を実行するための一つの手段という考え方が主流である。実態が買収であっても、経営を統合した後の新会社が一つの法人格で、統一された人事制度や経理・財務制度の下に一体経営を行うことが統合効果の出現のために最も合理的と判断される場合には躊躇なく合併という手段が選択される。

　しかし、合併であっても買い手が売り手の株主に買収プレミアムを支払い、代わりに統合会社の取締役会は買い手側の経営陣が多数を占めて経営を支配し、統合会社を新たな経営方針の下に経営する姿勢が鮮明に表れる。合併直後から経営は買い手側が主導し、リストラを含む合理化策も迅速に実行されるのだ。

　一方、日本型の対等合併はこの点が曖昧になり、統合会社の取締役数が元の会社の取締役の合計数に限りなく近く、買収プレミアムの支払いもないケースが多い。それでも統合会社の経営陣が新たな経営方針を示し、遅滞なく統合効果を出現させることに成功するケースもあるが、多くの場合リストラ等の合理化は先送りされ、電算システムの統合にさえ手間取る場合も少なくない。

　ただ、欧米と共通しているのは、対象となる会社各社の法人格を温存する共同株式移転による持ち株会社傘下の経営統合と異なり、合併の場合には対象となる会社の法人格を融合し、人事・経理・財務など統一された経営システムの下で新会社を一体経営することを目指す場合に選択されるという点だろう。以下、まずは合併の一般的な留意点を述べる。

①**現象と結果**：二つ以上の法人格が一つに集約される組織再編行為

②**承認決議**：議決権過半数（又は3分の1以上の定款で定めた比率）の出席する株主総会で3分の2以上（又はこれ以上の定款で定めた比率）の賛成で承認される特別決議（309条2項12号）。ただし、

簡易合併（存続会社の株主総会を省略）、略式合併（総議決権の90％以上を保有されている会社の株主総会を省略）の規定がある。

③**会計及び税務の取り扱い**：2010年4月1日以降開始の事業年度から企業結合会計基準により「共同支配企業の形成」と「共通支配下の取引」の場合は持ち分プーリング法に近い処理で簿価引き継ぎとなるが[*2]、これら以外はすべてパーチェス法となり、持ち分プーリング法は日本の企業会計基準上廃止された[*3]。

　パーチェス法の場合、取得対価が消滅会社の資産時価評価後の取得純資産を上回れば、原則として単体で差額暖簾が発生し、20年以内の効果の及ぶ期間で定額法あるいはその他の合理的な手法での償却が発生する。米国会計基準（USGAAP）や国際会計基準（IFRS）では暖簾の定期償却はせず、必要に応じて減損処理だけを行う。

　税務上の扱いは会計とは別で、第10章で詳しく述べる組織再編税制に従い、税制適格であれば存続会社において消滅会社の資産・負債は簿価引き継ぎとなり、譲渡損益の認識はないが、非適格であれば（完全親子関係があり、グループ法人税制が適用される場合を除き）存続会社において時価引き継ぎとなり、消滅会社において（合併期日前日に終了するみなし事業年度において）譲渡損益の認識がなされる。

　また、消滅会社株主に対して受領対価の一部が（消滅会社の利益積立金に該当する部分が存続会社には引き継がれず）みなし配当となり課税が発生する。非適格合併の場合、存続会社において受け入れる事業の資産時価評価後の純資産から退職給与債務引受額と3年以内に発生が見込まれる短期重要債務見込み額を控除した金額の差額が、資産調整勘定・差額負債調整勘定となって60カ月均等で税務償却する（法人税法62条の8第1項等）。

　ただし、グループ法人税制の適用がある非適格合併の場合には、消滅会社側では譲渡損益調整資産（固定資産・売買目的以外の有価証券・金銭債権・繰延資産等を含み、棚卸資産や1単位の簿価が1

千万円未満の資産は除く）の譲渡損益は繰延となり、存続会社側でも利益積立金で調整して簿価引き継ぎとなる。（法人税法61条の13）

④**瑕疵の引き継ぎ**：原則として対象会社の瑕疵は、自動的に存続会社に引き継がれる。対象会社と買い手の法人格が融合するので、対象会社の瑕疵に対する債務履行義務等は買い手の資産すべてが対象となり得るため、倒産隔離はなされない。

⑤**契約上の地位の移転手続き**：権利義務が包括承継なので契約相手先の個別同意の取得は原則として必要ない。Change of Control 条項等のある契約は別途検討が必要。

⑥**繰越税務損失の引き継ぎ**：税務上適格合併なら原則認められるが、グループ内再編の場合には特定資本関係（50%超の持ち株関係）の成立後5年以上経過していること、または、みなし共同事業要件（SPC等実態のない会社との合併ではなく、関連性要件と規模要件が必要）を充足することが必要。

⑦**課税**：グループ内再編か共同事業再編に該当して、税務上の適格再編であれば対象会社の資産は税務上は簿価引き継ぎとなり、消滅会社株主の受領対価にかかわるキャピタルゲイン課税も繰り延べられる。非適格なら消滅会社株主がキャピタルゲインを課税され、さらに消滅会社資産の時価課税がなされる[*4]。

⑧**独占禁止法上の規制**：2010年1月施行の改正独禁法により、当事者の一方がグループ国内売上200億円超の会社で、かつ他方がグループ国内売上50億円超の会社の場合、事前に届出書の提出が必要（グループ内再編を除く）。受理後30日間は合併禁止期間。受理後120日又は禁止期間に要請された追加報告受領後90日間のいずれか遅い日まで審査可能。なお、合併対価が株式で支払われ、そ

の結果、合併非存続会社の親会社に株式取得の独禁法届け出義務が発生する場合が考えられる。

第2節 合併に関する会社法の規定

以下、会社法が規定する合併の手続きについて、旧商法との違いを中心に、その概要を述べる。なお、対価の柔軟化や特別の説明義務など、合併に関する会社法の変更点は、会社分割などその他の組織再編手法に関する変更と共通する点が多い。

①**合併の効力発生**：旧商法は合併契約書に「合併期日」の記載を求め、これが合併期日以降に行われる合併登記日（＝合併の法的効力発生日）と一致しなかったが、会社法では合併期日の概念は廃止され、吸収合併においては合併契約書で「効力発生日」を定めることとなった（749条1項6号）[*5]。合併登記は、第三者に対する対抗要件として整理された。

吸収合併の効力発生と同時に消滅会社の私法上の権利義務は存続会社に包括承継され、消滅会社は自動的に解散するが、吸収合併による解散は合併登記後でなければ第三者に対抗できない（750条2項）。吸収合併の一方の当事者が合併契約を解除することを目的に合併登記を拒否しても、法的には効力発生日に合併の効力は発生することとなる（ただし後述の債権者保護手続きが完了していないと合併効力は発生しない）。

②**合併の手続き**：合併契約書締結→事前開示→株主総会特別決議（省略の場合アリ）→反対株主買取請求・消滅会社新株予約権者の買取請求→債権者保護手続き→株券提出手続き（株券発行会社のみ）→効力発生→登記→事後開示、の順に行われる。図5-3に吸収合併の場合の一般的な概略日程表を記す。

③**合併契約書記載事項**：商号、住所、消滅会社株主に交付する財産の

種類・内容とその割当に関する事項（理由）、消滅会社新株予約権者に交付する財産の種類・内容とその割当に関する事項（理由）、効力発生日の記載が必要（749条1項）。

④**定款変更**：旧商法と異なり、合併に当たり実施する存続会社の定款変更は合併契約書に記載されず、合併決議とは別の株主総会特別決議で承認を受けることとなった（466条）。

⑤**株式の割当**：存続会社が保有する消滅会社株式、消滅会社が保有する自己株式の何れにも合併対価の割当は認められないこととなった（749条1項3号）。

⑥**資本金**：合併対価として存続会社株式が交付される場合、旧商法では承継純資産から合併交付金と代用自己株式の簿価を控除した金額が存続会社の資本等（資本金＋資本準備金）増加額とされていたが、会社法では資本等が増加しない（すべて剰余金とする）合併を認めた（計算規則58条）。

⑦**合併交付金**：旧商法の合併交付金は廃止され、対価柔軟化に関する規定（749条1項2号ホ）に集約された。ただし、対価柔軟化の施行は2007年5月だったので、それ以前は合併交付金の交付もできない状況であった。しかし、消滅会社の剰余金配当で対応できた。

⑧**対価の柔軟化**：旧商法では合併の対価は存続会社の株式しか使えなかったが、会社法では存続会社の株式以外の対価すなわち、社債、新株予約権（付社債）、金銭その他の財産、の交付が認められた。その対価を選択したことの相当性（施行規則182条1項1号）並びに、算定方法（749条1項2号〜3号）の双方の開示が求められる。

⑨**交付金合併**：交付金合併が認められたことにより、少数株主を排除

図5-3 吸収合併の概略日程

存続会社	備考
取締役会決議 ・基準日設定	
基準日公告	基準日の2週間以上前（公開会社）
基準日	総会3カ月前以内、定款記載なら不要
取締役会決議 ・合併契約書承認 ・株主総会招集	
合併契約締結	
基準日株主名簿入手	
招集通知発送	総会より2週間以上前（公開会社）
合併契約書等の備置	総会より2週間前（又は効力発生20日前、又は債権者公告・催告の日、又は消滅会社新株予約権者への公告・通知の日）
株主総会 ・合併承認	
債権者保護手続き 官報公告及び個別催告（＝日刊紙公告で省略可能）	異議申述期間1カ月以上（開始は株主総会前で可⇒総会決議～効力発生日を短縮）
株主公告	効力発生日20日以上前
反対株主買取請求期限	効力発生20日前～前日
債権者保護手続き完了	
合併効力発生日	
合併登記申請	
事後の開示（6カ月）	

注 ・独占禁止法上の合併計画書届出及び待機期間は割愛。
　・業法上の許認可、外国投資家株主による外為法の事前届出の有無についても割愛。

すること自体の違法性が否定された。ただし、どのような場合に株主権の濫用として著しく不当な決議（831条1項3号）に該当するか否かは今後の課題であろう。

　少数株主排除の実務においては、公開買付等において親会社が少数株主の過半数から賛同（応札）を得るいわゆるMajority of Minorityを実行の条件（買付予定株数の下限）とするケース（2011年2月のカルチュア・コンビニエンス・クラブ（株）のMBOや2011年12月の（株）ホリプロのMBOなど）もあるが、特に下限設定等をせず、議決権の3分の2以上を保有する大株主が株式交

消滅会社	備考
取締役会決議 ・基準日設定	
基準日公告	基準日の2週間以上前（公開会社）
基準日	総会3カ月前以内、定款記載なら不要
取締役会決議 ・合併契約書承認 ・株主総会招集	
合併契約締結	
基準日株主名簿入手	
招集通知発送	総会より2週間以上前（公開会社）
合併契約書等の備置	総会より2週間前（又は効力発生20日前、又は債権者公告・催告の日、又は消滅会社新株予約権者への公告・通知の日）
株主総会 ・合併承認	
債権者保護手続き 官報公告及び個別催告（＝日刊紙公告で省略可能）	異議申述期間1カ月以上（開始は株主総会前で可⇒総会決議〜効力発生日を短縮）
株主公告	効力発生日20日以上前
新株予約権者公告	効力発生日20日以上前
株券提供公告・通知（総会前でも開始可）	提供期間1カ月以上（総会前でも開始可）
反対株主買取請求期限	効力発生20日前〜前日
新株予約権者買取請求期限	効力発生20日前〜前日
債権者保護手続き完了	
株券提供期間満了	
合併効力発生日	
合併解散登記申請	

換（2012年8月のソニーによるソネットエンタテインメント（株）の完全子会社化など）、あるいは、定款変更＋普通株式への全部取得条項導入（2013年2月のKDDI・住友商事によるジュピターテレコムの共同完全子会社化など）等、当然の権利を行使して淡々と実行するケースも多い。

　下限設定をしないケースは、少数株主の持ち分が小規模で、そのうちの過半数の応札がないと公開買付を実行しないとするとごく少数の株主の反対で公開買付が成立しない可能性が高くなるなど少数株主にとってむしろ不利な条件となるとの配慮が働くケースもある

ようだ。

⑩**三角合併**：対価の柔軟化の結果、親会社株式を対価として交付する三角合併が可能となった。三角合併についての詳細は第6章で述べる。

⑪**消滅会社の新株予約権（付社債）の承継**：旧商法で解釈論として可能であった消滅会社の新株予約権（付社債）の承継に関して、存続会社の新株予約権又は金銭の交付制度が明文化され、合併契約の承継条件が新株予約権（付社債）発行決議の承継条件と一致する場合を除き、消滅会社の新株予約権（付社債）保有者に買取請求権が新設された（787.条1項1号）。

⑫**利益配当**：旧商法で求められた合併までに利益配当を行う場合の限度額の記載は廃止された。

⑬**役員選任**：旧商法で求められた合併時に就任する取締役・監査役の記載は廃止された。したがって、合併により新たに取締役等を選任する場合は、合併決議とは別の株主総会決議で承認を受けることとなった。

⑭**事前備置書類**：消滅会社の備置書類に（消滅会社債務に関する）存続会社における「債務の履行の見込みに関する書面」が新たに求められた（施行規則182条）。旧商法で会社分割だけに求められた「債務の履行の見込みがあること」を記載した書面と微妙に表現が異なるが、これが合併にも求められたことから、合併の結果存続会社が債務超過となる合併を認めないと解釈すべきか、については今後の課題であろう[*6]（法務省令案の段階では「債務の履行の見込みの有無に関する事項」との表現で「見込みがない場合」が明示的に認められていたが、最終的にこの表現は後退した）。

　消滅会社株主に対する対価の交付と割り当てに関して、その相当

性に関する事項、消滅会社新株予約権者に対する存続会社新株予約権の交付および割当に関して、その相当性に関する事項等も必要である。

⑮ **種類株主総会**：合併がある種類の株主に損害を及ぼす可能性がある場合（定款で決議不要の定めがある場合を除く、322条1項7号、322条2項）、および種類株式の内容として合併が決議事項とされている場合（323条）、には種類株主総会特別決議が必要である。消滅会社の譲渡制限のない種類株式に、対価として譲渡制限株式を交付する場合には、特殊決議（総株主の半数以上〈定款で加重可能〉で総議決権の3分の2〈定款で加重可能〉以上の賛成が必要な決議）が必要である（324条3項2号）。

⑯ **特別の説明義務**：消滅会社の債務の額が資産の額を超過する場合、または消滅会社株主に交付する（存続会社の株式、新株予約権および社債を除く）対価の価値が消滅会社の純資産を超える場合、存続会社取締役は株主総会でその旨を説明することを要する（795条2項）。合併差損が発生する合併を制度上は認めたうえで、合併差損の発生について開示を求めることとなった。

したがって、簿価債務超過あるいは時価債務超過（資産を時価評価しても帳簿上債務超過との意味[*7]）の会社を消滅会社とする合併は、少なくとも存続会社が債務超過とならない限り認められることになった。また消滅会社が存続会社の株式を保有し、合併により存続会社にこれが承継される場合もその旨の説明が必要（795条3項）だが、自己株式の取得手続きや財源規制は及ばない旨を明文化した。

⑰ **反対株主株式買取請求権**：「反対株主」（定義は株主総会決議を要する合併においては反対する旨を事前に会社に通知し、かつ株主総会において反対投票をした株主＋当該合併決議に議決権を有さない株主、総会決議を要さない合併においては全株主だが、ただし略式合

併の特別支配株主と簡易合併の存続会社株主を除く）は、効力発生日 20 日前から前日までに会社に通知することで（単に）「公正な価格」（合併によるシナジー効果を含む金額と解釈される[*8]）での買取請求ができる（785 条）[*9]。

旧商法と異なり、買取請求の撤回は、会社の承諾がある場合か、価格の協議が整わず 60 日以内に裁判所に決定申立が成されない場合を除いてできない。買取価格が裁判で決定した場合は年利 6% の金利を支払う[*10]。

なお、2015 年に施行された改正会社法では、

(1) 買取請求者の意図的撤回防止のため請求株式を保管する口座を創設（116 条 6 項等）、

(2) 買取請求の効力発生は買取請求の元となった行為の効力発生日に遡るとし、利息と配当の二重取りを排除（117 条 6 項等）、

(3) 買取請求においては多額の利払いを防ぐため、価格決定前に公正な価格を先払いできる制度を創設（117 条 5 項等）、

(4) 簡易組織再編の合併存続会社・吸収分割承継会社・株式交換完全親会社と簡易事業譲渡の譲受会社の株主は買取請求権なし（469 条 1 項 2 号、797 条 1 項）、略式組織再編と略式事業譲渡の支配会社は買取請求権なし（469 条 2 項 2 号等）、

(5) 全部取得条項付株式の取得（171 条の 3）、株式併合（182 条の 3）、略式組織再編以外の組織再編でも簡易の要件を満たす場合を除き（784 条の 2 等）、株主は当該組織再編等が法令または定款に違反する場合で株主が不利益を受ける恐れがあるときは差止請求可能、との変更をした。

⑱**債権者保護手続き**：債権者に対して 1 カ月以上の期間を定めて、官報公告＋知れたる債権者への個別催告（ただし、定款の定めにより日刊新聞掲載による公告あるいは電子公告を行う場合には個別催告を省略可能）が必要な点は旧商法と同じ（789 条 3 項、799 条 3 項）だが、旧商法（総会決議後 2 週間以内に開始）と異なり、株主総会決議前から開始可能（1 カ月を下れないことは同じ）となった。し

たがって、株主総会の承認が得られることを条件に見切り発車をすれば合併手続きの全体に要する日程を旧商法に比べていくらか短縮できる。

⑲ **株券提出手続き**：消滅会社が株券発行会社の場合、効力発生日までに株券を提出すべき旨を効力発生日の1カ月前までに公告・個別催告（株主総会前に開始しても可）（219条1項6号、旧商法ではこの手続きに関する明文規定なし）。

⑳ **簡易合併**：次の5条件すべてに該当する場合、存続会社株主総会を省略できる。（796条）

(1) 消滅会社株主に交付する存続会社株式に相当する存続会社の純資産（1株当たり純資産（BPS）に交付株数を掛けた値で計算）＋交付する社債・新株予約権（付社債）の帳簿価格＋交付するその他の財産の帳簿価格、の合計が存続会社純資産の5分の1（定款で引き下げ可能）を超えず、

(2) 消滅会社が債務超過でない場合（存続会社が連結配当規制適用会社で消滅会社が子会社の場合例外規定有り）で、

(3) 存続会社が消滅会社株主に交付する株式等（＝存続会社株式・新株予約権・社債）以外の金銭等の帳簿価額が、存続会社が承継する消滅会社の純資産を超えない場合で、

(4) 存続会社が公開会社（株式に譲渡制限のない会社）ではなく消滅会社株主に譲渡制限株式が交付される場合、でなく、

(5) 存続会社となる会社の発行済み株式に以下の(a)と(b)の数値を乗じた数（定款に特別の定めがなければ6分の1）以上の株主が効力発生の20日前までに行う通知・公告から2週間

以内に反対を通知していない場合。
- （a）合併承認株主総会定足数⇒通常2分の1（特別決議と役員選解任決議は3分の1以上に定款で低減可能）
- （b）1－（当該決議を可決するに必要な議決権比率（通常3分の2、定款で加重可能））⇒通常3分の1

㉑**略式合併**：存続会社が消滅会社議決権の90％以上（定款で加重可能）を直接または完全子会社その他これに準ずるものを通じて保有している場合（特別支配会社）、消滅会社株主総会を省略できる（784条）。

ただし、合併の対価（の一部）が譲渡制限株式で、消滅会社が公開会社かつ種類株式発行会社でない場合（即ち消滅会社株式に一切の譲渡制限が無い場合）には消滅会社株主総会を省略できない。株主に対する通知は必要（消滅会社株主に合併差し止め請求権がある）。逆に消滅会社が存続会社議決権の90％以上を保有している場合、存続会社株主総会を省略できる。

註

- ＊1　本章では、単に条文番号がある場合は会社法の条文番号、会社法施行規則は施行規則、会社計算規則は計算規則と表記する。
- ＊2　簿価引き継ぎでも取得対価との差額が存在する場合がある。例えば、子会社を吸収合併する場合で共通支配下の取引として親会社が子会社の資産負債を簿価引き継ぎする場合でも、親会社の当該子会社株式の吸収合併以前の簿価と受け入れ純資産（適正な帳簿価格での簿価資産と簿価負債の差額）に差がある場合、その差額は親会社単体決算において会計上特別損益として認識される（抱き合わせ株式消滅損益）。ただし、連結決算では過年度の利益剰余金に直接振替をし、損益計算書に記載はされない。
- ＊3　企業結合会計基準については第11章を参照
- ＊4　組織再編税制については第10章を参照
- ＊5　新設合併においては新設会社の設立登記日に合併の効力が発生する。新設分割も同様。

*6 後述の特別の説明義務から、債務超過の会社を吸収することは（少なくとも存続会社が債務超過とならない限り）可能と解釈される。
*7 時価株主価値は、株主有限責任の原則から考えて通常はマイナスになることはない。
*8 旧商法では「合併決議がなかった場合の公正な価格」であったので、シナジーを含まない価格であった。
*9 合併においては、存続会社、消滅会社の双方の株主に株式買取請求権が認められている。
*10 買取請求価格に合併シナジーが含まれ、金利まで払ってくれるのであれば、対価が株式で支払われる合併においては、実現が確実ではないシナジーを現金で受領できる買取請求が有利と考える株主が増えても不思議はない。売り手側が消滅会社で合併比率にシナジー効果配分が含まれている場合であっても、将来の株価は不確定である。買い手（存続会社）の株主は尚更だ。この点に配慮して、会社法では、買取請求の撤回要件を厳格化するなどの措置が取られてはいるが、今後の実務上の大きな問題点の一つだろう。

第6章

三角合併・現金合併[*1]

第1節　三角合併と現金合併の概要

　会社法の組織再編対価の柔軟化が、会社法の施行から約1年遅れて2007年5月に施行された。この結果、それまで日本では実行できなかった三角合併や現金合併が実行可能となった。本章では、この二つの合併手法に関してその概要を解説する。

①三角合併：

　三角合併とは、図6-1のように買い手が完全子会社たる特別目的会社（SPC）を新設し（あるいは、既存の完全子会社等を使い）、SPCが対象会社と合併する際、対価をSPCの株式ではなく、SPCの親会社（すなわち買い手）の株式で支払う組織再編手法である。

　結果は、買い手が従来の日本型株式交換で対象会社を、自社株式を対価に完全子会社にする場合と（三角合併においては、存続会社がSPCとなり、対象会社法人格が消滅するのに対して、株式交換で完全子会社となるのは対象会社自身である点を除いて）ほぼ同じであるが、日本型株式交換は合併類似の組織再編としてその体系が設計され

図6-1　三角合併

SPCと対象会社の合併（合併は左側が存続会社）

たため、設立準拠法の異なる会社同士は原則として合併できないと考えられることから、外国企業による日本企業の買収（完全子会社化）には使用できなかった。

しかし、三角合併では合併するのが買い手が日本国内に設立したSPCであり、対象会社と常に国籍・設立準拠法が同一なので、国境を越えた買収にも使用できる点が株式交換と異なる点である。

なお、合併に使用するSPCは必ずしもSPCである必要はなく、日本国内に存在する既存の子会社であってももちろん構わない。買収後の経営戦略として、対象会社とその法人格を融合させたいような事業子会社が既に存在する場合には、その事業子会社に親会社の株式を一時的に所有させて対象会社と合併すればいい。だが、そのような事業子会社が存在する場合はむしろ稀である。

買い手が日本企業であれば、買収事業が自社の本業である場合には自社と同一の事業を営む子会社が存在するというケースは稀であろうし、買い手が外国会社の場合、そもそも日本に事業子会社が存在しないケースも多いだろう。したがって、三角合併は、単なるペーパーカンパニー（SPC）を用いることが通常かつ自然な姿である。

第10章で述べる現行の日本の組織再編税制は、三角合併が税制適格となり、対象会社の株主がキャピタルゲイン課税を繰り延べられ、みなし配当課税を回避でき、対象会社の資産に時価課税がなされないという、三角合併を行う上で経済合理性からほぼ必要不可欠な条件を満たすためには、合併に使用される買い手側の子会社が実体のある事業会社でなければならず、ペーパーカンパニーでは税制適格にならないという、奇妙極まりない税制を作ってしまった。税制についての詳細な議論は、第10章に譲ることにする。

三角合併は、すでに述べたように、その結果は株式交換とほぼ同一であるから、日本企業があえて三角合併を選択して日本企業を完全子会社とする必要はほとんどないと思われる。ただ、三角合併は対象会社の法人格が消滅してSPCに吸収される点が、対象会社が法人格を維持して完全子会社になる株式交換と異なる。

もう一点、株式交換は原則として完全親会社と完全子会社の双方の

株主総会特別決議が必要だが、三角合併の場合は完全親会社がSPC等に新株を発行して所有させる行為は、新株発行が有利発行でなく定款上の授権株式数の範囲内であれば取締役会決議で実行可能なので、完全親会社の株主総会が必要ないことになり、この点が株式交換と異なっている。これらの点を別にすれば、三角合併はもっぱら外国企業が自社株式を対価に日本企業を完全子会社にする際に利用される手法ということになるだろう。

②**現金合併**：

　三角合併の解禁と同時に、組織再編対価の多様化によって、現金やその他の資産も組織再編対価として使用することが認められたので、旧商法では有力な学説（資本充実の原則等）上実行できないと考えられていた交付金合併（対価のすべてを現金で支払う合併）が認められたことになる。このことにより、少数株主を排除すること自体の違法性が否定されたことになる。

　ただし、少数株主排除が一律に株主権の濫用として著しく不当な決議（831条1項3号）に該当しなくなったとまでは言えないだろう。どのような場合に該当するか否かは今後の課題と言われている[*2]。現金合併の場合は、図6-2のように、三角合併と異なり買い手の完全子会社となった対象会社の、元の株主は買い手の株式を保有しないので、資本関係が遮断される結果となる。

　現金合併は、株式交換と異なり資本性証券を使用せずに対象会社を完全子会社とすることが保証される手法であり、公開買付等で対象会社の株式の大半を取得した後で少数株主を排除する手段としてその利用価値は高い。もっとも、同様の効果は会社法施行以前も産業活力再

図6-2 現金合併

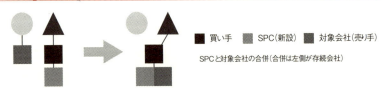

生特別措置法のもと、経済産業省の認可があれば、現金を対価とする合併や株式交換が実行可能であったので、これが特別措置法ではなく会社法という恒久法で認められたということにすぎない。

ところが、特別措置法においても現金合併は合併であり、組織再編税制の元で必ず税制非適格となり、対象会社の資産の時価課税が発生してしまったため、ほとんど利用されなかった。その代りに現金を対価とする株式交換（現金株式交換と言わざるを得ず、名称として論理が破綻している感が否めないが、そのように呼ぶしかない手法）には当時の株式交換の税制上、資産の時価課税の規定がなかったため大いに利用された。

しかし、第4章でも触れたように、組織再編対価の多様化の施行（2007年5月）以前の平成18年度税制改正による新たな組織再編税制の施行（2006年10月）によって、株式交換も合併等と同じ組織再編税制の範疇に入れられ、現金株式交換にも税制非適格の場合、対象会社の資産の時価課税が導入されてしまったため、資産に含み益のある会社の少数株主の排除策としては現金合併も現金株式交換も（せっかくそのような手法が恒久法で導入されたにもかかわらず）、事実上利用できないという奇妙な結果となっている。

三角合併や現金合併は、手続き自体は合併である。ただ、合併するのが買い手の子会社または特別目的子会社と対象会社であり[*3]、買い手自身ではないので、買い手と対象会社の法人格は一体とならず、結果は株式交換とほぼ同じである。しかし、手続き上の一般的な留意点は合併と類似している。以下、三角合併を例に一般的な留意事項を述べる。

①**現象**：買い手の株式等を対価に対象会社を完全子会社とする組織再編行為。

②**結果**：株式交換と同様、対象会社が消滅して、SPCと対象会社が合併した会社が買い手の完全子会社となる。

③ **会計及び税務の取り扱い**：三角合併は現象としては子会社と対象会社の合併だが、実態は親会社による対象会社との企業結合であるため、会計上は株式交換に類似する処理となる面がある。すなわち個別会計上は SPC が自社株以外の対価を支払う合併の処理を行い、交付した財産の時価とその帳簿価格の差額を損益として認識する。

しかし、連結会計上は親会社が自社株式を対価として対象会社を取得したことになるので、個別会計上認識した損益を資本取引に付け替えることになる。2010 年 4 月 1 日以降開始の事業年度から企業結合会計基準により「共同支配企業の形成」と「共通支配下の取引」の場合は持ち分プーリング法に近い処理で簿価引き継ぎとなるが、これら以外はすべてパーチェス法となり、持ち分プーリング法は日本の企業会計基準上廃止された[*4]。

パーチェス法の場合、取得対価が消滅会社の資産時価評価後の取得純資産を上回れば、原則として単体で差額暖簾が発生し、20 年以内の効果の及ぶ期間で定額法あるいはその他の合理的な手法での償却が発生する。

米国会計基準（USGAAP）や国際会計基準（IFRS）では、暖簾の定期償却はせず、必要に応じて減損処理だけを行う[*5]。税務上の扱いは会計とは別で、第 10 章で詳しく述べる組織再編税制に従う。対価が完全親法人株式等のみであれば、消滅会社株主の課税は繰り延べられる。

また、税制適格であれば消滅会社の資産の時価課税はなしとなるが、税制非適格であれば（完全親子関係があり、グループ法人税制が適用される場合を除き）存続会社において時価引き継ぎとなり、消滅会社において（合併期日前日に終了するみなし事業年度において）譲渡損益の認識がなされる。

④ **瑕疵の引き継ぎ**：原則として対象会社の瑕疵は、合併存続会社に自動的に引き継がれる。しかし、合併と異なり、買い手と対象会社の法人格が融合しないので、買い手は対象会社の瑕疵に対して株主有限責任の原則により倒産隔離がなされる（親会社としての社会的責

任や銀行等に対する保証行為等の責任については別途検討が必要)。

⑤**契約上の地位の移転手続き**：対象会社が合併の消滅会社となるが[*6]、権利義務は合併により存続会社に包括承継されるので、契約相手先の個別同意の取得は原則として不要。Change of Control 条項等のある契約は別途検討が必要。

⑥**繰越税務損失の引き継ぎ**：税務上適格合併なら原則認められるが、グループ内再編の場合には特定資本関係（50%超の持ち株関係）の成立後5年以上経過していること、またはみなし共同事業要件（SPC等実態のない会社との合併ではなく、関連性要件と規模要件が必要）を充足することが必要。

⑦**課税**：グループ内再編か共同事業再編に該当して、税務上の適格再編であれば、対象会社（すなわち消滅会社）の資産は税務上は簿価引き継ぎとなり、消滅会社株主は受領対価にかかわるキャピタルゲイン課税も繰り延べられる。非適格なら消滅会社株主がキャピタルゲインを課税され、さらに消滅会社（すなわち対象会社）資産の時価課税がなされる[*7]。

⑧**独占禁止法上の規制**：2010年1月施行の改正独禁法により、当事者の一方がグループ国内売上200億円超の会社で、かつ他方がグループ国内売上50億円超の会社の場合、事前に届出書の提出が必要（グループ内再編を除く）。受理後30日間は合併禁止期間。受理後120日又は禁止期間に要請された追加報告受領後90日間のいずれか遅い日まで審査可能。なお、三角合併対価が株式で支払われ、その結果、対象会社の親会社に株式取得の独禁法届け出義務が発生する場合が考えられる。

第2節 三角合併に関する会社法の規定

以下、会社法が規定する三角合併の手続きについてその概要を述べる。

①**フォワード・サブシディアリー・マージャー（FSM）**：三角合併は親会社株式を保有する子会社が存続会社となり、対象会社が消滅会社となる三角合併（FSM）のみが可能となる。対象会社が存続会社となる逆三角合併（リバース・サブシディアリー・マージャー〈RSM〉）は認められていない。

②**疑似RSM**：許認可等の承継が問題となり、対象会社を存続会社にする必要がある場合には、結果がRSM型となるように、(1)対象会社が株式移転で完全親会社を設立し、その完全親会社と買い手の設立したSPCが完全親会社を消滅会社とする三角合併を行ったうえで、その存続会社と対象会社が対象会社を存続会社とする合併を行うなどの対策が必要となる（図6-3）。

同様の効果は、(2)買い手の設立したSPCがその親会社株式を対価とする株式交換を行い、対象会社を完全子会社としたうえで、SPCと対象会社が対象会社を存続会社とする合併を行うことによっても達成される。（図6-4）[*8]

図6-3 疑似RSM（1）

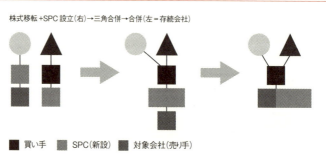

株式移転+SPC設立(右)→三角合併→合併(左=存続会社)

■ 買い手　■ SPC(新設)　■ 対象会社(売り手)

図6-4 疑似RSM（2）

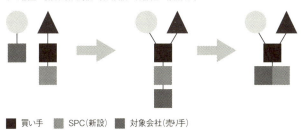

SPC設立→親会社株式対価の株式交換→合併（左＝存続会社）

■ 買い手　■ SPC（新設）　■ 対象会社（売り手）

③**継続開示義務**：合併対価の交付は強制なので旧証券取引法上の売り出しに該当せず、有価証券届出書の提出は不要であったが、2007年9月に施行された金融商品取引法では届出書提出が義務化された（金融商品取引法2条の2、4条1項）。なお旧証券取引法上は、株主数等の要件に該当しなければ、買い手は有価証券報告書提出会社にも該当しなかった。

　また、外国会社の場合には、内国株主数に関わらず、旧証券取引法上の継続開示義務は発生しなかった。ただし、当該外国株式を国内での流動性を確保するために東証などに上場すれば、継続開示義務が発生した。金融商品取引法では、有価証券届出書提出により継続開示義務が発生し、有価証券報告書提出会社となる[*9]。

④**株式交換との比較**：内国会社が三角合併で対象会社を完全子会社とする場合、（新株の発行は有利発行でなく授権株式数の範囲内であれば、取締役会決議で可能なため）株式交換と異なり、完全親会社の株主総会決議を省略できてしまう。また、有利発行に該当するかの判断も、買収プレミアムが支払われる場合、単に子会社の親会社への金銭払い込み金額で判断されるか、三角合併の結果受領する対象会社株式との相対価値で判断されるかは今後の課題といわれている。

　前者であれば子会社を設立する際に親会社株式の時価を元に有利発行とはならない十分な現金が子会社に払い込まれ、その現金が親

会社に還流するので有利発行に該当しないが、後者であれば結果として親会社が受領する対象会社株式の時価は支払われたプレミアム分だけ対価として対象会社株主に支払われた親会社株式の時価を下回るので有利発行に該当する可能性が残ることになる。

この点はプレミアムを支払う株式交換も同様だが、株式交換は原則として親会社の株主総会特別決議で承認されていることから、たとえこれが有利発行に該当する場合であっても手続き上の瑕疵はないと判断できたが、三角合併の場合には親会社の株主総会は開かれないので、この問題が残るという指摘がある[*10]。ただ、親会社が外国会社の場合には日本の会社法の有利発行の規制は及ばない。

先駆的な京セラの米国電子部品メーカー AVX 社買収

⑤日本の会社の海外での三角合併：　(米国制度との比較)

会社法で三角合併が認められたことにより、日本企業を外国会社が株式対価で買収することが可能となったが、会社法ではこの逆の取引、すなわち日本企業が米国等他の国で株式を対価に会社を買収する際、旧商法で問題になっていた諸点についても一応の対処がなされた。

日本企業が米国で三角合併によって親会社株式を対価に米国企業を買収した例としては、1990年の京セラによる米国電子部品メーカーAVX社の買収がある。この取引については後日、以下の3点の旧商法上の問題点などが指摘されており、その後同種の取引は米国のM&A制度が三角合併を許しているにもかかわらず、日本側の商法上の問題が解決できないとして実行された例がない状況となっていた。

また、欧州においては三角合併の代わりに公開買付の対価を株式とする手法が一般的だが、こちらも類似の議論で日本企業が実行した例はなかった。会社法でのこれらの問題点への対処を以下に述べる。

(1) 子会社による一時的な親会社株式保有の問題（135条）は明文化され、一応解決した（800条、施行規則23条8号）。800条の規定は、会社法の下に設立された（内国）法人が行う会社法

上の吸収合併・株式交換・吸収分割の場合を規定しているが、施行規則23条8号は会社法以外の（例えば外国）法制の下で設立された法人が行う組織変更・合併・吸収分割・株式交換に相当する行為の場合を規定している。

　この規定により日本法人が米国等で行う三角合併に当たり、外国子会社が一時的に親会社株式を保有することの問題はおおむね解決したが、欧州等で行われる公開買付の対価を親会社株式とする場合の外国子会社による親会社株式の一時保有がこの例外規定に該当するかは、株式対価の公開買付が施行規則同条同項ニの「株式交換に相当する行為による他の法人等が発行している株式の全部の取得」には該当しないことが明らかであり、解決していないことになる[*11]。

　また米国における三角合併においても、通常はこれに先立ち公開買付により対象会社の議決権の（デラウエア州法会社なら）過半数を取得して合併決議を支配した上で三角合併の決議により残りの少数株主を排除する手順が用いられるが、対価をすべて親会社株式で支払うためには第一段階の公開買付の対価をも親会社株式で支払う必要があり、この場合には欧州の場合と同様に問題が残る（公開買付を経ず、単に対象会社の株主総会で承認を求める手順なら、問題はないことになる）。

(2)　次に、事実上現物出資に該当するのではないかという点は、市場価格のある有価証券の現物出資に関し、検査役調査に関する現物出資規制が及ばないケースとして、「当該有価証券を法務省例で定める方法で算定される価格以下で受け入れる時」とされ、その方法が「価格決定日終値（当日取引がない場合は、その後最初の取引初値）と公開買付対象の場合はその買付価格のいずれか高いほう」（施行規則43条）とされた（33条10項）。

　上記（1）より公開買付を行うと（1）で指摘した問題が発生し、公開買付を行わない場合には当該（2）の問題が、市場価格に左右されることとなる。もっとも公開買付を行わずに株

主総会決議の承認を求めた場合、かかる承認決議が成立すると予想される場合には対象会社の株式の時価は交換比率に鞘寄せすると考えられるので、その場合には結果として問題はないことになる。

また、公開買付期間中に対象会社株価が下落して戻らなかった場合、現物出資者（対象会社株主＝会社法212条）と買い手取締役（＝会社法213条）は値下がり分につき損失補てん義務を負うとの問題は解決していない。ただし、産業競争力強化法で経産省の認可を得て行う場合は、自社株対価公開買付についてのこの問題が回避できる。

(3) 最後に、買収プレミアムを支払う場合、形式的に有利発行に該当するのではないかとの問題は、現物出資規制が及ばない場合には既に対価が正当とみなされており、問題はない（有利発行に該当しない）と解釈するのが妥当と思われるが、(2)末尾で述べたように損失補てん義務を負う場合には問題なしとは言えないと思われる。しかし、産業競争力強化法で経産省の認可を得て行う場合には、自社株対価公開買付についてのこの問題も回避できる。

企業の国籍移転による租税回避

なお、当然ながら米国では、三角合併は組織再編手法の一つとして頻繁に使われる。これを利用して米国企業が自己（対象会社）を軽課税国に設立した会社の完全子会社とすることで企業の国籍移転による租税回避が可能となる。

この手続きの概要を簡単にのべると、まず対象会社と資本関係のないチャリタブルトラストなどにケイマンなどの軽課税国で軽課税国親法人を設立させる。次にその法人が米国にその完全子会社（軽課税国親法人完全子会社）を設立する。その上でかかる軽課税国親法人完全子会社が軽課税国親法人の株式を対価に対象会社と合併（三角合併）すれば、対象会社の株主は軽課税国親法人の株主となり、対象会社は

軽課税国親法人の完全子会社となることができる。

　これで対象会社は究極の親会社が軽課税国に移転する。企業の国籍移転である。さらに対象会社の米国以外の海外子会社を軽課税国親法人の孫会社から子会社とする（即ち対象会社の海外子会社株式を株式交換等の非課税取引で軽課税国親法人に譲渡する）ことで対象会社の海外子会社の利益に対して米国内国歳入庁の課税権が及ばないようになり、海外事業に関する米国での課税を回避できる。

　加えて一連の取引の過程で軽課税国親会社からの貸し付けを受けるなどの手法で対象会社の有利子負債を増加させて、対象会社の米国での課税所得を減少させるなどの手段を合わせて、結果として対象会社の連結実効税率を著しく低下させることができる。

　このような取引が米国でいくつか発生したため、現在では米国内国歳入法により軽課税国への国籍移転にあたっては一定の条件の下で、軽課税国親会社に一定期間米国法人税を課すなどの軽課税国対策税制が講じられた。日本でも第10章で述べるように三角合併の解禁に合わせて軽課税国にある実体のない親会社による日本企業の三角合併等は、税制適格組織再編とならない旨の手当てがなされている。

　この手法を応用すれば、日本企業が米国企業を日本における通常の株式交換手続きで（子会社による親会社株式保有や、現物出資や、有利発行の問題を完全に排除して）買収することが可能である。米国企業が上記の国籍移転取引によって日本に設立した完全親会社の完全子会社となったのちに、かかる日本の完全親会社を日本企業が日本の会社法上の株式交換等で完全子会社とすれば、これが達成されるわけだ。

　日本は米国内国歳入法上の軽課税国ではないので、軽課税国対策税制の対象とはならないし、日本企業が行うのは日本国内の通常の株式交換等なので税制適格再編とすることが容易であり、その他の会社法上の問題も発生しない。もちろん対象会社（米国企業）の株主が日本企業の株式を対価として受け取ることは米国で行う三角合併と同じなので、対象会社株主の支持が必要である。

　また、対象会社が米国で上場会社であれば日本企業が米国で継続開示会社になるなどの点も同じであり、それらの点で負担が軽減される

わけではないが、日本側の会社法上の問題点が解決することは確かである。ただ、この方法は会社法で三角合併が解禁されるずっと以前から、1999年10月に旧商法で株式交換が解禁された時点で既に実行可能となっていた手法である。

註

* *1 本章では単に条文番号がある場合は会社法の条文番号、会社法施行規則は施行規則、会社計算規則は計算規則と表記する。
* *2 少数株主排除の実務的傾向については、第5章の交付金合併の項を参照のこと。
* *3 現金合併はSPCを用いないで買い手自身と対象会社が合併することも可能である。
* *4 企業結合会計基準については第11章を参照
* *5 三角合併で単体に暖簾が発生すれば、その完全親会社の連結会計にも同様の償却負担が発生する。
* *6 第2節で述べるように、日本の三角合併は対象会社が消滅会社となる方式しか認められていない。
* *7 組織再編税制については第10章を参照
* *8 なお、当然ながら単なる株式交換による対象会社の完全子会社化によっても同様の結果が達成される。
* *9 商事法務1773（谷口・野村）など
* *10 長嶋・大野・常松法律事務所編『アドバンス会社法』（商事法務刊）第九編第八章第三節
* *11 自社株対価の公開買付については、2011年改正の産業活力の再生及び産業活動の革新に関する特別措置法（産活法、2014年1月から産業競争力強化法）で一定の条件を満たして経産省の認可を受けて実行する限り、会社法上の有利発行や現物出資規制の問題は生じないとの手当がなされているが、国内で税制上の対応はまだない。

第7章

株式交換・株式移転[*1]

第1節 株式交換の概要

　株式交換は、1999年10月施行の改正商法で導入された。これは日本における最初の、買い手会社株式を対価に対象会社を確実に完全買収（完全子会社と）することができる組織再編手法である。1999年の施行以来、日本企業の再編に多用されてきた実績を持つ極めて重要な再編手段だ。

　図7-1が示すように、株式交換は買い手が対象会社を完全子会社とし、対価として買い手の株式を対象会社株主に交付するので、対象会社は元の株主と対象会社株主によって共有される。

　結果としては、第6章で述べた三角合併とほぼ同じだが、手続きが合併と類似した手続きなので、対象会社と買い手が双方とも日本企業である場合にしか使えない点などが三角合併と異なっている。

　第1章でも述べたように、株式交換は当初全く資本関係のない会社を買収する手段として使用されるのではないかという観測もあったが、実際には子会社の完全子会社化のように、グループ内再編に使用される例がほとんどで、究極の友好的買収の実行手段として普及している。以下に株式交換の実行上の留意点を列挙する。

図7-1 株式交換

①**現象**：買い手の株式等を対価に対象会社を完全子会社とする組織再編行為。

②**結果**：対象会社が買い手の完全子会社となる。

③**承認決議**：原則として株主総会特別決議。ただし、簡易株式交換（完全親会社となる会社の株主総会を省略）、略式株式交換（総議決権の90％以上を保有されている会社の株主総会を省略）の規定がある。

④**会計及び税務の取り扱い**：2010年4月1日以降開始の事業年度から企業結合会計基準により「共同支配企業の形成」と「共通支配下の取引」の場合は持ち分プーリング法に近い処理で簿価引き継ぎとなるが、これら以外はすべてパーチェス法となり、持ち分プーリング法は日本の企業会計基準上廃止された。[*2]

パーチェス法の場合、取得対価が完全子会社の資産時価評価後の取得純資産を上回れば、原則として連結で暖簾（連結調整勘定）が発生し、20年以内の効果の及ぶ期間で定額法あるいはその他の合理的な手法での償却が発生する。米国会計基準（USGAAP）や国際会計基準（IFRS）では暖簾の定期償却はせず、必要に応じて減損処理だけを行う。税務上の扱いは会計とは別で、第10章で詳しく述べる組織再編税制に従う。

対価が完全親会社の株式のみであれば、完全子会社株主の課税は繰り延べられる。また税制適格であれば完全子会社の資産の時価課税はないが、税制非適格であれば完全親子関係があり、グループ法人税制の適用を受ける場合を除き、完全子会社の一定の資産（固定資産・土地・有価証券（売買目的除く）・金銭債権・繰延資産（ただし、償還有価証券、1単位当たりの時価と簿価の差額が株式交換直前の資本金等の額〈＝資本金＋資本剰余金〉の2分の1あるいは1000万円のいずれか少ない方未満の資産等を除く））等が時価課税され、完全親会社は完全子会社株式を時価で取得する。

グループ法人税制の適用を受ける場合には、完全子法人の資産の時価課税はなしとなり、対価が完全親会社株式のみの場合には、完全親会社において完全子会社株式は簿価取得（具体的には完全子法人の株主が50名未満の場合には全株主の税務上簿価の合計、50名以上の場合には完全子法人の簿価純資産）となり、金銭等が対価に含まれる場合には時価取得となる（法人税法62条の9）。

⑤ **瑕疵の引き継ぎ**：対象会社の法人格が維持されるので、原則として引き継がれる。しかし、合併と異なり、買い手と対象会社の法人格が融合しないので、買い手は対象会社の瑕疵に対して株主有限責任の原則により倒産隔離がなされる（親会社としての社会的責任や銀行等に対する保証行為等の責任については別途検討が必要）。

⑥ **契約上の地位の移転**：対象会社の法人格が維持されるので原則として不要。Change of Control条項等のある契約は別途検討が必要。

⑦ **繰越税務損失の引き継ぎ**：対象会社の法人格が維持されるので、原則として引き継がれる。

⑧ **外国会社**：外国会社（ただし、外国企業の日本子会社は可）は、株式交換制度を用いて日本企業を買収することができない。

⑨ **課税**：グループ内再編か共同事業再編に該当して、税務上の適格再編であれば対象会社の資産は税務上は簿価引き継ぎとなり、完全子会社株主の受領対価にかかわるキャピタルゲイン課税も繰り延べられる。非適格なら株主がキャピタルゲインを課税され、さらに完全子会社の一定の資産（固定資産・土地・有価証券・金銭債権・繰延資産、ただし売買目的有価証券、償還有価証券、資産と時価の差額が資本金等の2分の1あるいは1000万円のいずれか少ない金額未満の資産等を除く）について時価課税がなされる。

⑩ **三角合併との関係**：三角合併が認められた結果、新株の発行は（授権枠の範囲内で有利発行でなければ）取締役会決議で可能であるため、（存続会社の法人格を別にすれば）株式交換とほぼ同様の結果を、完全親会社株主総会を省略して実行することが可能となった。

⑪ **逆取得**：対価を完全親会社の株式とする場合、対象会社に大株主がいると、逆に買収される結果になり得る（リバース・アクイジション：逆買収）。

⑫ **独占禁止法上の規制**：株式取得として扱われ、2010年1月施行の改正独禁法により、当事者の一方がグループ国内売上200億円超の会社で、かつ他方がグループ国内売上50億円超の会社の場合、事前に届出書の提出が必要（グループ内再編を除く）。受理後30日間は株式交換禁止期間。受理後120日又は禁止期間に要請された追加報告受領後90日間のいずれか遅い日まで審査可能。なお、対価が株式で支払われ、その結果、対象会社の親会社に株式取得の独禁法届け出義務が発生する場合が考えられる。

第2節　株式交換に関する会社法の規定

以下、会社法によって新たに規定された株式交換の概要について、旧商法からの変更点を中心に解説する。

① **効力発生**：吸収合併や吸収分割と同様、株式交換契約書に記載された効力発生日に効力を生じる（769条1項）。ただし、債権者保護手続きが必要な場合でこれが完了していないと発効しない。図7-3に株式交換の一般的な概略日程表を示す。

② **新株予約権付社債の承継**：旧商法では認められなかった新株予約権付社債の完全親会社による承継が債権者保護手続きを条件に認められた（769条4項、5項）。新株予約権部分については後述のよう

に完全親会社の新株予約権が新たに交付されるが、社債部分については完全子会社の社債を完全親会社がそのまま承継する。

③ **定款変更**：合併と同様、完全親会社の定款変更は株式交換契約書の法定記載事項ではないので、定款変更を伴う場合には別途の株主総会議案が必要となる。

④ **自己株式**：合併と同様、完全親会社の有する完全子会社株式には株式交換対価の交付は認められない（768条1項3号）が、合併と異なり、完全子会社の自己株式に対する対価の交付を認めないとの記述がない。したがって、この場合は旧商法と同様、自己株式に対する対価の交付が強制されることとなり、親会社株式取得禁止の例外となった（施行規則23条2項、合併の場合は自己株式に対価の交付がない旨の記述がある。）。

⑤ **完全親会社の資本金**：合併等と同様、資本金が増加しない（すべて剰余金となる）株式交換が可能となった（計算規則68条、ただし、完全親会社が債権者保護手続きをとらない場合には一定の金額を資本金または資本準備金として計上しなければならないとの制約がある）。

⑥ **対価の柔軟化**：完全親会社の株式以外の資産（新株予約権（付社債）、社債、金銭その他の財産）を対価として交付できることとなった。その結果、いわゆる三角株式交換も実行可能となった。一方、旧商法にあった株式交換交付金の規定はなくなった。ただし、金銭等を交付する場合には（旧商法では株式交換において不要であった）債権者保護手続きが必要となる（799条1項3号）。

⑦ **新株予約権の承継**：旧商法では新株予約権の発行決議にその承継に関する定めがあり、株式交換契約に定められたかかる承継方法が発行決議の方針に沿っていることを条件に完全親会社による完全子会

図7-3 　株式交換の概略日程

完全親会社	備考
取締役会決議 ・基準日設定	
基準日公告	基準日の2週間以上前（公開会社）
基準日	総会3カ月前以内、定款記載なら不要
取締役会決議 ・株式交換契約書承認 ・株主総会招集	
株式交換契約締結	
基準日株主名簿入手	
招集通知発送	総会より2週間前（公開会社）
株式交換契約書等の備置	総会より2週間前（又は効力発生20日前、又は債権者公告・催告の日、又は完全子会社新株予約権者への公告・通知の日）
株主総会 ・株式交換承認	
債権者保護手続（必要な場合） 官報公告及び個別催告（＝日刊紙公告で省略可能）	異議申述期間1カ月以上（開始は株主総会前で可⇒総会決議～効力発生日を短縮）
株主公告	効力発生日20日以上前
反対株主買取請求期限	効力発生20日前～前日
債権者保護手続き完了	
株式交換効力発生日	
株式交換登記申請	
事後の開示（6カ月）	

注　・独占禁止法上の合併計画書届出及び待機期間は割愛。
　　・業法上の許認可、外国投資家株主による外為法の事前届出の有無についても割愛。

社新株予約権の承継を認めていたが、会社法では承継ではなく、株式交換契約書の定めにより（発行決議に特段の定めがない場合でも）完全子会社新株予約権の完全親会社新株予約権との交換を認めた。（768条1項4号ハ）。この場合新株予約権者に買取請求権を認めた（787条1項3号）。

⑧**事前備置書類**：完全子会社については、対価の交付および割当に関してその相当性に関する事項、完全子会社新株予約権者に対する完全親会社新株予約権の交付および割当に関してその相当性に関する事項、債権者保護手続きにおいて異議を述べることができる新株予

完全子会社	備考
取締役会決議 ・基準日設定	
基準日公告	基準日の2週間以上前（公開会社）
基準日	総会3カ月前以内、定款記載なら不要
取締役会決議 ・株式交換契約書承認 ・株主総会招集	
株式交換契約締結	
基準日株主名簿入手	
招集通知発送	総会より2週間前（公開会社）
株式交換契約書等の備置	総会より2週間前（又は効力発生20日前、又は債権者公告・催告の日、又は完全子会社新株予約権者への公告・通知の日）
株主総会 ・株式交換承認	
債権者保護手続（必要な場合） 官報公告及び個別催告（＝日刊紙公告で省略可能）	異議申述期間1カ月以上（開始は株主総会前で可⇒総会決議～効力発生日を短縮）
株主公告	効力発生日20日以上前
新株予約権者公告	効力発生日20日以上前
株券提供公告・通知（総会前でも開始可）	提供期間1カ月以上（総会前でも開始可）
反対株主買取請求期限	効力発生20日前～前日
新株予約権者買取請求期限	効力発生20日前～前日
債権者保護手続き完了	
株券提供期間満了	
株式交換効力発生日	
株式交換登記申請	

約権付社債権者（その定義は下記⑪債権者保護手続き参照）がいる場合に限り、かかる新株予約権付社債の社債権者に対する債務の履行の見込みに関する事項、完全親会社に関する定款等一定の資料等が必要である。

　また、完全親会社においては債権者保護手続きにおいて異議を述べることができる完全親会社の既存の債権者（その定義は、下記⑪債権者保護手続き参照）に対する債務の履行の見込みに関する事項、など一定の書類を備置開始日（株主総会の2週間前あるいは効力発生20日前等）から効力発生後6カ月間本店に備置しなければならない（施行規則184条）

⑨ **承認決議**：通常は株主総会特別決議。種類株主総会の決議については合併と同様である。

⑩ **特別の説明義務**：株式交換において完全子会社の株主に交付する（完全親会社の株式・新株予約権・社債以外の、金銭等の）対価の額が完全親会社の帳簿に記載される完全子会社株式の額を超える場合、完全親会社取締役は株主総会で特別の説明義務を負う。また対価が完全親会社株式の場合の株式交換で完全親会社の資本金及び準備金の増加限度額は（旧商法における子会社純資産から）取得する完全子会社株式の価額となった（計算規則68条1項1号、2号）。

　旧商法の「子会社純資産」は債務超過であればマイナスの値になるが、会社法の「株式の価額」は、清算・破綻を前提としない限りゼロにはならないし、株主有限責任の原則からマイナスになることもない。したがって、この変更の意味合いは、債務超過会社を対象とした株式交換の可否に大きな意味を持つ。株式交換においては完全親会社が取得するのは完全子会社の株式であり株主は有限責任であるから、完全子会社が簿価債務超過である場合には（合併等と異なり）特別の説明義務は課されていない。

　つまり旧商法と異なり簿価（及び時価）債務超過会社を完全子会社とすることは（完全親会社が対価として金銭その他の財産を交付する場合と完全子会社の新株予約権付社債を承継する場合は別途議論が必要だが、少なくともそうでない場合には）認められることとなった[*3]。

　一方、金銭等を交付する場合と新株予約権付社債を承継する場合で、完全親会社が受け入れる財産のネットの価値（完全子会社株式の価額から金銭等の交付財産の価額を差し引いた値）がマイナスとなる場合については、合併における債務超過会社の吸収合併が特別の説明義務を課した上で少なくとも存続会社が債務超過とならない限りは認められるとの議論と同様に解釈すべきと思われる。

⑪**債権者保護手続き**：旧商法においては株式交換に債権者保護手続きは存在しなかったが、会社法では、完全子会社については新株予約権付社債を完全親会社に承継させる場合、かかる社債権者を対象に（789条1項3号）、完全親会社については対価の5%以上が完全親会社の株式以外である場合（施行規則198条）並びに完全子会社の新株予約権付社債を承継する場合（799条1項3号）に、合併等と同様の債権者保護手続きをとらなければならないとした。

⑫**反対株主株式買取請求権**：合併と同様、完全親会社・完全子会社双方の株主のうち、反対株主に「公正な価格」での買取請求が認められている（797条1項、785条1項）。簡易株式交換の完全親会社株主の買取請求は、2015年施行の改正会社法でなしとなった（797条1項）。また、完全子会社の新株予約権者は、株式交換契約に従って完全親会社の新株予約権が交付される場合並びに発行決議の定めと異なり完全親会社の新株予約権が交付されない場合に完全子会社に対して「公正な価格」で買取を請求できる（787条1項3号）。

⑬**簡易株式交換**：対価として交付する下記（a）の金額の合計が（b）の金額の5分の1（定款で低減可能）を超えない場合（対価が譲渡制限株式で完全子会社が譲渡制限株式発行会社でない場合を除く）、完全親会社の株主総会決議を省略できる（796条3項）。ただし、この場合でも完全親会社が交付する金銭等の帳簿価額が完全子会社株式の受け入れ価額を超える場合等には省略できない。

　また、一定以上の株主の反対（簡易合併の場合と同様の規定、定款に特別の定めがなければ議決権の6分の1）があれば、やはり省略できない（796条4項）。

（a）　完全子会社株主に交付される株式数に完全親会社の1株当たり純資産額を掛けた金額、完全子会社株主に交付される社債・新株予約権（付社債）の帳簿価額並びに完全子会社株主に交付されるその他の財産の帳簿価額の合計

(b) 完全親会社の純資産額

⑭**略式株式交換**：完全親会社が完全子会社の総議決権の 90% 以上（定款で加重可能）を保有している特別支配会社（468 条 1 項、施行規則 136 条）の場合、（対価が譲渡制限株式で完全子会社が譲渡制限株式発行会社でない場合を除く）には、完全子会社株主総会を省略できる（784 条 1 項）。

　この場合、法令定款違反又は著しく不当でありかつ不利益を受ける恐れがある場合に限り少数株主に株式交換差止請求権を認めている。差止請求は略式株式交換以外の場合でも簡易の要件を満たす場合を除き認められる（784 条の 2 等）。

　また、完全子会社が完全親会社の総議決権の 90% 以上を保有している特別支配会社の場合にも完全親会社の株主総会を省略できる（796 条 1 項）。この場合、特別支配会社株主に買取請求権はない（785 条 2 項 2 号等、2015 年施行改正）。

第3節　株式移転の概要

　株式交換と同時に 1999 年 10 月施行改正商法で導入された株式移転は、図 7-2 の（1）が示すように、対象会社とその株主の間に新設の純粋持ち株会社を挿入して、対象会社を新設持ち株会社の完全子会社とし、株主には対象会社の株式に代わって新設持ち株会社の株式を交付する再編手法である。

　一方、図 7-2 の（2）が示すように、これを複数の会社が共同して行えば、複数の会社が同一の新設持ち株会社の傘下に入るという、新しい経営統合手法にも使える。株式交換と同様、株式移転はその施行以降、多くの案件で日本企業の再編に使用されてきた非常に重要な手法の一つである。

　実際、この制度が施行されて以来、日本企業の間では共同株式移転による持ち株会社の下での経営統合が非常に多発している。合併に比べて各社の法人格を維持したまま資本を統合できるので、給与体系や

図7-2 株式移転

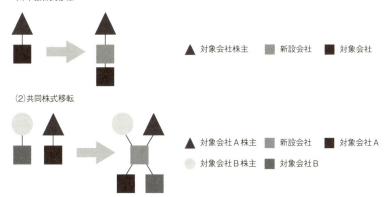

(1) 単独株式移転

(2) 共同株式移転

▲ 対象会社株主　■ 新設会社　■ 対象会社

▲ 対象会社A株主　■ 新設会社　■ 対象会社A
● 対象会社B株主　■ 対象会社B

人事体系の統合を先送りしてまず先に資本統合を実現できる点が日本型の経営統合に使いやすいという面があると思われる。

さらに言えば、二つの会社が合併すれば、社長の数は2人から1人に減ってしまい、基本的に取締役を含めたポストの数は減少するのが普通だが、2つの会社が共同株式移転で経営統合すると、社長のポストが2から3に増加し、取締役の数も新設の持ち株会社の分だけむしろ増えるという点が、人事に関して反動的な日本企業の経営統合システムとして、文化的に非常にマッチして使いやすいという点も指摘されている。

これは恐らく事実だろうが、そのような観点が主たる理由で共同株式移転が多用されているとすると、経営方針を変更してキャッシュフローを増大させるというM&A本来の価値創出メカニズムが本当に機能するのか、不安になる面も多々あると言わざるを得ない。株式移転に関する一般的な留意事項は、以下の通りである。

①**現象**：自己を新設の持ち株会社の完全子会社とする組織再編行為。

②**結果**：新設の完全親会社の完全子会社となる。

③**承認決議**：株主総会特別決議。

④**会計及び税務の取り扱い**：2010年4月1日以降開始の事業年度から企業結合会計基準により「共同支配企業の形成」と「共通支配下の取引」の場合は持ち分プーリング法に近い処理で簿価引き継ぎとなるが、これら以外は（例えば上記のいずれにも該当しない共同株式移転の場合などが）すべてパーチェス法となり、持ち分プーリング法は日本の企業会計基準上廃止された[*4]。

　日本の企業会計基準では、取得対価が取得対象完全子会社の資産時価評価後の純資産を上回れば、原則として連結で暖簾（連結調整勘定）が発生し、20年以内の効果の及ぶ期間で定額法あるいはその他の合理的な手法での償却が発生する。米国会計基準（USGAAP）や国際会計基準（IFRS）では、暖簾の定期償却はせず、必要に応じて減損処理だけを行う[*5]。

　税務上の扱いは、会計とは別で第10章で詳しく述べる組織再編税制に従う。対価が完全親会社の株式のみであれば、完全子会社株主の課税は繰り延べられる。

　また、税制適格であれば完全子会社の資産の時価課税はないが、税制非適格であれば完全親子関係があり、グループ法人税制の適用を受ける場合を除き、完全子会社の一定の資産（固定資産・土地・有価証券〈売買目的除く〉・金銭債権・繰延資産〈ただし、償還有価証券、1単位当たりの時価と簿価の差額が、株式交換・株式移転直前の資本金等の額（＝資本金＋資本剰余金）の2分の1あるいは1000万円のいずれか少ない方未満の資産等を除く〉）等が時価課税され、完全親会社は完全子会社株式を時価で取得する。

　ただし、グループ法人税制の適用を受ける非適格株式交換の場合には、完全子法人の資産の時価課税はなしとなり、対価が完全親会社株式のみの場合には完全親会社において完全子会社株式は簿価取得（具体的には完全子会社の株主が50名未満の場合には全株主の税務上簿価の合計、50名以上の場合には完全子会社の簿価純資産）となり、金銭等が対価に含まれる場合には時価取得となる（法人税

法 62 条の 9）。

⑤ **瑕疵の引き継ぎ**：対象会社の法人格が維持されるので、原則として引き継がれる。共同株式移転の場合、合併と異なり、対象会社の法人格が融合しないので、対象会社同士の瑕疵は互いに倒産隔離がなされる（新設の持ち株会社の、親会社としての社会的責任や銀行等に対する保証行為等の責任については別途検討が必要）。

⑥ **契約上の地位の移転**：対象会社の法人格が維持されるので、原則として不要。Change of Control 条項等のある契約は別途検討が必要。

⑦ **繰越税務損失**：対象会社の法人格が維持されるので、原則として引き継がれる。

⑧ **課税**：グループ内再編か共同事業再編に該当して、税務上の適格再編であれば対象会社の資産は税務上は簿価引き継ぎとなり、完全子会社株主の受領対価にかかわるキャピタルゲイン課税も繰り延べられる。その場合、完全親会社における完全子会社株式の帳簿価格は、完全子会社株主が 50 名未満の場合にはかかる株主の帳簿価格の合計金額、50 名以上の場合には完全子会社の簿価純資産となる。税制非適格なら株主がキャピタルゲインを課税され、さらに完全子会社の一定の資産[*6]の時価課税がなされる。

⑨ **独占禁止法上の規制**：2010 年 1 月施行の改正独禁法により、共同株式移転の場合、当事者の一方がグループ国内売上 200 億円超の会社で、かつ他方がグループ国内売上 50 億円超の会社の場合、事前に届出書の提出が必要（グループ内再編を除く）。受理後 30 日間は合併禁止期間。受理後 120 日又は禁止期間に要請された追加報告受領後 90 日間のいずれか遅い日まで審査可能。

第4節　株式移転に関する会社法の規定

以下、株式移転に関する会社法の規定の主な内容を列挙する。

①**効力の発生**：株式交換や吸収合併とは異なり、新設合併や新設分割と同様、完全親会社の設立登記の日に効力を発する（774条1項）。ただし、債権者保護手続きが完了していないと発効しない。

②**対価**：新設完全親会社の株式は必ず発行されなければならない。加えて社債、新株予約権（付社債）も交付できるが、金銭その他の財産の交付はできない（773条1項7号）。株式移転交付金の定めもなくなったので、移転比率の調整のために金銭の交付はできない。完全子会社となる会社が再編前に剰余金の配当を行うことなどで対応することになる。

③**完全親会社新株予約権（付社債）の承継**：株式交換と同様の条件で完全子会社の新株予約権付社債を完全親会社の新株予約権付社債に承継させることが（債権者保護手続き〈810条1項3号〉を条件に）認められた（803条2項3号）。また、完全子会社の新株予約権を完全親会社の新株予約権と交換することと、この新株予約権者に買取請求権が認められた（808条1項3号）点も株式交換と同様である。

④**事前備置書類**：対価の割当の相当性に関する事項、新株予約権の割当の相当性に関する事項、債権者保護手続きにおいて異議を述べることができる新株予約権付社債権者がいる場合にかかる債務の履行の見込みに関する事項、などの定めは株式交換と同様である（施行規則206条）。

⑤**承認決議**：株式交換と異なり簡易・略式の規定はない。

⑥ **特別の説明義務**：株式移転においては幅広い対価の柔軟化が認められていないので、特に規定はない。

⑦ **債権者保護手続き**：旧商法で不要であったが、完全子会社の新株予約権付社債を完全親会社に承継させる場合、その社債権者に対して保護手続きが必要となった（810条1項3号）。

⑧ **反対株主株式買取請求権**：完全子会社の株主について反対株主の買取請求権が認められている（806条1項）。価格は合併と同様「公正な価格」である。

⑨ **新株予約権買取請求**：完全子会社の新株予約権者は株式移転計画により完全子会社新株予約権の代わりに完全親会社新株予約権が交付される場合、並びに発行決議において完全親会社新株予約権が交付されると定められているのに交付されない場合、買取請求が認められている。価格は合併と同様「公正な価格」である。

註

- *1　本章では、単に条文番号がある場合は会社法の条文番号、会社法施行規則は施行規則、会社計算規則は計算規則と表記する。
- *2　企業結合会計基準については第11章を参照
- *3　商事法務1659(中東)、西村ときわ法律事務所編『新会社法実務相談』（商事法務刊）第Ⅸ章5節など
- *4　企業結合会計基準については、第11章を参照
- *5　単独での株式移転は共通支配下の取引であり、パーチェス法となる可能性はないと言ってよいが、共同株式移転の場合は、合併等と同様、個別の判断が必要である。
- *6　土地を含む固定資産、売買目的以外の有価証券、金銭債権、繰延資産のうち、簿価と時価の差額が資本金等の額の2分の1未満の物など一定の物を除いた資産

第8章 事業譲渡[*1]

第1節 事業譲渡の概要

　次に、組織再編手法の中では比較的マイナーな手法である事業譲渡について述べる。事業譲渡はある会社の一部（必ずしも一部である必要はなく、ある会社の事業の全部を他の会社に事業譲渡することも可能）を他の会社に譲渡する行為である。株式を移動して対象会社の法人格を残存させたまま譲渡する株式譲渡による手法や、法人格を消滅させて権利義務を包括的に他の会社に承継させる吸収合併と異なり、対象となる資産や権利義務をひとつひとつ特定して、対象として特定されたものだけを譲渡する手法である（図8-1）。

　事業譲渡は合併等の組織再編行為とは異なり、財産の処分等とおなじ取引行為である。したがって、米国ではアセット・ディール（資産取引）と言われ、ストック・ディール（株式取得）と対極をなす。ただ、日本の会社法では、一定の事業譲渡に株主総会特別決議が必要な場合があるので、合併等と似たような組織再編行為的な手続きが必要な場合がある。

　事業譲渡は、その実行プロセスが非常に煩雑である。なぜなら、合併や株式取得と異なり、事業譲渡は譲受側において対象事業に帰属す

図8-1 事業譲渡

る権利義務の承継が自動的でなく、たとえ譲渡対象に特定された権利義務であっても第三者との契約等による権利義務の事業譲渡による移転にはすべて相手方の同意が必要だからである。事業を営むためには無数の第三者との契約を必要とする。それらの契約をいちいち相手方の同意を書面で取り付けなければ事業の完全な譲渡はできない。

　この手間は実際にある程度の規模以上の事業を譲渡すると半端ではない。さらに、たとえ相手側が譲渡に同意してくれたとしても、契約条件を全く変更せずに譲渡承認してくれるとは限らない。特に特許などの使用権利を、対価を支払って取得しているような場合、譲渡承認の見返りに一時金の支払いやライセンス料の値上げを求められることも少なくない。このように煩雑な手続きが重荷になるにもかかわらず、この手法を選択する場合があるのは、事業譲渡には他の方策にはない２つの大きなメリットがあるからだ。

事業譲渡のメリット

　事業譲渡の第一のメリットは、譲渡対象が文書で特定されるため、対象となる事業にかかわる瑕疵の引き継ぎを遮断できるという点だ。たとえば、対象事業が過去に製造販売した商品に関わる製造物責任などの瑕疵は、事業を譲渡した会社に残存して帰属するので、譲渡を受けた会社は過去の瑕疵を引き継いで将来損失を計上するリスクを回避することができる。この点は特に瑕疵引き継ぎのリスクを非常に気にする外国会社が、日本企業を買収する際に大きなメリットとしてとらえられる。

　事業譲渡の第二のメリットは、買い手が支払う対価が受け入れる事業の資産時価評価後の純資産相当額を上回る場合、譲受会社に税務上損金算入可能な暖簾が発生し、将来にわたって節税が可能となる点だ。そのかわり、譲渡側では受領対価と譲渡資産の簿価の差額が課税所得となる。

　なお、会計上暖簾は株式取得でも発生するが、税務と会計の計算は別であるし、さらに株式を取得して発生する暖簾は連結決算でしか計上されず、納税が原則として単体ベースの日本では連結暖簾償却は税

図8-2 重要な事業譲渡の概略日程

譲渡会社	備考	譲受会社	備考
取締役会決議 ・基準日設定			
基準日公告	基準日の2週間以上前 （公開会社）		
基準日	総会3カ月前以内、定款 記載なら不要		
取締役会決議 ・事業譲渡契約承認 ・株主総会招集		取締役会決議 ・事業譲渡契約承認	
事業譲渡契約締結		事業譲渡契約締結	
事業譲渡契約の備置	総会2週間前、または効 力発生20日前		
基準日株主名簿入手			
招集通知発送	総会より2週間以上前		
株主総会 ・事業譲渡契約承認			
反対株主買取請求期限	効力発生20日前～前日		
事業譲渡契約効力発生		事業譲渡契約効力発生	

注　・独占禁止法上の合併計画書届出及び待機期間は割愛。
　　・業法上の許認可、外国投資家株主による外為法の事前届出の有無についても割愛。

効果を持たない。

　この点は連結暖簾が発生する株式買収を行った会社が、連結納税を選択したとしてもおなじである。日本の連結納税は個別企業の単体課税所得を損益通算するだけなので、たとえ会計と税務がたまたま一致するとしても連結財務諸表でのみ発生する暖簾償却は税効果を持たないのだ。

　また、合併は通常、消滅会社の資産の時価課税を避けるために税務上適格合併の要件を満たすように設計されるので、この場合はそもそも税務上、暖簾もその償却もそれら自体が発生しない。事業譲渡の一般的な留意事項は以下の通りだ。

①**現象と結果**：対象となる事業が買い手の法人格の中に吸収され、一つの法人格となる。

②**承認決議**：重要な事業の譲渡は、株主総会特別決議が必要。ただし、

譲渡会社の株主総会を省略できる略式事業譲渡の規定がある。図 8-2 に重要な事業の譲渡の一般的な概略日程を示す。

③**会計及び税務の取り扱い**：譲受会社側の会計処理については 2010 年 4 月 1 日以降開始の事業年度より企業結合会計基準により「共同支配企業の形成」と「共通支配下の取引」の場合は簿価引き継ぎとなるが、簿価引き継ぎであっても移転対価が移転事業の簿価純資産対価を上回れば、その差額を譲受側で会計上 20 年以内の効果の及ぶ期間で償却対象となる暖簾として計上する。

これら以外はパーチェス法となり、原則として時価引き継ぎで、譲受側が支払う対価が受け入れる事業の資産負債時価評価後の純資産相当を上回る場合、譲受側で会計上 20 年以内の効果の及ぶ期間で償却対象となる（正の）暖簾が発生する[*2]。

譲受側（買い手）の税務については、当該事業に係る主要な資産・負債のおおむね全部が移転する場合、買い手の支払う対価と、受け入れる事業の資産時価評価後の純資産から退職給与債務引受額と 3 年以内に発生が見込まれる短期重要債務見込み額を控除した金額の差額が、税務上の償却対象暖簾（税務上の資産調整勘定、負の値の場合は差額負債調整勘定）として発生し、60 カ月均等償却[*3]で損金（差額負債調整勘定の場合は益金）算入する（法人税法 62 条の 8 第 1 項、法人税法施行令 123 条の 10）。一方、譲渡側（売り手側）の会計処理は事業分離等会計基準により、現金を受領するのであれば投資の清算と判断され、移転事業の簿価と対価の差額を移転損益として認識することになる[*4]。対価が移転事業に係る株式等である場合には、投資の継続とみなされて、移転損益の認識がなされない。

譲渡側の税務については、事業譲渡は金銭等が対価として支払われるのであれば、譲渡側で税務上移転損益が認識される[*6]。その代り、上記のように譲受側で税務上 60 カ月均等償却で損金算入される資産調整勘定等が発生する。

ただし、完全親子関係がありグループ法人税制が適用される場合

には譲渡側（売り手側）の一定の資産＝譲渡損益調整資産（固定資産・土地・売買目的を除く有価証券・金銭債権・繰延資産・ただし、簿価 1000 万円未満の資産を除く等）の譲渡損益は、繰り延べられるが、譲受側（買い手）においては時価引き継ぎとなる（法人税法 61 条の 13）。

対価として譲受企業の株式が支払われれば、もはやそれは事業譲渡というよりは現物出資としての側面が税制を律することになる。その場合は、第 10 章で述べる組織再編税制に従って移転資産の課税の有無が決まる。

④ **瑕疵の引き継ぎ**：原則として対象事業の瑕疵は譲渡会社に残り、譲受会社に移動しない。

⑤ **契約上の地位の移転手続き**：権利義務が包括承継ではないので、契約相手先の個別同意の取得が必要。

⑥ **繰越税務損失**：原則として譲渡会社に残る。

⑦ **課税**：対価が一般に現金等である場合、原則として税務上非適格な再編行為。したがって、原則として売り手は課税取引、譲受側は取得対価が資産時価評価後の取得純資産を上回れば、税務上償却可能な暖簾を計上可能。

⑧ **独占禁止法上の規制**：2010 年 1 月施行の改正独禁法により、グループ国内売上 200 億円超の会社が、他の会社のグループ国内売上 30 億円超の事業を譲り受けする場合、事前に届出書の提出が必要（グループ内再編を除く）。受理後 30 日間は合併禁止期間。受理後 120 日又は禁止期間に要請された追加報告受領後 90 日間のいずれか遅い日まで審査可能。なお、対価が株式で支払われ、その結果、譲渡会社に株式取得の独禁法届け出義務が発生する場合が考えられる。

第2節　事業譲渡に関する会社法の規定

以下、事業譲渡に関する会社法の規定の概要を列挙する。

①**略式事業譲渡**：譲渡会社が譲受会社の総議決権の90％以上を有する特別支配会社の場合には譲渡会社の株主総会特別決議は不要となる。（468条1項）

②**事業全部の譲受**：譲受の対価の帳簿価格が譲受会社の純資産の5分の1を超えない場合（＝簡易事業譲渡（468条2項））を除き譲受会社の株主総会特別決議が必要（467条1項3号）。一定数の株主数（定款に特別の定めがなければ総株主の議決権の6分の1）を超える反対がある場合には簡易手続きは認められない（468条3項、施行規則138条）。

③**事業全部の賃貸、経営の委任、損益共通契約**：旧商法と同様に株主総会特別決議が必要。

④**事業**：「営業」が「事業」に用語改定された。株主総会特別決議が必要な事業譲渡とは「一定の営業目的のため組織化され、有機的一体として機能する財産（得意先関係等の経済的価値のある事実関係を含む）の全部または重要な一部を譲渡し、これによって、譲渡会社がその財産によって営んでいた営業的活動の全部または重要な一部を譲受人に受け継がせ、譲渡会社がその譲渡の限度に応じ当然に旧商法25条（会社法21条1項）に定める競業避止義務を負う結果を伴うもの（最高裁昭和40年9月22日判決）」との定義が引き続き有効と考えられる。

⑤**重要な一部**：旧商法では「重要な」を定義する条文も明確な判例もなかったが、会社法では株主総会決議を要しない他の簡易組織再編行為との整合性から、譲渡される資産の帳簿価格が総資産の5分の

1を超えるもの（定款でこれを下回る規定も可能）（467条1号2項）は株主総会特別決議が必要とした。

したがって総資産の5分の1を超えない資産にかかわる事業は原則として取締役会決議で実行可能となる。たとえば対象事業の資産簿価は総資産簿価の6分の1だが、営業利益では全体の90%を稼ぐ事業の譲渡は株主総会承認を要しないことになってしまう。簡易合併の存続会社の場合は対価が株式の場合、合併によって発行する株式数が発行済株式数の5分の1を超えない場合などが株主総会省略の条件となっているので、資産簿価ではなく会社の株主価値に連動した基準となっているが、事業譲渡の場合は資産の簿価に基づく基準となっているわけだ。

会社の株主価値と資産の簿価は必ずしも比例関係にはないので、この基準は今後実務的に微妙な問題を提起する可能性があるだろう。同様の問題は現金等株式以外を対価とする合併の場合や、吸収分割や新設分割の分割会社における簡易分割の基準などについても存在する。

⑥ **事後設立**：事後設立とは会社の募集設立又は発起設立後2年以内に、その成立前から存在した財産を継続して使用する目的で、純資産に対する一定の割合以上の対価（旧商法においては、資本の20分の1以上、会社法においては、原則、当該財産の対価として交付する財産の帳簿価額の合計額が当該株式会社の純資産額として会社法施行規則135条で定める方法により算定される額に対し5分の1を超える場合）で取得する契約を締結することであるが、会社法では旧商法と異なり検査役調査は不要となり、株主総会の特別決議のみが必要とした。

さらに対価として交付される財産の帳簿価格が純資産の5分の1（定款で低減可能）を超えない場合、株主総会決議も不要とした。（467条1項5号）。また、事後設立規制の対象は25条1項各号に定められる発起設立か募集設立により設立された会社に明示的に限定されたため、旧商法で議論のあった新設合併・新設分割・株式移

転で設立される会社には及ばない旨が確認された。（467条1項5号）

⑦ **債権者保護手続き**：旧商法と同様、事業譲渡の際には求められていない。代わりに民法上の詐害行為取消権、破産法上の否認権の規定がある。

⑧ **詐害行為**：会社法の規定上は事業譲渡の手続きについては、合併等に存在する債権者保護手続きの定めがない。しかし、代わりに、民法（民法424条、詐害行為取消権）や破産法（破産法160条、破産債権者を害する行為の否認）の規定により、一定の場合に債権者が、すでに実行された事業譲渡に対して否認権を行使して、取引の取り消しを求めることができる。この点については2005年1月1日施行の改正破産法以前の規定では事業譲渡を妨げる問題点があったが、改正によりこの問題点はおおむね解決したといわれている。

　かかる改正以前の破産法ならびに判例法によれば、例えば支払い停止または破産申し立て以前であっても、実質的危機の到来以降（例えば会社が債務超過となって支払い停止には至っていない時点）に、一般に現金に比べて流動性が低く消費や隠匿が困難な財産である不動産を、消費、隠匿しやすい金銭に換えることは債権者に対する共同担保を実質的に減少させることになるという理由から、たとえ処分価格が適正価格であったとしても否認権の対象となるとされていた。

　このため債務超過の会社が会社再建のために一部の事業を第三者に譲渡する場合、たとえ譲渡対価が適正価格であっても、「事業」は「不動産」と同様あるいはそれ以上に換金が困難で流動性が低いと考えられるため、かかる資産を事業譲渡によって換金することは判例法に照らして否認権の対象になる可能性が高いと考えられてきた。

　そこで改正破産法では、適正価格による財産の処分が否認権の対象となるためには、（1）当該行為が譲渡側において隠匿など債権

者を害するおそれを現に生じさせるものであり、(2) 譲渡側が隠匿などの行為をする意思を有しており、かつ (3) 譲受側もその意思を知っていた場合、に限定した。この改正により、善意で行われる適正対価での事業譲渡が否認権の対象となる可能性は消滅した。

花王のカネボウ化粧品事業買収

たとえば2004年1月31日、化粧品大手のカネボウが花王に化粧品事業を事業譲渡で売却すると連名で発表し、その後これを中止して、カネボウが産業再生機構の傘下に入った事件があった。この時点ではカネボウの化粧品事業はカネボウ全体の営業利益を上回る利益を計上しており、極めて健全なカネボウの化粧品事業をなぜ産業再生機構が支援する必要があるのかといった疑問が多く提起された。

しかし、その後、カネボウが当時長期にわたり粉飾決算を行っていたことが判明し、2004年1月時点で事業譲渡を実行していれば、その後に譲渡時点で既に債務超過であったことが発覚した場合、債権者から詐害行為取消権などを行使される可能性があった（ので花王に事業譲渡することは不可能だった）との説明が産業再生機構によってなされた例がある。

この事業譲渡は改正破産法施行以前であるから、かかるリスクは存在したであろうが、むしろ総額2000億円をこえる、長期にわたった粉飾決算の結果は、当然ながらカネボウの化粧品事業の決算も粉飾されていたことを意味するだろう。当初、カネボウが花王と合意した4400億円での事業譲渡を実行した後に、花王が取得した化粧品事業の粉飾を発見すれば、通常の事業譲渡契約に存在し、本件の契約でも存在したであろう保証・表明違反に関する補償条項によって、譲渡会社が巨額の金銭支払いを求められた可能性の方が高かっただろう。

つまり4400億円での事業譲渡はカネボウの債権者には有利であり（つまり彼らが詐害行為取消権を行使した可能性は著しく低く）、むしろ買い手（花王）にとって不利であったはずだということである[*6]。しかし、実際には粉飾決算のすべてが明るみに出たのち、2005年12月に花王は産業再生機構などからカネボウの化粧品事業を買収したが、

その買収価格は少なくとも 4251 億円以上[*7]であり、当初の 4400 億円に限りなく近い価格であった。

　つまり花王は粉飾決算のすべてを知ったのちでも、カネボウの化粧品事業の評価金額をほとんど変更しなかったことになる。結果としては花王も当初の事業譲渡が実行されていた場合、補償条項の発動により金銭的な補塡を求めた可能性は否定できないが、事業譲渡自体を白紙撤回することはまずなかったであろう。

⑨ **反対株主株式買取請求権**：旧商法と同様、事業譲渡（重要な事業の一部譲渡、事業の全部の譲渡、他の会社の全部の譲り受け、事業の全部の賃貸等を意味し、事後設立は含まれない）に関して、合併等と同様に、反対株主に株式買取請求権が認められている（469 条 1 項）。簡易事業譲渡の要件を満たす場合の譲受会社（469 条 1 項 2 号）と略式事業譲渡の特別支配会社（469 条 2 項 2 号）の反対株主買取請求権は 2015 年施行の改正会社法でなしとなった。買取価格は合併と同様、「公正な価格」とされた。

⑩ **競業避止義務**：旧商法と同様、事業を譲渡した会社は当然に同一・隣接市町村内において 20 年間競業避止義務を負う（21 条 1 項）。当事者の合意により加減可能。

註

*1　以下、単に条文番号がある場合は会社法の条文番号、会社法施行規則は施行規則、会社計算規則は計算規則と表記する。

*2　負の値の場合には、負の暖簾が発生する。負の暖簾は、原則として当該事業年度に一括して特別利益として計上する。

*3　ただし、当該事業年度が 12 カ月に満たない場合を除き、期中の計上であっても初年度から 12 カ月分（1 年分）の損金又は益金が認識される。なお、会計上の負の暖簾は初年度一括利益計上だが、税務上の負の暖簾（負債調整勘定）は資産調整勘定と同様 5 年（60 か月）均等益金算入となる。

*4 例えば当該事業譲渡が親会社が子会社に現金で事業を譲渡する取引で企業結合会計基準上は共通支配下の取引となり、譲受側で簿価引き継ぎとなった場合でも、事業分離等会計基準上は対価が現金であることから投資の清算と判断され譲渡側では譲渡損益が認識される。

*5 2010年度から導入されたグループ法人税制により、100%支配グループ内の資産の移転の場合には譲渡損益は繰延となる。その場合でも譲受側は時価引き継ぎとなるので資産調整勘定等が計上される。

*6 この事件については産業再生機構の説明が不足している面が他にも色々ある。たとえば、2004年に機構が金融機関から取得したカネボウ化粧品むけ債権（額面で2800億円）は、その一部（額面で1500億円）がのちに債務の株式化でカネボウ化粧品の株式に転換されているが、かかる債権の金融機関からの譲受価格が明らかにされていない。

金融機関に債権放棄を求めた上でさらに額面を下回る時価（つまり安値）で取得したと思われる債権を額面（つまり高値）で株式化し、一般株主や債権者から価値を搾取したのではないかとの疑いがある。また、2006年に機構はカネボウの化粧品事業以外（カネボウ）を投資ファンド連合のトリニティ・インベストメント（トリニティ）に売却したが、その際の株式譲渡価格が公表されていない。

機構のかかる株式のカネボウからの引き受け価格が380円/株であったため、機構の譲渡価格はこの価格に近いと想像されているが、かかる譲渡の直後にトリニティがカネボウの一般株主に提示した公開買付価格は1株162円であり、380円を大きく下回っていた。このことから、機構は一般株主を犠牲にして自己のカネボウ株式の譲渡価格だけを有利に交渉した可能性が指摘されている。

*7 花王はカネボウ化粧品普通株式86%とA種類株式100%を合計2634億円で取得し、カネボウより普通株式14%を156億円で取得し、カネボウ化粧品の債務1461億円を引き継いだ。同時にカネボウ化粧品が保有していたカネボウC種類株式をトリニティに売却しており、その売却で売却損が発生していると思われるが、その価格が公表されていない。

第9章

会社分割[*1]

第1節 会社分割の概要

　会社分割は、2001年4月施行の改正商法で導入された、合併と逆の取引を日本ではじめて組織再編行為として、原則として株主総会の特別決議を条件に実行する新しいM&A手法である。2006年5月施行の会社法と、その後、2007年5月施行の組織再編対価の多様化で若干の変更がなされたが、基本的な枠組みは変わっていない。

　会社分割は、まず図9-1の左側の分社型（後述）は新設型と吸収型の二つの類型がある。図9-1の左上が新設型である。分割会社が自己の事業の一部（または全部）を新設の会社に承継させるかたちだ。単独で行えば事業の子会社化であり、複数の会社が共同で行えば共同事業の設立である。

　次に図9-1の左下が吸収型である。分割会社が自己の事業の一部（または全部）を既存の他の会社に承継させるかたちである。結果は、

図9-1 会社分割

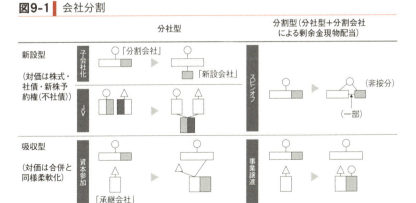

対価が承継会社の株式であれば、分割会社が承継会社に資本参加する形になる。新設型も吸収型も、対価は常に分割会社に支払われる。これを分社型（物的）分割という。新設型の場合は株式の支払いが必須で、加えて社債・新株予約権も使える。吸収型の対価は、合併等と同様で大幅に多様化された。

一方、旧商法で存在した図9-1の右側の分割型（人的）分割、すなわち対価が分割会社の株主に直接支払われる類型は廃止され、対価を分割会社に支払う分社型を実行し、その対価を分割会社が自己の株主に剰余金配当として現物配当する手順に整理された。新設型の分割型分割は、自己の一部を新設会社に分割して対価を自己の株主に支払うことで、自己との資本関係を消滅させる再編手法であり、これは欧米に存在し、日本では税制の制約で実行できないスピンオフである。

吸収型の分割型分割は、事業を別の会社に譲渡して自己との資本関係は消滅させ、（対価が承継会社の株式であれば）自己の株主が承継会社に資本参加するかたちとなる。会社分割に関する一般的な留意事項を以下に述べる。

①**承認決議**：原則として株主総会特別決議だが、分割会社の株主総会決議を省略できる簡易分割の規定と、総議決権の90％以上を保有されている会社の株主総会決議を省略できる略式分割の規定がある。

②**会計及び税務の取り扱い**：2010年4月1日以降開始の事業年度から企業結合会計基準により「共同支配企業の形成」と「共通支配下の取引」の場合は持ち分プーリング法に近い処理で簿価引き継ぎとなるが、これら以外はすべてパーチェス法となり、持ち分プーリング法は日本の企業会計基準上廃止された[*2]。

パーチェス法の場合、取得対価が承継対象事業の資産時価評価後の純資産を上回れば、原則として承継会社に差額暖簾が発生し、20年以内の効果の及ぶ期間で定額法あるいはその他の合理的な手法での償却が発生する。なお会社分割においては、新設型の分割は自己

創設暖簾を認めないとの観点から原則として会計上は暖簾を計上できない[*3]が、吸収型の場合は計上可能である[*4]。

　税務上の扱いは会計とは別で、第10章で述べる組織再編税制に従い、税制適格であれば承継会社において簿価引き継ぎとなり、分割会社において譲渡損益の認識はないが、非適格であれば完全親子関係がありグループ法人税制の適用を受ける場合を除き承継会社において時価引き継ぎとなり、分割会社において譲渡損益の認識がなされ、分割型分割の場合には加えて分割会社株主にみなし配当課税等が発生する。

　みなし配当の金額は、分割会社株主に交付された分割対価の時価から分割会社の資本金等減少額を差し引いたものとなる。分社型分割の場合には、みなし配当課税はない。完全親子関係がありグループ法人税制が適用される場合には譲渡損益は繰延となるが、合併と異なり承継会社においては時価取得となる（法人税法61条の13）。

　非適格の場合、承継会社において受け入れる事業の資産時価評価後の純資産から退職給与債務引受額と3年以内に発生が見込まれる短期重要債務見込み額を控除した金額の差額が、移転事業に関連する主要な資産・負債のおおむね全部が移転する場合には資産調整勘定・差額負債調整勘定となって60カ月均等で税務償却する。おおむね全部が移転しない場合には、資本金等で調整して資産調整勘定等は認識しない（法人税法62条の8第1項、法人税法施行令123条の10）。

③**瑕疵**：原則として対象会社・事業の瑕疵は、自動的に新設会社または承継会社に引き継がれる。

④**契約上の地位の移転**：権利義務が合併と同様に包括承継なので原則として必要ない。

⑤**繰越税務損失**：原則として承継会社に引き継がれず、分割会社に残る。

⑥ **課税**：組織再編税制の共同事業要件かグループ内再編要件を満たせば税制適格となり分割会社、新設会社、承継会社、それぞれの株主のいずれも課税は繰り延べられる。税制非適格であれば合併等と同様、対価の受け取りについての課税繰り延べがなく、分割対象事業の資産も時価課税される。

⑦ **独占禁止法上の規制**：2010年1月施行の改正独禁法により、当事者の一方がグループ国内売上200億円超の会社で、かつ他方がグループ国内売上50億円超の会社の場合、事前に届出書の提出が必

図9-2 吸収型分社型会社分割の概略日程

分割会社	備考
取締役会決議 ・基準日設定	
基準日公告	基準日の2週間以上前(公開会社)
基準日	総会3カ月前以内、定款記載なら不要
取締役会決議 ・分割契約書承認 ・株主総会招集	
分割契約締結	
基準日株主名簿入手	
招集通知発送	総会より2週間前(公開会社)
分割契約書等の備置	総会より2週間前(又は効力発生20日前、又は債権者公告・催告の日、又は分割会社新株予約権者への公告・通知の日)
株主総会 ・分割承認	
債権者保護手続き 官報公告及び個別催告(=日刊紙公告で省略可能)	異議申述期限1カ月以上(開始は株主総会前で可⇒総会決議〜効力発生日を短縮)
株主公告・通知	効力発生日20日以上前
新株予約権者公告・通知	効力発生日20日以上前
反対株主買取請求期限	効力発生20日前〜前日
債権者保護手続き完了	
新株予約権者買取請求期限	効力発生20日前〜前日
分割効力発生日	
登記申請	
事後の開示	効力発生より6カ月

注 ・独占禁止法上の合併計画書届出及び待機期間は割愛。
　　・業法上の許認可、外国投資家株主による外為法の事前届出の有無についても割愛。

要（グループ内再編を除く）。受理後 30 日間は合併禁止期間。受理後 120 日又は禁止期間に要請された追加報告受領後 90 日間のいずれか遅い日まで審査可能。なお、対価が株式で支払われ、その結果、分割する会社あるいはその親会社に株式取得の独禁法届け出義務が発生する場合が考えられる。

第2節　会社分割に関する会社法の規定

以下、会社法における会社分割の規定の概要を列挙する。図 9-2 に吸収型分社型会社分割の一般的な概略日程を示す。

継承会社	備考
取締役会決議 ・基準日設定	
基準日公告	基準日の2週間以上前（公開会社）
基準日	総会3カ月前以内、定款記載なら不要
取締役会決議 ・分割契約書承認 ・株主総会招集	
分割契約締結	
基準日株主名簿入手	
招集通知発送	総会より2週間前（公開会社）
分割契約書等の備置a	総会より2週間前（又は効力発生20日前、又は債権者公告・催告の日、又は分割会社新株予約権者への公告・通知の日）
株主総会 ・分割承認	
債権者保護手続き 官報公告及び個別催告（＝日刊紙公告で省略可能）	異議申述期間1カ月以上（開始は株主総会前で可⇒総会決議〜効力発生日を短縮）
株主公告・通知	効力発生日20日以上前
反対株主買取請求期限	効力発生20日前〜前日
債権者保護手続き完了	
分割効力発生日	
登記申請	
事後の開示	効力発生より6カ月

①**簡易分割**：吸収分割および新設分割の分割会社においては、対象資産の簿価が分割会社総資産の5分の1（定款で低減可能）を超えない場合、分割会社の株主総会決議を省略できる（784条2項）。この場合は反対株主に買取請求権はなく、一定数の株主が反対しても簡易手続きは否定されない。

一方、吸収分割の承継会社においては、分割会社に交付する株式（1株当たり純資産に交付株式数を掛けた値で計算）・社債・新株予約権（付社債）・その他の財産の簿価の合計が承継会社の純資産の5分の1を超えない場合、承継会社の株主総会決議を省略できる（796条2項）[*5]。この場合も反対株主に買取請求権はない（797条1項）。

簿価債務超過の事業を承継する場合等、分割差損が発生する場合には、簡易手続きは認められない。人的分割が廃止され剰余金の分配に整理されたことにより、旧商法で認められなかった分割会社における人的分割（剰余金分配を伴う分割）の簡易手続きが条文構成上は認められることになると考えられるが、実際には現物配当を取締役会決議で行うためには金銭分配請求権を付す必要があり（459条1項4号）、その場合、金銭分配請求が配当財産の5%を超えると、会社分割に伴う対価株式の株主への分配に関して分配可能額制限を課さないとの例外規定が外れる（施行規則178条、下記④人的分割の廃止参照）ため、結局、株主総会決議を経ない人的分割は実行困難と思われる。

また、吸収分割と新設分割の分割会社において、対象となる資産簿価が総資産簿価の5分の1を超えない分割は、原則として取締役会決議で実行可能となる。たとえば対象となる事業の資産簿価は総資産簿価の6分の1だが、営業利益では全体の90%を稼ぐ事業の分割は株主総会承認を要しないことになってしまう。吸収分割の承継会社の場合は対価が株式の場合、分割承継によって発行する株式数が発行済株式数の5分の1を超えない場合などが株主総会省略の条件となっているので、資産簿価ではなく会社の株主価値に連

動した基準となっているが、分割会社の場合は資産の簿価に基づく基準となっているわけだ。

　会社の株主価値と資産の簿価は必ずしも比例関係にはないので、この基準は今後実務的に微妙な問題を提起する可能性があるだろう。同様の問題は事業譲渡における簡易手続きの基準についても存在する。

　なお、旧商法においては簡易分割の数値基準は会社法と類似の立てつけであったが、数値が5分の1ではなく20分の1であったので、総資産簿価の20分の1以下の事業が利益の大きな部分を稼ぎ出すとの矛盾は起こりにくかったと言えるかもしれない。しかし、この数値基準が会社法で他の組織再編行為の簡易手続きと並行して5分の1となったことで、この問題がクローズアップされる結果となったと言えるかもしれない。

②**略式分割**：吸収分割において承継会社が分割会社の総議決権の90％以上（定款で加重可能）を直接間接に保有する場合、分割会社の株主総会決議を省略できる。この場合分割会社株主に差止請求権を認めているが、簡易分割の条件を満たす場合には差止請求権は認められない。吸収分割の承継会社においても分割会社が承継会社の総議決権の90％以上を保有する場合、承継会社の株主総会決議を省略できる。

　この場合も簡易分割の条件を満たさない限り、少数株主に差止請求権が認められる。差止請求は略式会社分割以外の場合も簡易会社分割の要件を満たす場合を除き認められる（784条の2、796条の2、805条の2）。

③**事業性要件の緩和**：旧商法においては、会社分割は営業の承継と定義されたが、会社法では、分割会社が有する事業に関してその権利義務の一部又は全部を他の会社に承継させることと改められた（2条29号）。この点は旧商法で求められた事業性の要件（事業譲渡の際に述べた「事業」の定義、すなわち旧商法の「営業」の定義に

該当する単位でしか会社分割を行うことができないとする制限）を緩和する措置と考えられる。

④ **人的分割の廃止**：分割に伴い発行される承継会社の株式が分割会社の株主に直接割り当てられる人的分割（分割型分割）は廃止された。しかし、いったんすべての株式を分割会社に割り当てた後、分割会社が剰余金の配当として承継会社株式を現物配当の形で株主に交付するステップを経ることで従来の人的分割と同様の再編も引き続き可能である。その場合は、剰余金の分配可能額の制限を受けない（792条）が、制限を受けないのは承継会社の株式以外の財産が配当財産の5%を超えない場合に限られる（施行規則178条）。

⑤ **効力発生日**：吸収分割においては合併と同様、登記によらず分割契約書に記載する効力発生日に発効する（759条1項）。ただし債権者保護手続きが完了していないと発効しない（759条6項）。新設分割においては旧商法と同様、新設登記の完了をもって発効する（764条1項）。

⑥ **権利義務の承継**：包括承継だが、合併と異なり分割会社が存続するため（権利の二重譲渡等の可能性があるため）第三者対抗要件（土地＝登記、債権＝通知、株券＝券面発行など（128条））の検討が必要。契約上の地位は原則として承継会社に自動承継される。債務承継については個別催告を受けなかった債権者に対して分割会社と承継会社が連帯責任を負うのは個別催告が必要な、債権者保護手続きで異議陳述可能な債権者に限定した（759条2項など）（旧商法はその点明記なく、異議陳述不能な債権者分の債務まで連帯責任を負うとの解釈があった）。

　非免責的（重畳的）承継とすれば、分割会社が連帯して瑕疵の責任を負い、免責的承継とすれば分割会社を免責できる。

⑦ **労働承継法**：旧商法の時代から特に大きな変更はない。2001年の

旧商法下での会社分割制度の施行に合わせて、労働者の保護のため「会社の分割に伴う労働契約の承継等に関する法律」（労働承継法）が施行され、会社分割に当っての労働契約の承継に関する細目が定められた。

　当時の労働承継法によれば、会社の分割によりその営業に従事している労働者と分割する会社との間で締結されている労働契約は自動的に設立する会社または承継する会社に引き継がれるかどうかは、分割する営業（当時の表現）に主として従事する労働者と、それ以外で分割契約書又は分割計画書に労働契約が承継されることが記載されている労働者に分けて規定されていた。

　前者については、分割により当然に承継され労働者側から異議を申し立てることはできない。会社としては承継させる自由はあるが、一部の労働者を取捨選択して承継させないことについては個別の同意が必要になる。即ち、一部の主として従事する労働者の労働契約が承継されない場合には労働者が異議を申し立てることができ、一定の期日までに異議の申立があった場合はその労働契約は分割の効力が発生した日に自動的に承継されることとなっていた。

　一方、主として従事していない（即ち、従として従事しているか全く従事していない）労働者の労働契約が承継されることが規定されている場合には、労働者は一定の期日までに異議を申し立てることができ、異議申し立てがあった場合にはその労働契約は承継されないことになっていた。

　結局、主として従事しない労働者については会社としては承継させない自由はあるが、承継させるには個別の同意が必要になる。主として従事しているか否かの判断は総務、人事、経理などの間接部門に関してはその区別が困難な場合が多い。この場合にはそれぞれの営業に従事する時間、それぞれの営業における当該労働者の果たしている役割などを総合的に判断して決定することになっていた。これらの点に大きな変更はない。

⑧**吸収分割契約書**：分割会社が有する自己株式または承継会社の株式

を承継させる場合、自己株式処分手続き・自己株式取得規制（財源規制）が及ばない旨を明記した（758条3号）。また、承継会社は対価として株式・社債・新株予約権（付社債）・金銭・その他の財産を交付できる（758条）。

また、承継会社の資本等が増加しない（すべて剰余金とする）分割承継を認めた。分割会社の新株予約権については承継会社が承継することを否定し、代わりに承継会社の新株予約権を直接交付することを認め、分割契約書の新株予約権発行条件が元の新株予約権発行決議の承継条件と合致する場合を除き、新株予約権者に買取請求権を認めた（787条1項2号）。

⑨ **新設分割計画書**：吸収分割と異なり分割会社が有する自己株式の承継に関する規定がないため、新設分割では（子会社による親会社株式保有規制との関連もあり）自己株式を新設会社に承継させることはできない。また、（吸収分割と異なり）分割対価として金銭・その他の財産を交付することはできない（株式は必須、くわえて社債・新株予約権（付社債）は可）。旧商法の分割交付金の定めも廃止されたため、新設分割では（共同新設分社等の場合に必要となる場合がある）割当比率調整の為の金銭交付はできない（承継現預金等で調整は可能、763条）。

⑩ **事前備置書類**：分割会社・承継会社・新設会社でそれぞれ内容が異なる。分割会社の場合は（1）分割契約書、（2）対価の相当性ならびにその割当の相当性、（3）剰余金配当（人的分割）がある場合はその内容（4）新株予約権割り当てがある場合はその相当性、（5）承継会社の最終事業年度の計算書類、（6）承継会社のその後の重要な財務変動、（7）分割会社の計算書類とその後の重要な財務変動、（8）債務（分割会社の債務すべて、並びに承継会社（または新設会社）に承継される債務に関してのみ）の履行の見込みに関する書面[*6]、などが規定されている（施行規則183条）。

承継会社の場合は、（1）分割契約書、（2）対価の選択ならびに

その割当の相当性、(3) 承継会社の最終事業年度の計算書類ならびにその後の重要な財務変動、(4) 分割会社の重要な財務変動、などが規定されている（施行規則192条）。

　新設会社の場合は（1）分割計画書、(2) 対価の相当性と（共同新設分割の場合）割当の相当性、(3) 剰余金配当（人的分割）がある場合はその内容（4）新株予約権割り当てがある場合はその相当性、(5) 共同新設分割の場合の他の分割会社の最終事業年度の計算書類とその後の重要な財務変動、(6) 分割会社の計算書類とその後の重要な財務変動、(7) 債務（新設会社に承継される債務に関してのみ）の履行の見込みに関する書面、などが規定されている（施行規則205条）。

　合併と同様の議論で承継会社（又は新設会社）が債務超過となる分割が認められるかは今後の課題。

⑪**株主総会承認**：株主総会特別決議が必要（309条2項12号）。種類株主に損害を及ぼす恐れがある場合、種類株主総会特別決議も必要（323条など）。

⑫**特別の説明義務**：合併と同様、吸収分割において承継事業が帳簿上債務超過である場合と、交付する対価のうち分割会社の株式、新株予約権及び社債を除く対価の額が承継する事業の簿価純資産を上回る場合には承継会社の取締役に株主総会における特別の説明義務を課した。分割差損が発生する分割を制度上は認めたうえで、差損の発生について開示を求めることとなった。

　簿価（あるいは時価）債務超過部門を承継することは、少なくとも承継会社（または新設会社）が債務超過とならない限り認められることとなった。分割会社が債務超過となる分割及びそもそも債務超過の会社が分割会社となることは旧商法の下では認められなかったが[*7]、会社法の下でこれが認められるかは今後の課題。また、分割会社が承継会社株式を保有し、分割により承継会社にこれが承継される場合もその旨の説明が必要（795条3項）だが、前述のとお

り自己株式の取得手続きや財源規制は及ばない。

⑬ **債権者保護手続き**：吸収分割の分割会社・承継会社並びに新設分割の分割会社の債権者（ただし、分社型吸収分割の分割前の分割会社の債権者で分割後も分割会社に履行を請求できる債権者を除く（789条1項2号、810条1項2号））は異議陳述が可能であり、これらの債権者に対して1カ月以上の期間を定めて、官報公告＋個別催告（ただし、定款の定めにより日刊新聞掲載による公告あるいは電子公告で個別催告を省略可能）が必要な点は旧商法と同じ。合併と同様保護手続きは株主総会前に開始してもよく、分割効力発生日までに完了すればよい。

図9-3 主なM&A手法の比較

	株式取得	
	発行済株式の取得	第三者割当増資
イメージ	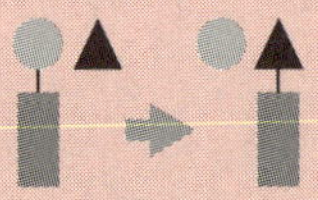	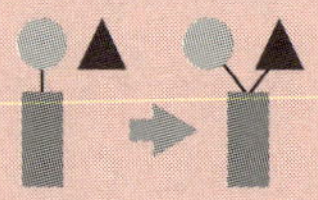
対価	原則現金 株式交換は買い手株式	原則現金 現金以外なら現物出資
買い手の資金負担	有(%当たりは安価)	有(%当たり高価)
売り手の意思決定	特に無し	授権枠内で有利発行でなければ取締役会決議(有利発行は株主総会特別決議) 現物出資は検査役調査(例外規定有り)
買い手の意思決定	取締役会決議 内部者取引規制 TOBルール	取締役会決議
債権者保護手続き	無(株式交換も原則無し)	無
契約上の地位の移転	無(不要)	無(不要)
瑕疵の引き継ぎリスク	有	有
売り手の売却益課税	有	無
繰越税務損失の引き継ぎ	有	有
税務償却暖簾の計上	無(連結暖簾)	無(連結暖簾)

合併の債権者保護手続きは、すべての債権者が対象（会789条1項1号、799条1項1号）だが、会社分割の場合、「分社型で非免責的債務承継の場合の分割会社の債権者」は上記のように保護手続きの対象外（会789条1項2号、810条1項2号）である。このことを利用した恣意的資産・負債選別が可能となっていた。

　すなわち、優良資産を新設分社で子会社に移転し、親会社は銀行借り入れ等の債務だけを残して抜け殻とするが、新設分社を非免責型とすることで抜け殻会社の債権者はかかる会社分割で債権者保護手続きの対象とならない。この問題を解決するためには、対象外となる分割会社の債権者を、「分割会社の債権者で承継会社の債権者となるもので非免責的な場合」とすべきと思われるが、2015年に

	吸収合併（新設合併も可）	事業譲渡	会社分割（吸収分社）
	対価は柔軟化 三角合併も可能	原則現金 現金以外なら現物出資	対価は柔軟化
	無	有	無
	株主総会特別決議（略式合併の規定有り） 債務超過会社の吸収合併は存続会社が債務超過にならない限り可能（債務の履行の見込み） 反対株主買取請求と公正な価格 新株予約権の承継 債権者保護手続きあり	重要な事業譲渡は株主総会特別決議（5分の1） 事業とは有機的一体として機能する財産 競業避止義務あり 債権者保護手続き無し	株主総会特別決議 総資産の1/5以下が対象等なら公告・通知のみ 債権者保護手続きあり
	株主総会特別決議 （発行済株式の1/5以下の新株発行等なら簡易合併として公告・通知のみ）	原則取締役会決議（他社の営業の全部の譲受等は原則株主総会特別決議）	株主総会特別決議 （発行済株式の1/5以下の新株発行等なら公告・通知のみ）
	有	無（詐害行為取消権）	原則有
	包括承継	相手側の同意が必要	包括承継
	有	無	有
	原則無（適格合併）	有	原則無（適格）
	原則有（制限有）	無（譲渡会社に残存）	無（分割会社に残存）
	適格なら無し	有	適格なら無

施行された改正会社法では詐害的会社分割（債権者を害すると知って行われた分割）の場合には、分割会社の債権者が承継会社に承継財産価額を限度に履行を請求できるとした（759条4項）。

⑭ **反対株主株式買取請求権**：吸収分割の分割会社と承継会社ならびに新設分割の分割会社の株主には、反対株主株式買取請求権が認められているが（785条1項、797条1項）、簡易分割の要件を満たす場合には買取請求権はない（785条1項2号、797条1項、806条、承継会社株主については2015年施行改正）。また略式会社分割における特別支配会社株主は買取請求権がない（785条2項2号等、2015年施行改正）。買取価格は、いずれも合併と同様「公正な価格」である。

⑮ **新株予約権買取請求権**：分割会社の新株予約権について、分割契約の定めにより承継会社・新設会社の新株予約権が交付される場合、および新株予約権発行決議の条件と異なり承継会社・新設会社の新株予約権が交付されない場合、「公正な価格」での買取請求権が認められ、その権利行使機会確保のため、分割効力発生日の20日前までに新株予約権者に通知または公告をしなければならない。（787条1項2号など）

第3節　M&Aの主な手法の比較

以上述べてきたようにM&Aの実行方法の選択肢は多岐にわたる。基本的な選択肢だけでも、株式取得、合併、事業譲渡、会社分割があり、株式取得も発行済み株式取得と新株の第三者割当増資引受では結果もプロセスも大きく異なるし、株式交換も株式取得のバリエーションの一つである。合併にも三角合併や現金合併などのバリエーションがある。図9-3に主な手法の比較として、発行済み株式取得、新株引受、吸収合併、事業譲渡、会社分割（吸収分社）の5類型を比較してまとめた表を掲げる。

註

* *1 以下、単に条文番号がある場合は会社法の条文番号、会社法施行規則は施行規則、会社計算規則は計算規則と表記する。
* *2 企業結合会計基準については、第 11 章を参照
* *3 会社計算規則 26 条
* *4 負の暖簾は、原則として発生年度に特別利益として処理される。
* *5 原則として議決権の 6 分の 1 以上を有する株主が反対する旨を通知したときも株主総会は省略できない。(796 条 3 項)
* *6 旧商法では「債務の履行の見込みがあること」に関する書面であった。
* *7 商事法務 1565（原田）

第10章

組織再編税制

第1節 組織再編税制の概要

　主なM&A手法に関する課税関係を統一的に定めた組織再編税制は、2001年4月の会社分割法施行（商法改正）にあわせて改正・施行され、合併・現物出資・事後設立・会社分割に関係する税制が一本化された。

　しかし、これに先立ち、1999年10月施行改正商法で解禁されていた株式交換・株式移転については、租税特別措置法で組織再編税制とは異なる税制が既に存在していたため、再編手法によって税制が異なる状態が続いていた。

　平成18年度税制改正（2006年10月1日以降に行われる株式交換・株式移転に対して適用）により、株式交換・株式移転についても、完全子会社株主の譲渡損益課税の繰り延べ要件等が、合併・現物出資・会社分割・事後設立を規定した組織再編税制に統一された。その後、最近では平成22年度税制改正でグループ法人税制が導入され、現物分配[*1]が新たに組織再編税制の対象となり、事後設立に関する組織再編税制の規程が廃止されたことなどにより、現在の組織再編税制は非常に複雑な体系となっている。

　一方、事業譲渡については税務上、組織再編ではなく資産の売買とみなされるのでグループ法人税制の適用があるなど、特殊な場合を除いて通常は課税取引となる。

　平成25年度税制改正施行時点の法人税法が定める組織再編税制の体系（実際には平成25年度改正に組織再編税制関連の変更はないので、その直近では平成22年度税制改正のグループ法人税制の導入等を反映した体系）は、図10-1に示されている。税制適格組織再編となるためには、次のグループ内再編か共同事業再編のいずれかの条件

図10-1　企業再編税制の概要（H22年改正）

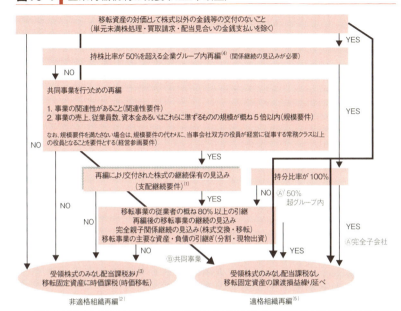

1 分割法人・被合併法人・株式交換完全親法人・株式移転完全親法人の株主が50人以上である場合の当該株主が交付を受けたものを除く。「再編により交付された株式」なので、TPAによる希薄化は（条文上は）許容される。さらに、「交付された株式を全て継続保有する見込みの株主」が所有する議決権が、全体の80％以上であれば一部の株主が一部または全部を継続保有しなくてもよい。但し現物出資においては再編により交付を受けた株式全部を継続保有する必要がある。
2 非適格の場合、退職給付債務・事業撤退費用等の短期重要債務を計上した上で差額暖簾の計上が認められ、税務上5年均等償却が認められた（平成18年度改正）。
3 組織再編のうち株式交換・株式移転・分社型分割においてはみなし配当課税はない。合併と分割型分割では、非適格の場合、受領株式の時価がその株式の発行会社の一株当資本金等（資本金＋法人税法上の資本剰余金）を超える部分は「みなし配当」として益金算入される
4 持分割合は（条文上も）発行済み株式数（議決権ではない）で判断。政令により直接・間接の合計で計算。再編後の持分関係継続の見込みが必要。
5 合併・会社分割・現物出資・事後設立に加え、平成18年度改正で株式交換・株式移転も同一の基準となった。平成22年度改正で事後設立が廃止され現物分配が加わった

をすべて満たす必要がある。

　税制適格組織再編は、資産移転法人（被合併法人・分割法人等）において移転資産の譲渡損益課税がすべて繰り延べられ、合併と分割型分割において対価として株式を受領する場合のみなし配当課税もない。一方、税制非適格の場合には、資産移転法人において移転資産の譲渡損益課税がなされ、合併と分割型分割において対価として株式を受領する場合にみなし配当課税が発生する[*2]。

　ところで、組織再編税制の対象であるすべての組織再編において対価として株式を受領する場合に受領側でその対価について譲渡損益課税が発生するか、対価として受領した株式を実際に売却して譲渡損益が確定するまで課税が繰り延べられるかは、組織再編が税制適格であ

るか否かとは関わりがなく、単に対価として組織再編に係る株式（例えば合併であれば存続会社の株式）だけが支払われるか、それ以外の現金等の資産が含まれるかによって決まる。現金等の資産が含まれる場合には、課税の繰り延べがなされない。ただし、単元未満株処理・反対株主買取請求・配当見合いの3条件に該当する金銭等の支払いについては、課税繰り延べが認められる。

①グループ内再編：（以下のすべてを満たす場合）

(1) 移転資産の対価として株式以外の金銭等の交付がないこと（ただし単元未満株処理[*3]、反対株主買取請求、配当見合いの金銭等の支払いは受容される、金銭等不交付要件）。

(2) 持ち株比率が50%を超える企業グループ内の再編であること。持ち株比率は発行済株式数で判断され、議決権ではない[*4]。直接・間接の持ち分合計で計算される。再編後の50%超の持ち分関係継続の見込みがあることも必要とされている（支配継続要件）。

(3) 持ち分比率が100%のグループ内再編であれば、条件は以上だが、50%超100%未満の場合には以上に加えて、移転事業の主要な資産・負債を引き継ぐこと（分割・現物出資のみ、主要資産等引継要件）、移転事業の従業員のおおむね80%以上を引き継ぐこと（従業者引継要件）、再編後の移転事業の継続の見込みがあること（事業継続要件）、の2ないし3点が必要。

②共同事業再編：（以下のすべてを満たすことが必要）

(1) 移転資産の対価として、株式以外の金銭等の交付がないこと（ただし、単元未満株処理、反対株主買取請求、配当見合いの金銭等の支払いは受容される）が必要。

(2) 共同事業を行うための再編であること。具体的には、事業の関連性があること（事業関連性要件）、並びに事業の売上金額、従業員、資本金もしくはこれに準ずるものの規模がおおむね1対5以内であること（規模要件）の双方を満たす必要がある。

ただし、規模要件については、これを満たさない場合でも、当事者の双方の役員が少なくとも1名以上、統合会社の経営に従事する常務クラス以上の役員に就任すればよい（経営参画要件）。
(3) 再編により交付された株式のすべてを継続保有する見込みがある株主の議決権が全体の80％以上であること（支配継続要件）。ただし、現物出資においては、再編により交付される株式の全部を継続して保有する見込みがあること。しかしながら、分割法人・被合併法人・株式交換完全親法人・株式移転完全親法人の株主が50名以上である場合には、当該株主が交付を受けた株式には支配継続要件は課されない。
(4) 以上に加えて、移転事業の主要な資産・負債を引き継ぐこと（分割・現物出資のみ、主要資産等引継要件）、移転事業の従業員のおおむね80％以上を引き継ぐこと（従業者引継要件）、再編後の移転事業の継続の見込みがあること（事業継続要件）、完全親子関係が継続する見込みであること（株式交換・株式移転のみ、完全支配関係継続要件）の2ないし3点が必要。

　ちなみに、2006年10月施行改正法人税法以前の、租税特別措置法による株式交換・株式移転に関する税制では、完全子会社株主の譲渡損益課税繰り延べ要件は[*5]：

1) 交付金等がある場合、交付金等が株式対価と交付金の合計の5％未満であること、
2) 完全親会社が完全子会社株式を、税務上の受け入れ簿価に関して、完全子会社株主の税務上簿価合計額以下（完全子会社株主が50名以上の場合には完全子会社の税務上簿価純資産以下）で受け入れること、
3) 完全子会社における資産の時価評価課税は原則なし、との体系であった。

しかし、2006年10月以降、統一された組織再編税制での株式交

換・株式移転については、上記の組織再編税制のサマリーにあるように：

(1) 完全子会社株主における譲渡損益課税は、対価が完全親会社株式のみであること（ただし、単元未満株処理、反対株主買取請求、配当見合いの金銭交付は除く）を条件に繰り延べる（対価が株式のみであっても、次の (2) の条件を満たさないために非適格再編となる場合を含み、繰り延べられる）。

(2) 完全子会社における時価評価損益課税（資産の譲渡損益課税）は、対価が完全親会社株式のみ（上記の単元未満株処理、反対株主買取請求、配当見合いの金銭交付は許容される）であり、かつ「グループ内再編」（100%関係又は50%超関係で80%以上の従業者引き継ぎ＋主要な事業の継続の見込み）、あるいは「共同事業再編」（事業関連性要件＋規模要件＋支配継続要件＋80%以上の従業者引き継ぎ＋主要な事業の継続の見込み＋完全支配関係継続の見込み）に該当すること（以上のいずれかのすべてを満たした場合に適格再編）を条件に回避され、それ以外の場合は固定資産・土地・有価証券（売買目的除く）・金銭債権・繰延資産（ただし、償還有価証券、1単位当たりの時価と簿価の差額が株式交換・株式移転直前の資本金等の額（＝資本金＋税法上の資本剰余金）の2分の1あるいは1000万円のいずれか少ない方未満の資産等を除く）等につき、時価評価のうえ、評価損益を認識し課税される、との体系になった。

　資産の時価課税については、合併や会社分割は対象資産のすべてについて行われるが、株式交換・株式移転については実際には資産の所有法人に変更がないので時価課税される資産もすべてではなく、例外を設けたものと思われる。

　2001年の組織再編税制で共同事業再編に事業関連性要件が課されたため、異業種間の経営統合や合併等による新規事業の買収がすべて税制非適格になるとの矛盾が生じたが、その時点ではまだ株式交換・株式移転にはこの要件がなかったので問題

とならなかった。

2006年からはこの抜け道も塞がれてしまったことから、異業種間の経営統合等ができないという税制の矛盾が大問題となった。この点は次節でさらに詳しく述べる。

ところで、税制適格組織再編においては、移転資産・負債は受け入れ側で簿価にて評価されるので税務上の差額暖簾が発生することは原則としてないが、非適格組織再編においてはこれが発生する場合がある。

すなわち税制非適格な合併や会社分割等において合併存続会社や分割承継会社が交付した対価と、受け入れた資産負債の時価評価後の純資産から退職給与負債調整勘定（合併等で引き継いだ従業員に関する合併前までの退職給与債務の合計額）と短期重要負債調整勘定（合併等で引き継いだ事業について、おおむね3年以内に見込まれる損失について負担を引き継いだもの）を控除した金額に差額がある場合、差額暖簾（正の値なら資産調整勘定、負の値なら差額負債調整勘定という）を認識し、60ヵ月均等にて損金（負の値の場合は益金）算入することになる（ただし、完全支配関係があり、グループ法人税制（本章第4節で詳説）の適用がある場合は、非適格であっても譲渡損益は繰延となる）。

差額暖簾を計上する場合には、初年度の計上額は当該事業年度が12ヵ月に満たない場合を除き、期中の計上であっても初年度から12ヵ月分（1年分）の損金又は益金が認識される[*6]。

税務上の差額暖簾の損金算入は、会計上の暖簾の損金経理が構成要件となっていないので、会計上は暖簾が計上されない場合であっても、税務上差額暖簾が計上されれば、5年均等償却にて損金算入がなされることになる。

なお、資産調整勘定・差額負債調整勘定の計上は、合併以外の会社分割・現物出資・事業譲渡においては当該事業に係る主要な資産・負債のおおむね全部が移転することが必要で、そうでない場合には資本金等で調整して資産調整勘定等は認識しな

い（法人税法 62 条の 8 第 1 項、法人税法施行令 123 条の 10）。

第2節　三角合併への対応

①税制適格合併等の対価の範囲

　2007 年 5 月の組織再編対価の柔軟化の施行にともない三角合併等が解禁となったが、これにあわせて、組織再編税制が、特に外国企業による日本企業の三角合併による買収についてどのように対応するかが注目されていた。この点については、2007 年 4 月 13 日に公布された法人税法施行規則の一部を改正する省令（平成 19 年財令第 33 号）により、税制適格となる合併等の対価に合併法人の親会社の株式等を含めるなどの手当てがなされた。

(1)　合併等の対価の範囲：
　　(a)　合併・会社分割・または株式交換について、その税制適格要件のうち対価の範囲に、合併親法人株式、分割承継親法人株式、株式交換完全支配親法人株式が追加された。
　　(b)　合併親法人とは、合併直前に合併法人の発行済み株式の全部を直接に保有し、合併後にその関係の継続が見込まれている法人のこと。
　　(c)　分割承継親法人とは、分割直前に承継会社の発行済み株式の全部を直接に保有し、合併後にその関係の継続が見込まれている法人のこと。
　　(d)　株式交換完全支配親法人とは、株式交換の直前に株式交換完全親会社の発行済み株式の全部を直接に保有し、合併後にその関係の継続が見込まれている法人のこと。

(2)　被合併法人等（合併・会社分割・株式交換を総称して「等」を付す）の株主における被合併法人等株式に係る譲渡損益の繰り延べ要件のうち、合併等対価について上記（b）〜（d）の親法人株式が追加された。また、合併法人等が税制適格合併等の

対価として交付する合併親法人株式等に係る合併法人等における譲渡損益は、合併法人等がすでに所有していた親法人株式についても、合併法人等が新たに取得した親法人株式についても、合併により交付する株式数までを上限に、発生しないこととなった。

②事業関連性要件の拡大

さらに、税制適格要件のうち、共同事業を営むための組織再編の要件判定にあたって事業関連性要件の判定に関する規定が新たに設けられた。この規定によると、グループ内再編に該当しない合併等が税務上適格組織再編となるためには、次の（1）および（2）の双方の要件を満たせばよいこととなっている（合併、会社分割、株式交換について同様の基準なので、以下は合併を前提に記述している）。

(1) 被合併法人等と合併法人等の双方が当該合併の直前において、それぞれ（イ）〜（ハ）のすべての要件を満たすこと：
　（イ）事務所、店舗、工場その他の固定施設を本店または主たる事務所の所在地がある国等で所有または賃借していること。
　（ロ）従業者があること（役員の場合は専任であることを要する）。
　（ハ）自己の名義で、かつ自己の計算において、以下の（a）〜（g）のいずれかの行為をしていること。
　　　　(a) 商品販売、資産の貸付、役務の提供（継続して対価を得て行われるもの。商品開発もしくは生産、役務の開発を含む）。
　　　　(b) 広告・宣伝による商品販売等の勧誘。
　　　　(c) 商品販売等を行うために必要な資料を得るための市場調査。
　　　　(d) 商品販売等を行うにあたり、法令上必要な許認可等の申請または権利の保有。
　　　　(e) 法律上保護される知的財産の取得のための出願もしくは登録の請求あるいは申請、あるいは知的財産の

移転手続き。
- (f) 商品販売等のために必要な固定施設以外の資産の所有または賃借。
- (g) 上記に掲げる（a）〜（f）の行為に類するもの。

(2) (1)に加えて、被合併事業等と合併事業等の間に当該合併直前において、以下のいずれかの関係があること：

（イ）事業が同種のものであること。

（ロ）事業にかかわる商品、資産もしくは役務または経営資源が同一または類似するものであること。

（ハ）当該合併後に双方の商品、資産もしくは役務または経営資源を活用して営まれることが見込まれていること（一体として営まれる場合を含む）。

　なお、ここで三角合併等の株式を対価にした組織再編で、対価として受領した株式の譲渡損益課税が繰り延べられることがなぜ重要かを確認しておこう。当然ながら、売り手の株主は現金を対価として受領する場合にはその時点で投資が終了してキャピタルゲイン（ロス）がある場合にはその金額も確定するので、ゲインに対して課税されても実現した利益に対する課税であるから問題とはならない。

　しかし、株式を対価として受領した場合には実質的には株式に対する投資は継続しており、受領した株式を売却して現金を受領するまでキャピタルゲイン（ロス）の金額は確定しない。確定しない利益に対して課税が発生すれば、実際には将来ロスが発生することもあり得るのに課税金額だけは株式対価受領時点で確定してしまうため、問題である。したがって、課税繰り延べのない取引では対象会社株主の賛成を得にくいということになる。これが第一の問題点である。

　さらに仮に株主の支持を得ることができて取引が実現した場合には、課税繰り延べがないと対象会社株主は課税される利益が実際の利益と一致するように、あるいは納税原資を確保するために、受領した買い手の株式を直ちに売却しようとする（フローバック）。こうなると、

買い手の株価に一時的に強い下落圧力が働き、買い手としても自己の株価急落を招く取引は実行しにくい。

このような二つの理由によって、株式対価の組織再編は課税繰り延べ措置がなければ大多数の売り手株主がキャピタルロスしかないといった特殊な状況を除いて、通常は実行できないことになるのだ。

③タックス・インバージョン対策

第6章でも触れたように、三角合併の解禁により米国等で一時問題となった内国法人税節税のための企業の国籍移転が日本でも可能となった。内国法人が海外のタックスヘイブン（軽課税国）に存在する実体のない会社（軽課税国親会社）の日本子会社と合併して対価を軽課税国親会社の株式で支払うことで、内国企業は軽課税国親会社の完全子会社となり、内国法人の株主は軽課税国親会社の株主となる。

つまり究極の親会社を日本企業から軽課税国企業に変更する、いわゆる企業の国籍移転が可能となったわけだ。このように海外に完全親会社を設立して企業の国籍を海外に移転させることなどにより海外事業を含む連結法人税を節税するいわゆるタックス・インバージョン取引に対応するため、以下の規定が新設された。

④クロスボーダー組織再編に関する新しい規定：

(1) 三角合併等において内国会社株式を有する非居住者・外国法人が外国会社株式の交付を受ける場合（国内に恒久施設を有する者が国内事業に係る資産として保有する場合を除いて）課税を繰り延べない

(2) 軽課税国に所在する実体のない外国親会社の株式を対価とする三角合併等は税制適格組織再編としない

以上のように、組織再編税制に関しては外国会社が日本企業を買収する場合にも内外無差別の原則を適用して、上記のような事業関連性が認められれば、共同事業要件を満たして税務上適格組織再編となることが確認された。しかし、あくまで事業に実態があることが求めら

れているので、米国の三角合併で通常行われるような実態のないペーパーカンパニーを特別目的会社として使用する三角合併は税制適格とはならないことになる。

　なお、外国会社による日本企業の買収で、特別目的会社を使う場合であってもグループ内再編に該当する場合には税制適格となることは言うまでもない。

　三角合併の解禁を控えて税制をどのように整理するかは、ぎりぎりまで関係当局の間で議論がなされたようだ。結論は、現存する組織再編税制を、無理やり国境を越えた企業再編にも当てはめるという形となった。

　米国の組織再編税制では、三角合併については対象会社が存続会社となるRSM（リバース・サブシディアリー・マージャー）が、「対価の80％以上が買い手（親会社）の議決権株式で支払われること」と「合併後に対象会社の資産のほとんどすべて（substantially all、おおむね90％以上と解釈される）を所有すること」であり、買い手の子会社（買収目的のペーパーカンパニー＝特別目的会社）が存続会社となり対象会社の法人格が消滅するFSM（フォワード・サブシディアリー・マージャー）の場合には、「対価の50％以上が買い手（親会社）の株式で支払われること」である。

屋上屋を重ねた税務当局

　ここには、対象事業の関連性などといった税制と無関係な要件は存在しないし、課税取引となった場合にも対象会社の資産の時価課税（譲渡損益課税）などといった乱暴な規定も存在しない。そもそも海外の会社が日本の会社を、自社株式を対価に買収する場合、三角合併を行うためにはペーパーカンパニーを設立することが最も自然である。事務所と従業員がいて商品販売の実績がある、などという要件がなぜ必要なのか全く理解できない。

　税務当局としては、実体のないペーパーカンパニーを使った悪質な租税回避行為を禁止したいとの意図があるのであろうが、そのために「共同事業要件」とか「事業関連性要件」といった意味不明な概念を

ひねり出し、それでは異業種間の経営統合は租税回避行為になるのかと批判されると事業関連性は事業実体がありかつ、商品、資産もしくは役務または経営資源が同一または類似するものであればよいなどと変更した。経営資源とは、「人」「もの」「金」であろう。

「人」や「金」や一部の「もの」といった経営資源が全く類似しない会社というものは存在しないだろうから、結局、事業関連性要件は事業に実態があればよい、中身の空っぽなペーパーカンパニーでなければよい、ということとほとんど同義となった。それならそういえばよいのだが、税務当局としてはいったん「事業関連性要件」といった手前、これをひっこめるわけにはいかないということだったのだろうか。当局のメンツを守るために屋上屋を重ね、ルールが複雑怪奇となることは社会にとって損失であろう。

本来、対象会社の株主の課税繰り延べの可否はあくまで投資が継続しているか、で判断すべきだろう。投資が継続しているかは、株式が株式に代わっているのか、それとも株式以外の現金等、別の資産に代わっているか、が最も重要な判断基準だ。強いて言えば、移転対象資産の時価課税については、対価要件に加えて資産の所有法人が変動しているかを、もう一つの要件とすることは考えられるだろう。

したがって、株式交換のように資産の所有法人がまったく変動していない状況で、たとえ対価要件以外の一部の税制適格要件を満たさないからといって、資産の時価課税などすべきではない。2001年に始まった組織再編税制が最初からこれらの原則から乖離して、課税繰り延べについて対価要件以外に複雑で奇妙な要件をたくさんつけたことから、すべての間違いが始まっている。

第3節 繰越欠損金の引き継ぎ[*7]

次に組織再編のうち税制適格な合併・会社分割・現物出資・現物分配と、税制非適格でグループ法人税制(第4節で詳しく解説)の適用を受ける合併[*8](以上まとめて「繰越欠損関係適格組織再編等」と言う)について、資産移転法人(被合併法人・分割法人等)と資産承継

図10-2 適格組織再編等[1]における欠損金の引継ぎ(平成22年度改正) (法人税法57条、62条の7等)

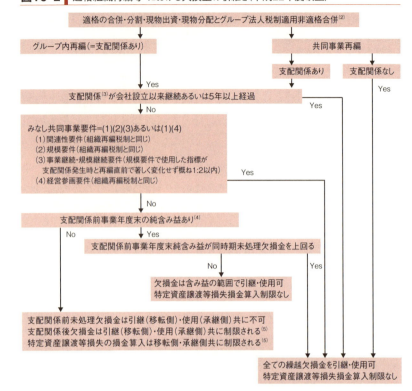

1 非適格組織再編においては欠損金の引継ぎはなく引継資産の含み損益が移転法人において実現する。平成22年度改正により、税制適格の合併、分割、現物出資、現物分配及びグループ法人税制の適用を受ける非適格合併については、含み損益が実現せず再編後これを利用した租税回避行為が行われうるとの観点から、適格被合併法人の欠損金の合併法人での引継ぎ(引継は適格合併と完全支配法人の清算時のみ)と、その他の再編における事業移転法人と承継法人の双方の欠損金の利用を一定条件下で認め、これに制限を課している。なお、合併以外の移転事業に係る欠損金は、移転元法人に残存する。株式交換・株式移転については欠損金利用制限等は原則としてない。
2 完全支配関係すなわち直接間接に発行済み株式100%を保有する関係での非適格合併は被合併法人の欠損金の引継ぎはできず、合併法人の欠損金の使用制限、被合併法人・合併法人の特定資産譲渡等損失額の損金算入制限も適用される
3 支配関係とは発行済株式(議決権ではない)の50%超を直接または間接に保有する関係
4 合併は被合併法人と合併法人それぞれ、分割・現物出資・現物分配も資産移転法人と資産承継法人それぞれ、50%超関係になった日の前事業年度末の時価純資産と簿価純資産の差額で計算
5 資産移転法人(特定引継資産)と資産承継法人(特定保有資産)の総資産(それぞれ別々に計算)のうち支配関係発生日前から保有していた資産で棚卸資産(土地は除く)・売買目的有価証券・簿価1千万円未満の資産等を除いた特定資産について以下の2つの制限がある。(1)特定資産譲渡等損失額の相当額(支配関係事業年度開始日から組織再編成等事業年度の前事業年度末までに特定資産譲渡等により発生した繰越欠損金相当の額)は含み損の金額まで引継・使用不可、(2)組織再編成等事業年度開始から3年以内か支配関係発生日から5年以内の早い方までに発生する特定資産譲渡等損失額は、欠損金の引継・使用制限を受けた金額を超える含み損がある場合に限りその超える部分について損金算入が制限される。引継・使用制限と損金算入制限で二重計算にはならない。

法人（合併法人・分割承継法人等）が保有していた税務上の繰越欠損金の引き継ぎと使用に制限がかかるか否か、並びに資産移転法人と資産承継法人の一定の資産（「特定資産」、後述）について、一定期間（後述）に譲渡等損失があった場合に損金算入が制限されるか否かに関するルールの概要が図 10-2 に示されている（法人税法 57 条、62 条の 7 等）。

　平成 25 年度税制改正施行時点の制度上、組織再編にあたり税務上の繰越欠損金引き継ぎと使用並びに特定資産の譲渡等損失の損金算入制限についてまったく制限がないためには、次の①を踏まえて、②か③いずれかの要件を満たす必要がある[*9]。

　なお、繰越欠損金の繰越期間は平成 16 年度税制改正で平成 13 年度以降の繰越欠損金が 7 年間繰り越し可能となった。それ以前は 5 年であった。さらに平成 24 年度税制改正で平成 20 年度以降に発生した欠損金について繰越期間を 9 年とした。ただし、中小法人を除いて欠損金控除額を当年度課税所得の 80％ までとした。

① まず、資産承継法人側で資産移転法人の繰越欠損金引き継ぎが可能なのは、以下の②か③の条件を満たした合併と、組織再編ではないが完全支配関係のある法人の清算で残余財産が確定した場合の 2 種類だけである。ちなみに後者については、平成 22 年度税制改正で始まったグループ法人税制の関係で、完全支配子法人の清算で残余財産が確定した場合で完全親法人に投資損失が発生した場合に損失が損金不算入となったため、その代わりに完全子法人の繰越欠損金を完全親法人が引き継げるとしたものである。

　　一般の組織再編前後で繰越欠損金の引き継ぎ（合併のみ）・使用制限並びに特定資産の譲渡等損失の損金算入制限がまったくなくなるのは、次の②か③いずれかを満たす場合である。

② **グループ内再編**：（以下の（イ）（ロ）（ハ）すべてを満たす場合）

（イ）税制適格な合併・会社分割・現物出資・現物分配かグループ法

人税制適用非適格合併であること

(ロ) グループ内再編であること（100％グループ内、あるいは50％超グループ内＋主要な資産・負債の引き継ぎ〈分割・現物出資のみ〉＋従業者80％以上引き継ぎ＋再編事業継続の見込み）

(ハ) グループ化後5年以上経過していること、あるいは5年経過していない場合でも会社設立以来継続してグループ内にいた（以上まとめて「前5年等継続支配要件」という）か、みなし共同事業要件として、再編時に組織再編税制と同じ、1）事業関連性要件、2）規模要件を満たし、かつ3）グループ化後再編まで当事者の共同対象事業が継続して営まれ、著しく変化していない（規模要件で使用した指標がおおむね1対2以内である）ことのすべてを満たす[*10]か、あるいは1）に加えて4）経営参画要件（双方の常務クラス以上の役員が資産承継法人の常務クラス以上の役員に就任すること）を満たすこと（以下「みなし共同事業要件」という）

③**共同事業再編**：（以下の（イ）（ロ）のいずれかを満たす場合）

(イ) 支配関係のある税制適格な共同事業再編で、上記②の（ハ）すなわちグループ化後5年以上経過等、あるいはみなし共同事業再編の要件を満たす、合併・会社分割・現物出資・現物分配であること（ただし、現物分配だけはみなし共同事業要件の適用なし）

(ロ) 支配関係のない、税制適格な共同事業再編（合併・会社分割・現物出資・現物分配）であること、すなわち事業関連性要件＋規模要件（あるいは経営参画要件）＋支配継続要件＋主要な資産・負債の引き継ぎ（分割・現物出資のみ）＋従業者80％以上引き継ぎ＋事業継続の見込み、を満たすこと

そもそも税制非適格組織再編においては、組織再編時に移転資産が時価課税（譲渡損益課税）され、合併消滅会社等の繰越欠損金が合併法人等に引き継がれることはない。一方、税制適格組織再編の場合、移転資産の含み益は実現せず簿価で移転するため、繰越欠損金の引き継ぎを無制限に認めると、再編後に繰越欠損金を他の資産等に流用した租税回避行為が可能となるとの観点から繰越欠損金の引き継ぎ・使用等に制限が設けられている。

　したがって、上記の②あるいは③に該当しない合併・会社分割・現物出資・現物分配とグループ法人税制適用非適格合併（「繰越欠損関係適格組織再編等」）は制限がかかるわけだが、その制限は以下の④と⑤と⑥、三つの場合に分類される。

④みなし共同事業要件または前5年等継続支配要件を満たさないグループ内再編で税制適格な繰越欠損関係適格組織再編等において、支配関係前事業年度末（発行済み株式総数の50％超を保有する関係になった日の属する事業年度の前事業年度末）において時価評価した時価純資産から簿価純資産を差し引いた金額が正の値（＝資産に含み益が存在）で、その含み益が支配関係前未処理欠損金（時価評価と同じ事業年度末の未処理欠損金）合計額を上回る場合、すべての欠損金の引き継ぎ（資産移転法人）、使用（資産承継法人）、特定資産の譲渡等損失額の損金算入に制限はない。これらの計算は、資産移転法人・資産承継法人がそれぞれ別々に計算する。

⑤繰越欠損関係適格組織再編等において、支配関係前事業年度末において資産に含み益が存在し、その含み益が支配関係前未処理欠損金合計額を下回る場合、欠損金は含み益の範囲内で引き継ぎ（資産移転法人）・使用（資産承継法人）が可能で、特定資産の譲渡等損失額の損金算入に制限はない。

⑥繰越欠損関係適格組織再編等において、支配関係前事業年度末にお

いて資産に含み損が存在する場合、支配関係前未処理欠損金合計額は引き継ぎ（資産移転法人）・使用（資産承継法人）ともに不可で、支配関係事業年度以降の繰越欠損金は、特定資産譲渡等損失額相当額（支配関係事業年度開始日から組織再編成等事業年度の前事業年度末までに特定資産譲渡等により発生した繰越欠損金相当の額）は、含み損の額までは使用（資産移転法人）・引き継ぎ（資産承継法人）不可。

　組織再編制等事業年度開始日から3年以内か支配関係発生日から5年以内の早い方までに発生する特定資産譲渡等損失額は、上記の欠損金の引き継ぎ・使用制限を受けた金額を超える含み損がある場合に限り、その超える部分について損金算入不可。引き継ぎ・使用制限と損金算入制限で二重計算にはならないと考えられる。

　なお、特定資産とは、移転法人（特定引継資産）と受入法人（特定保有資産）の特定資産（それぞれ別々に計算）の総称で、それぞれの法人が支配関係発生日前から保有していた資産で棚卸資産（ただし、土地は除く）・売買目的有価証券・簿価1000万円未満の資産等を除いた資産をいう。

　また、特定資産譲渡等損失とは、組織再編制等事業年度開始日から3年以内か支配関係発生日から5年以内の早い方まで（先の説明でこれを一定期間と述べた）に発生する特定資産の譲渡等により発生する損失額をいう。

　また、特定資産譲渡等損失額相当額とは、支配関係事業年度開始日から組織再編成等事業年度の前事業年度末までに特定資産譲渡等により発生した繰越欠損金相当の額をいう。以上述べたように、組織再編にあたっての繰越欠損金の引き継ぎ制限ルールは極めて複雑である。平成18年税制改正当時はこれほど複雑ではなかったが、その後、実務的問題点の指摘を受けてこれを解決しつつ、税務当局として租税回避行為を禁止するために、平成22年度改正でほとんど一般には理解できないほどに屋上屋を重ね、複雑怪奇なルールとなった。

ルールとしての正義なし

　なんでも米国がよいわけではないが、米国の繰越欠損金引継制限に関するルールは、欠損金の売買を禁止・制限するために欠損金のある法人の支配権が移動した場合にはそれ以降、その欠損金について年間に使用できる金額が非常に少額に制限されるというもので、ルールそのものはいたって単純である。実は日本においても、平成18年度税制改正でこれによく似た制度が導入されている。

　繰越欠損金を有する法人あるいは含み損のある一定の資産を有する法人（欠損等法人）の発行済株式の過半数が特定の株主によって取得（適格組織再編による取得は除く）され（特定支配関係）、その日（特定支配日）から5年間以内に当該欠損等法人の元々の事業内容に著しい変化を生じる事由（適用事由、例えば（1）特定支配日に休眠状態の会社が特定支配日以降に事業を開始する、（2）特定支配日に営むすべての事業を廃止し、かつ旧事業の規模のおおむね5倍を超える資金の借り入れ・出資等を受ける、など）が発生した場合、（1）適用事由発生前に生じた繰越欠損金をそれ以降の事業年度に使用できなくなり、かつ（2）欠損等法人が有する特定支配日に所有する含み損のある資産について適用事由発生年度開始日から3年を経過する日または特定支配日から5年を経過する日のいずれか早い日まで、その資産の譲渡等による損失を損金算入できない、との規制だ（法人税法57条の2第1項）。

　この問題に関する規制は、これだけで十分かもしれない。あるいはこの規制を米国と同様に適格組織再編による取得を含むことにすれば、それ以上は複雑怪奇なルールはいらなくなるだろう。

　さらに言えば、繰越欠損金の引き継ぎ・使用制限について、支配関係前事業年度末の時価含み益の金額と比較して制限の有無を決めている。資産の含み益があればいずれこれを課税できるかもしれないからその場合には繰越欠損金の引き継ぎ・使用を認めてやろうという発想と思われるが、本来損益計算書の赤字から発生する繰越欠損金と土地や有価証券等の資産の含み損益とは直接の関係はない。関係ないもの

を指標に繰越欠損金の引き継ぎ・使用の制限を左右させるのは、ルールとしての正義がないと考えられる。税務当局の都合による不可解なルールといわれてもやむを得ないだろう。

第4節 連結納税とグループ法人税制

次に平成22年度税制改正で使いやすくなった連結納税制度と、同時に導入されたグループ法人税制について述べる。

①連結納税制度：

連結納税制度とは、本来単体ベースでの課税が原則である日本の法人税について、完全親子関係のあるグループ内で個別に計算した課税所得・欠損の損益通算を認める制度である。適用は届け出制で、国税のみが範囲で地方税に適用はない。平成14年度税制改正で初めて導入されたが、当時は連結付加税（本来の法人税率に2%の付加税を加算する制度、2年後に廃止）や連結納税に参加する時点で参加するすべての完全子会社の繰越欠損金がすべて消滅する（平成22年度税制改正で緩和）などのデメリットが大きかったのでまったく普及しなかった。

平成22年度から、(1) 過去5年超完全親子関係が継続する会社、(2) 親会社あるいは完全子会社が自ら設立した完全子会社、(3) 5年前から現在までに適格株式交換・適格株式移転・適格合併によって完全子法人となり現在までその関係が継続している会社、(4) 5年前から現在までに単元未満株式等の買取によって完全子法人となった会社、(5) 5年前から現在までに適格合併・適格株式交換・適格株式移転によって完全子会社となった会社が継続して保有する完全子会社等（以上、「資産時価課税適用対象外法人」、法61条の11第1項）については、子会社の繰越欠損金を当該子会社の個別所得金額を限度として引き継ぎ利用できることとした（法人税法81条の9）。

しかし、資産時価課税適用対象外法人を除くすべての完全子会社の一定の資産（固定資産・土地・有価証券・金銭債権・繰延資産、ただ

し売買目的有価証券と簿価と時価の差額が資本金＋資本剰余金の２分の１あるいは 1000 万円のいずれか少ない金額未満の資産等を除く、以上、「時価課税適用対象資産」、法人税法施行令 122 条の 12）については、連結納税開始時に時価課税がなされるとの制限は引き続き継続している（法人税法 61 条の 11、61 条の 12）。

　したがって、連結納税実施グループが適格組織再編以外の（例えば発行済み株式の通常の取得などで）資産に含み益を持つ会社を新たに完全子会社化した場合、資産時価課税適用対象外法人に該当しないので、連結納税と資産の時価課税が強制されてしまう、あるいはそのような買収をした会社は５年間連結納税を開始することが難しいという問題がある。

　当然ながらこの点は、資産に含み損を持つ会社については、逆にメリットとなることになる。なお、親会社の繰越欠損金は連結納税前後で影響を受けないので、子会社の利益を親会社の繰越欠損金で相殺することは可能である。

　以上から、連結納税を開始すると自動的に次のようなことが起こる。

1) 資産時価課税適用対象外法人以外が所有する時価課税適用対象資産について時価課税がなされる。
2) 連結納税グループ内の寄付金は支出側で損金不算入、受取側で益金不算入となり二重課税はなし。
3) 連結納税グループ内の受取配当は負債利子控除せず、全額益金不算入、等。

②グループ法人税制

　連結納税制度は前述のように任意適用だが、平成 22 年度税制改正で何らかの理由で連結納税を選択しない完全親子関係法人グループに対して強制適用となるグループ法人税制が創設された。完全親子関係法人グループに連結納税以外でも一定の便宜を認める制度だが、同時に完全親子関係法人グループ内での一部の租税回避行為を禁止する目的もあると考えられる。グループ法人税制に該当すると、以下の３点

等が起きる。

　これらは連結納税とほぼ同じである。連結納税とグループ法人税制の違いは、任意適用か強制か、グループ内での課税所得・損失の損益通算があるかないか、並びにかなりテクニカルな部分だが、子会社株式を連結グループ外に譲渡する際の子会社株式投資簿価修正[*11]があるかないか、の3点等である。

1) グループ内での一定の資産（固定資産・土地・有価証券・金銭債権・繰延資産、ただし、売買目的有価証券と簿価が1000万円未満の資産を除く、連結納税制度の時価課税適用対象資産と似ているが微妙に異なる）の譲渡損益はグループ内での1回目の移転に限り課税が繰り延べられる（譲渡はあくまで時価で受け入れ、課税をグループ外への譲渡や2度目のグループ内譲渡等まで繰り延べ）。

　譲渡取引とは税制非適格な合併・分割・現物出資・現物分配が含まれる（法人税法61条の13第7項）のでグループ内で意図的に非適格合併を行って含み損を実現するといったテクニカルな取引は行えなくなったが、一方で現物分配の譲渡損益繰り延べにより、孫会社の子会社化等の再編が会社分割等の煩雑な手続きを経ずとも無税で可能となった。逆に一定の資産に該当しないものについては、譲渡損益が認識される。

2) グループ内の寄付金は、支出側で損金不算入、受取側で益金不算入となり二重課税はなし

3) グループ内の完全子法人からの受取配当は、負債利子控除せず全額益金不算入、等

第5節　組織再編税制の問題点

　以上述べた現在の日本の組織再編税制は、実務上さまざまな問題点

を指摘されている。税制は資本主義経済における企業活動の最大のコストであり、税制が歪めば、社会的に意義の大きな組織再編が実質的に実行できなくなる場合が多い。以下、優先順位の高い問題点をいくつか列挙する。

まっとうな税制の整備を

①現金対価の株式交換は、たとえ共同事業要件を満たしてもそもそも現金が対価であるから税制非適格であり、対象会社の資産に時価（譲渡損益）課税が課される。そもそも株式交換や株式移転は合併や会社分割と異なり再編対象会社は法人格が残り、資産の保有法人は変化しない。資産の保有法人が移動せず、保有法人の株主が変わるだけであるにもかかわらず、資産そのものの譲渡の場合や合併等のように資産を保有する法人が変化する場合と同じように、一定の場合に資産が移転したとみなしてその資産の含み益に課税するとの税制は妥当性を欠いているとの指摘が多い[*12]。

1999年施行の商法改正で株式交換が始まったときの租税特別措置法の税制では、課税取引となった場合でも完全子会社株主の譲渡損益の繰り延べがなくなるだけで、完全子会社の資産の時価課税はなかった。課税繰り延べの条件を組織再編税制に統一することは問題ないだろうが、常識的に考えて株式交換で税制非適格の場合に完全子会社資産の時価課税を行うのは無理がある。

三角合併は合併であるから、2001年施行の改正商法の時点で整理された組織再編税制に従うが、対象会社を完全子会社にするという同じ結果に至る株式交換がこれと異なる税制では公平・公正に欠けるとの判断が当局にあったかもしれない。しかし、公開買付で対象会社の株式を買い集める場合には、対価に関わらず売却株主の課税繰り延べはないが、対象会社の資産の時価課税もない。たとえば株主が1000人の会社を、999人が保有する株式まで公開買付で買い集めて、最後の1人だけがどうしても株式売却に応じないために現金対価の株式交換を行えば、その瞬間に対象会社の資産に時価課税されるというのは大いなる矛盾だろう。

少なくとも、例えば80％以上など大多数の株式がすでに公開買付などで取得されている場合には、残りの少数株主を現金株式交換で排除しても、その取引を税制適格にする道を残す、あるいは資産の時価課税の対象からは除外する、といった数値による例外規定は確実に必要だろう[*13]。いずれにしても、資産の所有者たる法人に何ら変動がない株式交換で資産の時価課税を行う根拠はほとんどないのであるから、この点に関しては当局の迅速な対応が求められる。

②**少数株主の排除**：上記①と同じ論点だが、同様の問題は上場会社の買収で、対象会社を完全子会社とする場合の手法にも大きな影響を与えている。上場会社を対象としたLBOやMBOでは、対象会社の上場を廃止するので、公開買付に応じなかった少数株主を排除して、案件の経済性を高め、対象会社の継続開示義務を解除することが必要な場合が多い。平成18年度税制改正以前は、旧商法の下で産業活力再生特別措置法（当時）に基づき経産省の認可を得て行う現金対価の株式交換で少数株主を排除すれば対象会社の資産の時価課税はなかったので、この取引が問題なく実行できたが、株式交換にも税制非適格の場合に資産の時価課税を課した税制改正により、この手法が使えなくなった。

そこで現在では、第4章第1節で述べたように、全部取得条項付種類株式を使用して対価を無議決権株式や単元未満株とし、少数株主に対する金銭支払いを単元未満株処理や買取請求に基づく支払いに転嫁して対象会社の資産時価課税を逃れているのが実態だ。このような特殊な技法によることなく、堂々と少数株主を現金で排除できる当り前の税制が日本にないのは極めて不自然で非合理的である。

この点、第3章第5節でも述べたように、2015年に施行された改正会社法で議決権の90％以上を有する特別支配株主は、対象会社取締役会の承認を条件に他の株主および新株予約権者全員に売却請求ができるとの制度を導入した。

この手続きに基づく少数株主排除は、当然ながら税法上は組織再編ではなく単なる株式の譲渡取引とみなされるはずであるから、非

適格組織再編による資産の時価課税などという亡霊が復活することはよもやないと思われるが、税務当局においては、新たに創設される有益な制度が税法により使用できないなどということにならないように、まっとうな税制を整備するよう期待したい。また、この制度の導入を機に一定の場合に現金合併を資産の時価課税なしに実行できるようにすべきと思われる。

成功相次ぐ世界のスピンオフ

③**新設型分割型の会社分割によるスピンオフ**：会社分割制度が始まったとき、商法上は欧米で盛んなスピンオフという再編手法がいよいよ日本でも実行可能になると期待するむきが多かった。しかし、税制の蓋を開けて見ると、これがタックスフリーではできないことがわかり、失望を誘ったのは記憶に新しい。

図10-3が示すように、スピンオフは世界中で盛んに行われている非常に重要な会社再編手法の一つだ。古くは1996年に米国で電話大手のAT&Tが傘下の電話交換機製造販売部門をルーセントテクノロジー社として子会社化し、株式を新規公開したのち、大半の株式をAT&T株主に分配してスピンオフした。

図10-3 世界のスピンオフ

出典：トムソン・ファイナンシャル（完了・完了予定案件のみ、発表日ベース、ターゲット企業地域別、2014年1月現在）

ルーセントは世界中の電話会社と競合するAT&Tの部門である限り、競争相手のスプリントやMCI、ドイツテレコムなどから電話交換機等を受注することができなかった。それが、このスピンオフによってAT&Tから分離独立したため、顧客層が飛躍的に広がり、業績を大幅に拡大した。ルーセントを切り離したため、AT&Tの時価総額は減少したが、ルーセントとAT&T合計の時価総額はその後大幅に上昇した。

あるいは、1999年にドイツ電機大手のシーメンスからスピンオフで分離独立した半導体大手インフィニオンも競争の激しい業界で健闘しているし、投資金額が大きく業績変動の激しい半導体事業を切り離したシーメンスも安定経営に移行して成功している。

また、米国メディア大手のバイアコムは2004年にビデオレンタル大手のブロックバスターをスピンオフし、2005年にはテレビ局大手のCBSをスピンオフして、高成長のケーブルテレビや映画事業に経営資源を集中する改革を行ったことも記憶に新しい。

2007年には米国食品・たばこ大手のアルトリア・グループ（本社・米ニューヨーク）によって、高成長が見込まれる米国以外のたばこ事業であるフィリップモリス・インターナショナル（本社・スイス・ローザンヌ）の世界最大のスピンオフが行われた。このスピンオフ直後の時価総額＋純負債の会社総価値は1130億ドルに達した。

スピンオフは、親会社とのマイナスのシナジーの解消（ルーセント）やピュアプレーによる業績の安定と投資家の選別、コングロマリット・ディスカウントの解消（インフィニオン、バイアコム、アルトリア）といった目的達成の手段である。このようなスピンオフは、コングロマリットの多い日本の大企業にとっては非常に効果的な再編手法となり得る。たとえば、NECはシーメンンスとは異なり、業績変動の著しい半導体事業を2002年にNECエレクトロニクスとして子会社化し、株式を新規公開したものの、かなりの期間株式の約50％超を握り、連結対象としていた。

2007年にはNECエレクトロニクスの株式10％弱を持つ米投資

会社 NWQ インベストメントマネジメントと、同 5% 程度の米ペリー・キャピタルが NEC に持つ株比率を 50% 未満にするよう要求したが、NEC 経営陣はこれを拒否している。最終的には、2010 年に日立製作所と東芝の合弁会社であったルネサステクノロジーと合併してルネサスエレクトロニクスとなった。NEC の持ち分は約 34% となり、連結対象から外れることとなったが、最初からスピンオフするという選択肢があれば、資本関係を絶って別の道が開けた可能性もあるだろう。[*14]

問題多い日本の子会社上場

　日本企業は従来からスピンオフの代わりに親子上場を多用してきた。親子上場は、子会社がピュアプレーとなり、子会社の株価形成からはコングロマリット・ディスカウントが解消される可能性がある。親会社には子会社を連結し続ける限り、その効果は期待できない。そのうえ、子会社の経営陣は親会社と自己の少数株主の間の利益相反に悩まされることになるし、親会社の株価形成にあたっては、いったん値段の付いてしまった上場子会社の株式は税引き後で評価されるとの主張もあり、スピンオフに比べると問題解決手段としてはかなり劣後すると言わざるを得ない。

　子会社上場は、これ以外にも親子の価値の逆転という現象によって問題が生じる場合もある。例えば 1998 年に NTT が NTT ドコモを上場したとき、NTT の時価総額は 16 兆円、ドコモの時価総額は 9 兆円だった。NTT がドコモの 67% を保有していたため、ドコモの NTT 保有分の税引き前の価値は 6 兆円となり、NTT のドコモ以外の価値に見かけ上の問題はないように見えた。

　その後、ネットバブルによってドコモの時価総額は 20 兆円を超え、2000 年 4 月のピーク時には 22 兆円にまで達した。NTT 保有分の価値は税引き前で 15 兆円、NTT の時価総額は 12 兆円であったため、NTT のドコモを除いた価値は、ドコモを税引き後で評価しないとマイナスになってしまうという状況が長く続いた。

　2000 年 9 月、イトーヨーカ堂がセブン - イレブン・ジャパンと

デニーズを上場子会社として保有している状況でイトーヨーカ堂の時価総額は約2.2兆円であった。ヨーカ堂が50.7%を保有するセブン-イレブン・ジャパンの時価総額は5.3兆円であり、その50.7%は2.7兆円となった。セブン-イレブン・ジャパン株式を税引き後で評価しない限り、イトーヨーカ堂とデニーズの価値はマイナスになってしまうという状況があった。2005年に3社を新設の持ち株会社、(株)セブン&アイ・ホールディングスの完全子会社に再編し、この状況が解消された。

2014年12月時点でフランスのルノーは、時価総額167億ユーロ（1ユーロ146円で換算すると2.4兆円）で、ルノーが43.4%を保有する日産自動車の時価総額は4.8兆円であった。2.4兆円のルノーの51%を買えば、ルノーに加えて4.8兆円の日産自動車の（実質的な）支配権も手に入るという状況にあった。

このような現象は上場子会社・関連会社を持つ親会社の時価総額ディスカウント問題として、海外でも稀に観測される[*15]。

ディスカウントの原因としては、

(1) 親会社にとって子会社株式の価値を実現するために売却すれば税金がかかるため、実際には税金分を子会社の株式は親会社レベルでは割り引いて評価される可能性がある、

(2) 親子間の利益相反がエージェンシー・コストを増大させる結果である、

(3) 戦略的に保有する上場子会社の株式は、親会社としては戦略上、当面売却しないから、税金はかからないが、大量の上場株は現実的には売れないため、未上場株式を保有しているのと同様で、上場していても親会社にとっては流動性ディスカウントがかかる、

(4) 市場が一時的にミスプライスで親会社を不当に低く評価しているだけで一定の時間たてば親会社の株価が上昇して適正な価格に戻る、

(5) 上記(1)から(4)の仮説は、閉鎖型投資信託のポートフォリオ時価からの割引問題の説明には一定の説明力があるが、

特定の親子関係の割引問題の説明仮説としては有力ではない。むしろ一定期間経過後には子会社の時価が低下することで全体が整合するケースが多いので、この現象は子会社の時価の一時的過大評価とその修正がもたらしていると考える方が適切である。その証拠に米国で観測されるいくつかの事例では、子会社の過大評価を前提とした裁定取引と解釈できるM&Aが起きているケースが多い、といった論文もある[*16]。

だとすると、親子上場は、親子間の利益相反や親会社のコングロマリット・ディスカウント解消につながらないといった理由以上に、何らかの理由で子会社に注目が集まり、子会社の時価が急騰した場合に、親会社に敵対買収を仕掛ければ裁定取引が可能となる機会を与えてしまうなどのネガティブな事象を引き起こす財務戦略であるということになる。

日本企業の多くは、歴史的に証券会社の勧めもあって有力子会社を次々上場してキャピタルゲインを得る財務戦略を多用してきた。しかし、株主価値を最大化することが企業経営の重要なゴールであることを考えれば、子会社上場ではなく、むしろスピンオフこそ積極的に活用すべき財務戦略ということではないだろうか。

資本関係維持か独立か

現在の組織再編税制では、子会社や事業部門を自己の株主に分配して資本関係を断つ取引は、会社法上は分社型分割と子会社株式の現物配当という手段で実行可能だが、グループ内再編でも共同事業再編でもないので、子会社株式を受領した株主はその課税を（実際に受領した子会社株式を売却してキャピタルゲインが確定するまで）繰り延べることができず、みなし配当課税の可能性もあり、対象となった会社もその再編が税制非適格となれば資産の時価課税を受けるという誠に理不尽極まりない税制がまかり通っているのだ。

もっとも日本企業の経営者にとっては、子会社上場はあくまで子会社の支配権を確保したままなので、自分の支配領域が減少するわけで

はなく、キャピタルゲインも手に入るので、(その後の、利益相反や裁定取引リスク問題はあまり議論されずに) 受け入れられやすい。

しかし、スピンオフとなると、自分の支配下にあった事業や会社が自分の支配を離れて全く独立した別の企業となってしまい、自分の時価総額は減少してしまうという点がどうにも腑におちない、という考えの経営者が多い。独立した子会社と自分の時価総額の合計が増大すれば、明らかに株主価値を創造したことになるのだが、そのような考え方が受け入れられるにはまだ時間がかかるようだ。

特に多い反論は、自分の株主に子会社株式を分配しても、子会社が上場会社として独立して、その後、その株式が自由に取引されれば短期間のうちに自分(親会社)の株主と子会社株主は別の構成になってしまう。したがって、それが本当に自分(親会社)の株主にとっての価値創造なのか疑問である、という議論だ。

しかし、この議論は言うまでもなく詭弁である。自分(親会社)の株主といえども、毎日変動しているのだ。あくまで、資本関係を維持した方が親子合計の株主価値が高いか、それともお互いに独立した方が高いか、この一点に議論を集中しなければ株主価値を第一義に考えた結論にはならない。

不透明な税制は社会の敵

④ **共同事業再編で設立した合弁会社の新規株式公開**：次に、共同事業再編で設立された合弁会社のその後の新規株式公開について考えてみよう。再編が共同事業再編として税制適格になるためには、再編により交付された株式を継続保有する見込みがあること（継続保有要件）が必要だ。この規定が共同新設分社などの再編手法で生まれた合弁会社の株式新規公開の足枷となっているのだ。

2003年に日立製作所と三菱電機によるシステムLSI事業の統合の結果生まれたルネサステクノロジー(株)や、2002年に松下電器と東芝による液晶表示装置事業の統合の結果生まれた東芝松下ディスプレイテクノロジー(株)などは、会社分割の共同新設分社で設立されている。このような合弁事業は国内に他にも多数存在する

が、これらの会社が設立後に事業が拡大して、株式を新規公開して上場してしまうと、再編時点で共同事業再編として税制適格となったことの前提であった、その時点で「再編により取得した株式を継続保有する見込みがあった」ことに疑義が生じる可能性があると言われている。

　税制適格のために必要な要件は、「再編により取得した株式」の継続保有なので、たとえ上場しても、親会社が株式を手放さず、合弁会社が新株を発行して公募するだけであれば、この要件は満たされるという解釈が条文上は自然だろう。

　また、そもそも再編時点で継続保有する「見込み」があったとしても、何年も経過すれば状況が変わっても不思議ではない。そう考えれば、一定の期間が経過すれば売り出し公募を伴う新規上場であっても、数年前の再編にさかのぼって税制適格が否認されるということにはならないはずだ、との議論もある。

　しかし、現実は厳しいのだ。「見込み」という表現は極めて曖昧で、いったいどの程度の期間が経過すれば継続保有が崩れても再編時点の税制適格に影響しないのかについては全く基準がないのだ。しかも「再編により交付された」株式という言葉の定義も保守的に考えれば、再編時点で保有した議決権比率が希薄化した場合にも再編により交付された株式を継続保有したことにはならない、という驚くべき拡大解釈の余地さえあるというのが一部の保守的な専門家の意見なのだ。

　そうなると新株公募のみの上場で、上場後も一切親会社が株式を処分しない場合でも税制適格が崩れることになる。税制適格が崩れた場合には再編時の受領株式に関する課税繰り延べがなくなるだけではなく、再編で設立された合弁会社の資産の時価課税まで時間を遡って行われることになる。

　日本の会社は土地などに含み益を持っている例が多いので、資産の時価課税は致命的になる場合が多い。このような曖昧で不明確な税務上の要件は許されるはずもないのだが、日本では相変わらずこのような傍若無人な税制がまかり通っているのである。なおルネサ

ステクノロジーは2003年4月設立の7年後、2010年4月に上場会社であるNECエレクトロニクス（株）と合併して結果的に上場会社となった。この時点で日立製作所と三菱電機は売り出し公募はしていないが、議決権比率は50%から約34%に希薄化した。7年後であり、この時点で7年前の税制適格が否認されたという報道はない。

一般に「見込み」については、5年程度をめどとするという根拠のない噂も業界にはある。一方、逆に組織再編が何らかの適格条件を満たさないために税制非適格となり資産承継法人側で資産調整勘定が認識されるケースで税務当局がこれを意図的な「適格外し」であると認定して組織再編に係る行為・計算の否認（法人税法132条の2）を適用し、資産調整勘定の損金算入を認めないという可能性もある[*17]。

通常は資産承継側で資産調整勘定を損金算入するのであれば、資産移転法人側で譲渡益課税がなされているはずであり、損金算入側だけを行為否認するということは極めて不適当な判断となりかねない。いずれにせよ、不透明な税制は社会の敵だ。税務当局の対応が望まれる。

⑤ **減資とみなし配当**：第13章のLBOのところでも述べるが、2003年8月発表のリップルウッドによる日本テレコムの固定通信事業の買収では、買収対価約2300億円のうち約2000億円を株式譲渡に先立ち、減資対価として対象会社から売り手であるボーダフォン・ホールディングス（株）へ支払い、これを同社がみなし配当として受取配当益金不算入による非課税で受取ったと言われている[*18]。

株式譲渡に当たっては、支払った減資対価の分だけ低下した譲渡価格で日本テレコム株式をリップルウッドに譲渡した。しかし、日本の税制では巨額の減資対価の受領があってもボーダフォン・ホールディングスにおける日本テレコム株式の税務上の簿価は減額されない。したがって、みなし配当を無税で受領しながら、同じ金額だけ株式の譲渡損失が膨らみ、結果として本件でボーダフォン・ホー

ルディングスは巨額の譲渡損失を計上した。さらにその損失をその後、ボーダフォン・ホールディングスが傘下の携帯電話事業会社と合併することで、携帯電話事業の課税所得と相殺して大きな節税メリットを得たといわれている。減資によって株式売却対価の一部をみなし配当として受け取り、節税するテクニックは一般的に行われているが、これが本件のように無制限に利用できる点はこれまでの議論とは逆に過度の節税を生んでいるという指摘がある。

そもそも資本金の減資だけでなく、資本剰余金の資本組み入れを併用すれば、株式会社の自己資本の大半は株主総会決議を経て配当可能利益とすることができてしまう。この計算規則にも問題があるとの指摘もある。

機能していない法令適用事前確認制度

⑥**法令適用事前確認制度**：最後に、かなり以前から言われていることだが、本節④でも述べたような日本の税制の曖昧で不明確な点を、国民が当局へ公開質問でただし、税制の運用の透明性を高める制度が一応存在するのだが、この制度がいまだに非常に使いにくく、当局は故意にこの制度を国民から奪い、裁量行政を維持しようとしているのではないかと思われるほどの事態が続いている点について考えよう。

この制度は、法令適用事前確認制度といわれる。「行政機関による法令適用事前確認手続」がその正式名称で、2001年3月27日の閣議決定で導入が決まったものである。国税庁に限らず主な省庁のすべてが対象である。特に税金については、M&Aをはじめとしてさまざまな企業活動がその影響を大きく受け、特定の納税者の個別の事情に関する課税関係の有無等が法令等から曖昧である場合には、当局に事前に問い合わせて取引の実行の可否を判断することが合理的な企業活動の意思決定には極めて重要だ。

米国ではこの種の個別通達手続き（Private Letter Ruling）が普及しており、連邦税に関しては内国歳入庁の事前タックス・ルーリング（Advanced Tax Ruling、米国内国歳入庁による Private Letter

Ruling）と言われる制度がある。また、連邦証券法や連邦証券取引法等については、米国証券取引委員会（SEC）のノーアクションレター（No Action Letter）制度がある。

いずれも納税者あるいは企業や個人が、さまざまな個別の取引を行うにあたり、事前にその課税関係や証券取引法等の法令に違反しないかを当局に公開質問できる。回答は当局を拘束する最終の法令判断であり、これを公開回答の形で受け取ることができる。過去の回答は大規模なデータベースとして社会に蓄積されており、行政の裁量や交渉の巧拙で法令解釈に齟齬が生じないようにするために、社会共通のインフラストラクチャーとして定着している。

日本もこの制度を2001年に導入したわけだが、多くの省庁が実際の運用にあたって非常に後ろ向きの姿勢を示した。たとえば、国税庁は2001年9月からこの制度を導入したが、当初は信じられないことだが、制度の対象が、「その業種等に共通する取引等に係る照会で多数の納税者から照会されることが予想されるもの、又は、反復継続して行われる取引等に係る照会で不特定多数の納税者に関わるものであること。したがって、特定の納税者の個別の事情に係るものについては対象となりません」（当時の国税庁ホームページより）と記されていた。

税金に関する問い合わせは、ある具体的な取引を行った場合に、それが課税取引となるかならないか等、個別具体的なケースについて回答を得られなければ全く意味をなさない。このような条件を付けてこの制度をスタートさせた国税庁は、意図的に制度を有名無実化しようとしたと言われても致し方あるまい。

さすがにその後この点に関する批判が相次ぎ、納税者の個別の事情に関する問い合わせにも応じるとの変更がなされたが、代わりに「仮定の事実関係や複数の選択肢がある事実関係に基づくものではなく、実際に行われた又は確実に行われる取引等に係る事前照会であること」との条件がついた。

つまり問い合わせの結果如何に関わらず実行することが確実な取引、あるいはすでに実際に実行した取引で、その税務申告期限前の

問い合わせでなければならないということだ。これでもこの制度はほとんど意味をなさない。納税者は課税を前提に取引を行うなら事前照会の必要はほとんどない。複数の選択肢のうち、どのような実行方法を選択すれば課税を回避できるかが問題なのだ。そして課税を回避する方法がないと分かれば、その取引を実行しないという選択肢は絶対に必要だ。

　問い合わせの結果如何に関わらず、実行が強制されるなら、このような制度は有名無実である。日本の官僚制度はこの問題に限らず、今や日本のあらゆる局面で制度疲労を露呈して久しい。これを正せない政治にも問題があると言わざるを得ないが、何より官僚が自己批判することが必要不可欠だろう。いつまでもこのような裁量行政を放置しているなら、日本経済に明日はない。

註

*1 グループ内で行われる現物分配（株式や金銭債権等の現物配当や資本の払い戻しによる分配）が組織編税制に含まれ、完全支配法人間の現物分配を適格組織再編とし、移転資産の譲渡損益課税やみなし配当課税を行わないこととした。この結果、孫会社株式の持ち株会社への移転等従来分割型会社分割で行ってきたグループ内再編を容易に行うことができるようになった。

*2 みなし配当とは、分割型分割の分割会社と合併消滅会社の株主が受領する株式の時価が、その株式の発行会社の1株当たり資本金等（資本金＋資本剰余金）を超える部分について、非適格組織再編においては税務上いったん株主に分配され、再び承継会社・合併存続会社が再投資を受けたとみなされて分配時点で配当課税がなされるものである。

*3 法人税法基本通達1-4-2により、交付金銭が実質的に合併対価の支払いであると認められたときは受容されず、税制非適格となる。このため、合併比率を調整して残存株主を単元未満株主にして買取請求させる少数株主スクイーズアウト法が使用しにくくなった。全部取得条項付種類株式を使った場合の単元未満株買取は、組織再編ではないのでこの通達の影響は受けない。

*4 法人税法施行令4条の2、第1項

*5 当時の租税特別措置法37条の14、67条の9

*6 第 11 章で述べるが、会計上の暖簾は、初年度の償却は企業結合日から期末までの日割りで計上するし、償却期間は正の暖簾は 20 年以内の効果の及ぶ期間で、負の暖簾は一括利益計上となっている。

*7 本節においては、白井秀男著『組織再編税制の実務詳解』（中央経済社）などを参考とした。

*8 平成 22 年度税制改正により、グループ法人税制により課税繰り延べとなる完全支配関係法人間の非適格合併等も追加された。

*9 合併以外の組織再編においては、繰越欠損金は資産移転法人に残るので繰越欠損金の引き継ぎが議論となることはない。株式交換・株式移転の場合も原則として繰越欠損金は元の会社に残る。

*10 これは事業継続・規模継続要件といわれ税制適格組織再編の規模要件や事業継続要件とは異なる繰越欠損金関係だけの特殊な要件である。

*11 連結納税適用期間に、子会社に期間損失が生じれば、その損失は他の連結グループ会社の利益と損益通算される。このときこの損失分だけ親会社の子会社株式の帳簿価額を減額させないので親会社がその後当該子会社株式を売却したときに、当該期間損失分だけ子会社部式の価値は減額しているはずだから同額だけ売却損失が生じるはずだが、これは同じ損失の二重計上になる。利益の場合は利益の二重計上になる。これを修正するのが投資簿価の修正である。しかし、この「はず」という部分は、過去の損失が企業の株式価値に同額反映されるという純資産方式的な企業価値評価の発想で、実務的にはほぼ間違いだ。企業の株式価値はあくまで将来のキャッシュフローで決まるものである。

*12 商事法務 1777（浅妻・宰田）など

*13 この点はグループ内再編の税制適格要件を修正して、例えば 80% 以上の持ち分関係にあるグループ内再編は対価要件を外して現金対価であっても税制適格とする、あるいは対価が株式以外ならやはり税制非適格だが、対象会社の資産時価課税は行わない、等の対応で一応解決する。

*14 ルネサスエレクトロニクス社はその後、2012 年に産業革新機構・トヨタ自動車・日産自動車など 9 社から 1500 億円の資本増強を受け、産業革新機構が約 69% を保有する筆頭株主となった。

*15 欧米等ではスピンオフが多用されるため、子会社を上場し過半数議決権を維持することは通常ない。M&A の結果など特殊なケースで意図せずに上場子会社を持つに至るケースなどが稀にあるにすぎない。

*16 Cornell and Liu（Journal of Corporate Finance, June 2001）など

*17 2014 年 3 月に東京地裁が出した判決では、ソフトバンクが 2009 年にヤフーにデータセンター事業子会社ソフトバンク IDCS を 450 億円で売却し、直後にヤフーと IDCS が合併して IDCS の繰越欠損金を引き継いだ件で、法人税法 132 条の 2 に基づき、みなし共同事業要件を否認して欠損金の引き継ぎを認めないとした。経営参画要件を満たすために、買収後合併

直前にヤフーの井上社長がIDCSの取締役に就任したが、他のIDCS取締役はだれも合併会社の取締役に就任しなかったことなどが「形式的には法律の要件を満たしているが、明らかに法律の趣旨・目的に反する」としたものだ。この件の判断は妥当性があると思われるが、132条の2が実際に適用されたのは初めてと思われる。

*18 その後の当社の課税状況を限られた公開情報から推察すると、益金不算入の一部が否認されている可能性もある。それならそれで、どのような根拠で否認したのか、税務当局は堂々と理由と根拠を発表すべきだ。ことは数千億円の損金算入だ。影響は極めて大きい。

第11章
企業結合会計

第1節　企業結合会計の概要

　日本の企業結合会計については、従来は部分的な内容の規定しかないのが実態で、旧商法が許容する範囲でかなり幅広い会計処理が行われてきた。しかし、2003年10月に「企業結合に関する会計基準」が公表され、さらに2005年12月に「事業分離等に関する会計基準」と「企業結合会計基準及び事業分離等会計基準に関する適用指針」が公表され、2006年4月1日以降に開始する事業年度から適用された。

　さらに2010年4月1日以降に開始する事業年度からは持ち分プーリング法が廃止となり、ほぼ現在の企業結合会計基準と事業分離等会計基準が完成した。さらに2013年改正企業結合会計等においていくつか修正がなされ、それらは2015年4月1日以降に開始する年度から適用された。

　現在の日本の企業結合に関する会計基準では、企業結合会計基準が結合先の会計処理を定めており、原則として「共同支配企業の形成[*1]」と「共通支配下の取引[*2]」の場合は持ち分プーリング法に近い処理で簿価引き継ぎとなるが、これら以外はすべてパーチェス法となり、時価引き継ぎとなる。

　一方、事業分離等会計基準が結合企業と相対する関係にある、事業等を分離する会社や分離元の株主および結合企業の株主に対する会計処理を定めており、原則として現金を受領するのであれば、投資の清算と判断され移転事業の簿価と対価の差額を移転損益として認識することになり、対価が移転事業に係る株式等である場合には投資の継続とみなされて移転損益の認識がなされない。

　パーチェス法が適用されると、移転を受け入れる会社の資産・負債

は簿価が継続するが、移転資産は識別可能な無形資産の計上を含めて時価で再評価され、支払われた対価の価額が、移転資産の時価から移転負債の時価を控除した純資産相当分を上回れば、受け入れ側で差額暖簾が発生し、20年以内でその効果が及ぶ期間内に定額、あるいはその他の合理的な手法で償却されなければばらない。暖簾の償却にあたって初年度の償却は、企業結合日から期末までの日割りで計上する。

逆に対価の価額が移転資産の時価純資産を下回れば負の暖簾が計上され、負の暖簾については算定の適切性を確認したうえで、原則として当期の特別利益として一括処理される。一方、第10章でも述べたが、税務上の正の暖簾（資産調整勘定）と税務上の負の暖簾（負債調整勘定）は会計上の暖簾と異なり、60カ月均等損金（負債調整勘定の場合は益金）算入となるが、初年度の計上額は当該事業年度が12カ月に満たない場合を除き、期中の計上であっても初年度から12カ月分（1年分）の損金または益金が認識される。

以下具体的な基準を整理しよう。企業結合会計基準では、次の①〜③のいずれに該当するかで結合先の会計処理が決まる。

①**共通支配下の取引**：結合当事企業のすべてが企業結合の前後で同一の株主・企業に最終的に支配され、かつその支配が一時的でない場合には、原則として受け入れ資産は元の企業の適正な帳簿価格（簿価）で引き継がれる。例としては親子会社・兄弟会社間での合併等がこれに該当する。

②**共同支配企業の形成**：以下の4条件の全てに該当する場合には共同支配投資企業から共同支配企業に移転する資産および負債は移転直前の共同支配企業において付されていた適正な帳簿価格（簿価）で引き継がれる。例としては共同研究開発を行う際の合弁会社の設立や、共同新設分社による50対50出資のジョイント・ベンチャーの設立で以下の条件を満たす場合等がこれに該当する。

(1) 独立企業要件：共同支配企業を共同で支配する企業（共同支配

投資企業）は複数の独立した企業によって構成されていること
(2) 契約要件：共同支配投資企業は共同支配契約を締結しており、1）当該契約には事業目的及び当該事業遂行における各共同支配企業の重要な役割分担が記載され、2）当該契約によると共同支配企業の経営方針及び財務に係る重要な経営事項の決定は全ての共同支配投資企業の同意が必要であること
(3) 対価要件：原則として共同支配投資企業に支払われた対価のすべてが議決権株式（重要な経営事項に関する議決権が制限されていない株式）であること。ただし契約要件を満たさないために共同支配投資企業に該当しない一般投資企業が存在する場合、共同支配投資企業が議決権の過半数を保有していることが必要だが、一般投資企業が受け取る対価についてはこの規制は及ばない
(4) その他の支配要件：上記（1）〜（3）に加えて、以下の3条件のすべてが満たされることが必要
  (a) いずれかの共同支配投資企業の役員・従業員が共同支配企業の取締役会等重要な意思決定機関の過半数を占めないこと
  (b) 重要な財務・営業の方針決定にいずれかの共同支配投資企業が有利な立場に立っていないこと
  (c) 結合後2年以内にいずれかの共同支配投資企業の拠出した事業の大部分を処分する予定がないこと

③**パーチェス法**：上記①と②以外の場合はすべてパーチェス法により会計処理することになる。したがって、その場合には取得対価の価額と被取得企業・事業の時価評価後の純資産との差額は暖簾として計上され、20年以内で、その効果が及ぶ期間内での定額あるいはその他の合理的な手法での償却が求められる[*3]。

　パーチェス法においてはまず、取得企業を決定する。取得企業はいずれかの企業が他の企業を支配した場合、支配した側を取得企業と決定する。支配が明らかでない場合には、組織再編の対価として現金・株式あるいは資産等を引き渡す側が取得企業となる。それで

も明らかでない場合には、相対的に著しく大きい企業があればその企業を取得企業とする。あるいは複数の企業間でその企業結合を最初に提案した企業を取得企業とすることもできる。取得企業が決まったら次に取得の原価を決定する。

　取得の原価は原則として取得の対価となる現金・株式・その他の資産の企業結合日における時価で算定する。さらに被取得企業から受け入れた資産および負債のうち企業結合日において識別可能なものの時価を算定し、未認識の法律上の権利や研究開発途上の成果、優良顧客の名簿等の、分離して譲渡可能な無形資産がある場合には当該資産の時価を算定してくわえ、これらの総額を取得の原価から控除した残りが正の値の場合には、これを暖簾として計上することになる。あるいは負の値であれば、負の暖簾が計上されることになる。

　次に事業分離等会計基準で分離元の会計処理について述べる。分離元においては移転事業に対する対価と移転事業の価値（株主資本相当分の簿価）の差額を移転損益として認識するか否かが問題になる。これは対価が移転事業と明らかに異なる資産（例えば現金、受け入れ企業以外の他社株式など）の場合には対価を時価で評価して移転損益を認識する。一方、対価が受け入れ企業の株式等で投資の継続とみなされる場合には、対価を移転事業の価値（株主資本相当分の簿価）と同額で評価し、移転損益を認識しないことになる。

次に、2013年度に成立して2015年4月1日以降に開始する事業年度から適用された企業結合会計基準等に対する変更（以下「新企業結合会計基準」という）についてその概要を述べる。

①**子会社株式の追加取得**：従来の企業結合会計基準では、子会社株式を追加取得した場合や一部売却した場合、子会社の時価発行増資を引き受けた場合等には連結仕訳で取得の対価と取得純資産の差額について追加の暖簾（取得）あるいは損益（売却）を計上するとされていたが、新企業結合会計基準では、こうした支配が継続している

場合の子会社に対する親会社の持ち分変動による差額は、追加の暖簾や損益を計上せずすべて資本剰余金の変動に計上することとした。

②**非支配株主持ち分**：「少数株主持ち分」を「非支配株主持ち分」と用語を変更した。この結果、連結「当期純利益」には非支配株主（＝少数株主）に帰属する純利益を含めて表示し、その下段に「非支配株主に帰属する当期純利益」を記載し、当期純利益からこれを差し引いたものをさらに下段に「親会社株主に帰属する当期純利益」として記載することとした。なお、「株主資本」については従来と同様、親会社株主に帰属する株主資本のみ表示し、「非支配株主持ち分」は「純資産」の一部とする。

③**取得関連費用の取り扱い**：従来の企業結合会計基準では、企業結合に直接要した支出額のうち外部のアドバイザー等に支払った費用は取得の原価に含めることとなっていたが、新企業結合会計基準では当期費用として処理することとした。これは海外の会計基準と整合させるためである。

企業結合会計と組織再編税制の関係

ところで、本節の最後に、企業結合会計と組織再編税制の関係について若干述べる。第10章で述べたように、企業の組織再編の税務においては、対象事業の資産・負債を受け入れ側が時価で受け入れて、退職給与負債と短期重要負債に関する調整を行ったうえで、支払った対価と純資産との差額について資産調整勘定（マイナスの場合は負債調整勘定）を計上し、譲り渡し側で譲渡損益等を認識するか、あるいはすべてを簿価で受け入れて資産調整勘定等の計上も譲渡損益の認識もないとするかは、税制適格組織再編に該当するかどうか、すなわちグループ内再編か共同事業再編のどちらかに該当するかによって決まる。

一方、本章で述べたように、企業結合会計基準では特殊な場合を除いてほぼ受け入れ側は時価引き継ぎ会計が主流となり、事業分離等会

計基準では譲り渡し側は対価が現金等で投資の清算と判断されるか、移転事業に係る株式等で投資の継続と判断されるか、によって移転損益の認識がなされるかどうかが決まるので、両者は、一致しない場合が結構ある。例えば、会計上、暖簾を計上しても税務上は資産調整勘定等を認識しないケースが考えられる。ある事業を営む既存の会社が他の会社の同種の事業を吸収分社型会社分割で取得する形で共同事業を設立するような場合で、税務上は共同事業再編で適格組織再編となり譲渡損益の認識も資産調整勘定等の認識もないが、共同事業契約の内容が完全に共同支配企業の形成には該当しないため、会計上は買収でパーチェス法が適用となり、移転資産について時価受け入れとなって共同事業会社に会計上は単体暖簾が計上されるということがある。

あるいは、共同新設分社で双方の当事者がある事業をそれぞれ持ち寄って共同事業を設立するような場合で、会計上は新設であるが故に自己創設暖簾の否認によって暖簾の計上ができない場合でも、税務上は共同事業要件のうち例えば継続保有要件を満たさない、すなわち一方の当事者が再編によって取得した株式の一部を再編後速やかに第三者に売却してしまったなどの理由で税務上適格組織再編とはならずに、時価引き継ぎで資産調整勘定等の認識となり、譲り渡し側で譲渡損益が認識される場合もある。

資産調整勘定は60カ月定期償却だが、その要件の中に会計上の暖簾を損金経理することは含まれていないので、会計上、暖簾計上がなくても税務上は資産調整勘定の償却分を損金算入できるわけだ。つまり会計上は暖簾が認識されるが、税務上は適格組織再編という場合も、会計上は暖簾が認識されないが、税務上は非適格組織再編で暖簾にあたる資産調整勘定が認識される場合も、どちらもあり得るということである。

第2節　暖簾の定期償却の是非

第2章の図2-13の分析でも述べたように、欧米の主要な会計基準では、企業結合会計は、いまやパーチェス法に統一され、かつ暖簾の

定期償却は廃止して減損処理だけになっている。米国会計基準においても、基準上は暖簾の定期償却はない。ただしIFRSも米国基準も日本基準も、暖簾を計上する前の資産の時価評価の段階で、識別可能な無形資産（商標権、顧客リスト、フランチャイズ契約、特許、ソフトウエア等）を償却対象資産として計上することで、結果的に無形資産として計上しなければ暖簾になったであろう部分を、推定される耐用年数で定期償却することが求められる場合がある。しかし、こと暖簾に関しては日本の企業結合会計は日本企業に対してM&A実行にあたって欧米企業にない暖簾の「一律・定期償却負担」という足かせを嵌めた状態になっている。日本でも企業会計基準委員会が日本の会計基準を、国際会計基準理事会が定め、多くの欧州企業が準拠する国際会計基準と統一する方向を打ち出したが、基準統一の動きは必ずしも迅速ではない。そういう状況で、現在の日本の会計基準における暖簾の償却問題は、M&Aに対する影響が意外と大きい。

そもそも、暖簾の定期償却が必要かどうかは、企業のPBRが常に1であるべきか、1以上であることを容認すべきか、との設問に置き換えればその答えは明らかであろう。資本市場では時価総額が簿価純資産を超えるのが通常であり、PBRは1以上であることが通常である。資本市場でPBRが1以上である場合に、会計上はそれを1まで強制的・機械的に償却処理することは、よく言えば保守的であるとは言えても、企業の公正な価値を正しく反映した会計処理とは言えないだろう。

IFRS・米国基準に軍配

一方、米国で2001年に発表された財務会計基準141号（SFAS141）[*4]が、持分プーリング法廃止を最終決定する前後に起きた資本市場等における議論の中では、暖簾の定期償却を一律に求めれば、M&A実施企業の純利益が下がり、株価に下方圧力が生まれるため、米国企業のM&A活動が低下し、国際競争力も低下しかねないという議論があった。しかし、これに対する反論として、以下のような議論もあった。

米国などでは、持分プーリング法が使えた過去の時点で、パーチェス法でM&A会計を処理した会社が、投資家に対して現金支出を伴わない暖簾償却によって低下した純利益並びに1株当たり純利益に加えて、現金ベースの（暖簾償却前の）純利益並びに1株当たり純利益（現金1株当たり利益、Cash EPS）を追加表記して投資家に現金ベースでは純利益は減少していない、あるいはむしろ上昇しているとアピールすることが流行した。

　これについては、証券アナリスト等も、暖簾の源泉たる買収した事業の価値が減損している場合（類似上場会社の株価が低下している場合、あるいは類似会社の株価は低下していなくても、買収事業の利益が低迷、あるいは利益成長が鈍化している場合等）にはネガティブなコメントをして、そのような「現金ベース」の表記の妥当性を疑い、逆にそのような事態になっておらず、買収企業の価値が維持されている場合には、現金ベースの利益報告を重視するよう推薦することが多かった。このように、会計上、暖簾償却が求められても、投資家は実質ベースで減損処理のみの会計と同じ基準で判断することになるので、会計基準自体が株価に大きく影響することはないはずだ、との議論だ。

　この議論は、もはや欧米の主要な会計基準が暖簾の定期償却を廃止してしまった以上、振り返ってこれ以上議論することがそれほど妥当とは思われないのだが、結果として欧米共に持ち分プーリング法を廃止した後でも2006年から2007年にかけて旺盛なM&Aブームが発生したことなどから考えても、定期償却を求めない持ち分プーリング法の廃止がM&A市場にマイナスの影響を及ぼしたという証拠は認められない。一方、欧米で持ち分プーリング法が認められていた時期にも結果としてパーチェス法で処理された案件においては、暖簾の定期償却が求められた。

　そういう場合、個人投資家が高度に機関化された米国資本市場でさえ、やはり一部の個人投資家は証券アナリストのコメントより、新聞が報道する（暖簾償却後の会計上の）減益予想に反応する場合があったことも否定できない。まして機関化の遅れた、個人投資家がネット取引で株価形成に大きな影響を及ぼす日本市場では、暖簾の強制定期

償却の影響は、本来の企業の収益力を過小評価した損益計算書を作成させることになり、その損益計算書が株価に影響を及ぼすことがないとは言えないだろう。

2008年には企業会計基準委員会が、2011年6月までに日本の会計基準を国際会計基準（IFSR）と統一すると発表した。その後作業は進まず、2014年現在では日本でIFRSを強制適用することはほぼなくなったと思われ、任意適用だけが認められており、採用企業はおおむね20社程度にとどまっている。

IFRSはある意味で、「行き過ぎた時価会計」という面もある。例えば100億円の社債を発行している会社の財務が悪化して格付けが下がった場合、クーポン（利金）の相対的魅力が低下するために社債の市場における流通価格は例えば80億円等に低下する。

IFRSにおいては、これを時価会計で考慮するため、額面100億円であり満期においては100億円で償還しなければならない社債を、あたかも流通価格（例えば80億円）で市場から買い戻し償還して、20億円の差益が発生したかのように、社債の時価と簿価の差額をその他包括利益に計上するのだ。業績が悪化し、倒産確率が増加すると、それだけで自動的に利益が発生するのだ。

実際には、財務が悪化した会社は80億円で既発の社債を買い戻すような資金の余裕はなく、むしろ新たに100億円の社債をずっと高いクーポンを支払ってでも新規発行したいというのがむしろ現実に近いにもかかわらず、理論上の差益を強制的に計上する会計基準が正しいとも思えない。実際、2008年のリーマンショック以降世界の金融機関の経営が悪化しながら会計上の不思議な利益がそこここで計上されたことは記憶にあるところだ。IFRSにはこのような問題もあるので、日本において単純にこれを強制適用しないという方向は正しいと思われる。

しかし、暖簾の定期償却に関してはIFRSや米国会計基準に理論的軍配が上がるのはこれまで述べたように確かであろう。日本でも暖簾の定期償却が廃止される方向になることが強く期待されている。

第3節　M&A 関連の日本会計基準の変遷

　以上述べたのは直近の企業結合に関する日本の会計基準の概要だが、過去 10 〜 15 年程度の間に日本の会計基準は大幅な変遷を経て現状に至っている。ここで最近の会計基準の変更で M&A に影響の大きかった事例をいくつか挙げて歴史を振り返り、現状の理解を深める材料としよう。

保証類似行為の開示

　一連の会計基準の変遷の始まりとして重要なのは、1999 年 3 月 31 日以降に終了する事業年度（即ち 3 月決算企業の場合には 1999 年 3 月期）から採用された保証類似行為の開示であったと言えるだろう。元々は外国為替管理法の影響で日本企業が海外の子会社の現地での資金調達にあたって親会社から債務保証を行うと当時の大蔵省・日本銀行の許可が必要で、これを回避するために金融機関が編み出した、許可が不要となる親会社からの保証類似の行為がその始まりと言われている。

　その後、この手法が、国内の保証債務を貸借対照表の注記に偶発債務として開示することを回避する目的に転用されて問題となった。新しい基準では債権者による予約完結権（保証契約を成立させる権利）の行使により保証予約人の承諾を必要とせずに自動的に保証契約が成立するいわゆる保証予約契約などが開示の対象となった。

　また、子会社に対して親会社が、親子関係の保持、経営支援、子会社の正の純資産や流動性など一定の財務状態の維持、子会社の債務不履行の場合の親会社の債務保証義務あるいはもっと緩く単に「ご迷惑をおかけしない義務」などを定めたいわゆる経営指導念書と呼ばれる保証類似行為なども開示の対象となった。

　この結果、制度初年度に前年までの連結貸借対照表計上有利子負債の数倍に上る保証債務を注記で開示した会社もあった。例えば日本テレコムは 1998 年 3 月期（旧制度）の貸借対照表の偶発債務に関する注記においては保証債務 53.3 億円と保証予約 124.63 億円を計上して

いたが、1999年3月期においては、保証債務61.8億円と保証予約22.51億円は前年度と大差ないが、突然新たに経営指導念書なる偶発債務において5738.46億円を計上し、しかもそのうち4108.56億円が当社負担額であると開示した。

これは持ち分法適用会社であった全国の携帯電話関連会社（デジタルフォン東京・東海・関西、およびデジタル・ツーカー北海道・東北・北陸・中国・四国・九州など）に対する保証債務であった。1999年3月期に金融を除く3月決算の上場会社1779社の債務保証額は21.5兆円から33.5兆円に12兆円も増加したとの報道があった[*5]。この会計基準の変更により、このような不透明な隠れ債務は一時姿を消したのだが、実はその後再び別な形で復活している面もあるといわれている。

例えば日本の親会社の海外子会社・関連会社について親会社から「当社の子会社であり続ける」「持ち株比率を維持する」等だけの意思表示をさせ、それ以外には特に何もコミットさせずに日本の取引銀行が親会社の保証なしに海外子会社・関連会社に融資をするケースなどがあるといわれている。当該海外子会社が連結対象であれば、連結財務諸表上はオンバランスであるからあまり問題はないともいえるが、子会社ではなく関連会社で持ち分法適用会社等である場合には、当該関連会社の借入金は親会社連結財務諸表上でオフバランスであるから今後問題となる可能性もあると思われる。

実質支配基準連結の導入

次に1999年4月1日以降に開始する事業年度（即ち3月決算企業の場合には2000年3月期）から採用されたのが、実質支配基準連結だ。この基準ではそれまでフル連結対象子会社の判定は議決権の過半数を保有することという形式基準だけだったものを、議決権の40％以上を保有して、かつ取締役の過半を派遣する場合などに拡大した。

合わせて持分法適用対象も議決権の20％以上保有との形式基準に加えて、議決権15％以上を保有し、かつ取締役を1名以上派遣する場合などに拡大した。この結果、日本の上場会社の連結子会社は、東

証1部上場主要817社対象の調査で制度初年度（2000年3月期）に約3万1000社となり、前年度から約4500社（約17%）増大したといわれている[*6]。

また、この年度から税効果会計も採用され、日本の大手銀行が多額の繰延税金資産を計上して債務超過や資本不足を回避した。実質支配基準連結の開始で開示内容が大きく変化した例は、日産ディーゼル工業（株）（現在はスウェーデンのボルボ傘下のUDトラック（株））だろう。日産ディーゼルの1999年3月期（旧制度）の有価証券報告書には、企業集団の状況の欄に「当社には子会社がないので連結財務諸表を作成していない」との記述があり、単体貸借対照表には有利子負債総額1879億円が計上されていた。

ところが、2000年3月期（新制度）では突然連結貸借対照表が開示され、連結有利子負債総額は4668億円と開示され、単体から2.5倍に増加した。これは日産ディーゼルの国内販売会社群を統括する持ち株会社である日産ディーゼル販売（株）を日産ディーゼルと（日産ディーゼルを39.8%保有する）日産自動車が50対50の持ち分で保有していたため、日産ディーゼル販売とその傘下の全国の販売会社が日産ディーゼルにも日産自動車にも連結されないという形になっていたためである。これはほとんど意図的な連結外し、あるいは債務の「飛ばし」といえるレベルの話だろう。

実際、日産ディーゼル販売傘下の販売子会社は、多額の不良販売債権を抱えて実質数千億円の債務超過であったといわれている。結局のところ、この実質支配基準連結の開始により、日産自動車が日産ディーゼルを売却しようと画策し、その過程において自らの格付け低下に起因する米国販売金融子会社の米ドル建てコマーシャルペーパーのロールオーバー停止が引き金となり、ついに自らの身売りに発展していった。この件は、その後の一連の大型M&Aの引き金の一つとなったといえるだろう。

退職給付、長期保有有価証券の時価会計

次に2001年3月期からは退職給付の時価会計が始まった。社員全

員の退職給付に関する退職給付債務をPBO[*7]計算で時価会計して未認識部分について貸借対照表の債務に計上し、同額だけ自己資本を控除し、さらに当該年度以降毎年の退職給付債務の増加額を当該年度に費用認識するものだ[*8]。この影響で日本の上場主要250社だけで約10兆円の会計基準変更時差異を計上し、1.4兆円の当期費用増大を認識したといわれている[*9]。また、この年度(2000年4月1日以降に開始する事業年度)からは短期保有(売買目的)の有価証券の時価会計(損益に計上)が始まっている。

退職給付の時価会計については、その後2012年の会計基準変更により2014年3月期より順次適用される変更が行われている。この変更はIFRSとの平仄合わせが目的であり、主な内容は、

(1) 未認識数理計算上の差異と未認識過去勤務費用のオフバランス部分を一括してオンバランスとして計上する、
(2) 退職給付債務等の計算方法として期間定額基準に加えて給付算定式基準を新設し、退職給付カーブが大きく直線から乖離するケースに対応した、
(3) 開示の充実として退職給付債務の期首残高と期末残高の調整表の記載内容等が変更された、
(4) 名称の変更として、「退職給付引当金」を「退職給付に係る負債」、「前払年金費用」を「退職給付に係る資産」、「過去勤務債務」を「過去勤務費用」、「期待運用収益率」を「長期期待運用収益率」と言い換えた、などとなっている。

次に2001年4月1日以降に開始する事業年度(即ち3月決算企業の場合には2002年3月期)からは、長期保有の有価証券(その他有価証券、主として持ち合い株等)の時価会計(損益を資本の部に直接計上)も始まった(流動資産に計上する〈売買目的保有の〉有価証券の時価会計はその1年前、2001年3月期から始まっていた)。

さらに2003年3月期からは継続企業の前提の開示が始まり、2006年3月期の固定資産の減損会計の開始によって一連の会計基準の国際標準化(会計ビッグバン)がおおむね終了した。そして2009年3月期からは、JSOXと呼ばれる内部統制報告書の開示が始まった。さら

に 2011 年 3 月期からは本節前半で述べたように持ち分プーリング法が廃止となり、共同支配企業の形成と共通支配下の取引以外は原則としてすべてパーチェス法での処理となり、企業結合会計が大幅に整理された。

現在では日本の会計基準を国際会計基準に統一するための議論が引き続き行われているが、現時点で IFRS を強制適用するとの方向は示されていない。しかしながら、一連の会計基準の変更で最後に残った、前節で述べた暖簾の定期償却の廃止については日本基準を見直して IFRS や US-GAAP に合わせるとの方向で議論が進みそうな気配となっている。このように日本の会計基準は目まぐるしく世界の流れを追いかけてきたと言えるが、現時点ではまだあと数歩足りないというところだろう。関係機関の早急なさらなる努力が期待されている。

註

*1 第 4 章でも注記したが、共同支配企業の形成とは、複数の独立した企業が契約に基づき共同で支配される企業を形成する場合で、その場合には移転直前の簿価を引き継ぐ。

*2 第 4 章でも注記したが、共通支配下の取引とは、企業集団内における共通支配下の取引、例えば子会社の吸収合併等であり、その場合には原則として移転直前の簿価を引き継ぐ。ただし、少数株主からの取得分は時価で移転する。

*3 重要性がない場合以外は、一括償却は認められない。また、暖簾はそれ自体、「固定資産の減損基準」の対象資産でもあるので、その公正価値が減損すれば定期償却に加えて減損処理の対象にもなる。減損処理の場合には通常一括償却となる。なお日本の会計基準では、暖簾を含む固定資産の減損処理はキャッシュフローが継続してマイナスとなるなど「減損の兆候」がある場合に一定の基準で判定して計上の可否を判定するが、IFRS などでは毎年判定を行う点が異なっている。

*4 さらに SFAS142 号が暖簾に減損処理に関する基準を定めた。

*5 日本経済新聞 1999 年 7 月 2 日付 19 面

*6 立命館大学社会システム研究所　連結財務プロジェクト（2004）

*7 Projected Benefit Obligation、保険数理計算に基づく過去勤務債務の計算手法

*8 変更時差異については15年以内の任意の期間で均等に按分して認識する事ができた。
*9 日本経済新聞2000年12月29日朝刊13面

第12章

M&A契約書

第1節　M&A契約書の構成

　M&Aはその現象面を端的に言えば、会社という対象の売買である。しかし、通常の土地などの資産の売買と異なり、対象会社の価値評価に合意しても売買自体の合意が成立したとは到底言えないことは第3章冒頭で述べたとおりである。

　M&Aの実行の本質的な合意のためには、対象会社の価値評価に加えて、案件の実行方法に合意することが不可欠である。その実行方法の選択肢はさまざまで、前章までにその概要をそれぞれの手法について述べてきたが、これらの実行方法の選択肢のうち、どの方法で案件を実行するかが合意されたとしても、もう一つ、M&Aの世界では大きなハードルが残っている。

　それは実行方法を詳細に文書で合意した契約書の作成と調印だ。たとえば対象会社の株主価値を3000億円と合意し、実行方法を発行済み株式の譲渡と合意したとしても、いつまでに株式譲渡を完了するのか、完了のために必要な条件は何か、必要な条件の一部が満たされない場合に合意内容にどのような変更を加えて案件を実行する合意を維持するのか、あるいは合意した対象会社の価値評価の前提条件は何で、その前提条件が一部変化した場合に合意価格をどのように調整して取引を実行するのか、そして場合によってはどのような条件が満たされないときに売買を合意解約するのか、といった内容はそれぞれが案件の実行自体を延期する必要が生じたり、場合によっては中止せざるを得ない結果となる可能性を秘めている。

　結局、これらの合意内容を詳細に文書で取り決めるプロセスが完了しない限り、いわゆるM&A実行の完全な合意は形成されていないの

である。

　以上の重要性を念頭に、本章では一般的なM&Aの実行契約書の構成について考える。ここでは代表的なM&Aの実行契約書として、発行済み株式の取得に関する契約書、すなわち株式売買契約書を念頭に議論を進める。一般的な株式売買契約書の構成は、以下のような内容が含まれる。

①当事者などの特定と用語の定義
②売買価格の決定
　　(1) 暫定価格
　　(2) クロージング時の貸借対照表等の確定
　　(3) クロージング調整（純負債＋運転資本など）
③停止条件
　　(1) 保証・表明の有効性
　　(2) 必要な許認可等の取得
　　(3) 制限条項の遵守
　　(4) 役員の辞任等
　　(5) 重大なマイナス要因の不発生（MAC条項）
　　(6) 弁護士意見書等の取得
④保証・表明（売り手・買い手それぞれ）（「知る限り」・「知りうる限り」などの限定）
　　(1) 会社の存在、資本・株式の所在、契約締結権限等
　　(2) 過去の財務諸表の正確性・完全性（正しい会計原則の適用）
　　(3) 開示された財務諸表以外の資料の正確性・完全性
　　(4) 開示された事項以外に会社総価値・株主価値に重大な悪影響を与える業績悪化、負債・資産の変動、第三者による担保権設定等の有無
　　(5) 営業に重要な第三者との契約の承継
　　(6) 製造物責任等での重大な訴訟の有無、訴訟発生の可能性の有無
　　(7) 環境関連法規制に関する重大な問題の有無、問題発生の可能性の有無

(8) 知的財産所有権・実施権に関する重大な訴訟の有無、訴訟発生の可能性の有無
(9) 国税・地方税に関する過去の更正決定等の有無、終了した課税年度に関する更正の可能性の有無
(10) 重要な資産の所有権等に関する問題の有無、問題発生の可能性の有無
(11) 重要な役職員の雇用継続に関する問題の有無
(12) 開示・予定されている以外の取引完了・営業継続のために必要な官公庁への届出・許認可の有無
(13) 役職員による会社総価値・株主価値に重大な悪影響を与える法令違反等の有無
(14) その他

⑤補償
　(1) 対象（保証・表明事項、それ以外）
　(2) 期限（クロージングまで、それ以降）
　(3) 総額上限、一件ごとの上限
　(4) エスクロウ

⑥制限条項
　(1) 通常の事業以外の活動の禁止
　(2) 役員の変更の禁止
　(3) 新規借入・新規事業買収・売却等の禁止

⑦契約の破棄・違約金・フィデューシャリーアウト条項
⑧準拠法
⑨その他
　(1) 完全合意
　(2) 費用
　(3) カウンターパーツ（ファックスサイン）など

第2節　M&A契約書の内容

以下、順を追って標準的なM&A契約書のそれぞれの項目について、

その具体的な内容を考えてみよう。

①**当事者の特定と用語の定義**：当事者の特定は意外と重要だ。たとえば持ち株会社の傘下に中間持ち株会社等複雑な組織形態を持つ売り手と契約する場合、買い手としては上記④の保証・表明に違反があった場合の上記⑤の補償条項を実行する経済的能力を有する究極の親会社と契約することが重要である。

対象会社の直接の親会社が中間持ち株会社で対象会社株式以外の資産を所有していない場合などにはこの法人と契約しても、対象会社に瑕疵があった場合にこれを補償する経済的能力がない場合が考えられるからである。

②**売買価格の決定**：すでに対象会社の価値評価に合意していたとしても、通常それは交渉中のある時点の対象会社の状態を前提に合意されたものである。会社の価値は上場会社の株価が毎日刻一刻と変動するように、時間とともに変化するのが当然だ。ましてM&Aの実行に当たっては、正式契約書の締結以降に、対外発表や、公開買付の実施、独占禁止法関係など関係当局の許認可の取得などに数カ月を要する場合も珍しくない。

このように正式契約書締結時点で合意した対象会社の価値評価も、ある程度の期間が経過した後に来る売買の実効日（クロージング日）までにいくらか変動していることが予想される。1000円の買い物であれば、その価格が1%変動しても10円の変動にすぎないが、例えば3000億円の買い物ともなれば、1%の変動はプラスマイナス30億円の差を生むわけであるから、到底無視できない。

そこで通常のM&A契約書では暫定的に合意した価格に対して、その合意過程に応じたクロージング調整のメカニズムを取り入れる。このメカニズムは当事者が合意すれば、どのような手法でもよいが、当事者の一方が恣意的に数字を変動させることが容易にできるものであってはならない。

一般的なのは、対象会社の価値評価にあたり、営業利益などに一

定の市場倍率を掛けて、そこから純負債[*1]を控除して株主価値を合意した場合に使われる、純負債と運転資本の変動について微調整を行う手法だ。たとえば、今期の予想営業利益が400億円、営業利益倍率10倍、純負債1000億円を前提に対象会社の株主価値を3000億円[*2]と合意した場合、予想営業利益やその倍率は短期間に変動しないとして、交渉中に暫定的に使用した未監査の貸借対照表を元に決めた純負債金額について、クロージング日以降に監査法人を使ってクロージング日時点の正確な貸借対照表を作成して実際の純負債を求めて、この変動を微調整に使うというものだ。

　この場合、売り手が恣意的に純負債を減少させて株主価値を見かけ上高く見せることを避けるため、同時に運転資本金額についても微調整の対象とすることが多い。例えばクロージング日の純負債を減少させるために一時的に売掛金の回収を早めれば、純負債は減少するが、その分運転資本[*3]が減少するので、ネットでは株主価値は変動しないということになる。

　クロージング調整のベンチマークとして純資産を使用することも稀にあるが、一般的には純資産は総資産から総負債を差し引いた値なので、多様な方法で売り手が恣意的にこれを変動させることが純負債等に比べて容易なので、あまり使用されることはない。

　さらに場合によっては、対象会社の利益そのものの変動や、類似会社の資本市場における利益倍率の変動に連動して売買価格を微調整するメカニズムも考えられるが、正式契約書の締結からクロージング日までは通常数か月、長くても1年以内が普通であるから、この程度の期間に発生する多少の市場変動は、交渉の期間中にも発生しているわけであり、そこまでの要因をとりこんで微調整するのは稀と言える。ただし、後で述べる、案件の実行自体を危機に直面させるような大きな市場変動等があった場合の規定は別途、停止条件の項目で定めることが多い。

③**停止条件**：次に来るのが、クロージング日に案件の実行を実際に行うために必要な、それまでに満たされていなければならない条件を

記した部分だ。これは案件の性質や会社の状況でさまざまな内容が合意され得るが、代表的な内容としては、契約書の調印からクロージング日までの間に対象会社に当該契約書上許されない行動がなかったこと（制限条項の遵守）や、保証・表明の有効性の確認などがある。

また、この中で意外に重要なのが、MAC条項と呼ばれる停止条件だ。マテリアル・アドバース・チェンジ（Material Adverse Change）の略で、重大なマイナス方向の変化、という意味だ。

当事者間でどの程度のMAC条項を合意するかもそれぞれの契約次第だが、例えば世界戦争が勃発したり、大恐慌が発生して世界の株式市場が崩壊した場合など、市場全般に関する大きなマイナス方向の変動や、制度や法律が変わって対象会社の事業継続に著しいマイナスの変動をもたらす状況変化が発生した場合などに、違約金なしで買い手が買収の実行を停止できるとするものである。

2007年後半の米国のサブプライムローン問題に端を発する世界的な株式市場の乱高下では、最終条件が合意されていた大型の買収案件、特に買収ファンドによる大型のLBO案件が買収資金のファイナンスが実行できないなどの理由で延期やキャンセルに追い込まれるケースが続出したが、これらの一部はM&A自体の契約や、その背景にあるノン・リコース・ローン契約がMAC条項で停止されたために延期やキャンセルになったケースも少なくないと言われている[*4]。いざというときに慌てないためにも、こういった万一の場合に備えた契約条項の整備もM&Aの世界では非常に重要だ。

なお、巷ではこの条項で案件自体がなくなったのではないかと言われているケースとして、2012年3月に発表された台湾のEMS（Electronics Manufacturing Service）大手の鴻海精密工業によるシャープとの資本提携（669億円の第三者割当増資引き受けと堺液晶工場子会社の約46.5%の660億円での買収等）が興味深い。このケースについては第17章で詳しく述べる。

④**保証・表明・補償**：正式契約書の交渉で最も大変なのが、売り手に

よる保証・表明と、それが部分的に満たされない場合に、案件を実行するために売り手に金銭的な補償をどのように実行させるかという内容だ。保証・表明の内容は多いときには数十項目にわたる場合もあるが、ここでは代表的な内容を列記してある。

　基本的な内容としては、売り手の法人格の存在や売買契約を締結する権限の存在などから始まって、中心となるのはおおむね買収審査の際に売り手が買い手に開示した対象会社の事業・財産などの状況や経理・財務に関する情報の正確性と完全性に関する内容だ。

　問題は、これを売り手がどのレベルで保証・表明するかである。なにも条件を付けないのが買い手としては一番良いのは言うまでもないが、売り手としては例えば「知る限り」[*5]という条件を付ければ、事後に問題が発覚しても、例えばそれが製造物責任に関する訴訟問題で、提訴がクロージング日以降であれば、契約時点でそのような問題の存在を知らなかったことを証明することで補償責任を免れることができる。

　これではあまりに売り手に有利だと考える買い手もいるだろう。そこで中間的な表現として「知り得る限り」[*6]という条件を付ければ、たとえ知らなかったとしても、通常の経営責任を全うしていれば当然知り得た場合には（実際には知らなくても）補償責任を免れないことになる。

　さらにこれらの保証・表明には、通常有効期限が設定される。売り手の法人格など内容によってはクロージングまでを期限とするものもあるが、開示された財務内容の正確性と完全性などほとんどの内容はクロージング以降も一定期間有効とされ、その期間内に違反が発見されればその内容に従って補償条項の発動につながる仕組みとなる。期間としては通常は買収完了（クロージング）から１年間程度の期間を設定することが多い。

　また、補償条項に基づく売り手から買い手への補償金支払いを担保するために、売買価格の一定割合を売り手買い手双方の合意がなければ引き出せない特別な銀行口座などに一定期間プールする仕組

みを設定することも珍しくない。

　このような口座をエスクロウ口座と言う。エスクロウの金額は売買価格の 10% 程度から 100% 近くまでまちまちだが、補償条項の金額上限との関係で当事者の交渉により決まる。エスクロウ期間は通常、保証・表明の存続期間と連動する。このような細かな文言のやりとりで、正式契約書の交渉は連日夜中まで続くことも珍しくない。

⑤**制限条項**：これはすでに述べたように、正式契約締結からクロージング日までの期間に対象会社が多額の借財や第三者への割当増資など、買い手が想定しない重大な変動を対象会社にもたらすような行為を禁止する条項だ。

⑥**違約金**：正式契約締結後に売り手・買い手それぞれが自己の都合で勝手に合意を破棄して案件を実行しないということも、絶対にないとは言えない。そのようなことが安易に行われないようにするために設けるのが、違約金（Breakup Fee）の定めだ。

　通常は合意した M&A の実行を、契約を破棄してまで中止するのはより高く買う買い手が現れた場合に自己の株主に対する責任から売り手側の経営陣が買い手を乗り換えるケースであり、違約金の定めも売り手側が支払いを約束するタイプが通常である。（これは次の⑦で述べる）が、当然ながら買い手側も他のより魅力的な買収対象が現れる場合もあるので、反対の場合もある。

住友信託銀行への「違約金 25 億円」の悪影響

　日本ではこの規定はあまり一般的ではなかったが、2004 年に UFJ ホールディングス（UFJH）が傘下の UFJ 信託銀行を住友信託銀行に売却する旨の（最終の正式契約書ではなく）基本合意書を締結したのち、この合意を反故にして、UFJH 自体が三菱東京フィナンシャルグループ（MTFG）の傘下に入る旨の合意をしたことで、住友信託側が、基本合意書に定められた独占交渉権を侵害されたと

して東京地裁に UFJH と MTFG との統合交渉を差し止めるよう仮処分の申請をした事件で注目を浴び、その後日本の M&A 契約でもたまにこの条項が入るようになった。

住友信託銀行の差し止めの訴えは最終的に最高裁まで争われ、差し止め請求が却下されたため、UFJH は MTFG と経営統合したのだが、その後、住友信託銀行は UFJH の事業承継会社である三菱 UFJ フィナンシャルグループ（MUFG）を相手取って正式訴訟に踏み切り、1000 億円の損害賠償を求めた。本訴でも東京地裁では住友信託銀行が全面敗訴したが、控訴審で東京高裁の和解勧告を受け入れ、2006 年に住友信託銀行が 25 億円の違約金を手にしたと報道されている。

この裁判で争われたのは、本章で述べている M&A 実行の最終契約書で規定されることがある違約金の相場ではない。UFJH と住友信託銀行の間には UFJ 信託銀行の売買に関する正式契約の締結はなく、争われたのは 2004 年の交渉の過程で中間的な合意事項をまとめた基本合意書の破棄に関する損害賠償の相場にすぎない。新聞報道によれば、住友信託銀行は当初基本合意書しか締結されていないにもかかわらず、最終的な売買の合意があったと主張して、UFJ 信託を買収できていた場合の逸失利益として 1000 億円の損害賠償を求めたわけだが、本訴の地裁判決でこの主張は一蹴された。

本訴の高裁段階では、請求額を 100 億円まで下げて同じ主張を繰り返したところ、高裁が中途半端な和解勧告を出したようだ。25 億円という金額は、単なる中間合意の破棄と独占交渉権の侵害の賠償対価としてはかなり高額なのだが、このような違約金支払いが日本で初めて決まってしまった。独占交渉権はあくまで独占的に交渉する権利であり、売り手はこれをいつ解除しても M&A の世界の常識としては、全く違和感はない。まして独占交渉権を持った買い手が買収を完了できる保証などまったくない。

もし損害賠償請求が通るとしたら、せいぜい独占交渉権を信じて投入した買い手の外部アドバイザーの費用の請求程度が妥当な線であり、その金額はどんなに大きく見積もっても数億円だろう。なぜ

なら、本書で繰り返し述べているように、M&Aの実行のためには、対象会社の価値評価以外に、少なくとも案件の実行方法とその詳細を定めた最終契約書の合意が必要不可欠であり、UFJHと住友信託銀行が締結した基本合意書には（新聞報道によれば）価値評価に関する一応の合意はあったと思われるが、案件の実行方法や、価値評価に重大な影響を及ぼし得る保証・表明・補償条項の合意などは全くなかったと思われるからである。

しかし、どうやらこの事件の顛末は日本のM&A契約書にある程度の影響を与えているようだ。2006年12月にカメラ・医療機器大手のペンタックスが光学ガラス最大手のHOYAと合併することで基本合意したと発表した。このときに両者が締結したのは、最終の正式契約書ではなく、基本合意書であったと報道されている。

当事者による発表によれば、基本合意書とはいえ、合併比率や合併会社の名称、トップ人事、合併の時期などが明記されているので、かなり詳細な内容の基本合意書であると思われるが、同時に2007年4月までに最終の正式契約書を締結する予定であるとも明記されているので、基本合意書が合併の実行に必要なすべての事項を網羅的に合意したものではないことが伺える。

おそらく保証・表明・補償条項などの合意は、基本合意書にはなかったと思われる。しかし、その後この合併がペンタックス内部の内紛で危機に瀕すると、どうやら基本合意書に、両者の2007年5月までの独占交渉の定めと、約25億円程度と思われる違約金の条項が入っていたと思われることが明らかになった。

結局、合併を白紙に戻そうとして、合併を推進した浦野社長を解任してまで抵抗した綿貫新社長は、HOYAによる新たな提案である株式公開買付を受け入れて経営統合が成立した。この背景としては、合併比率に不満を表明して高値での公開買付を要求したペンタックスの筆頭株主であるスパークスグループの存在も大きかっただろうが、違約金の定めの圧力も相当大きかったのではないかと言われている。

このケースの基本合意書がどの程度の内容であったかの詳細が明

らかではなく、一般的に日本企業同士の M&A で交わされる、合併比率等の記載がない精神条項だけの基本合意書よりはかなり精緻な内容の基本合意書であったと思われるので、このケースを直接批判するつもりはないが、一般的には M&A の違約金条項は、当事者が M&A の実行に関して必要なすべての合意を記載した最終の正式契約書でしか絶対に合意・設定しない性質のものだということは注意を要する。

　このことは違約金というものの性質から考えれば明らかなことだろう。違約金とは重大な契約上の合意を破棄した場合に支払われる金銭だ。M&A において重大な契約上の合意とは M&A の実行をおいて他に考えられない。しかし、基本合意書の場合は、その内容にもよるが、案件の具体的な実行方法や保証・表明・補償の合意がない単なる基本合意の段階では、当事者の間に案件の実行そのものの十分な合意が存在しない。合意が存在しない以上、合意が反故にされた場合に支払う違約金の定めなどあるはずがないのだ。

米国では、基本合意書段階での違約金条項なし

　以下、米国の例で分析してみよう。トムソン・ファイナンシャルのデータベースによると、1996 年 1 月〜 2005 年 12 月までの 10 年間に米国企業をターゲットとした M&A は（非完了案件を含めて）11 万 630 件存在する（このうち、完了案件は 9 万 323 件）。この 11 万 630 件のうち違約金の定めがある案件は 3681 件[*7]であり、これは全体の 3.3% に過ぎない。すなわち、米国においてさえ、契約書において違約金の定めに合意するケースは、全体から見れば非常に稀であることが判る。

　次に、米国の同期間の M&A のうち、ターゲット会社の会社総価値[*8]が 2 億 5000 万ドル以上のいわゆる大型案件は、（非完了案件を含めて）6741 件存在する（このうち、完了案件は 5961 件である）。この 6741 件のうち違約金に関する定めがある案件は 1625 件であり、これは大型案件全体の 24.1% である。つまり、米国においては違約金の定めは（小型案件においてより）大型案件において定められ

ることが多いが、それでも違約金を定めるのは大型案件全体の4分の1程度であることが判る。

さらに上記1625件の違約金に関する定めのある案件のうち、案件が完了しなかったケースは148件存在する。しかし、これらのうちの一部は独占禁止法等の法令手続きの段階で案件の断念を余儀なくされたケースであり、そのような場合には違約金は支払われないことが通常であるため、実際に違約金が支払われた案件は148件の非完了案件のごく一部である。

例えば、148件のうち案件金額が最大のMCIワールドコムによるスプリント買収（案件金額1255億ドル[*9]）は、1999年10月に合併契約書（最終契約書に相当）の調印が発表されたが、翌年、米欧の司法当局の独占禁止法関連の許認可が下りないことなどを理由に中止された。本件は当事者の合意に基づく案件中止であり、違約金の支払いはなかった。

二番目に大きいアメリカン・ホーム・プロダクツ（AHP）とワーナーランバートの合併（案件金額761億ドル）は、99年11月に合併契約書（最終契約書に相当）の調印が発表されたが、その後ファイザーがワーナーランバートに対してより高い条件での買収を提案したため中止された。本件では合併契約書に従い18億ドルの違約金が支払われた。

三番目のコムキャストによるメディアワンの買収（案件金額586億ドル）は、99年3月に両者の合併契約書（最終契約書に相当）の調印が発表されたが、その後AT&Tがメディアワンに対してより高い条件での買収を提案したため3社での話し合いとなり、AT&Tがコムキャストに対して自社の所有するCATV事業の一部を売却することなどを条件にコムキャスト側が合併を中止し、合意解約された。本件では合併契約書に従い、15億ドルの違約金が支払われた。

四番目のグローバル・クロッシングによるUSウエストの買収（案件金額511億ドル）は、99年5月に合併契約書（最終契約書に相当）の調印が発表されたが、その後クエストがUSウエストに対

してより高い条件での買収を提案したため話し合いとなり、結局、クエストがUSウエストを買収した。本件では合併中止契約書に従い、1億4000万ドルの現金とグローバル・クロッシング株式約220万株（株価を約60ドルとして約1億3000万ドル）の違約金が支払われた。

　五番目のGEによるハネウエルの買収（案件金額501億ドル）は、2000年10月に合併契約書（最終契約書に相当）の調印が発表されたが、その後、欧州（競争）委員会が競争を阻害するとして買収を認可しなかったため中止された。本件は当事者の合意に基づく案件中止であり違約金の支払いはなかった。

　このように、違約金の定めは多くの大型案件において規定されないことも多く、規定されるとしてもそれは、最終契約書で規定されるものである。念のため、上記5案件においては違約金の定めが最終契約書に相当する契約書において規定されていたものであることが、SEC（米国証券取引委員会）への当事者のファイリング（届出書類、米国証券関連法に基づくフォーム8-Kなどによる届出）によって確認できた。

　さらに、M&A実務の常識に照らして考えれば、上記の過去10年間の米国における違約金に関する定めのある大型案件1625件のおそらくすべてが最終契約書において違約金が合意されたものであると考えられる。すくなくとも米国で基本合意書（LOI）段階で違約金の定めに合意した案件が多数存在するなどということは到底考えられない。

　なお、違約金の定めはターゲット会社が上場企業の場合に限られ、プライベート案件（ターゲット会社が非上場の場合）では違約金を定めないのがM&A実務の常識であるとの主張が一部にあるようだが、同様のデータ検索によると、前述の1996年1月〜2005年12月までの10年間に米国企業をターゲットとしたM&A11万630件のうち、違約金の定めがある案件3681件を対象に、ターゲット会社が上場会社でないケースを検索すると、534件抽出された。これは3681件に対して14.5％である。内訳は、ターゲットが単なる非

図12-1 米国における案件会社総価値と違約金比率

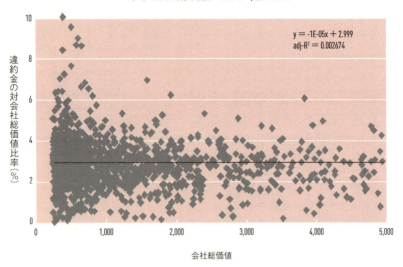

1996〜2005　会社総価値2億5000万ドル以上、違約金比率0〜50%
平均=2.96%、標準偏差=1.87%　p値=0.021

上場会社であるケースが348件、主として上場会社である親会社の非上場の子会社というケースが180件、などである。

ここから判るように、ターゲット会社が非上場であっても、その親会社が上場会社である場合や、そうでない場合でも案件の両当事者が違約金の定めの必要性に合意するケースでは、違約金を規定する場合がある。

ところで、米国での違約金の相場はどのくらいかと言うと、上記の3681件のうち、案件サイズ（会社総価値）が2億5000万ドル以上で、会社総価値に対する違約金の比率が0〜50%の範囲に入る、1620件の平均では会社総価値に対して2.96%、その標準偏差は1.87%であった。この分布図を図12-1に示す。この図からわかるように、違約金の会社総価値に対する比率は会社総価値とほとんど相関がなく、その多くが2〜4%程度の範囲に分布していることがわかる[*10]。

このようにM&A契約書で定める違約金は、いつでも必ず存在するというわけではないし、存在するとしてもそれは最終の正式契約

書で合意されるものである。日本のM&A契約が住友信託銀行の不可解な訴訟と東京高裁の中途半端な和解勧告で悪い影響を受けることがないように願いたい。

　なお、2009年4月に資本・業務提携の合意を発表したイタリアのフィアットと米国のクライスラーのケースでは基本合意の段階で、最終的に提携の実行が失敗に終わった場合、クライスラーがフィアットに3500万ドルを支払うとの合意があった。

　しかし、これは絶望的な売り手であるクライスラーが事実上唯一の救済先として期待するフィアットに対して一切の交渉力を持てない状況で、一方的にフィアットに求められて基本合意書での違約金に合意した極めて特殊な事例である。実際、クライスラーは2009年4月30日に米国連邦破産法11条の申請をして事実上倒産し、フィアットは倒産後のクライスラーに対する破産法の下での再建スポンサーという形でクライスラーの株主となった。

　また、2011年12月、米国通信大手のAT&Tは米国携帯電話4位のTモバイルUSAの買収を断念すると発表し、ドイツテレコムに対して支払う違約金等のために40億ドルの費用を計上すると発表した。このケースでは、周波数帯不足に悩むAT&Tがどうしてもモバイルを買収したくて、独占禁止法の認可を得られない可能性が高いと二の足を踏むドイツテレコムを説得するために、独禁法の理由で買収が不可能となった場合にも違約金を支払うという極めて珍しい契約を調印し、しかも実際にその高額な違約金が支払われてしまったという特殊なケースだ。通常、独占禁止法による案件の中止は不可抗力であり違約金の対象になることはない。

⑦ **フィデューシャリー・アウト（Fiduciary Out）**：ところで、一般的な違約金の形態として重要なのがフィデューシャリー・アウトと呼ばれる条項だ。これは売り手が正式契約を締結してこれを発表した後に、買い手以外の第三者からより有利な条件の買収提案を受けた場合に、自己の株主に対する責任（忠実義務・フィデューシャリー・デューティー、Fiduciary Duty）から、合意を破棄して当該第

三者に買収されることを許す条項だ。この条項で契約を破棄した場合には、通常は違約金が支払われる。

たとえば2007年6月に米国アパレル大手のジョーンズ・アパレルが傘下の高級男性用服飾百貨店大手のバーニーズ・ニューヨークをドバイ政府の投資ファンドであるイスティスマールに売却すると発表したケースでは、開示された当事者間の契約に対抗提案の受付日程が明記されており、日本のカジュアル衣料大手のファースト・リテイリングが対抗提案して、結局さらに買収価格を引き上げたイスティスマールが買収合戦に勝利した案件があった。このように売り手にとっては、違約金の定めよりもこの条項の方が（売却価格の極大化のために）非常に重要な意味を持つ場合がある。

⑧ **準拠法**・その他：以上述べた以外にも契約書の体裁を整えるうえで重要な条項はまだいくつもある。たとえば準拠法は外国企業との契約では日本企業の売却案件であっても必ずしも自動的に日本法になるとは限らず、買い手と売り手の国籍以外の第三国の準拠法を主張される場合などもあり、たまに議論になり得る論点だ。準拠法とセットになるのが紛争解決の手段で、日本法を準拠法とする契約なら管轄裁判所を日本の裁判所に指定しておくことが通常である。

これ以外に意外と重要なのが完全合意と言われる条項だろう。これは当事者が正式契約締結以前に中間合意として基本合意書などさまざまな文書や口頭での合意を繰り返している場合に、正式契約の中で、正式契約に掲載されていないすべての合意を白紙に戻し、当事者間の合意は本正式契約に記載されたものが唯一すべての内容であることを互いに確認するという条項だ。

こういった細かい条項も、おろそかにすると場合によっては将来の時点でなんらかの予想外の問題を発生させる場合もあるので、M&A契約書の作成は最後まで気の抜けない、非常に神経を消耗する作業である。

註

- *1 純有利子負債＝総有利子負債 − 現金同等物（現預金＋流動資産有価証券）
- *2 400x10 − 1000＝3000
- *3 通常、運転資本＝売掛金＋棚卸資産 − 買掛金
- *4 サブプライムローン問題で延期や中止に追い込まれたLBO案件については、必ずしもMAC条項だけでなく、ノン・リコース・ローン（NRL）をコミットしていた金融機関があらゆる手段を用いて案件のクローズ阻止に奔走したケースが多い。契約時にはサブプライムローン問題が表面化しておらず、クロージング直前になってこの問題がクローズアップされたためにNRLの相場が急落し、そのままローンを実行すれば実行直後から大きな含み損を抱えることになったからだ。さらにこれを証券化して転売することで損失を覚悟で損切りしようとしても、高リスクの証券化商品が市場で買い手がいない状態ではこれもできない、という状況であった。
- *5 英語では "To the knowledge" という。
- *6 英語では "To the best knowledge" という。
- *7 トムソン・ファイナンシャルの検索では、「違約金の定めがある場合」との検索条件しか設定できず、「基本合意書（LOI）段階における違約金の定めがある場合」を検索することはできない。

  また、米国で同様のM&Aデータベースを運営するマージャースタット社（FactSet　Mergerstat LLC）のデータベースでも違約金の定めがあるかないか、あった場合それはいくらか、といったデータはあるものの、その定めがどの契約段階でのものかを確認するデータはない。これは違約金の定めが基本合意書段階ではなく、最終契約書段階でのみ合意されることがあるということがM&A実務の常識であるからと思われる。
- *8 買収合意された株主価値にターゲット会社の純負債（総有利子負債から現金同等物を控除した値）を加えたもの。ただし、ターゲット会社が金融機関等の場合には会社総価値ではなく株主価値で計算されている。
- *9 トムソン・ファイナンシャルのデータによる。以下同じ。
- *10 図12-1では表示範囲を比率で0〜10％、会社総価値で0〜50億ドルの限定している。単回帰の自由度調整済み決定係数は0.0027、無相関の検定結果はP（t）=0.021であり、回帰直線の傾きは限りなくゼロに近いが無相関との帰無仮説は5％レベルで棄却される。

第 2 部

M&A応用篇

第2部 M&A応用篇

第13章
LBO研究[*1]

第1節 LBOとMBO

　10年ほど前から、ついに日本のM&A市場においても大型のLBO（leveraged Buy-Out）やMBO（Management Buy-Out）の案件が頻繁に実行されるようになった。世界のLBOの歴史の中でつい最近まで過去最大であった案件は、1988年に発表されたKKRによるRJRナビスコ（RJR）の買収（302億ドル[*2]）だった。日本では2006年3月に発表されたソフトバンクによるボーダフォン買収（175億ドル）が過去最大のLBOであり、実はこの案件はその発表時点で世界でもRJR買収に次ぐM&A史上で二番目に大きなLBO案件であった。

大型案件の復活

　世界の市場ではRJRを超える大型案件は長らく発生しなかった。ところが、2007年6月に発表されたカナダ通信大手BCEのオンタリオ教員年金基金が率いるファンド連合による買収（468億ドル）や、2007年2月に発表された米エネルギー大手TXUのKKRなどによる買収（444億ドル）が案件サイズとしてはRJRを大きく上回った。
　BCEの案件は完了すれば史上最大のLBOとなったのだが、2007年8月のパリバショック[*3]以降の金融市場の混乱により資金調達の条件変更などが画策され、結局、完了しなかった。完了案件としては、TXUのKKRなどによる買収（444億ドル）[*4]が2014年6月時点での史上最大案件となっている。また、2006年7月発表の米病院チェーン最大手HCAのKKRやベイン・キャピタルのファンド連合による買収（321億ドル）が、完了案件として初めてRJRナビスコを上回っている。

図 13-1 に過去の世界市場での LBO 案件のサイズ順ランキング上位約 20 件を示した。この表からわかる通り、世界の LBO は 2006 年から 2007 年にかけて超大型案件が目白押しで過去最大案件ベスト 20 のうち 16 件が 2006 年か 2007 年に発表された案件となっている。その後は世界的金融危機に伴う信用収縮でノン・リコース・ローンの調達が困難となったため低迷するが、2013 年あたりからはかなり回復しており、2013 年 2 月には米国パソコン大手のデルが創業社長のマイケル・デル等に 193 億ドルで買収され、米国食品大手 HJ ハインツがウォーレン・バフェットの率いるバークシャー・ハザウェイ等に 274 億ドルで買収されるなど大型案件の復活がみられる。

このように世界の M&A 市場では LBO が重要な一部を構成している。図 13-2（これは図 1-7 と同じグラフだが、重要なので再掲する）にあるように、世界の M&A 全体に占める LBO 案件の比率（金額ベース）は、世界的な LBO ブームと言われた 1988 年の約 20% が過去最大だが、この時でも年間の LBO 総額は約 1000 億ドルであった。しかし、2005 年の世界の LBO は、M&A 全体に占める比率こそ 10% 強だが、金額では約 2700 億ドルとなった。

さらに 2006 年には年間 LBO 金額が約 6600 億ドルとなり、過去最高を大幅に更新した。2007 年も LBO 金額は 5000 億ドルを超えた。この年の LBO は前半で 5000 億ドルに達していたので年末までに LBO 総額は 1 兆ドルに達するのではないかと言われたが、後半に入って前述のパリバショック以降の信用収縮の影響で、大型案件の完了が遅れたりキャンセルされ、世界の LBO 市場はひと休みとなった。しかし、2007 年前半までの世界的な M&A 急増と低金利・金余りに起因する、買収ファンドなどへの豊富な資金供給を背景に増大した LBO が、このまま消滅してしまうことはない。

実際、1990 年にドレクセル・バーナム証券が倒産し、同社の幹部で当時の LBO ブームを支えてジャンクボンド市場の神様と言われたマイケル・ミルケンがインサイダー取引で逮捕・収監された際も、世界の LBO ブームは終焉したと言われた。それが 2006 年ごろになって再び LBO が世界的な大ブームとなって 1980 年代末の記録を次々

図13-1 世界の歴代LBO、案件サイズ順ランキング

発表日	対象会社	対象国籍	案件サイズ ($M)	発表4週前株価プレミアム
02/26/2007	TXU Corp	US	44,372.38	28.48
11/19/2006	Equity Office Properties Trust	US	37,711.62	32.4
07/24/2006	HCA Inc	US	32,146.95	18.41
10/24/1988	RJR Nabisco Inc	US	30,204.78	100.92
02/08/2006	BAA PLC	UK	30,190.44	47.22
10/02/2006	Harrah's Entertainment Inc	US	27,610.31	43.08
05/29/2006	Kinder Morgan Inc	US	27,489.72	22.16
02/14/2013	HJ Heinz Co	US	27,361.68	22
05/20/2007	Alltel Corp	US	27,261.81	14.45
04/02/2007	First Data Corp	US	27,031.69	37.54
07/03/2007	Hilton Hotels Corp	US	26,702.28	31.8
11/16/2006	Clear Channel Commun Inc	US	23,213.53	17.61
05/29/2007	Archstone-Smith Trust	US	21,713.43	18.54
03/09/2007	Alliance Boots PLC	UK	21,396.01	38.06
11/13/2005	Georgia-Pacific Corp	US	20,460.05	54.69
02/05/2013	Dell Inc	US	19,283.76	31
03/17/2006	Vodafone KK	JP	17,531.29	-
09/15/2006	Freescale Semiconductor Inc	US	17,454.53	37.88
01/22/2006	Albertsons Inc	US	17,367.79	26.85
06/19/2007	Intelsat Ltd	BE	16,000.00	-
10/16/2006	Thames Water PLC	UK	14,888.80	-
06/27/2006	Univision Communications Inc	US	13,427.24	15.70
05/26/2005	Wind Telecomunicazioni SpA	IT	12,799.34	-
01/16/2006	VNU NV	NT	11,286.81	11.66
03/28/2005	SunGard Data Systems Inc	US	10,844.35	37.3
11/30/2005	TDC A/S	DN	10,618.38	23.23
10/02/2006	AWG PLC	UK	10,409.13	26.14

= 2007年の案件
= 2006年の案件

出典：トムソン・ファイナンシャルのデータによる。2013年12月現在。

と塗り替えた。その間の1990年代後半から2000年代前半においても、まったくLBOがなくなっていたわけではない。LBO市場は、途切れることなく脈々とその活動を続けていたのである。そして2007年のピークに向けて世界のLBOが再び大きな津波となり、それは日本にも到達していた。

LBOの実態が理解されていない日本市場

日本におけるその端緒は、2003年8月発表のリップルウッドによる日本テレコム（固定通信事業）のLBO（約22億ドル）だろう。そ

買い手	買い手親会社	LBO	MBO	財務的買い手	状況	買い手国籍
TXU Corp SPV	TXU Corp SPV	Y	N	N	C	US
Blackstone Group LP	Blackstone Group LP	Y	N	Y	C	US
Hercules Acquisition Corp	Hercules Acquisition Corp	Y	Y	N	C	US
Kohlberg Kravis Roberts & Co	Kohlberg Kravis Roberts & Co	Y	N	Y	C	US
Airport Dvlp & Invest Ltd	Grupo Ferrovial SA	Y	N	N	C	SP
Investor Group	Investor Group	Y	N	N	C	US
Knight Holdco LLC	Kinder Morgan Holdco LLC	Y	Y	N	C	US
Investor Group	Investor Group	Y	N	N	C	US
Atlantis Holdings LLC	Atlantis Holdings LLC	Y	N	N	C	US
Kohlberg Kravis Roberts & Co	Kohlberg Kravis Roberts & Co	Y	N	Y	C	US
Blackstone Group LP	Blackstone Group LP	Y	N	Y	C	US
BT Triple Crown Merger Co Inc	BT Triple Crown Merger Co Inc	Y	N	N	C	US
Investor Group	Investor Group	Y	N	N	C	US
AB Acquisitions Ltd	ASP	Y	Y	N	C	UK
Koch Forest Products Inc	Koch Industries Inc	Y	N	N	C	US
Investor Group	Investor Group	Y	Y	N	C	US
BB Mobile Corp	SoftBank Corp	Y	N	N	C	JP
Firestone Holdings LLC	Firestone Holdings LLC	Y	N	N	C	US
AB Acquisition LLC	AB Acquisition LLC	Y	N	N	C	US
Serafina Holdings Ltd	Serafina Holdings Ltd	Y	N	N	C	UK
Kemble Water Ltd	Kemble Water Ltd	Y	N	N	C	AU
Umbrella Holdings LLC	Umbrella Holdings LLC	Y	N	N	C	US
Weather Investments Srl	Weather Investments II Sarl	Y	N	N	C	IT
Valcon Acquisition BV	Valcon Acquisition BV	Y	N	N	C	US
Investor Group	Investor Group	Y	N	N	C	US
Nordic Telephone Co Hldg ApS	Nordic Telephone Co Hldg ApS	Y	N	N	C	DN
Osprey Acquisitions Ltd	Osprey Acquisitions Ltd	Y	N	N	C	UK

　の後も2004年6月発表のカーライルによるDDIポケットのLBO（約20億ドル）、2005年7月発表のワールドのMBO（約19億ドル）、2005年8月のポッカのMBO（約2.3億ドル）、2006年6月発表のすかいらーく（約30億ドル）のMBO、2006年3月発表のソフトバンクによるボーダフォンの買収（約175億ドル）など大型案件が相次いだ。それが、リーマンショック以降は低迷している。

　一方、図13-2を見てもわかるように、2010年以降世界のLBOは徐々に回復している。2013年の世界のLBOは総額約1800億ドル、対全M&A比率約8％であり、前述のように大型案件も散見される。

図13-2 世界のLBO 金額推移

出典：トムソン・ファイナンシャル (完了 (Completed, Unconditional)・完了予定 (Pending, Intended, Pending Regulation, Partially Completed) 案件のみ、発表日ベース、2014年1月現在)、Self-Tender/Repurchase /Privatization は除く

　今後もLBOはなくなるどころか、さらに一定の金額で実行され、M&A全体の中で重要な一部となっていくだろう。しかし、現在の日本の資本市場ではLBOの実態が充分理解されていない。日本では買収に参加する経営陣が事実を隠蔽した説明をする傾向があり、またマスコミも誤解に基づく報道が多い。日本の市場参加者はLBOの本質をよく理解して眉唾な説明の矛盾を見抜く常識を養う必要があるだろう。

　ところで、上に挙げた数件の事例はLBOと書いたり、MBOと書いたりした。LBOとMBOは果たして異なるものなのだろうか。

　LBOとは、一般に買い手が対象企業の資産や将来のキャッシュフローを担保に（買い手本人に対して債務が訴求されない）ノン・リコース・ローン（NRL）により買収資金の一部（あるいは大半）を調達する買収手法を指す。したがって、LBOは買収資金の調達方法に起因する買収方式の分類である。これに対してMBOとは買い手に対象企業の経営陣が名を連ねる買収形態を指す。つまりMBOは買収者の属性に起因する分類である。このことからすればLBOとMBOは異なるコンセプトによる買収案件の分類であり、互いに関連性はないものと思われる。

　だが、図13-3を見れば明らかなように、MBOはLBOの一部なの

図13-3 世界のLBOとMBO

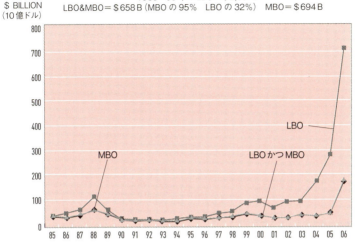

世界のLBOとMBO（金額ベース）
1985〜06年のLBO＝$2,037B
LBO&MBO＝$658B（MBOの95% LBOの32%）　MBO＝$694B

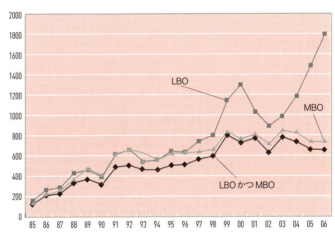

世界のLBOとMBO（件数ベース）
1985〜06年のLBO＝17,392件
LBO&MBO＝11,734件（MBOの87% LBOの67%）　MBO＝13,494件

出典：トムソン・ファイナンシャル（完了・完了予定案件のみ、発売日ベース、ターゲット企業地域別、2007年1月現在）

である。図13-3が示すように、1981年から2006年までの26年間に世界中でLBO（完了案件のみ）は1万7392件（2兆370億ドル）存在する。因みに同期間のM&A全体（完了案件）は45万1779件（29.6兆ドル）あるので、LBOがM&A全体に占める比率は金額ベースで7%程度である。

ところで、（図13-3には表示されていないが）この期間のLBO全体のうち買い手が買収ファンド（財務的買い手）であるケースはLBO全体のうち金額ベースで83%（案件数ベースで44%）を占める。残りは事業会社など買収ファンド以外の買い手による案件ということになる。LBOはその大半が買収ファンドによる買収と思いがちだが、確かに金額ベースではその傾向が強いが、案件数ベースではそうではないことがわかる。

実際、超大型案件だったソフトバンクによるボーダフォンの買収も、事業会社による戦略投資案件である。ただ、案件規模が10億ドル以上の大型案件に限ると、1981年から2006年の大型LBO案件395件中349件が買収ファンドによる案件となり、案件数ベースでも買収ファンドが買い手の大半を占めている。

利鞘稼ぎの財務案件

一方、図13-3に戻ると、M&A全体のうち買い手に対象企業の経営陣が参加している案件（MBO）はこの26年間に1万3494件（6940億ドル）ある。このうち、買収形態がLBOであるもの（買収資金の一部がノン・リコース・ローンで調達されたもの）は、1万1734件（6580億ドル）である。つまり、MBO全体の大多数、すなわち件数ベースで87%、金額ベースで95%がLBOなのである。この点は図13-3のグラフで、MBOの推移を示す線とLBOかつMBOの推移を示す線がほとんど重なっていることからもわかる。

しかし、LBO全体に占めるMBOの比率は案件数ベースで67%、金額ベースで32%に過ぎない。つまりMBOのほとんどすべてはLBOであり、逆にLBOの一部がMBOで、MBOという形態をとらないLBOも多数存在するということだ。したがってMBOとは（そ

もそも経営陣だけで買収資金の全てを工面できるケースは極めて稀であるから）マネージメント「が」（単独で）会社を買収する案件、というよりはマネージメント「も」一緒になって、買収ファンドなどとともにエクイティを出資し、ノン・リコース・ローンを調達して会社を買収する案件ということなのである。

　なぜそうなるか、というと、そもそも LBO は 1980 年代に米国で KKR やフォースマン・リトルなどの買収ファンドがファイナンシャル・エンジニアリングを駆使して利鞘を稼ぐために会社を買収する手法として発達したものだ。しかし、買収ファンドが会社を買収し、短期間に転売して巨額の利益を手にすると、何かと世間の目が厳しく、時には「会社を食い物にしている」といった批判に晒される。

　そこで買収ファンドは対象会社の経営陣に声を掛けて彼らもファンドとほぼ同じ条件で買収に参加することを勧め始めた。そしてこれを経営陣による買収（MBO）と呼んだ。なにしろ買収ファンドは年率 20% 超の目標利回りで資金を運用しているわけであるから、ファンドが儲かると判断して実行する LBO 案件に参加できれば、経営陣もかなりの確率で大儲けができる。こういった魅力的な誘いを断る経営陣は（特に米国には）稀なので、世間の耳目を集めやすい大型の LBO で経営陣が参加するケースが増大した。

　いったん、いくつかのそうした案件が実行され、実際に大金持ちになって幸せな引退生活に入る経営陣をみると、今度はいろいろな会社の経営陣が自ら買収ファンドに「うちの会社も LBO（MBO）してくれ」と列を成した。こうして MBO ≒ LBO の図式が完成していったのである。

　しかし、今の日本では LBO のうち、特に MBO がこういった利鞘稼ぎの財務案件としてではなく、究極の敵対買収防衛策であるとか、リストラのために、いったん株式公開を止めて長期的視点で事業再編成を手伝ってくれる買収ファンドに株主をスイッチする、といった説明で実行される案件が後を絶たない。このような説明は多くの場合、本質を隠蔽した虚偽の説明である可能性が高い。

　そもそも高い利回りでの資金運用を生業とする買収ファンドが株式

市場の一般投資家より「長期的視点」に立って気長にリストラを支援してくれると期待するのは無理だろう。また、買収ファンドは投資を回収しなければ儲けを確定できないので、買収した会社をいずれ M&A で売却するか、株式新規公開で再上場して市場で売却するかのいずれかを必ず実行する。しかも、それは遠い将来のことではない。

なぜなら、たとえ投資金額が 2 倍になっても、これに 10 年間を要してしまえば、投資の IRR（内部収益率）は年率 7.2% にすぎない。5 年でも IRR は 14.9% だ。IRR で 20% 超を目指す買収ファンドにとっての時間軸が無限であるはずはない。これでは、いったん上場を廃止しても長期的な敵対買収防衛策には全くならないだろうし、長期的な事業再構築を気長に行うこともできないだろう。これらの点をさらに分析してみよう。

第2節 LBO の仕組み

日本経済新聞などメディアでは、LBO は「相手先の資産を担保にした借り入れによる買収」と解説されていることが多かった。最近では、「借り入れで資金量を増やした買収」というように変わったようだ。いずれも LBO の性格の一部を表現してはいるのだが、正確な説明とは言えない。

LBO を正確に表現すれば、「買収対象会社の将来キャッシュフローなどを担保にすることで、買い手が債務責任を負わない借入金で、買収資金の大半を調達する企業買収手法」という説明が良いだろう。では、買い手が債務責任を負わずに多額の買収資金を金融機関から借り入れることができるのはなぜだろうか。

それは、貸し手は買い手に資金を貸すのでなく、対象会社に貸すからである。したがって貸し手としては、買い手の信用力はほとんど考慮せず、対象会社の信用力に見合った金額を貸しているにすぎない。では、なぜ買い手が買収のために使用する資金が、対象会社の借入金になるのだろうか。

それは、貸し手が最初は買い手に資金を提供する約束をするのだが、

実際に資金提供を実行するのは、買い手に提供した資金が、買い手（の買収目的の特別目的会社）と対象会社が合併するなどの結果、確実に対象会社の債務として引き継がれることが確実になった時点だからなのだ。この手順により、貸し手は資金を対象会社に貸したことになり、買い手はその資金を買収資金に使えることになる。

ハイリスク、ハイリターンのノン・リコース・ローン

我々の日常生活でも、何か物を購入しようとして、対象物件を担保に資金を調達して購入を実行することはある。ローンを組んで自家用車を購入する場合などがこれに該当する。しかし、ローン（あるいは割賦）は対象物件が借入金の担保に入る点はLBOと似ているが、買い手がローンの一義的な債務者である点がLBOと大きく異なる。誰でも借金の債務者にならずに借金で買い物ができればこんなに嬉しいことはないだろう。自家用車の購入では、これができない。

では、会社の買収ではなぜこれができるのだろうか。その理由は、自家用車は自分が使用するので、自分がその使用対価を支払うことがないからだ。つまり自家用車はその物件自体にストックとしての（処分すれば、一定の金銭と交換できる）経済価値があるので、その価値に担保能力はあるが、その物件自体に将来のキャッシュフローを生み出す力はないため、キャッシュフローで借金自体を返済していく能力がないのだ。

健全な会社は、その所有する資産に担保能力があると同時に、将来利益を計上して、キャッシュフローを生み出す能力がある。だから、担保能力に加えて借金自体を返済する能力もある。その能力によって対象会社が債務者となることができるのだ。つまり買い手が債務者とならないで借り入れを行うことが可能となる。

このように買い手が返済義務を負わないローンをノン・リコース・ローン（NRL）と言う。個人の例でいえば、自家用車を購入するのではなく、自動車を購入してこれをレンタカーとして貸し出すためにローンを組むのであれば、かかるレンタカー事業の将来キャッシュフローを担保に、買い手自身が借入金の債務者にならずに（買い手にと

ってノン・リコースで）借入金を調達することができる可能性がある。NRL とはこうしたものである。

欧米では 1980 年代後半から、自動車などではなく、企業の LBO 向けに大手金融機関がこのハイリスクだがハイリターンの NRL ビジネスを育ててきた。日本では、自動車ではなく賃貸用不動産を対象にした NRL が 1990 年代後半から徐々に普及していたが、企業の LBO 向けのローンは、不動産向けに比べて必要なノウハウが格段に高度で複雑なので、本章第 4 節（2）で述べる 2003 年のリップルウッドによる日本テレコムの固定通信事業の買収に 2000 億円規模の NRL が調達されたのが、大規模な企業 LBO 向け NRL としては初めてのケースであった[*5]。その後、2006 年のソフトバンクによるボーダフォン（携帯電話事業）の買収では 1 兆円を大きく超える NRL が短期間に調達され、もはや日本の資本市場で NRL 調達はハードルではないと言える状況になった。

LBOの手順

図 13-4 は一般的な LBO の手順を示している。ステップ 1 で、例えば対象会社あるいはその株主と買い手が、対象会社の 100% 買収について買収価格 240 億円で合意したとする。買い手は、自己資金を例えば 40 億円で買収目的の特別目的会社（SPC）を設立する。残りの買収資金は金融機関から、対象会社の将来キャッシュフローを担保に、200 億円の NRL 実行のコミットメントとして調達する。

次にステップ 2 で SPC が実際に対象会社の株式取得を開始する。対象会社が上場会社であれば公開買付を開始するが、次のステップ 3 で SPC と対象会社が合併しなければならないので[*6]、公開買付は合併の株主総会特別決議を支配できる議決権の 3 分の 2 を下限と設定し、それ未満の応札であれば買付をしないとの条件を付す。

対象会社が未上場で株主が少なければ、相対で議決権 3 分の 2 以上の株主と株式売買契約を締結すれば合併が確実となる。公開買付で 3 分の 2 以上の応札があるか、あるいは相対で 3 分の 2 以上の議決権取得が確実となった時点で金融機関は SPC に対して NRL200 億円の

図13-4 | LBOの仕組み

対 対象会社　買 買い手　S SPC　銀 銀行

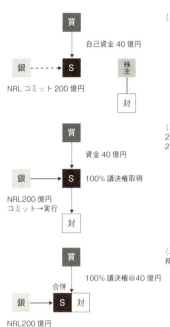

（ステップ－1）対象会社の買収価格を240億円で合意

（ステップ－2）SPCが対象会社議決権株式の取得（@100%で240億円）を開始（公開買付・相対取引等）。合併が確実な3分の2以上の株式取得が確実となった時点でNRLを実行。

（ステップ－3）SPCと対象会社が合併することにより、NRLの債務者はSPCから対象会社となる。

貸し付けを実行する（もっとも、現在の公開買付ルールでは3分の2以上を買うのであれば全部買付義務が発生するため、買い付け株式数に上限を付せないことになる）。

　最後にステップ3では、SPCと対象会社が合併することで金融機関のNRLは対象会社の債務となる。買い手は40億円の自己負担で240億円の買収を実行できるのだ。

　LBOは通常、以上の手順で行われ、買い手はNRLの債務者となることなく買収資金の大半をNRLで調達し、貸し手はNRLの債務者を確実にSPCではなく対象会社とすることができる。

　この手順にはケースによってはいろいろ変形がある。たとえば対象会社が上場会社であれば、公開買付後に応札しなかった株主の持ち分を強制取得して完全子会社化を目指し、現金合併や現金株式交換、あるいは組織再編税制上の適格再編とするために第10章で述べた全部

取得条項付種類株や反対株主買取請求などの複雑なステップを追加する場合がある。また、完全子会社とした後であれば、SPCと対象会社が必ずしも合併する必要はなく、対象会社が自己の親会社であるSPCのNRLに債務保証を出すような形も考えられる。

　何らかの理由で対象会社に少数株主が残る場合には、特定の株主への利益供与は少数株主の利益に反するので親会社の債務保証はできない。また、NRLをSPCに出す代わりに対象会社に出し、対象会社が株主に減資対価としてNRL金額と同額の資金を株主に還元して株主がこの一部またはほとんど全部をみなし配当として処理して法人税等を節税可能な仕組みとし、次に減資金額だけ減額した価格で買い手に株式を譲渡するとの手順も考えられる。しかし、この手順は対象会社の株主が法人で少数しかいないなど、特殊な場合にしか使えない（本章注5の日本テレコム固定通信事業のケースがこの手法によっている[*7]）。

第3節　LBOの経済性

　LBOの本質を理解するためには、LBOがなぜ儲かるのかを理解する必要がある。そこで基本的なLBOの損益計算を例で示そう。いま、下記のような会社があるとしよう。

買収前	今期予想	来期予想
営業利益	100億円	110億円
利払い	0円	0円
税金（40%）	40億円	44億円
予想純利益	60億円	66億円
純利益成長率		10%
PER	10倍	
時価総額	600億円	
会社総価値	600億円	
営業利益倍率	6倍	

この会社を時価総額の25％増しの750億円で買収することを検討しよう。買収価格の株価収益率（PER）は12.5倍だ。買収資金のうち500億円をNRLで調達するとして、その金利を3％と仮定する。最近の日本の短期金利は依然として非常に低く、長期国債の利回りも歴史的に低いレベルだ。

最近の日本のLBO案件で調達されたノン・リコース・ローン（NRL）の利率は、低金利環境と過当競争の結果、この程度のレベルと言われている[*8]。残りの250億円は買い手が自己資金をエクイティとして投資する。買収の結果、この会社の損益計算書は以下のように変化する。

買収後	今期予想	来期予想
営業利益	100億円	110億円
利払い	15億円	15億円
金利カバレッジ	6.7倍	7.3倍
税金（40％）	34億円	38億円
予想純利益	51億円	57億円
純利益成長率		12％

純負債ゼロの会社に500億円の負債を持たせる（資本構成を変更する）わけであるから、当然、財務内容は悪化する。しかし、それでも利払い15億円に対して今期予想の営業利益は100億円で利払いの6倍以上ある。金利カバレッジ6.7倍だ。これなら銀行の担当者も安心して稟議書を作成できるだろう。

特にこの会社がハイテク産業などではなく、それほど高い成長は望めないもののキャッシュフローが安定した、例えば携帯電話オペレーターや外食産業などであれば、この程度のレバレッジで債務不履行が発生する可能性は非常に低いと言えるだろう。したがって、このような資金調達ミックスは、十分実現可能と言える。

さて、このように資本構成が変化した場合、この会社の時価総額は

いくらになるだろうか。最も簡単な計算は株価収益率（PER）が買収前後（資本構成変更前後）で不変と考える方法だ。買収前のこの会社の純利益成長率は10%だったが、買収後は12%とむしろ高くなっている。これは成長する予想営業利益に対して（負債削減を無視しても）毎年定数となる利払いが負担されるためだ。

営業利益が成長し、純利益が黒字である限り、レバレッジをかけることによって常に純利益の絶対値は減少するが、その成長率は上昇するのだ。一般にPERは純利益の予想成長率が高いほど高くなることが知られている。したがって、買収後に予想純利益成長率が上昇するにもかかわらず、PERが不変とする仮定は保守的な仮定と言えるだろう。では買収後のPERが買収前と同じ10倍とすると、この会社の時価総額はいくらだろう？　今期予想純利益の10倍となるので510億円である。

つまりこの会社は、500億円の負債増大により予想純利益が60億円から51億円に減少し、時価総額もその絶対値は600億円から510億円に低下するということだ。しかし、買い手は、いったいいくらでこの会社の株式すべてを買収したのだろうか？　先に仮定したように、それは250億円である。つまり買い手は250億円の投下自己資金で、買った瞬間に、買い値の2倍以上の価値がある（対象会社の株式という）資産を手にしていることになる。これがLBOの実態なのである[*9]。

もちろん実際に、この会社のPERが買収前後で不変であるという保証はない。この仮定に対する有力な反論は、会社総価値に対する営業利益の倍率に現れる。

今期予想	買収直前	買収直後
営業利益	100億円	100億円
純利益	60億円	51億円　（税率=40%）
PER	10倍	10倍
時価総額	600億円	510億円
純負債	0円	500億円

会社総価値	600億円	1,010億円
営業利益倍率	6倍	10.1倍

PERと営業利益倍率が矛盾

　買収直前と直後で資本構成が変化しても、金利払い前の利益である営業利益は資本構成の影響を受けないので、その成長率10%も不変である。一般に会社総価値を営業利益で割った営業利益倍率は、営業利益の予想成長率が高いほど高くなることが知られている。したがって、この会社は買収前後で営業利益倍率は不変と仮定するべきだろう。

　しかし、前述のPERが不変との仮定に従って、時価総額を基に買収前後の営業利益倍率を計算すると、この値は買収前の6倍から買収後の10.1倍と約7割も高くなってしまう。一方、営業利益倍率一定とした場合には、買収直後の会社総価値は600億円、株主価値は100億円となり、これは買い手が投下した自己資金250億円を大きく下回る。

　買った瞬間に150億円の含み損だ。LBO後のこの会社の時価総額が100億円ということは、予想純利益はLBO後でも51億円あるので、PERが10倍から2倍に低下することを意味する。これほどPERが低下するとの仮定も現実的ではあるまい[*10]。

　ところで、営業利益倍率一定とした場合の、上記の買った瞬間の含み損150億円は、この買収で買収者が支払った買収プレミアム（時価総額600億円に対して買収時価総額750億円なので150億円）と一致している。簡単な計算なので数式は省略するが、営業利益倍率一定との仮定の下で買収プレミアムを支払わない場合には、LBO後の時価総額は常に買い手の投下自己資金と一致する。含み損益はゼロになるということだ。

　これは買い手の投下自己資金は、買収前会社総価値から買収のために調達したNRLを差し引いた値だが、営業利益倍率一定との仮定の下ではLBO前後で会社総価値は不変なので、買収後の株主価値も買

収前会社総価値から新たな負債、すなわち NRL 金額を差し引いた値となり、両者は常に一致するからだ。

この会社の価値を評価するにあたって、株式市場が予想純利益の成長率に注目して適切な PER で評価するか、あるいは予想営業利益の成長率に着目して適切な営業利益倍率で評価するか、は定かではない。純利益の成長率が高くなるのに 10 倍という比較的低い PER が不変とする考え方が成立する可能性は十分あるだろうが、営業利益成長率が不変であるのに営業利益倍率が 1.7 倍になることを株式市場が容認するというのも不安の残る仮定である。

このように PER と営業利益倍率の計算が矛盾するという問題は、会社の価値評価にあたり PER や営業利益倍率で株主価値や会社総価値を推定する市場倍率法が企業価値の概算値を与える簡便法に過ぎないもので、根本的な誤差を内包する手法であることが原因と言える。

ファイナンス理論で LBO を考えると

では市場倍率法ではなく、古典的なファイナンス理論で考えるとどうなるだろうか。まずは税引後の営業利益などを基に、将来のレバードフリー・キャッシュフロー（LFCF）を計算し、これを加重平均資本コスト（WACC）で割り引くレバード DCF によって会社総価値を求める手法で考えてみよう。

この会社の LFCF は、買収前後で（資本構成が変化しても）変化しないが、最適資本構成が存在するとの伝統的な企業財務理論に従えば、純負債ゼロの買収前に比べて、買収後の WACC は有利子負債の節税効果の影響で低下する可能性がある。

その場合、FCF の現在価値総和で計算される会社総価値が上昇する可能性があるといえるだろう。つまり営業利益が一定でも、その倍率が上昇する可能性があるということだ。しかし、負債の増大が過度で最適資本構成を大きく超える場合には、財務の困難性の影響が勝って WACC がむしろ上昇する可能性もあり、必ず会社総価値が増大するとは言えない。結果は、ケースバイケースということだ。

一方、純利益など株主のみに帰属するエクイティ FCF（EFCF）を

株主資本コストで割り引いて直接株主価値を求めるエクイティDCFの場合はどうだろうか。この会社の買収後のEFCFは資本構成の変化に伴い、税効果後の利払い分だけ買収前に比べて減少する。同時にレバレッジの上昇によってエクイティベータが上昇し、株主資本コストも上昇するだろう。つまり株価価値が減少することは明らかだ。

しかし、EFCFの減少率は、営業利益が成長するとの前提（と負債利率が一定との前提）の下では（設備投資等の短期的な変動を無視すれば）今期予想（先ほどの例で買収前純利益60億円から買収後純利益51億円と15%の減少）での減少率が最大で、先へ行くほどその減少率は小さくなる。例えば、先ほどの例で来期予想では、買収前純利益66億円から買収後純利益57億円で13.6%の減少となっている。

仮にEFCFの減少幅が今期予想の15%減のまま推移するとした場合（すなわち営業利益の成長率がゼロで負債利率が一定の場合）で株主資本コストが不変の場合、EFCFの現在価値総和で求められる株主価値も買収前後で丁度15%減少する。実はPER一定との仮定は株主価値が初年度の予想純利益減少率と同率で減少することを仮定しているのと同じことだ。したがって、先ほどの例で買収前後のPER一定と仮定した場合の株主価値の減少率（600億円から510億円で15%の減少）が、初年度予想純利益の減少率と一致している。

実際にはEFCFの減少幅は徐々に狭まっていき、その代わり株主資本コストが上昇するので、理論的に計算される株主価値は両者の効果が相殺しあって、結局、PER一定と仮定した場合の510億円程度となる可能性はあるが、株主資本コストの上昇効果とEFCFの減少幅の縮小効果のどちらが勝るかによって、PER一定との仮定より株主価値が高くなる場合も低くなる場合もあるだろう。

以上のようにレバードDCFで考えてもエクイティDCFで考えても、PER一定と営業利益倍率一定との2つの対立する仮定に基づく計算方法の矛盾は、ケースバイケースであり、一概にどちらが正しいといえるものではない。因みに買収PERが税引後負債金利の逆数に等しいときに限り、PER一定との仮定と営業利益倍率一定との仮定は同じ株主価値と会社総価値を与え、互いに矛盾しない。

上記のケースで買収 PER=55.6 倍（=1/（0.03x（1-0.4）））、買収時価総額 =3333 億円のときがそれに相当する。逆に言えば、それ以外のすべての買収時価総額のとき、PER 一定との仮定と営業利益倍率一定との仮定は常に互いに矛盾するのだ。

買収ファンドの意思決定で使われる営業利益倍率一定の仮定

以上見たように営業利益倍率一定との仮定は、PER 一定との仮定に比べて（買収 PER が税引後の負債金利の逆数を超えない限り）買収ファンドにとって保守的な仮定といえる。一般に投資案件の取捨選択に当たり保守的な案件評価を行う買収ファンドは、営業利益倍率一定との仮定に近い評価モデルで買収の意思決定を行うことが多い。その場合、彼らの考え方には、もう一つの要素が追加される。それは買収後の負債減少という要素だ。

買収後	今期予想	5 期目
営業利益	100 億円	122 億円（=100×1.05^4）
期初純負債	600 億円	379 億円
利払い	18 億円	11 億円
純利益	49 億円	66 億円（税率 =40%）
営業利益倍率	6 倍	6 倍（不変）
会社総価値	600 億円	729 億円
時価総額	0 億円	350 億円

先ほどと同じ会社を買収するケースで、今度はこの投資を 5 期目の期初（4 年後）に回収するとして、5 年間の営業利益の年平均成長率を年率 5% と仮定する。先の仮定で来期の成長率は 10% であったが、ここでは 5 年間の平均成長率なので 10% より低めに設定する。さらにレバレッジを少し上げて買収総額 750 億円のうち 600 億円を NRL（3%）、残り 150 億円を自己資金で調達する。

これでも利払いは 18 億円、金利カバレッジは初年度 5.6 倍なので、NRL 調達は問題ないだろう。営業利益倍率一定と仮定すると、今期

予想を基に計算した買収直後の時価総額はPER不変と考えた場合より大幅に低下して0億円となる。買った瞬間では大幅な含み損だ。しかし、この会社を4年間経営し、税引後純利益をすべて負債返済に回すと仮定すれば、5年目の期初（4年後）に純負債は379億円に減少する。

ここでは各期の利払いは、期初の純負債に利率を掛けた簡易計算としている[*11]。純利益と負債返済額を同一とすることは、減価償却と設備投資が等しいと仮定し、運転資本の増加は無視していることになる。実際には買収ファンドが買収した会社は多くの場合、不要不急の設備投資をできるだけ絞って負債返済にまわすので、減価償却見合いの設備投資を継続するとの仮定は保守的な考え方であろう。

営業利益倍率が6倍で不変と考えれば、4年後の会社総価値は、5期目の期初に5期目の予想営業利益122億円の6倍として729億円、時価総額はここから期初純負債379億円を差し引いて350億円となる[*12]。営業利益倍率不変との仮定でも、4年後には投下資金（150億円）は2倍以上になる計算だ。この投資の内部収益率（IRR）は23.6%だ。これは通常、年率20%超での資金運用を目指す買収ファンドにとって十分魅力的な数値だろう。なお、同じ条件でレバレッジをPER一定の場合と同じ500億円とすると、IRRは16.3%になる。このIRR計算の経過を図13-5に示す。

ところでレバレッジ600億円で、もし営業利益が買収後成長しない場合、買収ファンドの損益はどうなるだろうか。4年後の純負債は202億円減少するので398億円となる。5年後の予想営業利益は100億円、会社総価値は600億円、したがって株主価値は202億円だ。買収ファンドの買い値は150億円なので、この計算では5年間で52億円の儲けにしかならない。IRRは7.7%だ。これでは高利回りを狙う買収ファンドとしては手を出しにくいだろう。

このように営業利益倍率一定との仮定のもとでは、営業利益の成長率やレバレッジが買収ファンドの損益計算に非常に大きな影響を与える。一方、前述のPER一定との仮定の計算では買った瞬間の今期純利益に一定のPERを掛けて計算される時価総額で既に儲けが計上さ

図13-5 営業利益倍率一定の仮定におけるIRR計算

前提条件	
買収EBIT倍率	7.5
買収価格	750
市場EBIT倍率	6
市場会社総価値	600
NRL	600
NRL利率	3%
買収自己資本	150
税率	40%
買収実行	第1期期初
EXIT	第5期期初

買収後の予想損益計算書

	第1期期初予想	第2期期初予想	第3期期初予想	第4期期初予想	第5期期初予想	
期初予想営業利益	100	105	110	116	122	＝（年率5％成長）
利払い	18	17	15	13	11	＝期初純負債×NRL利率
税前利益	82	88	95	103	110	
純利益	49	53	57	62	66	
期初純負債	600	551	498	441	379	＝前期期初純負債−前期純利益
金利カバー率	5.6	6.4	7.4	8.8	10.7	
市場EBIT倍率	6	6	6	6	6	
期初市場会社価値	600	630	662	695	729	
期初市場株主価値	0	79.2	164	254	350	
PER	0	1.5	2.9	4.1	5.3	
IRR（期初EXIT）		−47.2%	4.50%	19.20%	23.60%	

第5期期初における予想営業利益122に市場営業利益率6倍を掛けて、期初会社総価値＝729とし、そこから期初株主価値＝350を算出。第1期期初投下自己資本150が第5期期初までの4年間に350となる投資のIRRを計算。

れており、数年後に実現する予定の、より成長した純利益に一定のPERを掛けて計算される時価総額での儲けはさらに大きい。逆に言えば、PERさえ一定なら純利益が成長しなくても十分儲かるということだ[*13]。

LBOの対象になりやすい会社とは

しかし、買収ファンドは上記のような予想収益の会社に対して、いつでも興味を示すわけではない。当然ながら、買収価格次第である。例えば、上記の例でPERが60倍のケースを考えてみよう。

買収前　　　　　　　　今期予想　　　　来期予想

営業利益	100億円	110億円
利払い	0円	0円
税金（40%）	40億円	44億円
予想純利益	60億円	66億円
純利益成長率		10%
時価総額	3,600億円	
PER	60倍	
営業利益倍率	36倍	

　この会社を時価総額の25%増しの4500億円で買収することを検討しよう。買収資金のうち2500億円をNRLで調達するとして、その金利をやはり3%と仮定する。残りの2000億円は買い手が自己資金をエクイティとして拠出することになる。するとこの会社の損益計算書は、以下のように変化する。

買収後	今期予想	来期予想
営業利益	100億円	110億円
利払い	75億円	75億円
金利カバレッジ	1.3倍	1.5倍
税金（40%）	10億円	14億円
予想純利益	15億円	21億円
純利益成長率		40%

　このように強烈なレバレッジをかけると、いかに低金利のNRLとはいえ、今期の金利カバレッジは1.3倍と債務不履行が気になるレベルになる。しかし、来期予想では1.5倍である。一般に大手格付け機関の事業会社の投資不適格格付け最上位（BB）の平均的な金利カバレッジは2倍程度であるから、（もちろん格付けが金利カバレッジだけで決まるわけではないが）この程度のレバレッジは高いリスクを取って高リターンを狙う買収ファンドの案件設計としては限界的に可能なレベルと言える[*14]。

しかし、このケースでPERが一定との仮定に基づいた場合、買収直後のこの会社の時価総額は900億円となる。買収ファンドの投下自己資金は2000億円であるから、PER=10倍の場合と異なり、この計算では買った瞬間に大損である。PER一定との仮定の場合、LBOで買った瞬間に含み益を持つブレイクイーブンPERは買収PERが税引後の負債利率の逆数の場合である（ただし、ここでは買収後のPERが買収PERと一致する場合、つまり買収プレミアムを支払わない場合を想定している。買収プレミアムを支払う場合には、この条件はその分だけ厳しくなる）。税率40%、利率3%だと、その値は55.6倍だ。予想純利益60億円の会社を4500億円で買収する場合の買収PERは75倍でブレイクイーブンPERを上回っているため、買った瞬間に含み損になっているわけである。

では、この例で営業利益倍率一定との仮定の場合はどうだろう？買収価格は同じ4500億円、市場の営業利益倍率も同じ36倍、NRLも同じ2500億円、営業利益の成長率を年率5%とおくと、

買収後	今期予想	5期目
営業利益	100億円	122億円（年率5%成長）
期初純負債	2,500億円	2,420億円
利払い	75億円	73億円
金利カバレッジ	1.3倍	1.7倍
営業利益倍率	36倍	36倍（不変）
会社総価値	3,600億円	4,376億円
時価総額	1,100億円	1,956億円

買った瞬間にはPER一定の場合と同様、買い手の投下自己資金2000億円に対し買収直後の時価総額は1100億円で大幅な含み損だ。しかし営業利益が年率5%で成長するので、5年後には時価総額が1956億円となり、なんとかおおむね投下自己資金を回収できる。しかし、5年間のIRRは−0.6%だ。これでは買収ファンドは手を出せ

ない。このケースで営業利益の成長率をゼロとおけば、結果はさらに厳しいものとなる。

以上見てきたように、当然ながら予想キャッシュフローが同じ会社でも、LBOの経済性はNRLの金額と利率、税率、利益の成長率などと並んで、買収価格（買収PER）によって大きく変動する。一般にPERが低いローテクの会社で、業績のブレが小さく利払いが滞るリスクが低い会社で、さらに言えば、レバレッジを積み増しても金利カバレッジが一定以上の水準を保てるように買収前の負債が少ない会社がLBOの対象になりやすいという現象は、これらのケーススタディからよく理解できるだろう。

重要なことは、厳しい投資判断で案件を取捨選択する買収ファンドは、先に述べたPER=10倍（買収PER12.5倍）のような、十分に儲かる可能性の高いケースでしか買収を実行しない、つまりローテクでキャッシュフローが安定した、一般に株式市場がPERを基に株価を形成する可能性の高い会社に対して、買った瞬間に大きな含み益を抱えるような買収を実行しているということだ。

第4節 事例研究

（1）トーカロ：MBOの利益相反問題を提起

ここまではLBOの経済性をモデルケースで検討してきたが、次に日本で実際に行われた案件で、その後買収ファンドが資金回収にも成功した事例を用いて現実の経済性を検討してみよう。

2001年1月30日、野村証券系買収ファンドのJAFCOは、店頭公開企業で溶射加工最大手のトーカロに対する公開買付を開始した。トーカロの議決権の60.4%を保有する日鐵商事が新日鉄グループとしての売上が10%以下にとどまるトーカロの売却を検討したことを契機に、トーカロ経営陣がJAFCOと協働してLBO・MBOを画策したものである。2001年1月時点でトーカロの財務状況は、次頁のようであった。

2001年3月期の予想数値は、当時の会社四季報（2001年春号）に掲載されていたものだが、これは2000年9月中間期の決算発表（2000年11月）における会社発表の通期予想値を基に掲載されていたものだ。

[トーカロ]

買収前	01年3月期予想	02年3月期予想
営業利益	11.5億円	11.7億円
純利益	5.2億円	5.5億円
純負債	1.4億円（純負債のみ実績値）	
株価	約800円（TOB発表前6カ月平均）	
時価総額	48.3億円（上記800円/株で計算）	
PER	9.3倍	8.8倍
PBR	1.1倍	
会社総価値	49.7億円	
営業利益倍率	4.32倍	

　この会社をJAFCOが1株1060円（6カ月平均株価の32.5%増し）で公開買付し、97.8%の株式を買付けることに成功した。当時は現金合併など少数株主を排除する手法がなかったため、この時点で株主数は113名となり、その後も上場は廃止されたが、有価証券報告書を提出し続けた。簡単のために100%買収したとすると、JAFCOの買収時価総額は64億円であった。

　その後、02年3月期の有価証券報告書にJAFCOが使用したSPCが公開買付後にトーカロと合併する前の貸借対照表が掲載されている。これによると、SPCの資本構成は39億円の借入金と27億円の自己資本の合計66億円となっていることから、買収資金の内訳がこのようになっていたと考えられる。64億円との差額2億円は買収・合併に当たっての諸経費などであろう。新聞報道等によると、この39億円の借入金は東海銀行がつなぎ融資を実行し、その後、同行のアレンジでシンジケートローンに切り替えられた模様である。

　このローンの金利を例えば3%として、このLBOの経済性をPER

一定の仮定で計算してみよう。上記のように買収前の会社予想2001年3月期営業利益は11.5億円、純利益は5.2億円、買収前PERは9.3倍だった。その数カ月後、公開買付終了後に発表された2001年3月期実績では、営業利益は14.9億円（予想値の30%増）、純利益は7.1億円（予想値の37%増）だった。2001年3月期の業績が直前の予想値を大幅に上回ったことになる。この実績値を基にすれば、買収直後のトーカロの財務状況は以下のようになる。ここでは、保守的な計算のため、その後の営業利益は横ばいと仮定する。

買収後	01年3月期実績	02年3月期予想
営業利益	14.9億円	14.9億円（横ばい）
利払い	≒0	1.2億円（=40.4x0.03）
金利カバレッジ		12.3倍
純負債	40.4億円(39+1.4期末)	40.4億円（期初）
純利益	7.1億円	8.2億円(=(14.9-1.2)x0.6)

2002年3月期予想純利益は金利負担後で8.2億円となる。これは営業利益が2001年3月期から横ばいで、純利益をすべて借入金の返済にまわすと仮定して純負債の期初40.4億円（=39+1.4）[*15]に3%の金利を負担するとの、前掲のケースと同様の簡易計算をしたものだ。すると買収直後の時価総額は、この予想純利益にPER9.3倍をかけて76.3億円となる。買い手は27億円の投下自己資本でこの買収を実行しているので、やはり買った瞬間に投下自己資本が3倍近くになる非常に美味しいLBOであったとの計算になる。

なお、この前提では金利カバレッジは12倍以上である。本来はもっと高いレバレッジをかけて、もっとIRR上昇を狙っても全く問題ないはずだが、当時は日本でLBOがまだほとんど行われていない状況でもあり、金融機関もかなり保守的な対応をしたということかもしれない。

一方、営業利益倍率一定の仮定で計算してみるとどうだろう。ここでは買収を2001年3月末に実行し、4年間経過後の5期目（2006年

3月期）の予想数値で評価される価値でIPOなどによって投資回収すると考えてみよう。営業利益倍率については、当時の市場が知っていた予想営業利益を基に計算した前掲の4.32倍を使用する。保守的な仮定として営業利益の成長率をゼロとおいても、5期目の期初の純負債は大幅に減少して6.7億円となる（=40.4−8.2−8.4−8.5−8.7）。

4年後の会社総価値は5期目の営業利益が横ばいとすると、64.4億円（=14.9×4.32）だ。つまり4年後の時価総額は57.8億円となる。これは買い手の投下自己資金27億円の2.14倍、IRRは20.9%だ。営業利益倍率一定の仮定でも、この案件は十分採算が取れそうな案件であったことがわかる。営業利益が成長すれば、さらに儲かる案件になる。[*16]

ところで2001年3月期の実績利益は公開買付終了（2001年3月5日）時点に公表されていた会社予想値を大きく上回っている。もし仮にこのLBOを公開買付時点で公表されていた、実績を大きく下回る当時の予想業績で評価していたら結果はどのように見えていたのであろうか。まずPER一定との仮定では、当時の2002年3月期予想営業利益は11.7億円、LBO負債を含む金利負担は1.2億円であるから、そこから計算される予想純利益は6.3億円（=(11.7−1.2)×(1−0.4)）、予想時価総額は58.5億円（=6.3×9.3）となり、やはり投下自己資金27億円をかなり上回る。

しかし、営業利益倍率一定との仮定の下では、当時の2002年3月期予想営業利益11.7億円は2001年3月期予想11.5億円からほぼ横這いであるから、営業利益成長率を4年間ゼロと仮定すると4年後の純負債は14.5億円（=40.4−6.3−6.4−6.5−6.6）、4年後の会社総価値は50.6億円（11.7×4.32）、4年後の時価総額は36.1億円となる。IRRは7.5%にすぎない。

つまりこのLBOは、2001年1月時点の（その数カ月後に発表される実績値を大幅に下回る）当時の公表予想値を前提とすれば、PER一定の仮定では実行可能だが、一般に買収ファンドがより重視する営業利益倍率一定の仮定で、かつ営業利益成長率をゼロとおくと実行できない案件に見えたはずなのだ。本件のIRR計算の経過を図13-6に

示す。

　では、実際の経済性はどうだったのだろうか。実はこの会社はその後、思いのほか業績が好転し、LBOによる上場廃止から僅か3年後の2003年12月には東証二部に再上場を果たしている。再上場時点の財務数値と時価総額は以下のとおりである。

再上場時	04年3月期予想	05年3月期予想
営業利益	24.4億円	25億円
純負債	20.5億円（03年9月）	
純利益	13.7億円	14.3億円
公募時価総額	132億円（@2,000円/株）(*)	
会社総価値	152.5億円	
PER	9.6倍	9.2倍
営業利益倍率	6.3倍	6.1倍

(*) 再上場時の公募100万株を除いた値。こちらがLBOで100%株式を取得した者の持ち分価値となる。

　営業利益は2001年3月期実績値の14.9億円からさらに大幅に成長し、2003年12月時点では2004年3月期に24.4億円を予想している。2001年1月時点の予想を大幅に上回る2001年3月期実績値から更に年率18%での成長である。公募価格と2004年3月期予想純利益で計算したPER（9.6倍）は、2001年の買収発表前6カ月平均株価800円と2001年3月期の当時の経営陣予想純利益で計算した9.3倍から低下しておらず、むしろやや上昇している。

　この時点では買収時に積んだ負債約40億円はまだ約半分の20億円余り残っているのだが、負債を管理して利益を成長させる経営陣の手腕に安心感を示した市場は、結果としてレバレッジを掛けた後もPERをおおむね一定で評価したことがわかる（この点は実例としてPER一定モデルをサポートしている。あるいは本章注10で述べたように、いったん、LBO直後には低下したかもしれないPERが、再上場時点では元に戻ったという解釈も可能だろう）。

　一方、営業利益倍率は2001年当時より高くなっている。買収時点

図13-6　トーカロのLBO　ケーススタディ

[日程]

公開買付発表：	2001年1月30日
公開買付終了日：	2001年3月5日
業績上方修正発表：	2001年4月10日
再上場：	2003年12月

[前提]

LBO前発行済株式数	6041千株
NRL金利	3%
税率	40%

[財務数値]

		00年9月中間期（実績）	01年3月期予想（LBO前会社予想） ⇒	01年3月期実績
トーカロ	営業利益	7.9億円	11.5億円	14.9億円
	純利益	3.7億円	5.2億円	7.1億円
	純負債		1.4億円（実績値）	
	株価		800（=公開買付発表前6カ月平均）	
	時価総額		48.3億円	
	会社総価値		49.7億円	
	PER		9.3倍	
	営業利益倍率		4.324倍	
			39.0億円	
			1,060円／株（プレミアム=32.5%）	
買収SPC	公開買付価格		64.0億円	
	買付時価総額		2.0億円	
	諸経費		66.0億円	
	買収総額		27.0億円	
	うちEQ		39.0億円	
	うちNRL			

[PER一定モデルでの評価（02年3月期予想ベース）]

	LBO前会社予想低調ケース	01年3月期実績ベース好調ケース
営業利益	11.7億円	14.9億円
期初負債	40.4億円	40.4億円（=39+1.4）
金利払い（@3%）	1.2億円	1.2億円
税前利益	10.5億円	13.7億円
純利益	6.3億円	8.2億円
PER 9.3倍	9.3倍	
時価総額	58.5億円	76.3億円
LBO損益	31.5億円	49.3億円
IRR（@4年）	21.3%	29.7%

[EBIT倍率一定モデルでの評価]

		2002年3月期 期初予想	2003年3月期 期初予想	2004年3月期 期初予想
LBO前会社予想ケース（低調ケース）	予想営業利益	11.7	11.7	11.7
EBIT成長率　0%	期初借入金	40.4	34.1	27.7
	金利払い	1.2	1.0	0.8
	予想純利益	6.3	6.4	6.5

		2002年3月期 期初予想	2003年3月期 期初予想	2004年3月 期初予想
01年3月期実績ベース（好調ケース）	予想営業利益	14.9	14.9	14.9
EBIT成長率　0%	期初借入金	40.4	32.2	23.8
	金利払い	1.2	1.0	0.7
	予想純利益	8.2	8.4	8.5

第13章 LBO研究

	02年3月期予想 (LBO前四季報予想)	02年3月期予想 (01年3月期実績ベース好調ケース LBO後)
	11.7億円	14.9億円 (=01年3月期より横這いと仮定)
	5.5億円	8.2億円 (=借入金39+1.4億円、金利3%として単純計算) (= (14.9−(40.4×0.03))×(1−0.4))
	8.8倍	

[再上場時（結果）]

	04年3月期予想	05年3月期予想
営業利益	24.4億円	25億円
純負債	20.5 (03年9月)	
純利益	13.7億円	14.3億円
公募時価総額	132億円 (@2,000円/株、660万株)	
会社総価値	152.5億円	
PER	9.6倍	
営業利益倍率	6.3倍	
IRR (@3年)	69.7%	

	2005年3月期 期初予想	2006年3月期 期初予想
	11.7	11.7
	21.2	14.5
	0.6	0.4
	6.6	6.8
EBIT倍率		4.3倍
会社総価値		50.6億円
株主価値		36.1億円
IRR (@4年)		7.5%

	2005年3月期 期初予想	2006年3月期 期初予想
	14.9	14.9
	15.3	6.7
	0.5	0.2
	8.7	8.8
EBIT倍率		4.3倍
会社総価値		64.4億円
株主価値		57.8億円
IRR (@4年)		20.9%

[考察]

① LBOの資金調達はエクイティ27億円、NRL39億円
② LBO発表前の00年9月中間期は大幅増益を達成
③ しかしその時点で01年3月期が下半期大幅減益を予想(低調ケース)
④ 低調予想のまま公開買付を発表、98%の株式買付に成功
⑤ 低調予想ベースではPER一定モデルでLBOのIRRは4年で21.3%
⑥ 低調予想ベースではEBIT倍率一定モデルでLBOのIRRは4年で7.5%
⑦ 公開買付終了直後に01年3月期実績(9月中間期のほぼ2倍となる)増益を発表
⑧ 好調実績ベースではPER一定モデルでLBOのIRRは4年で29.7%
⑨ 好調実績ベースではEBIT倍率一定モデルでLBOのIRRは4年で20.9%
⑩ 3年後に再上場に成功
⑪ 再上場時点でレベレッジは依然としてLBO前よりかなり高い
⑫ しかしPERはLBO直前とほぼ同じ、EBIT倍率は1.5倍
⑬ 結果としてLBOのIRRは69.7%

(IRRは期初の予想純利益から計算される株主価値あるいは予想される会社総価値から期初の純負債を差し引いて計算される株主価値で期初のIPO等でEXITすると仮定して計算、投資時期は2001年3月末と仮定)

の公開買付価格と LBO 前の純負債で計算した営業利益倍率は 4.32 倍であったが、再上場時の公募価格で計算した営業利益倍率は 6.3 倍であり、買収時点の約 1.5 倍に上昇している。PER 一定モデルにおける営業利益倍率上昇の問題が、市場で容認されている実例だ。

その結果、買い手は公募価格で計算して 27 億円の投下自己資金が、132 億円と 3 年間で 4.9 倍に膨れ上がった。IRR で計算すると 70% の高率である。先ほど見たように、公開買付時点の会社予想業績と営業利益倍率一定との仮定に基づくシミュレーションの結果で判断していれば、この案件は実行されなかったかもしれないが、買収ファンドである JAFCO はこの案件の実行を決断し、結果は大成功に終わった。

当然ながら、2001 年 3 月期の営業利益が 11.5 億円ではなく 14.9 億円程度であること(と、その後少なくとも営業利益が減少しないこと)さえ予想できれば、この案件を断念する必要はない[*17]。そして、結果はその通りになったわけだ。

ではなぜこの会社の利益はかくも高率で成長したのだろうか? もちろん LBO による上場廃止以降の経営陣による経営努力の賜物であろう。しかし、この会社は上場廃止後も特に新規事業に進出したわけではなく、あくまで淡々と本業を継続していただけだ。業績の実績値推移は以下のとおりだ。

	売上高	営業利益	営業利益率
2001 年 3 月期	107.6 億円	14.9 億円	13.90%
2002 年 3 月期	69.3 億円	2.7 億円	3.90%
2003 年 3 月期	119.7 億円	16.3 億円	13.60%
2004 年 3 月期	139.5 億円	27.2 億円	19.50%
CAGR	9.00%	22.20%	

鉄鋼向け主力から半導体・液晶製造部門向け主力に転換したことと、鉄鋼向けも 2001 年当時から世界的な鋼材需要の回復と鉄鋼メーカーの業績回復を受けて好転したことの相乗効果が業績の大幅改善をもたらしたようである。しかし、前述の 2001 年 3 月期実績値を 2001 年 1

月時点で予測することに大きな困難があったとは考えにくい。まして2000年9月中間期の営業利益は7.9億円で、対前年同期比2.5倍の好業績だったのだ。

この時点で下半期が上半期並みで推移すれば、丁度実績に近い結果が予想できたはずだ（半期実績7.9億円の2倍は通期実績14.9億円に非常に近い）。しかし、なぜか下半期の業績を低調に予測し、その予測が結果として間違っていたのだ。はたしてこの会社の経営陣は、公開買付開始時点で株式市場に対して、そして公開買付に応じるか否かを判断する当時の株主に対して必要かつ十分な情報をすべて開示していたと言えるのであろうか。

この公開買付に対しては、発表と同時にトーカロ株の60.4%を保有する日鐵商事と6.5%を所有する現経営陣が買付に応じると発表しており、経営陣は直ちに賛成意見を表明していたことになる。一方、公開買付成功後も現経営陣は留任し、JAFCOは非常勤取締役を派遣すると発表されていた。

中平社長の持ち分比率は2・6%から6・6%へ

また、買付後に現経営陣も買収会社に出資してMBOの形態をとる予定であるとも発表されている。経営陣の出資割合の詳細は公表されていないが、経営陣と従業員持株会で3割強を出資し、残りをJAFCOが出資すると報道されていた。実際、LBO以前の2000年9月末時点、創業家出身で当時の社長であった中平晃氏の当社持ち分は2.6%（16万株）であったが、東証二部再上場直前には、これが6.6%（44万株）と持ち分比率で2.5倍に上昇している。[18]

中平社長はJAFCOの公開買付に持ち株をすべて応札することで1億7000万円程度の現金を受領したものと思われる。この金額をすべてLBOのSPCに出資していれば、SPCの自己資本は前記のように27億円であったから、持ち分比率は6.3%（=1.7÷27）となるはずだ。事実はこの計算に非常に近いのである。[19]

つまり中平社長を含む2001年1月当時のトーカロ経営陣は、JAFCOと共に公開買付の買い手の一部を形成していた。同時に株主

として売り手でもあったわけだが、会社の業績を最も詳細に知る立場にあった経営陣が、2001年1月の公開買付開始時点で、既にその期の4分の3以上が経過している時点において、僅か3カ月後に大幅修正される業績の好転を予想できず、低調な業績予想を放置したまま、結果として投下自己資金が3年間で4.9倍に膨れ上がるような、あるいは保守的なシミュレーションによっても投下自己資金が短期間に2〜3倍になることが予想される、かなり割安な価格での買収の買い手側に参加して、自らも大儲けできる公開買付に賛同する意見を表明し、一般株主に売却を勧めていたという点に問題はないだろうか。

単純な話、2001年1月以前の時点で、2001年3月期の予想業績がもう少し正確に市場に伝達されていれば、株価は保守的なPERや営業利益倍率で見ても、約30％（＝当時の低調な予想営業利益と実績値の乖離比率）高値で推移し、公開買付価格も同率で高く設定され、一般株主の利益ももっと大きくなったはずだ。公開買付価格が30％高かったとしても、LBOの買収価格は83億円（＝64×1.3）程度であり、レバレッジを差し引いた買い手の投下自己資金も比例配分で計算して35億円（＝27×1.3）程度ですみ、この案件が買い手にとってぼろ儲けであったことはなんら変化しない。

このようにMBOは売り手である一般株主の立場で公正な意見表明が求められる経営陣が、同時に買い手でもあることから生じる利益相反の可能性が非常に厄介な問題になりうるのだ。しかしトーカロのケースでは、公開買付にあたり、数年以内に再上場を目指す旨が公表されており、JAFCOという買収ファンドが、リスクを取って財務リターンを追及している様は正確に公表されていた。ところが、その後の日本のLBO（≒MBO）案件では、この点すら曖昧にされたまま公開買付が実行されているケースが目立つ。

(2) 日本テレコム（固定通信）：買った瞬間に買い値の5倍になるディール

次に2003年8月に発表されたリップルウッドによる日本テレコム（固定電話事業）の買収について考えてみよう。このケースもその後、

買収者が対象会社をM&Aで売却して投資利益を確定させている。世界で携帯電話事業を展開していた英国ボーダフォンは、さまざまな取引を経て、2003年の時点では固定電話事業と携帯電話事業の両方を手掛ける上場会社である日本テレコムホールディングス（JTH）株式の66.6%を握っていた。

世界中でそれまでに所有していた固定電話事業を売却して携帯電話事業への選択と集中を進めていたボーダフォンは、JTHから固定電話事業を新設型分社型の会社分割で切り出してこの事業の売却を進めていた。そこへ名乗りを上げたのが、日本長期信用銀行の買収などで日本では有名になっていた米中堅買収ファンドのリップルウッドだ。新聞報道によると、リップルウッドの買収価格は借入金なしのベースで株主価値2613億円であった。

当時のJTHの有価証券報告書のセグメント情報から推測すると、2002年9月中間期の実績でこの取引の対象事業（日本テレコムの長距離固定電話事業）の営業利益は127億円程度であった。固定電話事業は当時設備投資も一巡して、利益水準は安定していたと思われるので、この数値が買収時点でも横ばいと仮定すれば、対象事業の年間営業利益は254億円程度であったことになる。

以上の数値とさらに若干の仮定を元に、この買収の経済性を検討してみよう。ここでは情報が限定されているので、PER一定モデルだけで検討する。まず買収資金の内訳だが、これは明確には公表されていないが、買収対価は325億円が償還期限の付いた優先株で支払われるとされているので、この部分がエクイティで、残りの2288億円がNRLと仮定しよう。実際、新聞報道でも2000億円規模のNRLが日系・外資を含めた複数の銀行団によって組成されたといわれている。NRLの金利は例によって3%とすれば、買収後の想定損益計算書は以下のようになる：

買収後

営業利益	254億円
金利払い	69億円（=2,288×0.03）

金利カバレッジ 3.7 倍
税前利益 185 億円
税引後純利益 108 億円（税率＝42％）

　この数値であれば、営業利益は金利払いの 3.7 倍あるから、銀行団としては融資に問題はなかろう。当時の株式市場では、NTT や KDDI の PER は 17 ～ 21 倍程度であった。仮にレバレッジが高くなったこの会社の PER を 15 倍と仮定しても、上記 108 億円の純利益があれば、株主価値は 1613 億円となる。しかし、買い手の支払ったエクイティはたったの 325 億円だ。これは買った瞬間に買い値の 5 倍になるという、とてつもなく美味しいディールであったことを意味する。

　実際、リップルウッドはこの買収を 2003 年 11 月に完了させるや、翌 2004 年 11 月には同社を 3398 億円でソフトバンクに売却している。しかも、その時点で対象会社の有利子負債は 1758 億円と、先ほど想定した買収時点の 2288 億円から 530 億円も減少している。当時のこの事業の減価償却が年間おおむね 600 億円程度であったことを考えると、ちょうど 1 年間で、設備投資をぎりぎりまで絞り、営業利益と減価償却の合計である EBITDA（254＋600＝854 億円）から税払いを引いたほとんどすべてを借入金の返済に回せば、この程度の負債削減は不可能ではない計算だ。

　そうするとリップルウッドは 1 年間の投資で、325 億円が 1640 億円（＝3398－1758）になったということだ。計算プロセスは異なるが、結果としてさきほどの PER 一定モデルで計算した数値とほとんど同じ水準のリターンを実現したことになる。IRR は 400％である。投資ファンドというものは、とにかく儲けるのがうまいのだが、これほど短期間にこれほど多額の利益を手にする例はそれほど頻繁にあるわけではないだろう。なお、ここでも PER 一定モデルが実際の案件で結果としてサポートされている（四捨五入の関係で、一部の計算は一致していない）。

　ただ、ソフトバンクが買収した後のこの会社の収益は低迷した。2005 年 3 月期の実績営業利益は 521 億円の赤字、2006 年 3 月期も

210億円の赤字であるから、ソフトバンクはリップルウッドがLBOで買収した会社を高値で再買収したものの、その後は含み損にあえぐ状態が続いたと言ってよいだろう。ただ、ソフトバンクは次節で述べるようにその後、2006年3月にボーダフォン株式会社を買収して携帯電話事業に乗り出した。

携帯電話事業というものは、顧客の端末と基地局の間は無線通信だが、実は距離としての伝送路の大半を占める発信者基地局と受信者基地局の間は有線通信で結ばれている。つまり携帯電話事業は伝送路の大半が固定通信事業なのだ。そういう意味で携帯電話事業に進出したソフトバンクにとっては、2年半前の固定通信事業の買収が単体では負けの投資であったと思われるが、携帯電話事業にとって必要不可欠な固定通信のバックボーンに使うことができたという意味で、にわかに大成功の投資に化けたという面がある。

(3) ボーダフォン（携帯電話事業）

次に、先ほどのケースと同じ売り手であるボーダフォンが、2006年3月にそれまでの世界中で携帯電話事業を推進する戦略を大きく方向転換して、苦労して手に入れた日本テレコム系の携帯電話事業（ボーダフォン）を売却した例を考えてみよう。

売り手は事業会社とはいえ、世界中でM&Aをいやというほど実行しているボーダフォン、対象事業はその国内携帯電話事業、買い手はやはり事業会社でありながら世界中の買い物をたくさん買ってはいるが、（当時）M&A戦略にいま一つ切れ味が見られないとの評価もあったソフトバンクという組み合わせだ。

新聞報道等によれば、ソフトバンクは対象事業の議決権の97.7%を1兆7500億円で買収した。有価証券報告書[*20]によれば、対象会社の2006年3月末時点の純有利子負債は3709億円あったことがわかるので、この数値を用いて議決権100%に換算すれば、買収会社総価値は2兆1621億円（=17,500 ÷ 0.977 + 3,709）となる。一方、2006年3月期の実績営業利益は763億円である。

また、買収資金の内訳は、当事者の発表によると、ソフトバンクが

2000億円、ソフトバンクの関連会社であるヤフーが1200億円をエクイティとして出資し、残りは売り手である英国ボーダフォンPLCの貸付金と銀行団から調達したNRLである。売り手の貸付金もNRLと考えれば、調達されたNRLは合計1兆8421億円となり、国内過去最大のLBOであることがわかる。以上を前提に、例によってNRLの金利を3%とおけば、買収後の想定損益計算書は、以下のようになる：

買収後
営業利益　　　　763億円
金利払い　　　　553億円（=18,421x0.03）
金利カバレッジ　1.4倍
税前利益　　　　210億円
税引後純利益　　122億円（税率=42%）

金利カバレッジは1.4倍であるから、金融機関としては薄氷を踏む思いだっただろうが、何しろ日本のNRLビジネスは過当競争の真っただ中である。噂によると、本件のNRLは数日間で瞬く間に山ほどの金融機関からオファーが届き、最終的にはオーバーサブスクライブ（募集金額を上回るオファー）となったらしい。

当時のNTTドコモやKDDIのPERは12〜13倍と全く普通の低成長会社レベルの評価であったから、純利益122億円の買収後のこの会社の想定時価総額はPERを13倍としても1586億円（=122×13）である。ソフトバンクグループの買い値（出資エクイティ）は3200億円だから、このケースでは買った瞬間に投資金額のおおむね半分が含み損だ。

もっとも、その後決算短信ベースで2007年3月期の営業利益が1557億円まで回復している。これを実力と考えれば、買収時点の金利カバレッジは2.8倍まで上がり、買収後の想定純利益は582億円（=1,557−553）×0.58、PER=13倍とした株主価値は7566億円となり、3200億円の投下資金を前提にすれば、含み益が約4366億円と水面上

に浮いた状態となっていた。

　2006年3月時点でこの増益が予想できたか、またその後もこの収益レベルが継続可能と予想できたか、というと、番号ポータビリティや家族割引など業界の競争状況は非常に厳しい状況であったので、そのような予想は難しいところだっただろう。その後の成り行きは経営者の実力次第だが、以上の分析から言えることは、本件は本章第5節で分析した、同じ売り手で買い手と対象会社が異なる、日本テレコム（固定電話事業）案件のような、買った瞬間に買い手が投下資金の数倍の含み益を期待できるような美味しい案件ではなかったということがわかる。

　新聞報道では、ソフトバンクは売り手であるボーダフォンから「他にも買収ファンドからの提案が沢山来ているので、早く決めないと他に売ってしまう」といった趣旨の脅しをかけられて、素早く買収を決断したと言われている。しかし、この分析から考える限り、かつ当時の足元の業績からすれば、LBOで利益を得るプロフェッショナルたる買収ファンドが、ソフトバンクと同じ買い値で列をなして買収を提案したとは考えられない。LBOの常識から考えて、この買い値はかなり売り手に有利なレベルと言ってよいだろう。LBOはいつでも必ず儲かるわけではないということが、この例からもわかるだろう。

　さらに付言すれば、ボーダフォン傘下で経営されていた日本の携帯電話事業は当時、携帯電話各社が設備投資の真っ最中であった第3世代移動通信システムに関してNTTドコモと同方式のW-CDMA（FOMA）を採用するとしていたが、当時ある程度この事業の売却を意思決定していたと思われる親会社（英国ボーダフォン）は日本の子会社に設備投資の削減を指示していたことが伺われる。

　例えば、2005年3月期の設備投資金額は、ボーダフォンが1668億円で、これは同社の2002年3月期の設備投資金額3704億円の半分以下（45%）である。同時期にNTTドコモやKDDI（ａｕ事業）は、2002年に比べて77%（ドコモ）、123%（KDDI）と旺盛な設備投資意欲を示していたことと対照的である。買収直前の2006年3月期のボーダフォンの設備投資も1889億円と低調だ。

また、当時の2006年3月期予想EBITDA（営業利益＋減価償却）に占める減価償却の比率がボーダフォンでは71%とドコモの47%やKDDIの54%に比べて非常に高くなっていた。

　つまり当時のボーダフォンは、古い通信網（PDC＝第2世代デジタル）を不十分な顧客の数で（減価償却に対して低い営業利益しか稼げずに）運営しながら、EBITDAは過去の設備投資の償却で何とか帳尻を合わせ、一方で第3世代移動通信網への設備投資は先送りにして、次のオーナー（ソフトバンク）に負担を強いる構造になっていた、と考えることができる。

　ソフトバンクが買収しても、その傾向は続いた。ソフトバンクモバイル（SBM）の設備投資は、買収後の2007年3月期にいったん3084億円に増加したにもかかわらず、次年度2008年3月期の設備投資は減少に転じて2355億円、翌2009年3月期も1996億円、2010年3月期も1848億円と低調であった。

　すでに述べたように、この時期はドコモもKDDIも第3世代デジタル（ドコモはFOMA、KDDIはCDMA2000）のネットワーク構築で投資需要は高く、ドコモは8000億円前後、KDDIは第3世代が第2世代のネットワーク（cdmaOne）を一部利用できる方式だったため、投資が抑えられていたが、それでも4000億円前後の投資が続いていた。

　SBMの第3世代はドコモと同じFOMA方式であり、年間2000億円前後というドコモの4分の1レベルの投資では到底まともなネットワーク構築はできなかっただろう。つまりソフトバンクは設備不十分なネットワークを買収したが、買収後も高い買収価格と多すぎるNRLの返済に追われて設備投資を十分に打てず、それが、「突出して繋がらない」との評判になっていたと思われる（四捨五入の関係で、一部の計算は一致していない）。

すべてを帳消しにした「神風」iPhone

　しかし、その後、事態は急変する。SBMの流れを変えたのは、人気テレビCMの白い犬でも上戸彩でもなく、iPhoneだった。2008年

7月からKDDIが参入する2011年10月までの3年余りの期間、iPhoneの国内販売・運用を独占したことが加入者獲得に大きく寄与した。

買収1年後の2007年3月期のSBMの加入者数は1591万人（携帯シェア16%）であり、2008年3月期でもホワイトプランなどの異次元割引プランで少しはシェアを伸ばしたものの18%だった。それが、iPhoneの独占販売を始めると、ネットワークが繋がらなくてもシェアは伸び、ついに2013年3月期には加入者数4188万人（シェア30%）でKDDIを抜いて業界2位に躍り出た。

収益も大幅に改善し、買収前の2006年3月期に763億円だった営業利益は、2007年3月期でも1557億円と低調で2009年3月期あたりまではこの傾向が続くわけだが、iPhone効果で加入者が伸びるにしたがって営業利益も伸びて、2014年3月期には6090億円（携帯電話事業）と、2006年3月期の8倍となった。さすがに利益が8倍になることを前提に買収時点で意思決定するという戦略はあり得ないが、結果的には神風効果もあり、現在の利益レベルであれば、当時の買収価格はタダも同然というレベルと言えるだろう。結果論だが、結果を出したところはやはりたいしたもの、と言わざるを得ない。

イー・アクセスを電光石火、破格の金額で買収

ちなみに、これだけ加入者が増え、業績が改善した背景としては、iPhone効果に加えて2012年10月に発表されたイー・アクセスの買収も大きい。1.7GHz帯というiPhoneが使える周波数を総務省から割り当てられていたイー・アクセスは、周波数帯不足に悩むSBMにとってはどうしても必要な相手だったが、これをKDDIが買収に動いたのを察知して、株価約1万5000円程度で時価総額500億円程度のイー・アクセスをなんと3倍以上の1株5万2000円、時価総額1800億円で無理やりさらった。

イー・アクセスの創業社長である千本倖生氏は、総務省から国民の財産である電波を事業目的で借りたに過ぎないのだが、これをソフトバンクに高値で売り抜けて財を成したわけであり、業界内外から厳し

い批判にさらされた。しかし、買い手側の電光石火はさすがと言わざるを得ない。

30億ドルの赤字会社を216億ドルで買収

もう一つ付け加えると、ソフトバンクは2013年、さらに米国進出を果たす。米国携帯電話3位のスプリント・ネクステル社の78%を216億ドルで買収した。しかし、この買収は2006年のボーダフォンの買収よりもさらに格段にリスクが高い。なぜなら、ボーダフォンは日本の携帯電話3位であり、ネットワークのクオリティは低かったが、それでもまがりなりにも買収直前の2006年3月期の営業利益は763億円の黒字であった。だが、スプリント・ネクステルはソフトバンク買収直前の2012年12月期の決算で税引後純利益が43.3億ドルの赤字会社だ。

買収後初年度の2013年12月期でも、税引後純利益は30億ドルの赤字だ。ソフトバンク全体の連結純利益は買収前の2012年3月期で3138億円であるから、スプリント・ネクステルを連結すると、ソフトバンクの連結純利益は赤字に転落する可能性さえあった。

さらに、SBMの神風となったiPhoneは、競争相手のベライゾンもAT&Tもすでに取り扱っている。あとは得意の低価格戦略しかないのだが、これは競争相手に読み切られており、スプリント・ネクステルが値下げを発表すると競争相手も翌日準備万端で追随する始末だ。あとの望みは、米国携帯4位のTモバイルを買収して、規模でベライゾン・AT&Tに追いつくしかないのだが、Tモバイルを所有すドイツテレコムは売り気満々なようだが、司法省とFCCが独占禁止法の観点から3社寡占を認めない方針を発表している。

加えてソフトバンクが中国の通信機器大手ファーウエイ（Huawei、華為）に基幹通信機器を依存している点が米国の安全保障上の問題という認識も消えていないといわれている。

筆者は2006年のボーダフォン買収の際、すでに述べたLBO分析から買い値が高すぎるので、この案件はうまくいかないだろうと公に何度もコメントした。しかし、結果は買収時点で存在しなかった

iPhoneの神風により大成功となった。2匹目のドジョウを狙う孫氏に対しては何の恨みもないのだが、さすがに今回は無理ではないだろうか。当たり前の企業価値評価の分析からしたら、このスプリント・ネクステル社買収は成功しないと思われる。30億ドルの赤字会社を216億ドルで買収するのは、さすがに無理がある。

(4) ワールド：エクイティ出資者（現経営陣）にとって極めて美味しいMBO

次にやや時間が前後するが、2005年7月に発表されたワールドのMBOのケースを考えてみよう。東証一部上場のアパレル大手ワールドは、2005年7月25日、同社の代表取締役社長、寺井秀蔵氏が株式の100%を出資する会社による同社株式の全部に対する公開買付に賛同する旨を取締役会で決議し発表した。

買付価格は7月22日までの過去6カ月間の大阪証券取引所終値単純平均（3741円）を25.6%上回る4700円とした。自己株式を除く全株（4566万株）が応札された場合の買収時価総額は2146億円であった。

同社はMBOに踏み切った理由として、経営環境の変化に柔軟に対応した機動的な経営戦略や施策を短期的な業績の変動に左右されることなく、迅速に遂行する体制を整備すると共に、自己責任を明確にした経営体制への転換を図るためと説明している。

また、資本市場は同社の生産設備への投資とその減価償却増に懸念を示しており、現経営陣にはこれが足枷と映ったとの報道もあった。究極の敵対買収防衛策とのコメントも聞かれた。一方では、将来的に非公開の持ち株会社体制に移行した後、傘下で資金調達が必要な衣料ブランド部門だけを再上場する計画とも報道されていた。

本件の場合、同社の純負債が2005年3月期でマイナス351億円（純現金がプラス351億円）と財務内容が良好であったことと、創業者一族を含む現経営陣が金庫株を除く発行済株式の12.5%（約570万株、公開買付価格での時価は約268億円）を保有していたことから、買収資金のうちエクイティ部分はこれら経営陣の株式持ち分の売却代金

で賄われ、買収ファンド等の第三者がエクイティを出資していないと言われている。その場合、調達された NRL は 1527 億円（=2146−351−268）にのぼる。

しかし、この前提でもこの買収はエクイティ出資者（現経営陣）にとって極めて美味しい結果となっている。この案件の経済性を検討してみよう。なお、この前提ではレバレッジはやや高めの数字だが、それでも金利カバレッジは4倍以上なので、全く問題はない。

買収前	06年3月期会社予想	07年3月期会社予想
営業利益	193 億円	200 億円
純利益	93 億円	97 億円
時価総額(*)	1708 億円	
会社総価値(*)	1357 億円	
PER(*)	18.4 倍	17.6 倍
営業利益倍率(*)	7.0 倍	6.8 倍

(*) MBO発表前6ヶ月平均株価3,741円ベース、金庫株除く

買収後	06年3月期予想	07年3月期予想
営業利益	193 億円	200 億円
金利払い	46 億円	46 億円（負債削減効果無視）
金利カバレッジ	4.2 倍	4.4 倍
税引後純利益	85 億円	89 億円（税率=42%）

本件では情報も豊富であるし、注目すべき案件でもあるので、PER一定と営業利益倍率一定の両方で考えてみる。まず PER 一定の仮定で考えてみよう。上記のようにこの会社は 2006 年 3 月期で 193 億円の営業利益、93 億円の純利益が予想されていた。買収発表前 6 カ月平均株価で計算した時価総額（自社株を除く）は 1708 億円、会社総価値は 1357 億円なので営業利益倍率は 7.0 倍、PER は 18.4 倍だ。

経営陣はこの会社に 1527 億円の負債を積んで、自己の持ち分株式の売却代金 268 億円をエクイティとして出資して合計 1795 億円（さ

らに会社の純現金351億円を加えれば、公開買付時価総額2146億円）で買収した。買収後の金利負担を例によって3%とすれば（特別損益を無視して）、買収後純利益は2006年3月期で85億円だ。PERが18倍で不変とすれば、買収後時価総額は1537億円となり、経営陣の投下自己資金268億円の6倍近い。ぼろ儲けである。

公開買付前後の経営陣による業績予想に不透明な経緯

次に営業利益倍率一定で考えてみよう。2007年3月期の予想営業利益200億円は前年比3.63%の成長なので、この成長率が継続すれば、4年後の予想営業利益は223億円だ。営業利益倍率7倍が不変とすれば、4年後の会社総価値は1558億円、負債は376億円減少して1151億円なので、時価総額は407億円だ。経営陣の投下自己資金268億円が、4年後に約1.5倍の407億円となる投資のIRRは11.0%だ。[*21] プロの買収ファンドにとっては物足りないリターンだが、買収ファンドの出資を受けずに経営陣の持ち株だけで買収資金を調達する案件であり、しかも創業者一族を含む経営陣の持ち分が12.5%から100%に上昇する案件としては十分魅力的な数値だろう。

さらにあと2年待てば負債は合計で600億円減少しており、営業利益は239億円、会社総価値は1673億円、負債は927億円、株主価値は746億円となり、6年間のIRRは18.6%まで上昇する。この時点で再上場して持ち分の半分を売却すれば、投下自己資金268億円の1.4倍の373億円も回収できて、なお持ち分はまだ2分の1と支配株主の地位を維持できるのだ（四捨五入の関係で一部の計算は一致していない）。

このようにワールドのケースは、買収者である経営陣にとって経済的に非常に魅力的な案件であるが、そのような説明はなされていない。あとで述べるポッカやすかいらーくなどエクイティに買収ファンドが出資しているケースでは、近い将来再上場などで投資が回収されることがより明らかだが、それでもエクイティ出資者から見た案件の優れた経済性が説明されず、金儲け以外の目的がMBOの理由としてまことしやかに説明される案件があとを絶たない。

さらに付言すれば、ワールドのケースでもトーカロと同様、公開買付前後の経営陣による業績予想に不透明な経緯がみられる。ワールドは 2005 年 7 月の公開買付発表に先立ち、2005 年 5 月に行った決算発表時点で、2005 年 9 月中間期の売上げが 1210 億円（前年同期比 9% 増）となるものの、経常利益は 35 億円と前年同期実績（47 億円）比で 26% 減少して大幅減益になると発表していた。

公開買付発表時点でもかかる予想を据え置いていた。ところが、公開買付期間中の 7 月末には 2005 年 6 月（第一四半期）の経常利益が 43 億円と前年同期比 10% 増になったことを発表しなければならなかったのだ。

しかし、この時点でも 9 月中間期の見通しは修正しなかった。つまり、このとき、会社は第 2 四半期の営業利益は赤字予想であると公言したことになる。この間違った中間期見通しの修正は公開買付終了後の 9 月末に行われ、9 月中間経常利益が 58 億円と対前年で増益に転じるとの修正見通しを発表した。そして上場廃止が決まったあとの 11 月に発表した 9 月中間期の最終的な経常利益は、9 月の修正数値をさらに上回り、61 億円となっていたのである。

このように恣意的としか思えない低調な業績予想を公開買付前に発表し、公開買付が終了してから平然と増益に修正するなどということが、なぜ問題にならないのか極めて不思議である。

(5) ポッカコーポレーション：奇妙な業績予測発表

次にワールドの直後、2005 年 8 月に発表された飲料大手のポッカコーポレーションの MBO を考えてみよう。このケースはワールドと異なり、買収ファンドが買収資金のエクイティ部分の大半を出資しているようであり、出資者は日系投資ファンドのアドバンテッジパートナーズである。

発表された公開買付の買付価格は、1 株 690 円で直近 1 カ月平均株価に 23.7% のプレミアムを設定したと説明されている。買収価格は時価総額で 248 億円、引き継ぎ純有利子負債は 28 億円（2005 年 3 月期実績）なので、買収会社総価値は 277 億円となる（四捨五入の

関係で一部の計算は一致していない)。営業利益は2005年3月期実績の22億円に対して、本件発表時点での2006年3月期の会社予想は15億円と例によって減益予想であった。

　買収資金の内訳は公表されていないが、エクイティを50億円、残りの227億円をNRLとし、金利を3%とおけば、買収後の想定損益計算書は以下のようになる：

　　　　買収後
　　　　　　営業利益　　　　15億円
　　　　　　金利払い　　　　7億円（=227×0.03）
　　　　　　金利カバレッジ　2.2倍
　　　　　　税前利益　　　　8億円
　　　　　　税引後純利益　　5億円（税率42%）

　想定したレバレッジはやや高めだが、それでも金利カバレッジは2.2倍なので問題はないだろう。当時、株式市場での飲料大手のPERは、カルピスで20倍、キーコーヒーで27倍、ダイドードリンコで24倍程度であった。保守的に見て買収後のポッカのPERを20倍とすれば、買収直後の想定時価総額は95億円程度となる。買い手の想定投下資金50億円は買った瞬間に約2倍になっていることになる。やはりワールドに比べれば規模は小さいが、買い手にとって、本件も美味しい案件であったようだ。

　さて、問題は本件でも公開買付発表前後に恣意性の高い業績発表があるということだ。公開買付発表前の2005年3月期について、2004年11月の中間決算発表時点では通期の経常利益を27億円と予想していたが、その期がほとんど終了した2005年3月になってこれを18.5億円に下方修正したにもかかわらず、決算の蓋を開けてみると2005年5月に発表された2005年3月期の実績経常利益は22億円と、当初予想は下回ったものの、下方修正値を大きく上回ったのだ。

　そして問題の2006年3月期に入るわけだが、2005年3月期の決算発表時点では2006年3月通期の経常利益（この会社の場合は≒営業

利益）を20億円と予想したが、公開買付発表（8月22日）直前の8月1日の第一四半期業績発表に合わせて、これを15億円に下方修正しているのだ。このとき発表した2006年9月中間期の予想経常利益は4億円であったが、2005年11月に発表された中間決算での実績値は5億円となり、再び下方修正値を実績が上回ったのである。

残念ながら、2006年3月期の実績については上場廃止に伴い、公表されていない。しかも、株価チャートを見ると2005年3月と2005年8月の業績予想下方修正に対して株価は素直に反応しており、その直前まで上昇基調であったが、発表に合わせて小幅ではあるが株価が下がっている。経営陣と投資ファンドの思惑通りなのかもしれないが、ワールドによく似た、どうにも割り切れない奇妙な事実経緯がここでも見られる。

(6) すかいらーく：銀行主導？　恣意性のない業績予測

次に2006年6月に発表された外食チェーン大手のすかいらーくのMBOを考えてみよう。このケースもワールドとは異なり、野村プリンシパルと欧州投資ファンドのCVCキャピタルが買収資金の大半を出資しているといわれている。発表された公開買付の買付価格は1株あたり2500円で、直近6カ月の平均株価に27.4%のプレミアムを設定したと説明されている。買収価格は時価総額で2718億円、引き継ぎ純有利子負債は858億円（2006年6月実績）なので買収会社総価値は3575億円となる。

経常利益および営業利益（両者はおおむね同じ値）は、2005年12月期の実績値185億円に対して、2006年2月の決算発表時点で経営陣は2006年12月期を230億円の増益と予想している。つまり、ワールドやトーカロのケースと根本的に異なり、このケースでは経営陣による公開買付直前の、恣意的で姑息な業績予想下方修正がなされていないのだ。さらに言えば、なんと7月10日に公開買付が成功裏に終了した後で、8月18日に当期予想経常利益（≒予想営業利益）を230億円から210億円に下方修正している。恣意性も姑息さも全く見られない、まことにあっぱれな事実経緯である。

買収資金の内訳は公表されていないので、エクイティを300億円[*22]、残りの3275億円をノン・リコース・ローンとし、金利を3%とおけば、買収後の想定損益計算書は、以下のようになる：

買収後
営業利益　　　230億円
金利払い　　　98億円（= 3275×0.03）
金利カバレッジ　2.3倍
税前利益　　　132億円
税引後純利益　76億円（税率= 42%）

想定したレバレッジは大分高いが、それでも金利カバレッジは2.3倍なので問題はないレベルだろう。当時、外食産業の株価はすかいらーくやロイヤルが17〜24倍程度のPERで取引されていた。京樽で15倍程度だ。やや保守的に見て、買収後PERを15倍としても買収直後の想定時価総額は1146億円であり、仮定した買い手の投下資金300億円のおおむね4倍だ。本件も買い手にとって非常に美味しい案件であったことがわかる。

しかし、当事者による発表では、LBOの目的を（1）長期的視点で投資する友好的な株主にスイッチすること、（2）リストラを断行するので、一般株主に迷惑をかけないようにすること、（3）買収防衛策の意味合いもないわけではない、といった説明がなされている[*23]。

本件のように事実経緯がすっきりとした案件でも、やはり買い手と経営陣からはLBOが経済的な裁定取引であり、端的にいえば金儲けのためにやっているのであるという本音は見えてこないようだ。

ただ、他の案件と異なり、LBOの手続きがほぼ終了した時点の2006年10月25日には、今後の経営目標として4〜5年後に再上場を目指すと明言しており、やはり他の案件、特にワールドやトーカロに比べてすっきりとした印象があることは確かである[*24]（四捨五入の関係で一部の計算は一致していない）。

なお、すかいらーくは、その後サブプライム問題等による未曾有の

大不況で業績が低迷する。野村プリンシパルが本件のエグジットを果たしたのは2011年10月のことである。当時の新聞報道によると[*25]、野村のエグジット時の買い手は米大手投資ファンドのベインキャピタルで売り値は会社総価値で2600億円程度と言われている。この金額は、野村プリンシパルにとって元々の投資を回収して若干利益が出るレベルだそうだ。5年半前の買収会社総価値が3575億円であったから、その間に1000億円ちかい買収負債の返済が進んでいれば、丁度とんとんなので、あり得る話だろう。

野村はすかいらーくの業績悪化時に保有株の減損処理をしているので今回の売却で会計上は利益が出るが、実際にはほとんど儲からなかったということらしい。LBOは、計算上は買った瞬間に儲かるのだが、サブプライム問題と欧州ソブリン問題による世界同時不況のような大規模な市場の悪化が起きれば、当然ながらその通りにはならない場合もあるということだ。

(7) キューサイ：資本市場を舐めた事例

次に2006年10月に発表された健康飲料大手キューサイのMBOを考えてみよう。このケースは、ワールドと同様、投資ファンドが資金を供給していないと思われる。公開買付実施時点で創業ファミリー（長谷川家）が発行済み株式の64%を保有していたからだ。発表された公開買付価格の買付価格は1株1920円で、直近3カ月平均株価に16.7%のプレミアムを設定したと説明されている。

買収価格は時価総額で634億円、引き継ぎ有利子負債はマイナス72億円（2006年8月中間期実績）だから、買収会社総価値は562億円となる。営業利益は、本件発表当時における2007年2月期の会社予想で44億円である。このケースで特筆すべきは、2006年10月2日の公開買付発表と同時に、それまでの2007年2月期会社予想経常利益（≒営業利益）39億円を44億円に上方修正したことである。ワールドやポッカのような明らかな恣意性は見られないが、これも資本市場を舐めた話ではないだろうか。

予想利益を13%も増額しておいて、その事実が株価に反映される

以前の平均株価にわずか17% 程度のプレミアムで全株を買収したい、というのでは実質的にほとんどプレミアムなしで買収しようとしていることになりかねない。これに対する反論としては、2006年のこの会社の株価は1月の1000円前後から8月の1600円前後へ順調に上昇しており、その上がった株価にさらにプレミアムを支払っているのだから文句はなかろう、ということが考えられる。

しかし、2007年2月期の上方修正前の会社予想でも1株当たり純利益は136円程度であるから、常識的に考えて2006年当初の1000円前後の株価の方が異常なのではないだろうか。株価は2000円でも、PERは15倍に満たないのだ。

さて、分析を続けると、例によって買収資金の内訳は公表されていないが、エクイティを100億円、残りの462億円をNRLとし金利を3%とおけば、買収後の想定損益計算書は、以下のようになる：

買収後
営業利益　　　44億円（上方修正後）
金利払い　　　14億円（=462x0.03）
金利カバレッジ 3.2倍
税前利益　　　30億円
税引後純利益　17億円（税率42%）

想定したレバレッジは高めだが、それでも金利カバレッジは3.2倍なので全く問題ないレベルだろう。当時、株式市場での健康志向の飲料大手のPERは、カルピスで16倍、養命酒で24倍程度であった。保守的に見て買収後のキューサイのPERを16倍とすれば、買収直後の想定時価総額は278億円程度となる。買い手の想定投下資金100億円は、買った瞬間に3倍近くになっていることになる。やはりワールドに比べれば規模は小さいが、買い手にとって本件も美味しい案件であったようだ（四捨五入の関係で一部の計算は一致していない）。

(8) 東芝セラミックス：結局は損切りされたカーライル案件

次にやはり 2006 年 10 月に発表された東証一部上場の東芝関連会社[*26]である半導体製造用シリコンウエハー大手、東芝セラミックスの MBO を考えてみよう。このケースは投資ファンドである米系のカーライルグループと日系のユニゾンキャピタルが買収資金の大半を出資しているようだ。

発表された公開買付の買付価格は 1 株 600 円で直近 6 カ月の平均株価に 23.4% のプレミアムを設定したと説明されている。買収価格は時価総額で 913 億円、引き継ぎ純有利子負債は 284 億円（2006 年 9 月実績）だから、買収会社総価値は 1197 億円となる。経常利益については、公開買付以前である 2006 年 5 月の、2006 年 3 月期決算発表時点で、2007 年 3 月期を 45 億円と予想していたが、7 月にはこれを 58 億円に上方修正し、さらに公開買付発表と同時に 64 億円に再修正している。

同期間に同社の競争相手である住友金属・三菱マテリアル系シリコンウエハー大手の SUMCO なども同様の決算上方修正を繰り返しており、業界全体が半導体と液晶パネルの世界的需要増で、新型の 300 ミリタイプのシリコンウエハー需要拡大に沸いた時期であり、度重なる業績予想の上方修正はそれ自体不自然とは言えない。

2007 年 3 月期の予想営業利益については、『会社四季報』（東洋経済新報社）ベースで見ると、2006 年第二集（4 月発行）で 53 億円であったものが、第三集（7 月発行）で 61 億円、第四集（10 月発行）で 75 億円、さらに 2007 年第一集（1 月発行）では 82 億円、第二集（4 月発行）では 90 億円、と約 1 年間の間に同じ決算期の予想が 1.7 倍に跳ね上がった。この間、同社の株価は終値ベースで、2006 年 1 ～ 6 月は 450 円近辺にあったが、8 月に 550 円近辺へ急上昇し、9 月には 600 円を超えていた。

この状況下で 10 月 31 日に、その時点の時価とほぼ同じ 600 円という買付価格で、業績拡大予想が反映される以前の時期の株価を含む 6 カ月平均に 23.4% のプレミアムを乗せた価格での公開買付を開始す

ると言われても、直近株価にはプレミアムが乗っていないではないか、という疑問が投資家の間にあったかもしれない。

　確かにそういった面はあるだろう。しかし、半導体事業は著しく業績変動が激しいことは周知の事実である。株価も業績上昇局面を先取りして急騰するが、実績ベースで好景気のピークの決算が発表される頃には次の業績下降局面を先取りして下落するのが普通だ。この会社の前回の株価ピークは 2004 年 4 月頃でその時の高値は終値ベースで 528 円程度だが、その後の安値は 2005 年 4 月の 302 円程度である。さらに好況期の一時的な急上昇を除けば、過去数年の大半の期間でこの会社の株価は 400 円前後の位置にあった。

　このようにシクリカルな動きの株式であることが明確である以上、ピークの株価（にプレミアムをほとんど乗せない価格）での、全株式の現金での買収が投資家にとって著しく不利、というほどのことではないだろう。むしろ業績上方修正とその株価への反映を待って公開買付を発表していることに、これまで分析してきた多くの案件と比較しても、潔さとプロセスの透明性を感じる、と言った方が公正な評価ではないだろうか。

　そもそもこの案件は、東芝セラミックスの経営陣が意思決定者ではないだろう。株式の保有状況からして、投資ファンドと交渉にあたって意思決定権限を支配していたのは東芝自体だろう。東芝はこの会社を売却すると決めた時点で一般株主と同じ利害関係にあり、利益相反は構造的に存在しない。だからこそ、業績の拡大と株価の上昇をチャンスと捉えて本件を実行したのではないだろうか。

　分析を続けよう。例によって買収資金の内訳は公表されていないので、エクイティを 100 億円、残りの 1097 億円を NRL とし、金利を 3% とおけば、買収後の想定損益計算書は以下のようになる。ここでは業績変動を考慮して、2006 年 3 月期決算発表時点の（上方修正前の）予想営業利益である 53 億円を使用する：

買収後

営業利益	53億円
金利払い	33億円（=1,097x0.03）
金利カバレッジ	1.6倍
税前利益	20億円
税引後純利益	12億円（税率=42%）

　想定したレバレッジが高いが、それでも金利カバレッジは1.6倍であるからなんとか実行可能な範囲と言える。当時、シリコンウエハー事業の株価はSUMCOが15倍程度、信越化学とコマツ電子が20倍程度のPERで取引されていた。営業利益を保守的に見積もったのでPERは中立的に20倍とみると、買収直後の想定時価総額は233億円（四捨五入の関係で一部の計算は一致していない）となり、投下資金は100億円であるから、やはり買った瞬間に133億円の含み益であり、投下資金が2倍以上になっている計算である。

　もちろん営業利益を『会社四季報』上でベストの90億円と見れば、本件はさらに美味しい案件に見える。しかし一方で、営業利益を53億円、PERを保守的に見て15倍とすれば、買収直後の想定時価総額は175億円である。投下資金の1.75倍であるから、儲かってはいるが、それほど極端に美味しい案件というわけでもないという計算になる。しかし、いずれにしても、他の案件と同様、買った瞬間に儲かっていることに変わりはない。

　ところが、この案件も前述のすかいらーくなどと同様、その後のサブプライム問題と欧州ソブリン問題による世界同時不況と大規模な市場の悪化の影響で非常に厳しい状態となったようだ。新聞報道によると、東芝セラミック（その後、コバレント・マテリアルに改称）は2011年8月、主力の半導体ウエハー事業を台湾の半導体ウエハー事業大手のシノ・アメリカン・シリコンに売却すると発表した。売却額は4億5100万ドル（347億円）で、買収会社総価値1197億円の3分の1未満だ。

　コバレントは、カーライルによる買収後、世界不況のあおりを受け

て業績は低迷、2008年と2009年はそれぞれ150億円程度の赤字を計上した模様であり、安値での損切り的エグジットもやむを得ないところかもしれない。カーライルは世界一流の買収ファンドだが、日本での業績は芳しくない。2004年にKDDIから2200億円で買収したPHS事業(株)ウィルコムは、2009年に事業再生ADRで事実上倒産し、カーライルの投資は全額毀損したと思われる。

(9) レックス・ホールディングス：双方の中間をとる裁判所の判決

次に、第1章でも述べた、株主からの訴訟にまで発展した問題の案件を見てみよう。レックス・ホールディングス（レックス）の案件である。2006年11月に牛角などを展開する飲食チェーン大手のレックスが、MBOを発表した。本件の買収資金のエクイティは、創業社長の西山知義氏の保有株式（実質ベースで約30%を保有していたとみられる）の売却分に加えて、日系投資ファンドのアドバンテッジパートナーズ（AP）が出資している。レックスの発表によると、西山氏は買収のための特別目的会社に公開買付終了後に33.4%出資すると開示されているので、本件は西山氏とAPの共同作業による買収と言えるだろう。

公開買付価格は23万円で、直近1カ月平均株価に13.9%のプレミアムを乗せた価格と発表されている。この価格設定がその後、大きな問題になった。というのも、レックスの株価は本件発表前の2005年12月には瞬間最大で100万円を超えており、2006年1月時点でも50万円を超えていた。これは、2005年12月期決算発表時の2006年2月に2006年12月期の予想経常利益を105億円と発表し、前年度実績経常利益64億円から1.6倍という大幅増益を予想したことを先取りする動きであった。

それ以前の2005年1～9月の期間の株価は、おおむね25万円程度（20～30万円の範囲）であったのだが、この株価レベルは2005年12月期実績の経常利益64億円、純利益31億円、1株当たり純利益約2万5000円のレベルからすれば、PERで10倍程度と低調なレベルであった。これに対して、瞬間最大の100万円という高値株価は、

大幅増益予想に反応したものだが、純利益が1.6倍、すなわち1株当たり利益が約4万円になるとの予想なので、株価がそれ以前の25万円レベルから4倍になっても、増益後の利益に対するPERではそれ以前のPER10倍前後の2.5倍で25倍程度であるから、増益予想が現実的であるならば、それほど説明不能な急騰というわけではなかった。

ところが、株価は2005年12月の100万円は長くは続かず、2006年1月の50万円も短期間に割り込んで、その後、2006年7月ごろまでに30〜40万円レベルまで低下している。この時点で公開買付を発表していれば、それほど問題にはならなかったのだろうが、困ったことにと言うか、例によってと言うか、公開買付発表前の2006年8月、2006年12月期の予想経常利益を64億円に大幅下方修正したのだ。

このときの修正理由は、売上未達、チェーン加盟店舗の加盟金入金遅れ、人件費・販促費の増加などに加えて、会計士の指摘による固定資産の減損等による負担が挙げられた。そして、この発表によって株価は20万円を割るレベルまで急落したのである。そしてその急落した株価に10％余りの小さなプレミアムを乗せて公開買付を発表したのが、2006年11月だった。

投資家の多くは、減損会計という、2006年12月期が始まるころ（すなわち経常利益が1.6倍の増益との予想を発表したころ）からその適用がわかっていた会計基準を、期の途中で持ち出して減益理由にしたことや、その期の期初で大幅な増益予想をしていたことと公開買付のタイミングの関係に疑問を投げかけた。投資ファンドと組んで恣意的に減益発表を仕組んで株価を下げてからMBOを行ったのではないかという疑問だ。しかし、2006年12月期決算を閉めてみると、レックスの業績は2006年8月の下方修正以上に悪化していた。結局、経常利益は24億円の赤字にまで下落したのだ。

2007年4月、レックスの個人株主120人と法人株主1社は東京地裁に本件の公正な株式買取価格を決定するよう申し立てをした。会社法172条に基づき、全部取得条項の発動にあたり取得の価格の決定についての司法判断を仰いだのだ。裁判所の判断内容次第では、価格決定や情報開示などMBO規制見直しの動きに影響を与える可能性が

あると注目された。

　AP等の買い手は、レックスの全株式の取得を2007年5月に完了しているが、株主は2006年末の公開買付価格の算定基準期間が株価急落の局面と重なっていたため、意図的かつ不当に低く価格を決めたとし、買付価格は50万円を下回るべきではないと主張した。[*27]

　この裁判の結果は、第1章でも述べたように2009年の最高裁判決で確定しており、原告側の一部勝訴となり、買取価格は原告主張の50万円と公開買付価格23万円のちょうど中間あたりの33万円となった。

買い手側に厳しい司法判断

　裁判が始まったころの世論では、恐らく原告の勝訴は困難だろうという見方が一般的だった。たとえば、外部の一般株主が、会計士などが会社に求めた減損会計の適用について、これが会社経営陣と会計士の共謀による恣意的な判断であったなどと主張したとしても、これを立証するのはまず不可能だろう。そのような露骨な犯罪が行われたとは思えないし、仮に万一そのような事実があったとしても、民事裁判である以上、原告は会計士や経営陣の自発的な証言に立証の大半を頼らざるを得ない。当局の捜査は及ばないのだ。会計士が自らそのような証言をすることはあり得ないだろう。

　万一、そのような事実があったとしても、これほど困難な立証を、これ以上に微妙な論拠で争うことはやはり不可能に近い。にもかかわらず、最終的な司法判断は、買付側には厳しいものとなった。最近の司法判断は、LBOやMBOに先立つ、経営陣による恣意的な株価操作まがいの行動に対してある意味で過剰ともいえる厳しさで臨んでいるということだろう。

　既に見てきたように、レックスのケースは氷山の一角にすぎない。レックスでは業績下方修正に対する株価の反応が強烈だったことから、株主の反発を買ったわけだが、実際の決算報告では（その恣意性に関する議論をひとまず横におけば）下方修正以上に悪化している。

　公開買付前に業績予想を下方修正しながら、公開買付終了後にむし

ろ増益であったことを白状しているワールドなど他のケースの方が、よほど資本市場に対する悪影響は甚大と言えるだろう。ワールドなど違法性の疑いの高い案件にこそ、民事訴訟ではなく、当局による刑事事件としての事実関係究明がなされるべきではないだろうか。

さて、話を分析に戻そう。このケースでの定量的な分析は営業利益をどのレベルに設定するかで大きく変動するが、とりあえず2006年12月期について、業績下方修正前の数値で考えてみよう。なおこの会社は、過去の決算において経常利益と営業利益の差はこれまでほとんどない。買収時価総額は594億円、引き継ぎ純有利子負債は181億円、買収会社総価値は775億円である。例によって、買収資金の内訳は発表されていないので、エクイティを100億円、NRLを675億円と仮定する。

買収後

営業利益　　　64億円
金利払い　　　20億円（675x0.03）
金利カバレッジ　3.2倍
税前利益　　　44億円
税引後利益　　25億円（税率42%）

やはりレバレッジが高めだが、金利カバレッジは3.2倍なので問題はないレベルだ。当時、外食産業の株価はロイヤルで20倍、木曽路で27倍程度のPERであったので、買収後のレックスのPERを20倍とおけば、買収後の想定時価総額は508億円である。やはり投下資本100億円が買った瞬間に5倍になっていることになる。当然ながら、この計算は営業利益64億円を前提にしている。

しかし、レックスの2006年12月期営業利益は20億円の赤字だ。これは、業績下方修正時に理由として挙げたいずれも一過性の減益要因が重なった結果である。その証拠に、2007年3月に発表された2006年12月期決算発表で、2007年12月期の予想経常利益は60億

円と発表されている。やはりこの計算はおおむね妥当な計算ということだ。

ということは、やはり本件の買い手は、結果としてではあるし、まだ資金回収までのさまざまなリスクを負担している現状ではあるが、買い値がもう少し高くても十分利益の出る美味しい案件だったのだから、李下に冠を正さずではないが、事実経緯に鑑みてもう少し慎重な公開買付価格の設定を行った方が、混乱を避けられたような気がする（四捨五入の関係で一部の計算は一致していない）。

（10）三洋電気：LBO では儲からないケース

これまで見てきた例だけでは、LBO はいつでもどこでも儲かりそうだという誤解を与える。それではいけないので、儲からないことから、LBO にはしなかったケースを一つ紹介しよう。

2006 年 1 月、東証一部上場の家電大手、三洋電機は、これに先立ち 2005 年 12 月に発表した大和証券 SMBC プリンシパルインベストメンツ（大和 SMBCPI）、ゴールドマン・サックス・グループ（GS）、三井住友銀行（MSB）の三者と締結した基本合意に従い、第三者割当方式での優先株式発行を取締役会決議したと発表した。

この優先株の発行は、発行価格が普通株換算で 1 株あたり 70 円相当であり、当時の三洋電機の株価（300 円前後）を著しく下回って有利発行となるため、2006 年 2 月に臨時株主総会を開いて発行承認決議を経た上で発行された。当該優先株は、普通株への転換前に議決権のある A 種と議決権のない B 種のミックスで発行され、大和 SMBCPI に約 1250 億円、GS に約 1,250 億円、MSB に約 500 億円割り当てられた。

三洋電機は合計で約 3000 億円の資金を調達したことになる。これらの優先株は 2007 年 3 月以降 2026 年 3 月まで普通株への転換権があり、配当は普通株と同順位、残余財産は普通株に優先するものだった。

また、転換権の終了時点で普通株に強制転換する条件が付されていた。当時の三洋電機は、2005 年 9 月中間期で連結株主資本が 1,657

億円と連結総資産の6.6%まで資本が枯渇しており、さらに2006年3月期には170億円の営業赤字、2020億円の経常赤字、2330億円の最終損失を予想しており、当該優先株の発行がなければ、債務超過に陥ることが確実な状況であった。

1兆2800億円に相当する財産を77%割引で取得

このような状況にあって、債務超過の継続による上場廃止の危機を回避するため、緊急避難的措置として株主資本の増強を行ったものであろう。普通株の当時の時価を300円とすると、当時の三洋電機の発行済株式数は18億7000万株余りであったので、時価総額は5610億円余りであった。これに対して3000億円相当を1株70円相当で有利発行するということは、優先株の引き受け者が合計、希薄化後ベースで増資後の三洋電機の普通株を約42億8600万株保有する結果となり、優先株保有者の合計潜在議決権比率は69.6%（=42.86÷(18.7+42.86)）に達する。

3000億円が時価発行であれば、優先株保有者の合計潜在議決権比率は34.8%（=3,000÷(3,000＋5,610)）であるから、有利発行によって普通株主は三洋電機全体の34.8%（=69.6－34.8）をただで優先株引き受け者に譲渡したことになる（あるいは、有利発行ではなく時価発行で同じ69.6%を取得するためには、増資に対して42億8600万株の普通株を引き受ける必要があり、これを時価で取得すれば、対価は1兆2800億円あまりとなる。つまり、時価300円が正しいとすればだが、優先株引き受け者は1兆2800億円に相当する財産を77%割引の3000億円で取得したということだ。猛烈な有利発行であったことがわかるだろう。

プロ投資家たちも苦労した案件

ところで、本件は会社に対する自己資本投資を本業とする国内および外資のプロフェッショナルが増資に応じている。株主総会特別決議を通してまで上場会社が有利発行を行うというのは極めて異例であるが、このような措置を実行するのであれば、例えば増資の引き受け側

がLBOによる上場廃止を提案したとしても、他に選択肢のない状況であるから、少なくとも会社経営陣はこれを受け入れた可能性が高いのではないだろうか。

もちろん、LBO実行のためには、公開買付で一般株主から普通株を買い集める必要があり、その成否は会社経営陣の賛成があったとしても株主の判断次第であるから、不透明ではあっただろう。

しかし、自らの持ち分を大きく希薄化させる超大型の有利発行を特別決議で承認した株主であるから、むしろ時価あるいは時価に近い価格での公開買付にも応じる株主が多かったのではないかと想像することは可能だろう。だが現実にはプロフェッショナルの判断はそのような方策にはならなかった。これは実に簡単な意思決定だったはずである。なぜなら、かなり楽観的な予想数値のもとでも当時の三洋電機をLBOで買収しても、どうにも儲からないことが明らかだったからである。

例によってPER一定モデルで考えてみよう。当時の三洋電機の時価総額を5610億円とし、時価での100%買収を考える。引き継ぎ純有利子負債は2005年9月期の実績で1兆50億円であるから、買収会社総価値は1兆5660億円である。資金ミックスをぎりぎりまでレバレッジを上げる前提でNRLを1兆2000億円、エクイティを3660億円としよう。買収後の損益計算書は、以下のようになる。

買収後

営業利益　　　　650億円　（*）
金利払い　　　　360億円（=12,000×0.03）
金利カバレッジ　1.8倍
税前利益　　　　290億円
税引後純利益　　168億円（税率42%）

（*）当時の「会社四季報」07年3月期予想。（06年3月期実績は172億円の赤字）

当時の同業他社のPERはシャープが23倍、ユニデンで20倍程度であったから、買収直後のこの会社の時価総額は、PERを保守的に

見て20倍とすれば、3360億円程度となる。一応金利カバレッジは1.8倍でなんとかLBOが成立するレベルではあるのだが、買収後の時価総額は投下資金3660億円を300億円下回っている。PER一定ベースで買った瞬間に赤字となる案件は、営業利益倍率一定で計算すれば、さらに厳しくなる。

さらに、営業利益の前提もかなり楽観的すぎるだろう。2006年3月期にリストラ費用等が負担になっているとはいえ、営業利益で172億円の赤字、2000億円を超える最終赤字を計上する会社がわずか1年後に650億円の営業利益を計上できる確率は非常に小さいだろう。実際、2007年3月期の実績営業利益は496億円であり、その決算時点の2008年3月期予想営業利益も450億円程度であった。

つまり、この案件はLBOで儲けることは至難の業であることが明らかだったのだ。LBO（すなわちMBO）という選択肢も検討しなかったわけではないだろうが、プロフェッショナルはその選択肢を選ばず、株主総会特別決議を経ている以上、だれも文句は言えないのだが、強烈な有利発行で会社の約70%を買ったのだ。

その後、三洋電機の株価は2007年前半では200円近辺で推移していた。営業利益450億円程度で、純利益200億円程度であれば、PERを20倍として時価総額は4000億円程度が妥当なところだろう。その場合、発行済み株式が普通株の18億7000万株だけであれば、株価は214円（=4000÷18.7）ということになり、市場価格は妥当ということだが、市場は優先株が将来42億8600万株相当の普通株に転換されることを忘れていたように思えてならない。

優先株の転換後の61億5600万株の普通株が200円で評価されるとすれば、時価総額は1兆2312億円ということになり、200億円の純利益で計算すればPERは62倍ということだ。あるいはPER20倍で考えて、完全希薄化後で考えれば、株価は65円（=4000÷61.56）程度が妥当ということだ。

200円レベルの株価をサポートするためには、近い将来、純利益が3倍の600億円程度にならなければいけないことになる。つまり、この会社はLBOでも儲からないが、強烈な有利発行で買ったプロフェ

ッショナルの投資家たちも相当苦労したということなのだ(四捨五入の関係で一部の計算は一致していない)。

パナソニックに買収されたが……

この話にも後日談がある。その後、三洋電機は2008年12月にパナソニックに買収されると発表された。買収価格は、普通株も優先株も普通株1株換算で131円での公開買付、想定買収時価総額は約8064億円(=131×61.56億株)だった。

だが、実際にはこの買収は難航する。まず公開買付の開始が中国等の独禁法関係の手続きの遅延により大幅に遅れ、発表から1年近くたった2009年11月であり、公開買付の結果は30億8200万株(過半数、4037億円)の取得にとどまり、残りは再度2010年8月に1株138円で公開買付を実施して18億9100万株(前回との合計で議決権の81%)を2610億円で取得し、最後に残りの11億8300万株はパナソニック株式との簡易株式交換で時価(三洋電機株式1株に対しパナソニック株式0.115株、想定は公開買付価格と同じ138円であり、1633億円相当)で全株取得して2011年3月に完全子会社化を完了した。

合計の買収時価総額は8280億円となった。しかし、その後も三洋電機の業績は低迷する。三洋電機として最後に発表されている決算は2011年3月期だが、この期の営業利益は336億円で、当期純利益は352億円の赤字だ。パナソニックにとっては渾身の買収だったかもしれないが、8280億円で赤字会社を買収して立て直せなかったことは、その後のパナソニック本体の転落の大きな引き金となっている可能性が高い。

(11) サンスター:裁判所による取得価格引き上げ

次にもう一つ、第1章でも述べた、株主からの訴訟にまで発展した問題案件を見てみよう。サンスターの案件である。2007年2月、パーソナルケア用品大手のサンスターに対する公開買付が創業家を中心としたグループにより発表された。サンスターは創業家(金田家)が議決権の31%(自社株10.1%除く)、自社仕入先持ち株会が7%を所

有しており、エクイティについてファンドの出資はないものとみられる。

NRL は野村証券系のブリッジローンが使用された模様である。公開買付価格は 1 株あたり 650 円で過去 6 カ月平均に対して 19% のプレミアムと説明されている。自社株を除く発行済み株式は 5406 万株なので、買収時価総額は 351 億円、引き継ぎ純有利子負債は 73 億円、買収会社総価値は 424 億円だ（2006 年 9 月中間期実績値、四捨五入の関係で一部の計算は一致していない）。

驚くべき高裁判決

MBO 発表時点の 2007 年 3 月期の会社予想経常利益は 35 億円だから、これを基に買収資金の内訳を NRL300 億円、エクイティ 124 億円（おおむね創業家と自社仕入先持ち株会所有の価値）として買収後の損益計算書を試算すると、以下のようになる。なお、本件は会社予想の経常利益の変遷が問題となるため、営業利益ではなく経常利益で考える。

買収後：

営業利益	48 億円
買収前予想経常利益	35 億円
買収後予想経常利益	30 億円（35 − 300 × 0.33 × 0.58）
金利払い	9 億円
営業利益金利カバレッジ	5.3 倍
買収後純利益	17 億円（30 × 0.58、税率 42%）

想定したレバレッジは低く、金利カバレッジは 5 倍以上なのでまったく問題ない。当時のサンスターの PER は 18 倍程度であり、ライオンで 30 倍程度であったので、保守的に見て PER 一定モデルの PER を 18 倍すれば、買収直後想定時価総額は 306 億円（=17×18）、買収エクイティは 124 億円であるから、買った瞬間に 2.5 倍のぼろ儲けという計算になる。

この案件では、レックスなどと同様、公開買付に応じなかった一部

の株主が全部取得条項の取得価格（＝公開買付価格）が不当であるとして、全部取得条項の発動にあたり、取得の価格の決定についての司法判断を大阪地裁に求めた。

原告の主張は、サンスターがMBOの発表に先立つ2006年5月の決算発表の時点で2007年3月期の売上・経常利益予想を733億円・39億円としていたのに、公開買付発表の直前の2007年11月の中間決算発表時に予想数値を715億円・35億円に下方修正したことが恣意的な株価誘導に当たるというものだった。

このケースは、ワールドとは異なり、レックスのケースに近い。公開買付終了後、2007年5月に実際に2007年3月期の決算を発表した時点で売上・経常利益は705億円・32億円であり、2006年11月の下方修正値よりさらに悪化した決算が現実であったのだ。

この結果を受けて2008年9月の大阪地裁の判決では、650円の買取価格を妥当とする判決が出た。しかし、2009年9月の大阪高裁判決では、MBO発表前の業績予想下方修正は株価の安値誘導を画策する工作と判断され、結果として2006年後半に日経平均が約10%上昇したのに対してサンスターの株価は10%ほど下落したので、TOB発表1年前の株価に近似する700円を公正価格とし、これに20%のプレミアムを付けた840円が妥当、という驚くべき司法判断が下された[*28]。

｜罰を与えるべきは、トーカロやワールドの案件

2006年のサンスターの株価の動きを見ると、2006年1月時点では700円前後の高値がついていたが、そこから問題となっている2006年11月の業績予想下方修正の前まで株価は一貫して下がり続け、2006年10月時点では530円程度になっていた。そして2006年11月の下方修正に対して株価はほとんど反応せず、2006年12月から1月にかけてはむしろ若干株価が上昇している。

このことを素直に判断すれば、2006年後半のサンスター株価の下落は2006年前半から一貫して続いており、日経平均株価との逆相関はサンスターという個別銘柄に対する市場の評価の結果と判断する方

が自然であり、業績下方修正の影響で恣意的に株価が下がったという議論に正当性は感じられない。むしろ1年前の株価を700円として、これを公正価格としているが、MBO発表1年前の2006年2月の株価は月間高値750円から安値645円へと100円以上急落しており、2006年1月は逆に月間安値575円から月間高値815円まで急騰しているので、1年前の株価は非常に不安定であり、公正株価を判断する時期として極めて不適切だろう。

図13-7にこの時期のサンスター株価の推移を示す。総合的に考えて、株式市場のプロフェッショナルが見れば、本件に株価誘導の意図があったとは思えないし、株価も全くそのような動きをしていないのに、司法判断は異常なまでに買付側に厳しいものとなった。

高裁判決に対して買付側は最高裁に特別抗告したのだが、2010年2月に最高裁がこれを棄却して、高裁判決が確定した。レックスのケースと同様、裁判所は一罰百戒的な思惑で本件の判決を出したのではないかと思えるが、それにしては本件は一罰を与える案件として不適切と言わざるを得ない。

再度述べるが、本来一罰を与えられるべきなのは、トーカロやワー

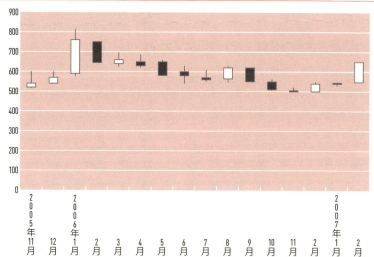

図13-7 サンスター(株)株価推移

ルドのように、結果として事実に照らして明らかな間違いの予想を期中に発表して、実際に株価にも意図的な影響を及ぼして実利を得たケースであり、これらの案件に対しては民事ではなく刑事の捜査と立件が行われるべきではないか。

(12) 幻冬舎：MBO の一般化・大衆化を象徴する騒動

次に 2010 年 10 月発表の幻冬舎のケースを取り上げよう。これは経済性の分析というよりも経緯に興味深い点が多い。事の起こりは 2010 年 10 月、文芸書・実用書主体の中堅出版社の幻冬舎が MBO を発表した。創業社長の見城徹氏が議決権の 30%（筆頭株主の自社所有株を除く）を保有しており、資金は NRL のみでエクイティを出資するファンドはいなかったものと思われる。

買付価格は当初 22 万円、買収時価総額約 60 億円であった。この買付価格は過去 3 カ月平均に対して 49% のプレミアムであり、十分なレベルと思われたが、買付価格の PBR が 0.58、予想 PER が 7 倍弱であり、この会社の純負債がマイナス 41.1 億円で買収会社総価値 19 億円なので買付価格の予想 EBIT 倍率が 1.1 倍であり、市場の株価が低すぎたとはいえ、価値評価指標があまりに低いことが問題になる可能性はあった。

しかし、MBO 発表前の 2010 年 5 月には 2010 年 3 月期の決算予想を若干上方修正しており、2010 年 10 月にも 2011 年 3 月期の決算予想を若干上方修正しているので、このあたりにワールド的な不正の臭いはない。このケースは、村上ファンドの生き残り組が運営しているともいわれるケイマン籍投資ファンドのイザベル・リミテッドが、公開買付期間中に公開買付に反対を表明し、幻冬舎の流通株式の 31% を取得したと大量保有報告で発表したことから騒動となった。

イザベルの求めに応じる形で買収側は買付価格を 24 万 8300 円まで上げ、買付期間も延長した。その結果、2010 年 12 月、買収側は流通株式の 58% の応札があり、公開買付は成功したと発表したのだが、その後、少数株主スクイーズアウトのための臨時株主総会（2011 年 2 月 15 日）の招集通知を発送する 2011 年 1 月の段階で、イザベルが

当社株式保有を流通株の 38% と株主総会特別決議を否決できるまで上げたと大量保有報告で発表し、株主総会での直接対決との流れになった。

ところが、株主総会直前の 2 月 3 日、幻冬舎が、イザベルが保有と発表していた当社株式が実は立花証券が所有する株式でイザベルが議決権行使指図権を所有していないことが判明したと発表、株主総会当日にイザベルも立花証券も現れず、スクイーズアウトが粛々と成立したというものだ。イザベルの詳細な正体は不明だが、結局、大山鳴動して鼠が一匹も出てこなかったのだ。

本件の経緯の中でもう一つ注目すべきなのが、株主総会前の微妙な時期に見城氏を訪ねてきた GCA サヴィアンという中小案件に特化した新興ブローカーだ。GCA はイザベルの代理人の弁護士から依頼があって来たと言い、なぜかイザベル側に有利な提案だけを執拗に迫ったらしい。株主総会は流して、イザベルの保有株を公開買付価格より高値で買い取るよう勧めたといわれている。

ところが、見城氏が「あなたは、何がしたいのか」と問うと、幻冬舎のアドバイザーになりたいと言ったらしい。何ともお粗末な話である[*29]。MBO も一般化し、大衆化した。その結果、旧来の仕手筋まがいの輩や、それをネタに双方代理すれすれのあくどい振る舞いで一儲けをたくらむ旧来型アドバイザーまがいが闊歩する光景が散見されるようになったということかもしれない。

(13) ローランド：素人同然の破綻した論理で公開買付価格が決定

実例研究の最後に 2014 年 5 月に発表された米系バイアウト・ファンドのタイヨウファンドによる電子楽器製造大手ローランドの LBO・MBO を取り上げよう。まずローランド社の概要は、以下のような状況である。

2014 年 5 月 13 日（発表前日）株価終値	1,584 円
発行済み株式（除く金庫株）	22,205 千株

時価総額		352億円
大株主	ローランド芸術文化振興財団（＊）	233万株（10.5%）
	タイヨウファンド	184万株（8.3%）
	梯郁太郎（創業者）	150万株（6.8%）

（＊）財団の理事長は梯郁太郎氏

次に本件の経緯をまとめると以下のようになる。

① 2014年4月18日：ローランド社は2014年3月期決算の予測について特別損失計上と従来の業績予想の若干の上方修正を発表

② 2014年5月14日：ローランド社が決算発表の席でMBOを発表

（1）ローランドの三木社長が代表を務めるSPCがローランド株式の全株式を対象に公開買付を行うと発表、買付価格は1875円/株（過去3カ月平均に対して31.9%のプレミアム）。公開買い付け期間は2014年5月15日から6月25日（後に7月14日まで13営業日延長）、公開買付時価総額は1,875 × 22,205千株＝416億円となる。

（2）買付者（SPC）はタイヨウファンドの100%子会社であり、実質的な買付者はタイヨウファンドと思われる。

（3）MBO発表と同時に、ローランドは、自身が40%（712万株）所有する連結子会社である業務用インクジェットプリンター大手のローランドDG社（DG社）が自社株式公開買い付けを実施すると発表。保有株式の半分を応募によって売却するとした。売却予定株数356万株≒114億円（1株3208円）、これは2014年5月13日終値3440円から約7%ディスカウント、過去1カ月平均3562円からは9.94%のディスカウントだった。

　この結果、DG社はフル連結から持ち分法適用関連会社へ変更となる（応札がローランド社だけの場合、持ち分比率25%

に希薄化）。公開買い付け期間は2014年5月15日から7月31日。買付予定株数は、ローランド社応札予定株数を若干上回る391.6万株。ディスカウントTOBなので一般株主が応札しなかったので、ローランド社は入札予定の356万株すべてを売却できた。

③週刊東洋経済2014年6月7日号が、創業者で財団と個人を合わせて実質ローランドの17.3%を所有の梯郁太郎氏がファンドへの売却に反対と報道した。ローランド側は3分の2以上の応札があれば、梯氏を含む少数株主は粛々とスクイーズアウトしていく方針とも報道した。

④2014年7月15日　ローランドは公開買付応札が買付予定数下限を上回り、発行済み株式総数の82.9%に達し、成立したと発表した。

次に本件についての考察を以下のように記す。

①ローランド社のFAが企業価値評価に使用したDCF用の財務予想は、次の通り。

	2015年3月期	2016年3月期
売上	468億円	506億円
営業利益	25億円	40億円

②ローランド社の公開買付時価総額416億円は、2014年3月期末連結現金同等物（212億円）－有利子負債（17億円）＝純現金195億円からDG社2014年3月期末現金同等物（116億円）－有利子負債（3億円）＝純現金113億円を差し引いたローランド社単独の純現金＝195－113＝82億円と、DG社株式の税引き後価値＝法人実効税率を35%とし、簿価を2054円/株として、（712万株×3,440円）－（3,440－2,054）×0.35×712≒210億円を反映すると、残りの同社単独の価値は416－82－210＝124億円と計算される。なおDG株の実際の税務上簿価は開示されていないが、DG社の自社株

買い付け価格3208円での114億円の売却で発生する特別利益は37億円 (後に41億円と訂正) と開示されているので、簿価は3208×(114−41)÷114＝2054円/株と推定できる。

③ FA使用の財務予測はDG株式売却が前提と思われるので、DG社は持ち分法連結であるから営業利益はローランド社単体予想と考えられる（持ち分法利益は営業利益に算入されない）。

④ FA使用の財務予想に基づいて考えると、公開買付者は2016年3月期予想営業利益が40億円の会社を124億円のEQVと判断していることになる。

⑤ FAのDCFは最終年度営業利益40億円の会社のEQVを株価で1779円〜1994円（時価総額395億円〜443億円）と計算している。これは平準化純利益（特別損益・金利負担等なしとして計算される純利益）≒40×0.65≒26億円としてPER≒15〜17倍なので妥当であろうが、この評価には82億円の純現金と210億円のDG社株式の価値が算入されていないと思われる！　別の言い方をすれば、現預金とDG株の価値を除くローランド単独の事業の株主価値は平準化純利益26億円に東証1部全銘柄平均PER16倍をかけて416億円（たまたま公開買付時価総額と一致）程度と考えられる。これに例えば30%のプレミアムをかけて541億円、さらに現預金82億円と税引き後DG株価値210億円を加えれば、妥当と思われる公開買付時価総額は833億円、株価で言えば3750円程度、ということになる。

⑥ つまり、株式市場もローランド社もそのFAも、そしてタイヨウファンドもローランド社が保有する純現金（82億円）とDG社株式の価値（210億円）を失念しており、タイヨウファンドはそのベースで計算したローランド社単独の価値でローランド社を買収しようとしている。82億円＋210億円＝292億円をタダ同然で入手して

しまう！

⑦ところで、FA使用の財務予測の蓋然性をチェックするためにローランド連結業績から単純にDG連結業績を差し引いたローランド単独の業績を見てみると、

◆ ローランド単独推定業績　　　　　　　　　　　　　　（DGを除くベース、億円）

	2008/3	2009/3	2010/3	2011/3	2012/3	2013/3	2014/3	2015/3	2016/3
売上	637	615	466	470	435	410	435	468	506
営業利益	38	27	△15	5	△6	△19	17	25	40
対前年成長率								48%	60%

上記のようにローランドは過去5年間売り上げが637億円（08/3）から410億円（13/3）へと単調減少することで業績が低迷していた。しかし、2014年3月期に6期ぶりにローランド単独で増収増益となった。そこから会社自身の予想で2015年3月期、2016年3月期と力強い増収と増益が予想されている。株式市場は公開情報で判断するので我々もそうするなら、2013〜2016年の売上のCAGRは7%、2014〜2016年の営業利益のCAGRは53%だ。

2013年までの減収がその後も続いているのであれば突然利益だけが増えるというのはよほどのコスト削減を実現しない限り無理で信じられないが、年率7%で売上が増収に転じるのであれば、会社自身が予想している2016年3月期で40億円の営業利益は荒唐無稽な話ではないと考えるべきだろう。

もちろん、さらに非公開情報で売上増の理由を詳しく聞けば信じられなくなるかもしれないが、少なくともMBOをやると言っている会社が、なるべく財務アドバイザーの価値評価を下げたいというインセンティブがある中で出している予想であるから、公開情報だけから判断するなら、この予想を真っ向から否定する方が無理な話だ。十分可能と判断する方が自然である。しかも増収増益は2014年3月期に実際に達成されている。いわば証拠があるわけだ。

だとすると、今期（2015年3月期）の25億円と来季（2016年3

月期）の 40 億円の価値評価では当然フォワードルッキングな資本市場は来季の 40 億円に注目する。来期 40 億円になる可能性が十分あると分かっているのに今期の 25 億円で評価するようでは過小評価すぎるだろう。

　この時点の東証 1 部全銘柄の PER は 2015 年 3 月期予想ベースで 15.62、前期基準で 15.93 だ。と言うことは、東証 1 部全銘柄の今期増益率は 15.63 ÷ 15.92 ＝ 1.02 から 2% ということになる。つまり上記⑤の 2016 年 3 月期の 40 億円の営業利益の 0.65 倍（平準化純利益）に東証 1 部全銘柄平均の PER をかけるという計算は、この時点で 2017 年 3 月期以降は 40 億円からほぼ横ばいのせいぜい年率 2% 程度の増益予想でよいという前提の価値評価ということだ。

　あるいはわざわざ保守的に 25 億円の 0.65 倍に東証 1 部の平均 PER をかけるという計算は、来季が今季（25 億円）から 2% 成長程度の増益と言う前提になるが、ローランドの今期と来期の増益率はこれを遥かに上回っている。PER 等の利益倍率は、当然ながらその利益の成長率が高いほど高くなる。これだけ高い増益率を予想している会社に東証 1 部全銘柄の非常に低い成長率の PER をかけることは、非常に保守的な価値評価だ。

　このように本件は素人同然の破綻した論理で行われた第三者 FA の意見を基に公開買付価格が決定されており、タイヨウファンドは 82 ＋ 210 ＝ 292 億円のローランド社の財産をタダ同然で手に入れようとするものであり、かなり悪質な案件であると言わざるをないのだが、この点を指摘したり批判する報道はない。日本の資本市場は市場参加者もマスコミもまだまだ勉強が足りないということだろうか。

第5節　MBO と MBO 以外のプレミアム比較

　これまでの分析により、日本の MBO には、すべてではないが、その一部に買い手でもあり同時に売り手でもある、株主の代表である対象会社の経営陣が、公開買付発表前に恣意的としか思えないほどあり得べからざる直近の業績予想の間違いを犯し、結果として株価を下げ

てから公開買付を発表する例が多いことがわかった。

では本章の最後に、日本のMBOにおいて公開買付が行われる場合に支払われている買収プレミアムが、MBO以外の公開買付で支払われる買収プレミアムと比較して有意差があるかを、第2章で行った分析と同様の手法を用いて検証してみよう。

図13-8 は、この分析を日本、米国、英国の3カ国について行ったものである。いちばん左が日本の分析結果である。1997年から2006年の10年間に日本企業を対象に行われた会社総価値1000万ドル以上の公開買付（MBOを除く）131件において支払われた、発表四週前株価に対する買収プレミアムの平均は（プレミアムを0〜100%の

図13-8 公開買付におけるMBOとMBO以外のプレミアム比較

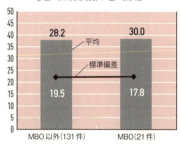
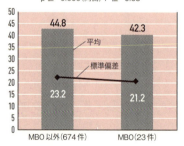
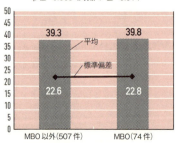

出典：トムソン・ファイナンシャル　97〜06年の公開買付（完了案件）

範囲にスクリーニングした結果）28.2％ であった。

　一方、同条件で抽出した日本企業対象の MBO による公開買付 21 件のプレミアム平均は 30.0％ である。両者の母集団平均には有意差がないとの検定結果となっており、買収プレミアムという観点では、買い手に経営陣が加わる MBO と、それ以外のケースの間には差がないという結果が出ている。同様の分析を米国と英国についても行ったが結果は日本と全く同じである。[*30]

　この結果は、これまで見てきた経営陣による恣意的な業績発表の疑いと特に矛盾するものではない。MBO を行う経営陣は一般的に心情としては買い手としての立場が優先しがちであり、その意味では買収プレミアムを他の案件に比べて低く設定したいというインセンティブが働いてもおかしくはない。しかし、既に MBO を行うことを意思決定して実行段階に入った対象会社経営陣にとって、買収プレミアムを多少節約することは重要ではあるが、それが最も重要な事柄ではないだろう。

　むしろ、いったん儲かると確信して買収ファンド等と協力してバイアウトを開始する以上、公開買付が成功して、買収に成功することこそが重要なはずである。したがって、多くの公開買付が公開買付届出書等で買収プレミアムの値と計算方法並びにそのプレミアムが適正であることを主張する以上、少なくともプレミアムの値が見た目上、他の一般案件に比べて明らかに劣後するような設定では、公開買付の成功は覚束ない。特に少数株主排除を考えると、少なくとも議決権の 3 分の 2 以上の株式を買い付ける必要があるので、見た目のプレミアムがある程度魅力的に映ることは成功のための必要条件と言ってよいかもしれない。

　普通の経営者はここまで考えて、適正な現在の市場価格に普通の買収プレミアムを上乗せして公開買付価格を決めるのだろうが、一部の普通ではない経営者は、プレミアムに細工できないのであれば、株価の方に細工をすることはできないか、と考える場合があるということではないだろうか。

　その結果が、決算発表時に当期の上半期を実際は増益となるのに大

幅な減益と予想して発表し、それからわずか3カ月後に到来する次の四半期決算で上半期（6カ月間）の減益予想の利益総額を上回る利益が第一四半期（3カ月間）で達成されてしまうという、もはや言い訳などしようもない失態を演じることになる、ということではないだろうか。

なお、この分析結果は過去の類似の実証研究とも整合している。たとえば1997年から2003年の英国における177件の上場会社の上場廃止案件を研究した例によると、上場廃止案件全体で支払われたプレミアムは対外発表40営業日前株価で40.1%であり、そのうち137件のMBO（経営陣が買い手に参加している）案件ではこれとほとんど同じ39.1%であり、これらのプレミアムレベルは他の上場廃止案件で支払われているプレミアムに関する研究で報告されている値とも大きな差がないと報告されている[*31]。

また、この研究報告では、上場廃止案件における買い手による富の形成を、支払われた（対発表20営業日前株価）プレミアムのレベルと案件発表前後2営業日など短期間での株価反応のCAR[*32]、の二つの要素で検証した結果、富の形成（すなわち買収プレミアム、あるいは株価の上昇）は上場廃止前の経営陣の持ち株が少ないほど大きく、機関投資家などによる大きなブロックの持ち株が少ないほど大きく、案件発表1カ月前までの1年間の株価パフォーマンスが低いほど大きい、などの結果が報告されている。

重要な第三者委員会の役割

以上みてきたように、MBO（≒LBO）は、そのすべてではないが多くの場合、非常に儲かるのである。いうまでもないが、プロフェッショナルが投資判断の結果ゴーサインを出して実行する案件では、「儲かる」ことはある程度当然といえる。このようにMBO（≒LBO）はリスクを取って多額の金儲けを狙った財務的な行動である。それ自体悪い事ではないが、現在の日本の資本市場はLBOの実態を十分理解しないまま、買収者及び買収に参加して一緒にぼろ儲けする経営陣の、金儲け以外の目的説明を真に受け、新聞報道もこれを追認

している。

　健全な資本市場の育成のためにも、事実をありのままに堂々と説明する必要があることは明らかだ。今後も日本のM&Aは増加するであろうし、その中でLBOやMBOも増加してゆくだろう。

　ただ、資本市場を欺く説明に終始することなく、株主の代表として買付者に対して公開買付価格をぎりぎりまで上乗せさせる努力をすべき経営陣が、本来の役割を果たした上でのLBOの増加であってもらいたい。この点に関しては、第4章第2節公開買付ルールの（5）投資者への情報提供の充実、で述べたように、発行者以外の者による公開買付の開示に関する内閣府令や東京証券取引所の会社情報適時開示ガイドブック等のルールにより、MBOや親会社による子会社の完全子会社化等の利益相反発生の可能性のある公開買付にあたっては、買付価格の決定等にあたり第三者委員会を設置して、取締役が公開買付に賛同・推奨を行うか等についての諮問を受けなければならないことになっている。

仕手筋的行為や双方代理まがいも

　筆者もさまざまな案件でこの第三者委員会の委員を務めているが、第三者委員会が正常に機能すれば、この制度は公正な買付価格の醸成に結構寄与する制度であると感じている。逆に言えば、さまざまな案件で当初、買付者が対象会社に対する影響力を行使してDCFの前提となる対象会社の業績予測の特に最終年度の利益を恣意的に低く見積もるとか、あえて対象会社の重要な資産について過小評価する、あるいは対象会社の負債について過大評価をするなどの恣意的と言われてもやむを得ないような過程を経て買付価格の提案がなされることがあるのだが、正常に機能し企業価値評価についてまともな知見を有する第三者委員会が存在すれば、そのようなあからさまな工作は容易に排除され、正常な買付価格に収斂する場合が多いということである。

　ただし、そのためには少なくとも対象会社の取締役が、自らの上場会社の取締役としての一般株主に対する責務を自覚して、親会社や自分自身の利益のためではなく、公正な判断に基づき正しい行動を取る

との強固な意思が備わっていることが条件ではある。

さらにもう一点付言すれば、まだまだ素人の多い日本の市場において、仕手筋的行為や双方代理まがいの行為などで上品でない金儲けをしようとする輩も日本にはまだいるようだ。日本の資本市場リテラシーが向上して、少なくともこのような輩が表を歩けないようなまともな市場に1日も早くしなければいけない。

註

*1 本章は「証券アナリストジャーナル」2006年12月号に掲載された拙文を大幅に加筆修正したものである。
*2 トムソン・ファイナンシャルのデータによる、以下同じ
*3 BNPパリバ傘下のファンドがデフォルトした事件で、その後の一連のサブプライム問題の最初の引き金となった事件
*4 TXUの承継会社である米国テキサス州に本社のあるEnergy Future Holdings Corp.は2014年4月に連邦破産法11条の適用を申請して倒産した。史上最大のLBOが失敗に終わったことになる。
*5 厳密にいえば、このケースでは銀行はSPCではなく対象会社自身に買収資金を貸し出している。買収に先立ち、対象会社が借入金を原資に対象会社の株主である売り手に減資対価として多額の現金を支払い、その後に減資対価分だけ減額された金額で株式を買い手に譲渡するという特殊な手順だ。したがって、SPCに貸し出した多額のNRLが合併等を経て対象会社の借金として引き値がれる本来の仕組みを使った大型LBOは、2005年のワールドのケースが最初と言われている。
*6 このように金融機関はSPCに貸し出した資金が確実に対象会社に引き継がれることを必要条件にNRLを出す。2005年2月にライブドアが突然、時間外取引でニッポン放送株式を大量取得した際、「次はフジテレビが狙われる」、「それは今すぐにも起きる可能性がある」、「なぜなら買収資金はLBOで容易に調達できるから」、「フジテレビの信用力なら資金調達は容易だ」、などとコメントした専門家が大勢いたが、当時の状況ではライブドアが設立するSPCとフジテレビが合併することは、フジテレビの株式分布状況からしてまず不可能であった。当時、このようなコメントをした専門家はLBOの基本を理解していなかったのであろう。
*7 日本テレコムのケースでは、売り手であるボーダフォン・ホールディングスは減資対価をみなし配当として非課税で受取ながら、その分だけ低下した譲渡価格で日本テレコム株式をリップルウッドに譲渡して巨額の

譲渡損失を計上した。さらにその損失をその後、ボーダフォン・ホールディングスが傘下の携帯電話事業会社と合併することで、携帯電話事業の課税所得と相殺して大きな節税メリットを得たと言われている。

*8 　米国市場の標準的なLBOのNRL利率は（市場環境によって変動するがおおむね）BB格のシニア債務でLIBOR＋250〜300b.p.　劣後債務では10年米国債＋400〜500b.p.程度と言われている。また、アグレッシブな案件ではNRLとエクイティの中間のメザニン資金（優先株または劣後債、例えばT+900b.p.）を追加する場合もある。

*9 　本章の計算では、暖簾償却負担の影響は無視している。以下、本章において同様である。

*10 　現実の資本市場では、資本再編直後のPERは負債増大による倒産懸念により、いったん低下するが、その後高いレバレッジの下で経営の安定が証明されると、元の倍率に戻る傾向があると言われている。

*11 　実際には、金利は期初期末平均にかかるので、各期の金利払いはもう少し小さくなり、純負債減少はもう少し大きくなり、IRRはもう少し高くなる。

*12 　ただし、この計算では5年後の純利益は66億円なので、5年後のPERは5.3倍ということになる。しかし、収益が安定して成長しているこの会社のPERは恐らく買収前の10倍に近い値となるだろう。その場合のIRRはもっと高くなる（四捨五入の関係で一部の計算は一致していない）。

*13 　買収ファンドや投資銀行が実際に使用するLBOモデルは、もう少し複雑な構造だが、おおむね営業利益倍率一定の仮定に負債削減を加味した形式を取る場合が多い。

*14 　投資銀行等のLBOモデルでは、営業利益に減価償却を加えたEBITDAが利払いの2倍程度となるレベルをレバレッジの限界と考える場合が多い。この条件でNRL利率を米ドル環境で10%とすれば、有利子負債総額はEBITDAの5倍（＝1÷（2x0.1））が限界となる。しかし、利率が3%なら同じ条件下でEBITDAの16.7倍（＝1÷（2x0.03））までレバレッジ可能となる。低金利環境ではLBOが実行しやすくなるわけだ。

*15 　買収は01年3月期の期末に行われているので、40.4億円の負債については01年3月期の純利益相当分だけ期末に削減できると考えることもできるが、ここでは、その計算は割愛している。この負債削減を算入すれば、買い手の儲けはもっと大きくなる。

*16 　この計算では5年後の純利益は8.8億円なのでPERは6.6倍だ。実際のPERがこれより高く、買収直前の9倍程度となることは十分考えられる。その場合、IRRはさらに高くなる。

*17 　この会社が2001年3月期の予想業績を上方修正して発表したのは、公開買付終了から1カ月以上経った01年4月10日のことであり、その時点の予想経常利益は14.5億円と実績値（14.8億円）に非常に近い。

*18 中平氏持ち分の時価は、公募価格で計算してJAFCOと同様、公開買付価格の約5倍になっている。
*19 株数についてはSPCとトーカロが合併する際の存続会社がSPCで、発行株式数はこの時点で非連続になっているため、直接比較できない。
*20 この会社はその後ソフトバンクモバイルと名称を変えるが、ソフトバンクグループの持ち分は前記の通り97.7%で、少数株主が残存している。当時はいったん有価証券報告書提出会社となって継続開示義務を課された会社は、株主数が25名未満にならない限りその義務が解除されないとのルールだったので、この会社は上場していないが、その後も一定期間有価証券報告書が提出されていた。
*21 ただし、この計算では5年後の純利益113億円に対してPERは5倍に満たない。収益が安定して成長し、倒産リスクもないこの会社の5年後のPERは5倍ではなく買収前の18倍に近い値と考えるほうが自然だろう。その場合、経営陣のリターンはもっと高くなる。
*22 本件に関する当事者の発表によれば、買収にあたり設立された特別目的会社の公開買付終了後の純資産が約1600億円、資本金が約800億円となっているので、素直に考えれば本件のレバレッジはここで想定しているより数段低く設定されている可能性もある。しかし、それでも本件が買った瞬間に含み益を持てる案件であることに変わりはない。
*23 日本経済新聞2006年6月8日付朝刊3面など
*24 本件がこのように事実経緯に問題が少ないのは、一部の報道では当社の大株主である創業ファミリーの資産管理会社が土地等の取引で負債を抱えており、実は本件は銀行団主導でその不良債権の処理のために計画されたためという未確認情報もある。事実とすれば、本来利益相反の真っただ中にある経営陣が案件を主導していなかったことが、プロセス上の恣意性の排除に貢献したということかもしれない。
*25 日本経済新聞2011年10月22日付朝刊7面
*26 当時の『会社四季報』によると、東芝は当社の発行済み株式の40.4%を所有していた。
*27 日経流通新聞2007年4月13日付4面
*28 日本経済新聞2009年10月26日付朝刊16面
*29 「AERA」2011年2月11日号など
*30 米国については、公開買付によるMBOが23件と、同条件のMBO以外の公開買付674件に対して非常に少ない。これは米国では公開買付を経ずに、現金合併等で直接株主総会の承認を得てMBOを行うケースが多いためである。図13-7の米国で同じ条件で公開買付以外を含むMBO件数は113件となる。しかし、第2章で検証したように、米国でも公開買付とそれ以外のM&Aは買収プレミアムに有意差があるので、ここでは公開買付による案件だけを比較している。なお、米国で公開買付以外を

含むすべてのM&Aで比較すると、同期間に案件サイズ2億5000万ドル以上の発表4週前買収プレミアムはMBO以外の1639件の平均が36.0%、経営陣が買い手に参加しているMBO案件48件の平均が30.8%とMBO案件の方がやや低いが、平均の差の検定はp値=0.11であり、やはり10%レベルでも両者の平均に有意差があるとは言えないという結果になる。

*31　L. Renneboog, T. Simons, M.Wright "Why do public firms go private in the UK?"
*32　Cummurative abnormal return

第2部 M&A応用篇

第14章

敵対買収防衛策[*1]

第1節 敵対買収防衛策の本質

「敵対買収防衛策」なるものは1980年代前半にアメリカで発明されたもので、その後、形態を様々に変化させながら欧州にも広まって行った。しかし、その実態は「防衛策」と言うよりは「交渉策」と言ったほうが適切な内容である。つまり敵対買収提案に対して取締役会がこれを無条件に排除する機能を有するものではなく、経営や効率性に対して脅威となる不当な条件での買収提案に対して、その買収条件を適正な水準に修正するように交渉する力を取締役会に与える目的で設計される一連の仕組みを指すにすぎない。

しかし、英語の単語としても「HOSTILE TAKEOVER」、「DEFENSE」等という言葉が使用されており、直訳すれば正に敵対買収防衛となるが、米国等においてはその機能と制限が企業経営者に広く正しく理解され、資本市場もそれが正しく運用されることを信頼している。

議論の根底にあるべき常識

そもそも敵対買収とは通常、上場会社に対する発行済み株式の買い集め行為として発生する。会社の支配権を獲得するには、その会社の発行する（議決権付）株式の例えば過半数を獲得することが必要だからだ。それは新株引き受け、あるいは発行済み株式の買い集めによって達成されるが、敵対的、即ち対象会社の取締役会がその買収提案に対して反対を表明している状況下では、通常（例えば、日本の会社法の下では、授権株式数の範囲内で有利発行でなければ）取締役会決議によって決定される新株発行（第三者割当増資）の決議は期待できな

いからである。

　つまり、敵対買収とは買収者と発行済み株式の所有者（即ち株主）の間の取引であり、対象会社やその取締役会はこの取引の当事者ではない[*2]。

　いま仮に、上場会社の株式のすべてを現金で100%の買収プレミアムで買い取りたいとの提案が、敵対買収の一方の当事者である買収者によってなされた場合、もう一方の当事者である株主は、これに応じることで、確実に所有財産（株式）のすべてを現在の市場価格の2倍の現金を受領して売却することができる。

　100%の買収プレミアムは第2章の分析からいって、一般的に敵対買収としても十分以上なプレミアムと言えるだろう。このような提案を、対象会社の取締役会が敵対買収防衛策を使用して排除するとしたら、取締役会はいわば赤の他人（株主）がその財産（株式）を有利な条件で売却する機会を破壊することになる。そのような行為が無条件に行われるならば、それは他人の財産権の侵害行為であろう。

　敵対買収防衛策とは、本質的に他人の財産権を侵害する可能性がある危険な行為なのだ。したがって、そのような行為は、それが財産権の侵害ではなく、むしろ財産権を守るために実行されていることを積極的に証明しなければならない。つまり提案されている買収条件に株主が応じることが、応じない場合に比べて著しく不利であることを証明しない限り、敵対買収防衛策は使用できないのだ。

　後で述べる二段階強圧買収のように、買収プレミアムが著しく少なく、買付予定株数も全株式ではないなど、提案が株主にとって不利であることが明白な場合を別にすれば、そのような証明を最も容易に成す方法は、もっと高く買う買い手を見つけてくることである。これを敵対買収防衛策の世界では、「ホワイトナイト」（白馬の騎士）と言う。

　もうひとつの方法は、取締役会が資本市場に対して自社の新規事業や業績の改善見込みを説明して、対象会社の株価が近い将来、現在の市場価格に比べて大きく上昇することを納得させることである。このいずれかができない限り、他人の財産権を侵害するような買収防衛行為は許されない、というのが敵対買収防衛策議論の根底にあるべき常

識だ。

「会社は誰のものか」は無意味

　もちろん現実の世界では、事はそう単純ではない。例えば充分な買収プレミアムを支払うものの、対象会社株式のすべてを買うとの提案ではなく、51%だけを買うとの提案であれば、（公開買付制度や応札株主数によって異なるが、例えば日本の制度の下では）全株主が応札する場合、株主はこれに応じることでおおむね所有株式の半分を売却できるにすぎない。こうなると、いかに提案価格が有利であっても、残りの株式を将来いくらで売却できるか判らないので、この提案が株主にとって有利な提案であるとは限らない。

　あるいは全株式を買い付けるとの提案であったとしても、対価が買い手の株式である場合にも、株主は（合併等の組織再編で買取請求権を行使できる場合を別にすれば）結果として別の会社の株式に対する投資継続を強制されることになるので、現金買い付けに比べてその有利不利の判断は複雑になるだろう。しかし、このような場合であっても、あくまで敵対買収提案の当事者は、株主と買い手であって、対象会社は当事者ではない。

　したがって、このような局面で、日本の企業経営者が頻繁に口にする「会社は誰のものか」という議論は本来無意味なのだ。「会社は誰のものか」という命題は神学論争にさえなりかねない難しい議論になる場合もあるが、敵対買収の局面で問題なのは「発行済み株式は誰のものか」という議論にすぎない。そして、その答えは神学論争など不要な、極めて明確なものだ。

　さらに言えば、上記の例のように買収対価が買い手の株式であったり、買取株数が発行済み株式の一部である場合には、売り手である株主はこの買収が成功した後も対象会社、あるいは対象会社を支配する買い手の株式を継続保有することになるため、買い手が対象会社をどのような経営方針で経営し、どのように株主価値を創造していく計画か、といった内容が、買収提案に応じるか否かの意思決定に重大な影響を与えるであろう。

その場合には、日本の敵対買収局面で企業経営者が頻繁に口にする、買収後の「当社の経営方針」や「取引先や従業員などのステークホルダーの取り扱い」といった議論を買収者と尽すことに一定の意味があるだろう。

しかし、最初の例のように十分な買収プレミアムで全株式を現金で買収する場合には、買収提案の当事者たる株主は買収に応じた後はプレミアムを受領して対象会社に対する投資を終了するのであるから、買収者が買収後にどのように対象会社を経営しようとも、基本的にはそれは買収提案に応じるか否かの意思決定に重大な影響は持たないのである。ここまで言うと、株主にも社会的責任があり、買い手が買収後に対象会社の従業員を全員解雇するような計画の場合に株式を売却することが許されるとは限らない、といった議論が出てくることが多い。

「買収排除策」と誤解する日本の経営者

株主はそれぞれ独自の判断基準で投資の意思決定を行うであろうから、一部の株主が経済合理性を無視し、社会的責任を重視した観点で買収提案の諾否を決定することがあったとしても、その株主自身が上場会社で自らの株主にその非合理的な行動を説明できるかといった問題を別にすれば、直ちに批判するべき問題とは限らないだろう。特に個人株主の場合には、まさに個人の自由であろう。

しかし、すべて（あるいは大半）の投資家が一律に経済合理性以外の観点を重視して意思決定を行うことを前提にして、当事者ではない対象会社の取締役会が、経済合理性以外の理由によって、株主に有利な条件の買収提案を強制的に排除することは、一部の株主が自主的に経済合理性を無視することとは本質の異なる行為である。

当然ながら、従業員や取引先は企業経営に極めて重要なステークホルダーであることは間違いない。企業経営にとって従業員が最も重要であれば、従業員の賃金を3倍にすればよいではないか。あるいは仕入れ先や顧客といった取引先が最も重要であれば、仕入値段を3倍にして、販売価格を3分の1にすればよいではないか。

それでは企業は存続できないから、実際にそのように行動する企業は存在しないだろう。利益を3倍にして会社の株主価値を増大させようと経営努力をする会社を一律に批判する者はいない。ただし、ここで利益を3倍にすると言っているのは、一時的に従業員を大量解雇して今期の利益だけを上げるような行動を意味しているわけではない。

予測可能な将来において持続可能な利益上昇でなければ、会社の株主価値を実際に上げることにはならない。今期の利益だけが上がっても、従業員がいなくなって翌年大幅に減益となるような経営は、むしろ資本市場から大いに批判されるであろう。かといって10年、20年先の利益拡大を唱えていつまでもリストラに二の足を踏む経営者も、市場に信頼されることはない。

あくまで予測可能な将来において、可能な限りの利益拡大を目指すことが経営者の務めである。そのような経営者は時として従業員の解雇も行うし、取引先を絞り込んでコスト削減に邁進するのも当然のことだ。同時に残った従業員の士気を高め、絞った取引先と高品質で低コストの製品を生み出す努力も惜しまない。結果として利益の拡大に貢献したステークホルダーにはその果実が分配され、会社の利益、並びに株主価値が上昇してゆくことになる。このような行動は、企業経営の上で全く当然の行為だろう。

それは、企業の存在そのものが「利益」の拡大を第一の目的に規律されているからである。つまりステークホルダーは極めて重要だが、それは企業の利益並びに株主価値に貢献する限りにおいて重要なのだ。素晴らしい新製品を開発する開発者や、効果的なマーケティング手法を実行する営業マンは重要だ。

それほど素晴らしくなくても、そこそこ売れる商品を開発する開発者も給料見合いの仕事をしている限り解雇する必要はない。人並み以下の販売実績でも、そこそこの実績を残す営業マンもそう簡単に解雇はされないだろう。しかし、高い開発費を使って全くの失敗作しか開発しない開発者や、過去数年間継続して毎月売上がゼロの営業マンは、一定期間著しいアンダーパフォーマンスが継続すれば、減給や降格、場合によっては解雇される場合もあるだろう。通常の経営の意思決定

においては、これを当然の行為という経営者が、敵対買収の局面だけ、これと異なる主張をするのは無理がある。

やはりステークホルダーは、会社の利益、つまり会社の株主価値に貢献する限りにおいて重要なのであり、ステークホルダーの利益が会社の利益の所有者である株主の利益に著しく優先することは、株式会社の原則からいってあり得ないのである。もちろん大型の敵対買収が頻繁に起きて大量の解雇者が街に溢れ出れば、社会的な問題となることもあるかもしれない。

しかし、そのような問題は一株主や一経営者が対処すべき問題ではない。そのために政府があり、雇用政策が存在するのではないだろうか。そもそも自分のお金を投資して会社を買収した買い手が、その会社の価値を破壊するような行為をするだろうか。従業員を解雇するとしたら、それは株主価値創造に貢献していない従業員を解雇するだけであるはずだ。取引先も同じだろう。しかし、たとえ株主価値に貢献しない従業員であっても、急激な解雇が大量に起きれば社会を不安定にするであろう。

だからこそ、そこには労働基準法など一定の政府による政策としての歯止めがかかるのだ。一株主にそれ以上の経済合理性に基づかない意思決定を強要することは、経営者の都合のよい思い込みではないだろうか。

ところが、最近の日本では企業経営者が「買収防衛策」を「買収排除策」と誤解しているように感じられる。それは以上述べたような敵対買収防衛策の本質とその本質から来る使用制限を理解していないために起こる稚拙な誤解と言わざるを得ない。そこで敵対買収防衛策を理解するために、まずその歴史を紐解いてみたい。

第2節 米国における強圧二段階買収とポイズンピル

敵対買収防衛策の代表選手はポイズンピル、あるいはライツプラン（以下「ピル」）と呼ばれるものだ。これは1982年に米国でマーティン・リプトン弁護士がその原型を発明し、その後1985年以降に急速

に米国内で普及したものだ。ただし、ピルは世界の主な先進国の中で米国（及びごく最近のフランスと日本の一部）だけに存在するもので、ほとんどの欧州諸国には存在しない、米国だけのローカル・スタンダードである点は注意を要する。

　ピルの成立の経緯を理解するためには、米国のM&Aの歴史を振り返る必要がある。そもそも世界のM&Aの歴史は、20世紀初頭に遡る。この頃、有効な独占禁止法のない米国では、買収によって市場シェアが70％や80％になるようなM&Aが容易に行えた。

　その結果、USスティールやアメリカンタバコのように市場を独占する企業が形成されていった。これが第一次M&Aブームといわれている。その後、初期の独占禁止法の成立によってM&Aはいったん減少する。次にブームとなったのは、1920年代だ。この頃の独占禁止法は現在に比べてかなり単純な制度だったので、あからさまな独占は禁止されたが、寡占の進行は妨げられなかった。その結果、GMやフォード、IBM、ユニオンカーバイドといった会社が同業他社を買収して市場の寡占化が進んだ。これが第二次M&Aブームである。

　しかし、このブームも1929年の大恐慌とともに終焉を迎える。その後、しばらく休憩した後、再度米国を中心にM&Aが盛んになったのが1960～70年代だ。この頃はすでに現在と遜色のない独占禁止法が成立していたため、企業の成長戦略としてのM&Aは多角化の方向へ向かった。代表例としては、ITTという工業製品メーカーが買収により多角化を推進し、ホテル事業（シェラトン）、レンタカー事業（エイビス）、銀行（コンチネンタル）など、さまざまな分野に進出した。

　また少し時期はずれるが、宇宙航空産業のリットン・インダストリーズが電気通信や消費財など多数の多角化買収を行ったり、写真フイルム世界首位のイーストマン・コダックが医薬品事業に進出した例もある。しかし、ある分野で成功した企業がまったく異なる分野で同様の成功を収めるとは限らない。この頃の多角化戦略もその多くが失敗に終わった。買収した会社の経営が低迷し、ある者はその事業を清算して撤退したが、多くの場合、買収した会社を同業他社などに売却し

て撤退した。

その結果、多角化ブームが終焉した1970年代末ごろの米国企業は、その貸借対照表に多額の現金（売却代金）を抱えるものが珍しくなかった。現在の米国企業の常識からは考えられないことだ。そして、1980年代に入って、こういった多額の現金保有企業に対する財務的投資家の攻撃が始まった。

不当な売却圧力を形成する二段階強圧買収

代表的な攻撃方法は、二段階強圧（coercive）買収と言われる手法だ。これは対象企業に対して、まず51％（過半数）議決権を対象とした公開買付を仕掛けるものだ。この第一段階で買収者はほとんど買収プレミアムを支払わない。そういう価格での買収提案は旨味がないため、多くの株主にはこれに応じるインセンティブがない。そこで買収者はこの公開買付が成功した場合の第二段階の予定を公表する。

例えば、多くの米国企業が設立準拠法として使用するデラウェア州会社法では、合併決議要件が議決権の過半数で、合併対価を現金とする現金合併も許されているので、第一段階で過半数議決権の獲得に成功した場合には第二段階として買収者が買収目的のために設立した特別目的会社と対象会社を合併させ、対価は現金で支払う予定（現金合併）であるということが可能だ。

ただし、第一段階では支配権を獲得するために（僅かとはいえ）買収プレミアムを支払うが、第二段階ではすでに支配権を獲得した後に少数株主を現金で排除して対象会社を完全子会社にするだけなので、現金合併の条件は公開買付に比べて劣後する可能性があると脅すのである。

こうなると、対象会社の株主は第一段階の公開買付価格に対して不満があっても、自分が応札せずに他の過半数の株主が応札してしまえば、自分は劣後する第二段階の条件で強制排除されてしまうから、第一段階の公開買付に応じざるを得ないとの圧力が働くことになる。

このようにして僅かなプレミアムで対象会社を手に入れた買収者は、銀行などから調達した買収資金の一部を対象会社が保有する現金で返

済する。さらに今度は対象会社を戦略的買い手に通常のM&Aプレミアムで売却すれば、短期間に相当な利鞘を獲得できる。場合によっては、会社を切り売りしてもかまわない。このような買収提案が横行し始めた時代に、不当な売却圧力を形成する買収提案に対して、取締役会に一定の交渉力を与えて、これに対抗する手段として考案されたのがポイズンピルなのである。

ピルとは、基本的には普通株に付随する権利として株主に一定の場合に大幅な有利発行を受ける権利を与える一種の新株予約権である。これを平時に全株主に分配しておき、その後、取締役会が敵対的と判断する買収者が対象会社株式の例えば20%程度を取得するか取得する可能性が高くなった場合にのみ、当該敵対買収者を除くすべての株主に有利発行を受ける権利が発生するという仕組みだ。

このような仕組みを平時に設定しておけば、買収者が取締役会の承認を得ずに買収を実行すれば、経済的に大きな損失を蒙る結果となるため、いきなり買収提案を行うことがなくなる。そこで、まず取締役会にどのような買収条件であればピルを償却して発動せず、買収を受け入れるかを交渉することになる。

しかし、そもそもピルの仕組みは買収者とその他の株主を取締役会の判断で差別するものであるから、株主平等原則に反する可能性があるなどとして、1982年から1985年にかけて多くの裁判がデラウエア州で争われた。そして1985年のユノカル裁判の判決がピルを条件付で合法と判断したことによって、その後、急速に米国内で普及していった。では、そのユノカル判決とはどのような内容のものだったのだろうか。

第3節 ユノカル判決、レブロン判決

ユノカル判決とは、ユノカル石油に対するブーン・ピケンズの二段階買収提案に対する防衛策に対する1985年の判決である。この判決では「敵対買収のような会社支配権の脅威が関わる局面では、対象会社の取締役は自己の保身を目的として行動する可能性があり、会社や

株主のために客観的な判断を下すことが困難となる可能性があるため、一般の「経営判断原則」（ビジネス・ジャッジメント・ルール）に先立ち、

①敵対買収が対象会社の経営や効率性に対し、脅威（グリーンメイル[*3]、二段階買収などは脅威があると判断され、対抗提案を検討する時間がない場合などもそう判断される可能性が高いとされた）があると信ずるに足る合理的な根拠があること、

②防衛策が脅威との関係で相当なものであること（株主に経営者の判断を強要する強圧性、株主が買収者の提案を受諾する方策を閉ざす排除性のいずれもがないことが必要とした）、

の二点を立証する義務がある、としたのだ。

さらに取締役会は「脅威の存在」と「相当性」を、買収価格の水準、対価の質、買収の性質、タイミング、違法性、ステークホルダーへの影響などを材料に、慎重かつ中立的な経営判断プロセス（十分な時間、外部の専門家、社外取締役など中立者の関与）で立証する必要があるとされた。

ポイズンピルについては、これが合法であるためには、買収者以外の株主を平等に扱う点で強圧性がなく、委任状合戦等で防衛策の消却が可能な点で排除性がないこと、が必要とされた。

これに続いて、1986年、レブロン化粧品に対するロナルド・ペレルマンの買収提案に対し、レブロン社がホワイトナイト（フォースマン・リトル社）と資本提携契約を締結した事件に対する判決として有名なレブロン判決も重要だ。

この判決では、「取締役会が経営陣に対して、ペレルマンの買収提案に対抗して会社をホワイトナイトに売却する交渉権限を与えた時点で、会社は競売状態に入ったと看做され、その場合、取締役会はもはや防衛策を発動できず、売却価格の最大化だけを図らなければならない」とした[*4]。

判例の積み重ねで合法か否かを判断

　ユノカル判決とレブロン判決及びその周辺のいくつかの判例を総合して、米国におけるピルに対する司法判断はおおむね確立したといってよい。これを象徴する良い言葉がある。「JUST　SAY　NEVER」と「JUST　SAY　NO」である。

　「JUST　SAY　NEVER」とは、「いかなる条件でも NO」ということである。これに対して「JUST　SAY　NO」とは意訳をすれば、「その条件では NO」（つまり不当な条件が変更されて正当な条件となれば、同じ買収者の提案でも YES に変わる）という意味だ。「JUST SAY NEVER」に使えば、ピルは非合法であるが、「JUST SAY NO」に使うのであれば合法であるということだ。

　米国はこのように判例の積み重ねによって、株主という赤の他人の財産権を侵害する恐れのあるピルが、取締役会によって株主の財産権を保護する目的のためだけに限定的に使用される場合に限って合法と言える、との判断を示したのだ。そしてピルは強圧二段階買収のように株主の財産権を侵害する不当な価格での買収提案を阻止し、条件を正当な水準まで上乗せさせる交渉力を取締役会に与えた。

　一方、米国で起きることは欧州、特に英国でも起きるので、1980年代前半にはヨーロッパにおいても強圧二段階買収が発生することがあった。しかし、欧州各国は米国とは異なり、これに対抗する手段としてポイズンピルを採用することはなかった。代わりに公開買付制度を改良した。現在、英独仏など多くの欧州諸国の公開買付制度には全部買付義務と呼ばれる制度がある。

　これは上場会社のおおむね 30% 以上を買収する場合には、1回の買い付けで均一な価格ですべての株式を買い付けなければならないとするものだ。国によってはさらに買付価格についても買収者の過去1年間の対象会社株式の取得価格のいずれをも下回れないといった価格規制まで存在する場合もある。確かにこのような規制によっても、もはや二段階強圧買収は実行不可能となる。

　米国型のピルが、提案された条件に対してその正当性を株主ではな

く、まず取締役会に判断させて条件交渉のイニシアティブを取らせる間接民主制であるとするなら、欧州型の制度は、買収提案から強圧性を排除する公開買付制度を確立した上で、判断は各株主にゆだねる直接民主制の制度ということができるだろう。

　どちらの制度が優れているということはないが、欧米の基本的なスタンスの違いは興味深い。しかし欧米の制度が共通して目指すところは、株主が株主の財産である株式を不当な価格で強圧的に売るよう強制されることを排除しようというものである。会社は株主だけのものではないから株主以外の権利を守るために、取締役会がいかなる買収条件であっても買収提案を退けることを許そうという思想はどこにもない。

第4節 ピルの使用制限遵守の証明

①実証研究

　条件付合法判決によって、米国では1985年以降ピルが急速に普及した。1991年までに累計で1500社以上がピルを導入したと言われている。しかし、もし仮にピルが判例と異なり、取締役の保身のために使用されたり、あるいは全ての買収提案を一律に排除するために使われる可能性があるとしたら資本市場はどのように反応するだろうか。

　例えば、上場会社はすべて将来のいずれかの時点で第三者から正当な買収プレミアムを含む対価で買収提案を受ける可能性を有していると考えてみよう。そうすると、もしピルが将来のすべての買収提案を排除するように使用されるとすれば、ピルを新たに導入した会社の株価は将来の買収プレミアムの期待値分だけ下落することになるだろう。

　この点に関しては米国で多くの実証研究が報告されている[*5]。これらの報告によれば、米国の株式市場において株価はピルの導入に関して統計的に有意な反応を示さないと報告されている場合が多い。

　また別の実証研究によれば[*6]、ピルの導入企業に対して敵対買収が提案された場合、ピルを導入していない場合に比べて、買収提案件数と提案価格がいずれも増大する傾向が見られるが、買収そのものの成

功確率には有意な変化がないとの結果も報告されている。つまり実証研究の結果、米国においては資本市場もM&A市場も、米国企業の取締役がピルを判例に即した使用方法にしか使用することはないと信頼していることが示されているといえるだろう。

言い換えれば、ピルは赤の他人（株主）の財産（株式）権を侵害するように使用してはいけないということが市場全体のコンセンサスとして機能しているということだ[*7]。

②敵対買収の件数と成功率

もうひとつ、第1章でも触れた点だが、市場のコンセンサスを裏付けるデータを示そう。図14-1の上のグラフは世界の敵対買収の件数と金額の年度別推移を示したものである（これは図1-4と同じだが重要なので再掲する）。また図14-1の下のグラフは敵対買収のM&A全体に対する割合の推移を示したものだ[*8]。図14-1下のグラフが示すように金額ベースで見ると世界の敵対買収はM&A全体に対して5%〜20%の範囲で変動しているが、平均としては概ね10%程度であることがわかる。

しかし、件数ベースではこれが1%に満たないのである。図14-1の上の棒グラフを見ると、金額ベースでは毎年世界で1000〜8000億ドルの敵対買収が発生していることがわかる。かなりの金額だ。しかし、折れ線グラフを見ると、世界で発生する敵対買収は毎年100〜250件程度にすぎない。なお、世界のM&Aは過去10年間で42万件余りが記録されている。以上からわかるように、金額ベースでは平均して全体の10%程度存在する敵対買収は、件数ベースでは平均約0.4%に過ぎないのだ。

つまり、敵対買収とは通常のM&Aに比べてその平均サイズが25倍程度（=10÷0.4）の大型案件が多いのだが、実際にはめったに発生しない非常に稀な現象であるということだ。そもそも敵対買収というのは無理をして対象会社の支配権を獲得しようとする行為であり、小さな案件で無理をして手間をかけるのは効率が悪いので、平均案件サイズは大きくなる。そしてサイズが大きく敵対的なので、マスコミ

図14-1 世界の敵対買収

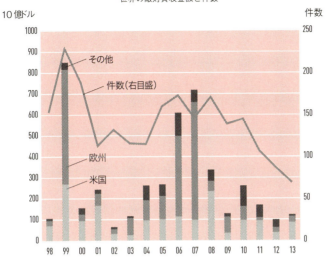

世界の敵対買収金額と件数

世界の敵対買収のM&A全体に対する比率
98～13の合計：金額ベース=10.1%、件数ベース=0.4%

出典：トムソン・ファイナンシャル（「敵対買収の完了と非完了」+「ホワイトナイトの完了」を敵対買収全体とし、ワンシテュエーションでも敵対買収の非完了とホワイトナイトにダブルカウントの場合あり、M&A全体も非完了案件を含んで同様にダブルカウント、発表日ベース）、2014年1月現在

で大きく取り上げられるため、印象としては世界中で非常に多くの敵対買収が毎年起きているように思われがちだが、実際は世界市場で見ても件数的には全体から見て非常に少数の特殊なケースなのだ。

図14-2を見ると、いったん発生した敵対買収の結果の分布が示されている。上が米国、下が米国以外で、それぞれ件数ベースの構成比を、2004年から2013年の10年間と、一番右に10年間の累計で示している（第1章では、この10年の累計だけを件数ベースと金額ベースに分けて、図1-5として示した）。

結果の分類は、一番下のエリアが「敵対買収者が買収に成功」、次が「防衛に成功」そして一番上が「ホワイトナイトが買収」である。これをみると、ポイズンピルが普及している米国においてさえ、過去10年間に敵対買収は数の上ではそれほど多くの案件が発生しているわけではないが、いったん発生した案件はその約50%が、敵対買収者が買収に成功する形で終結していることを示している。

米国以外（すなわち主として欧州）においては、成功確率はさらに高まり、60%に迫る。このことは、正にピル（を含む敵対買収防衛策）が「JUST SAY NEVER」には使用されていないことの証拠と言えるだろう。もしピルが全ての買収提案を排除するために使用されているとしたら、ピルが大々的に普及している米国で敵対買収の成功率が50%に達することはないだろう。

多くの国でピルを認めていない欧州においても投資銀行などのアドバイザーが様々な敵対買収防衛策を考案する。例えば世界最大の鉄鋼メーカーを形成したアルセロールとミタルの経営統合においても、2006年1月当初のミタルの買収提案に反対していたアルセロールの取締役会は様々な防衛策を考案して抵抗していた。

まず2006年4月にアルセロールは当時のアルセロールの時価総額の24%に相当する総額50億ユーロの株主還元策（特別配当、自社株買いなど）をミタルの買収提案が実現しなかった場合に実施すると発表した。こうすることで、買収提案が実現しないほうがアルセロールの株主に有利となる状況を作ろうとした。

さらに2006年1月末にカナダの鉄鋼メーカーのドファスコをドイ

図14-2 敵対買収の結果

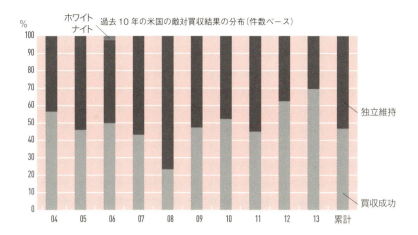

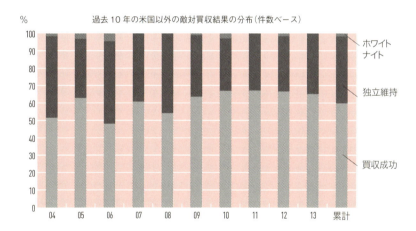

出典:トムソン・ファイナンシャル(Hostileで非完了を「防衛に成功」と定義、敵対買収で完了を「敵対的買手が買収」と定義、別途ホワイトナイトで完了を追加して敵対買収全体と定義、従ってダブルカウントあり、発表日ベース)、2014年1月現在

ツのティッセン・クルップとの争奪戦の末、56億ドルで買収していたが、買収したドファスコの株式を独立したオランダの基金に移転して、ドファスコに対する支配権を維持しながらミタルがアルセロールを買収した場合に、資金回収のためにドファスコ株式を売却しようとしてもこれが困難になる工夫もした。加えてロシアの鉄鋼メーカーであるセバスタールとの経営統合を発表して徹底的に抵抗した。

結局、アルセロールはミタルの買収提案を受け入れることになる。その最大の要因は買収プレミアムだ。ミタルの当初の提案では公開買付価格の発表以前株価に対する買収プレミアムは27%程度だった。しかし、その後ミタルは二度にわたって公開買付価格を引き上げ、最終的には当初の買収提案前の株価に対して80%を超える買収プレミアムとなる1株40.4ユーロでの買付を提案した。

ここまでプレミアムを上乗せされると、提案内容が約70%をミタル株式、30%を現金で支払うとの組み合わせであっても、アルセロールの取締役会として、ミタルの買収提案がアルセロール株主にとって不当な提案であるとの議論は成立しなくなる。そして2006年6月、恐らく嫌々ながらではあろうが、ミタルの買収提案を支持することを表明したのだ[*9]。

このようにピルが普及している米国においても、ピルが存在しない欧州においても、有効な敵対買収防衛策を設計することは可能だが、防衛策はあくまで買収者と買収条件を交渉するツールとしてしか使用できないという原則が市場全体に理解され、その原則が常に貫かれている。

そして買収プレミアムが株主にとって不利であることを証明できない程度まで上乗せされた段階では、それまで執拗に防衛策を張り巡らせて抵抗に抵抗を重ねた取締役会が、ある日突然、買収者に賛成意見を表明して買収が成立するのだ[*10]。再度言えば、敵対買収防衛策は実は買収条件交渉策に過ぎないのだ。そして防衛策を駆使する対象会社の取締役会は、株主のために買収条件の上乗せを求めることができるに過ぎない。このような防衛策の基本理念を、日本の敵対買収防衛策議論は見過ごしてきていないだろうか。

有効な指針ではない日本の高裁四類型

　ちなみに、これまで日本の裁判所でも多くの敵対買収防衛策に関する事件が審理されてきたが、今のところあとで述べる2007年に発生したブルドックソースの非常に特殊なケースを別にすれば、新株予約権を用いたピルに関してその使用制限を明確に定めた日本版ユノカル判決やレブロン判決は存在しない。

　強いて言えば、ライブドア・ニッポン放送事件の高裁決定で、後に高裁四類型と言われる、敵対買収防衛策の発動が認められるケースを列挙したケースがあるくらいだ[*11]。この四類型とは、「①グリーンメイラー、②焦土化経営（対象企業の本業資産の切り売り）、③対象会社の資産などを担保に買収資金を賄おうとする場合（即ちLBOを指すと思われる）、④遊休資産の売り抜け、など当該会社を食い物にしようとしている場合」とされている。

　残念ながら、この決定を書いた裁判官が充分に実務を理解していたとは思えない。例えば、買収者が自らをグリーンメイラーであると自称することはあり得ない。嘘でもなんでも「ネットとメディアの融合を目指す」とか「対象会社の株主価値が増大するよう経営に物申す」などと言ってくるのだ。その上で経営者にひたすら嫌われ続け、何とかこの状態から逃れたいと思わせて、結果としてグリーンメイラーであったことが事後に推定されることがあるに過ぎない。

　あるいは世界中で、近年毎年数十兆円規模で大量に行われているLBOそのものが悪であると決め付けることもできるはずがない。このように、この高裁四類型は残念ながら実務の世界では何ら有効な指針になっていない。

　あるいは、2005年3月にニレコという会社が新株予約権型ポイズンピルを定時株主総会基準日の株主に割当発行したケースで、株主が差止請求をした事件では、結局差し止めが認められたが、このケースはピルが普通株とは別個の有価証券なので、普通株と一体で流通しないという米国と異なる日本特有の問題を解決しないまま発行に踏み切った点が問題となっただけで、ピルの使用方法に関するユノカル判決

等に当たるような制限が議論されたわけではない。

単に万一ピルが発動された場合にその時点の株主ではなく、以前の株主が有利発行を受けてしまい、敵対買収者以外の一般株主が経済損失を蒙ることが差し止めの原因になっただけだ。日本版ユノカル判決等が早期に裁判所から出されて、日本の経営陣が敵対買収防衛策の本質に気づくのはいつの日のことなのだろうか。

第5節 北越製紙対王子製紙事件

一方、先に述べたアルセロールとミタルのケースと対照的なのが、2006年7月に表面化した王子製紙（以下「王子」）による北越製紙（以下「北越」）に対する経営統合提案だろう。このケースで王子は北越の全株式を1株860円で現金を対価に公開買付する用意があると表明していた。ただし、過半数の株式が応札されない場合は買付をしない予定であるとも表明していた。

北越は王子の提案価格を大幅に下回る1株607円で、三菱商事を引き受け先として、増資後議決権割合24.4％となる大量の新株発行を強行して、王子の公開買付成立を阻止しようとした。北越の株主からすれば、自分の財産を1株860円で全株現金対価により売却する機会を、北越の取締役会による860円を大幅に下回る価格での新株大量発行によって邪魔されたことになる。これは他人の財産権を侵害する行為に他ならないのではないだろうか。

感情論だけの北越経営陣

北越の取締役会は三菱商事との資本提携により北越の株価が860円を上回る成長を遂げる蓋然性を市場に対して説明しなければならないわけだが、北越からはこの点に関してなんら具体的な説明はなかった。北越の経営者は単に「金の力にものを言わせて無理やり買収しようとするのはいかがなものか」といった感情論を述べるにすぎずなかった。また、「王子との統合は北越の高い生産性による利益を王子が一方的に享受するに過ぎない」とも述べた。

しかし、王子は北越株式を全部取得して完全子会社とする意向を表明していたのであるから、完全親子会社の一方が、他方の利益を一方的に享受するとの関係は（少なくとも企業価値の観点からは）起こりえない。王子が北越の50.1%を取得して残りを取得しないまま北越から不当に利益を吸い上げれば、残された少数株主が王子に利益を搾取されるとの関係が成立し得るが、王子の提案はそのような構成を取っていなかった。北越の株主は全員が現金でプレミアムを受領して投資を終了するのであるから、王子から王子と北越の統合会社が将来享受する相乗効果の分け前を前払いで貰うことになる。搾取などされようがないのだ。

仮に北越の誰かが王子に搾取される構図が成立するとしたら、それは王子が、経営統合後に不要となった北越の旧経営陣に退陣を求めた場合に、職を失った北越経営陣に対して成立するだけだろう。ちなみに、王子は北越の従業員に対しては雇用や給与体系、勤務地を原則維持すると表明していたので、従業員に対する搾取は成立しない。つまり北越経営陣の発言には北越株主の権利を守る視点は全く欠如しており、自己保身に奔走したことを自らの発言で暴露してしまっていたように思えてならない。しかし、北越の株主からこの点を批判する声はその後も特に聞かれない。

日本製紙の株主への背信

ところで、王子の公開買付は発行済み株式の過半数の取得を成立条件（買付予定数の下限が過半数、ただし、買付予定数の上限はなし）とするものであったから、三菱商事の24.4%だけでは公開買付の成立を完全に阻止することはできなかったかもしれない。ここに予想外の乱入をしたのが日本製紙だ。日本製紙は北越との事前合意はないと説明した上で、一方的に公開買付期間中の高値で市場から北越株式の8.9%を取得したと発表したのだ。日本製紙の行動は、公開買付の成立を阻止する効果が絶大であった。

しかし、自らの行動で公開買付が不成立となった後、北越の株価は公開買付発表前の600円以下の水準に下落することが当然予想された。

そうなれば150億円以上を投じて市場から買い付けた北越株式が大きな含み損を抱える不良資産になることは明らかだっただろう。含み損を抱えることが明らかな投資を、北越との業務提携など事業面でのメリットの保証がない段階で先行することは、日本製紙の株主に対する背信行為といえる。

日本製紙の株主から代表訴訟を提起するとの動きは起きていない。もし日本製紙の乱入がなければ、王子の公開買付が過半数の株式を集めて成立した可能性はあったかもしれない。

そうなれば、北越は既に独立委員会[*12]なるものが新株予約権型ポイズンピルの発行を承認していたので、ピルの発行に踏み切った可能性が高い。その場合、王子は恐らくピルの発行差止請求を提起しただろう。そうなればこのケースで、日本で初めて日本版ユノカル判決が日の目を見て、日本の取締役会に対して、敵対買収防衛策の本質理解を促す絶好の契機となった可能性がある。この機会を自己の株主の利益をないがしろにして粉砕した日本製紙の責任は、万死に値するといえるだろう。

原則から逸脱した日本の敵対買収防衛策

このように日本の敵対買収防衛策の使用方法は、欧米の原則からは大きく乖離している。株主の権利を軽視した防衛策の使用が許される背景のひとつには、日米の訴訟制度の違いがあるといわれている。例えば日本製紙の取締役会の暴挙に対して、日本では日本製紙取締役会が日本製紙という法人に対して及ぼした損害を法人に対して賠償することを求める代表訴訟を日本製紙株主は提起できる。

代表訴訟は米国でも提起可能だが、この裁判に勝っても株主には直接には1銭のメリットもない。取締役から会社に対して金銭が支払われるだけだからだ。したがって、代表訴訟は崇高な理念に基づき行動する一部のマニアによって提起されることがあるに過ぎない。

米国ではこれに加えて株主が自ら蒙った損害の賠償を取締役と会社に求める損害賠償請求訴訟を容易に提起できる制度がある。クラスアクションと呼ばれる制度だ。日本でも損害賠償請求訴訟は提起可能だ

が、実際に損害を蒙った株主が、自分の損害分の補償を求めることができるだけだ。

したがって、例えば、あのライブドア事件は、その後裁判で明らかになったように粉飾決算等に関する経営陣の違法行為によって2005年12月のピークで8000億円以上の時価総額があった会社が、時価総額500億円を割り込んで上場廃止になった。このケースで、理論的には最大で7000億円以上の損害が株主に存在するはずなのに、株主数が異常に多いため、全ての株主を束ねて訴訟に持ち込むことが困難であり、ごく一部分の金額に関する訴訟が起きたに過ぎない。

米国のクラスアクションでは原告に1人だけ実際に損害を蒙った株主がいれば、その原告が他の全ての同様の損害を蒙った株主を代理して、損害額全体に対する賠償請求を提起できる。裁判所が認定したクラス（特定の損害の定義に該当する不特定の全ての被害者）に該当するものは、裁判の結果が出てからでも裁判所からクラスの追加認定を受ければ、裁判の原告に名を連ねていなくても損害賠償を受けることができる。

この制度は、事後にクラス認定を受けた被害者からも訴訟代理人を勤めた弁護士が成功報酬を請求できる制度と相まって、絶大な利用効果を発揮する。星の数ほどいる米国の弁護士の一部は、このようなクラスアクションでの巨大な成功報酬を求めて、ごく少数の被害者からの委任を受けて、安価な着手金（と高額の成功報酬契約）で一生懸命働いてくれるのだ。

しかし、日本ではこのような訴訟は提起できない。したがってライブドア経営陣でさえ、損害賠償請求裁判に敗訴した場合でも、自らが会社と株主に与えた損害のごく一部の賠償を請求されるに過ぎない。もし仮に日本でクラスアクションが認められていれば、上場会社の取締役に与える遵法圧力は現在の比ではあるまい。

たった1人の原告が北越の経営陣を相手取り、860円と607円の差額の賠償を求めて訴訟を提起することが、あるいはたった1人の日本製紙株主が北越株式の含み損に起因する日本製紙株価の下落による損害賠償を求めて訴訟を提起することが、取締役個人に対して数十億円

から数百億円の賠償義務を争う裁判になるからだ。

　このように日本の上場会社の取締役会は、法制度の面からも、欧米、特に米国では常識となっている、株主の利益のために行動するとの規範が働きにくい環境となっており、敵対買収防衛の局面でも、株主の利益以外の自己の保身などの非合理的な目的を胸に抱いて行動することのリスクが限定されている。結果として、当事者でもないのに他人の財産権を侵害する行為が大手を振ってまかり通るのだ。

第6節　日本型防衛策の効果

①日本型ポイズンピルの効果

　以上述べてきたように、日本の上場会社の取締役会は敵対買収防衛策の本質を理解しないまま、多くの会社が敵対買収防衛策を導入しているように見受けられる。2013年6月時点で買収者が予め設定された買収提案ルールに従わない場合などに新株予約権の発行を含む敵対買収防衛策を発動する旨を事前に警告している、いわゆる事前警告型買収防衛策を導入している会社が512社存在した。[*13]

　このうち一体どれだけの会社が、敵対買収において対象会社の取締役は案件の当事者ではないことを、そして当事者である自社の株主の権利を守り、買収提案価格を公正な水準まで上乗せさせる交渉以外に防衛策を使用してはならないことを理解しているのであろうか。

　敵対買収防衛策の本質に関する理解レベルについて、日本の現状は大きな不安が残る状況だが、実は初期の日本型敵対買収防衛策の一部には効果そのものに大きな欠陥を抱えていたものもある。次にこの点を考えてみよう。当初、敵対買収防衛策として日本でも最もポピュラーだったのが、新株予約権を使用したポイズンピルだ。ところが、日本では米国のピルを真似しただけの設計が多く、日本の会社法の下では本来期待される敵対買収防衛効果は望めない場合が多かったことは余り知られていない。

　初期の日本型ピルは米国の制度をそのまま移植していたため、ほとんど全てのピルが、敵対買収者が対象会社株式の20%を取得した時

点で発動される仕組みになっていた。日本の上場会社には米国にはない授権株式数という制限が存在する。授権株式数とは、定款によって取締役会が株主から授権している新株発行の枠（授権枠）のことだ。

　米国にも授権枠そのものは多くの州の会社法で存在するのだが、その大きさに関する制限がない。例えばデラウエア州会社法でも、授権枠の大きさに関する制限はない。しかし、日本の会社法では株式に譲渡制限を付さない公開会社については、授権枠は発行済み株式の4倍以内という制限がある（会社法37条3項）。

　したがって日本の上場会社は定款上最大でも現在の発行済み株式数の4倍までの授権枠しか持てない*14。このような会社がピルを設定していて、ある日、実際に敵対買収が発生して20%の株式を買い集められたとしよう。するとピルが発動して買収者以外の株主に有利発行が行われ、買収者の持ち分は最大で4分の1に減少する。しかし、日本ではこれで終わりだったのだ。何故なら、1回目のピルの発動で授権枠をすべて使い切ってしまうので、そこからさらに買収者が2回目の買い集めを行ってきた場合にはもはや新株を発行する枠がないので、ピルを発動することはできない。再度ピルを発動できるようにするためには、発行済み株式が授権枠いっぱいになった後で株主総会を開き、特別決議で定款を変更して授権枠を拡大しなければならない。

本気の買収者には効果なし

　しかし、ピルはそもそも間接民主制で、株主に直接判断を求める前に取締役会限りで買収者と対等に買収条件を交渉することを可能にする仕組みである。いちいち株主総会の特別決議を取らなければ機能しないのでは、ピル本来の役割を果たすことはできない。それなら最初から株主が買収提案を受け入れるか否か、直接判断すればよいことになる。

　これに対して米国のピルは1回発動した後、何度でも再設定あるいは再発動できる仕組みになっている。だからこそ買収者から見れば20%がガラスの天井となり、何度買収を仕掛けても20%を超えることができないことが最初から明らかなので、絶大な防衛効果が存在す

るのだ。日本では敵対買収者がいったん20％を取得してこれが最大で4倍に希薄化されれば、15％分の損害を蒙ることになる。

　しかし、M&Aで対象会社を本気で買収して経営しようとする者は、ミタルスチールのように80％を越える買収プレミアムを支払うケースは多くはないとしても、平均でも30〜40％のプレミアムを支払うことは当然なので、1回だけ15％の損を蒙ることは痛いことではあるが、究極的に買収者の行動を阻止する効果は極めて限定される。

　一部には15％の損失といえども、本気で対象会社を完全買収しようとする買い手であれば、わざわざピルを発動させて損失を蒙る前に、取締役会と妥当な買収条件を交渉することで損失を回避できるのであり、買収者自らの株主に対する責任から考えても、やはりピルを故意に発動させることはない、つまり防衛効果は存在するという議論もあった。しかし、これは米国では正しい議論だろうが、日本では正しくないだろう。

　何故なら、すでに述べたように、日本では「JUST SAY NEVER」が許されないという社会的合意はまだ存在しないからだ。どのような条件を提案しても「金の力で買収して、貴社だけが利益を享受する提案は反対です」と意味不明な回答をし続けることが許される日本では、交渉するだけ無駄である。むしろ対象会社の株主が喜んで売ってくれる価格を提示してピルを強行突破したほうが買収に成功する確率は、はるかに高いと判断する買い手は存在するだろう。

　ただ、日本のピルも本気で100％買収する買い手には効果が薄いが、実際に買収したり経営したりする気はなく、買い付けた株式を高値で引き取らせて利鞘を稼ぐことが目的のグリーンメイラーには効果があるかもしれない。20％買って4分の1に希薄化されれば、たとえ買い値の倍の値段で引き取らせても、まだ投下資金の半分しか回収できないからだ。このように日本のピルも全く意味がないわけではないが、本気の買収者に対してはあまり効果がない[*15]。

②第三者割当増資

　では日本には有効に機能する敵対買収防衛策は存在しないのだろ

か、というとそんなことはない。すでに北越のケースでも明らかなように、日本ではむしろ第三者割当増資（以下、Third Party Allotment、「TPA」）が極めて有効な敵対買収防衛策として機能するのだ。そのことはかなり以前から日本の M&A 業界では常識であり、TPA は古くから日本型敵対買収防衛策の花形として機能してきた。そしてこの方法の是非は過去多くの裁判例でも争われてきており、判例も豊富だ。

いなげや・忠実屋事件の判例

日本で始めて TPA による敵対買収防衛が裁判で争われたのは、1989 年のいなげや・忠実屋事件だ。この裁判（新株発行差し止め仮処分請求）で東京地方裁判所は、その後同種の裁判が全て参照する結果となる判断基準を示した。

いやげや・忠実屋事件とは、1988 年ごろから日本にかつて存在した不動産等投資会社の秀和による株式買占めにあったスーパーマーケット大手のいやげやと忠実屋が秀和の株式持ち分を希薄化させるために、1989 年 7 月、互いに新株を発行し合って（すなわち互いに相手のホワイトナイトになることで）対抗したことに対して、秀和が新株発行差止請求を提起した事件だ。この決定で裁判所は、第三者割当増資を敵対買収防衛策に使用する場合に、合法と認められるために必要な二つの判断基準を示した。

それは、①新株発行が有利発行に当たらず、法令違反とならないためには、発行価格が発行決議時点の市場価格に比べて有利な価格でないことと、この判断に当たっては証券業協会の自主規制が採用され、発行価格が決議日前日の終値などの 90% 以上であることが必要とした点と、②会社の支配権に争いがある場合であって、新株発行により特定の大株主の議決権が大幅に希薄化される場合であっても、新株発行によって調達した資金に合理的な使途がある場合には不公正発行とはいえない、とした二点である。

そもそも、会社支配権に争いのある状況で取締役会が特定の第三者に大量の新株を割当発行する行為は、取締役会が自ら支配株主を選択する権利を認めることになる。本来、会社の支配株主は会社によって

一方的に決定されるものではなく、特に上場会社においては流通する発行済み株式の議決権の帰属によって、いわば株主によって決定されるべきものだが、裁判所は、発行価格が市場価格で、合理的な資金使途さえあれば、取締役会に支配株主を選択する権利を認めてしまったことになる。

　この決定は、その後の多数の同種事件においてそのまま踏襲され、下級審決定でありながら、日本のTPAをめぐる判例のスタンダードとなった。宮入バルブ事件やネミックラムダ事件など全ての判例が、上記2点の判断基準を機械的に運用して、発行差し止めの是非を判断してきたのだ。2004年にはベルシステム24がCSKの支配から逃れることを目的に発行済み株式数を上回る大量の新株を日興プリンシパルインベストメンツに割当発行して1000億円超の資金を調達した。

　このケースでも発行価格が市場価格であり、資金使途としてはベルシステム24がソフトバンクBBからコールセンター事業を約500億円で買収したうえ、500億円を設備投資資金として貸し付ける等としたため、CSKの差止請求は却下された[*16]。また、2005年2月のライブドア・ニッポン放送事件では、ニッポン放送がフジテレビに大量の新株予約権を発行して事実上の第三者割当増資を実行しようとしたが、この際には資金使途がない等の理由でライブドア側の差止請求が認められた。

　ライブドアのケースなどでは、この種の問題の争点が非常に明らかであった。それはニッポン放送がフジサンケイグループにとどまるためにフジテレビに時価発行増資を引き受けさせることと、ライブドアの傘下に入って「ネットとメディアの融合」なる経営戦略をとることの何れがニッポン放送の株主価値を増大させるか、即ちいずれがニッポン放送の既存株主にとって有利な経営戦略か、という選択だ。

　なぜなら、ライブドアの時間外取引でのニッポン放送株式取得も、裁判で争われたフジテレビによる新株予約権を通じたニッポン放送新株取得も、ニッポン放送の全株式を取得する行為ではなく、いずれの行為が実現しても、ニッポン放送のその他の株主はニッポン放送株主の地位に留まり、その後のニッポン放送株価の動向が彼らの経済的得

失に大きく影響する形となっていたからだ。

　この種の命題は経営戦略の将来における結果を問うものであるから、未来を見通すことのできない人類には絶対的に正しい答えを経営戦略実行以前にうかがい知ることは不可能である。まして新株の発行価格や資金使途の有無でどちらの経営戦略の採用がより既存株主の利益になるかが決まることはない。

　つまりこの種の問題は法律的な解釈や判断で事の是非が決定されるべきものではなく、既存株主の過半数が何れの経営戦略をとるべきか判断する、つまり当事者の多数決で決定されるべきものだ。

米国では取引所ルールで規制

　株主の判断が必ず株主価値を増大させるような、結果としての正解を選択するとは限らないが、株主の過半数が選択する経営戦略を採用することこそ、会社法を含む世界中の法律が規定する株式会社の経営の基本理念だろう。

　このような考えに基づき、例えば米国のニューヨーク証券取引所やナスダック証券取引所は、新株発行前の発行済み株式の20%（新株発行後の議決権比率で約16.7%）以上の大量の新株を公募によらず特定第三者に割り当て発行する場合には、株主総会の承認決議（普通決議）を求めている[*17]。これは米国の会社法で求められる手続きではない。取引所に上場する会社だけに対して、取引所が特別に求める手続きだ。

　会社の支配権に関する争いは、その大多数が上場会社について起こる。そして上場会社に関して支配権の争いがある場合に、取締役会が特定の支配株主を選択することは株式会社の経営規範を逸脱する行為である。したがって、上場会社に限っては、非上場会社にはないこのような追加的な規制が必要なのだ。

　そしてこのような規制が存在しさえすれば、日本のように裁判所に対していずれの経営戦略がより会社の株主価値を増大させるかという、法律論議では到底結論を得られない判断を、無理やり法律論の枠内で判断させて、裁判所を困らせるような事件が発生することもないとい

うわけだ。

　日本においても 2006 年 3 月に東京証券取引所が 20% 超の TPA について株主総会承認を求める規制を提案したが、経団連をはじめとする企業経営側はこれに激しく反発した。曰く「親子上場を認めている事実と矛盾する」、あるいは「機動的な資金調達を妨げる」、「会社法が認める範囲の新株発行を取引所が規制するのは越権行為だ」などと反対した。

　その結果、東証も大幅にトーンダウンして、結局、このルールは制定されていない。2009 年 8 月になって東証はようやく上場会社の TPA について、

(1) 発行価格の算定根拠を具体的に説明する義務を課し[18]、
(2) 新株発行前の発行済み株式の 25%（新株発行後の議決権比率で 20%）以上の新株を TPA する場合あるいは支配株主が移動する場合には、独立第三者専門家の当該割り当ての必要性と相当性に関する意見を得るか又は株主総会の承認を必要とし[19]、
(3) 新株発行前発行済み株式の 300% 超の TPA を行う場合は原則として上場廃止とする[20]

との新ルールを定めた。

　しかし、(2) は株主総会の承認ではなく第三者の意見でもよいので単に 1 名の弁護士から意見書を入手して大規模な TPA を行う例も後を絶たない。一方、東証とは別に議論が進んだ会社法改正では、第 3 章でも述べたように、2015 年施行の改正で過半数議決権を有する株主が出現する TPA は、議決権の 10% 以上の反対があれば株主総会の普通決議による承認が必要となった。

　しかし、ホワイトナイトの出現に反対する、敵対買収者等の（現取締役会が排除したいと思う）株主がその時点で 10% 以上の株主ではない場合はこの規制は及ばないし、そもそも TPA で出現するホワイトナイトの所有議決権を議決権の過半数をわずかに下回る割合にすることでもこの規制を回避でき、それでも北越製紙の例のように防衛策

として十分機能する場合がある。このように規制はある程度強化されたが、それでも TPA による防衛策はまだ日本では利用可能な状況である。

経営者のエゴ

　日本においては親子上場が比較的多い。そもそも上場会社に支配株主が存在することが欧米では滅多にないが、日本では珍しくない。だから TPA も会社法が認めている限り、その枠内で実行しても問題ないのだ、という議論もある。

　しかし、上場前から大株主が存在することを開示したうえでその株式を上場する行為（子会社上場）と、上場後に突然取締役会の判断で親会社が出現することと（買収防衛策としての TPA）は本質的に全く異なる事象である。また、資金調達が必要なら公募増資を行えばいいわけだし、米国の例を見るまでもなく、全ての会社に一律の最低限必要な規制を設定した会社法が許していることを上場会社が全て無制限にやってもよいわけではないことも明らかだろう。[*21]

　ところが、このような正当な議論は経営者のエゴイズムと買収防衛策ならぬ買収排除策を熱望する日本の経営者によってかき消され、日本では、会社の支配権に争いがある場合でも、経営戦略の是非や株主価値増大の可能性とは無関係な、発行価格と資金使途という条件さえ満たせば、TPA がいまだに防衛策として利用可能となっているのだ。そして、資金使途を説明しやすい借入金に依存した資本構成の会社で、ホワイトナイトを見つけてくることができる限りは、TPA は非常に有効な敵対買収防衛策として機能してしまっているのだ。

　付言すれば、ホワイトナイトが出現しても TPA を引き受けるのではなく、正々堂々と敵対買収者の提案価格を上回る公開買付価格を提案するなら、買収価格が上がることで全ての対象会社株主がその利益を享受できる。しかし、TPA は一般株主からそうした機会を奪うことになることは、北越の例を見るまでもなく明らかだろう。

③株式分割

　もうひとつ、日本特有の有効な敵対買収防衛策について検討しよう。これは敵対的な株式公開買付を開始された場合に、対象会社が株式の分割を行うというものだ。2005年7月に発生した日本技術開発に対する夢真ホールディングスの敵対買収に対抗して日本技術開発が採用した戦術だ。

　当時の証券取引法では、公開買付をいったん開始すると買付価格の下方修正は許されず、買付の撤回も対象会社が倒産するなど特殊な場合を除いて認められないことを利用した戦術だった。株式分割を行うためには、いつの時点の株主に分割株式を交付するかを決める基準日を公告しなければならないが、この公告は公告日から2週間以上先の任意の日に決めることができる。

　一方、公開買付はいったん始めたら買付期間は最低20日間必要だ[*22]。14＜20という不等式が成立することがこの防衛策のエッセンスだ。日本技術開発の例を念頭に簡単な数字でいえば、1株500円で発行済み株式（例えば100万株）の半数（買付予定下限及び上限株数50万株、つまり50万株未満の応札なら買付をしない、50万株以上の応札があった場合、50万株を各応札者の応札株数に対して按分比例方式で買い付けるとの条件を付した買付）を対象とする公開買付が開始されたとしよう。

　対象会社は直後に基準日公告を行い、基準日を買付期間終了以前の日に設定して、その日の株主に対して、例えば4株の新株を交付して5対1の株式分割を実施すると発表すると、公開買付者には大変困った事態が出現する[*23]。

　まず、①買付価格を下方修正できないので、分割新株が実際に市場に出回る頃（当時の制度では基準日の50日程度後）にはその価値が確実に5分の1に低下することがわかりながら、1株100円の価値しかない株式を500円で買わされる（公開買付者が買付を実行できるのは買付け期間終了後なので、基準日に株主となることはできず、分割新株は公開買付に応札した旧株主が受け取ることになる）。

　さらに、②仮に首尾よく目標の50万株を1株500円の高値で取得

したとしても、分割新株が出回ればその議決権割合は 50% から 10% に希薄化してしまい、経済的損失に加えて支配権も得られない。

夢真ホールディングスの公開買付は失敗

　日本技術開発は、実際には夢真ホールディングスが公開買付を開始する以前に株式分割を発表していたので、買付者は分割を考慮した 5 分の 1 の金額で公開買付届出書を提出し、経済的損失を蒙ることはなかった。しかし、裁判所に申し立てた株式分割の差し止め請求は、株式分割自体が買収を完全に不可能とするものではなく、経済的損失も蒙っていないことなどを理由に認められなかった。

　実際には支配権に関する争いが市場で思惑買いを誘発し、分割後の株価は想定どおりの 5 分の 1 に下落せず、その倍以上の水準で長期間推移したため、結果として公開買付は失敗に終わった。

　その後、金融商品取引法（正確には 2006 年 12 月施行の改正証券取引法）で公開買付ルールが改正され、株式分割等が行われた場合には買付価格の下方修正が認められ、また防衛策が発動され償却されない場合には、買付の撤回も認められた。さらに証券保管振替機構が分割新株の取引を基準日の翌日から可能とするシステム改正を 2006 年 1 月に実施したので、この方法は今では殆ど防衛効果はないと言われている。

　しかし、日本の資本市場は M&A にまだ慣れていない。公開買付（特に敵対的な買付）が起きると何故か思惑買いが先行して市場価格が買付価格を大きく上回る例が後を絶たない。日本技術開発の例がそうであったように、もし仮に株式分割を行っても敵対的な公開買付が行われている場合には、株価が分割比率に応じて下落しないで、（敵対買収者の買付価格上乗せを期待するなどして）しばらく高値で推移するのであれば、それだけで実は絶大な防衛効果が存在するということになる。このような非合理的な株価形成は M&A に慣れた欧米の株式市場では殆ど見られない現象だ。もっと腕を磨いて合理的な行動を取るように早くなってもらいたいと考える市場参加者も少なくないだろう。

④ 持ち株会社傘下の事業会社の優先株

　さらにもうひとつ、日本特有の特別な防衛効果のある方策を検討しよう。これは 2004 年 9 月に当時、三菱東京フィナンシャルグループ（以下「MTFG」）との経営統合を目指していた UFJ ホールディングス（以下「UFJH」）が、傘下の UFJ 銀行（以下「UFJB」）に発行させて MTFG に割り当てた戊種（ぼしゅ）優先株式で使用された方法だ。

　UFJH は三井住友フィナンシャルグループ（以下「MSFG」[*24]）からも統合提案を受けており、この優先株式の発行は早い段階で MTFG との統合を既成事実化する狙いがあったといわれている。確かに閉鎖会社で株主が 1 名しかいない UFJB が定款変更をして優先株式を MTFG に割当発行することは会社法（当時は旧商法）の手続き上、非常に容易である。

　また、戊種優先株式の株主には、定款変更、合併、新株発行、取締役の選解任など多岐にわたる経営の重要事項に拒否権が与えられていたため、UFJH の価値の大半を占めるであろう UFJB の事実上の支配権を MTFG に握られた以上、もはや MSFG が UFJH を敵対的に買収することは無意味となり、MSFG からの敵対買収を防衛する効果は非常に高かった。

　しかし、戊種優先株式の発行価格は 7000 億円であり、議決権割合で UFJB の概ね 40% を取得していたと思われることから考えると[*25]、この時点で UFJH は UFJB の時価を約 1 兆円と見積もっていたことになる（0.7 ÷ (1+0.7) ≒ 0.4）。

▍買収排除策を可能にする制度環境

　当時の UFJH の時価総額が約 3 兆円であり、UFJH の価値の大半は UFJB にあったと思われることを考えると、戊種優先株式の発行は有利発行であった可能性が高い。しかし、たとえ有利発行であったとしても株主総会の特別決議を経ている以上、手続き上の瑕疵はない。しかし、UFJH の株主から見れば、UFJB の株主総会で有利発行を認めた UFJH の取締役会は、UFJH の株主の重要な資産を低廉譲渡するこ

とで株主に損害を与えたとみなされる可能性は否定できない。だが、この点が UFJH の株主から問題提起されることはなかった。

　日本の持ち株会社制度では、1999 年の商法改正で株式移転制度が始まって以来、事業会社が容易に純粋持ち株会社に移行して、事業会社を傘下の完全子会社とすることができるようになった。しかしこの制度の始まりに合わせて株主の権利を拡大する手当ては当面取られなかったので、持ち株会社の株主は傘下の事業会社の経営に対して直接のチェック機能を果たすことはできなかった。

　例えば傘下の事業会社の取締役に対する代表訴訟は提起できなかった。これは純粋持ち株会社に移行することで、傘下の事業会社が持ち株会社の株主総会の承認を得ることなく、容易に定款変更や有利発行を行うことができることに繋がっていた。ここでも日本の取締役会は株主の権利を守るより、敵対買収を完全に排除することを優先する構図が透けて見えていたのだ。

　これらの問題についても 2015 年施行の会社法改正は一定の対応を果たした。まず第 3 章で述べたように、親会社の議決権の 1% 以上を 6 か月間以上継続して保有する株主には、その子会社の取締役に対する代表訴訟権を認めた（多重代表訴訟）。

　しかし、子会社株式の簿価が親会社総資産の 5 分の 1 超であることを条件にしたため、この権利は極めて限定的となっている。また親会社による子会社株式の譲渡も、親会社総資産の 5 分の 1 超の簿価の子会社株式譲渡で議決権の過半数を有さなくなる場合には、親会社株主総会の特別決議が必要とした。しかし、同様の理由でこの規制も限定的であるし、子会社による第三者割当増資は規制されていない。要するに日本の制度は大企業になんとか買収防衛策を買収排除策として使用可能な環境を残してやろうという方向で動いているようなのだ。

⑤会社法と敵対買収防衛策

　たびたび商法が改正されてさらに会社法が施行されたことで、これまで述べた以外にも、いままでにない多種多様な敵対買収防衛策を設計することが理論上は可能となった。例えば取得条項付株式だ。（間

に全部取得条項種類株式の発行を挟んで）株主総会特別決議を2回経れば、上場会社が発行済み株式の全てをこの特殊な株式に入れ替えることが可能と言われている。そして、この株式は一定の事由が生じたことを条件に発行会社の取締役会によって発行済み株式の一部または全部を強制取得することができるものだ。

一定事由の定義や株式の一部の決定方法がどの程度まで取締役会の判断で決められるかについては今後の実務判断が必要ではあるが、極端な場合、取締役会が敵対的と判断する特定株主の所有株式を狙い撃ちにして、それだけを強制的に、無議決権株式を対価に強制取得することも可能となるかもしれない。そうなればこれは究極の敵対買収排除策となる。今のところ上場会社でこのような極端な敵対買収排除策を検討していると公式に表明している会社はないが、既に述べてきたように、日本の上場会社の取締役会は、敵対買収防衛策ではなく、敵対買収排除策を熱望していると思われる。

そしてその運用に当たっては敵対買収の一方の当事者である自社の株主の権利を侵害してはならないという防衛策の最も基本的な原理原則を理解していないとしか思えない行動が見受けられる。このような環境では、いずれどこかの上場会社が会社法で設計可能となったより強力な敵対買収排除策を濫用する事態にならないとも限らない。資本市場における株主のチェック機能の充実が今こそ重要となっている。

第7節 ブルドックソース 対 スティールパートナーズ事件

最後に2007年5月から8月にかけて勃発した米買収ファンドのスティールパートナーズ（以下「スティール」）による東証二部上場ソース製造大手のブルドックソース（株）（以下「ブルドック」）に対する敵対買収と、これに対するブルドックの緊急避難的な買収防衛策の発動事件の経緯から、現在の日本の制度上、株主総会の特別決議による承認が得られるのであれば、新株予約権の発行というオーソドックスな手法だけで、非常に有効な買収防衛策が機能するという点について考えてみよう。

本件の詳細は順に論じるが、経緯を簡単に言えば、スティールに敵対的公開買付を開始されたブルドックが、定時株主総会特別決議で株主の支持を得た上で、全株主に新株予約権を株主割り当てで発行したものだ。この新株予約権は、一般株主は行使できるが、スティールだけが行使できず、代わりにスティールが所有する新株予約権だけはブルドックがスティールの公開買付価格と同等の価格で強制的に買い入れるとした（このような新株予約権の行使条件を差別的行使条件と言う）。

世界初の買収防衛策としての新株予約権の発動

この結果、あとで述べるようにスティールは公開買付に成功しても買付結果が議決権の70%程度とかなり高い水準に達しない限り、公開買付後の持ち株比率が希薄化して過半数を確保できないこととなり、経済的損失は受けないものの、買収の目的達成が非常に困難になった。

これに対してスティールは新株予約権の発行差し止めを求めて東京地方裁判所に提訴したが、裁判は最終的に最高裁判所まで争われ、結果としてスティールが敗訴し、世界で恐らく初めて買収防衛策として発行された新株予約権が実際に発動されて買収者の持ち株比率が著しく希薄化するという前代未聞の結果に至った。

以下、本件の注目すべき論点を分析しよう。なお、以下の議論は公開情報に基づき次の数値を前提とする。

授権株式数	78,131,000 千株
（発行済み株式数の4倍を僅かに超えている[*26]）	
発行済株式数	19,018,565 千株
流通株式数	18,699,565 千株
自己株式	319,000 千株
時価総額	29,620 百万円（流通株数ベース @1,584 円／株）
当初スティール保有株数	1,949 千株
当初スティール保有比率	10.4249%（対流通株数）

第14章 敵対買収防衛策

① 本件の日程：

　本件の経緯でまず注目すべきなのがその特異な日程である。本事件の当初のイベントは、次のような日程で発生している。

1. ブルドック定時株主総会基準日：2007年3月31日
2. スティールの公開買付意思公表：5月16日
3. 公開買付の当初買付期間：5月18日〜6月28日、
   買付価格＝1,584円/株、3ヶ月平均＋18.03%
4. ブルドック株主総会開催日変更：6月7日発表
   総会を6月28日から6月24日へ変更
   新株予約権権利落日：7月5日
   新株予約権行使期限：9月30日
4. その後、6月15日にスティールは：
   買付価格を1,700円に上方修正、
   買付期間を8月10日（60営業日）まで延長

　スティールの公開買付は当初、ブルドックの定時株主総会の日を最終日としていた。このため、このままの日程であれば、たとえブルドックが定時株主総会で新株予約権の発行など有事における買収防衛策の承認決議を得たとしても、その時点でスティールはすでに公開買付最終日を迎えており、買収防衛策の発動を理由に公開買付を撤回するという手段を取ることができない日程になっていた。

　スティールが公開買付を撤回しなくてもスティールに割り当てられる新株予約権をブルドックが現金で買い取るためスティールに経済的損失は与えない仕組みになっていたのだが、このままの日程であれば防衛策が過度にスティールの選択肢を奪う点で、その相当性に疑問が生じ、裁判で争われた結果が異なるものとなっていた可能性があった。

　しかし、ここでブルドックはウルトラC的な日程を強行した。通常であればすでに株主総会招集通知は印刷が終了しているであろう6月7日に、株主総会の日程を繰り上げて6月24日にすると発表したのだ。これであれば株主総会で新株予約権発行等が認められて防衛策

の発動が確実になった場合、スティールが公開買付を撤回するという選択肢を維持できる。

　この点はその後の裁判では（変更後の日程で全てが進行したために）争点とはならなかったと思われるが、当初日程のままであれば、ブルドックが公開買付を撤回できないという点で、裁判はブルドックに不利な状況となり得たことは確かだろう。非常事態にあたって、このように迅速な対応が可能であったことは、本件の裁判闘争で結果としてブルドックが勝利した第一の理由と言える。

　なお、同時期（5月23日）に翌5月24日からの公開買付を発表されたジャスダック上場の中堅機械鋸製造会社の天竜製鋸（株）の場合は、6月14日に公開買付反対を表明し、6月28日の定時株主総会特別決議で事前警告型防衛策の導入を目指すと発表したが、既に開始されていた公開買付はこの対象外としている。

②防衛策の概要：
　次に、このケースでブルドックが株主総会特別決議の承認を経て導入した新株予約権の発行を柱とする買収防衛策の具体的な仕組みを見てみよう。仕組みの概要は、以下のとおりである。

1. 全株主に1株当たり新株予約権3個を無償割当、各予約権は普通株1株を1円で取得でき、又はブルドックが普通株1株を対価に取得条項に基づき強制取得できる。課税当局が7月24日に取得条項行使による発行に対しても株主に課税なしと口頭で回答したため、ブルドックは取締役会決議の上、強制取得を実行した。

2. スティールのみ新株予約権を行使できず、代わりにブルドックが1個当たり396円（=1,584÷4）の現金で買取。

3. 当初日程の場合の結果は、株式が1対4に分割された上で、スティール持ち分の4分の3を分割前ベース1株あたり1584円

で強制取得することと（課税関係を除き）ほぼ同じ。ただし分割後、スティール持ち分の4分の3相当がブルドックに強制取得されるので、発行済み株式数はスティールの所有割合に応じて4倍未満にしかならない。

4. 新株予約権発動後に発行済株式数が5000万株以上（これは公開買付への応札が流通株数の約34%未満の場合に該当する）の場合、授権株式数を2億株に定款変更する。（これにより再度公開買付を仕掛けられた場合にも同様の防衛策発動が可能となり、日本型ピルが1回しか撃てないという火縄銃問題を解決する一つの方法が示された。）

③防衛策の効果：（当初日程）

この防衛策の効果は、6月28日を公開買付の最終日とする当初日程と、ブルドックが6月7日に発表した防衛策に対応してスティールが買付期間を8月10日まで延長した後とでは大きく異なる。

当初日程の場合、公開買付への応札がゼロであれば、スティール持分は10.425%から約2.8%に希薄化し、実質的にはスティールが持ち株数の約4分の3、正確には持ち株の73%（=1-（2.8÷10.425））を約23.2億円で会社に売却したのと同じ効果となる。一方、公開買付への応札が流通株数の約34%未満の時には、新株予約権に基づく新株発行後の発行株数が5000万株以上となり、授権株式数が2億株となる。

これ以上であれば定款変更が発動せず授権株式数は不変となり、再度の定款変更を経ない限り新株予約権の追加発行はできない。さらに、公開買付への応札が流通株数の69.6%以上の時、スティールの議決権が新株予約権による希薄化後でも流通株数の過半数となる。当然ながら、全株主が応札すれば100%となる。

ところで、スティールにとっての本件の経済性を考えると、まず希薄化前のブルドック1株当たり価値を1584円で公正とすれば、新株予約権が発動する前のスティールの持ち分価値は30.9億円（=1,949K

×1,584）である。

　一方、防衛策に従って一般株主の新株予約権が発動し、スティール所有の新株予約権だけが希薄化前ベースで1株1584円（希薄化後で1個あたり396円）でブルドックに買い取られ、その金額だけブルドックの株主価値が減少すると考えると、防衛策発動後にスティールが所有するブルドック関係の価値は、希薄化後スティール持ち株比率にブルドック当初時価総額からスティールへの支払い現金を差し引いたものを掛けた値をスティールの持ち株の価値とし、これにスティールが公開買付で支払った価格を引いてブルドックからの受領現金を加えた値となる。この値は公開買付への応札株数に関わらず、当初の30.9億円と同じで一定なのだ。つまりスティールに経済的損得はないことになる[27]。

　以上のことが次頁の図14-3に示されている。上のグラフは横軸が公開買付への応札比率（対流通株数）でこれはゼロから89.5751%（100%−10.4249%）の値までを取りうる。これに対して直線のグラフはスティールの当初持ち株比率10.4249%と応札比率の合計であり、最大で100%になっている。これは公開買付後で新株予約権発動前のスティールの保有議決権比率を意味している。

　そして下に凸の曲線は、新株予約権発動後のスティールの保有議決権比率を示している。このグラフが示すように、当初日程ではスティールは公開買付への応札が100%であれば、新株予約権発動後でも100%の議決権を維持できるし、応札が69.6%以上であれば、新株予約権発動後でも過半数の議決権を獲得できる。つまり当初日程では、この防衛策はスティールによるブルドック支配権の獲得を困難にはするが、不可能にはしていないのだ。

　また、図14-3の下のグラフは、横軸がやはり公開買付への応札比率（流通株ベース）で、ゼロから89.5751%の値をとる。そして右上がりの直線はスティールが新株予約権をブルドックに売却して受領する金額（右目盛り）を示し、右下がりの直線が新株予約権発行後の流通株数を示し、横軸と平行な線が（支払金額と受領金額をネットした）スティールのブルドック関係の持ち分価値の合計を示している。

図14-3 ブルドックの防衛策効果　当初日程

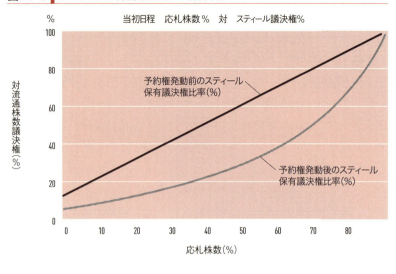

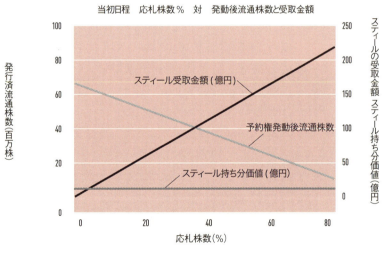

　この直線が横軸と平行ということは、ブルドックの株価を希薄化前ベース1584円で計算する限り、応札株数に関わらずスティールは経済的に損得がないことを示している。

④防衛策の効果：（延長後日程）

次に、スティールが公開買付期間を延長して期限を8月10日とし、新株予約権取得の権利落ち日以降としたあと（延長後日程）で考えてみよう。この場合には、スティールは公開買付で取得する株式については、取得が権利落ち日の後なので新株予約権は取得しない。新株予約権は当初持ち株に割り当てられる分だけだ。残りの新株予約権は公開買付への応札の諾否に関わらず、スティール以外の株主に割り当てられる。

順に結果を考えると、まず公開買付応札ゼロの場合、結果は当初日程と全く同じで、スティールの持ち株比率（流通株ベース）は約2.8%に希薄化して、23.2億円の現金を受領する。次に公開買付への応札がある場合だが、公開買付終了日には新株予約権の発行は終了しており、かつ発行済新株予約権は公開買付に応札（譲渡）できないので、全株主が応札してもスティールは希薄化後議決権の27.1%しか取得できない。これは、スティールは最大でも新株予約権発動前の流通株数である18,699,655株までしか株式を取得できないが、流通株数は発動する新株予約権数が確定しているので常に68,950,000株に増大するためである。

広義のグリーンメイラー

次にスティールの経済性を考えると、希薄化前で1株1584円を公正とすれば、前掲の当初日程と全く同じ計算で、スティールの持ち分の価値は新株予約権発動前後で常に約30.9億円で一定であり、スティールに経済的損得はない。このことが図14-4に示されている。図14-4の上のグラフが示すように、延長後日程では全ての株主が公開買付に応じても、スティールの持ち株比率は27.1%までしか到達できない。また、下のグラフが示すように延長後日程でも、応札株数に関わらずスティールに経済的得失はないことがわかる（ただし、1株当たりの価値を当初公開買付価格で評価する場合）。

つまり、スティールは買付上限を設けない公開買付を開始して、当初はブルドックの経営権取得を目指すと述べたのだが、ブルドックが

図14-4 ブルドックの防衛策効果　延長後日程

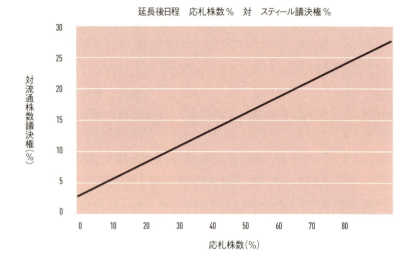

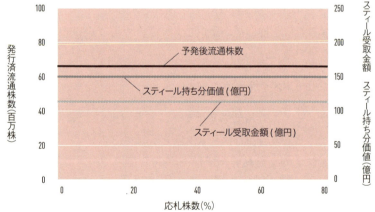

発表した防衛策を検討したのち、あえて自らブルドックの経営権取得の機会を放棄して、公開買付の結果スティールが所有するブルドックの議決権比率が応札数に関わらず低下するような日程変更を選択したのだ。この事実はスティールが自ら述べたようなブルドックの経営権取得を目的としておらず、ブルドックの持ち株比率を最終的に低下さ

せて、現金に換金することを目的としていたこと、すなわち彼らが広義のグリーンメイラーであったことを物語っていると考える一つの重要な根拠と言えるのではないだろうか。

⑤防衛策の合法性に関する論点

次に、スティールが東京地方裁判所に求めた新株予約権発行の差し止め請求に関して、裁判上争いになったであろう論点をまとめてみる。おそらく以下のような論点が争われたものと思われる。それぞれの命題について、スティール側に立った命題の指摘と、ブルドック側に立った反論の例を記す。

1. 差別的行使条件を付した新株予約権の発行は、株主平等原則に反するか？

この点については、会社法では株主総会特別決議による承認があれば、株主を経済的にも議決権比率の上でも差別することとなる株式の有利発行を認めている。また取締役会決議で行う第三者割当増資についても、有利発行ではないので経済的には平等でも議決権比率においては株主の差別を容認している。本件のように株主総会特別決議の承認があれば、議決権や経済性について株主を差別することは容認されると判断されるべきではないか。

2. 防衛策の必要性や危機に対する相当性はあるか、また本発行決議は不公正な決議か？

この点についても、株主総会特別決議で承認されれば、裁判所があえて必要性や相当性の判断を下す必要はないとも言える。また、仮にスティールがグリーンメイラーであると認定できれば、必要性は明らかであり、防衛策の仕組みがスティールに経済的損失を与えないなら相当性もクリアされるのではないか。

ただ、経済的損失を与える仕組みであったとしても（つまり新株予

約権の買取がなかったとしても）スティールは公開買付を撤回すれば経済的損失は免れるのであるから、スティールの新株予約権買取の仕組みが相当性を満たすために不可欠かどうかは今後の課題だろう。

3. 本件は有事導入であり、平時導入（事前警告型）にくらべて相当性等のハードルは高いはず？

この点については、防衛策の有事導入は平時導入に比べて慎重にならなければならないとする理由がいま一つ明確ではない。ただ本件では株主総会特別決議による承認があるのであれば、やはり問題にならないのではないか。

4. スティールはグリーンメイラーか？

この点に関してはいろいろ議論があるだろうが、グリーンメイラーの定義をニッポン放送の高裁判決にならって「経営に関与する意思なく株式を買い集め、会社関係者に高値での売り抜けを目指す買い手」とし、会社関係者の定義に、会社自身に加えて、会社の経営者が探してくるホワイトナイトを含めて考え、これを「広義のグリーンメイラー」とすれば、スティールはグリーンメイラーに該当する可能性が高いと考えられるのではないか。

5. スティールに帰属する新株予約権を1個当たり396円でブルドックが取得する仕組みはスティールへの利益供与か？

この点については、確かにプレミアム分についてはスティールに有利な仕組みだろう。しかし、株主総会特別決議を経れば株式の有利発行が可能であり、有利発行は特定の株主に対する利益供与である。本件も特別決議を経る以上、この点からこの仕組みが会社法に違反するなどの主張は通らないのではないだろうか。ただし、通常の有利発行は利益供与を望む株主に対して、その他の株主が特別決議でこれを容

認する場合に有利発行を行うのだが、本件では利益供与を望まないスティールに対する利益供与を、その他の株主が容認するという図式となっている点には注意を要するだろう。

6. スティールは新株予約権の強制取得では代金がすべて課税所得となり、単に株式を売却する場合に比べて課税上不利になる？

　この点については、一般株主は国税庁通達により、新株予約権を行使できない買収者が新株予約権を時価譲渡できる場合には株主間に価値移転はなく課税もなしとしている。一方、スティールは、確かに新株予約権の強制譲渡価格は税務簿価ゼロでの譲渡となり、全額譲渡益課税だろう。
　しかし、新株予約権発動によって株式分割と同様に株式の公正価格が低下しているにもかかわらず、残存する株式の税務簿価は不変となり、その株式をおおむね4分の1となる時価で譲渡した際に譲渡損が発生し、新株予約権の譲渡益と相殺できるのではないか。

7. 一般株主は特別利害関係人であり、その賛成によってなされた株主総会特別決議は著しく不公正な決議で無効ではないか？

　この点については上記5により、プレミアム分だけ本件の仕組みはスティールに有利であり、一般株主には特別決議に賛成する経済的インセンティブはない。したがって、自らの損を承知で賛成した一般株主は特別利害関係者とは言えないのではないか。

⑥スティールはグリーンメイラーか？
　次に、上記でも指摘したスティールの買収者としての属性を考えてみよう。下記のようにこの点については東京高等裁判所の決定の段階でスティールはグリーンメイラーであるとの認定が出たわけだが、最高裁判所の決定ではこの認定には言及されていない。しかし、諸般の事情を考えると、スティールは広義のグリーンメイラーであると認定

できる可能性が高いと思われる。

　企業の支配権を獲得するM&Aの世界には買収者として様々な属性が存在するが、大きく分ければ、その属性はおおむね二つに分類される。第一は対象となる企業と類似する事業を営み、自らの事業戦略の一環として対象企業の経営権を取得し、対象企業を自己と一体経営することで両社の間の相乗効果（シナジー）を実現することで企業価値を増大させることを目的とする買収者である。このような買収者を戦略的買収者（ストラテジック・バイヤー）と言う。第二は企業の経営権を取得したうえで後日その企業を第三者に売却して株式の売却益を獲得することを目的とした買収者である。このような買収者を財務的買収者（フィナンシャル・バイヤー）と言う。

バイアウト・ファンドのKKR、カーライルグループ

　たとえば、トムソン・ファイナンシャルのデータによると、1997年から2006年までの10年間において、米国で完了した会社総価値（すなわち株主価値＋純有利子負債）2億5000万ドル以上のM&A案件1653件においては、1484件がストラテジック・バイヤーによる案件であり、残りの169件がフィナンシャル・バイヤーによる案件であると報告されている（単に企業の株式に投資する者は、これ以外にも単なる投資信託等をはじめとして多数の属性が存在するが、ここではM&A、すなわち企業の経営権を取得する目的で大量の株式を買い集める行為をする者に限って議論している）。

　フィナンシャル・バイヤーをさらに分類すると、一つは対象企業の経営権を取得し、実際にその企業を経営して企業価値を増大させた上で転売して売却益を獲得しようとする買収者が存在する。LBOなどの買収手法で企業全体を買収し、数年間対象企業を経営し、レバレッジの効果や経営の合理化などを通じて株式の価値を増大させたのちにこれを転売するバイアウト・ファンドと呼ばれる買収者などがこの属性に属する買収者の例と言える。以下、この属性に属する財務的買い手をバイアウト・ファンドと総称する。世界で活躍するコールバーグ・クラビス・ロバーツ（KKR）やカーライル・グループなどの

LBOファンドは、この類型に属する買収者である。

　すでに第13章で議論したように世界のM&A市場ではバイアウト・ファンドによる買収が2007年前半まで非常に盛んであり、2006年だけで世界で会社総価値10億ドルを超えるLBOが105件（総額は約5000億ドル）発生している。2006年の世界のLBO総額は約7000億ドルに達し、金額ベースで世界のM&A全体の約20%を占めるに至っている。

ピケンズ、ライブドア、村上ファンドは、グリーンメイラー

　一方、もう一つの財務的買収者としては、対象企業の経営には特に関与せず、もっぱら短中期的に対象会社の株式を対象会社自身や第三者に単に転売することで売却益を獲得しようとする買収者が存在する。

　古くは小糸製作所の株式を大量取得して、小糸製作所やその関連会社に株式の買い戻しを要求したブーン・ピケンズや、最近ではニッポン放送の株式を大量取得して、その後この株式を同社の親会社であるフジテレビジョンに買い取らせて巨額の売却益を獲得したライブドアや、阪神電気鉄道などさまざまな会社の株式を大量取得して大株主になったうえで、経営者に圧力をかけて経営者に一刻も早くその状況から逃れたいと思わせることで、経営者自身にその株式の引き取り手を探させることで取得した株式を高値で売り抜け、売却益を獲得することを生業としてきたいわゆる村上ファンドなどがこの属性に属する買収者であると言える。本節では、この属性に属する買収者を広義のグリーンメイラーと称する。

　世界のM&A市場では現在、グリーンメイラーに該当する買収者の行動は盛んであるとは言えない。1980年代前半の米国においては、すでに述べたブーン・ピケンズをはじめとして多くのグリーンメイラー型買収者が活躍したが、現在、欧米の資本市場では経営者も市場参加者もこのような行動様式の買い手に対して、拙速な行動を起こして自らグリーンメイラーの株式売却先を探索してあげるような行動をとらないようになっており、このような行動様式の買収者が活躍できる場がないからである。

しかし、近年日本においてはこの種の買収者がいくつか活動している。もっとも欧米では旧型のグリーンメイラーは活躍しないが、同じプレーヤーが自らを一見グリーンメイラーとは判断できないように脚色して活躍している。その実態はグリーンメイラーと断言できないまでも、株式の売り抜け利益を目的としたファンドであることは変わりない。

たとえば1980年代にバーバリアンの異名をとったカーク・カーコリアンが率いる投資会社トラシンダは、2005年に自動車大手GM株式の約10%を握った上で、陸軍士官学校出身でIBMやクライスラーの再建をCFOとして指揮した実績のあるジェローム・ヨークを取締役として派遣し、配当半減や海外メーカーとの資本提携を求めた。

このように経営方針に深く関与することでグリーンメイラー性を出さず、経営に積極的に関与するタイプの大手株式運用ファンド[*28]と類似した行動をするのだが、2006年後半に日産などとの資本提携交渉が暗礁に乗り上げると、それまでの提携交渉報道で株価が上昇したGM株をあっさり全株売り抜けて巨額の利益を手にした。

戦略的買収者ではない

最近の売り抜けファンドはこの程度の脚色は朝飯前である。つまり欧米にはグリーンメイラーとは断定できないが、バイアウト・ファンドではない財務的投資家が存在するということである[*29]。以下の議論ではスティールがこのような、属性の判断が困難な財務的投資家ではなく、限りなくグリーンメイラーに該当する財務的投資家に近いことを確認する。

すなわち、スティールの日本における過去の類似事例での行動様式、並びに本件取引における行動様式から、本件取引におけるスティールの買収者としての属性を総合的に判断すると、上記のうち、対象企業の経営には特に関与せず、短中期的な株式の売買益の獲得を目的とした買収者（すなわち広義のグリーンメイラー）に該当する可能性が高いと考えられるのである。

その理由は第一に、スティールがブルドックの経営に積極的には関

与しないと断言したうえで発行済み株式の全てを買収することを目指して公開買付を開始した点にある。スティールはブルドックが営む食品事業を営んでおらず、スティールが戦略的買収者ではないことは明らかであるから、スティールが財務的買収者のうち、バイアウト・ファンドに当たるかグリーンメイラーに当たるかを考えてみる。

　一般にバイアウト・ファンドは対象会社の発行済み株式のすべてを買い取り、対象会社をいったん上場廃止して、リストラ等の経営合理化策を実行しやすい状況で対象会社を経営しようとする。グリーンメイラーはむしろ株式の短中期的な売却益の獲得だけが目的なので、対象会社の発行済み株式のすべてを買い取るよりは、一部を買った上で大株主として対象会社に圧力をかけて対象会社自身にその状況から一刻も早く逃れたいと思わせることが多い。

　本件取引においてスティールは発行済み株式のすべてを買い取る株式公開買付を開始したので、その点においてはグリーンメイラーよりバイアウト・ファンドの行動様式に近いとも考えられるが、バイアウト・ファンドは例外なく常に対象会社の経営に深く関与することで企業価値の増大を図る。ソース事業に積極的には関与する意思がないと断言している以上、スティールの行動様式がバイアウト・ファンドのそれであると判断することは困難である。

グリーンメイラーの典型的な行動様式

　第二に、スティールのその他の日本における投資行動から判断しても彼らの行動様式はバイアウト・ファンドではなくグリーンメイラーである可能性が高い。スティールはたまたまブルドックに対しては発行済み株式のすべてを買い取ることを目的とした手続きを開始したが、スティールが株式の大量保有報告書を提出したことで大株主となったことが確認できる日本企業約30社のうち、このような行動に出たのは彼らの日本における初期段階の投資であったユシロ化学工業、ソトー、明星食品、天龍製鋸と本件の合計5例だけであり、圧倒的多数の投資対象においては少数株主の立場にとどまりながら経営者に対して、脅しともとれる書簡による接触を行うなど、グリーンメイラーとして

の典型的な行動様式をとっている。

　また、本件取引においても、その経緯の全貌を俯瞰すれば、まず少数株主としての地位を獲得し、しかる後に積極的に経営に関与する意思がないとしながら前触れなく公開買付を開始するなど、やはりグリーンメイラーとしての典型的な行動様式をとっている。そもそもバイアウト・ファンドは大量の投資対象候補をさまざまな見地から検討した上で、実際に買収行動を起こすのは、発行済み株式のすべてを買収することを目指す対象会社に対してだけである。

　バイアウト・ファンドが数十の対象会社に対して発行済み株式の全部の取得を目指さない少数株主としての地位を取得して、その中から完全買収を目指す対象会社を選択するということは、投資効率を下げる効果しかないのであり得ない。このような多数の投資対象に対する少数株主の地位の取得と、その後の対象会社の経営者に対する威嚇的な接触こそ、対象会社経営陣に当該株式の引き取り手を探索させる広義のグリーンメイラーの行動様式に酷似している。

ホワイトナイトを誘う低い買い取り価格

　第三に、スティールの本件取引における株式の買い取り価格の設定が、第三者による対抗買付の発生を促す低い買収プレミアムで開始された点も重要である。当初発表された公開買付価格は1株当たり1584円であり、これは対象者の普通株式の東京証券取引所における平成19年5月16日までの1カ月間の終値平均（1342円）（1円未満切捨て）を約18.03％上回る価格設定であった。

　世界のM&A市場では、上場会社の経営権取得に当たっては、1株を買う値段である市場株価に一定の支配権プレミアムを上乗せすることが常識となっているが、支配権プレミアムの水準は案件ごとに異なる。

　第2章でも述べたように、米国では過去10年間の会社総価値2億5000万ドル以上の大型完了案件の平均プレミアムで35.6％であった。日本においては対等合併が多いために、プレミアムの水準は1997年から2006年の10年間における会社総価値5000万ドル以上の大型案

件の平均で 19.9% と米国よりも低めだが、買い手がフィナンシャル・バイヤーであるケースに限れば、図 2-8 に示したように、その平均は 32.5% と、それ以外の案件の平均 19.4% を大きく上回っている。

また、買収提案に対象会社の経営陣が反対する敵対的買収案件の平均は、日本でも図 2-12 に示したように、35.8% とそれ以外の案件の平均 20.8% を大きく上回っている。さらに買収方法を公開買付に限れば、図 2-9 が示すように日本においてもその平均は 28.9% と、合併や株式交換の場合の平均 20.3% を大きく上回っている。したがって、スティールによる本公開買付提示価格のプレミアムは、日本の過去の類似案件に比べてその水準が著しく低いと言える。[*30]

スティールは 2006 年の明星食品に対する買収提案のケースにおいても全く同様の価格設定で公開買付を開始し、結果として対象会社である明星食品がスティールの提示価格を上回る価格で対抗公開買付を開始するいわゆるホワイトナイトを探索しやすい条件設定をして、さらに結果としてその通りのホワイトナイトの出現が実現したのである。本件取引においてスティールはその後、買付価格を 1700 円に引き上げたが、価格引き上げの合理的理由は十分明確にされていない。

この点、当初の価格設定から判断すると、やはりスティールの行動様式は対象会社の経営陣に対抗公開買付を実施するホワイトナイトを探索させるなどして保有株式を高値で売り抜けることを第一の目的として行動するグリーンメイラーのそれであると判断することが妥当であると思われる。

なお、スティールがグリーンメイラーであるとして、スティールがバイアウト・ファンドである場合に比べてそれがブルドックの株主にどのように影響するかを考えてみると、その影響は重大である。スティールがバイアウト・ファンドである場合には、本件取引終了後にブルドックの発行済み株式の例えば 3 分の 2 以上を取得できた場合、さまざまな手続きによって残りの少数株主を排除してブルドックを完全子会社にするように努めることが通常であるし、そのような意思を公開買付の時点で表明するのが通常である。

しかし、スティールはそのような意思を明確には表明していない。

この点もスティールがバイアウト・ファンドではなく、グリーンメイラーであることを裏付ける第四の理由であると言える。この点はさらにその後のステップを考えると、その影響は重大である。本件取引がある程度成功して、スティールがブルドック株式を大量に取得した場合、例えばブルドックは上場廃止になる可能性がある。しかし、その場合にもスティールは公開買付に応じなかった株主の残りの株式を取得する意思も仕組みも具体的に表明していない。

さらに大株主になりながらもブルドックの経営に関与する意思はないとしている。結果として公開買付に応じなかった株主は所有資産が上場廃止になる可能性や、経営に関与する意思のない大株主が存在することで経営が停滞してその価値が低下するリスク、あるいはその大株主が結局取得した株式を第三者に売り抜ける方策だけを探索する、あるいはその方策を探索することを経営陣に求めることで、やはり経営が停滞してその価値が低下するリスクを負うことになる。

結果として、買収者がバイアウト・ファンドである場合には完全買収を目指す結果、少数株主がかかるリスクにさらされる可能性はないと言えるが、買い手がグリーンメイラーである場合にはそのようなリスクにさらされることになる。

最後に、既に上記④で述べたように、スティールがブルドックの発表した防衛策に対応して、あえて公開買付の日程を延長し、公開買付の結果によってはブルドックの支配権を獲得できる当初日程を放棄して、最大でも27％程度しか取得できない日程に変更したことも、スティールがブルドックの支配権の獲得を第一義に行動していなかったことを示しており、スティールがグリーンメイラーであったことを間接的に示していると考えることができる。

以上のようなさまざまな論点からスティールは広義のグリーンメイラーに該当する可能性が高いと思われるが、はたして裁判所も少なくとも東京高等裁判所はその決定でスティールがグリーンメイラーであると認定した（正確には濫用的買収者）。筆者が学者の立場で私見を述べるのと、裁判所が決定文でスティールをグリーンメイラーと認定することは本質的にその意味や効果が異なるので、必ずしも東京高等裁

判所の決定を本件の裁きとして支持するわけではないが、客観的に見てスティールの買収者としての属性は、実はこのような長大な議論を経ずとも、一般の認識としてすでにかなりの程度コンセンサスに達していたのではないだろうか。

⑦地裁判決：（6月28日）

　以上のような議論や、それ以外の様々な議論を経たと思われる手続きの結果、6月28日にまず東京地方裁判所の決定が発表された。その内容は以下のとおりである。

1. 防衛策の必要性（≒どちらの経営方針を選択すべきか）は株主総会で決するべきである（裁判所はスティールが濫用的か判断しない）。
2. 防衛策の相当性は「少なくとも株主総会特別決議で承認され」、「買収者に経済損失を与えないなら」相当と認める。
3. ただし、株主総会特別決議承認があっても、買収者又はその他の者に著しい損害を与える場合など合理性に欠ける場合は別である（本件はこれに該当しない）。
4. したがって、本件は株主平等原則に反しないし、著しく不公正な決議とも言えないので、差し止め請求を却下する。

⑧高裁判決：（7月9日）

　次に東京高等裁判所にスティールが即時抗告した結果、7月9日に以下の高裁決定が発表された。

1. スティールは投資ファンドという組織の性格上、顧客利益を最優先に行動する法人であり、対象会社に対しても経営に関心を示さず関与もせず、株式取得後短中期的に会社自身や第三者に転売して売却益を獲得しようとし、最終的には会社の資産処分まで視野に入れ、ひたすら自らの利益を追求する存在であり、対象会社は本買収行為により場合によっては解体にまで追い込

まれなければならない理由はないので、スティールを濫用的買収者と認定、よって必要性を認める
2. 株主総会特別決議で承認され、スティールに財産的損害を与えず、その他の株主にも不利益を与えるものとまで言えないため、相当性を認める
3. 必要性と相当性を認めたため、株主平等原則に抵触せず、著しく不公正な決議とも言えないので、差し止め請求を却下する。

⑨ 最高裁判決：（8月7日）

最後に、おそらくスティールにとって予想外の厳しい高裁決定に対し、最高裁へ特別抗告と許可抗告をおこない、結果として8月7日に以下のような最高裁判所の決定が下された。

1. スティールが濫用的買収者かは判断しない。
2. 大多数の株主が賛成している以上、防衛策は合法（株主総会特別決議が必要あるいは充分かに言及していない）。
3. 特別決議に言及しない以外は概ね地裁判決を踏襲し、差し止めを却下した。

⑩ スティールの選択肢と結果

以上の経緯の結果、ブルドックの防衛策の合法性が一応確定し、防衛策は発動された。スティールとしては公開買付を撤回するか、買付価格を新株予約権発動に合わせて4分の1に変更して公開買付を続行するか、しか選択肢がない状況となったが、最高裁決定の翌日、8月8日に、買付価格をいったん上げた1700円の4分の1に変更し、買付期間を8月23日まで延長した。

この結果、スティールの買付期間は通算で60営業日を大きく超えることとなった。これが当時の証券取引法上許されるのかについての議論はほとんどなされていない。結局、公開買付への応札は発行済み株式のわずか1.9%にとどまり、新株予約権が発動し、最終的にスティールのブルドック株式保有比率は流通株式の約4.4%となった。そ

の後、スティールは本訴に訴えてさらに法廷闘争を継続する可能性もあったし、他の投資対象に同様の攻撃を仕掛けてくる可能性もあった。

しかし、本件法廷闘争での完敗は、スティールにとって日本における投資戦略を根本から見直さざるを得ないほどの大きなインパクトがあったと思われ、本訴も他の投資対象への攻撃も見られることはなかった。

結果として、本件は株主総会特別決議を経て差別的行使条件を付した新株予約権を発行するなどして、敵対買収から対象会社を守ることに成功したわけだ。しかし本件はすでに敵対買収者の公開買付が開始されてから株主に防衛策の発動の是非を問うという極めて特殊な経緯で防衛に成功した事例である。

そもそも３分の２以上の株主が経済的にやや不利[*31]であるにもかかわらず、この防衛策を支持する結果となったということは、防衛策を発動せずとも公開買付に応じる株主は殆どいなかったのではないかという指摘もある。

しかし、防衛策の発動には賛成しても公開買付には応札するという一見矛盾した行動をとる株主がいないとも限らないので、当事者としては万全を期して防衛策を考えるという気持ちも分らないではない。

いずれにしても本件はやはり非常に特殊なケースであり、先に述べた日本版ユノカル基準を判例として確立したとはまったく言えない。今後さらなる事件の判例を通して、あるいは判例の積み重ねを待つのでは時間がかかりすぎるというのであれば、立法を通じて、株主の財産権を侵害しない防衛策の限度について、日本における制度上の明確な基準が求められている。

註

[*1] 本章は『検証　日本の敵対買収』（新井富雄、日本経済研究センター編、日本経済新聞社刊）第３章に掲載された拙文を大幅に加筆修正したものである。

[*2] 取締役会の反対を押し切って直接、合併等の組織再編を株主総会に問い、

必要な賛成票を得ることができれば、発行済み株式を買い集めなくても合併等によって敵対買収を完了できる。しかし、諸外国の多くと同様、日本の会社法では株主総会は合併等の組織再編について取締役会が調印した組織再編契約書を承認する権限しか有していない。この道筋で敵対買収を完了するためには、第1章でも述べたようにプロキシーファイトによって合併等に反対する取締役を罷免して合併等に賛成する取締役が取締役会の過半数を占めるように株主総会の取締役選任決議で対決することが必要である。

*3 グリーンメイラーの定義は、「対象会社株式を買い集めたのち、これを対象会社関係者に引き取らせて転売利益を狙う者」とされた。なお、日本では自社株式の買い取りに会社法上の財源規制があるため、大量の株式を自社に引き取らせることは現実的ではない。したがって、本章第7節で議論する日本における広義のグリーンメイラーには、対象会社関係者と対象会社経営者に探索させたホワイトナイトを含めることとしている。

*4 企業価値研究会「企業価値報告書」（平成17年5月）

*5 Poison or Placibo? Evidence on the deterrence and wealth effects of modern antitakeover measures, Comment and Schwert（Journal of Financial Economics 1995）、Takeover defenses and wealth effects on security holders : the case of poison pill adoption, Datta & Datta（Journal of Banking and Finance 1996）など

*6 On the use of poison pills and defensive payouts by takeover targets, Heron and Lie（Journal of Business 2004）

*7 さらに言えば、ピルが普及し、その使用制限が社会全体に浸透したことで、米国では投資ファンドによるLBOが実行しやすくなった。LBOは財務エンジニアリングにより買った瞬間に含み益を得ることも可能な買収手法であり、時として敵対的に行われることもある。そうした場合に対象会社がピルを導入していると、条件闘争になり、提示条件に余裕のある買収ファンドが買収に成功する場合が多くなったからだ。つまりピルの普及が1980年代後半の米国のLBOブームの遠因となったのだ。

*8 トムソン・ファイナンシャルのデータによる。ここでは非完了案件を含む発表日ベース。敵対買収の定義は最初の買収提案時点で対象会社の取締役会が反対した案件。

*9 おそらく最終的にミタルの買収提案を受諾した後でも、アルセロールのギー・ドレCEOは個人的にはミタル氏が嫌いであっただろう。しかし買収提案価格が充分となれば、個人的に嫌いな同一人物の提案を一転受諾することになる。日本でこのようなことが起こるだろうか？

*10 米国の1997年から2013年までの17年間のM&A（上場会社で会社総価値2億5000万ドル以上を対象にした完了案件）2544件における平均買収プレミアム（対発表四週前株価）は39.7%、標準偏差は28.7%である。

この数値は欧州でも大きな違いはない。80%のプレミアムは平均を標準偏差の約 1.4 倍上回る値ということになる。過去最大の敵対買収であった英国ボーダフォンによる独マンネスマンの買収や、二番目に大きな米ファイザーによるワーナーランバートの買収においても、最終合意価格は発表以前の株価に対して 70～80% のプレミアムを支払うものであった。このあたりの値が対象会社の取締役会が抵抗不可能となる数値ということかもしれない。

*11　2007 年のブルドックソースの防衛策に関する判例については、本章第 7 節で述べる。
*12　その独立委員会メンバーは元裁判官、元税務署長に加えて、製紙業界にも、まして資本市場ともなんら関係がない某神社の宮司であった。
*13　MARR Online、2013 年 4 月 24 日
*14　第 4 章第 3 節で述べた株式併合を悪用すれば、一時的に会社法違反状態ではあるが、発行済み株式の 4 倍を大きく上回る授権枠を持つことはできる。この穴は、2015 年施行の改正会社法で対策された。
*15　この問題を、日本のピルは 1 回しか撃てないので、「火縄銃」問題と呼ぶ。
*16　このケースでは上場会社の過半数株式を高値で引き受けた投資会社の資金回収戦略も疑問視されたが、その後この株式が日興コーディアルグループの粉飾決算に使用されていたことが発覚した。
*17　NYSE Listing Rule 312.03 & 312.04 等
*18　東京証券取引所有価証券上場規程第 402 条、施行規則第 402 条の 2
*19　東京証券取引所有価証券上場規程第 432 条、施行規則 435 条の 2
*20　東京証券取引所有価証券上場規程施行規則第 601 条第 14 項第 6 号
*21　ニューヨーク証券取引所のルールは、詳細にみると全ての第三者割当増資が禁止されているわけではない。当然ながら公募増資にはルール上規模の上限はないし、私募についても真正の私募（同一引き受け者に議決権の 5% 超の株式が割り当てられない私募等）は株主総会決議が必要なケースから除外されている。つまりこのルールが機動的な資金調達を妨げるといった反論ができないようになっており、経営者が自ら支配株主を選択する行為が狙い打ちで禁止されている。
*22　旧証券取引法では暦日 20 日であったが、現行の金融商品取引法では 20 営業日となっている。会社法における基準日の 2 週間は今も昔も暦日である。
*23　東京証券取引所はライブドアの 100 分割などの無茶な株式分割に対応して、05 年 3 月から全上場企業に対して 1 対 5 を超える分割や分割の結果 1 投資単位の株価が 10,000 円を下回る分割を自粛するように指導した。現在では上場規程第 445 条で投資単位が 5 万円以上 50 万円未満となるよう努める義務を課している。
*24　この会社の英語の正式名称の略称は SMFG だが、ここではこの略称を使

用する。

*25 UFJBが発行していたその他の優先株式が全て議決権ベースで普通株式1株に相当するものとして計算。

*26 98年8月に187万株を消却した時点で授権株式数を変更しなかったことによると思われる。

*27 ただ、この計算はブルドックの株価を希薄化前で1584円を公正としているが、この価格はスティールが公開買付開始前3カ月間の平均株価に約18%のプレミアムを乗せて計算した値なので、そのプレミアム分だけ、スティールは持ち株の一部をブルドックに高く売れることになっており、そのことを考慮に入れれば、プレミアム分だけではあるが、経済的にはスティールにやや有利、つまり一般株主にやや不利、な仕組みと言えるだろう。

*28 例えば米カリフォルニア州職員退職者年金基金（カルパース）は、投資対象の経営を支配する程度の大量の株式を取得することはないが、投資対象の経営に積極的に関与することで有名である。彼らはそのタイプの大手株式運用ファンドの典型だろう。しかし、彼らはM&Aの世界で投資対象を買収することはないので、この議論の対象外である。

*29 このような脚色を施した場合でも、グリーンメイラーを見分ける簡単な方法がある。それは投資対象の経営者に「嫌われようとするか否か」である。グリーンメイラーはあらゆる手段を通じて投資対象の経営者に嫌われることが仕事である。嫌われて、この状況から一刻も早く逃れたいと思わせれば、経営者は、この株主よりも宿敵阪急や宿敵日清食品の方がマシだ、と思うのである。

*30 第2章で分析したように、M&Aにおける買収プレミアムはその標準偏差が大きく広い範囲に分布する。したがって、個別の案件のプレミアムを平均値と比較することにあまり意味はないという見解もあるだろう。しかし、本件は敵対買収であり、対象会社の買収審査等を行っていないので、第2章で述べた当事者固有の未公開情報によって当事者が想定しているプレミアムが表面上の数値と一致しないという現象は起きていない。

さらに敵対買収においては株主側も過去の類似案件におけるプレミアムと比較して本件で提示されているプレミアムが妥当な水準であるかを強く意識して諾否の意思決定を行う傾向がある。だからこそ敵対買収のプレミアムは友好案件を統計上有意な差を持って上回る傾向がある。したがって、本件で提示されたプレミアムを過去の類似案件と比較することには大きな意味があると言える。

*31 ただし、ブルドックがスティールの新株予約権買い入れ費用を全て税務上損金算入できるとすると、この税効果によって実は（国からの補助金によって）本件のスキームは一般株主にとっても不利とはならない。

第3部

M&A成功の条件

第15章

投資銀行を正しく上手く使いこなす方法[*1]

　これまでの議論で、企業経営者がM&Aの実施に当たり、理解しておくべき会社法・税法・会計基準・取引所規則等のさまざまなルールと、M&A実行に必要なストラクチャー設計理論を網羅できたと思う。ここから先の議論ではさらに話を進めて、実際にM&Aを実行し成功させるためにはなにが必要なのか、いわゆるM&A成功の条件、をいろいろな角度から考えてみたい。

　まず本章では、M&Aにおいて財務アドバイザーとして活躍する投資銀行をどのように使いこなすのか、について考える。アドバイザーを正しく上手に使いこなすには、投資銀行の思考回路を理解しなければいけない。例えば、財務アドバイザーを務める投資銀行は顧客から様々な秘密情報を得る。彼らは財務アドバイザー以外にも社内に様々な証券関連ビジネス部門があり、多種多様な事業を日々展開しているので、この秘密情報を管理・運用する過程でいろいろな問題に直面する。

　M&Aアドバイザリー・ビジネスは、昨今の投資銀行業の収益源として欧米はもとより日本においてもその重要性はますます増大している。そもそもM&Aという企業活動は、その端緒から当事者による正式発表に至るまでのほとんどすべての段階で極めて秘密性の高い情報が、当事者、すなわち売り手、複数の買い手候補とそのアドバイザーたちの間で取り扱われる。

　その過程において投資銀行は、かかる秘密情報を極めて慎重かつ適正に管理・運用しなければならない。実務のいくつかの局面においては、かかる秘密情報の適正な取り扱いに関する具体的な運用が現実的

には難しいケースが存在するのだ。このような問題を理解することは、顧客が投資銀行を使いこなすうえで重要な鍵の一つとなる。

あるいは投資銀行は財務アドバイザーに就任するにあたり、顧客とアドバイザリー契約を締結する。日本の証券会社はそうでもないかもしれないが、欧米の投資銀行が提示するアドバイザリー契約書は非常に細かい規定が多く、なかには一見して不合理・不平等に見える内容も存在する。

もちろんアドバイザリー報酬が高額であることもその一つだ。何事も最初が肝心である。まず案件の初めに彼らと締結するアドバイザリー契約書で、彼らが何を重視しており、何を考えて様々な約定項目を要求しているのか、彼らの手の内を知ることは、投資銀行を使いこなすうえでやはり重要な鍵となる。

さらに、アドバイザリー契約締結後、実際の案件進行中の様々な局面でアドバイザーに期待すべき役割と、もし売り手側であれば反対側の買い手側及びそのアドバイザーの思考回路、買い手側にとっては売り手側とそのアドバイザーの思考回路をよく理解することが、やはり案件成功の重要な鍵となる。以下、これらの問題について順に議論を進める。

第1節 アドバイザー就任の可否に関する利益相反チェックの問題

①アドバイザーとしての利益相反とは

投資銀行がM&Aアドバイザリー・ビジネスを顧客から請け負う場合、大きく分けて二つの異なる立場があり得る。ひとつは売り手側のアドバイザーであり、もうひとつは特定の買い手候補側のアドバイザーである。そのいずれに就任する場合でも、基本的にはアドバイザーへの就任は、顧客にその旨を依頼され、その依頼を投資銀行が受任し、互いにアドバイザリー契約を締結することで正式に開始されることになる。

しかし、投資銀行は世界中で様々な顧客を相手にM&Aアドバイザ

リー以外にも、企業の株式や社債の新規発行による資金調達の引受業務や、企業に対する自己資本投資の実行など、様々なビジネスを展開している。そのため、特定の顧客の特定のビジネスを受任する意思決定の際には、そのビジネスをその立場で受任することが、その時点で既に受任している世界中の様々な顧客に対する他のビジネス群と利益相反を生むことにならないかどうか、問題がないことを確認しなければならない。この確認プロセスを一般に利益相反確認（コンフリクト・チェック）と呼んでおり、投資銀行にとってのM&Aアドバイザリー・ビジネスは、まずここから始まるといっていいだろう。

対象会社αの売却案件で売り手（α）側のアドバイザーに既に就任していた場合、いずれの買い手候補のアドバイザーにもなることはできない、といった直接の至極当然な利益相反も存在するが、実はこれ以外にもきわめて広範囲にわたる利益相反が存在し、その確認は時として高度なビジネス・ジャッジメントを必要とする場合が少なくない。

特に判断が難しいのは、法律的義務あるいは契約上の義務の観点からは必ずしも否認されない行為を、ガバナンスやビジネス・ジャッジメントの観点から自主的に利益相反として慎むべきであると判断する場合だ。

例えば明確な利益相反と容易に判断される、売り手と買い手の双方のアドバイザーに就任することでさえ、それ自体、会社法や金融商品取引法に直ちに違反する行為ではない。しかし、投資銀行業界では常に、様々な利益相反の可能性について個別にその是非を判断して案件ごとに受任の可否を決定している。

まずは一般的に考えられる利益相反の類型をいくつかに分類して列挙してみよう。以下の分類は話をわかりやすくするために、ある投資銀行が例えばソニーが過去、米国で買収したソニーピクチャーズ社（以下「SP社」という）を売却する案件で、買い手候補のひとつであるA社のアドバイザーに就任できるかどうかを確認する場合を想定する。

(1) 直接の利益相反：明々白々な利益相反としては、例えば以下の

ようなケースが考えられる。

(a) 既に売り手（SP社）側アドバイザーに就任済みで、いかなる買い手候補のアドバイザーにもなれない：

　既に触れたように、このケースは明白だろう。欧米のM&Aの世界では、ひとつの案件で売り手と買い手の両方に対して同時に同じ投資銀行がアドバイザーとなる、いわゆる「双方代理」は利益相反の観点などから、Fiduciary Duty（受託者責任あるいは信任義務）を果たせないので論外とされている。日本ではごく一部の独立系M&Aアドバイザー会社がいまだに双方代理は問題ないと主張しているが、最近では大多数の国内大手アドバイザーも世界の常識を受け入れて、双方代理は極めて特殊なケースを除いて、まず認められないとの認識が共有されている。[*2]

(b) 既に別の買い手候補のアドバイザーに就任済みで、他の買い手候補のアドバイザーにはなれない：

　このケースも明白だろう。双方代理と並んで、二つの競合する買い手候補のアドバイザーを同時に努める「競合代理」も、利益相反の観点などから論外とされている。

(c) すでにソニーの競合相手のある会社（例えば東芝）がSP社の直接の競合相手である別の映画スタジオ会社、例えばGE社が80%を所有するNBCユニバーサル社（NU社）を買収したい[*3]との意向があり、その案件で東芝の買い手側アドバイザーに就任しており、すでにGE社に対して売却意思の有無を打診中で、もしGE社が売却しない場合、他の売り手候補としてソニーのSP社にも東芝の代理人としてアプローチすることを東芝と文書で合意済み、つまり東芝と調印した買い手側アドバイザリー契約の買収対象会社候補リストにSP社が掲載されている：

このケースも明白だろう。既にある顧客と締結した契約で将来 SP 社について同社の買い手側アドバイザーに就任することに同意しているのであれば、実際には現時点で未だ東芝を代理して SP 社買収に動いているわけではないとしても、図らずも開始されてしまった SP 社の売却プロセスにおいて他の買い手候補のアドバイザーになることは、潜在的な競合代理となってしまうためにできないことになる。当然ながらこの場合、売り手（SP 社）側のアドバイザーになることもできない。

(2) 間接的な利益相反：上記（1）の場合に比べてやや間接的だが、概ね明白に近い利益相反の状況としては、例えば以下のようなケースが考えられる。

(a) 既にソニーの重要なビジネス（例えば大型の株式時価発行増資）の主幹事に就任しており、本件（SP 社）の売り手側アドバイザーは別にいるが、主幹事として新株を投資家に販売する際に重要となるソニー株式の今後の株価見通しを説明するために、ソニーが自己の内部情報に基づいて作成した、ソニー全体やその一部である SP 社の将来の業績予想などを含む、ソニーのさまざまな内部（秘密）情報を既にソニーから開示されている、あるいは近い将来開示されることになるので、当面いかなる案件においてもソニーの反対側に立つことはできない：

このケースは必ずしも明白な利益相反とは言えない場合もあるだろう。問題は時価発行増資の主幹事として、どの程度 SP 社に関する秘密情報の開示を受けるかに依存する。SP 社に関する秘密情報を全く得ないことが確実な場合には、投資銀行としての自主的な秘密情報管理の観点や、主幹事就任に関連してソニーと締結する守秘義務契約には違反しないだろうという観点では、いずれかの買い手候補のアドバイザーに

就任できないことはないとの考えも成立するかもしれない。

しかし、その場合でも、ソニーという顧客が、時価発行増資の遂行中にその主幹事がソニーの重要なビジネスに関してソニーの反対側に立つということを快く思わないであろうと判断すれば、ビジネス・ジャッジメントとして、そのような行動を慎むという可能性もある。一方、実際にはソニーの時価発行増資の主幹事であれば、少なくともソニーの連結ベースの業績予想に関する秘密情報は確実に得ることになるであろうし、その前提となる事業セグメントごとのブレイクダウンを知れば、それは事実上 SP 社の業績予想に関する情報を含むわけであるから、実際には当該主幹事業務が終了してその業務に関連して得た SP 社に関連する秘密情報が十分古いもの（Obsolete）になるまでは、いかなる買い手側のアドバイザーにも就任することはできないと考えるのがむしろ普通だろう。

(b) 既に他の映画スタジオ会社案件、例えば GE 社が NU 社を売却する案件で売り手側アドバイザーに就任しており、GE の代理人として世界中で買い手候補を募集中であり、本件（SP 社案件）は NU 社案件と買い手候補リストの多くが重複するので同時に互いに競合する二つの案件のアドバイザーを務めることは、売り手側か買い手側かを問わず、適切とは言えない：

このケースは、上記（2）(a) のケースよりはいくらか判断しやすい利益相反といえるかもしれないが、考えようによっては、SP 社と NU 社は同業で互いに競合するとはいっても、その事業内容や強み・弱み、保有する過去の映画ライブラリーの傾向など多くの点で異なっているとすれば、一部の買い手候補は重複するが、すべてが重複するわけではない、その時点の映画業界を取り巻く事業環境から考えて最も蓋然性の高い買い手候補がそれぞれ異なって存在するといった別の状

況設定が条件として加わってくると、必ずしも明白な利益相反とは言えないとの議論が成立する場合もないとは言えない。

しかしながら、一般的には直接互いに競合する複数案件について、一方の案件の売り手ないし買い手候補のアドバイザーを務めていれば、他の案件の売り手ないし買い手候補のアドバイザーを同時に努めることはできないと考えることがむしろ普通だろう。

(c) 例えば6カ月前に完了したソニーの別案件（例えば欧州における半導体事業会社の買収案件）でソニー（買い手）側アドバイザーを務めた関係で、その案件のEPS変動分析を実施するためにソニー経営陣から今後5年間のソニーの連結財務予測を受領しており、その中には重要な子会社であるSP社の財務予測も含まれており、この情報が十分古いもの（Obsolete）になるまでは、当社はソニーのインサイダーであり、同社の反対側のアドバイザーにはなれない：

このケースは上記（2）（a）と類似しているが、現在進行中の案件ではなく、既に終了した過去の案件に関する考察であるから、これまで検討してきたケースの中では最も微妙なケースといえるだろう。

問題はSP社についてどの程度の情報を得ていて、その情報についてソニーとどの程度の守秘義務を契約上負っていて、その情報がどの時点でどの程度Obsoleteになっているか、という点について詳細な判断が必要であろうから、この状況で利益相反が存在するか否か、買い手候補のアドバイザーに就任できないと判断するか否かは、ケースバイケースと言えるだろう。

(3) ビジネス・ジャッジメント：(1)、(2)に比べて事実関係だけからすれば恐らく明白な利益相反とは言えないと思われるケースでも、ビジネス上の判断として、広い意味での利益相反が存

在するとして買い手候補のアドバイザーに就任できないとの結論に達する場合としては、例えば以下のようなケースが考えられる。

(a) 既にソニーの競合相手のある会社（例えば東芝）がSPの直接の競合相手である別の映画スタジオ会社（例えばGEが80%所有するNU社）を買収したいとの意向があり、その案件で東芝の買い手側アドバイザーに就任しており、すでにGEに対して売却意思の有無を打診中で、もしGEが売却しない場合、他の売り手候補としてソニーのSP社にも東芝の代理人としてアプローチする可能性がないとは言えないが、東芝と合意した買収対象会社候補リストにSP社は掲載されていない：

　これは上記（1）（c）の変形だが、このようなケースが想定される場合があるので、一般にM&Aにおいて買い手側のアドバイザーに就任することは、時として非常に難しいビジネス・ジャッジメントを生みだす場合がある。

　この場合の判断は、東芝との間で、もしNU社が買えないとなった場合、善後策としてどの程度の「他の選択肢」についての議論があるかに依存するだろう。他の選択肢について全く議論がなく、東芝もNU社が買えない場合、他社には興味がないという前提で話が進んでいる場合には、あまり問題ないといえるかもしれない。

　それでも、もし東芝が非常に重要な顧客で、その意向を非常に気にするとした場合、たとえ東芝がSP社の買収に興味がないと言っていたとしても、例えば首尾よく東芝がNU社を買収できたとして、その直後にSP社が別の会社（例えばソニーがそのまま経営しているよりもSP社をはるかに強力なNU社の競合相手に育てる可能性がある）グーグル社やマイクロソフト社に買収されたと発表され、その買い手側のアドバイザーが東芝のNU社案件のアドバイザーと同じ当社で

あったということが発表された場合、今や NU 社を所有することとなった東芝が、NU 社の競争優位を脅かす存在を市場に出現させた張本人が、自分が雇ったアドバイザーだったと知れば非常に怒るのではないか、といったことまで斟酌した場合には、やはり東芝と明確な合意がなくとも東芝の買い手側アドバイザーを務めている期間に SP 社の買い手候補側アドバイザーを務めることは（買い手候補の具体名にもよるが）控えた方が良いという判断もあり得ることになる。

　つまり利益相反は、一般的に誰が考えても利益相反とまでは言えない場合であっても、特定の顧客（この場合東芝）から見れば利益相反に見える可能性があるときにも、個別の慎重な判断が必要な場合があるということである。

（b）　ソニーから近い将来大きなビジネス（例えば大型の株式時価発行増資）の主幹事を獲得する期待があるので、本件の売り手側アドバイザーは別にいるが、当面はソニーの反対側につきたくない：

　これは純粋にビジネス・ジャッジメントであり、ソニーの潜在顧客としての重要性と、ソニーの反対側につくことをソニーがどう考えるかを想像したうえでの個別の判断ということになるだろう。

　場合によっては、SP 社の売却は潜在的な買い手候補が少なく、非常に困難が予想され、同時にソニーとしては諸般の事情によって SP 社の売却をどうしても成功させなければならない理由があるといった情報が加わると、ソニーの反対側のアドバイザーといえども、ソニーが望む困難な売却を、買い手候補を連れてくる形で成功に導くことになるという意味で、ソニーに貢献できると考えられる。

　そのような状況となる場合には、ビジネス・ジャッジメントとして買い手候補側のアドバイザーにむしろ積極的に就任すべしという判断もあり得ることになり、状況判断によって

結果が大きく異なる場合もある。この場合も一般的には利益相反と認識されないとしても、特定の将来の潜在顧客（この場合はソニー）が利益相反と認識するかどうか、という問題である。

(c) 米国で最重要顧客のひとつであるワーナーブラザーズ社（WB社）は今回独禁法上の問題で買い手候補として本件に参加できないが、WB社の経営陣から見て、WB社の直接の競合相手である他の大手映画スタジオ会社（例えばGEのNU社）がSP社の有力な買い手候補であり、ワーナー社にとって好ましくない競合他社の競争力強化に貢献する案件のアドバイザーを当社が務めること（売り手側であっても買い手側であっても）は避けたい。

　特にWB社の全く別の大型買収案件の買い手側アドバイザー選定のコンテスト（あるいは大型の株式時価発行増資の主幹事選定コンテスト）が近く行われる予定があるなど、状況が逼迫している場合はなおさら避けたい：

　これは上記（3）（a）や（b）と同じでWB社の潜在顧客としての重要性と、WB社が好ましくないと考える案件のアドバイザーになることに対するWB社の反応を想像したうえでの個別の判断だろう。この場合も特定の潜在顧客（この場合WB社）にとってだけは利益相反に見える可能性があるかどうか、という問題である。

(d) ソニーがSP社を売却しようと決断した背景が、ある会社がソニーあるいはSP社に対して敵対的買収を仕掛けてきたことが発端であるような場合、その敵対的買い手のアドバイザーに就任すること自体が当社の社会的評価（Reputation）に悪影響を与える可能性が考えられる場合、あるいは敵対的買収ではないが、ある買い手候補が過去のM&A業界における行動が例えばかつてのライブドアや村上ファンドのように社

会から批判されていて、その勢力に加担することが当社の社会的評価に影響すると考えられる場合：

　これは、明確な利益相反ではないが、そのビジネスを受任すること自体が、買収が成功しても失敗しても、自社の社会的評価を下げる恐れがあるかどうかという判断であり、まさに純粋なビジネス・ジャッジメントの世界といえるだろう。あるいは、一般社会との利益相反、という表現もできるかもしれない。

②利益相反の事前チェックシステム：

　大手の投資銀行は世界中で毎日上記のような非常に多数の顧客と非常に複雑な契約関係を持っており、毎日多数の案件に関する受任の是非を迅速に判断して結論を出していかなければならない。そのために常日頃から社内にこの判断業務に特化したシステムを構築している。このシステムは会社によって多少のバリエーションはあるようだが、おおむね通常以下のように機能している。

(1)　例えば世界全体を4カ所程度の地域に分けて、ニューヨーク（全米統括）・東京（日本統括）・ロンドン（全欧州統括）・香港（Non Japan Asia、すなわち日本以外のアジア統括）の4か所に、専門のコンフリクト・チェック担当者を専任で配置する。通常はVice Presidentクラス、日本でいえば優秀な若手課長クラスで、任期は通常1年程度、通常はエリートコースであり、このポジションに就任することは、1年間実務から離れることにはなるが、大きな名誉となる。

(2)　世界中すべての地域で、例えばM&Aのアドバイザーへの就任や株式の引受業務など投資銀行部門として顧客に対して何らかの契約上の義務を負うビジネスを受任する場合、その直前に当該顧客担当の法人営業部門の責任者が、自己の地域を統括するコンフリクト・チェック担当者に対して、案件内容（ビジネス

内容、売り手・買い手種別、買い手の場合は対象会社の範囲など）を通知して、ビジネス受任の許可を求める必要がある。チェックはブラックボックスとして機能し、48〜72時間程度以内にYES・NOの結果だけがチェック依頼者に通達され、NOの場合でも依頼者にその理由は通達されない。これは、社内の他の地域で受任しているビジネスの内容などに関してはNEED TO　KNOWベース以上の社内での情報共有は行われないようにするためである。

(3)　しかし、実際には、コンフリクト・チェックの担当者がすべてを判断しているわけではない。上記の①の様々な利益相反のうち、(1)のような直接の利益相反は担当者限りで容易に判断できるが、(2)間接の一部と(3)ビジネス・ジャッジメントの場合は、当社が各地域ごとに現時点で受任しているビジネス内容の全貌を知った上で、各地域と世界全体の今後の事業戦略に基づいて、その都度適切な判断が必要となる。そのような判断は、各地域の投資銀行部門統括マネージング・ディレクター（MD）（日本でいえば地域の投資銀行部門長ないし本部長レベル）および地域のM&Aアドバイザリー・ビジネス統括MD（日本でいえば、その地域のそのビジネスを統括する部長レベル）が必要に応じて協議して決めることになる。

(4)　その結果、各地域の非常にシニアなMDたちは、世界中の微妙な案件に対する自社の受任状況、並びに世界中で自社がチェックを依頼された案件、つまり自社が結果として受任した案件だけでなく、自社が何らかの理由で受任回避（コンフリクト・アウト）した様々な戦略的M&A案件の動向についても非公開の重要な情報に常時接してしまうことになる。

　当然ながら、このようなシステムは会社によって濃淡があるし、担当者のレベルや議論の仕組みも会社によって異なる部分はあるようだ。さらに言えば、日本の大手証券会社の場合、そ

もそも自社が引き受ける案件同士の利益相反という概念が欧米の大手投資銀行に比べて希薄な場合もあり、このようなシステムが完全には機能していない場合もあるようだ。

しかし、ある程度の濃淡はあるものの、基本的には世界中のほとんどの投資銀行が利益相反問題に対処する何らかのシステムを社内に構築しており、それがゆえに非公開の重要な情報の取り扱いについてガバナンス上の問題を抱えていることは確かである。投資銀行をアドバイザーとして雇う顧客としては、この問題を正しく理解することが非常に重要だ。

③起こり得る情報流用：

M&Aアドバイザリー・ビジネスにおいては、顧客側から考えても自己のアドバイザーを選定する際に希望するアドバイザーがその時点で利益相反がなく自社のアドバイザーに就任できる状態であるか否かをチェックすることは必要不可欠である。そのことはアドバイザーとなる投資銀行側からいっても同様である。

つまり、ここまで述べたコンフリクト・チェックのプロセスは、顧客にとっても投資銀行にとってもどうしても必要なプロセスであると言わざるを得ない。このプロセスの過程で、各投資銀行のシニアなMDたちは、コンフリクト・チェックが原因で接してしまったさまざまな秘密情報に関しては、守秘義務契約などの契約上の義務があるかないかにかかわらず、適正なガバナンスの観点から考えて、少なくとも当該情報をコンフリクト・チェック以外の目的に使用してはならない。

しかし、直接的に自己が担当する他のビジネスの遂行にこれを利用することは論外としても、人間の頭の中に明確な境界線を引くことは事実上不可能なため、この情報をある程度は間接的に自己のビジネスに利用してしまう結果となるケースがまったくないとは言えないのが現実である。

そこで次に現実に起こり得る情報流用にはどのようなケースが考えられるか、について検討しよう。なお、一般に投資銀行がこのような

M&A案件に関する最初のコンフリクト・チェックを潜在顧客から依頼される段階では、結果として案件の存在自体という秘密情報に接することになるが、その情報に関しては守秘義務契約を締結しない場合が多いということも問題を複雑にしている面がある。

　先程のケースをもとに検討すると、今SP社が売りに出しているという情報自体は、ソニーの売り手側アドバイザーに就任することでも知ることになるが、ソニーに雇われた売り手側アドバイザーが複数の買い手候補群に接触した結果、かかる買い手候補のひとつが当社に対して買い手側アドバイザーに就任できるかを問い合わせた結果知る場合もある。前者の場合は、売り手側アドバイザリー契約を締結する時点でその契約書に、ソニーからもたらされる情報の目的外使用禁止を含むいわゆる守秘義務に関する条文が含まれるのが通常だろう。しかし後者の場合、コンフリクト・チェックを依頼された時点では、チェックの迅速な実行が優先され、投資銀行と買い手候補は業界の慣習上、守秘義務契約を締結しないのである。

　一般にM&Aの売り手側のアドバイザーは、様々な準備期間を経ていよいよ市場に対して対象会社の売却を図る目的で、顧客と同意した範囲の複数の買い手候補会社に対して対象会社の買収に興味があるかを打診する際には、最善の注意を払ってアプローチする。

　例えば「我々はソニーに雇われており、ソニーの様々な戦略的選択肢について共同で検討をしています。その中で検討している様々な選択肢の一つとして、まだ実行すると決まったわけではないけれども、SP社の売却がもし画策される事態となった場合、はたして御社は興味を持ちますか？」といった持って回った言い方をする。

　結局のところ、相手が内容を理解しない限り、こちらが望む答えを得ることもできないわけであるから、最終的には「ソニーがSP社を売却する意思があるが、興味はあるか」という質問をされているということが相手には伝わることになる。

　しかし、このような非常に初期的な段階では、買い手候補はそのような案件の存在自体に関して通常守秘義務を負うことはない。さらにプロセスが進行して、興味があると回答して、最初に受領する秘密情

報パッケージを手にする時点までには、売り手側との間で守秘義務契約を締結するので、それ以降は当該買い手候補は契約上の守秘義務を負うことになるが、それ以前であれば特に契約上の守秘義務を負わないで案件の存在自体を知ることになる。

したがって、そのような情報を知った買い手候補は自分のアドバイザーを選択するために、アドバイザー候補にコンフリクト・チェックを依頼する際にもアドバイザー候補に対して守秘義務を求めることは通常ない。結局、投資銀行が買い手候補のアドバイザー候補としてコンフリクト・チェックを依頼される場合、投資銀行はその案件の存在自体という情報については特に守秘義務を負わずに当該情報を取得してしまうケースが非常に多いのである。コンフリクト・チェックは匿名で行うことは不可能であり、実名でなければ意味がない。

また、売り手としては売却することが決まった以上、売ること自体をことさらに隠す必要はなく、むしろ売ることが結果としてある程度広く知られて多くの買い手候補が本件を検討してくれる方が売却成功の可能性が上がる、と考える場合もあるので、この部分の情報管理は非常にあまい場合があるというのが実情である[*4]。このようにして得た情報を投資銀行のシニアなMDたちが自己の他のビジネスに情報流用してしまうケースとしては、例えば以下のような場合が考えられる。

(1) コンフリクト・チェックを依頼した顧客（X社）に対しては何らかの理由でコンフリクト・アウトしたとしても、SP社が売りに出ているという事実を知れば、他の買い手候補で当社がコンフリクト・アウトしないで済む可能性の高い顧客（Y社）に対しては、買い手側アドバイザー就任を、相手から打診される前に当方から勧誘（Solicit）することで雇われる可能性を高くしたい：

　このケースは現実問題としてはこれを規制することは非常に困難だろう。例えばY社も誰が考えても有力な買い手候補のひとつであれば、当然ながら売り手側アドバイザーから既に興

味の有無を打診されており、本件の存在自体を既に知っているとすれば、秘密情報を既に知っている者同士がその情報について話しても、これは守秘義務契約を締結している場合でさえ（契約の具体的条文にもよるが）契約違反にならない可能性もある。しかし、現象としてはあきらかに情報の目的外利用であり、流用である。

(2) ソニーがSP社を売却する意向を固めた背景に、例えば映画以外のAV等のハードウエア事業の業績の急激な悪化が想像され、その事実が四半期決算等では未発表の場合、ソニーに対して他のビジネス勧誘の機会を認識できる。例えば結果として、ソニーに対して、デリバティブ商品でリスクを取った代わりに初期コストの有利なファイナンス（例えば外貨建て社債の発行とノックアウト・オプション付きスワップ契約など）を提案することで収益機会を得たい：

このケースは情報が未発表であったとしても市場の一部にはそのような（ソニーが業績不振であるという）観測情報が既に存在するというのが世の通常の姿である。

実際の世界で存在する観測情報は、その後一部が間違いであることが判明し、のちに残りが事実であったことが判明するということだが、真偽のほどはともかく、曲がりなりにも一部で観測情報として囁かれていれば、実際には情報流用があったとしても、あくまで公開情報である観測情報に基づいて行動しただけであるかもしれないので、情報流用を外部から摘発することは困難である。

では内部統制の一環としてそのような情報流用を一切認めない、あるいは流用した場合には厳罰に処する、といったことは可能かというと、理論的には可能だろうが、実際には外部からも流用の証明が困難であるのと同様、内部としても具体的な摘発や処分を前提とした場合に必要となるようなレベルで情報流用を「証明」することは、ケースバイケースだが、実際には非

常に困難である。

(3) 同様の状況を逆にソニー以外の潜在顧客に対する事業機会の開拓に利用することも可能である。例えばソニーのハードウエア事業に以前から興味を示していた別の会社に対して、ソニーからかかる事業（の一部）を買収できる機会があるかもしれないとアプローチすることが可能となる：

　これも上記（2）のケースと同様、そのような観測情報が全くないというケースは想定し難いので、情報流用を「証明」することは困難な場合が多い。

(4) ソニーとは無関係な顧客に対して、ソニーの映画事業売却とその想像される背景を根拠に、ソニーの株価下落を予想して、その方向にベットするデリバティブ（例えばソニー株式のプットオプションの購入、コールオプションの売却）を顧客に勧める、あるいは社内トレーダーに対して自己勘定での同様の取引を指示する、あるいは示唆するなど、も可能：

　当然ながら、かかる指示や示唆の根拠（理由）を社外や社内のチャイニーズウォールの反対側に漏えいすることは論外としても、例えば投資銀行部門長が東京支店長を兼務しており、支店長が部下の株式部門長等他の部門責任者にビジネスの方向性を、特に根拠を示さずに指示することは可能だろう。

　しかも、例えば結果として本件においては、投資銀行部門がコンフリクト・アウトして実際にはいかなるアドバイザーにも就任しなかったとすれば、将来 SP 社の売却案件が公知となった時点でも、例えば株式部門から見て支店長の指示が秘密情報に基づくものであったことに気づくことは困難となるだろう。しかし、このケースは実体面としては上場会社の未発表の重要事実を利用した証券取引という意味では、金融商品取引法の内部者取引規制に抵触する可能性があるかもしれない。

　証券会社の投資銀行部門は、M&A 以外でも顧客である上場

会社の重要な未開示情報に接する機会が多いため、従業員やその家族の有価証券取引は禁止されていたり、取引ごとに会社の許可を得なければならないなど、厳格な内部者取引規制違反防止策が採用されている。まして証券会社自身の自己勘定での内部者取引などは論外だ。

しかし、問題は例えばソニーによるSP社売却プロセスの開始という情報とその背景にあるソニーの業績悪化（の可能性）という情報が、内部者取引規制が規定するいわゆる重要事実に該当するかというと、これはケースバイケースであろう。

いちおう重要な子会社の売却は「業務上の提携その他の事項」（金融商品取引法166条2項1号ヨ）に該当はするだろうが、問題は売却プロセスの開始時点では売却相手も売却価格も決定しておらず、売却自体が成立する保証もなく、したがって機関決定もされていないということだろう。

また、業績の悪化は場合によっては「売上高等について公表された直近の予想値に差異が生じたこと」（166条2項3号）に該当する可能性があるだろうが、あくまでこの情報を知った時点ではそれは単なる観測であり、会社が内部で決定し近く発表する予定の新たな予想数値を知ったというわけではないので、これも実際には重要事実に該当する可能性は高いとは言えないだろう。したがって、この問題を内部者取引規制の観点から論ずるのは、やや無理があると思われる。

しかし、証券会社のガバナンスという観点では、このような情報流用は行われるべきではないし、行われないような内部規定は各社に通常存在しているだろう。しかし問題はそのような社内規定がどこまで実効性を持って担保され得るのかということだ[*5]。

④結論

以上述べてきたように、M&Aアドバイザリー・ビジネスはその性格上、案件の始まりから終了までの間で様々な極めて秘密性の高い情

報がやりとりされ、そのような情報を得たものがその情報を目的外に流用することは、場合よっては金融商品取引法などの法令違反になる場合もあるだろうし、そうならない場合でも、証券会社のガバナンスの観点から内部に設けられた規定や行動規範の観点からは許されるものではない。

そのなかで特筆すべきなのは、このような情報流用はM&Aの案件実行の最中に起こることも考えられるのだが、実は最もそのリスクが高いのは、コンフリクト・チェックという、案件が実際に開始する以前の初期段階で既に起きているということだ。

コンフリクト・チェックの段階では、これまで業界の慣習として、案件の存在自体の情報については、当事者、すなわち売り手（のアドバイザー）と買い手候補の間、あるいは買い手候補とそのアドバイザー候補の間では、特に守秘義務契約を締結せずに情報がやり取りされてきた。しかし、ここまで様々なケースを検討してきたように、案件の存在自体も実は証券会社にとって、あるいは株式市場などの市場参加者にとっては、非常に貴重で意味のある情報になり得る。

この点を改めて考えると、少なくとも売り手（アドバイザー）と買い手候補の間と、買い手候補とそのアドバイザー候補の間で具体的な対象会社の固有名詞をやりとりする場合には、その案件の存在自体について簡単な内容でもよいので、互いに情報の目的外使用の禁止を含む守秘義務を負っていることを文書で確認したうえでコミュニケーションを開始するように業界の慣習を改めた方が良いのではないかと思われる。

もちろん、守秘義務を負っていても、既に検討したようにかかる情報の目的外使用はそれを証明することが事実上困難な場合が多く、規制の実効性に疑問が残る以上、最終的には情報を知る者の良心の問題ということにならざるを得ない面があるのだが、それでも元々守秘義務を負って得た情報かそうでないかというスタート時点での違いは、その後の各個人の行動に一定の影響を与えることはあると思われる。案件の存在自体という情報の重要性と秘密性を再認識してその取扱いについて業界全体で改革に努力することは必要といえるだろう。

また、一歩引いて考えて、このようなアドバイザーの思考回路を理解しておくことは、売り手側であっても買い手側であっても投資銀行をアドバイザーとして雇う顧客にとって非常に重要だ。例えば自社が買い手候補で買い手側アドバイザーを依頼したが、コンフリクト・アウトでアドバイザーに就任できないと回答された場合でも、それが直ちにその投資銀行が別の買い手候補のアドバイザーに就任しているということを意味するわけではないということを理解しておくことは、その後の当該投資銀行との関係を考えるうえで重要だろう。

　また、案件の存在自体という情報がその後当該投資銀行内部でどのように伝達・利用される可能性があるのかということを理解しておくことも、実際のコミュニケーションン内容を適切に管理するうえで重要だろう。

第2節 アドバイザリー契約の内容に関する問題

　コンフリクト・チェックが終わった段階で、投資銀行と売り手や買い手候補が次に行うのは、アドバイザリー契約の締結だ。本節では一般的なアドバイザリー契約の締結について投資銀行を正しく使いこなすという観点から問題になり得るいくつかの論点を検討してみよう。やはりこの局面でも問題になり得るのは、様々な形での顧客とアドバイザーの利益相反が中心となる。

①成功報酬

　M&Aアドバイザリー業務において、投資銀行は通常報酬の大半を成功報酬、すなわち買収・売却が成功した場合にのみ支払を受ける報酬として設定する。この点が時としてアドバイザーとその雇い主との間に利益相反を生む場合があり、アドバイザーが職業倫理上問題ある行動を取ってしまう可能性を構造的に生じさせてしまう場合がある。この問題を検討するために、一般的なM&Aアドバイザリー業務の報酬体系を検討しよう。

　一般的には売り手側アドバイザーの場合と買い手側アドバイザーの

場合で報酬体系が異なるのが普通である。売り手側アドバイザーの報酬は、通常例えば以下のように構成される。

(1) 着手金あるいは月額固定報酬：これは着手時点1回限りあるいは案件が継続する限り毎月一定金額を報酬として受領する。通常着手金としては10万ドル〜30万ドル程度、月額報酬という形であれば、毎月1万ドル〜3万ドル程度が常識的な金額と思われる。着手金と月額報酬の両方が設定されることは通常ない。また、これらは成功報酬が支払われる場合には、支払済みの着手金あるいは月額報酬の総額が成功報酬の一部を構成するのが通常である。

(2) 成功報酬：これは文字通り案件が成功した場合にだけ支払われる報酬である。投資銀行としては、失敗した場合には全く支払われないのであるから、金額が多少高く感じられても、コストとしては成功確率をかけて期待値として考えればそれほど高いわけではないといった説明で比較的高いレベルの成功報酬支払を顧客に説明・説得する材料として使う。

報酬のレベルは通常、経営権の売買つまり議決権の過半数の売買の場合、売買時価総額（売買株数×株価）に純負債を加えた会社総価値で計算する案件サイズに応じて増大する仕組みとなっており、例えば以下のような表でその金額が定められる。

案件サイズ	料率
100億円まで	3%（ただし最低3億円）
100億円を超えて500億円まで	1.50%
500億円を超えて1,000億円まで	1%
1,000億円を超えて5,000億円まで	0.50%
5,000億円を超えて10,000億円まで	0.20%

このスケールの案件サイズと成功報酬総額の関係を図15-1に示す。

図15-1 案件サイズと成功報酬　（単なる例、実際とは異なる）

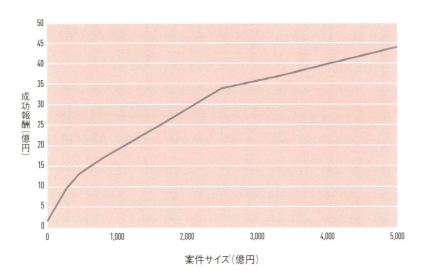

これはあくまで例であり、スケールは投資銀行や案件によって大きく異なる場合がある。

(3)　経費：上記の報酬以外に内容は顧客との個別の交渉事となるが、出張費やデータ検索費用などの外部へ支払われた経費の弁済を求めることが普通である。

　一方、買い手側アドバイザーの報酬は、上記の売り手側の場合と比べて（1）と（3）は同じ考え方だが、（2）の成功報酬を買収金額に応じて増大する仕組みにすると、それ自体が顧客とアドバイザーの間に利益相反を生じさせることになる。売り手側の場合は、売却金額が高くなるほど顧客の利益となり、アドバイザーの報酬も同じ方向に増大するので顧客とアドバイザーの利益の方向は一致する。買い手側の場合に同じ仕組みを採用すると、買い手である顧客にできるだけ高く買収させるほどアドバイザーの報酬も増大するということになり、両者の利益の方向が逆になってしまう。

したがって、買い手側のアドバイザーの成功報酬は、おおむね予想される買収金額を想定して、その金額を上記の売り手側の場合の料率テーブルに当てはめて売り手側の場合の予想成功報酬金額を算定し、その近辺の数字を固定金額の成功報酬として定めるという方式を採用することが通常である。

成功報酬型の問題点

問題は、たとえ固定金額の成功報酬を設定しても、所詮は買収に成功しなければ成功報酬は支払われないわけであるから、買い手側のアドバイザーは自己の利益を考えれば買収金額にかかわらず、とにかく顧客を説得して高値ででも買わせることを優先する方が自己の利益に合致することに変わりない。

売り手の場合も同じようなことは言えるのだが、売り手の場合は多くの買い手候補に対して買収を打診し、入札を行って売却先を決定するのが通常なので、売却価格はおのずと市場の常識が反映された価格になる。アドバイザーが無理をして、極端な安値ででも無理やり売却させてしまうということは起こりにくい。しかし、買い手の場合は1社が突出して高い買値を提示すれば入札には勝利してしまうので、アドバイザーと顧客の利益相反が深刻な問題につながる可能性が売り手側の場合よりも高いのである。

ところで成功報酬の算定式は個別の案件ごとに交渉で決まるので、中にはマニアックな顧客が、買い手側の案件で買収金額があるレベルを下回るとそこから成功報酬が徐々に増大してゆくような仕組みを提案し、アドバイザーにできるだけ安い価格で買収できるようにアドバイスするインセンティブを醸成することを狙うようなケースもある。

いずれにしても、買い手側アドバイザーの成功報酬は、売り手側に比べて工夫が必要なことは確かである。ただ、一定金額を下回った時に報酬が増大するような仕組みはその一定金額を当該案件に合わせて現実的なレベルに設定すれば大きな問題とはならないが、少し無理をしても到底実現不可能な安いレベルより下の買収金額で初めて成功報酬が増大してゆくような仕組みを採用してしまうと、場合によっては

買い手側アドバイザーが、不必要な軋轢を生じさせてでも無理をして買収金額を非常識なレベルまで下げようと画策する結果、スムーズにいけば常識的な価格で買収できた案件が、他の買い手にさらわれてしまう、といった結果を生んでしまうこともないとは言えない。したがって、こういったインセンティブ報酬の設定は、対象会社のおおむねの価値評価など正しい状況理解に基づいたプロフェッショナルな判断に基づいて設計しないと、逆効果を生んでしまう危険もある。

さらに言えば、そもそもアドバイザーの報酬を成功報酬型にするが故に、成功を無理やり演出することで利益相反を生む土壌があることも確かであるから、アドバイザーの報酬を弁護士や会計士と同様に時間比例の報酬にしてしまうという方法も考えられないわけではないだろう。しかし、実際には最近一部のM&A関連を扱う渉外弁護士の報酬体系が時間比例から投資銀行の成功報酬型に変化しつつあるというのがむしろ実態である。

結局、腕に自信のある弁護士は、自分が関与すれば案件を成功させる確率が高いと判断すれば、投資銀行と同じ理屈で、確率をかけるのであるから一見高く見える成功報酬も実はそれほど高いわけではない、という説明で顧客を説得し、報酬総額を実質的に増大させることに成功しているケースがあるということだろう。世の流れがむしろそういった方向であるとすれば、相対的にM&A自体についての経験値が少ない日本の企業が百戦錬磨の大手投資銀行と、今までにない時間比例の報酬体系を交渉するのは簡単とは言えないであろう。

② 補償条項（Indemnification）とその例外規定

M&Aアドバイザリー契約の内容として、投資銀行と顧客の間で最も議論になるのが、補償条項とその例外規定の条項であろう。

一般にM&Aアドバイザリー契約ではアドバイザーが顧客に対して、当該案件に関して、(1) 当該顧客が当該アドバイザーに対して損害賠償請求をする権利を放棄すること、並びに (2) 当該アドバイザーが当該顧客以外の第三者から損害賠償請求をされた場合、裁判費用などを含めて全額を当該顧客側が支払い、当該アドバイザーを経済的に

免責する、といった補償条項を要求し、かかる補償条項が無効となるいわゆる例外規定（curve out）としては、当該アドバイザーがその業務の遂行に当たって（1）故意（bad faith, willful misconduct）、または（2）重過失（gross negligence）を犯した場合に限る、との条項をセットにするのが通常である。

欧米の訴訟社会で発達した M&A アドバイザリー業務については、その契約書の形態も欧米の訴訟社会の現状を前提に形成されてきた面があるので、少なくとも欧米の大手投資銀行の M&A アドバイザリー契約のひな型は、ほとんど例外なく上記のような補償条項を含んだものになっている。

欧米に比べて訴訟の確率が大幅に低い日本の証券会社の場合には、このような条項を顧客に要求するケースは必ずしも多くはないようだが、日本企業同士の案件でも欧米の投資銀行がアドバイザーを務める場合には、本国の本社の承認を得るためにも、ほぼ必ずこのような補償条項を日本企業に要求している。

そもそも M&A アドバイザーがなぜこのような補償条項を必要とするかというと、既に成功報酬の関連でも述べたように、アドバイザーの売上に当たる成功報酬は案件のせいぜい数パーセントであるが、買い手側にせよ売り手側にせよ顧客が得る利益（ベネフィット）は対象会社の売買価格と桁が同じと考えるべきであり、そもそもアドバイザーとはベネフィットの桁が二桁以上異なっている。

したがって、例えば、売却後に売却した会社の業績が思いのほか好調で、逆に売り手の残存した事業の業績が低迷して株価が下がってしまったようなケースで、株価の低下で損失を被った投資家が売り手とそのアドバイザーに、売却したこと自体が間違いであったとして損失を補塡するように求める裁判を起こしたとすると、通常は売り手が善良な管理者の注意義務を怠りなく果たし、ビジネス・ジャッジメントとしてその時点で合理的な根拠に基づく合理的な判断を下している限り、訴訟社会の欧米でもそう簡単には損害賠償の要求が認められることはない。しかし、そうはいっても万一、原告の主張を認める判決が出てしまえば、売り手とそのアドバイザーの負う債務は膨大な金額と

なり得るし、その金額は売買金額に比例する規模となるだろう。

　そうした場合にアドバイザーと顧客が同等な立場で損失補塡義務を負っているとすると、そもそもその案件で手にしたベネフィットの桁が大きく異なるのにリスクとしては同じ桁のリスクを負うことになってしまい、リスクとベネフィットの相対関係が顧客とアドバイザーの間で大きくバランスを欠く結果となる、といった説明がなされる。

不適切なアドバイスの可能性も

　こういった説明が日本で説得力を持つかどうかはケースバイケースであろうが、すくなくとも筆者の知る限り、米国系の大手投資銀行は、日本において自社のスタンダードな補償条項を大きく変更あるいは縮小してアドバイザリー契約を締結した例はないと理解している。つまり、この補償条項はアドバイザーにとって、アドバイザリー契約を締結するうえでの必要条件とされているのである。

　どのような必要条件を設定するか自体はアドバイザーとなる投資銀行の自由意志であるからやむを得ないとしても、当該投資銀行とアドバイザリー契約を締結する日本企業は結果として、アドバイザーが補償条項に守られているが故に、必ずしも適切とは言えないアドバイスを行い、結果として顧客をミスリードする可能性がないとは言えないことも理解すべきである。

　例えば、さすがにこのような場合は「重過失」あるいは「故意」に該当する可能性が高いだろうが、買収審査の過程で重要な瑕疵を発見しても、それを顧客に伝えれば買収が断念されてしまうような場合に、その事実を十分顧客に伝達しないで買収を実行させてしまい、成功報酬を手にしようとする、といったことも全くあり得ないとは言えない。このようなリスクをできるだけ低減するためには、少なくとも顧客側は自己防衛のために、事前にアドバイザーとある程度の意思疎通を行っておくことが重要だと思われる。

　特に補償条項の例外規定が、具体的にどのような場合に実際に例外に該当するのかが問題になる。「故意」は通常考えにくいとしても、具体的にどのような行為が「重過失」に該当するのか、についての相

互理解を醸成しておくことは、それだけで投資銀行側に対して、万一の場合に例外規定が実際に発動し、補償条項が無効となる場合を具体的に想起させる効果があるので、一定程度の圧力を醸成することができると思われる。

例えば価値評価の結論にある程度の影響を与え得る計算上のミスが重過失に当たるのか、であるとか、結論には大きな影響を与えないが株主価値と会社総価値を混同するような専門家としては初歩的なミスはどうなのか、といったレベルの議論をある程度行っておくことはなんらかの抑止効果があると思われる。

③顧客側の義務

もう一点、アドバイザリー契約で問題になり得る条項が、顧客の義務を規定した条項だろう。一般に投資銀行は案件の遂行過程でベストアドバイスを提供することを担保するために、例えば次のような義務を顧客に求めることが通常である。例えば、

（1）本件を検討する社内での議論や決定をアドバイザーへ全面的に開示すること、
（2）本件検討にあたっての対外接触窓口を当該アドバイザーに一本化し、他のチャンネルで交渉しないこと、
（3）本件が成就しない場合でも、契約終了後例えば2年程度以内に本件が成就した場合、成功報酬を支払うこと、
（4）本件が成就した場合の関連ビジネス（資金調達、買収後のIPO、再売却など）に関する第一拒否権をアドバイザーに与えること。

上記のうち（4）は通常任意だが、それ以外の条件、特に（1）と（2）の義務は、投資銀行が顧客に対してベストアドバイスを提供するために必要であることは明らかなので、あまり問題にはならないだろう。中にはこのような義務を負いたくないという顧客もいるかもしれないが、逆にこのような義務を負ってでも雇いたいと思えないようなアドバイザーなら雇うことをやめた方がよい。

（3）の義務はアドバイザーの権利を保護するために必要な条項だ。アドバイザーがベストアドバイスを提供し、買収が成就する運びとな

った時点でその直前に顧客側が一方的にアドバイザリー契約を破棄した場合に成功報酬の支払い義務を負わないとすれば、成功報酬を支払わないで済ますことが極めて容易になってしまう。一方、逆に不本意ながら良かれと思って選定したアドバイザーが実は能力不足であったような場合、(3)の義務は顧客側に大きな負担となる場合もあるだろう。

つまり無能なアドバイザーが何もしなくても、結果として買収・売却が実行されれば成功報酬が保証されるため、当該顧客との関係悪化を受忍してしまえば、アドバイザー側にベストアドバイスを提供するインセンティブがもはや働かないということも考えられる。

しかし、これらの条項に関しては、まず基本として顧客が悪意を持って成功報酬の支払いを回避するような行動を取り得るかどうか、そもそも数ある投資銀行の中から自社のアドバイザーに選定しているにもかかわらず、全く無能で役に立たない可能性を想定する、ということは現実的か、などという観点から考えれば、当事者の間でこういった条項がその意図する通りに、アドバイザーがベストアドバイスを効果的に顧客に提供し、顧客もアドバイザーの権利を理由なく犯すことがないように機能すると考えることが望ましいだろう。基本的には相互の信頼関係に基づけば、設定してよい、あるいは設定しておくべき条項といえるだろう。

④結論

以上検討してきたように、一般的なM&Aのアドバイザリー契約書の雛型は、特に欧米の投資銀行の場合、自社の雛型を顧客に提示し、以上議論したような成功報酬の構造、補償条項あるいは顧客の義務、などについては非常にかたくなに雛型通りの文言を受け入れるように要求する場合が多い。

顧客側としては、契約の内容は締結以降に変更することは不可能であるし、経済合理性に基づいて行動する投資銀行はその行動パターンが契約書で定めた条項の内容に左右されやすいということを十分理解し、投資銀行に歪んだインセンティブを醸成する成功報酬構造になっ

ていないかの検討や、重過失の具体的な意味などを含む細かな条文について投資銀行と議論を尽くし、十分納得したうえで互いに誤解のない形で契約を締結することが当然ながら非常に重要である。

さらに可能であれば、成功報酬廃止と時間比例報酬の導入など業界の慣習を大きく変えるような要求も継続的に議論すべきだと思われる。

第3節 契約遂行中の問題

最後に、実際のアドバイザリー業務遂行中に起こり得る投資銀行を正しく上手く使いこなすうえでの問題点について若干の検討を行ってみよう。ここでも議論の中心は顧客とアドバイザーの間に生ずる利益相反ということになる。ここでは売り手側のアドバイザーの場合を例に挙げて様々なケースを考えてみる。

売り手側のアドバイザーがM&Aの案件実行の過程の中で陥る可能性のある問題としては、やはり最終的に売却が成功しなければ報酬全体の大半を占める成功報酬を獲得できないという報酬体系に起因する問題が考えられる。具体的には、売却のプロセスの中での様々な問題点が考えられる。まず一般的な2段階入札での売却のプロセスを時系列で示すと次のような流れになる。

準備期間：（通常4〜8週間程度）
 弁護士・会計士・投資銀行等アドバイザーの選定
 アドバイザーによるデュー・ディリジェンス（買収審査）
  対象会社の強み弱み、戦略、経営資源等の理解
  売り手の売却目的・戦略の理解
  他の関係者（知的財産ライセンス元、ライセンス先、他の取引先等）の理解
 予備的価値算定（場合によっては、エクスペクテーション・コントロール）
 予備的買い手リストの作成
 各種マーケティング資料作成

　　　　守秘義務契約書雛型
　　　　一次情報パッケージ資料（中身は極めて限定的）
　　　　一次入札要求書
　　　　データルームの資料インデックス
　　　　経営陣プレゼンテーション
　　　　二次入札要望書
　　　　最終契約書雛型
マーケティング期間：（通常4〜6週間程度）
　　　買い手候補先との守秘義務契約締結、一次情報パッケージ送付
　　　一次入札要求書送付
　　　一次入札（データルーム・インデックス[*6]への追加要求リスト含む）入手
買収審査：（通常2〜4週間程度）
　　　データルームでの買収審査受入
　　　二次入札要求書送付
　　　二次入札（最終契約書雛型への完全なコメント含む）入手
交渉：（通常4〜8週間あるいはそれ以上）
　　　二次入札者の中から選定した候補先との最終契約書交渉
　　　独占交渉権の付与、バックアップ候補先の確保
　　　調印・クロージング

　おおむね、以上のような流れの中で問題となりうるのは、以下のような諸点である。

①売却候補先リストの作成

　最初に考えられるのが、売却先候補として具体的に売り手側アドバイザーがコンタクトして買収の意思の有無を打診する候補先のリスト作成の段階での利益相反だ。売り手側アドバイザーは成功報酬が売却金額に比例するので、経済的なベクトルは顧客と一致しているという議論はすでにしたが、そうはいっても成功報酬が報酬の大半を占める以上、顧客よりむしろアドバイザーの方が、案件の成功を強く望むイ

ンセンティブを持つことになることは想像に難くない。例えば買い手候補先のリストにしても、売却の可能性を少しでも高くするためには候補先は多ければ多いほどよい。

しかし、実際のビジネスは日々運営されているものであるから、候補先としてコンタクトし、守秘義務を課すとはいえ事業の業績予想等の秘密情報を、競争相手を含む多数の買い手候補先に開示すれば、それだけでも当該事業の業界内での競争上の位置関係は他社に対して大きく不利になる場合も少なくない。

まして多くの買い手候補に接触することで一般従業員レベルでも取引先等から「貴社は売りに出ているそうですね、どこかに買収されたらあなたは大丈夫ですか？」などと尋ねられれば、浮足立たないわけがない。

結果として、当該事業の業績が低迷し、企業価値が毀損される可能性もないとはいえない。そういった可能性も考慮して、買い手候補先の選定は様々な観点から総合的に判断して慎重にリストを作成しなければならないのだが、その時、「とにかく売れればいい、売れる確率の最大化を第一に考えて行動すべきであり、その点は売り手である貴社とアドバイザーである当社の利害は一致しているはずです。かたっぱしから接触して打診しましょう！」などと真顔で主張するアドバイザーが業界に全く存在しないというわけではない。

②売り手アドバイザーによる過度な圧力

次に考えらえるのは、プロセス全体を通じて売り手側アドバイザーが案件をできるだけ高値で成立させたいが故に陥る過度な圧力の造成だろう。そもそも投資銀行のM&A担当者は売却入札のプロセスを1年に何十件も経験しているので、だんだん慣れてくると行動が雑になる傾向がある。そこから生まれる過度な圧力の例をいくつかあげよう。

(1) 守秘義務契約の文言の交渉の段階から「買い手候補は多数いるので、早くしないと買収審査にも呼べない」などと圧力をかける

(2) 一次入札前に入札価格帯をヒアリングし、「そんな値段では入札する意味がないので価格を再考するか、入札をやめた方がよい」などと圧力をかける

(3) 一次入札後、買収審査会場において、「データルーム・インデックスに対する追加要求リストについて買収審査終了後にさらなる追加は認めない」などと圧力をかける（これは、仕組みとして二次入札プロセスで売り手側として買い手側を型にはめて追い詰めていく常套手段なのである程度やむを得ないが、程度問題だろう）

(4) 買収審査会場において、実は入札した買い手候補は1社しかないのに多数あると装い、「先週も審査対応で大変だった」とか、「貴社の日程は1時間でも伸ばすことはできない」とか、「できれば半日早く終わってほしい」などとありもしない圧力を強弁する（これは品位の問題だが、中にはこの手の低級な圧力醸成が好きな輩もいる）

(5) 二次入札前に、「二次入札では最終契約書の雛型に対して、そちらとしてこちらがすべて飲んだ場合にはただちに調印できる、これ以上追加のない完全なコメントを入れて提出しろ」と圧力をかける（これも二次入札に最終契約書の雛型に対するコメントを求める意味がそもそも売り手側として買い手を型にはめて追い詰めていく常套手段であり、ある程度やむを得ないが、程度問題だろう）

(6) 二次入札後、「価格は1番ではないのだが、売り手の社長が貴社の文化が従業員のためになるので是非貴社に売りたいと言っているので、次のステップに行くために価格を1番の買い手に近づけてくれ」などと言って言葉巧みに価格を釣り上げる

（7） 二次入札後、実際には相手のコメントをすべて飲むことはできないので最終契約書の文言について、ここから実質的な交渉が始まるのだが、そのタイミングで2週間程度の短期間の独占交渉期間を設定し、逆に買い手側に「その期間を過ぎたら他の買い手候補が交渉に参加してしまう」との圧力を醸成し、短期間での最終契約書の合意を迫る（これも常套手段なのである程度やむを得ないが、程度問題だろう）

以上あげたようなケースは、M&Aの入札プロセスではある程度日常的に見受けられる光景だが、何度も言うように程度問題であるし、買い手側としては売り手側の行動パターンを前もって知り、心の準備をしておくことも必要だろう。

③買収審査

次に考えられるのが、買収審査の段階での開示情報の多寡に関する利益相反である。アドバイザーとしては売却を成功させたいが故に、買い手候補の要求する情報は（企業価値評価に係る内容でかつ不利に働く情報でない限り）できるだけ開示してしまいたいと考える傾向がある。

しかし、売り手としては、当該買い手候補が必ず買収を完了する保証があるならともかく、そのような保障など当然ながらない段階で、他の買い手候補に買収されるかもしれない、あるいは結局、誰にも買収されない結果に終わるかもしれない段階で何でも開示するというわけにはいかないのは当然である。

例えば、携帯電話事業を売却する案件で、ある買い手候補が対象会社に対し全国の全ての基地局の所在地と地主との設置契約書の全数開示を求めたとしよう。アドバイザーとしては最有力の買い手候補が求める情報であれば、そしてかかる買い手候補が当該事業の自社における（基地局の統廃合を含む）シナジーを把握するためにどうしても必要な情報であると主張すれば、ぜひ開示したいと考えるかもしれない。

利己的なアドバイザーも存在する

　しかし、売り手から考えれば、そのような情報が万一競争相手の手に渡り、その相手が実際には当該事業を買収しなかったとすれば、それ以降、かかる競争相手は全国のすべての当社基地局の地主にコンタクトして自社の基地局の設置を僅かに有利な条件で持ちかけ、全国での基地局設置競争で優位に立とうとすることが考えられるとしたら、そのような情報は最終契約書の調印後でなければ開示できない、と考えるだろう。急激な成長段階にあった時点での携帯電話事業の事業者にとって、基地局の設置情報は長い時間をかけて地道に積み上げてきた最重要の経営資源情報である。

　こういった情報をどのように開示するかしないかといった局面で、客観的かつ冷静に適切な判断のできないアドバイザーは、多額の成功報酬を手にする資格など当然ないということになる。実際には、残念ながらこういった重要な点で顧客の利益を優先せず利己的なアドバイスをするアドバイザーが世に中に存在しないというわけではない。

　さらに、こういった微妙な情報も、例えば買い手候補が前述のデータルーム・インデックスに対する追加要求リストに掲載してきていた場合、これを全く無視すれば相手側が買収審査で大量の情報を得たうえで追加要求リストが満たされないので二次入札を正式にオファーできないと言って、法的拘束力のある買収提案の提出を拒むことを許してしまう原因になりかねないという問題もある。

　そういう場合の対策として、データルームでは書類で開示する情報以外に経営陣によるプレゼンテーションという形で口頭のみで開示するデータを準備する場合がある。このケースなどは基地局情報の詳細を文書で開示することはできないが、自社基地局とのシナジーの確認であれば、パワーポイントでスクリーンに投影した地図上で基地局の位置を示した絵を見せる、あるいはその絵（だいたいの位置は分かるが詳細な住所等は分からない）のプリントアウトを配布するということで、相手に対しては必要十分な情報開示は行われたので、情報だけの取り逃げは許さないという状況を作る場合もある。

④最終契約の交渉

　さらにプロセスが進んで特定の買い手候補が最有力な買い手として浮上してくると、最終契約書の交渉段階で、どうしてもこの買い手と契約を調印して成功報酬を手にしたいと考えるアドバイザーは時として、当該買い手候補を過度に優遇してしまう可能性がある。例えば、買い手候補の求める情報の開示レベルについても、上記③で述べたような問題が引き続き起こり得る。

　さらには交渉の最終段階であっても、重要な内容で歩み寄りの難しい事項がいくつか残存する場合が多いのだが、そういった場合に非公式な席などで売り手側のアドバイザーが買い手側やそのアドバイザーに交渉の妥結の可能性を高めるために売り手側の数字的な許容範囲や譲歩の可能性のある点の具体的な内容について断片的な情報を故意に与えてしまうような場合もある。

顧客に不利益をもたらす可能性

　これらは交渉のテクニックとして買い手側に交渉妥結の希望を持たせるために敢えて行う情報リーク、という場合もあるが、こういった微妙なテクニックは、さじ加減を誤れば利益相反に直結する可能性のある危険な行為でもある。

　さらにグレー度合いの濃いケースとしては、例えば買い手側が対象会社の資産内容に不良資産が一定程度含まれていることを懸念しているような場合、最終契約の締結後に、当該買い手に雇われて対象会社の事後の資産査定を自ら請け負う約束をしてしまうといった、そもそも明確な利益相反に該当しかねないケースもないとはいえない。

　事後の資産査定で瑕疵が発見されれば、元の買収契約の内容にもよるが瑕疵担保条項を発動して不良資産の引き取りを拒否あるいは停止することができる場合があるだろうし、その資産査定を買収直後に売り手側アドバイザーが買い手に雇われて実行してくれるとすれば、買い手としては非常に安心できるだろう。だが、これは売り手の明確な同意がなければ絶対できない行為である。

　売り手もどうしても当該買い手以外の買い手が存在する可能性が低

く、当該買い手とどうしても契約したいという弱みがある場合などには、あえてそういったアドバイザーの申し出にしぶしぶ同意しなければならない圧力を感じてしまう場合もないとはいえないだろう。

このようにM&Aにおけるアドバイザーの行動は、売却あるいは買収のプロセスにおいてその道のプロフェッショナルとして強い影響力を持って案件遂行を管理する立場にあるので、行動規範の僅かな緩みが結果として顧客との間に利益相反を生じさせ、顧客に不利益をもたらす可能性が常に存在している。顧客としてもそのことを理解して、正しく上手くアドバイザーを使いこなさなくてはならない。

⑤ **結論**

以上述べてきたように、アドバイザーと顧客はある意味では一心同体であり、同じ目的に向かって成功を目指して進むパートナーという面もあるが、一方では成功報酬が獲得できなければ利益を得られないアドバイザーと、売却の意思決定はしたものの、仮に買い手が現れない、あるいは納得できる条件で合意できないなどの場合、つまり売却が失敗に終わった場合には、なお継続して当該事業を所有し経営し続けることになる可能性も十分考えられる売り手側との間には、埋めがたい利益相反が存在することもまた事実である。

例えば売り手側で考えても、顧客である売り手は通常、事業や子会社の売却など過去に経験したことがない場合が多い。一方、アドバイザーは毎年何十件も似たような案件をこなしているベテランであり、両社の間には大きな情報格差、経験値格差が存在する場合が多い。そのような格差があるが故に、アドバイザーが間違ったインセンティブに基づいて自己の利益を優先して顧客の利益を損ないかねないアドバイスをしてしまうリスクは常に存在するし、アドバイザーのそのような行動に対して顧客側が十分これに気付けないという問題もある。

顧客としては、アドバイザーの行動インセンティブに原理的にそのような問題があることを常に心の片隅において、アドバイザーの言動を日夜吟味する姿勢が必要である。そもそも自己の利益を優先して顧客の利益を犠牲にすることを厭わないといったマインドセットのアド

バイザーは、普段から接していれば顧客として違和感を感じ取ることができる場合が多い。

　要は最終的には個人の人間性に係る話でもあるので、普段の接触からそういった課題を念頭に置いてそれぞれのアドバイザー会社のカルチャーと、チームリーダーとなるシニアなバンカーの人間性の把握に努めておくことが、会社の一生でそう何度もない重要なM&Aという局面で、間違ったアドバイザーを選定してしまうリスクを避ける重要な自己防衛手段ということになるだろう。[*7]

第4節　まとめ

　以上さまざまな角度から、顧客として投資銀行を正しく上手く使いこなすという観点から投資銀行によるM&Aアドバイザリー・ビジネスの問題点を検討した。結局、この問題は多くの場合、法律や契約上の義務を超えた範疇での問題であり、さらにいえば個別のアドバイザーの良心に帰属する問題となってしまう場合が多い。したがって、この問題を論理や理屈で正確に定義し、解決策を提示することは簡単ではない。

　しかしながら、顧客が問題点の存在を事前に把握し理解しておくことは、そもそも情報格差と経験値格差によって不利な立場で事に当たらざるを得ない顧客側の利益を守る上でかなり助けになることも事実だろう。要は顧客側の心の準備も必要だということだ。場合によっては、業界の慣習を根底から変更するような、成功報酬型の報酬体系の拒否や、コンフリクト・チェックの入り口段階からの守秘義務契約の締結などといった要求を地道に行っていくことも十分検討に値するだろう。

　同時に投資銀行としても内部統制の観点や、企業の社会的責任やReputationの維持という観点からも、このような問題の存在を認識し、社内で十分に具体的な利益相反行為の禁止規定を設け、その周知徹底のために多様なレベルの役職員を対象にした教育プログラムを持つことが非常に重要である。

第15章 投資銀行を正しく上手く使いこなす方法

註

*1 本章は、筆者が執筆を担当した早稲田大学大学院ファイナンス研究科他編『金融サービスのイノベーションと倫理』(2011年、中央経済社)第5章の内容を大幅に加筆修正したものである。

*2 両方の顧客がそれを積極的に要望し、かつ社内に別個のアドバイザーチームを組成して明確な情報隔離体制を確立する場合、まれにひとつの投資銀行が双方のアドバイザーを務めたケースがないとはいえないようだが、大手投資銀行でも10年に1回程度の極めて特殊なケースと思われる。

*3 ちなみに実際には2004年にGE傘下のNBCとフランスのメディア大手ヴィヴェンディ社傘下のユニバーサルが合併してGEが80%を所有していたNBCユニバーサル社は、2011年に米国ケーブルテレビ大手のコムキャストが51%を買収し、残りの49%をGEが所有している。

*4 反対に売却プロセスで売却自体が広く知られると、対象会社の従業員が動揺して事業に支障をきたす懸念もあるため、必ずしも、すべての売り手が売り手であるとの情報を広く知られたいと願っているというわけではない。

*5 内部者取引規制に係る重要事実の範囲をめぐっては、様々な判例がある。最近では村上ファンドによるニッポン放送株式のインサイダー取引事件で、2007年の東京地裁の判決では、ライブドアがニッポン放送株式を5%以上買い集めるとの決定を村上被告が知った時点でかかる情報が重要事実に該当するかについて「実現可能性が全くない場合は該当しないが、実現可能性があれば該当し、可能性の高低は問題とならない」との判断を示した。

　その後、2009年の東京高裁の判決では「投資家の判断に影響を及ぼす程度の相応の実現可能性が必要」として地裁判決よりも厳格な基準を設けた。そして2011年の最高裁決定では「実現の可能性が全くあるいはほとんど存在せず、投資者の判断に影響することが想定されない場合は別として、会社の業務執行を決定する機関において公開買付の実現を意図した作業を会社の業務として行う旨の決定がされれば足り、実現可能性が具体的に認められることは要しない」として高裁の判断よりも地裁判断にいくらか近い決定となった。

　また、やや古い判決だが、日本織物加工のユニマットに対する第三者割当増資に関するインサイダー取引事件では、1999年の最高裁判決で、当時ユニマット側の顧問弁護士であった真田幸彦被告が知った株式発行に関する情報は「発行の実現を意図して行った決定であれば、確実に実

行されるとの予測が成り立たなくとも重要事実に当たる」とし、「株式の発行だけでなく発行に向けた作業を会社の業務として行うとの決定も重要事実にあたる」などとした。

*6 デュー・ディリジェンス会場で実際に買い手候補に開示するデータの見出しリスト。売り手側アドバイザーは各買い手候補に対して、このリスト以外に法的拘束力のある買収提案である二次入札を行うために必要だと思う追加情報を一次入札時点で具体的に列記させる。それらを満たすことで、あとから買い手候補が「情報が足りないので二次入札はできない」といって情報だけを取り逃げすることを許さない、という効果がある。

*7 このようにM&Aの案件遂行中には様々な形でアドバイザーと顧客の間に利益相反の問題が生じ得る。これは必ずしも民間企業としてのアドバイザーとその顧客に限定された話というわけでもない。

　例えば、2003年4月から2007年3月までの期間に活動した産業再生機構（IRCJ）は、株式会社産業再生機構法に基づき、有用な経営資源を有しながら過大な債務を負っている内国企業に対し、事業の再生を支援することを目的とし、債権買取り、資金の貸付け、債務保証、出資などの業務を行ってきたが、多数の関与案件のうち、2004年2月に申請されて受理されたカネボウに対する支援や、2005年3月に決定されたダイエーに対する支援では、それまでに大型案件への関与がないという批判に対抗してIRCJ自身の実績を作ろうとする思惑と、他の支援で発生した損金の回収を大型案件で図りたいとの思惑などから、強引な関与が見られたとの指摘がある。

　例えば、カネボウについては、本来優良子会社でIRCJ支援の対象となるべきではないとの指摘もあったカネボウ化粧品を民間の他の買い手（花王）の提示よりも安い価格で買収した。また、ダイエーの案件では、上場会社の株価を無視した株式の大幅な有利発行を強行した。これらのプロセスでIRCJと支援企業あるいはその株主との間に利益相反がなかったか、の検証は必ずしも十分には行われていない。

第16章 M&Aの失敗事例

　次に本章から具体的なM&Aの成功と失敗の事例について検討していく。そもそもM&Aはどのくらい成功するものなのだろうか？　第2章でも触れたように、例えばJensen and Ruback[*1]や、Bruner[*2]らの研究によれば、短期CARで計測した場合、M&Aの売り手は（買収プレミアムが支払われるので当然ながら）20〜30%の超過リターンが観測されるが、買い手のCARは概ねゼロである。買い手の超過リターンがプラスの案件もあり、マイナスの案件もあり、その平均がおおむねゼロということは、M&Aの（買い手の）成功確率は、おおむね50%程度だと市場が判断しているということだろうか。

　一方、ボストン・コンサルティング・グループ[*3]による報告のように、全体としてM&Aは成功しているのではないかという報告もある。しかし、日本企業のM&Aに限って言えば、少なくとも1980年代のバブル期以降の日本企業による海外企業の買収での成功例は極めて少ない。むしろ明確に失敗と評価されている案件が非常に多い。

　そもそもM&Aの成功・失敗というのは、その判断が非常に難しい。なぜなら買収してしまえば、もはや買収しなかった会社は存在しないので、買収した場合としない場合を公平・正確に比較することは不可能だからだ。買収後のある程度長期間の業績や株価をみて好転していれば成功という見方もあるが、残念ながら企業経営は買収してもしなくても数年以上の期間を経れば、買収以外の無数の外部要因によって業績も株価も大きく変化しうる。買収3年後に株価が上がったからといって、それが買収の成果である保証はどこにもない。このように判断が非常に難しい世界であるから、成功確率が大雑把に50%程度というのも妥当な線と言えるかもしれない。

　そういう世界で、特に日本企業による海外企業の買収の実績は、成

功確率が50%より極端に低いと言わざるを得ない。これほど成功確率が低いわけは、第2章図2-18で検討したように、日本企業が海外で高値摑みをし過ぎている、ということが主な原因ではないと思われる。この原因を探ることは、今後の日本企業のM&A戦略において非常に重要だろう。以下、過去の具体的案件について検討・分析してみたい。

第1節 日本鉱業によるグールド買収

　1988年11月[*4]、日本鉱業（現JXホールディングス）は、米国の電子回路用電解銅箔製造大手グールド社を株主価値11億ドル＋引受純負債3億4700万ドル＝会社総価値14億4700万ドル[*5]で買収した（当時の為替レート1ドル122円換算で1765億円[*6]）。発表4週前株価に対する買収プレミアムは、55%であった[*7]。

　しかし、ちょうどこの時期、主として東南アジアでEMS（電子機器受託生産事業）が台頭し、米国内の電子機器メーカーは次々とファブレス（工場なし）化し、米国内では設計・開発に特化し、製造を行わなくなっていった。結果として米国内の電子回路工場が大挙して東南アジアに移動したため、米国内で電子回路向け銅箔の需要が急減して、業績不振が続いた。

黒字を計上することなく清算

　さらにこのケースが怖いのは、グールドの不振が日本鉱業本体の業績も悪化させ、1992年3月期には初の連結最終赤字163億円の計上に至ったことだ。そこで1992年12月に経営再建を目指して日本鉱業は議決権の47%を保有していた民族系石油販売大手の共同石油と合併して、社名を日鉱共石（後のジャパン・エナジー）と改めた。しかし、グールドの業績は一向に回復せず、結局、買収から一度も黒字を計上することなく、わずか6年後の1994年2月、グールドは清算された。ジャパンエナジーは、グールド清算にあたって特別損失912億円を計上した。

なお、その後たまたまグールドが 1982 年に買収していた特定用途半導体製造会社の AMI セミコンダクターがネットバブルの流れに乗って、2000 年に買収ファンド（フランシスコ・パートナーズと CVC キャピタル）に 80% が 4 億 2000 万ドルで売れ、その後、その会社は 2003 年に IPO 時価総額 14 億 2000 万ドルで株式公開を果たした。[*8]

また、1999 年にはやはりグールドが所有していた電気ヒューズ事業を仏電気部品会社の Carbone Lorraine 社に 1 億 7000 万ドルで売却するなど、銅箔事業以外の関連事業の売却で損失の一部が回収されたが、日本鉱業の本業でもあり買収の主目的であった銅箔事業としてのグールド買収は、財務的にも戦略的にも完敗と言わざるを得ない。

それどころか、ジャパンエナジーはその後も業績が低迷し、結局、2010 年に日本石油と三菱石油の統合会社である新日本石油に経営統合され、JX ホールディングスとなって現在に至っている。いわば米国での大きな買収の失敗が本体の屋台骨にまで打撃を与え、最終的に本体自体が日本石油に買収されるという結末を迎えたと考えることもできる[*9]。

日鉱共石は、これ以外にも M&A での失敗が多い。1990 年、共同石油は三菱商事と共同でコンビニエンスストアの am/pm を設立した。ガソリンスタンドに食料品等を扱うコンビニを併設するアメリカでは一般的なモデルが日本では機能せず、業績不振が続き、2004 年に焼き肉チェーンの牛角を運営するレインズインターナショナルに売却された[*10]。1987 年に日本鉱業が資本参加したレンタカーのジャパレンも、2003 年に売却している。

◆ 日本鉱業の業績推移：(億円)

	日本鉱業				日鉱共石		ジャパンエナジー		
	89/3 期	90/3 期	91/3 期	92/3 期	93/3 期	94/3 期	95/3 期	96/3 期
連結売上	8,633	10,159	12,056	10,529	13,175	18,033	18,682	18,660
純利益	137	26	53	▲ 163	▲ 289	68	▲ 166	207

第2節　三菱地所によるロックフェラー・グループ・インターナショナル買収

　1990年4月、三菱地所はニューヨーク市マンハッタン島の高級不動産であるタイム・ライフ、マグローヒル、GE、ロックフェラーセンターなどビル14棟を所有するロックフェラー・グループ・インターナショナ社の80%を2回の取引で13億7300万ドル（1ドル159円換算で2183億円）で買収した。その後、1997年には出資比率は100%となり、総投資額は2400億円程度となった。

　しかし、1990年代前半の米国不動産業界は不況で賃料収入が激減し、利払いで利益が圧迫された。1995年にはマンハッタンに所有する14棟のうち12棟をロックフェラー・グループ・インターナショナの債務13億ドルと相殺して手放し、三菱地所は1996年3月期連結決算で1026億円の特別損失を計上した[*11]。

　その後、ロックフェラー・グループ・インターナショナ傘下の不動産仲介業者 Cushman & Wakefield Inc. の業績が急成長し、2006年12月にこの会社の72%をイタリアのフィアット系列のファンドに6億2500万ドルで売却したことで損失の一部を回収した。だが、不動産のプロとして米国の高級不動産を2400億円で買収し、わずか6年後にその大半を1000億円以上の特別損失を計上して売却したのだから、財務的にも戦略的にも完敗と言わざるを得ないだろう。

買い時と売り時を間違える

　さらに言えば、米国の不動産相場は住宅価格相場のインデックスであるS&Pケース・シラー指数でみても、あるいは商業用不動産価格相場のインデックスであるMIT Center for Real Estate の指標でみても、三菱地所が投資を決めた1990年ごろまではおおむね堅調で相場も上がってきていた。しかし、ちょうど三菱地所が投資したあたりから相場が低迷し、おおむね1990年代の半ばごろまでこれが続いた。三菱地所が損切りしてロックフェラー・グループ・インターナショナの大半を手放した1995年ごろからやっと持ち直し始め、その後は

2007年ごろまで長期の上昇相場を迎えた。

つまり三菱地所は本業の不動産投資のタイミングを買い時と売り時と連続して二重に間違えたことになる。不動産は一般にシクリカルな変動をするものであり、循環相場の商品をサイクルのピークで買ったり、ボトムで売ったりすることは、プロとしては最も避けなければいけない。結果論ではあるが、プロ中のプロと言われる三菱地所でもこのような間違いを犯すことがあるということだ。

しかし一方で、その後、三菱地所は「脱・丸の内」から「丸の内・再活性化」に大きく舵を切り、単なる丸の内不動産の投資信託（利回りの悪いREIT）から東京都心部の都市開発をリードする先進不動産企業へと脱皮しつつあり、そのきっかけとしてロックフェラー・グループ・インターナショナの経営から得たノウハウが生きているという評価もある。

◆ 三菱地所の業績推移：(億円)

	89/3期	90/3期	91/3期	92/3期	93/3期	94/3期	95/3期	96/3期	97/3期
連結売上	2,903	3,292	4,703	4,690	4,688	5,589	5,634	5,513	5,591
純利益	367	453	440	411	262	226	151	▲990	384

第3節 ソニーによるコロンビア・ピクチャーズ買収

1989年11月、ソニーはピーター・グーバーとジョン・ピータース[*12]が共同代表を務める米国の映画製作会社グーバー・ピータース・エンターテインメント社を2億3100万ドルの現金で買収、同時に米国映画製作・配給スタジオ大手コロンビア・ピクチャーズ・エンターテインメント（CPE）を株主価値47億9200万ドル（6853億円、当時の1ドル143円換算）で買収した。約40億ドルを暖簾に計上、ソニーはグーバーとピータースにCPEの運営を任せた。CPE買収価格は発表4週前株価に対する買収プレミアムが81.5%とかなり高いプレミアムでの買収であった。

しかし、グーバーとピータースはその直前にCPEと競合する映画

スタジオ大手ワーナー・ブラザーズと長期契約を結んでおり、この契約の解除のためにソニーはワーナーに100億円以上の違約金を支払ったと言われている。経営者の招聘費用として2億3100万ドル＋100億円は法外と批判を浴びた。

分かれる戦略的評価

さらにソニーはタイム・ワーナー社からカルバーシティのスタジオ（元メトロ・ゴールドウィン・メイヤーが所有して「風と共に去りぬ」等を撮影した有名なスタジオ）を買収し、このスタジオに1億300万ドルを追加投資するなど積極的な運営を行ったが、映画事業の業績は少数のヒット作品の有無に左右され、買収後期待ほどには伸びなかった。そして買収からわずか5年後、1994年11月の1995年3月期の第2四半期決算発表でソニーはCPEの暖簾のうち2652億円（29億2700万ドル。当時の連結貸借対照表注記3）を一括償却すると発表した。その結果、1995年3月期決算では、連結最終赤字2934億円を計上した。

なお高額の招聘費用で苦労して雇ったピータースはグーバーによって1991年に解雇されており、グーバーはソニー生え抜きでソニー初の外国人取締役になったたマイケル・シュルホフにより1994年に解雇されている[*13]。買収から6年で当初計上した暖簾の4分の3の一括償却を行い、買収価格が資産価値に見合っていなかったと自ら認め、高額で雇った経営者も短期間で解雇してしまったわけであるから、財務的には本件の評価は高いとは言えない。

しかし、グーバーとピータースの退職後の映画事業は多少の波はあるものの、1997年の「メン・イン・ブラック」、2000年の「エレン・ブロコビッチ」、2002年の「スパイダーマン」など断続的にヒットに恵まれ、営業利益でおおむね300〜500億円を計上し比較的安定して連結業績に貢献しており、この買収の長期的・経営戦略的な評価は意見が分かれるところであろう。

◆ ソニーのエンタテインメント事業の業績推移：(億円)　　（96年まではソニー・ミュージックを含む）

	94/3 期	95/3 期	96/3 期	97/3 期	98/3 期	99/3 期	00/3 期	01/3 期	02/3 期
売上	3,277	2,817	3,174	4,390	6,430	5,457	4,921	5,552	5,882
営業利	251	▲2,733	549	290	360	430	386	43	313

第4節　富士通による ICL 買収

　1990年11月、富士通が英コンピュータ製造大手で未上場のインターナショナル・コンピュータ・リミテッド（ICL）を英国通信機器大手スタンダード・テレフォン・アンド・ケーブル（STC）から株主価値7億7500万ポンド（14億700万ドル、1871億円、当時の1ドル133円で換算）で買収した。しかし その後、大型電算機の需要は小型化・オープン化により衰退し、ICL の業績は低迷し、徐々にITサービス事業へシフトしていった。富士通は買収から約6年後の2007年3月期の単独決算で3172億円の関係会社株式評価損を計上した。このうち、おおむね2900億円程度が富士通サービス（旧 ICL）分と思われる[*14]。富士通サービスはその頃、近く上場の予定として減損処理を先送りしてきたが、上場断念に伴い処理を実行した模様であった。

ダウンサイジングとオープン化の流れを読めず

　また、富士通は米国でも1980年代から断続的に米国汎用機（IBM互換機）大手アムダールを約2000億円の投資で買収したが、その後2000年ごろには IBM に対抗できる商品がなくなり、事実上この事業を終了している。そのため、2001年3月期に1025億円（うちアムダール関連で550億円程度と思われる）[*15]の特別損失を計上するなどしている（投資金額は1984年の30％から49％への買い上がりで1億8900万ドル、1997年の48％から100％への買い上がり時で9億2500万ドルなどの合計の概算）。

　欧米双方での大型電算機メーカーの買収はいずれも失敗に終わっており、その原因は主として電算機のダウンサイジングとオープン化の

波であり、電算機事業のプロとして現在では常識のこの流れが当時は全く読めなかったのかもしれない。そうだとしたら、、やはり財務的にも戦略的にも完敗と言わざるを得ない。

しかし、一方で現在の富士通の強みである欧米でのITコンサルティング・ITシステムインテグレーター事業はICLとアムダールの現地営業基盤が源となって構築されたとも言われている。その面では怪我の功名であり、現在の富士通の礎となっているという面がないとは言えない。

◆ 富士通の業績推移：(10億円)

	94/3期	95/3期	96/3期	97/3期	98/3期	99/3期	00/3期	01/3期	02/3期
連結売上	3,139	3,257	3,761	4,503	4,985	5,242	5,255	5,484	5,007
純利益	▲38	45	63	46	6	▲14	43	8	▲383

第5節 松下電器産業によるMCA買収

1991年1月、松下電器産業（現パナソニック）が米映画製作・配給スタジオ大手でユニバーサル・ピクチャーズを傘下に持つMCAを会社総価値74億600万ドル（9702億円、当時の1ドル131円換算、ちなみに株主価値は57億1900万ドル=7492億円、当時の1ドル131円換算）で買収した。発表4週前株価に対する買収プレミアムは54.4%であった。買収直後は松下電器の映像やマルチメディア技術がMCAのソフト事業と融合して新たな価値が生み出されるのだといった「夢物語」が語られたが、実態は、松下電器には映画スタジオの経営などノウハウも経験もないので、買収当時の経営陣であったルー・ワッサーマン会長とシドニー・シャインバーグ社長を留任させて経営を任せた。

「ハードとソフトの融合」という念仏

すると当然ながらMCA側は資金量豊富な親会社を便利な財布と考えて、買収や投資に多額の追加資金投入を要求し、「口は出さないが

金は出す親会社」を求めた。松下電器側は実体のない「ハードとソフトの融合」という念仏を唱えるばかりで具体策は出てこないという日々が続いた[*16]。

　結局、1994年11月、ソニーがコロンビア・ピクチャーズの暖簾のうち、2652億円を一括償却すると発表した半年後、MCA買収からわずか4年後の1995年4月、松下はカナダのウイスキー大手シーグラムにMCAの80%を57億400万ドル（株主価値、100%で71億3000万ドルに相当=6061億円、当時の1ドル85円で換算）で売却すると発表した。残りの20%は当面継続保有するとした。売却額はドルでは買収額を上回っていたが、為替が大きく円高に振れており、売却にあたり為替差損を1642億円計上した[*17]。このため、松下の1996年3月期決算は569億円の最終赤字となった。

　その後、MCAは数奇な運命をたどる。2000年にはネットバブルのさなか、フランスのメディア大手ビベンディがシーグラムを総額340億ドルの株式交換により買収し、社名をビベンディ・ユニバーサル（VU）とした。ビベンディのジャン・マリー・メシエ（仏ENA出身、当時43歳）が会長、シーグラムのエドガー・ブロンフマンが副会長（01年辞任）に就任した。

　2001年、VUはシーグラムの酒類事業を81億7000万ドルで英ディアジオと仏ペルノ・リカールに売却した。その後、ネットバブル崩壊による暖簾償却で2001年12月期にVUは136億ユーロの赤字、2002年12月期も233億ユーロの赤字を計上した。結局、2002年7月、メシエが引責辞任。ブロンフマンはタイム・ワーナーから音楽部門を26億ドルで買収し、CEOに就任した。新社名は引き続きワーナー・ミュージックとした。

　2004年5月、VUはGE傘下のNBCと合併、80%をGEが保有（VUは136億7700万ドルと評価）、新社名はNBCユニバーサルとし、社長はNBC側が選出した。そして、2006年2月、松下がユニバーサル（旧MCA）の保有株式全て（7.66%）を発行会社へ売却し、資本関係を終了した（売却額は非開示）。

　このケースはドル建てでみれば損失は出ていないが、為替では大き

な損失を計上したので、財務的には成功とは言えないだろう。それ以上に、松下が戦略的に一体、何がしたかったのかが全く不明である。ライバルのソニーがコロンビア・ピクチャーズを買収したので負けじと同じ米国の映画スタジオ大手を買収したが、経営の仕方もわからず、どう生かしてよいかもわからないまま、ソニーが特損を計上した隙に売却したかのようであり、「真似した電器」といわれる所以と言わざるを得ないという評価もある。

◆ 松下電器の業績推移：(10億円)

	94/3期	95/3期	96/3期	97/3期	98/3期	99/3期	00/3期	01/3期	02/3期
連結売上	6,623	6,948	6,794	7,676	7,890	7,640	7,299	7,681	6,876
純利益	25	91	▲57	138	94	14	100	42	431

第6節 NECによるパッカードベル買収

　1995年9月、NECは米パソコン大手で未上場のパッカードベル社の19.99%を17億ドルで第三者割当によって取得した。この出資は、1993年にNECがフランスのコンピュータ大手ブル社の13.3%を1億3300万ドルで取得、それまでの出資比率3.7%を17%に引き上げ、米モトローラ17%、大日本印刷3%など複数企業の連合でフランス政府が放出したブル社の44%を引き受け、ブル社との資本提携を拡大した直後に行われた。

　ブル社は1993年にパッカードベル社の19.9%を取得して資本提携関係にあった。NECとしてはブル社と本格的に資本提携するにあたり、ブル社の資本提携先であるパッカードベル社との関係を強化する目的があったと思われる。

　パッカードベル社は1933年に米国カリフォルニア州でハーバート・ベルとレオン・パッカードによって設立されたラジオ製造販売会社として発足。ラジオメーカーとしてはある程度成功していたが、その後の商品開発はあまりうまくいかず、1968年に米国航空宇宙技術関連コングロマリットのテレダイン社に買収され、その後、休眠会社

となっていた。これを 1986 年にイスラエル系アメリカ人のベニー・アラジェムらがテレダイン社から（パッカードベルの社名を）買収し、廉価なパソコンをコンピューター専門店ではなく、家電量販店で大量販売するモデルで一時成功した。

パッカードベルという社名が、ヒューレット・パッカードや地域電話大手パシフィック・ベルなどと混同され、資本関係があると誤解されることもあったが、全く無関係である。しかし、20 世紀前半にモトローラと並ぶラジオメーカーとして有名であったことから、パソコンを売る社名としては一定の年齢以上の大衆には受け入れられ、あるいは（誤解して）懐かしいと思わせたことは確かであった。おそらくそれは創業者アラジェム氏の意図したところでもあったと思われる。

特別損失 2384 億円

その後、1996 年に NEC は日本以外の海外のパソコン事業をパッカードベル社と統合してパッカードベル NEC とし、日本国内にも IBM-PC/AT 互換機を扱うパッカードベル NEC ジャパンを設立した。ところが、世界のパソコン業界は急激な低価格化の波にのまれ、デルやゲートウエイなどの直販モデルの低価格メーカーにシェアを奪われた。NEC は 1997 年以降もパッカードベル NEC 社に毎年支援の出資を続けた。1997 年には 2 億 8500 万ドル出資して出資比率を 44% とし、1998 年には 2 億 2500 万ドル出資して出資比率を 53% とし、子会社化した。

しかし、1999 年度のパッカードベル NEC の売上高は 8 億ドル、経常損失は 15 億ドルとなり[*18]、最初の資本提携から僅か 4 年で事実上清算された。NEC は累計で約 2000 億円以上の投融資の回収が困難となり、1999 年 3 月期に単独決算で子会社投資等評価損失等の特別損失 2384 億円を計上し、連結決算で事業再編費用等の営業外雑損失 2257 億円を計上した。

最終的には 2006 年、NEC は残っていた欧州の個人向け PC 事業のパッカードベル社を低価格パソコンメーカーの e マシーンズ社創業者のジョン・ヒュイ氏に売却し（価格は非公表）、その後パッカードベ

ル社は台湾のパソコン大手エイサーが買収している。本件は当初からNECの関本忠弘会長（当時）の専管事項と言われたが、結果として財務的にも戦略的にも全く意味をなさず、大失敗と言わざるを得ないだろう。

◆ NECの業績推移：(10億円)

	95/3期	96/3期	97/3期	98/3期	99/3期	00/3期	01/3期	02/3期	03/3期
連結売上	3,769	4,397	4,948	4,901	4,759	4,991	5,409	5,101	4,695
純利益	35	77	92	41	▲158	10	57	▲312	▲25

第7節 ソフトバンクによるキングストン買収

1996年9月、ソフトバンクは米国のPC用メモリー増設ボード製造販売大手で未上場のキングストン・テクノロジーの80％の株式を10億1700万ドル（1129億円、当時の1ドル111円で換算）で買収した。当時のキングストンの売上は約13億ドル程度であった模様。

しかし、3年後の1999年にソフトバンクは同社の80％を4億5000万ドル（540億円、当時の1ドル120円で換算）で創業者グループに売り戻し、単純計算で売却損約589億円（当時の新聞報道725億円は為替差益を除いた損失額と思われる[*19]）を計上したと思われる。キングストンが製造するメモリー増設ボードとは、基盤にDRAMを8個実装しただけのSIMMと言われる製品で、日本では店頭上場のアイ・オー・データ機器やメルコといった中堅企業が手掛けていた、元来、付加価値はほとんどないコモディティ事業である。

パソコン業界の専門家であるソフトバンクがネットバブルには程遠いこの時期になぜこのような企業に有望な将来があると誤解したのかはいまだに不明だが、短期間でドルベースの買収額の過半を失って売り手に売り戻しており、財務的にも戦略的にも大失敗と言わざるを得ないだろう。なお当時の日本におけるアイ・オー・データ機器の売上は520億円、時価総額400億円（PER=26倍）、メルコの売上は520億円、時価総額916億円（PER=35倍）程度であったので、比較的バ

1339億円の売却損

ソフトバンクはこれ以外にも、例えば1996年2月に米国投資ファンド大手フォースマン・リトルが1994年にジフ・デービス本体から14億ドルで買収していたジフ・デービス・パブリッシング（ZDP）をわずか2年後にファンドの買い値の1.5倍の21億ドル（2142億円、当時の1ドル102円で換算）で買収した。ZDPはPCマガジン、コンピュータ・ショッパー、PCウィークといったパソコン雑誌の出版会社で、フォースマンの買収時点で9.5億ドルの売上、1億6000万ドルの営業利益を計上していた模様だ。[20]

しかし、買収から僅か4年後の2000年4月、ソフトバンクは同社を米国投資ファンドのウィリス・スタイン・アンド・パートナーズに7億8000万ドル（803億円、当時の1ドル103円で換算）で売却している。単純計算で1339億円の売却損を計上したと思われる。

ソフトバンクの当時のM&Aは失敗が多いが、一方で1995年の米国ヤフーへの200万ドル（5%）出資や1996年のヤフー株式会社への1.2億円（60%）出資、2000年の中国アリババ・グループ・ホールディングへの2000万ドル（約40%）出資など、その後、巨額のキャピタルゲインをもたらしたケースもあり、玉石混合と言えるだろう。

◆ ソフトバンクの業績推移：(億円)

	96/3期	97/3期	98/3期	99/3期	00/3期	01/3期	02/3期	03/3期	04/3期
連結売上	1,711	3,597	5,134	5,281	4,232	3,971	4,053	4,069	5,174
純利益	58	91	103	375	84	366	▲888	▲1,000	▲1,071

第8節 NTTコミュニケーションズによるベリオ買収

2000年9月、NTTコミュニケーションズ（NTTC）は、米国でウェブ・ホスティング（ホームページ制作請負）事業と企業向けISP（インターネット・サービス・プロバイダー、ネット接続サービス）

事業を手掛けるベリオの残りの90%の株式を56億9400万ドル（6150億円、当時の1ドル108円で換算）で買収した。元の10%は1999年に1億ドルで買収していた。買収発表の4週前株価に対するプレミアムは57.9%であり、M&Aの常識としては高いことは高いが、法外に高いというレベルではなかった。

しかし、発表が2000年5月であり、この年の年初に5000を超えていた米国ナスダック株価指数は、本件がクローズする9月ごろまでに3600台に急落し、最終的にはネットバブル崩壊で2002年9月の1172まで下がる過程での買収であった。

日本企業の海外M&A最大の失敗

そもそも買収直前の1999年12月期で同社の業績は売上2億5800万ドル、経常赤字1億8000万ドル程度[*21]と言われており、大赤字の会社であった。売上は年率4割程度の高率で伸びていた模様だが、同社はM&Aで小規模ISPを買いあさる戦略で成長してきており、市場の熱狂が覚めれば成長も止まり、その後一度も黒字を計上することはなかった。

NTTCはこの買収にともない2001年3月期に連結調整勘定（買収暖簾）5621億円を計上したが[*22]、僅か1年後の2002年3月期に暖簾の約80%にあたる4469億円を一括償却し[*23]、翌2003年3月期にさらに301億円を追加一括償却した。この結果、6000億円以上の投資の大半を減損処理したことになる。現在はNTTアメリカの完全子会社として業務を継続してはいるが、その業績は（公表されていないが）到底、買収額に見合うものではないだろう。

ネットバブルの絶頂期に極限までバブルの乗った株価にさらに60%のプレミアムを付けて大赤字の会社を全額現金で買収し、ほぼ買収額相当の損失を出し、買収した事業はほとんど跡形もない状況なので、財務的にも戦略的にも、日本企業による海外M&A史上最大の失敗（の一つ）、と言わざるを得ないだろう。

◆ NTTの連結業績推移：（売上＝10億円、純利益＝億円）

	99/3期	00/3期	01/3期	02/3期	03/3期	04/3期	05/3期	06/3期	07/3期
連結売上	9,729	10,421	11,414	11,681	10,923	11,095	11,805	10,741	10,760
純利益	6,027	▲678	4,641	▲8,122	2,334	6,439	7,102	4,987	4,769

第9節 NTTドコモによるAT&Tワイアレス社の16％買収

　2001年1月、NTTドコモ（ドコモ）は、米電話大手AT&Tの携帯電話部門に株価等が連動するように設計された種類株であるトラッキング・ストックと呼ばれる特殊な株式で当該事業の16％に相当する権利を98億300万ドル（貸借対照表計上額1兆1371億円。当時の1ドル116円で換算）で買収した。この会社はドコモの買収前にAT&Tワイアレス（AT&TW）としてトラッキング・ストックのまま上場されており、その後スピンオフされ、通常の上場会社となった。

　当時、ドコモは第3世代デジタル携帯電話の通信方式として自社で開発したW-CDMA方式の採用を海外の携帯電話会社に呼び掛けていた。その意図はW-CDMAを海外のメジャーな携帯電話網で採用させて、自社の携帯電話での国際ローミングを容易にすることと、自社が国内で世界に先駆けて成功しつつあった携帯電話によるインターネット接続事業（iモードサービス）による携帯電話の売上（月当たりユーザー当たり売上=ARPU=average revenue per user）の向上を海外の投資先に実現させて、投資先の株価上昇から利益を得ようという両面作戦にあったと思われる。

　実際、そのために同じ時期にオランダの電話大手ロイヤルKPN（KPN）の携帯電話子会社のKPNモバイル（KPNM）の15％を35億9600万ドルで買収し、英国でも香港の大手投資コングロマリット、ハチソン・ワンポア傘下の多国籍通信会社ハチソン・テレコミュニケーションズ・インターナショナルが手掛けるハチソン3G UKホールディングス（H3GUK）の20％を18億800万ドルで買収した。

　しかし、世界の趨勢はW-CDMA採用には向かわなかった。欧州で

は多くの場合、第3世代ネットワークの普及は進まず、第2世代のGPS方式の延長であるGPRS方式やEDGE方式によるパケット通信を併用することで対応された。また米国では米国移動体通信技術大手のクアルコムのcdmaOne方式が主流となった。また、iモードサービスについては、投資先から何らかのライセンス料収入を得る等のアレンジはほとんど成立せず、各国が独自にインターネットサービスを展開した。

このため、ドコモは巨額の投資を世界中で展開した割には当初の戦略的意図を殆ど果たすことができなかった。それに加えてNTTCのベリオと同様、投資時期がネットバブル崩壊の過程にあり、世界の携帯電話会社の株価評価も投資以後、軒並み大幅に低下していった。

マイノリティ投資で1兆円以上の損失

結局、ドコモはAT&TWについては、2002年3月期に5056億円の評価損を特別損失として計上し[24]、さらに翌2003年3月期にも追加で2841億円の減損処理を行った[25]。その結果、投資簿価は暖簾の定期償却後で2606億円となっていたが、2004年にAT&TWがSBCとベル・サウスの合弁携帯電話会社のシンギュラーと現金合併したことから、所有株式が6995億円で売れ、5018億円の特別利益を計上した[26]。全体では、AT&Tワイヤレス関係で4430億円程度の損失を被ったものと思われる。

また、KPNMについても2002年に2627億円の特別損失を計上し、2003年には増資引受不履行により、持ち分が2.2%に希薄化し、残りの全額を減損処理した。また、H3GUKについては、2002年3月期に141億円の減損処理、2003年3月期に1232億円減損処理し、2005年には香港のハチソンに持ち株すべてを120万ポンドで売却した。その結果、投資金額の大半を失ったことになる。

結局、ドコモはW-CDMA関係の国際投資に1兆7000億円近くをつぎ込み、その大半を失った。これらの投資は財務的にも戦略的にもNTTCのベリオと並んで日本企業の海外M&A史上最大の失敗（の一つ）と言えるだろう。経営権を持てないマイノリティ投資が戦略的に

まったく意味をなさないことを身をもって体験したわけだ。

ところが、ドコモはその後も 2005 年 12 月には韓国 KT フリーテルの 10% を 4 億 9000 万ドルで取得、2006 年から 2008 年にかけて複数回に分けてフィリピンの電話会社 PLDT の 20% を 12 億 6400 万ドルで取得、2008 年 9 月にはバングラディッシュの携帯事業会社 TM インターナショナルの 30% を 3 億 5000 万ドルで取得、2009 年 3 月にはインドのタタ・テレサービス（TTSL）の 26% を 1307 億インドルピー（26 億 5500 万ドル、2640 億円）で取得など、国際マイノリティー大型投資を継続している。

しかも、2013 年 12 月期で貸借対照表上の純有利子負債がマイナス 2706 億円であり、ネットで負債がない（純現金）状態にある。これだけすって、これだけさらに投資しても純現金である。いったいどれだけ儲かっているのだろうか？

なお、2003 年以降の投資のうち最大投資金額の TTSL については、世界第 2 位の携帯電話契約者数を誇るインド市場で第 6 位とマーケットシェアは伸び悩んでおり、2011 年 3 月期時点で 11 期連続の赤字との報道もあった。[*27] そして 2014 年 4 月にドコモは 2014 年 3 月期の TTSL の業績が所定の目標に達しない場合、保有株式すべてを取得価格の 50%（725 億ルピー、1254 億円）[*28] か公正価値のいずれか高い金額で TTSL の持ち株会社であるタタ・サンズに売却する権利を行使すると発表した。

これも結局、投資から 5 年で損切りして撤退である。ドコモの国際マイノリティ出資戦略は、もはや経営者の経営責任が問われるべきレベルでの完敗となっている。

◆ NTTドコモの業績推移：(10億円)

	99/3 期	00/3 期	01/3 期	02/3 期	03/3 期	04/3 期	05/3 期	06/3 期	07/3 期
連結売上	3,118	3,718	4,686	5,171	4,809	5,048	4,844	4,765	4,788
純利益	205	252	366	1	213	650	748	611	457

第10節 古河電工によるルーセント社光ファイバー事業の買収

2001年11月、古河電工は米通信機器大手のルーセント・テクノロジーから同社の光ファイバー事業を21億2700万ドル（2637億円、当時の1ドル124円換算）で買収した。古河電工は買収した事業のうち、低付加価値のケーブルテレビ用光ファイバー事業は米光ケーブル大手のコムスコープ社に18％出資させた別会社に移管するが、高付加価値のWDM技術[*29]による大容量通信ケーブル事業は古河電工が単独で運営すると発表した。当時の光ファイバーの売上高は約20億ドル程度、営業利益は3億7500万ドル程度であったと思われる[*30]。

古河電工は光ファイバーの買収に先立ち、米国WDM技術のベンチャー会社JDSユニフェーズの18％を黎明期の非常に安い価格で取得していたが、ネットバブルの影響でこの会社の時価総額が一時的に10兆円程度となり、古河電工も一時的に兆円単位の含み益を抱え、その一部を現金化した資金で光ファイバーの買収資金を賄った。一種のあぶく銭であるが、やはりにわか大金は身につかず、その後、光ファイバー事業は業績が振るわなかった。

失敗を充分情報開示せず

2003年3月期には1151億円の特別損失を計上（うち793億円が光ファイバー事業関連）、2004年3月期には光ファイバーの減損等でさらに1664億円を処理した。その時点で光ファイバーの売上は約2億1000万ドル程度となり、買収時の10分の1まで低下した。[*31] ネットバブルの絶頂期に結果的にはコモディティー事業でしかなかった光ファイバー事業をピークの価格で現金で買収し、投資金額のほぼ全額にみあう損失を計上した。財務的にも戦略的にも大失敗と言わざるを得ないだろう。

なお、古河電工が地域別利益に関するセグメント情報を最後に発表した2010年3月期において北米事業は売上高501億円、セグメント営業損失3億円（赤字）であり、2014年3月期のグローバル連結の

光ファイバー事業を含む情報通信セグメントの売上高は1486億円、セグメント営業利益は72億円の小幅黒字であるから、光ファイバー事業はその後も一貫して業績が振るわない状態が継続しているものと思われる。

2014年3月期の決算説明会資料では、情報通信セグメントについて一言だけ「北米の光ケーブル事業が低迷」と記載しているが、セグメント業績に関する会計基準の若干の変更に伴い、過去の買収の失敗を明確に開示しないですんでしまっている。

しかし、同社の北米光ファイバー事業の業績は同社の業績把握の上で重要な情報である。有価証券報告書で地域別セグメントの詳細情報を開示する必要がなくなってしまったとはいえ、会社によっては重要な情報は決算説明会のプレゼンテーション資料等で追加的に開示している例も多い。そういう配慮をしない最近の同社の情報開示姿勢は問題ともいえる。過去の失敗に真摯に学ぶ姿勢も疑われかねない。

◆ 古河電工の業績推移：(億円)

	99/3期	00/3期	01/3期	02/3期	03/3期	04/3期	05/3期	06/3期	07/3期
連結売上	7,267	6,966	8,270	7,714	7,106	7,399	7,759	8,725	11,047
純利益	28	352	1,674	▲34	▲1,140	▲1,401	158	255	298

第11節 日立製作所によるIBMのHDD事業買収

2002年12月、日本の重電大手日立製作所（日立）は、IBMのHDD（パソコン用の記憶装置）事業の株式70%を20億5000万ドル（2501億円、当時の1ドル122円、100%の換算では29億2900万ドル=3573億円）で買収した。残りの30%もその時点で決定済みの金額で3年以内に日立が買収して完全子会社にするとの合意であった（残りの部分の買収金額は非公表）。日立のHDD売上は当時1000億円程度で、IBMのHDD売上約4000億円を合計すれば世界シェア19%（第3位）となる見込みであった。

ただし、IBMのHDD事業は2001年に約4億ドルの赤字を計上し

ており、2002年には売上が20%程度低下して13億ドルの巨額赤字を計上したといわれている[*32]。その後、2003年から2007年まで5年連続営業赤字で累積赤字は1000億円を超え、米投資ファンド（シルバーレイク等）への49%売却を検討との報道も出たが[*33]、2007年10〜12月第3四半期に初めて四半期黒字となり、2008年には通期での営業黒字を達成して自力再建の方向を確認し[*34]、2010年には通年で売上60億300万ドル、営業利益6億4500万ドルを達成し、再建に成功した[*35]。

財務的には成功でも、戦略的には疑問

しかし、日立は再建に成功したHDD事業を売却した。2011年3月、日立グローバル・ストレージ・テクノロジーズ（HDD事業）を米国HDD事業4位のウエスタン・ディジタル（WD）に現金35億ドル＋WD社株式7.5億ドル相当の合計42.5億ドルで売却すると発表した。当初の買収総額が開示されていないので正確には計算できないが、前記のように買収総額はおおむね29億ドル程度と思われるので、売り値は買い値を47%、13.5億ドル上回った。

日立は2012年3月期に単体決算で関係会社株式売却益2649億円を計上している。この期には、日立ディスプレイズの全株式もジャパンディスプレイに売却しているが、この案件は不振のディスプレイ事業を産業革新機構に移管する案件であったので、この件で売却益が出ているとは考えられない。実際、この期に日立は関係会社株式評価損と関係会社出資金評価損・債権放棄で合計631億円を計上している。

したがって、この期に計上された売却益はほぼ全額HDD事業に係るものであると思われる[*36]。だとすれば、本件は財務的にはむしろ成功案件ということができるのだが、買収時に当時の庄山悦彦社長が「ストレージは情報インフラの核になる」とコメントしたにもかかわらず、業績が回復したところで撤退したわけであるし、買収後5年以上の長期間、経営の重荷となっていたのも事実であるから、戦略的には必ずしも成功というのは適切ではないかもしれない。

◆ 日立製作所の業績推移：(10億円)

	01/3期	02/3期	03/3期	04/3期	05/3期	06/3期	07/3期	08/3期	09/3期
連結売上	8,416	7,993	8,192	8,632	9,027	9,464	10,247	11,226	10,000
純利益	104	▲484	28	16	52	37	▲33	▲58	▲787

第12節 第一三共によるランバクシー買収

　2008年10月、第一三共はインドのジェネリック医薬品大手のランバクシー・ラボラトリーズの議決権63.92%を1株当たり737ルピー（対発表4週前株価プレミアム48.8%）で買収した。取得の方法は「創業家からの相対取得（1億2990万株≒2309億7000万円）、第三者割当引受（4630万株≒850億100万円）、公開買付（9250万株≒1694.07億円）の合計で2億6870万株を取得、転換社債等の希薄化前発行済み株式数4億2036万9000株の63.92%で合計取得価格4883億5400万円を支払った[*37]。

　加えて新株予約権（2380万株≒439億円、約5.36%の買い増し権、行使価格の10%払い込み）も取得した。結果、第一三共は取得価格の84%にあたる4086億7500万円の暖簾を計上した。ランバクシーのインドのムンバイ市場への上場は維持された。

　しかし、本件を発表した2008年3月と完了した10月の間の9月16日（たまたまリーマンショックが発生した日と同じ日）にランバクシーは米食品医薬品局（FDA）から品質問題（医薬品製造ライセンスである Good Manufacturing Procedure〈GMP〉違反）を指摘され、インド国内の2工場の製品30品目以上の輸入が禁止された。このニュースを受けてランバクシーの株価は急落、同年12月の段階で第一三共の買収価格の50%（1株あたり369ルピー）を割り込んだ。

　FDAはこの問題について2006年から数度にわたりランバクシーに警告を発しており、特に2008年1月から3月にかけてFDAが問題の工場を視察した際にも抗生物質の取り扱い等にGMP違反があると指摘していたと言われている。買収審査で第一三共がどのように認識していたのかが問題と言える[*38]。

史上最大の契約書交渉の失敗

　さらに翌2009年2月にはやはり米FDAがランバクシーのインド工場のデータに虚偽があり、同データで申請した販売認可の審査を停止すると発表した。品質問題に続くダブルパンチでランバクシーの株価はさらに低下し、2009年3月時点で第一三共の買収価格の2割（150ルピー）程度となった。これをうけて第一三共は2009年3月期の第3四半期（2008年12月）にランバクシーに係る暖簾4087億円のうち、86%にあたる3513億円を一時償却した。[*39]

　その後、ランバクシーの業績は、不安定ながらおおむね200億円前後の営業黒字を計上していた。しかし、2013年、2008年にGMP違反の指摘を受けた2工場とは別のインド国内工場が再びGMP違反の指摘を受け、輸入禁止措置を受けた。2014年1月にもさらに別の工場が輸入禁止となり、もはや米国市場で医薬品を販売することの可否が議論されるまでの事態となった。2008年の禁輸措置は買収審査の問題だが、2013年・2014年の問題は第一三共の経営の問題であり、根が深いと言わざるを得ない。

　最終的に2014年4月に第一三共はランバクシーをインド第1位で世界でも第5位のジェネリック医薬品大手であるサン・ファーマシューティカル・インダストリーズと合併させることで合意したと発表し、事実上、ランバクシーの経営から撤退した。

　合併の結果、第一三共はランバクシーの63.4%持ち分が合併会社の8.9%持ち分に交換された。発表前日のサン社の株価で計算した第一三共の合併後のサン社持ち分の価値は約2154億円となるため、既に巨額の暖簾を一括償却した後の第一三共においては、この合併で会計上新たな損失が出ることはなく、むしろサン社株式を順次売却して行けば、損失の一部を取り返す特別利益が計上される可能性も考えられた。

　総じて本件は投資金額が大規模であるにもかかわらず、買収完了以前から重大な瑕疵が見つかり、その後も問題の発覚が続いた。そういう意味では、第一に買収契約書における保証・表明・補償の内容に重

大な問題があったと言わざるを得ず、日本企業による海外企業の買収で史上最大の契約書交渉の失敗と言える。

経営する能力がなかった

　この買収は一般的に売り手から補償条項を取れない、あるいは取りにくい公開買付や第三者割当増資も使っているが、創業家からの相対の譲渡2310億円を含んでおり、調印後・完了前に最大市場の米国市場での当局による輸入禁止措置が発表されて株価が急落すれば、この部分での補償条項が発動しない契約などありえないのだが、そのような補償を受けたという報道も発表もされていないので、どうやら第一三共は何ら補償を受けていないらしい。それだけで本件は非常に大きな失敗案件と言える。

　さらに加えて、その後の経営で同様の問題を繰り返しており、第二の問題としては、そもそも第一三共にこの会社を経営する能力が全くなかったということになる。経営する能力のない会社を買収することは、M&Aの世界で一番やってはいけない失敗の一つである。

　最後に2014年の撤退時点で、もはや第一三共にこの会社を経営する能力はないと悟り、いわば損切りを余儀なくされたわけだが、それでも売却発表の記者会見で当時の中山譲治社長は「買収で得たものは大きい。取り返せると思う」と発言しており、反省も総括もない。これでは、同じ間違いを永遠に繰り返すのではないだろうか[*40]。

◆ ランバクシー社の業績推移：(億円)

	09/12期	10/12期	11/12期	12/12期	13/12期
連結売上	1,467	1,731	1,766	1,871	1,834億円 （¥1.73/ルピー）
営業利益	63	277	204	218	
純利益	42	233	▲337	94	

◆ 第一三共連結業績の推移：(億円)

	06/3期	07/3期	08/3期	09/3期	10/3期	11/3期	12/3期	13/3期
連結売上	9,259	9,295	8,801	8,421	9,521	9,674	9,387	9,979
純利益	877	785	977	▲2,155	419	701	104	666

第13節 リコーによるアイコン・オフィス・ソリューションズの買収

　2008年10月、日本の事務機大手リコーは米国の独立系事務機販売大手アイコン・オフィス・ソリューションズの100%を株主価値16億6400万ドル（17.25ドル／株、本件発表前日8月26日までの60日間の平均株価に対するプレミアム約33%）（1703億円、当時の1ドル102.3円換算）（会社総価値23億7000万ドル）で買収した。アイコンの2007年9月期の通年売上は41億6800万ドルであった。

　この買収に伴い、リコーは（米国会計基準に基づく財務諸表において）556億円の無形固定資産と1458億円の暖簾を計上した。買収が完了した2009年3月期にリコーは既存の無形固定資産と合わせて合計1639億円の無形固定資産、既存の暖簾と合わせて2503億円の暖簾を計上していた。無形固定資産については、2010年3月期に269億円を定期償却している。開示情報によると、無形固定資産は耐用年数3年の商標権、耐用年数10年から20年の顧客関係等で構成されているが、リコーの無形固定資産の償却速度は一般に比べてやや早いと言えるだろう。

　この買収に先立ち、2007年4月にはリコーの競争相手である米国の事務機大手ゼロックスが米国の独立系事務機販売大手グローバル・イメージング・システムズ（LTM売上10億9700万ドル）を株主価値14億7200万ドル（会社総価値16億6800万ドル）で買収すると発表（翌5月に買収完了）しており、また2008年4月にはやはりリコーの競争相手である日本の事務機大手コニカミノルタが米国の独立系事務機販売会社ダンカ・オフィス・イメージング（2009年に倒産した英国の事務機販売会社ダンカ・ビジネス・システムズの米国子会社、LTM売上約4億5000万ドル）を株主価値2億4000万ドルで買収すると発表（6月に買収完了）している。したがって当時は事務機メーカー間で米国の独立系販売会社の陣取り合戦の様相を呈しており、リコーとしても商圏確保のためにある程度やむを得ず、この買収を決断したと言われている。

販売会社の買収は鬼門

　しかし、一般に販売会社の買収は、その販売会社が独立系であれば通常複数メーカーの製品をミックスして販売しているのが通常であり、これを一つのメーカーが買収しても他のメーカー分の売上をすべて自社製品で置き換えることは非常に困難であり、また販売会社の競争優位性という面で考えても、各メーカーの製品を顧客のニーズに合わせて柔軟に組み合わせて販売できる点に強みがある可能性が高く、これが一つのメーカーの完全子会社となると他メーカーの製品を売れないことが販売会社としての価値を損なう可能性も無視できないので、あまり成功しない場合が多いというのがM&Aの世界の常識である。実際にこのケースもそのような結果に終わっていると思われる。

　そもそも実際のビジネスの世界で見ても、例えば日本という市場は世界的に見て海外、特に欧米の企業にとって新規参入が難しい市場と考えられてきた。そういう状況で世界市場シェア1位や2位の企業が日本では10位や20位というケースが沢山あった（現在もある）が、そういう場合でも欧米企業が日本国内の販売網を取得するために販売会社を買収するというケースはほとんどない。

　それはやはり販売会社というものは、あるいは販売力というものは自力でゼロから地道に構築するしかない、という面が多分にあることを、そしてこれを買収によって取得しても買った組織の強みが買ったことによって（マルチブランドがシングルブランドになる、あるいはもともとシングルブランドでも販売力は個々人の能力に依存するので有力なセールスマンが辞めれば売れなくなる、あるいはそもそも販売代理店契約をオファーしても断られ、買収しなければ売ってもらえないような商品は、商品そのものに魅力がないのだから、販売会社だけを買収しても結局売れはしない等の理由で）価値がなくなってしまう、ということをM&A先進諸国の知識と経験で知っていたからであろう。

　だから例えば医家向け医薬品の世界でも新薬メーカーとして独立して生き残る力のある会社を買収してその会社に自社製品の販売も任せるというメルク・万有製薬やロシュ・中外製薬のようなケースはある

が、単にMR（Medical Representative、医薬品のセールスマン）を取得するための買収などは実施されず、ファイザーもノバルティスも日本で自力でゼロからMRを採用して育て、現在では武田薬品工業やアステラス製薬に数でも質でも勝るとも劣らないMR網を構築するに至っている。

また、自動車メーカーでもアメリカのメーカーは日本のディーラー網がアメリカと異なり、それぞれメーカーの資本系列でシングルブランドなので、独立系のディーラーに自社製品を扱ってもらうことができない、これは非関税障壁だ、と日米構造協議等で文句を言ってばかりいたのだが、その隙に欧州メーカーはVWもBMWもメルセデスも、ヤナセを買収するという愚行はせず、地道に自らコツコツ販売網を構築して成功している。やはり基本的に販売会社の買収というのは鬼門なのだ。

◆業績推移：

売上（億円）	07/3期	08/3期	09/3期	10/3期	11/3期	12/3期	13/3期	14/3期
コニカミノルタ・北米	2,468	2,338	2,170	1,719	1,508	1,495	1,658	2,058
リコー・北州	4,265	4,348	5,029	5,577	5,220	4,687	4,966	5,892
キヤノン・米州	13,295	11,416	8,716	10,082	9,528	93,230	10,561	

(キヤノンは同年12月期)

さて、話をリコーに戻そう。上表は、リコー、キヤノン、コニカミノルタの北米(米州)セグメントの売上を時系列に比較したものである。当該買収は2009年3月期の期中に実行されているので、その影響の全く入らない2008年3月期と買収の影響がフルに連結決算に反映される2010年3月期を比べると、本来アイコンの売上は買収直前で41億6800万ドルであったから、リコーの米州売上は2010年3月期には2008年3月期に比べて約3900億円（2010年3月期の期中平均1ドル約93円で換算）からアイコンの元々のリコー取扱高（30%程度と言われている）とアイコンの海外売上（10%程度、アイコンの売上は約90%が米国、残り10%程度が欧州であった）を除いた2300億円程度増加するはずだが、上記のように実際には1229億円しか増

加しなかった。

　同様の時期に買収前に4億5000万ドルの売上のある販売会社を買収したコニカミノルタは、同じ期間を比べると北米売上が619億円減少している。同じ時期に販売会社を買収しなかったキヤノンは、米州売上が1334億円（12％）減少しているので、当然ながらこの結果は2008年9月のリーマンショックによる大幅な米国の景気後退が影響していることは確かであろう。

　しかし、これを考慮しても、リコーの売上変動は売上42億ドルの販売会社を100％買収した結果とは考えられないほど惨憺たるものである。実際、リコーは本件買収後の2012年3月期に、一般より早い無形固定資産の定期償却に加えて、画像分野で275億円の暖簾の減損損失を計上し、長期性資産（無形固定資産と思われる）で101億円の減損損失を計上している。

　アイコンの買収前の売上のメーカー別ミックスは、アイコンの10-K（米国年次報告書）等では開示されていないが、業界紙等の情報によるとキヤノン製品が最も多く約60％程度を占めており、リコー製品がこれに続いて30％程度を占めていたと言われている。この数字が正しいとすれば、リコーはアイコンの買収後自社製品についてはおおむね買収前の売上を確保したが、他社製品分についてはそのほとんどを失ったと思われるほど厳しい結果となっている。

　3社の中では販売会社を買収しなかったキヤノンの売り上げ減少が表面上は最も多いので、リコーがアイコンを買収した結果ライバルのキヤノンの米州売上に打撃を与える効果はある程度あったと考えることもできるのだが、それを自社製品で置き換えることにはほぼ失敗したと思われる結果であり、M&Aの世界の常識通り、マルチブランドの販売会社を単独ブランドのメーカーが買収しても成功は覚束ないという結果に終わったものと思われる。

第14節　海外企業による日本企業買収の失敗例

　次にここまでとは逆方向で、海外企業による日本企業の買収の失敗

例をみてみよう。1999年ごろまでは、日本が世界第2位の経済大国であるにもかかわらず、世界で1位とか2位の欧米の会社が日本における市場シェアだけが10位とか20位に低迷しているケースが多く、四半期ごとに成長を期待される欧米の経営者にとって買収による日本市場の取り込みは大きな経営課題であった。多くの業界で日本企業を買いたいという旺盛な需要があった。

しかし、日本企業が売りに出ること自体が稀であり、万一売りに出ても、買われる側に「すぐ労働者をレイオフするような外資にだけは買われたくない」という意識が強く、日本の同業他社も高い経済成長をバックに余裕があったため、日本国内で容易に買い手が見つかる状況で、外資にお鉢が回ってくることはほとんどなかった。

そうした状況が、1999年ごろから変化してきた。図16-1 にあるように、アウトバウンド（日本企業による海外企業の買収）は1980年代後半のバブル期、2000年前後のネットバブル期、2008年以降の円高、ポスト・リーマンショック期に旺盛で金額も件数も多いが、インバウンド（海外企業による日本企業の買収）も1999年以降増加している。

図16-1 アウトバウンドとインバウント　案件数と案件金額（1986-2013）

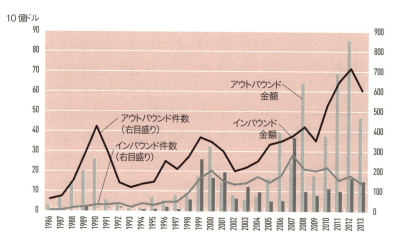

出典：トムソン・ファイナンシャル、完了 (Completed, Unconditional, Partially Completed)・完了予定 (Pending, Intended) 案件のみ、発表日ベース、Self Tender/Repurchase/Privatization は除く、2014年1月現在

インバウンドが増えたのは、バブル崩壊以降、銀行の不良債権処理を先送りにしてきた金融当局が1990年代末のアジア通貨危機などに背中を押されて処理の本格化を画策した結果、三洋証券や山一証券が破綻し、大手銀行も公的資金を受け入れて、金融業界全体が自分の再建に追われて、顧客である事業会社の面倒を見きれない状況となったことが背景にある。

加えて、これまでの常識ではありえない日本リース、日産自動車、日本テレコムといった企業が経営不振から売りに出され、これを国内の同業他社も買う（救済する）余裕がなかったことから、インバウンドが活発化した。

図16-2は、海外企業による日本企業買収案件の金額上位20件のリストである。第18章でも触れるが、海外企業による日本企業の買収においても、失敗の確率がかなり高いように感じられる。

GEキャピタルの東邦生命、日本リース買収

例えば、1998年4月に世界一のノンバンクと言われるGEキャピタルは、海外資本として初めて日本の大手生保の一角である東邦生命を新旧分離方式、すなわち既存の契約を相互会社に残し、相互会社はその維持・管理に特化して、新たに設立する株式会社（GEエジソン生命）に大半の従業員・営業職員・新規契約業務等、すなわち営業権を譲渡する形で、日本で初めて事実上、相互会社を株式会社に再編したうえで買収に成功した。

買収金額（GEキャピタルによる出資額）は約720億円、そのうち700億円程度が暖簾代として相互会社側に支払われたと言われている[*41]。しかし、2003年、GEキャピタルはその後も業績不振のGEエジソン生命を米国生命保険大手のAIGに売却し、AIGエジソン生命と改称した。さらに2011年にはAIG自体の経営危機にあたってAIGエジソン生命は米生保大手のプルデンシャルに売却されている。その後頻発する大手生保の外資による買収の先鞭をつけた案件であったが、二重三重に完敗した案件となっている。

その他にも2001年に千代田生命がAIGに買収されてAIGスター

図16-2　アウトイン大型案件

発表日	対象会社	買い手
03/06/2007	Nikko Cordial Corp	Citigroup Japan Investments
09/24/2013	Tokyo Electron Ltd	Applied Materials Inc
01/26/1999	Japan Leasing Corp	General Electric Capital Corp
05/01/2001	Japan Telecom, J-Phone	Vodafone Group PLC
01/29/2012	Exxon Mobil	TonenGeneral Sekiyu KK
01/18/1999	Nissan Motor Co Ltd	Renault SA
09/30/2010	AIG Star Life Insurance Co Ltd	Prudential Financial Inc
03/06/2007	Nikko Cordial Corp	Citigroup Japan Holdings Ltd
03/11/2011	Skylark Co Ltd	BCJ Holdings 6
02/17/2000	Tonen Corp(Exxon Mobil)	General Sekiyu(Esso Eastern)
09/20/2001	Japan Telecom Co Ltd	Vodafone Group PLC
12/09/2009	Suzuki Motor Corp	Volkswagen AG
05/06/2012	Elpida Memory Inc	Micron Technology Inc
04/13/2007	ANA Co Ltd-Hotels Business	Shiroyama Properties
12/20/1999	Toho Mutual Life	GE Edison Life Insurance Co
02/20/2007	Nissan Diesel Motor Co Ltd	NA Co Ltd
08/21/2003	Japan Telecom Co Ltd	Ripplewood Holdings LLC
12/20/2000	Japan Telecom Co Ltd	Vodafone Group PLC
10/22/2007	Arysta LifeScience Corp	Industrial Equity Invest Ltd
06/25/2003	GE Edison Life Insurance Co	AIG
06/21/2004	DDI Pocket Inc	Investor Group

出典：トムソン・ファイナンシャル、完了(Completed, Unconditional, Partially Completed)・完了予定(Pending, Intended)案件のみ、発表日ベース、Self Tender/Repurchase/Privatizationは除く、2014年1月現在

　生命となったが、これも2011年にプルデンシャルに買収されてジブラルタル生命と合併している。GEとAIGは日本の生保買収では失敗続きとなった。

　また、1999年3月には日本有数のリース会社で日本長期信用銀行の関連会社であった日本リースが1998年に経営破綻したのち、会社更生法のスポンサーという形でGEキャピタルに約8000億円で事業譲渡によって買収された[*42]。その後、2001年には社名をGEキャピタルリーシングに改称、2008年にはGEフィナンシャルサービスと改称し、2009年にはやはりGEキャピタルが買収した九州の中堅クレジット会社の三洋クレジット、元の日本リースの子会社で自動車リース大手の日本リースオート（GEフリートサービス）などと合併、最終的には2010年にGEの日本法人である日本GEと合併してGEの日本における統括会社となっている。総資産は約2兆円程度と言わ

買い手親会社	案件サイズ ($M)	発表4週前株価プレミアム
Citigroup Inc	7,921	45
Applied Materials Inc	6,987	-
GE	6,566	-
Vodafone Group PLC	5,486	-
Exxon Mobil Corp	4,966	-
Renault SA	4,911	18
Prudential Financial Inc	4,800	-
Citigroup Inc	4,466	37
Bain Capital LLC	3,381	-
Exxon Mobil Corp	3,183	(24)
Vodafone Group PLC	2,684	16
Porsche Automobil Holding SE	2,527	(2)
Micron Technology Inc	2,516	-
Morgan Stanley	2,361	-
GE	2,324	-
Volvo AB	2,294	41
Ripplewood Holdings LLC	2,219	-
Vodafone Group PLC	2,211	18
Permira Advisers LLP	2,185	-
AIG	2,150	-
Carlyle Group, etc	2,024	-

れているが、総合リース事業としての存在感は、日本リースの時代に匹敵するとは必ずしも言えない。

ダイムラー・クライスラーの三菱自動車への出資

2000年10月、ドイツのダイムラー・クライスラー（当時の社名、以下ダイムラー）が三菱自動車に2250億円出資して、同社の議決権の34%にあたる新株を取得した[*43]。その後、2002年にはダイムラーが三菱自動車から分社したトラック・バス部門の三菱ふそうトラック・バスの43%を890億円で取得し、さらに2004年にはダイムラーが三菱ふそうトラック・バスの22%を追加取得して子会社化し、その直後に三菱自動車への追加支援の打ち切りを発表した[*44]。

　その後、トッラック・バス事業への出資は維持したが、三菱自動車との資本関係は株式を売却し解消した。支援元を失った三菱自動車は

国内の三菱グループ各社に支援を要請し、2004年6月には悪名高いMSCB（Moving Strike Convertible Bond）などで2950億円を調達して株価を急落させた[*45]。

結局、ダイムラーはトラック・バス事業がほしかっただけという見方もあるが、それにしては三菱自動車への出資では出資時点の市場株価はおおむね300円〜400円程度で出資時の発行価格は1株405円だった。資本提携を打ち切った2004年後半の株価はMSCBによる急落などもあり100円前後であり、詳細は公表されていないが、三菱自動車株式の処分にあたってはかなりの損失を計上していると思われる。

そもそもダイムラーは1999年3月にルノーと資本提携した日産自動車と当時真剣に交渉していたが、自身が米国クライスラーとの経営統合を控えており、これに専心するために交渉を断念した経緯がある。三菱自動車への出資もその時点ではトラック・バスだけが目的であった可能性は低い。そうであるとすれば、少なくとも乗用車事業の三菱自動車への出資は出資から僅か4年で大幅な損切で撤退しているわけであるから、財務的にも戦略的にも大失敗と言わざるを得ない。

ボーダフォンの日本テレコム買収

2001年4月、英国ボーダフォンがJR西日本とJR東海からJR系の長距離国際新電電でJフォンのブランドで携帯電話事業も手掛ける日本テレコムの15%の株式を2492億円で取得した[*46]。さらに同年同月に日本テレコムの資本提携先であった米国AT&Tと英国BTから日本テレコムの30%とJフォン株式20%を合計8256億円で取得、その後、2004年までに2回の公開買付などを経て日本テレコムとJフォンのほぼ100%を傘下に収めた。

その後、日本テレコムの固定通信事業はリップルウッドに2613億円で売却し、本来の目的であった携帯電話事業（ボーダフォン株式会社と改称）だけを保有するに至った。しかし最初の買収から僅か5年後の2006年にはNTTドコモとKDDIとの競争に勝てず、業績が低迷したボーダフォンの97.7%を1兆7500億円でソフトバンクに売却

し、日本市場から撤退した。

　この日本市場からの撤退でボーダフォン本体は 2006 年 3 月期の決算で 45 億 8800 万ポンド（約 1.1 兆円、当時の 1 ポンド 240 円で換算）の特別損失を計上した。

　約 3 年をかけて苦労して手に入れた日本に 3 社しかない大手携帯電話会社のほぼ 100% を、短期間で 1 兆円を超える損失を計上してまで売却し撤退した。本件は M&A 上手と言われたボーダフォンのクリストファー・ジェント CEO にとって唯一最大の汚点と言えるだろう。財務的にも戦略的にも完敗だった。

ウォルマートの西友買収

　2002 年にはウォルマートが日本 5 位（当時）の総合スーパー、西友に 6.1% 出資し、同時に 2007 年までに段階的に 66.7% を総額 2580 億円で取得する権利を取得したと発表した[47]。その後、同年 12 月には西友が系列ノンバンクである東京シティファイナンスをローンスターに売却し、1998 年以降、段階的に約 2500 億円以上を注ぎ込んで支援（処理）してきた不良債権の元凶を切り離すことに成功した[48]。

　これで懸念が払拭されたウォルマートは段階的に権利を行使し、さらに 2007 年には公開買付も実施して最終的に 2008 年に西友を完全子会社とした。

　その後の業績は公表されていないが、2009 年に西友が官報に公告したデータによると、2008 年 12 月期最終損益は 258 億円の赤字であり、ウォルマートが資本参加して以来、7 年連続の赤字であった[49]。Every Day Low Price（EDLP）と言われるウォルマートの低価格戦略は、世界一の売上規模を背景に、仕入れの価格交渉力を生かした戦略であり、欧米では一定の成果を上げているが、日本では毎日の新聞折り込み広告を見て 10 円安い品を 100 円の交通費を払って買いに行く日本の主婦の購買行動にはマッチしないようであった。

カーライルグループのDDIポケット買収

　2004 年 10 月には米投資ファンド大手カーライルグループが京セラ

と共同で KDDI から PHS 大手の DDI ポケットの 77% の株式を 2200 億円で買収した[*50]。カーライルが 60% を保有、京セラが 17% 取得して元々の持ち分と合わせて 30% を保有、KDDI も 10% を継続保有とした。

社名をウイルコムと改称した同社は業績が振るわず、2010 年に東京地裁に会社更生法の適用を申請して倒産した。その後、同社については、ソフトバンクと日系投資ファンドのアドバンテッジパートナーズなどが組成するグループがスポンサーとなって PHS 事業の営業権を 110 億円で取得した[*51]。

株式投資の専門家であるカーライルが日本で実施した初めての大型案件は、倒産により株式価値がゼロになるという最悪の結末を迎えた。戦略的な買収ではないので財務的見地からしか評価できないが、完敗であることは言うまでもない。

シティグループの日興証券買収

2008 年 1 月にはシティグループが日興証券・日興ソロモン・スミスバーニーの全体を公開買付と三角合併という複雑な手法で完全子会社とした。投資金額は公開買付の 55% 取得で 9200 億円、三角合併の 31% で 4772 億円で元々の保有分と合わせて 100% を取得した。

しかし、それからわずか約 2 年後の 2009 年 10 月にはリーマンショック後の深刻な経営不振で世界中で資産圧縮を迫られたシティは、苦労して手に入れた日本の大手証券会社を 5735 億円で三井住友銀行に売却した。同時に住友信託銀行に日興アセットマネジメントを売却している。5735 億円が売却額の全てではないが、大半であると思われるので、買収金額との差額は 8000 億円を超えると思われる。自身の経営危機という想定外の原因があるとはいえ、財務的にも戦略的にもやはり完敗と言わざるを得ない。

ことほどさように、実は日本企業の海外企業買収だけでなく、M&A に慣れた海外企業も日本での買収ではかなり成功確率が低い。

第15節 鴻海とシャープの資本・業務提携

次に、やはり海外企業による日本企業の買収だが、失敗したのはどちらかというと買われる側の日本企業だったという例を見てみよう。2011年3月に発表された台湾の電子機器製造受託（EMS）大手の鴻海精密工業（鴻海）とシャープとの広範囲な資本・業務提携だ。事の経緯を時系列で表にすると以下のようになる。

◆ 2011年

・4月：シャープは2011年3月期決算（純利益194億円）発表時に2012年3月期決算予想が困難として数字を非開示とした。

・7月：2011年6月期（第1四半期）決算（純利益▲493億円）発表時に2012年3月期決算予想を純利益＋60億円とした。

・10月：2011年9月期（第2四半期）決算（累計純利益▲398億円）発表時に2012年3月期決算予測を純利益＋60億円と据え置いた。

◆ 2012年

・2月1日：2011年12月期（第3四半期）決算（累計純利益▲2135億円）発表時に2012年3月決算予測を純利益▲2900億円の赤字に下方修正した。（特別損失809億円、繰延税資産取り崩し1152億円等）

・3月27日：鴻海との資本・業務提携を発表。主な内容は、①鴻海等によるシャープ本体への第三者割当増資（TPA）引受：1億2160万株〈1株550円〉＝払込後で9.9%≒669億円、②堺液晶工場子会社のシャープ保有の132万株（46.48%）を660億円で鴻海の代表である郭台銘氏等へ譲渡の2点。同日取締役会で新株発行決議[52]。前日シャープ株式終値＝474円、発表後シャープの株価は3月

29日終値608円まで急騰し、その後徐々に下げた。

・4月1日：片山幹雄社長が事実上の業績不振で引責辞任、奥田隆司社長就任。

・4月27日：2012年3月期決算（純利益▲3761億円、直近予想より861億円悪化、主な理由は特別損失が1859億円に増加）発表時に2013年3月期決算予測を純利益▲300億円とした。

・7月12日：郭氏等による堺工場への660億円出資は完了したと思われる（発表内容があいまいで一部払込未了の可能性もある）[53]。

・8月2日：2012年6月期（第一四半期）決算（営業利益▲941億円、純利益▲1384億円）発表時に2013年3月期決算予測を純利益▲2500億円に大幅下方修正した。この結果、シャープ株価は200円を割った。

・9月2日：奥田社長が鴻海の出資条件のうちシャープ本体の株式発行価格を見直す提案をしている旨を記者会見で説明、鴻海とは未だ合意に至らずと説明。3月27日の合意を「基本合意」と説明し、株価見直しが必要な理由については特に説明なし。[54]

・11月1日：2012年9月期（第二四半期）の決算（累計純利益▲3876億円）発表で2013年3月期通期純利益予想を▲4500億円に更に下方修正。

◆2013年

・5月14日：年度決算にて最終連結純利益5454億円の赤字を発表、単体純資産647億円で債務超過寸前となった。

・6月25日：奥田社長が在任わずか1年で退任、高橋興三社長が就

図16-3 シャープ株価推移 2012年1月−2013年4月（週足）

任した。

- その後：結局、鴻海によるTPAは実施されず、シャープは代わりに2012年12月27日には米クアルコムが約49億円を1株164円で出資したと発表、2013年3月28日にはサムスン電子が104億円を1株290円で出資したと発表。2013年6月24日にはクアルコムが59億円を1株502円で出資したと発表。2013年10月22日にはLIXILが50億円を1株279円で出資したと発表し、マキタも100億円を1株279円で出資したと発表し、デンソーも25億円を1株279円で出資したと発表するなど、小振りの資本提携を乱発した。

  さらに2013年11月8日には公募増資により1株279円で1138億円を調達と発表し、ひとまず債務超過の危機からは脱した。図16-3はこの間のシャープ株価の週足チャートである。

素人以前の失敗交渉

以上の経緯からこの件の問題点を考えると、論点は：

①シャープは2012年3月27日に鴻海との資本提携を発表し、TPAについて新株発行価格（550円）を含む取締役会決議を行っている。取締役会決議を行うのは、シャープが550円で新株を発行する義務を負ったからである。義務を負ってなお取締役会決議を行わないと、案件発表によって株価が上昇してしまった場合に義務を負った発行価格が有利発行となってしまい、取締役会決議で義務を履行できなくなる恐れがあるからだ。

逆に発行価格を含む新株発行取締役会決議を行ってしまえば、その後の株価がいくら上がろうとも決議から1年間は有利発行ではなく、公正発行として新株を発行できるというのが会社法の定めである（会社法200条3項）。一方、義務を負っていないのであれば、取締役会決議は必要ないし、むしろできない。したがって、当該契約は「基本合意」ではなく、「最終契約書」であることは疑いない。

②最終契約書で新株発行価格が合意されていながら、その後実行までに株価が3分の1に急落したからと言って鴻海側が発行価格の見直しを求めることができるとすると、考えられる原因としては、

(1) 2012年4月以降の12年3月期決算及び13年3月期予想の下方修正が保証・表明違反、あるいは案件実行条件（Condition Precedent、CP）違反（例えばMaterial Adverse Change、MACに該当する）とみなされて鴻海側が契約書に従って本件の（違約金なしの）白紙撤回あるいは株価の修正を迫った、
(2) シャープ側が提携後のスムーズな協業を目指して自主的に株価の修正を提案した、
のいずれかと思われる。

③上記（2）の理由は経済合理性から言って論外として、もし仮に（1）であるとすると、シャープは資本提携発表前にすでに12年3月期決算で2900億円の赤字を予想していたので、少なくとも12

年3月期の決算が大幅な赤字であることは鴻海も充分自覚していたわけであり、12年3月期決算のわずかな変動を保証・表明やMAC条項に含めることは、本件実行を強く目指す以上あり得ない。

　もし12年3月期の決算が2900億円の赤字予想から3761億円の赤字になったことがMAC条項に該当するという契約を締結していたとすれば、交渉を担当した法務アドバイザー（弁護士）とシャープの大きな失策だ。業績予想は将来の予想であるから、過去の事実と異なり保証・表明には馴染まない。MACには大幅な赤字は通常なら含まれ得るが、すでに2900億円の赤字予想を公表している状態で、この程度の赤字幅の修正がMACに該当するような契約を結んでいたとすれば、鴻海にフリーハンドでの故意による案件再交渉権限を与えたようなものであり、素人以前の失敗交渉といえる。

④一方、2013年の予想の大幅な下方修正がMACに該当した可能性もないわけではないが、やはり2012年3月期の予想がすでに2900億円の赤字である状態で、翌期に黒字転換する予想を発表していたとしても、決算予想でさらなる減損処理等が必要になる可能性は当然予想すべきであり、このように重大な資本提携の契約書でそのために契約そのものを反故にされても文句が言えないような甘いMAC条項に同意していたとすれば、やはり許されない失策と言えるだろう。

　また、2013年3月期の赤字予想幅拡大は2012年8月に入ってからのことであるが、鴻海の出資拒否（価格再交渉）は、本件発表直後の株価急落時点からすでに始まっている。

⑤一方、台湾政府の許可等のCPを盾に鴻海が再交渉を迫っているとの噂もあったが、事実であれば当局が民間M&Aの条件交渉に公的権力を使用するという、あってはならない暴挙になってしまう。おそらくそれはないであろう。

FAの情報開示をしないのは問題

⑥なお、トムソン・ファイナンシャルのデータベース検索結果によると、シャープは本件で、鴻海から本体へのTPAでは三菱UFJモルガン・スタンレー証券とみずほ証券をファイナンシャル・アドバイザー（FA）に起用し、堺液晶工場子会社の株式売却では、みずほ証券をFAに起用したようである。しかし、FAがいるか、それがだれかについてシャープ自身による情報開示はない。

また、堺液晶工場子会社（シャープ・ディスプレイ・プロダクト株式会社から堺ディスプレイ・プロダクト株式会社と名称変更）の持ち分を鴻海に譲渡するにあたり、これとは別に凸版印刷・大日本印刷・DNPカラーテクノ堺の3社から液晶カラーフィルター事業を会社分割で吸収しており、対価として堺工場子会社の株式を凸版印刷と大日本印刷に交付している。この会社分割についてもシャープ・凸版・大日本の3社がそれぞれFAを起用しているとしているのだが、FAの名前は3社とも公表していない。

トムソンのデータによると、シャープのFAはやはりここでもみずほ証券と思われる。この会社分割の結果、凸版と大日本はそれぞれ堺工場子会社の9.54%を保有するので、鴻海の出資額（結局、132万株は変わらないが、凸版等の新たな株主が出現したので37.61%で660億円と思われる）から考えても決して小さい金額の価値の移動ではないので、3社がどのようなFAを起用したかは上場会社であれば名前と意見の概要を開示すべきところであるが、それはなされていない。

さらにはこの会社分割よりはるかに重要な鴻海とシャープの資本・業務提携でもFAを起用しているのかどうかさえ情報開示していない。M&Aは最終契約書の締結とその後の実行まで一瞬たりとも気を抜いてはならない、経営の真剣勝負である。本件におけるシャープ側のミステイクは、契約書における財務的な内容に関する詰めの甘さが大きな原因となっていると思われるので、FAと弁護士事務所を含めてシャープ側当事者の重大な過失に起因している可能

性がかなり高いと言わざるを得ない。

　シャープは、本件の重要性と第三者との交渉・合意の困難さを甘く見たのだろうか。シャープ経営陣の杜撰な対応が、このような失敗を招いたといっても過言ではないだろう。業績予想の極端な振れ方を見ても、上場会社としての基本が備わっていないとさえ言えるのではないか。

鴻海側の主張

⑦週刊東洋経済2014年6月21日号で鴻海の郭台銘（テリー・ゴウ）董事長兼CEOがこの事件の顛末について「多くの日本人はシャープがだまされたように思っています」との記者の問いかけに対して、「だまされたのは鴻海だ」と述べている。

　その主張を要約すると、

(1) 2012年3月27日にシャープ本体に1株550円で9.9%出資する契約にサインした、
(2) そのときは十分買収審査をする時間がなかったので、合意書に「後日買収審査を行う」旨の条件を加えた、
(3) しかし、4月になってシャープの巨額損失が明らかになり、株価が急落した、
(4) そこで買収審査を始めた、
(5) 2013年8月3日にシャープの町田前会長（すでに退任）は、新株の発行価格は市場価格でよい（つまり550円ではなく100円〜200円でよい）と口頭で述べた。録音もある、
(6) しかし、奥田社長が町田氏は退任したので関係ないと言い出した、
(7) 後になって東京の人が関西人との取引には注意しなければならないと教えてくれた、

というものだ。やはり550円の株価が、4月の決算下方修正で100円台まで暴落したので市場価格で買えるように再交渉したということ

なのだろう。

　再交渉する権利が契約上鴻海にあったかどうかが問題だが、「買収審査後回し」の条項が実際に契約上どのような権利を鴻海に与えていたかなど詳細は契約書を精査しないと分からない。いずれにしても、4月の下方修正はすでに述べたように2900億円の赤字から3761億円の赤字への変更であり、突然、巨額損失が発表されたわけではなく、それを殊更に大事件のように述べている点と、シャープ側の代表権のない元取締役の口頭ベースの発言をだまされたとの主張の理由に持ち出すあたり、ビジネスマンとしての矜持を感じない発言である。

　とはいうものの、全体としてはシャープ側の対応のまずさ、あるいはシャープ側の契約文言の精査の甘さ、がこのような結果を招いたという解釈が最も事実に近いように思える。

第16節　メガバンク統合──日本企業同士の失敗例

　以上、日本企業の海外企業買収や海外企業の日本企業買収における失敗例を多数見てきた。最後に日本企業同士の案件で、これは失敗なんだろうという案件をいくつか見てみよう。まずは1989年ごろから始まった日本の都銀・長信銀・信託銀行、いわゆる大手銀行の合従連衡だ。図16-4は、バブル経済ピークの1989年3月期とリーマンショック以前の景気のピークであった2006年3月期・2007年3月期について日本の大手銀行並びに日本の全上場銀行の合計経常利益を比較したものだ。

統合効果ない「対等合併」

　1989年当時、日本には113行の上場銀行、22行の大手銀行（3つの長期信用銀行、12の都市銀行、7つの信託銀行）が存在した。その経常利益の合計は大手行3.84兆円、全上場銀行5.01兆円であった。銀行の合従連衡が進んだ結果、2006年3月期では大手銀行は9行、全上場銀行は（上場準備中のあおぞら銀行を含めて）99行で、その経常利益の合計はそれぞれ3.85兆円、5.22兆円であった。

図16-4 日本の銀行の経常利益(百万円)

大手22行		89年3月期	大手9行		06年3月期		07年3月期
	8302 日本興業	195,006					
	8303 日本長期信用	128,105	8303	新生	71,471		23,172
	8304 日本債券信用	77,054	8304(未)	あおぞら	61,440		62,405
			8306	MUFG	1,078,061		1,457,080
			8308	りそな	368,341		409,855
			8309	中央三井ト	138,361		159,973
	8311 第一勧業	392,711					
	8312 北海道拓殖	44,205					
	8313 東京	121,825					
	8314 三井	172,029					
	8315 三菱	361,807					
			8316	MSFG	963,554		798,610
	8317 富士	400,643					
	8318 住友	436,142					
	8319 大和	88,676					
	8320 三和	335,749					
	8321 東海	144,796					
	8322 共和	78,589					
	8323 太陽神戸	116,440					
	8401 三井信託	140,811					
	8402 三菱信託	173,653					
	8403 住友信託	161,023	8403	住友信託	171,949		170,171
	8404 安田信託	132,583	8404	みずほ信託	72,270		83,172
	8405 日本信託	9,949					
	8407 東洋信託	93,391					
	8408 中央信託	32,160					
			8411	みずほFG	921,069		748,170
	合計	3,837,347		合計	3,846,516	合計	3,912,608
全上場銀行113行			全上場銀行98行+あおぞら			全上場銀行98行	
	合計	5,013,583		合計	5,221,358	合計	5,150,450

出典:『会社四季報』等

また、2007年3月期は大手9行の合計は2006年より若干増えて3.91兆円で、全上場銀行98行の合計は5.15兆円と若干減少した。つまり少なくとも大手銀行は、その数が17年間に半分未満に減少したのに統合効果はほとんど出ていないということだ。全上場銀行もおおむね同じだ。

　これに対する反論としては、1989年の方がバブル末期であるから2006年・2007年より景気がよかったのではないかということだろう。

図16-5 日本の製造業の業績推移(全規模)

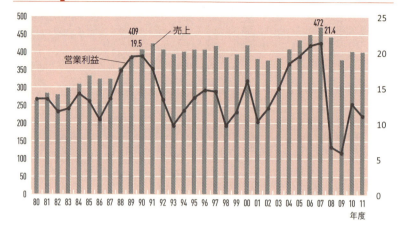

出典:法人企業統計

　そこで図16-5を見てみると、法人企業統計で全規模の全製造業の合計売上と営業利益を比較すると、2007年は1989年より売上で472兆円対409兆円なので15%増加、営業利益で21.4兆円対19.5兆円なので10%増加であり、やはり統計でみても2007年は1989年よりも景気は良かったのだ。

　しかもこの間、日本経済はデフレの連続であるから、実質で比較するとこれ以上に2007年の方が景気は良かったということになる。それでも、日本の銀行は統合効果を出せないでいるのだ。その原因はあまり深く考えなくてもわかるような気がする。日本の大手銀行の経営統合は「対等合併」ばかりである。欧米のM&Aは金融機関でも事業会社でも合併という形態をとっている場合であれ買収であれ、どちらが買い手でどちらが売り手か、という区別がはっきりしており、経営統合後のシナジー、特にコスト・シナジーの追求が買い手主導で迅速に進む。

　それが最も効率が良いからだ。したがって買われた方の人材は優秀であっても日の目を見ない場合もあるので、買収されると転職する人も多い。それでも、迅速にコスト・シナジーを出して、経営統合の果実を早急に実現させることを優先する。しかし、日本の銀行の経営統

合はこの真逆を行く。いつまでたっても大通りを挟んで同じ銀行の支店が向かい合って残っている。

10年経って「ワンみずほ」とは

どちらを閉めるかは経済合理性で判断すれば決められるのだが、なにしろ対等合併であるから、話し合いで決めなければならない。話し合いではなかなか決まらない。そもそも話し合いということは、経営統合後もそれぞれの旧出身銀行の立場で話し合いに参加する人が統合銀行内に存在し続けるということだ。

なので、日本の統合銀行では「交流人事」という言葉がある。元A銀行の支店にB銀行の出身者が支店長で赴任することなどを言うらしい。そういう言葉があるということは、全体としてはあまり交流していないということだろう。それでは統合効果など出るわけがない。何しろメガバンクの一つは、統合後10年以上経過してから突然、「ワンみずほ」などというキャッチフレーズを唱え始めたのだ。つまり統合後10年間ものあいだ、一つではなかった、ということだろう。

第17節 パナソニックによる三洋電機の買収

日本企業同士の失敗案件で事業会社の例も一つ見てみよう。パナソニックによる三洋電機の買収だ。事の発端は2004年10月に発生した新潟県中越地震によって三洋電機が子会社の新潟三洋電子の工場被災で500億円超の損害を損失計上したことであった。それ以前からデジタルカメラの単価下落等により業績が低迷していた三洋電機にとって、この損失は耐え難く、ついに2006年3月期に債務超過に転落する危機を脱するため、2005年12月にゴールドマン・サックス、三井住友銀行、大和証券SMBCの金融三社から優先株により3000億円の資本注入を受け入れた。

当時の三洋電機の市場株価は約300円（2005年12月高値安値平均=312円）であったが、優先株は普通株換算で70円/株で発行され、猛烈な有利発行だった。この結果、金融三社は普通株換算で42.86億

株=69.6%を保有した（元の普通株発行数は18.72億株、合計は61.58億株）。

次に2008年12月、市場株価が約200円（2008年11月高値安値平均=194円）の三洋電機に対し、パナソニックが131円/株で普通株換算の完全希薄化後過半数を下限とする公開買付を実施した。これに金融3社が応札しパナソニックは三洋電機の50.05%を取得と発表した。独禁法手続等の結果、公開買付完了は2009年12月となった。

さらに2010年7月、パナソニックが三洋電機を138円/株で上限なしで残りの株式を公開買付すると発表した。公開買付は成功し、パナソニックは三洋電機の80.77%を取得、その後、株式交換により完全子会社化した。結局、131円で約50%、138円で約50%を取得したので、総買収コストは134.5円/株×61.58億株＝約8283億円であった。

◆三洋電機の業績推移：(億円)

	04/3月期	05/3月期	06/3月期	07/3月期	08/3月期	09/3月期	10/3月期	11/3月期【予想(当時)】
営業利益	956	423	▲172	496	761	83	323	400
純利益	134	▲1,715	▲2,057	▲454	287	▲932	▲488	50

2005年の金融三社買収時点での市場株価約300円は発行株数18.7億株で計算して時価総額約5600億円であった。仮にPER=15倍としてもこの時価総額が正しいためには純利益で373億円程度が必要だが、当時の業績ではこれは『望むべくもない』値であっただろう。金融三社は猛烈な有利発行で資本注入したが、市場株価300円が大きな間違いであると思っていたことになる。70円/株なら時価総額=1300億円、PER=15倍で必要な純利益は87億円だ。

一方、パナソニックによる買収時点(2008年12月)での市場株価約200円は普通株18.7億株では時価総額3740億円であり、PER=15倍なら必要な純利益は250億円だった。これでも当時の業績から考えたら高すぎるのだが、実は優先株を含めて実際には発行済み普通株式は61.6億株であり、この場合の時価総額は約1.2兆円となり、当

時の業績でこのような時価総額は論外だった。

8000億円すべてを失う

つまり市場株価は大きな間違いであったことが明らかである。恐らく未熟な日本の資本市場は普通株に転換すれば1株が普通株10株になる金融三社が保有していた大量の優先株を十分理解していなかったのだろう。パナソニックの買収価格約8283億円で計算しても、仮にPER=15倍で必要な純利益は552億円である。これは当時の業績から考えて到底不可能な数字だ。つまり、パナソニックは法外な高値で三洋電機を買収したということだろう。

その後、2011年7月、白物家電事業を中国ハイアールに売却するなど、複数事業を切り売りし、2012年には全国の『SANYO』ロゴが撤去された。また2013年には電池のエネループ（eneloop）の『SANYO』ブランドを『Panasonic』に変更し、『SANYO』商標のすべてが消滅した。ピーク時で10万人以上いた旧三洋従業員のうち、2014年時点でパナソニックに残留していたのは9000人程度と言われる（東洋経済2014年10月4日号）。しかも、旧三洋電機社員は同じ会社であってもパナソニック系の社員より2割程度給与が安いと言われており、内部にさらなる火種を残す結果となっている。

この高値買収とその後の業績不振のため、パナソニックは2009年3月期に3790億円の最終赤字を計上し、2010年3月期には1035億円の最終赤字、2012年3月期には7722億円の最終赤字、2013年3月期には7543億円の最終赤字を計上した。結局、2009年3月期から2013年3月期までの5年間に合計約2兆円の最終赤字を計上したことになる。もちろんこのすべてが三洋電機の買収高値摑みが原因というわけではないが、電池事業の一部を除いてパナソニックにほとんど何も残らなかったこの買収は8000億円を超える買収価格のほぼすべてを失う結果に終わったと言っても過言ではないだろう。

第18節 まとめ

　以上、日本企業による海外企業買収の失敗例や海外企業による日本企業買収の失敗例などを見てきた。特に日本企業の失敗例については、この章では2008年以降の日本企業による第3次海外企業買収ブームで買収された大型案件に関する記述は、第一三共・ランバクシーとリコーによるアイコンの買収以外には言及していない。これはこの時期の案件はまだ買収から日が浅く、成功とも失敗とも判断がつきかねるからである。

　しかし、最近の日本企業による海外企業買収の金額ベース上位の案件を見ると、大型案件が目白押しであり、これらのなかには近い将来かなり失敗だったのではないかとの評価が下る可能性の高い案件も散見される。

サントリーのビーム社買収

　図16-6は、2008年以降の日本企業による海外企業買収案件の金額上位20件である。例えば2014年1月に発表されたサントリーの米洋酒大手ビーム社買収（株主価値139億ドル、会社総価値157億ドル）は、発表4週間前株価に対するプレミアムは27%[*55]であり、その点では妥当な線だが、ビーム社の株価は買収発表前1年程度期間60ドル近辺で推移しており、PERは30倍程度であった。

　当時のS&P500のPERは17倍程度であったから、ビーム社の市場価格にはかなり高い成長期待が含まれていたことになる。しかし、実態は過去3年程度で見ると全体の成長が鈍化しているし、成長しているのは主に本国の北米市場であり、肝心のアジア大洋州等の新興国市場ではむしろ低成長、あるいはマイナス成長だ。特にインドと豪州は不振と言われている[*56]。

　これではサントリーにとって、この会社が本当にグローバルで、特にGDP成長率が高く、今後も旺盛な酒類需要の成長が見込めるアジア新興国での切り札になるのか、疑問がある。その会社を買収株主価値のPER=38倍[*57]で買うことが本当に妥当かどうか、という話にな

ると、やはり割高感はぬぐえない。

◆ ビーム社の10-Kセグメント情報抜粋(地域別売上、百万ドル)

	2011年度	2012年度	2013年度	CAGR
北米	$1,271.5	$1,447.5	$1,559.1	10.7%
欧州中東アフリカ	$505.9	$511.1	$544.5	3.7%
アジア大洋州	$487.4	$501.1	$443.7	△4.6%
合計	$2,264.8	$2,459.7	$2,547.3	6.1%

武田薬品のナイコメッド買収

あるいは2011年5月に発表された武田薬品の欧州中堅医薬品ナイコメッド買収は、買収価格が96億ユーロと巨額であるが、売上約30億ユーロの医薬品メーカーの買収価格としては、もしこの会社が豊富な新薬パイプラインを持つ研究開発型の医薬品メーカーなら売上高倍率で3倍強という数字は決して高すぎるということはない。

しかし、買収後3年以上経過した2014年時点で武田薬品が臨床試験中の新薬開発品目リストを見ると、武田自身由来の品目と2008年にアメリカで約81億ドルで買収したバイオベンチャー企業であるミレニアム由来の品目は沢山あるが、ナイコメッド由来の品目は全くと言って良いほどない。そもそも買収時点でのナイコメッドの主力品目はパントプラゾール（PPI・プロトンポンプ阻害薬、胃酸分泌抑制剤）という90年代に発売された、すでに後発品との過当競争にさらされる時代遅れの古い医薬品一つだけだ。しかも、この分野は武田自身もタケプロンという競合品を持っている。もしこのままナイコメッドが武田の新薬パイプラインに貢献しないとすれば、武田は欧州と新興国の販売経路を獲得するために大金を払ったということになる。もしそうなら、リコーのアイコン買収でも述べたように、売上高倍率3倍以上の買い値は高すぎたということになるだろう。

三菱UFJのモルガン・スタンレー21%出資

また、2008年9月に発表されたメガバンクの一角、三菱UFJファ

図16-6 インアウト 大型案件

発表日	対象会社	買い手
10/15/2012	Sprint Nextel Corp	SoftBank Corp
12/15/2006	Gallaher Group PLC	JTI(UK)Management Ltd
01/13/2014	Beam Inc	Suntory Holdings Ltd
05/19/2011	Nycomed Intl Mgmt GmbH	Takeda Pharmaceutical Co Ltd
11/30/2000	AT&T Wireless Group	NTT DoCoMo
04/10/2008	Millennium Pharmaceuticals Inc	Mahogany Acquisition Corp
03/08/1999	RJ Reynolds International	JT
09/22/2008	Morgan Stanley	Mitsubishi UFJ Finl Grp Inc
09/24/1990	MCA Inc	Matsushita Electric Industrial
05/05/2000	Verio Inc	NTT Communications Corp
06/03/2014	Protective Life Corp	The Dai-ichi Life Insurance Co
11/09/2011	Anglo American Sur SA	Mitsubishi Corp
07/02/2013	Bank of Ayudhya PCL	Bank of Tokyo-Mitsubishi UFJ
07/23/2008	Philadelphia Consolidated Hold	Tokio Marine Holdings Inc
09/25/1989	Columbia Pictures Entmnt	Sony USA Inc(Sony Corp)
07/12/2012	Aegis Group PLC	Dentsu Inc
10/31/2005	Pilkington PLC	Nippon Sheet Glass Co Ltd
09/26/2013	Grohe AG	Investor Group
03/01/2010	OSI Pharmaceuticals Inc	Ruby Acquisition Inc
08/12/2008	UnionBanCal Corp,CA	Bank of Tokyo-Mitsubishi UFJ
08/29/2012	Goodman Global Group Inc	Daikin Industries Ltd
12/10/2007	MGI PHARMA Inc	Jaguar Acquisition Corp
05/09/2000	KPN Mobile NV	NTT DoCoMo
06/11/2008	Ranbaxy Laboratories Ltd	Daiichi Sankyo Co Ltd
12/11/2006	Mirant Corp-Generating	Investor Group
04/23/2009	Lion Nathan Ltd	Kirin Holdings Co Ltd
10/17/2008	Nacionale Minerios SA	Investor Group
03/17/1988	Firestone Tire & Rubber Co	Bridgestone Corp
07/15/2010	Dimension Data Holdings PLC	NTT
05/29/2012	Gavilon Group LLC	Marubeni Corp
05/25/2001	Le Meridien Hotels	Grand Hotels(M)Acquisition Co1
11/12/2008	Tata Teleservices Ltd	NTT DOCOMO Inc

出典：トムソン・ファイナンシャル、完了(Completed, Unconditional, Partially Completed)・完了予定(Pending, Intended)案件のみ、発表日ベース、Self Tender/Repurchase/Privatizationは除く、2014年6月現在

イナンシャルグループによる米証券大手モルガン・スタンレーへの救済投資（78億ドルの優先株で議決権21％取得）も財務的には儲かる

第16章 M&Aの失敗事例

買い手親会社	案件サイズ ($M)	発表4週前株価プレミアム (%)
SoftBank Corp	$21,640	-
JT	$18,800	32
Kotobuki Realty Co Ltd	$15,688	27
Takeda Pharmaceutical Co Ltd	$13,686	-
NTT	$9,805	-
Takeda Pharmaceutical Co Ltd	$8,128	78
JT	$7,832	-
Mitsubishi UFJ Finl Grp Inc	$7,800	(34)
Matsushita Electric Industrial	$7,086	54
NTT	$6,321	58
The Dai-ichi Life Insurance Co	$5,708	37
Mitsubishi Corp	$5,390	-
Mitsubishi UFJ Finl Grp Inc	$5,315	20
Tokio Marine Holdings Inc	$4,692	75
Sony Corp	$4,654	82
Dentsu Inc	$4,311	57
Nippon Sheet Glass Co Ltd	$4,001	22
Investor Group	$3,960	-
Astellas Pharma Inc	$3,838	66
Mitsubishi UFJ Finl Grp Inc	$3,707	103
Daikin Industries Ltd	$3,700	-
Eisai Co Ltd	$3,655	38
NTT	$3,596	-
Daiichi Sankyo Co Ltd	$3,442	49
Marubeni Corp / TEPCO	$3,420	-
Kirin Holdings Co Ltd	$3,417	45
Itochu/Nippon Steel/JFE/SMC	$3,120	-
Bridgestone Corp	$2,779	148
NTT	$2,730	24
Marubeni Corp	$2,700	-
Nomura Holdings Inc	$2,676	-
NTT	$2,655	-

　可能性は十分あるが、戦略的には日本法人の統合でも、三菱UFJ側がモルガン・スタンレーの日本法人の自己資本投資部門（株や債券の

トレーディング等）をモルガン・スタンレー本体から完全に切り離して自己の管理下に置くことにためらいがある等の理由で、日本法人の一部をモルガン・スタンレー本体の51%傘下に残すとした結果、三菱UFJモルガン・スタンレー証券とモルガン・スタンレーMUFG証券という二つの会社ができてしまうなど、もたもたしている。

電通によるエージス買収

2012年7月に発表された電通による英広告代理店大手エージスの買収は、31億6400万ポンド（3955億円[*58]）と巨額だ。加えて同社の2011年12月期純利益は8100万ポンドであり、実績ベース買収PERは約39倍と高い（電通の当時のPERは約18倍）。また、買収プレミアムも対外発表4週前株価で57%だ。さらに非常にドメスティックな広告代理店という事業分野でほとんど実質的な海外経験を持たない電通が、果たして英国の広告代理店の経営を主導することなどできるのかという疑問は大きい。

第一生命によるプロテクティブ・ライフ買収

2014年6月に発表された第一生命による米中堅生命保険会社プロテクティブ・ライフ・コーポレーション（PLC）の買収は、買収価格は57億800万ドル（5822億円[*59]）と巨額だが、同社の2013年12月期の純利益は3億9300万ドルで、実績ベース買収PERは14.5倍（第一生命の当時のPERは約19倍）、買収プレミアムは過去1カ月平均株価に対して35%と問題ないレベルである。しかし、これまで豪州やインドネシア等で現地企業との合弁事業を持ってはいるが、海外の生命保険会社を自ら経営した経験のない第一生命に生き馬の目を抜く米国生命保険業界で35%の負けから始める投資を行い、この会社の経営革新を主導することなどできるのかという疑問は大きい。

日本企業は海外買収が好きである。そして1980年代の第一次ブームでは、株価というベンチマークのない非上場会社や上場会社の部門買収では高値摑みによる失敗を経験したケースもある。第2次ブーム

のネットバブル期には、そのような失敗が一部の案件でさらに顕著に表れたようだ。しかし、リーマンショック以降の円高と欧米の競合相手の疲弊を背景にした第3次ブームにおいては、買い値で高すぎるという案件はあまり見られない。

しかし、より本質的な、「本当にその会社が必要なのか」「その会社をちゃんと自分で経営できるのか」といった疑問がわく案件が少なくない。日本企業による海外企業買収の失敗の歴史は、まだまだ続いていくのだろうか。

註

*1 Journal of Financial Economics, 1983, "The Market for Corporate Control：Scientific Evidence"
*2 Batten Institute, 2001, "Does M&A Pay? A Survey of Evidence for the Decision Maker"
*3 2004, "Successful Value Creation Record of Acquisitive Growth Strategy"
*4 当該案件が完了した日の属する年月、本章と次章において以下同様。(別途「発表」とある場合を除く)
*5 価格はトムソン・ファイナンシャルのM&Aデータベースによる、本章と次章につい以下同様。Mは百万、Bは10億の意味、本章と次章において以下同様。
*6 当時の為替は発表月の月末の終値、本章と次章において以下同様。
*7 トムソン・ファイナンシャルのデータによる。本章と次章において以下同じ。
*8 2003年9月23日 AMISのIPOの目論見書（SEC登録資料）
*9 日本経済新聞1994年7月19日付朝刊17面「ジャパンエナジー、不祥事相次ぐ」
*10 日本経済新聞 2004年7月12日付朝刊3面「新日鉱ホールディングス コンビニ挫折」
*11 日本経済新聞 2002年1月22日付朝刊17面「三菱地所不肖の息子が優等生に」
*12 英語の氏名については敬称略、以下同様
*13 英語版 Wikipedia "Columbia Pictures"
*14 日本経済新聞2007年3月21日付朝刊3面「富士通　子会社評価損相次ぐ」
*15 日本経済新聞2000年10月26日付朝刊3面「IBM互換機の大型汎用機

富士通が撤退」
- *16 日本経済新聞 1995 年 4 月 12 日付朝刊 12 面「5 年目の破局（下）」
- *17 日本経済新聞 1995 年 11 月 16 日付朝刊 20 面「MCA 株売却で最終赤字」
- *18 日本経済新聞 1999 年 11 月 11 日付朝刊 6 面「NEC　国際戦略見えず」
- *19 日本経済新聞 1999 年 7 月 15 日付朝刊 3 面「ソフトバンク損失 725 億円」
- *20 ニューヨーク・タイムズ 1994 年 10 月 28 日付 "Forstman to acquire Ziff-Davis"
- *21 日本経済新聞 2000 年 9 月 4 日付朝刊 25 面「NTT コム、米ベリオの買収完了へ」
- *22 NTT2001 年 3 月期有価証券報告書連結貸借対照表注記 3
- *23 NTT2002 年 3 月期有価証券報告書連結貸借対照表注記 3
- *24 NTT ドコモ 2002 年 3 月期有価証券報告書連結貸借対照表注記 5
- *25 NTT ドコモ 2003 年 3 月期有価証券報告書連結財務諸表注記 6
- *26 NTT ドコモ 2005 年 3 月期有価証券報告書連結財務諸表注記 6
- *27 日本経済新聞 2012 年 9 月 20 日付朝刊 13 面。なお TTSL 傘下でムンバイ上場会社の Tata Teleservices (Maharashtra) Limited.（TTML）は Maharashtra（Mumbai 含む）と Goa 地方でオペレーションをしているが、公開財務情報によれば 2004 年 3 月期から 2013 年 3 月期の 10 年について 2011 年 3 月期の僅かな黒字を除いてすべての期で赤字である。

  売上はこの期間に約 50 億ルピー（100 億円）から約 250 億ルピー（500 億円）に成長しているが税引き後利益はおおむね 20 億ルピー（40 億円）から 60 億ルピー（120 億円）程度の赤字である。
- *28 当初投資金額 1307 億ルピーの 50% より高いのはその後の追加出資を含んでいるためと思われる。
- *29 1 本の光ファイバーに複数の異なる波長の光信号を乗せることで既存の光ファイバーの通信容量を数十倍に拡大する技術。
- *30 日本経済新聞 2001 年 11 月 17 日付朝刊 9 面「ルーセント部門買収で合意」
- *31 日本経済新聞 2004 年 3 月 16 日付朝刊 11 面「古河電工 54 年ぶり無配に」
- *32 日本経済新聞 2003 年 1 月 7 日付朝刊 11 面　「日立の HDD 新会社発足」
- *33 日本経済新聞 2007 年 12 月 21 日付朝刊 1 面「日立 HDD 事業　米ファンドに売却へ」
- *34 日本経済新聞 2009 年 3 月 24 日付朝刊 5 面　「HDD 市場激変」
- *35 日立製作所 2011 年 3 月 7 日付プレスリリース　「HDD 事業の譲渡について」
- *36 売却益が売買価格差より大きいのは赤字が続いた時点で評価損を計上していたためと思われる。
- *37 第一三共　2009 年 3 月期有価証券報告書　注（企業結合関係等）
- *38 日本経済新聞 2008 年 11 月 21 日付朝刊 17 面「第一三共、初の最終赤字も」
- *39 第一三共　2009 年 1 月 5 日付プレスリリース、2009 年 3 月期　有価証券

報告書

*40　日本経済新聞 2014 年 4 月 8 日付朝刊 13 面
*41　日本経済新聞 1998 年 2 月 18 日付朝刊 1 面
*42　日本経済新聞 1999 年 1 月 23 日付朝刊 1 面
*43　三菱自動車 2000 年 7 月 28 日付プレスリリース
*44　日本経済新聞 2004 年 4 月 23 日付朝刊 1 面
*45　三菱自動車 2004 年 6 月 28 日付プレスリリース
*46　トムソン・ファイナンシャルのデータによる、本件につき以下同様
*47　日本経済新聞 2002 年 3 月 15 日付朝刊 1 面
*48　日本経済新聞 2002 年 1 1 月 26 日付 9 面
*49　日本経済新聞 2009 年 3 月 31 日付朝刊 13 面
*50　日本経済新聞 2004 年 6 月 2 日付朝刊 1 面
*51　トムソン・ファイナンシャルのデータによる。
*52　シャープによる 2012 年 3 月 27 日付記者発表
*53　シャープによる 2012 年 7 月 12 日付記者発表
*54　日本経済新聞 2012 年 9 月 2 日付朝刊 7 ページ
*55　トムソン・ファイナンシャルのデータ
*56　週刊東洋経済 2014 年 4 月 5 日号　82~83 ページ
*57　買収株主価値 $13,900M ÷ 2013 年 12 月期実績純利益（$362.5M）=38.3
*58　電通による 2012 年 7 月 12 日プレスリリース
*59　第一生命による 2014 年 6 月 4 日プレスリリース

第17章

M&Aの成功事例

　第16章では日本企業がらみのM&Aの失敗例をさんざん見てきたが、何も日本企業がすべてのケースで失敗ばかりしているわけではない。次に数は多くはないが、成功例をいくつか見てみよう。まずは日本企業による海外企業買収での成功例だ。

第1節　旭硝子によるグラバーベル社買収

　まずは非常に古い例でデータが少ないのだが、1981年に旭硝子はベルギーのガラス大手グラバーベル社とオランダのマース・グラス社を買収して欧州に進出した。この2社は買収直後から旭硝子の業績に貢献しており、初めて通年で連結対象となった1982年12月期に2社合わせて売上650億円を計上した。[*1]

　また、同社は1988年に米ガラス大手のAFGインダストリーズに20%資本参加し、1992年にはこれを100%買収した。こちらは買収当時、営業利益は黒字だが、純利益では赤字の会社であり、買収金額は公表されていないが、9億5000万ドルの借入金を引き受け、さらに1億5000万ドルの社債を引き受けたとのデータがある[*2]。売上は1992年6月LTM（直近12カ月）で5億1900万ドル、純利益は1700万ドル程度の赤字であった模様だ[*3]。

欧州での事業は大きく成長

　旭硝子はその後、この欧米での買収を足掛かりに2013年3月期では欧州事業で2914億円の売上、米国事業で1118億円の売上を上げている。地域ごとのガラス事業単独の営業利益等は公表されていないが、連結全体の地域ごとの利益は公表されている。米国と欧州の事業

の大半が上記のガラス事業子会社であると思われるが、欧州事業の営業利益は 2013 年 12 月期で 106 億円の赤字、米国は 103 億円の赤字と低調であった。

しかし、リーマンショックの影響が出る前の 2008 年 12 月期では、欧州は 257 億円の黒字、米国は 44 億円の赤字であった。旭硝子は買収後、基本的にはこれらの会社の経営にタッチせず現地の経営陣に経営を任せたと言われているが[*4]、欧州については事業規模が大きく成長しており、好況期には業績もある程度出ているので、日本企業による海外企業の買収事例の草分け的ケースで、公開資料も少ないのだが、財務的にも戦略的にもそれなりに成功したケースと言えるようである。一方、米国についてはほぼ一貫して赤字体質から脱却できずにおり、欧州と同様の評価はできないだろう。

◆ 旭硝子の業績推移：($の表記がある場合以外、億円)

（米国・欧州の事業は大半が買収したガラス事業）

	92/6LTM	07/12期	08/12期	09/12期	10/12期	11/12期	12/12期	13/12期
米国売上	$519M	1,919	1,281	765	861	810	836	1,118
米国営業利益	$96M	▲79	▲44	▲125	▲51	▲19	▲37	▲103

	82/12期	07/12期	08/12期	09/12期	10/12期	11/12期	12/12期	13/12期
欧州売上	650	4,303	3,553	2,361	2,330	2,432	2,290	2,914
欧州営業利益	NA	586	257	▲65	68	82	▲54	▲106

（ただし2013年12月期はIFRS、2012年12月期まではJGAAP）

第2節 ブリヂストンによるファイアストン買収

1988 年 3 月、ブリヂストンは米タイヤ大手ファイアストンの議決権 75% を 12 億 5000 万ドル（1 株 53 ドル）で買収すると合意・発表した。その直後にイタリアのタイヤ大手ピレリー社が 1 株 58 ドルで敵対公開買付を開始したために、提示価格を 1 株 80 ドルに上げて、100% 取得の対抗公開買付を実施し、結局、100% 買収に成功した。買収価格は 25 億 3300 万ドル（3166 億円、当時の 1 ドル 125 円で換算）であった。

買収直前期1987年のファイアストンの売上は38億6700万ドル、EBIT=1億9800万ドル、純利益=1億2300万ドルであったので[*5]、買収価格はPER=21倍とノーマルなのだが、対発表4週前株価プレミアムが148%であり、その点では本件は評判が悪い。つまり当時の米国の株式市場のタイヤ会社のPERは8倍程度だったということだ。しかし、1988年当時、ブリヂストンのPERは他の多くの日本企業がそうであったように30倍程度と高く、ファイアストンをPER20倍で買ってもそれほど高いという実感はなかったであろう。

米国で1.2兆円の売上

しかし、それから10年以上たった2000年、同社はフォード向けタイヤ650万本のリコールを発表した[*6]。これはフォード製SUV[*7]であるエクスプローラーがタイヤのバースト等で横転する事故が相次ぎ、タイヤの欠陥が原因であるということになって実施されたものである。当時の報道を見ると、フォードは自社のベネズエラ工場で生産されたエクスプローラーについてはファイヤストンにタイヤの強化を要請し、自身もサスペンションを改良したという事実があるにもかかわらず、米国製の同モデルについては、そのどちらも実行しなかったと言われており、責任の100%がファイアストンにあったのか疑わしい面もあった。だが、そこは完成品メーカーと部品納入業者の力関係でフォードに押し切られた面もあったかもしれない。

いずれにせよ、このリコールでブリヂストンもファイアストンも業績が悪化、ファイアストンの2000年12月期の純損失は5億1000万ドルとなり、ブリヂストンは2001年12月期に米州事業関係で総額2032億円の特別損失を計上した。しかし、2001年末にはリコール問題も終息の気配が見え、2001年12月にはファイアストンの資本増強のために13億ドルの追加出資を行うと発表した[*8]。以降、業績も徐々に復活した。

買収プレミアムが高い点やリコール問題での赤字が大きく報道されてマイナスイメージが強いが、2002年以降は収益も復活しており、2013年のブリヂストンの米州売上は1.6兆円を超えた。米国だけで

も1.2兆円だ。

　最近は会計基準の変更によって地域セグメント利益を開示していないが、2010年12月期まで開示していた情報によると、米州地域の営業利益は安定して300億円から500億円程度の黒字を続けていた。ブリヂストンは現在、タイヤ業界売上で世界1位、日本1位、米国1位であり、自動車大国のアメリカ1国で1.2兆円の売上はファイアストンの買収がなければまず実現していないだろう。

　日本の業界2位、住友ゴムの米州売上は、2013年12月期で892億円にすぎない。またアメリカ市場で2位のフランスのミシュラン社の2013年12月期の連結売上は202億4700万ユーロで、その35%が米州（カナダ・USA・メキシコ）なので、それは70億8600万ユーロ=97億800万ドルである。いかにブリヂストンの米州売上がすさまじい数字であるかがわかるだろう。

　日本のバブル期の海外買収では珍しく、想定外の危機があったにもかかわらず、これを乗り越えて、業績的に非常に成功した事例と言える。しかし、あとで述べる京セラやイオンのケースのように対象会社の再上場をしていないので成功が目立っていない。

◆ ブリヂストンの米州事業（主にファイアストン）の業績推移：(億円)

	00/12期	01/12期	02/12期	03/12期	04/12期	05/12期	06/12期	07/12期	08/12期
売上	8,321	9,234	9,866	9,776	10,189	11,580	13,336	15,107	14,173
営業利益	125	▲336	186	195	267	390	421	515	216

第3節　ジャスコ（現イオン）によるタルボット買収

　1988年6月、イオン（当時はジャスコ）は米婦人服販売チェーンのタルボットを当時のオーナーであった米食品大手ゼネラル・ミルズ社から3億2500万ドル（当時の為替1ドル132円換算で429億円）で買収した。ちなみにゼネラル・ミルズ社は同時にカジュアル衣料チェーン大手のエディー・バウワーを米日用品カタログ販売大手のシュピーゲル社に売却している。

当時のタルボットの売上は公表されていないが、3億ドル程度であった模様だ[*9]。イオンと売り手のゼネラル・ミルズ社は1982年にファミリーレストランチェーンのレッド・ロブスターの日本進出でJVを設立するなど関係が深く、その縁で買収案件が紹介された模様である。タルボットは、1947年にタルボット夫妻がボストン郊外で始めた会社で、1973年にゼネラル・ミルズ社に買収されていた。イオンは買収時点で同社のCEOであったアーノルド・ゼッチャー氏に経営を任せ、岡田卓也会長（当時）はゼッチャーCEOに3年程度の計画を作らせてそれを承認すれば、あとはすべてを任せていたと述べている[*10]。

上場で財務的には成功

その5年後の1993年には同社はNY証券取引所に上場を果たした。上場時の時価総額は7億3000万ドル程度であり、純利益は3500万ドル程度であったから、PERは21倍程度であった。IPO時点で時価総額は買収価格の倍以上となった。その時点でもイオンが67%を保持した。さらに業績は伸びて、2001年には時価総額が最大で29億ドルに達した。その時点の純利益は1億2600万ドルであったから、PERは23倍程度であり、地に足の着いた冷静な評価で非常に高い時価総額を達成したことになる。この年、ゼッチャー氏は全米小売業協会の金メダル賞を受賞した。

さらに2004年にはゼッチャー氏は全米小売業協会の会長に就任、栄華の絶頂を極めた。だが、その後は世界の衣料品業界でスペインのインディテックス社が展開するザラやスウェーデンのH&Mなどの製造小売り（SPA）が低価格攻勢で台頭し、この波に乗り遅れたタルボットは業績が伸び悩み、次第に低迷した。

2006年には経営の安定を目指して米婦人服・小物ブランドのジェイ・ジル社を5億1800万ドルで買収した[*11]が、僅か3年後の2009年に6400万ドルで米系投資ファンドに売却した。[*12]

2007年には業績不振の責任を取る形でゼッチャー氏が退任し、米衣料品大手リズ・クレイボーン社社長のトラディ・サリバン氏を

CEOに迎えたが、業績悪化に歯止めはかからなかった。2009年1月期には最終損益5億5600万ドルの赤字を計上し、その期の期末の時価総額は1億800万ドルまで低下した。

そして2010年、イオンは米系ファンドにタルボットの全株式を売却すると発表した。売却金額は公表されていないが、イオンからの貸付金等（おおむね4億8600万ドル[*13]）を全額返済する条件なので、おそらく売却金額はノミナルなものと思われる。ところが皮肉なものでイオンが売却した直後から同社の業績はある程度回復した模様で、2012年に別の米系ファンドが同社を3億6900万ドルで買収したという報道がある[*14]。

イオンとしては3億2500万ドルで買収した会社が、5年後に7億3000万ドル、13年後には29億ドルになったわけであるから、財務的にはこの時点では大成功だったといえるだろう。ただ、岡田卓也会長が語るように、その成長はイオンの経営によってもたらされたものではない。イオンとしては社外取締役など米国型の企業経営を学ぶきっかけとなった面はあるだろうが、戦略的に成功した案件というわけにはいかないだろう。

また、どんな会社にも寿命というものがあるようで、業績が反転してからは厳しい状況が続いた。最終的には財務的にも残念ながら失敗という形で終焉を迎えてしまったが、ある時点までは大成功したのもまた事実である。

◆ タルボットの業績推移：(単位:百万ドル)

	88/12期	94/12期	95/12期	02/12期	06/12期	07/12期	08/12期
売上	約$300	$737	$880	$1,595	$1,809	$2,231	$2,289
営業利益		$35	$54	$126	$93	$32	▲$189
時価総額	$325	$730	$880	$2,900 (ピーク時)			$132

第4節　京セラによるAVX社買収

　1990年1月、京セラが米電子部品大手でNY証券取引所上場のAVX社を株式交換で株主価値5億6200万ドル（当時の1ドル144円換算で810億円）で100%を買収した。このケースは、第6章で当時の商法の自社株保有の禁止や現物出資規制等に抵触していたのではないかという点を取り上げたが、本章では買収の成功例という意味で取り上げたい。

　当時、AVX社の実績売上は4億300万ドル、純利益は1370万ドル程度[*15]であったから、買収価格のPERは約41倍程度だった。対発表4週前株価プレミアムは60%であったから、買収価格はかなり高かったと言える。しかし、当時の京セラの東京市場でのPERも40倍程度であったので、京セラとしてはそれほど高い買い物という意識はなかったかもしれない。

　買収後のAVXの経営は、順風満帆であった。元々電子部品メーカー、それもセラミックコンデンサーという競合する分野から事業を始めた両社であったが、1990年時点では製品ミックスにもある程度相互補完性があり、何より京セラにとっては、それまでほとんど手つかずの欧州地域での販売を、売上の25%程度を欧州から上げるAVX社の販売網活用によって促進でき、逆にAVX社の日本を含むアジア市場での拡販には京セラが貢献するという地域補完性が生きた。

稲盛イズムの共有

　買収から僅か5年後の1995年にAVX社はNY証券取引所に再上場を果たした。そのときの初値（1株31ドル）での時価総額（8580万株）は26億6000万ドルで、京セラは25%持ち分を売り出して約6億6500万ドルを得た。当初の投資金額以上をこの時すでに回収してしまったことになる。その後、AVX社はセラミックコンデンサーを多用するパソコンや携帯電話、自動車等の産業が伸びるのと歩調を合わせて京セラとともに業績を伸ばし、2000年のネットバブル絶頂期には時価総額が約80億ドル、買収金額の約14倍まで成長した。

その後はネットバブル崩壊に伴い株価は下落したが、それでも時価総額で15億〜25億ドル程度をキープしており、日本企業による海外企業買収の中で例外的に明確な成功例と言われる。

　京セラ創業者の稲盛和夫会長（当時）は、AVX社の中興の祖といえる当時の社長マーシャル・バトラー氏と買収直後、経営理念からとことん話し合い、当初は抵抗されたものの、暫くのちには稲盛流の経営哲学に賛同を得て、AVX社を京セラと一体の哲学で運営することに成功したといわれている。買収直後からAVX社のバトラー氏を含む数人を京セラの取締役に迎え、稲盛イズムの共有に努めたことも成功の一因と言えるかもしれない。

◆ AVX社の業績推移：(単位：100万ドル) *16

	89/9期	94/3期	95/3期	96/3期	00/3期	14/3期
売上	$403	$796	$989	$1,208	2,608	$1,442
純利益	$14	$40	$75	$138	$568	$127
時価総額			$2,613 (IPO)		$8,000	$2,200
					(ピーク)	

第5節 日本たばこによるRJRインターナショナル買収

　1999年5月、日本たばこ産業（JT）は、米たばこ・食品大手のRJRナビスコからその子会社で米国以外の海外たばこ事業を営む世界43社の事業会社群の持ち株会社であるオランダのRJRインターナショナルの株式と知的財産を総額78億3200万ドル（158億5000万ギルダー、9477億円＝当時の1ドル121円で換算）で買収した。RJRインターナショナルは、「キャメル」や「ウィンストン」、「セーラム」などの有力ブランドを有する世界有数のたばこ事業を展開していた。

　しかし、この会社はRJRナビスコが1988年に大手LBOファンドのコールバーク・クラビス・ロバーツ（KKR）に買収された会社の一部で、買収後10年を経てやっと売りに出されたところをJTが買

ったわけだが、10年間LBOファンドの下で過度なコストダウン経営を行っており、内部はかなり疲弊していたと言われている[17]。

さらに買収当初の99年12月期はアジア通貨危機に端を発したアジア、東欧、ロシアの景気低迷等の影響もあり、売上が当初予想に対して25%程度未達となり、最終利益も当初JTとしては258億円程度の黒字を見込んでいたが、1600万ドルの赤字となった。2000年2月には、JT水野勝社長（当時）が「世界の経済情勢が見通せなかった」と誤算を認めた[18]。

しかし、2001年までには黒字転換する見込みと発表していた同社は、実際には1年前倒しで2000年12月期に1000万ドルの黒字に転換[19]し、そこからは業績を順調に伸ばし、JTの2004年3月期（RJRIは2003年12月期）には海外たばこ事業の営業利益が366億円となり、おおむね買収前に想定した水準に達した[20]。

財務的にも戦略的にも成功

その後はさらに業績が伸び、2007年3月期（RJRIは2006年12月期、次のギャラハー買収前のRJRI単独の最後の期）には、海外たばこ事業の営業利益が811億円となった。この結果、買収発表直前に2.2兆円程度であったJTの時価総額は、買収発表後の業績低迷期の2000年3月ごろに1.4兆円程度まで低下するが、その後は盛り返し、2006年末ごろには5.5兆円程度まで上昇した。

当初の買収金額は、買収前の財務諸表が公開されていないので詳細な分析はできないが、1999年12月期の当初見込みとしてJTが発表していた258億円程度の純利益で考えれば買収PERは37倍であり、当時のJTの東京株式市場でのPERもおおむね同じくらいではあったが、海外の事業買収のPERとしては高すぎるとの批判が多かった。実際、当初のRJRIの業績が期待はずれであったこともあり、この買収に関する市場の評価は非常に厳しかった。

しかし、国内のたばこ事業が健康志向の生活スタイルの普及によって頭打ちになることは目に見えており、成長をアジア、東欧、ロシア等の新興国に求める戦略自体は理屈に合っていた。

RJRインターナショナル買収後のJTの業績を見ると、2003年から2007年の国内事業の売上CAGRはマイナス0.1%であり、営業利益はCAGR8.0%で伸ばしているが、これはパイが縮小するなかでコスト削減によって利益を伸ばした結果だ。

同時期の海外事業売上のCAGRは9.4%、営業利益のCAGRは25.3%であり、成長ドライバーとして買収した海外事業が想定通りに貢献しているのがよく分かる。実際、想定通りに業績が伸び始めると市場の評価も手のひらを返したように好転した。

結局、国内のたばこ事業の営業利益が買収前の1999年3月期の1461億円（連結）から2007年3月期の2454億円へと1.7倍に伸びてはいるが、時価総額がこれを遥かにしのぐ2.5倍になっている。これは、RJRインターナショナルの買収が大きく貢献したためであることは疑いない。当初苦労はしたが、2年目から結果をだし、買収から8年後の2007年3月期には当初想定以上の結果を出して、財務的にも戦略的にも大成功の案件になったと言えるだろう。

◆ JTの業績推移：(億円) [21]

	99/3期	03/3期	04/3期	05/3期	06/3期	07年/3期	03→07CAGR
売上							
国内たばこ事業	27,571(単体)	34,366	34,559	34,915	34,053	34,163	▲0.1%
海外たばこ事業		6,979	7,810	7,927	8,812	9,997	9.4%
営業利益							
国内たばこ事業	1,461(単体)	1,804	2,018	2,158	2,201	2,454	8.0%
海外たばこ事業		329	366	445	710	811	25.3%

第6節 日本たばこによるギャラハー買収

次に2007年4月、日本たばこは、RJRインターナショナルの買収から8年後、もう一つ海外の巨大たばこ会社を買収した。英国法人で英国、大陸欧州、アフリカ、中東等でたば事業を営むギャラハーだ。買収はギャラハーが英国の上場会社であったため、公開買付とその後の裁判所の監督下での少数株主排除手順であるScheme of

Arrangement を経て 100% 買収を完了した。買収金額は株主価値で 74 億 8700 万ポンド（146 億 8300 万ドル、当時の 1 ドル 119 円換算で 1 兆 7473 億円）であった。

　この金額は、2013 年にソフトバンクが米国のスプリント・ネクステルを 216 億 4000 万ドルで買収するまで、長らく日本企業による海外買収の最大案件であった。買収当時のギャラハー社の業績は、2006 年 12 月時点の LTM[*22] で売上 44 億 7700 万ドル、純利益が 6 億 3500 万ドル（当時の 1 ドル 119 円換算で約 756 億円）程度であったので、円で 750 億円程度の黒字会社の買収であるから、前節の RJR インターナショナルの買収よりも会社としての状態ははるかに良好であったと言えるだろう。

　この純利益の数字で計算される買収 PER は 23 倍程度であるから、当時の JT の PER が時価総額 5.5 兆円、07 年 3 月期純利益約 2000 億円で 28 倍程度であったことを考えても、買収金額も妥当な線であったと言える。対発表 4 週前株価プレミアムも 32% と非常に常識的な線である。

　しかし、この買収完了直後にいわゆる 2007 年 8 月のパリバショック、すなわち米国のサブプライム住宅ローンのバブル崩壊の端緒となった、フランスの BNP パリバ証券傘下のファンドの債務不履行（デフォルト）が起き、2008 年 9 月のリーマンショック（米大手証券リーマン・ブラザーズの倒産）へと続き、世界同時不況となったため、JT の業績も株価も一時的に低迷する。

海外事業は二桁成長

　2008 年 3 月期の JT の海外たばこ事業の営業利益は、対前年で 1243 億円増加して 2054 億円となった。ギャラハーの前年の営業利益（約 1200 億円）と同程度の増益となっているから、おそらくこの年は RJR インターナショナルの利益はおおむね横バイだったのだろう。2009 年 3 月期も海外たばこ事業の営業利益は 2690 億円とさらに増益を果たして、ついに国内たばこ事業を営業利益で抜き去った。だが、2010 年 3 月期は世界の景気低迷で大きく減益となる。

海外たばこ事業は、2010年3月期の営業利益1938億円を底に再び回復に転じ、2014年3月期には海外たばこ事業の営業利益は3764億円まで伸びた。2008年3月期から2014年3月期までのCAGRは国内たばこ事業の営業利益が2.5％と低調なのに対して、海外たばこ事業の方は10.6％と二桁成長を実現している。

　なお、JTは2008年3月期までは海外たばこ事業（2007年3月期まではRJRインターナショナル、2008年3月期はRJRインターナショナルとギャラハー）の買収にあたって発生した暖簾を償却していなかったが、2009年3月期から国内会計基準の変更に伴い、海外子会社の会計基準を日本基準に合わせることが求められたため、暖簾の償却を開始した。さらに2011年3月期には再び国内会計基準のセグメント情報開示に関する変更で、海外たばこの利益開示がEBITからEBITDA（セグメント利益）となり、合わせて減価償却と暖簾償却の金額が開示されている。

　そして2012年3月期からはIFRS（国際会計基準）を採用したため、再び買収暖簾の償却をしない開示となっている。したがって、この分析にあたっては、海外たばこ事業の営業利益はその都度必要な計算を行って暖簾償却をしないベースで比較している。そのベースで考えると、リーマンショックの影響による海外たばこ事業の減益は2010年3月期に発生しているが、その後、2009年3月期のレベルまで回復するのに2013年3月期まで3年を要したことになる。これは世界の他のあらゆる業界のリーマンショック以降の業績を考えれば、かなり早い回復と言えるだろう。

　JTにとって最初の海外買収は、1992年の英国マンチェスター・タバコ[*23]の買収であった。これは買収金額が500万ポンド（約12億円）と超小型案件であり、1999年のRJRインターナショナル買収は事実上の初の海外買収であった。この最初の案件でいきなりアジア通貨危機に端を発する新興国不況から業績面で大きく躓いたにもかかわらず、1年でこれを建て直し、その後の成長軌道を実現したことは日本企業の海外案件の中では極めてまれな、財務的にも戦略的にも大成功のケースと言ってよいだろう。

さらにJTが特別なのは、2匹目のドジョウをものにしている点だ。奇しくもギャラハーも買収直後にリーマンショックによる不況に見舞われ、こちらは立て直しに3年を要したが、結局、2013年3月期にはリーマンショックによる落ち込み前の2009年3月期の海外たばこ事業の営業利益を超えたのであるから、2匹目のドジョウもそれなりにうまく料理したということになる。

営業利益の6割を海外で稼ぐ

実際、時価総額で見ても、2013年10月にはリーマンショック前の最大値（2007年10月の6.55兆円）に迫る6.45兆円となった。ここまでは見事である。ただ、この次の一手ということになると、実は3匹目のドジョウは恐らく釣れないだろう。

なぜなら、RJRインターナショナル買収時点で、すでにJTは世界首位のフィリップ・モリス（2013年売上800億ドル、営業利益135億ドル、時価総額約1300億ドル）、第2位のブリティッシュ・アメリカン・タバコ（BAT、2013年売上150億ポンド（1ポンド170円換算で2.6兆円）、営業利益55億ポンド、時価総額約1000億ポンド）に続いて世界第3位となっていた。それが、ギャラハー買収により、2013年3月期連結売上2.1兆円、連結営業利益5324億円、時価総額約6兆円となり、2位のBATに売上では肉薄した。

そもそもRJRインターナショナルやギャラハーには、当然ながらフィリップ・モリスやBATも興味はあっただろうが、彼らは各国の独占禁止法に抵触する恐れが高く手が出せなかったという事情がある。

当時のJTにその問題はなかったので2件とも買収できたわけだが、もはやそうはいかない。2回の大型海外買収を成功させて大きく成長を実現したJTだが、さらなる買収は市場の構成にもよるがかなり難しいのだ。そういう意味では今後は世界でのオーガニックな成長に期待がかかるところである。

ちなみにギャラハー買収以降のJTの国内たばこ事業の成長を見ると、次頁の表のように国内売上のCAGRは2008年から2014年でほぼゼロである。ただし、この数字は過去の数字と比較可能とするため

に現在IFRSベースでたばこ事業は税抜きの売上高を開示しているが、これを過去の税込に換算推定した数字である。国内たばこ事業は、2010年10月から1本3.5円、売れ筋商品での売価比率で言えば約20%にあたる増税を経ているので、税込み売上で横ばいということは税抜き売上では大幅な減収ということだ。

　それでも国内たばこ事業が営業利益CAGRで約2.5%の成長を実現している。これだけでも素晴らしい業績と言えるのだが、もし仮にRJRインターナショナルもギャラハーも買収していなければ、JTはこの程度の成長しか実現できていなかったということである。その場合のJTの株価は、現在の営業利益全体に占める海外たばこ事業の比率がおおむね60%強であることを考えれば、現在の半分未満であっただろうことは容易に想像できるだろう。成長を求めて米国以外の海外に打って出た戦略は、まさに正しかったということだ。

◆ JTの業績推移：(億円)

	07/3期	08/3期	09/3期	10/3期	11/3期	12/3期	13/3期	14/3期	08→14CAGR
売上（税込換算）									
国内たばこ事業	34,163	33,625	32,005	30,428	31,034	30,120	32,027	33,108	-0.3%
海外たばこ事業	9,997	26,400	31,183	26,336	26,500	26,577	27,798	34,930	4.8%
営業利益									
国内たばこ事業	2,454	2,223	1,883	2,033	2,129	2,082	2,402	2,570	2.5%
海外たばこ事業	811	2,054	2,690	1,938	2,365	2,524	2,895	3,764	10.6%
期末時価総額（兆円）	5.7	4.9	2.6	3.4	2.9	4.5	5.7	5.9	

（ただし2012年3月期以降はIFRS、それ以前は日本GAAP、海外たばこ事業は買収暖簾償却前ベースに換算している）

第7節　その他の日本企業の買収例

　以上見てきた以外にも、実は少なくとも財務的には成功と言える日本企業による海外企業の買収例はいくつかある。特にバブル期に日本の金融機関が買収した海外の金融機関は、その後日本の金融機関がバブル崩壊以降の不良債権処理の原資として売却したケースが多く、そのとき、かなりのキャピタルゲインを得ているケースが多いのだ。い

くつかそういう案件を見てみよう。

(1) 富士銀行のヘラー・フィナンシャル買収

1984年1月に富士銀行（当時）は、米国ノンバンク（中小企業向けファクタリング）ウォルター・E・ヘラーのファイナンス・ユニットを4億2500万ドルで買収、社名をヘラー・フィナンシャルとした（買収金額986億円、当時の1ドル232円で換算）。その後、1998年4月にはヘラーがニューヨーク証券取引所に上場した。富士銀行の保有比率は上場直前で100％、上場直後で60％、IPOは公募のみで売り出しなしであった。上場時価総額は公募価格 $27×8455万株＝22億8300万ドル（3014億円、当時の1ドル132円で換算）であった。

その後、2001年10月にGEキャピタルが公開買付でヘラーを買収、買収時価総額は53億2200万ドル（6493億円、当時の1ドル122円換算）であった。対発表4週前株価買収プレミアムは36％であった。

富士銀行（当時はみずほホールディングス）はヘラーを52％保有していたので、27億6700万ドルを受領した。新聞報道では、売却益1200億円（月末為替＝1ドル121円換算）を計上したと言われている[*24]。価格の単純比較からすると売却益が少ないが、IPO時点やその後の一部の株式処分時点で評価替えによる利益を計上していたものと思われる。

したがって、実際のキャピタルゲインの総額は不明だが、数千億円単位であることは間違いないだろう。財務的には大成功なのだが、戦略的には結局、競合他社に売却して撤退しているので、成功とはいいがたいだろう。

(2) 住友銀行のゴールドマン・サックスへの出資

1986年11月に住友銀行は5億ドルの優先株出資でゴールドマン・サックスの12.5％利益参加権を取得した（810億円、当時の1ドル162円で換算）。1999年にはゴールドマン・サックスがニューヨーク証券取引所に上場した。上場時初値（1株65ドル）時価総額は286億9000万ドルであった。その12.5％は35億8600万ドルであった。

さらに IPO 前 3 年間（97 〜 99）のゴールドマン・サックスの平均年間純利益は 26 億 3000 万ドル程度であり、その 12.5%＝3 億 3000 万ドル程度を毎年受領していたとすると、それだけで投資金額を遥かに上回っている。

　最終的には 2001 年 11 月に三井住友銀行がゴールドマン・サックス株をすべて売却（1 株約 90 ドル、この時点での保有比率は 1.8%でその価値は 7 億 7000 万ドル）したと発表している（955 億円、当時の 1 ドル 124 円で換算）[25]。

　このケースも住友銀行が得たキャピタルゲインの総額は不明だが、数千億円単位であることは間違いないだろう。財務的には大成功なのだが、戦略的には当初はゴールドマン・サックスを買収する足掛かりにしようという意図が報道されていたのだが、米国 SEC が米国の銀行・証券兼営規制の関係上、米国に銀行拠点を持つ住友銀行と証券会社であるゴールドマン・サックスの米国内での協業を厳しく制限したことなど誤算も多くあり、結局、市場で売却して撤退しているので、成功とは言いがたいだろう。

（3）住友銀行のゴッタルド銀行買収

　1984 年 7 月、住友銀行がスイスのプライベートバンクのゴッタルド銀行の 52.67% を 1 億 4400 万ドル（336 億円、当時の 1 ドル 233 円で換算）で買収した。その後、1999 年、スイス生命がゴッタルドの住友銀行持ち分 53.5% を 9 億 4370 万ドルで買収した（972 億円、当時の 1 ドル 103 円で換算）[26]。売却益は 600 億円程度と報道されている[27]。財務的には大成功なのだが、戦略的には結局、他社に売却して撤退しているので、成功とは言いがたいだろう。

（4）第一勧業銀行の CIT 買収

　1989 年 12 月、第一勧業銀行（DKB）は米国のノンバンク大手コマーシャル・インベストメント・トラスト（CIT）の 60% をマニュファクチャラーズ・ハノーバー・トラストから 12 億 8000 万ドルで買収した（1830 億円、当時の 1 ドル 143 円で換算）。その後、第一勧銀

はCITの残りの40%を1989年と同条件で追加取得するオプションを行使して完全子会社化するに至り、総投資金額は21億4000万ドル程度になった[*28]。その後、1997年にCITはニューヨーク証券取引所に上場し、公募価格（1株28ドル）での時価総額は44億1000万ドルとなった。その時点で第一勧銀は、その価値の80%（議決権では95%）を保有していた。

第一勧銀はその後、徐々にCIT株式を市場に放出し1999年時点ではその持ち分は44%まで低下していた[*29]。さらに同年にはCITがカナダのリース会社ニューコート・クレジット・グループを26億9000万ドルで株式交換で買収し、この時点で第一勧銀持ち分は44%から27%に希薄化した。

2001年6月、米国コングロマリットのタイコ・インターナショナルがCITの100%を93億4100万ドル（対発表4週前株価プレミアム47%）で買収した[*30]。第一勧銀（当時はみずほホールディングス）は保有するCITの27%を全て売却して24億9000万ドルを受領した[*31]。バブル末期から90年代にかけて第一勧銀が買収したCITは、97年のIPO時点で44億1000万ドルと当初買収金額の約2倍になっており、その後、株式交換での大型買収などを経て01年にタイコに売却した時点では93億4100万ドルと当初買収金額の4倍以上になっていた。

第一勧銀はIPO後に徐々に株式を放出しているので、正確なキャピタルゲイン金額は不明だが、タイコへの売却時以外の株を全てIPO価格で売却したとしても、売却総額は、$\$4{,}410 \times (0.8-0.44) + \$9{,}341 \times 0.27 = \$1{,}588 + \$2{,}522 = 41$億1000万ドル、となり、買収金額のおおむね2倍になったことになる。

経営的には、CITは総合ノンバンクであり、航空機リースから企業向け設備金融、個人向け住宅ローンまで幅広いサービスを展開して成功した。しかし、経営の実態は現地主導で成功したと言われており、資金面以外で特に第一勧銀とのシナジーが働いたということはない模様だ。したがって、財務的には成功と言えるのだが、戦略的には不良債権の処理原資欲しさに結局売却して撤退していることもあり、成功

とは言えないだろう。

（5）三菱商事のＵＣＡＲカーボン買収

　これは金融機関ではないが、商社の金融機関的な機能としての事業投資の成功案件という意味では似たような案件と言える。1991年2月に三菱商事は米国化学大手のユニオン・カーバイド（UC）から電炉用炭素電極製造大手のユカール・カーボン（UCAR）の50%を2億3250万ドルで買収、加えて2億1750万ドルのローンをUCから引き継いだ（株主価値＝306億円、当時の1ドル132円換算）。その後、1995年1月に三菱商事とUCはUCARをブラックストン・グループにLBOで売却した。

　三菱商事は50%持ち分の対価として4億600万ドルを受領（402億円、当時の1ドル99円換算）、UCは25%持ち分の対価として3億4650万ドルを受領して引き続き25%株主として経営に参加した。その後、UCARはニューヨーク証券取引所に上場、ブラックストンは投資を回収したが、その後同社の業績は振るわず、1997年以降は赤字と黒字を繰り返す状況であった。

　三菱商事としては4年で約300億円の投資が約400億円になっており、しかもその後の同社の業績低迷を考えると、UCと違って1995年時点で完全にイグジットしたのは正解であったようであるから、財務的には成功だろう。しかし、戦略的には実は元々、完全な財務投資として始めたわけでもなく、米国での事業拡大の意図もなかったわけではないとも考えられるので、結局、ファンドに売却して撤退していることを考えると、そういう面では成功とは言えない部分もあるだろう。

第8節　ロシュによる中外製薬買収

　日本企業による海外企業買収の成功例を見てきたが、ここからは海外企業による日本企業買収の成功例を見てみよう。
　2002年10月、スイス医家向け医薬品大手のロシュ（Hoffmann-La

Roche) が中外製薬の 50.1% を取得して子会社とした。ロシュは中外と日本ロシュの合併で 1 億 9660 万株、ロシュに対する第三者割当増資で 2110 万株、公開買付で 3000 万株を取得した。

さらに中外は米国での独占禁止法の理由で米国子会社で遺伝子技術による血液診断検査大手のジェン・プローブ社（GPI）を日本企業としては非常に珍しい無償減資による株主割り当て（一種のスピンオフ）で資本関係をなくした。

GPI は中外が 1989 年に 9580 万ドルで買収したバイオベンチャー企業であったが、2002 年のスピンオフ（減資）により米国で上場会社となった。減資時の源泉所得税の計算のために中外が採用した GPI の想定時価は約 800 億円、米国上場当初の時価総額は 3 億 5100 万ドル、1 年後の時価総額は 12 億 7400 万ドルであった。この買収は、日本企業による海外企業買収の数少ない成功例の一つとして高く評価されてよい案件であった。

ところが、中外がロシュの傘下に入る決断をしたことから、同種事業を米国で展開するロシュとの独占禁止法上の問題が出てきて、泣く泣くこの子会社を手放すことになった。後日談を言えば、実は GPI は 2012 年に米国医療機器製造大手のホロジック社に 37 億ドルで買収されている[*32]。もし中外がロシュの傘下に入らず、GPI を持ち続けていれば、1 億ドルに満たない投資が 23 年後に 39 倍になったわけだ。

大成功の背景に上場維持を受け入れた「度量」

中外はロシュの傘下に入る以前から売上 2000 億程度で 150 億円前後の純利益を計上する優良企業であった。創業家である上野家の娘婿で、元日本長期信用銀行のバンカーであった永山治社長が中外を、武田薬品工業をしのぐ日本一の製薬メーカーに成長させたいとの思いから、世界 5 位以内の海外メーカーとの資本提携を画策、本件が成立したと言われている[*33]。

永山社長は外資の完全子会社になることは避けたかった。中外の年間 400 億円程度の研究開発費では大型新薬を続けて開発することは

不可能であり、いずれ国内でもじり貧になる可能性が高いので、年間数千億円規模の研究開発費を投じる海外の大手と資本提携するしか武田に追いつくほどの成長を実現する手段はなかった。他方、最低限の中外の独立は守りたかった。外資に50%超の議決権を取得されて連結子会社になることは受け入れるものの、上場を維持することが必要だと考えた。

多くの外資大手と交渉したが、永山氏の思いを受け入れる度量を持った会社はなかなか出なかった。経済合理性から言えば、自分で買った会社には自社製品を日本市場で独占販売させるわけであるから、その利益の49%を新薬開発に貢献しない日本の一般株主に分け与える結果となる上場維持はM&A上手のファイザー（米）やグラクソ（英）、アヴェンティス（独・仏）が飲むはずはなかった。

そこに現れたのが、フランツ・ヒューマーCEOが率いるロシュだった。ロシュは1990年に米国で買収したバイオベンチャーのジェネンテックを最終的に2009年に完全子会社とするまで19年間にわたってジェネンテックのベンチャー企業としての社風を守るために米国NASDAQ市場での上場を維持してきた実績があり、中外と永山社長の思いを理解・支持できる経験と知識があったのだろう。

ロシュの傘下に入った後の中外の業績は目覚ましい。ロシュのインフルエンザ特効薬タミフルが神風的に貢献したのだが、2002年の売上2111億円、純利益146億円から7年後の2009年12月期には売上が4289億円と倍増（7年間のCAGRは11%）、純利益は566億円と3倍以上（CAGR=21%）と大きな成長を実現し、時価総額も株価も3倍以上となった。外資による日本企業買収では極めて珍しい大成功事例と言ってよい。

中外が目標としてきた武田の2014年時点の売上は約1.7兆円、純利益は約1100億円、時価総額は約3.5兆円である。中外の約4000億円、約500億円、約1.4兆円とはまだかなり開きがある。永山社長の野望はまだ実現していない。

一方、このM&Aはロシュの側から見ても非常に意義深いものであった。日本の医薬情報担当者（MR）の営業慣習はやや特殊で、欧米

のメーカーにはなかなか受け入れ難い面があった。銀座（クラブ）や千葉（ゴルフ）で関係者を接待し、製品を病院に売り込むという日本的な営業スタイルはロシュの日本法人には無理だった。中外を傘下に入れたことで、中外の強い営業部隊を活かし、自社の世界的に競争力のある新薬群を売り込むことが可能となった。

　ロシュによる中外買収後、外資系のMRも日本企業のMR以上に営業で攻勢をかけるようになった。それが行き過ぎた結果、ノバルティスの降圧剤バルサルタンに関する治験データ捏造事件が起きた。この事件はMRが頑張りすぎた結果、法律に触れてしまったというケースだ。その意味からも、ロシュの日本におけるM&A戦略は大成功だったといえる。

◆ 中外製薬の業績推移(億円)

	02/3期	03/3期	04/12期	05/12期	06/12期	07/12期	08/12期	09/12期	02→09CAGR
売上	2,111	2,374	2,947	3,272	3,261	3,448	3,269	4,289	10.7%
純利益	146	▲201	341	536	384	401	393	566	21.4%
期末時価総額	2,759	6,602	9,403	14,155	13,735	8,954	9,643	9,738	19.7%

第9節　ルノーによる日産自動車買収

　1999年5月、ルノーは日産自動車と日産ディーゼルに合計6430億円出資し、日産自動車の議決権の36.8%と日産ディーゼル工業の22.5%を取得した。ルノーは日産自動車の欧州販売金融会社を19億フランスフラン（約380億円）で取得した[34]。この結果、日産はルノーから当時ルノーの上級副社長であったカルロス・ゴーン氏をCEOに迎え、事実上、ルノーの傘下に入った。

　さらに2001年にはルノーが新株予約権を行使して日産に18億5000万ユーロ（2159億円）を追加投資し、出資比率を44.4%に高めた。同時に日産自動車もルノーに19億400万ユーロ（2175億円）出資して13.5%を取得した[35]。これはほぼ同額の第三者割当増資（TPA）を互いに実行しただけなので、互いの株式持ち合いで見かけ

上の資本を増やし、資本関係を双方向にした形である。

　1999年当時の日産自動車は、社債格付けの低下で米国販売金融子会社が発行しているコマーシャルペーパーのロールオーバーが困難となり、経営危機に直面した。これを打開するためにダイムラーやフォードとならんでルノーと交渉したようだが、最終的にルノーとの資本提携を選択した。カルロス・ゴーン氏の経営手腕は当初見事にはまり、彼の掲げた「日産リバイバルプラン」によって日産の業績は急回復した。

　日産を買収した時点の2000年12月期のルノーの売上は402億ユーロ、純利益は11億ユーロ、時価総額は97億ユーロであった。当時の為替レートが1ユーロ98円だったのでルノーの時価総額は1兆円弱であり、日産への6430億円の投資はルノーにとってやや身の丈を超えた一世一代の大勝負であったと言えるだろう。それでも2000年3月期から2007年3月期までの7年間で日産の売上は約6兆円から10兆円となり、時価総額は1.7兆円から5.7兆円に増大したのであるから、ルノーとしては少なくとも財務的には大成功の投資であったと言ってよい。

　しかし、戦略的にはルノー車が日本国内で売れることはなく、日産がルノーとは無関係にその業績を回復させていっただけという面がある。ゴーン氏はその後、2005年4月から日産とルノーの双方のCEOを兼務しており、その少しあとのパリバショックとリーマンショックの頃から当然ながら両社、特にルノーの業績が停滞しており、ゴーン氏の神通力もその効力を失いつつあると言われた。

歪んだ資本関係

　資本市場から見ると、このケースはやや歪んだ上場会社の資本関係を出現させてしまっている。両社の資本提携以降、危機から回復した日産の時価総額がルノーのそれを継続して大きく上回り、時価総額2兆円のルノーの51%を1〜1.5兆円程度で買収すれば、時価総額6兆円の日産自動車の事実上の支配権（に非常に近いレベルの議決権）がついてくるという、世界のエクイティ・アービトラージャー（裁定

取引業者）からみれば、垂涎の的とも言える状況が長らく続いているのだ。

　この関係を解消するためには、日本でセブン‐イレブンとイトーヨーカドーなどが行ったような、日産とルノーをともに傘下に入れた持ち株会社を設立するといった国際再編が必要だ。しかし、そうした動きは見られない。世界景気が回復して裁定取引業者にリスクマネーが豊富に供給されるようになると、今後、この問題に焦点が当たる可能性もあるだろう。

◆ 日産自動車の業績推移

	00/3期	01/3期	02/3期	03/3期	04/3期	05/3期	06/3期	07/3期	02→07CAGR
売上（兆円）	5.98	6.01	6.2	6.83	7.43	8.58	9.43	10.47	11%
純利益（億円）	▲6,844	3,311	3,723	4,952	5,037	5,123	5,181	4,608	4.4%
日産時価総額（兆円）	1.67	3.14	4.24	3.57	5.27	4.97	6.32	5.71	6.1%
ルノー時価総額（10億ユーロ）	9.7	11.3	10	7.7	12.7	13.5	19.8	21.2	16%

第10節 DDI・KDD・IDO の三社合併

　次に日本企業同士のいわゆる国内再編での成功例を見てみよう。まずは1999年12月に発表され、2000年10月に実行された第二電電（DDI）と国際電信電話（KDD）と日本移動通信（IDO）の3社合併である。

　この3社合併は、まずDDIがIDOとどうしても合併する必要があったところから始まった案件である。当時の郵政省が一つの携帯電話事業者が全国をカバーしたサービスを行うことを許さず、全国を北海道・東北・関東・東海・北陸・関西・中国・四国・九州の9ブロックに分けた地域免許を発行した。そのため、事業者が全国ローミングを提供することが困難であった。

　使用周波数にも問題があった。子会社を通じて一気通貫サービスできる唯一の事業者のNTTドコモが800MHz、東京と東海の2地区だけで免許を得たトヨタ自動車系の日本移動通信と、東京と東海以外の

7地域で免許を得たDDI系のセルラーがやはり800MHzだった。第三と第四の系統の事業者として日産自動車系のツーカー（但し、関西セルラーだけは日産とDDIが共同大株主）と日本テレコム系のデジタルホンが1.5GHzで、東京・東海・関西では別会社で展開し、それ以外の6地域ではデジタルツーカーとして両社のJVで展開していた。

NTTドコモは、免許は別でも資本は統一されていたので、そもそも全国ローミングサービスを展開することに何の支障もなかったが、2002年には株式交換で地域各社が関東地域で事業を行っていたNTTドコモ中央の完全子会社となり、他社に先駆けて今では当たり前の全国サービス体制を整えた。

純利益は14倍

これに対抗するには、デジタル系とツーカー系の合併（後のJフォン→ボーダフォン→ソフトバンクモバイル）、DDIとIDOの合併（これが現在のKDDIが展開するauサービス）が不可欠であった。そういう事情でDDIがIDOと合併することになった。

IDOの筆頭株主のトヨタ自動車は、過去に固定通信事業で設立した長距離電話サービスのテレウエイジャパンがKDDと合併していたため、KDDの大株主でもあった。NTTの分割民営化の結果、NTTコミュニケーションズが国際電話サービスに参入できることになったため、国際電話専業のKDDは、存続が危ぶまれる状況になっていた。トヨタ自動車がDDIに対してIDOをDDIと合併させる条件としてKDDも抱き合わせで引き受けることを求めたため、3社合併が実現することになった。

3社合併後のKDDIの業績は好調であった。そもそもNTTドコモが使用する800MHzは1.5GHzより周波数が低い（波長が長い）ため、雨などの影響を相対的に受けにくく、遠くまで届く。また直進性が相対的に弱く、後ろに回り込む性質もあることから、携帯電話に使用する電波として優れていた。これと同じ周波数を使用するDDIとIDOが合併してNTTドコモに対抗して全国一気通貫のサービスを展開すれば、1.5GHzの陣営が同じことをしても必ずそれより優位に立てる

であろうことはほぼ自明の理であった。

 果たして結果はその通りとなった。1.5GHz陣営は結局、日本テレコムが英国のボーダフォンに買収されてボーダフォンの傘下で事業展開するが、第16章でも触れたように、ボーダフォンは完全買収を完了した2004年から僅か2年後の2006年、1兆円以上の損失を計上して撤退してしまった。

 その後、KDDIは順調に業績を伸ばした。統合第一期の2001年3月に2兆円あった有利子負債はリーマンショックの影響で業績が再び下がる前の2007年3月期までに0.6兆円まで低下しているし、同期間に売上は1.6倍、純利益は14倍、時価総額は2倍になった。

 同期間にNTTドコモの売上は1.02倍、純利益は1.25倍、時価総額は約20兆円から9.6兆円と半分未満になっていることを考えると、KDDIの業績がいかに同業他社をアウトパフォームしたかが分かる。

◆KDDIの業績推移

	01/3期	02/3期	03/3期	04/3期	05/3期	06/3期	07/3期	08/3期	01→08CAGR
売上（兆円）	2.27	2.83	2.79	2.85	2.92	3.06	3.34	3.6	6.8%
純利益（億円）	134	130	574	1,170	2,006	1,906	1,867	2,178	49%
時価総額（兆円）	2.1	1.5	1.5	2.5	2.3	2.8	4.2	2.7	3.7%
有利子負債（億円）	2.0	1.7	1.5	1.2	0.9	0.8	0.6	0.6	

ソフトバンクによるボーダフォンの買収

 なお、この業界におけるもう一つの大型買収は、2006年3月に発表されたソフトバンクによるボーダフォンの買収（97.7%を1.75兆円、買収株主価値1.79兆円、買収会社総価値2.05兆円）だが、こちらも結果を見れば大幅な増収増益を実現しており、大成功案件の一つと言って良いだろう。

 ソフトバンクが買収する直前の2006年3月期のボーダフォンの営業利益は763億円であったから、買収営業利益倍率は会社総価値÷営業利益=27倍であった。特別損益がないとして税率を40%として

デットフリー（無借金）ベースでの想定純利益を763億円の0.6倍すなわち458億円とすると、買収PERは買収会社総価値（負債も自己資本に換算）÷想定純利益=45倍だ。

当時のNTTドコモやKDDIのPERは12〜13倍程度、営業利益倍率は9〜10倍程度であったから、当時、この買収価格は異常なほど高いと評価された。それでも売り手の英国ボーダフォンはこの売却価格で特別損失約1.1兆円を認識しての損切での撤退だった。常識的に考えれば、この買収価格では高値掴みは明らかであり、到底うまくいかないだろうと思われた。事実、買収後、数年間は安売り攻勢を仕掛けるものの、MNP（Mobile Number Portability）による加入者の他社への流出等で業績は伸び悩んでいた。

高値掴みを吹き飛ばしたiPhone独占販売

しかし、ここで劇的な変化をもたらしたのが、2008年7月に始まったアップルのiPhoneのソフトバンクモバイルによる独占販売だ。この状況はKDDI（au）が2011年11月にiPhone 4を発売するまで3年以上続いた。この神風によってソフトバンクモバイルは加入者数を2006年3月末買収時点の約1500万人から2014年3月末の約3600万人へと2倍以上に伸ばし、営業利益は約8倍の6090億円となった。

買収時点で赤字や赤字に近い極めて低い営業利益の状況であれば別だが、2006年3月期の営業利益763億円は利益率で5.2%だった。そういう状況の会社の営業利益が8倍になることを前提にM&Aの意思決定をすることは通常考えられないが、このケースではそれほど考えられない爆発的な増益が実現してしまった。2014年3月期の営業利益で考えれば、買収営業利益倍率は3.4倍に過ぎない。結果として、この買収も大成功だったと言わざるを得ないだろう。

◆ ソフトバンクモバイルの業績推移(億円)

	06年3月	07年3月	08年3月	09年3月	10年3月	11年3月	12年3月	13年3月	14年3月
営業利益	763	1,557	1,746	1,714	2,609	4,024	4,292	4,678	6,090

(ただし2014年3月期よりIFRS任意適用、それ以前は日本GAAP)

スプリント買収の問題点

　その後、ソフトバンクは、2匹目のドジョウを狙った。2013年7月、米国携帯電話3位のスプリント・ネクステル(買収後にスプリント・コーポレーションに改称)の78％を216億ドルで買収した。

　この買収については、買収時点では2006年のボーダフォンの買収よりさらに成功が難しい買収と評価された。スプリントはボーダフォンと異なり、買収直後の2013年12月期の通年の業績が純利益でマイナス18億6000万ドルと巨額の赤字だったうえに、ボーダフォンの成功の鍵となったiPhoneは既に競争相手のAT&Tワイヤレスもベライゾンも第4位のTモバイルまでもが扱っており、優位性はなかった。さらに周波数とシェアを獲得するために追加で買収したいドイツテレコム所有のTモバイルについては、米連邦通信委員会(FCC)が買収に難色を示していると言われていたからだ。

　さらに言えば、2014年3月期のソフトバンクの連結貸借対照表を見ると、有利子負債が短期長期合わせて約9兆円もある。前年から5.5兆円もの増加だ。この大半がスプリント買収が原因である。スプリントの2014年3月期の貸借対照表には約3兆円の有利子負債があり、これが新たに買収で連結に加わったことと、スプリントの78％を買収するために2兆円以上を支払ったが、この買収資金もすべてソフトバンクが負債で調達したからだ。

　もちろんソフトバンク連結の営業利益は1.1兆円あるので、キャッシュフロー上は9兆円の負債を管理することに当面問題はないだろう。不安なのは、スプリントの巨額負債の反対側の資産を見ると、約8兆円(1ドル＝100円換算)の総資産のうち実物資産は約3兆円で、残りの5兆円は「Goodwill」や「FCC Licenses and other」という無形資産だ。この無形資産は2年前には2兆円と評価されていた。ソフ

トバンクが高値で買収したことで、暖簾の評価が上がったことになる。

だが、これは脆弱な資産だ。スプリントが赤字を続ければ、すぐに減損の対象になる。全額減損すれば、ソフトバンクの連結純資産2.9兆円などあっという間に消えてなくなり債務超過になりかねない。

孫社長のあくなき成長への野望は、米国でも成功をもたらすのだろうか。今後の展開に目が離せない。

第11節 NKKと川崎製鉄の合併

もう一つ、国内の事業会社の案件を見ておこう。

2001年4月に発表され2002年9月に合併したNKKと川崎製鉄だ。NKKと川崎製鉄は、長らく日本の鉄鋼大手5社あるいは高炉6社のなかで新日鉄に続く2位と3位であったが、両社の合計の経常利益は新日鉄を上回ったことがなかった。そういう状況下で、鉄鋼業界にゴーン・ショックと呼ばれる異変が起きた。第9節で述べたように、1999年にカルロス・ゴーン氏が日産自動車のCEOに就任すると、9月に「日産リバイバルプラン」を発表した。

これは2002年度までの3年間で1兆円のコスト削減を行い、販売金融を除いた有利子負債を1.4兆円から半減以下とし、2000年度までの1年半で黒字を達成し、2002年度までに営業利益率4.5％を実現するというものだった。1兆円のコスト削減は、これまでの部品・素材納入メーカーを厳しく選別することで達成しようとした。例えば自動車向け鋼板の納入先を1社に絞って、その代り大幅なコスト削減を実現しようとした。

それまでの日本のメーカーの慣習として、ジャストインタイムなどの在庫削減に協力する系列メーカーは数社を同列に扱い、1社に絞るということはなかったが、ゴーン氏はこれをやると言ったわけだ。そして、鉄鋼業界に激震が走った。新日鉄が大方の予想に反してNKKや川鉄を尻目に最安値で日産のほとんどすべての鋼板受注を独占したのだ。これで業績が好転した日産を見て、トヨタ自動車が同じことをやる気配を見せた。これが決定打となった。NKKと川崎製鉄は、自

図17-1 NKK・川崎製鉄(JFE)と新日鉄の業績推移

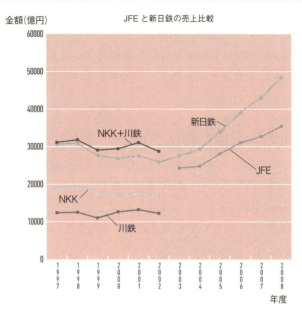

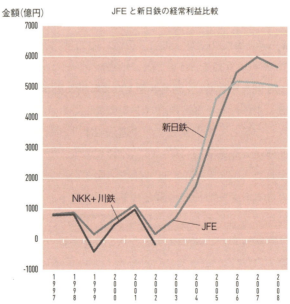

出典:各社有価証券報告書

らの生き残りをかけて経営統合に舵を切った。

日本型対等合併の成功例

図17-1にあるように、これまで売上では合計で新日鉄を上回ってきたが、合計経常利益では一度も新日鉄を上回ったことがなかったNKKと川崎製鉄は、統合第1期に経常利益で新日鉄を上回り、それが3年間続いた。これは当時のNKKの下垣内社長と川崎製鉄の江本社長が、この統合を日本型の対等合併としつつ、あらゆる点で両社の社員が新会社のためだけに働くように仕向けたことが功を奏したと言われている[*36]。

例えばNKKと川崎製鉄は、東日本と西日本にそれぞれ主力の製鉄所を持っていた。川崎扇島と千葉、福山と水島をそれぞれ統合して東日本製鉄所・西日本製鉄所として一体運営し、しかもそれぞれの地域で部長以上の管理職をすべて旧川鉄の人間は千葉から川崎へ、旧NKKの人間は川崎から千葉へと配置転換した。あえて襷掛け人事を

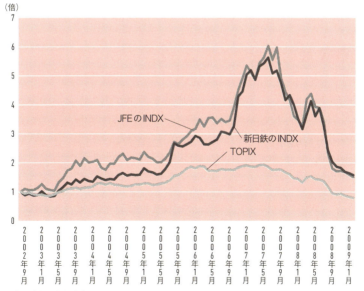

図17-2 JFEと新日鉄の株価推移（02年9月末基準の指数）

出典：各社有価証券報告書

排除して、それぞれ新会社のためにしか働けない環境を作った。

　また、高炉の休止にしても、経済合理性で考えて千葉第5高炉と水島第1高炉を休止し、川鉄とNKKを1機ずつという襷がけ休止も選択しなかった。さらに統合第1期から給与に格差のあった両社の水準をあえて高い方に合わせて統一し、さらに賞与をJFEの経常利益に連動する仕組みとして、社員全員が新会社の業績を気にするように仕向けた。

　この結果、図17-2が示すように、統合から5年間はJFEの株価はTOPIXと新日鉄の双方をアウトパフォームしている。実は統合後、2003年ごろから中国経済の高度成長が世界の鉄鋼需要を逼迫させて鉄鋼素材の国際価格を上昇させたので、ゴーン・ショックに慌てたNKKや川崎製鉄はもし統合に舵を切るのが2年遅れていたら、統合しなくても新日鉄のように業績が好転して、単独でも当面生き残れていたかもしれない。

　だが、その後リーマンショックを経て住友金属工業が新日鉄に買収されている。仮にゴーンショックを単独で生き残っていたとしても、日本で5社も6社も高炉メーカーが生き残っていける時代はとっくに終了していたのであろう。

第12節 成功と失敗の原因分析

　第16章と第17章で日本企業が関係するアウト・イン、イン・イン、イン・アウトのM&Aの多数の失敗例と少数の成功例を見てきた。これまでの議論を踏まえて、ここで日本企業関係のM&Aについて失敗の原因として何か共通する事項がないか、成功のために必要な条件に関する示唆はないか、を考えてみたい。まず多数の失敗案件についてだが、失敗の原因は、以下の5つ程度の原因に分類できると思われる。

やってはならない失敗

(1) 今が本当に買い時か？　一時的なバブルに賭けてはいないか？

　第一の視点として考えられるのは、今が本当に正しい買収のタイミ

ングか、一時的な特定業界のバブル景気に賭けてしまっていないか、という点だ。

典型的な例は、NTTコミュニケーションズのベリオ社買収やNTTドコモのAT&Tワイアレス等の一連の海外買収、あるいは古河電工のルーセントの光ファイバー事業の買収だろう。これらは共通して2000年ごろのネットバブル期に、インターネット関連の業界の株価が極端に上昇した時期に、高値でしかも現金で買収を実行してしまい、結果的にバブル崩壊後に大きな損失を被ったケースだ。

問題なのは、これらの例は皆、自分の本業真っ只中の事業会社を買収している点だ。多角化で慣れない業界に出て行っての失敗ならまだ分からないこともないが、自分が最も得意な業界で、(先の事は誰にも分からないとはいえ)現在の状況が、数年後に振り返って、歴史的な異常事態であったと誰もが思うような状況で、しかも全額現金で買収している(つまり近い将来バブルが剝けた場合の対策を何も取らずにだ)。

例えば、自分の会社の株価も同様にバブル的に上昇していれば、自社株を対価に買収しておけば、双方の株価が下がった時に損をするのは買い手ではなく、対価の株式を受け取った対象会社株主(というか、そこからその株式を転売で買ったバブル崩壊時点の株主)になるため、買い手としてはヘッジが成立する。だが、そのような対策は一切取らずに、無防備な巨額買収を実行してしまっている点が問題なのだ。

バブルをバブル期にバブルであると断定するのは難しいのは確かだ。しかし、PERが100倍前後などとあまりに非常識な値であれば、通常はバブルである。これが近い将来崩壊する可能性についてまったく考慮しないうえでの失敗は、業界の専門家としては、やはりやってはならないことだ。

そういう意味では、ネットバブルではないが、1980年代末に米国の好景気の中で上昇する不動産を約2400億円の高値で買って僅か6年後に約1000億円の特損を出して大半を売却した三菱地所のロックフェラーグループ・インターナショナル(RFGI)買収も、この視点の格好の例と言えるだろう。結果論だが、実は三菱地所が損切りした

後で米国不動産は大きく上昇相場となり、リーマンショックまで10年近く上げ続けるのだ。*37 三菱地所は不動産のプロとして本件においては、買い時と売り時を二重に間違えたということになる。

不動産は、半導体等と同じようにシクリカルな（循環相場の）市場である。定期的に上下する相場で、高値で買えば回収が難しいのは当たり前だろう。そもそも株でも商品でも不動産でも、買う以上、今が相場観的に正しいタイミングなのかどうか、という思考回路は個人の素人売買でも少しは考える。ましてプロがM&Aで大きな金額を動かすのだ。バブルに賭けてしまっていないか、循環相場の高値で買うことにならないか？　といった自問自答は、買収にあたって相場観という観点からのチェック項目の基本の一つとして当然心に留め置く必要がある。

（2）対象会社の実態に即して妥当な価格か？

第二の視点は、対象会社の買い値が一般的な指標で見て、例えばPER等で見て妥当であったり、上場会社の場合、買収プレミアムで見て直近の他の類似買収案件と比べて高すぎないとしても、その会社の本質で見て妥当か？　実態に即して割高ではないか？　という視点だ。これは第一のバブルの問題と似ているが、違うのは業界全体の構造的なバブルということではなく、特定の対象会社の買い値がその会社の実際の内容に即して妥当かというチェック項目だ。

武田は単なる販売網買収に96億ユーロを投じた？

例としては、もちろん前記のNTTグループや古河電工の例も入るのだが、それ以外に例えば（まだ結果を判断できる段階ではないが）武田薬品のナイコメッドの買収会社総価値96億ユーロでの買収（2011年9月完了）などがその例だろう。ナイコメッドは買収当時、非上場会社だったので情報は限定されるが、買収時点のナイコメッドのLTM（2011年5月時点のデータ）売上高は18億1200万ドル程度（＝1468億円、当時の1ドル81円で換算、12億6300万ユーロ、当時の1ユーロ0.697ドルで換算）であった。*38

一方、2013年3月期の武田薬品工業の有価証券報告書によると、

この期の武田の米州を除く海外（欧州とアジアとその他の）地域における連結売上は3992億円であった。ナイコメッド買収前の2011年3月期の武田の米州以外の海外（欧州とアジアとその他の）連結売上は2016億円なので、この差のすべてがナイコメッドの売上だと仮定すると、武田は売上1468億円のナイコメッドを2012年3月期の期中に買収して、ナイコメッドの売上がフルに寄与する翌2013年3月期の米州以外の連結売上が1976億円増加しているわけだ。つまりナイコメッドの売上は35%増ということになる。

しかし、買収時点の武田の発表によれば、2010年12月期のナイコメッドの（買収対象外の米国皮膚科事業を除く）売上は28億ユーロで純利益は2億2900万ユーロの赤字とある[*39]。この数字は、上記のトムソン・ファイナンシャルのLTM売上データとは乖離があるが、こちらが正しいとすれば、買収後のナイコメッドの売上は大幅減少ということになる。なにぶん開示情報が少ないのでどちらが正しいのかはっきりしないが、少なくとも武田としてはナイコメッド買収に当たり、「欧州および高い成長を続ける新興国の事業基盤が加わり、当社の開発力・販売力が強化され、当社の製品・パイプラインのポテンシャルが一段と高まることになります」と胸を張っていたのだが、実態は果たしてどうだったのだろう。

第16章第18節でも述べたが、買収から2年後の2013年3月期の武田薬品の決算発表資料の新薬開発状況を見ると、買収した米国のミレニアム・ファーマシューティカルズ由来のMLNで始まる開発コード番号と武田独自のTAKで始まる開発コード番号は多いのだが、ナイコメッド由来の品目はほとんど見当たらない。結局、武田は自社の欧州における単なる販売網を96億ユーロという巨額を投じて買ってしまったということではないのか。

売上高倍率で（売上28億ユーロという武田薬品の発表を信じた場合で）3.4倍程度の買収価格は、高収益の新薬（いわゆるピカ新）を多く持つ医薬品メーカーの買収価格としては世間の常識として問題ない可能性が十分あるが、付加価値の少ないセールスフォース組織を買うために支払った金額であれば、それは明らかに（タイミング如何に

かかわらず）高すぎる買い物ということになる。

サントリーのビーム社買収は妥当か？

　もう一つ例を挙げれば、サントリーのビーム社買収（株主価値139億ドル、会社総価値157億ドル）などもよい例かもしれない。第16章第18節でも述べたように、本件買収価格の対発表4週前株価プレミアムは27%であり、その点では妥当な線だが、ビーム社の株価は買収発表前1年程度の間60ドル近辺で推移しており、PERは30倍程度であり、当時のS&P500のPER17倍程度に比べてかなり高い。

　ところが、同社の過去3年程度の売上実績は成長が鈍化しているし、成長しているのは本国の北米市場であって、肝心の新興国市場では成長していない。サントリーにとって、この会社が本当に買収株主価値のPER=38倍で買うことが妥当かどうか、という話になると、やはり割高感はぬぐえない。

　どちらのケースも結論は今後の対象会社の業績次第だが、このように対象会社の実態に即して買収価格が妥当なのかという自問自答する。たとえ買収プレミアムが妥当であっても、あるいは何らかの一つの指標で妥当に見えたとしても、総合的に判断して割高のリスクがないか、という視点は、M&Aにおいてやはり基本中の基本の一つである。

(3) その業界は本当に大丈夫か？　近い将来の劇的な環境変化で不況化しないか？

　第三の視点は、近い将来の劇的な事業環境の変化である。例としては日本鉱業が買収した米国内で電子回路向け電解銅箔製造事業を営むグールド社が、買収からわずか6年後に、電子回路製造工場が米国内からアジア等の新興国に大挙して移動したため業績不振となり、清算に追い込まれた事例が挙げられる。

日本鉱業、富士通の事例

　また、富士通が1980年代後半から1990年ごろにかけて買収した英国と米国のメインフレーム電算機メーカー（ICLとアムダール）は、いずれも富士通に巨額の特損をもたらした。1990年ごろには、すで

にアップルのマッキントッシュやIBMのPC/ATがオフィスにも大学にも個人にもかなり普及していた。マイクロソフトのウインドウズ3.0も1990年に発売されていた。1995年にはウインドウズ95が発売され、大ヒットすることになるが、これは先の話だが、オープンシステムとダウンサイジングによって、メインフレームコンピュータの時代は近い将来、終焉するという議論が業界ではかなり真面目になされていた。

　これらの例にあるように、やはりその業界のプロとして、その業界に数十年に一度あるかないかの劇的な環境変化が近い将来起きる可能性がどの程度あるのか、といった視点は、特に数千億円規模の投資を実行する際には慎重に検討すべき課題だろう。

(4) 契約書は万全か？　不測の事態に対するリスクヘッジはできているか？

　第四の視点は、そうはいっても買収後に不測の事態に見舞われることは実業の世界だから当然あり得る。そうしたときにものをいうのは、やはりあらゆる可能性を想定して買収時点で可能な限りキャッチオール的なヘッジを利かせようという努力を怠らないことだ。

　例えば第一三共のランバクシー買収では、第16章第12節で詳しく述べたように、買収契約書に、万一、対象会社が医薬品メーカーとして考えられない瑕疵を持っていて、それが買収後短期間で明らかになった場合には、株式を売り抜ける創業ファミリーには一定程度の責任を取ってもらいますよ、という仕組み（保証・表明・補償）を十分に仕組んでいなかったことが明らかになっている。これはどちらかというと買い手のミスというより、買い手の法務アドバイザーのミスだが、そうはいっても数千億円投資する自分自身に責任がないとは言えない。

　また、シャープと鴻海のケースも、第16章第15節で述べたように、シャープ側が取締役会決議で新株発行を決議するほどの義務を負っていたのに、同程度の義務を相手側に課せていなかったわけであるから、やはり素人同然のミスと言わざるを得ないだろう。

したたかなダイムラー

　一方、結果的には失敗案件の例として第 16 章第 14 節で触れたが、ダイムラー・クライスラー（ダイムラー）による三菱自動車への資本参加では、まず 2000 年 3 月 27 日に資本提携の骨子が合意されたと発表があり、2000 年 7 月 28 日にダイムラーが三菱自動車の新株 5 億株を 1 株 450 円、2250 億円で引き受けて議決権の 34% を取得し、役員を 3 名派遣するとの最終契約書を締結したと発表した。だが、正式契約締結 9 日前の 7 月 19 日、三菱自動車が 9 件 51 万台のリコールを発表するとの報道がなされた。

　その後、この問題は三菱自動車が過去 23 年間にわたり約 70 万台のリコールが必要な不具合情報を運輸省（当時）に報告せず隠ぺいしていたという大事件に展開していく。正式契約締結時点では、問題の全貌は明らかになっていなかった。しかし、当然ながらダイムラーは、7 月 28 日の正式契約締結から同年 10 月 18 日の払込完了までの間に、恐らくは保証・表明・補償条項に従って、次第に明らかになるリコール問題に即して契約内容の修正を求め、結局、9 月 8 日に新株の発行価格を 1 株 450 円から 405 円に修正するなどの変更に合意したこと

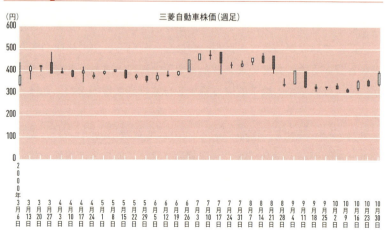

図17-3 三菱自動車株価 （週足）

を発表している。

　最終的な払込の実行は、10月18日であった。図17-3は、2000年3月頭から10月末までの8カ月間の三菱自動車株価の週足チャートだ。これからわかるように、三菱自動車の株価は当時3月の基本合意発表に対してあまり反応しなかったが、7月の大規模リコール発表という大きなマイナスニュースに対しても、ダイムラーとの正式合意発表というプラスニュースと相殺したのか、あまり反応を見せず推移していた。

　したがって、市場株価だけからすれば、三菱自動車としては新株の発行価格を正式合意の1株450円から下げる必要はないとの主張も可能であったと思われるが、そこは百戦錬磨のダイムラーなので、リコール問題が中長期的に三菱自動車に与えるマイナスの影響等を考慮して当然の交渉を行ったものと思われる。これは最低限度必要な基本を守って契約書を締結していたからこそ可能な条件変更だったのだろう。これが普通のケースだ。

　このように交渉や契約での初歩的なミスが数千億円の損失につながるというのは、米国なら株主代表訴訟（取締役に対する会社への損害賠償）とクラスアクション（会社と取締役に対する株主への損害賠償）の両方で経営陣が訴えられる話だろう。日本はのどかなわけだが、契約書等で仕組むべきリスクヘッジは必ず仕組むというのはM&Aの基本中の基本の一つだ。

(5) 事業を理解しているか？　自分で経営できるか？

　第五の視点は、本業ではなく多角化の買収の場合や、本業だが自国内の買収ではなく慣れない海外への進出の場合にありがちな失敗だ。第18章の成功の条件でも述べるが、本来、M&Aは会社の支配権を、買収プレミアムを支払ってまで買収するので、買収後にその価値を支払ったプレミアム以上に上昇させないと初めから負けがわかってしまう投資だ。

　別の言葉で言えば、そもそもM&Aはプレミアム分だけ負けから始める投資なのだ。そういう意味では、買った会社を本当に自分で経営できるか、という自問自答はこれも基本中の基本だろう。

ソニー、松下電器の事例

　日本企業の海外企業買収においては、この点が心もとないケースが多いのだ。例えば、ソニーや松下の米国映画会社買収がいい例だ。ソニーはコロンビア・ピクチャーズを買ってはみたものの、映画事業のことなど皆目わからないし、もちろん経営もできない。そこで、業界の人間をスカウトしてきてCEOに据えたが、これがカネ食い虫だった。高い報酬を要求するし、「追加で買収もしたいから、大金を送れ」と言うし、しまいには解雇だと言うと、多額の退職金を要求される、お決まりのコースを辿った。

　松下電器はMCAを買って当時の経営者にそのまま経営をまかせた。これも完全に任せてしまうと、理論的にはその会社の価値は買収前と同じに留まるわけだから、支払ったプレミアム分だけ損をすることが確実な投資になってしまう。

　このような理屈を述べるまでもなく、買った会社を自分で経営できない、あるいは自分で業界特性を理解できないということは、その会社の適正価格も適正な買収タイミングも適正な買収条件も分からないわけだから、そのような買収を実行してよいわけがない。

　以上5条件は、いずれも考えてみれば当たり前のことばかりだと思うだろう。そうなのだ。M&Aの失敗は、実は基本が疎かにされ、当たり前のことができない場合に発生していることが多い。これはこれで、実は示唆に富んだ情報と言えるのではないだろうか。当たり前だが、基本を押さえないで数千億円の投資など、絶対にやってはいけない。

（6）成功した事例からの示唆

　それでは逆に、数少ない成功例に共通する点は何かないだろうか。本章で取り上げた成功例は、実は二つの異なるケースに分類できると思われる。第一は、狙った戦略通りに成功したケース、第二は特定の個人経営者の卓越した能力や経営環境の偶然の変化等が味方して、いわば買収者の経営戦略とは別にたまたま成功したケースだ。

分かりやすく、実現可能性の高い戦略

　第一のケースの例としては、例えば京セラ・AVX は、同じ電子部品メーカーとして京セラの製品を京セラが未進出の欧州市場で AVX が売り、AVX の製品を京セラが日本とアジアで売れば明らかに売上面でシナジー効果が早期に実現できるという当初の目論見がその通りに実現したケースだろう。

　もちろん稲盛会長とマーシャル・バトラー氏のケミストリーが合致したということも成功の大きな要因の一つではあろうが、戦略として分かりやすく、実現の可能性が高いシナジーが目の前にあったという点が重要だと思われる。

　日本たばこの RJRI とギャラハーについても、日本（あるいは先進国）のたばこ事業は社会の成熟とともに訪れる健康志向の高まりによって成長は見込めない。加えて、海外といっても自動車や家電にとって金城湯池のアメリカ市場は、肺ガン患者等からの訴訟でたばこ産業は見るも無残な状況である。

　成長を目指そうと思ったら、潤沢な資金があるうちに医薬品事業などへの多角化を進めるか、本業のたばこ事業をアメリカよりは健康・訴訟問題が相対的に軽い（東欧・ロシアを含む）欧州と経済成長著しいアジアや中東などの新興国に買収で打って出るしかない。このロジックは、やはり単純だが正しいのだ。

　もちろん 1 回目の RJRI の買収は、初めての経験でもあり最初は苦労したのだが、それでも JT の中になぜか突然変異的に、海外で外国語で外国人と対等以上に雇用者（経営者、ボス）として経営を主導する才能のある人材が現れた。新貝康司代表取締役副社長（2014 年度時点）など少数ではあるが、そうした人材が存在していたという幸運も手伝って、2〜3 年目には想定通りの業績が上がり、さらに 2 匹目のドジョウをものにしている。基本は、やはり分かりやすく実現の可能性が高い戦略の実行という点が重要なのだろう。

　あるいは国内に目を向けると、KDDI の三社合併では、NTT ドコモに対抗できる全国一気通貫サービスを実現するためには、800MHz

の帯域を持つDDIとIDOが合併するしかないのはだれの目にも明らかだった。実現すれば、売上もコストも、したがって利益も大幅なシナジーが見込めることは確かであったことから、これも分かりやすく、実現可能性が高いシナジーが目の前にあってこれを取りにいった事例だ。

あるいはJFEの合併も新日鉄がゴーン・ショックを逆手に業界秩序を破って大量受注で他社の仕事を奪い取ろうという弱肉強食の（独占禁止法を考えれば、至極当然で当たり前の）競争環境の中で、新日鉄に匹敵する規模の売上と利益をもつもう一つの鉄鋼メーカーが出現しなければ、2位から5位はすべて新日鉄に負けてしまうという危機感から生まれたM&Aであった。実現してみれば、新日鉄をしのぐ利益を創出できたわけであるから、やはり分かりやすく、実現可能性の高い戦略であったと言えるだろう。

あるいはアウト・インのケースでは、中外製薬のケースが重要だろう。世界有数の研究開発費をバックに多数の強い新薬を生み出すロシュといえども、日本の医薬情報担当者（MR）の営業慣習は欧米のメーカーにはなかなか受け入れ難い面があった。中外の日本的な営業部隊が世界的に強い新薬群を持って営業に出れば、鬼に金棒となる。ロシュの買収後の中外の業績は目を見張る成長を遂げている。これもやはり、分かりやすく、実現の可能性が高いシナジーだろう。

偶然の産物の事例も

第二のケースは、いわば偶然の産物としての成功ということだ。例えばジャスコによるタルボットの買収では、本章第3節でも述べたように岡田卓也会長はゼッチャーCEOに経営をほぼ全面的に任せている。当初、15年程度で時価総額が買収金額の10倍近くになっているが、これはジャスコが考えて目指したシナジーが実現したからでは全くない。単に買った会社にいたCEOが優秀だったというだけの話だ。その優秀さも永遠には続かなかったというのもよくある話である。

その後も、ジャスコ（イオン）の経営はそれなりに上手くいっているのであるから、なおさら最終的にほぼ無価値で売却に至るタルボッ

トについてジャスコ（イオン）は何の貢献も経営参加もしなかったということが明らかだろう。

あるいはルノー・日産のケースも、ルノーがそれほど素晴らしい会社なら日産買収後にルノー車が日本でもう少し売れてもいい。ところが、ルノーは日本で「めがね」という名前（正確には発音は「メガーヌ」だが、表記が「Mégane」なので、日本人には「めがね」としか読めない）の車を堂々と売っている。

車の名前が難しいのは、GMが昔、名車 Chevrolet Nova（シボレー・ノバ）をスペイン語圏で売ろうとして、no va がスペイン語で「it does't go」（走らない、行かない）という意味だということを知らずに大失敗したという有名な話もある。だから、多少の同情はあるのだが、それにしても日産を買収していたのだから、日産の人間が「めがね」はまずいですと教えなかったのだろうか、という話だ。あるいは教えたが無視されたのだろうか。いずれにしても、日産の成功はカルロス・ゴーン氏という１人の天才がたまたま日本にはまり、業績が上がったということであって、ルノーが目指したシナジーが実現したという匂いは全くないだろう。

あるいは本章第7節で述べた第一勧業銀行・CIT、富士銀行・ヘラー、住友銀行・ゴールドマン・サックス、三菱商事・UCARなどは財務的には大成功している。しかし、買い手側が対象会社の経営に深く関与したという事実はほとんどなく、成功したのは対象会社に元からいた経営者が優秀であったからとか、たまたま買収後に市況が好転したとか、そういった買い手とのシナジーや買い手の経営力とは無関係な事情で財務的に成功しただけというケースが結構あるのだ。

単純な仕組みこそ実現する

以上をまとめると、成功には２種類ある。買い手の思惑通りにシナジーが実現して成功に至るケースというのはほぼ例外なく、目指したシナジーが、単純明快で分かりやすく、誰が説明しても１〜２分で説明できて、多くの人が聞いた瞬間に納得して実現の可能性が高いだろうと考えるようなシナジーを目指したケースなのだ。

逆に100枚のパワーポイントで1時間かけてプレゼンテーションしないと説明できないようなシナジーは恐らく実現しない。別の言葉で言えば、自然科学でよく言われることだが、「実は真理は意外と単純」なのだと思われる。

単純な仕組みこそ実現するのであって、理屈をこねくり回してやっと出てくるような、「風が吹けば桶屋が儲かる」的なシナジーは実際には実現しないということだろう。これも至って当たり前のことなのだが、本節冒頭で述べた失敗事例の原因分析もやはり単純で当たり前のミスを犯して失敗しているケースが多い。成功も失敗も双方ともに「真理は意外と単純である」という公理が成立している、ということだろう。

最後にシナジーについて少し触れておこう。よく「M&Aは時間を買う行為だ」と言われるが、これは間違いとは言わないが、M&Aの実態のほんの一部を語っているに過ぎない。M&Aは負けから始める投資である。買収してから一生懸命経営努力をして買収後に価値を1.5倍にできたとしても、買収プレミアムが50%なら、やっと買い値と同じにできただけだ。時間と労力の無駄である。

トップライン・シナジーとコスト・シナジー

したがって、M&Aは買い手が対象会社を経営することで、その会社の本質的な価値にコペルニクス的な大変革を起こすことができなければ、やってはいけないのだ。言い換えると、買い手は対象会社のキャッシュフロー・プロジェクションを大きく上方に変化させることができなければ、買収プレミアムを上回る価値増大を実現して買収を成功に導くことはできない。そのためには、「時間を買う」などという経営の本質を離れたほんの一面だけの現象では到底足りない。対象会社の経営を100%自分で理解して完全に掌握したうえで、大変革を自ら主導しなければならないのだ。

その時、対象会社の業績を上げる手段としてよく言われるのが、シナジーというものだ。シナジー（相乗効果）がある、と言うとなんとなく理解できたような気がして安心してしまう場合が多いのだが、実

はその実態はぼんやりとしか理解されていないことが多い。

実は、シナジーというものも、極めて単純明快なものなのだ。企業経営の世界にシナジーは2種類しか存在しない。トップライン・シナジーとコスト・シナジーだ。

トップライン・シナジーとは、両社の協力で売上（トップライン）が両社の単純合計以上になることだ。例えば、京セラのAVX買収などは明らかにその好例だろう。もう一つのコスト・シナジーとは、両社の協力で売上は伸びなくても、コストが両社の単純合計未満になるので利益が増えるというケースだ。

例えば、世界で大手医薬品メーカーの大型合併が次々と起こるのは、医薬品メーカーにとってコスト・シナジーを実現することは非常に容易だからだ。世界の大手医薬品メーカーであれば、多少の得意不得意はあってもほぼすべての診療領域について販売品目があり、ほぼすべての重要な医療機関を顧客として常時カバーしている。

その状態で大手2社が合併すれば、どちらかの会社の医薬情報担当者（MR）をほぼ丸々解雇できる。合併によって扱う品目は増えても、対象領域は変わらないから、少し勉強すれば他社の品目は理解できるし、説明できる。カバーすべき医療機関もすでにすべてカバーしているから、一方のMRが他方の製品の知識を勉強したうえで今まで通りの担当医療機関を回ればいい。日本の場合、そう簡単にはMRの大量解雇ができないとすると、やはり日本でコスト・シナジーを実現するのは欧米よりは困難な場合が多いかもしれない。

そもそも会社の企業価値あるいは株主価値を上げるには、基本的に「利益」を増やさなければならない。利益を増やすには、相対的にコストを上げずに売上を増やすか、相対的に売上を減らさずにコストを下げるか、しかない。

本来のM&Aとは？

もちろんその両方を実現してもよいわけだが、シナジーも同じことで、この2種類しかないのだ。買い手は2種類しかないシナジーがどのようにしてどのくらいの時間軸で実現できるかを綿密に考えて、

いかにしてコペルニクス的なキャッシュフロー・プロジェクションの変革を実現できるのかを極めて具体的に計画できなければならない。シナジーがあるような気がする、というようなあいまいな話ではない。

ところで、M&Aで成功した（ように見える）ケースの中には、先ほども述べたように2種類のシナジーの実現やコペルニクス的経営変革によるキャッシュフロー・プロジェクションの向上などではなく、単に運がよくて結果的に（財務的には）成功したように見えるケースがある。

例えば住友銀行のゴールドマン・サックスの12.5％買収や第一勧業銀行によるCIT、富士銀行によるヘラー買収などがそうかもしれない。あるいは、少なくとも買い手の経営努力のおかげではなく、他の要因、例えば買った会社の経営者がたまたま一時的に経営に成功するケースもある。イオンのタルボットのケースなどがそうかもしれない。

あるいはベンチャー企業の買収では、たまたま買った会社がその後、予想外の急成長を遂げ、あるいは予想外の高い評価を一時的にせよ市場から受けて（財務的に）成功したように見えるケースもある。例えばソフトバンクによるヤフーやアリババ・グループへの出資、古河電工によるJDSユニフェーズへの出資などがそうかもしれない。

しかし、これらの財務的成功は、本来のM&A、すなわち「自分が経営することで経営を根本から変えて企業価値を格段に向上させる」という「戦略的な事業買収」とは異なり、株式に対する財務的投資が相場あるいは対象企業の業績の（買い手の貢献とは無関係な）向上によって儲かった、というだけのことである。こういうケースを成功したM&Aと勘違いして、こういうケースを狙ってM&Aを遂行しようとすると、これも大きな間違いであり、M&Aに失敗するケースの一つになる。

事業経営者はファンド・マネジャーではない。株式投資で成功したいなら、ベンチャー・キャピタルやプライベート・エクイティ・ファンドを設立すればよい。事業会社、特に総合商社などにはそういう部門があってもよいが、それと戦略的な事業買収とは別のものだ。事業経営者としてM&Aで成功したいなら、あくまで結果としてのキャピ

タルゲインではなく、買った会社の経営を根本から変革して企業価値を大幅に向上させなければ、M&Aをやる意味はないのである。

註

* 1　日本経済新聞1983年4月26日付朝刊19面
* 2　トムソン・ファイナンシャルのデータ
* 3　トムソン・ファイナンシャルのデータ
* 4　富田純一、大神正道著『旭硝子にみる戦略的ものづくり』(2008)
* 5　1987年10月時点のLTM=Latest Twelve Month、直近12カ月、トムソン・ファイナンシャルのデータ
* 6　日本経済新聞2000年8月10日付朝刊1面
* 7　Sports Utility Vehicle
* 8　日本経済新聞2001年12月5日付11面
* 9　トムソン・ファイナンシャルのデータ
* 10　日本経済新聞2004年3月22日付朝刊44面
* 11　2007年1月期10-K
* 12　2010年1月期10-K
* 13　イオン2010年4月8日プレスリリース
* 14　Business Wire 2012年5月31日
* 15　1989年9月時点のLTM=Latest Twelve Month、直近12カ月、トムソン・ファイナンシャルのデータ
* 16　AVX Corp. Form 10-K及びトムソン・ファイナンシャルのデータ等
* 17　証券アナリストジャーナル2013年4月号「クロスボーダーM&Aの実際」新貝康司
* 18　日本経済新聞2000年2月3日付朝刊15面
* 19　日本経済新聞2000年2月3日付朝刊20面
* 20　2004年3月期有価証券報告書セグメント情報（海外たばこは西欧とその他の合計として計算）
* 21　JT有価証券報告書　地域別セグメント情報
* 22　Latest Twelve Month、直近12カ月、トムソン・ファイナンシャルのデータ
* 23　日本経済新聞1992年4月5日付20面、その後2010年12月にこの会社は清算している。
* 24　日本経済新聞2001年7月31日付1面
* 25　日経金融新聞2001年11月30日付3面
* 26　トムソン・ファイナンシャルのデータ

* 27 日本経済新聞 1999 年 2 月 23 日付朝刊 7 面
* 28 CIT の IPO 目論見書（1997 年）
* 29 CIT の Proxy Statement（1999 年）
* 30 トムソン・ファイナンシャルのデータ
* 31 トムソン・ファイナンシャルのデータ
* 32 日本経済新聞 2012 年 5 月 8 日付 11 面
* 33 週刊東洋経済 2013 年 6 月 29 日号 100 ページ
* 34 日産自動車 1999 年 3 月 27 日プレスリリース
* 35 日産自動車 2002 年 3 月 28 日プレスリリース
* 36 このあたりの経緯は、拙著『M&A 最強の選択』（日経 BP 社、2005）第 7 章が詳しい。
* 37 有名な米国不動産指数である S&P ケース・シラー全米住宅価格指数でみても、1990 年まで相場は大きく上昇し、1990 年から 1995 年までは停滞し、その後 2007 年まで急上昇した。
* 38 トムソン・ファイナンシャルのデータ
* 39 武田薬品工業 2011 年 5 月 19 日プレスリリース

第18章

M&A成功の条件[*1]

第1節 日本企業のM&A成功の5条件

　企業の成長戦略の選択肢として、欧米では古くからM&Aが定着している。それなりに成功例も多い。日本の場合、図16-1でも見たように1980年代のバブル期や2000年ごろのネットバブル期に続いて、2008年ごろから第三次海外買収ブームが起きているが、これまでの大型海外買収をみると、第16章で散々見てきたように失敗例が非常に多い。

　古くは日本鉱業が1988年に米国のグールド社を約14億ドルで買収したが、わずか6年後に同社を清算して約912億円の特損を計上した。NTTコミュニケーションズは、2000年に米国のベリオ社の90%を約57億ドルで買収したものの、1年後に4469億円の特損を計上し、今やほとんどその痕跡を残していない。たしかに失敗例が多い。

　そもそもM&Aの成功確率はどのくらいかというと、これは測定が困難である。何故なら買ってしまえば買わなかった会社はもう存在しないので、厳密に比較することはできないからだ。だからこそM&Aがなくならないという逆説的意見もある。世界的には第2章でも触れたようにM&Aの成功確率は（買い手の場合）おおむね50%ぐらいという理解が一般的だ。M&Aの結果を評価する学術的な手法としては、買収をした会社と似たような会社を探して、買った会社と買わなかった会社を長期的に比較するという手法もある。しかし、世の中に全く同じ会社は存在しないので、この手法には限界がある。

成功確率は売り手100%、買い手50%

　また、調査が長期間にわたると買収以外のさまざまな環境変化や経

営戦略が業績に影響してしまうので純粋にM&Aの成否を比較することにならないという問題もある。そこでM&Aに関する論文は、第2章で述べたように短期CAR（累積超過収益）による比較が主流である。CARとは株式βで補正した株価の動きを市場インデックスと比較して、買収発表後短期間に当該株式が市場インデックスに対してどの程度プラスあるいはマイナスの動きをしたかを累積して計算するというものだ。

この方法だと、結局、その買収の発表を株式市場が短期的にどう評価したか、を測定したことになり、長期的な結果を直接評価することにはならないが、測定が容易なのと長期に見ると他の要因の影響を排除できないのでこの手法が広く使われている。多くの研究では、M&Aにおいて売り手はおおむね30%程度の株価上昇が観測され、買い手はおおむね±ゼロである。つまり株式市場は、売り手の成功確率が100%で、買い手は50%程度と判断している、ということだ。

これはある意味、当たり前の結果である。何故ならM&Aでは企業を買収プレミアム（例えば30%〜50%程度）を支払って買収するので、売り手はその事業に対する投資を終了してプレミアムを受領して撤退する。たとえ損切りでもIRRが確定するので、リスク（結果の変動）はゼロである。しかし、同じ案件が買い手からみると、100億円の会社を例えば130億円で買うので、これは30億円の負けから始める投資だ。一生懸命努力して30億円価値を高めても、ヒト・モノ・カネを投入して収益ゼロでは骨折り損になってしまう。

M&Aは、売り手はノーリスク、買い手は高リスクというのがあたりまえなのだ。したがって、M&Aは、買い一辺倒では十分と言えない。売りと買いの双方をバランスよく実行して初めてビジネスポートフォリオの最適化が可能となる。

売りが嫌いな日本企業

過去、日本企業はM&Aそのものは大好きでたくさん実行してきたが、主に買い案件ばかりで、売りもバランスよく実行してきた企業は日本にはほとんど存在しない。日本人は買いは大好きだが、売りは大

嫌いなのだ。これが、日本企業がM&Aで失敗を続けるひとつの原因となっている。

　M&Aにおいて、売りはノーリスクだ。売り案件を実行することで売り手の心情や交渉のポイントなどを学べる。そのように経験値を上げてから、より難しい買い案件に入るべきなのだ。そもそも欧米のM&A大好き企業は売りと買いのミックスがうまい。

　IBMやGEやP&Gなどは買収も沢山やるが、いったん買収した事業でも自己のクライテリアをクリアする業績が上がらなければ、たとえ黒字であってもどんどん売ってしまう。IBMがPC事業やHDD事業を絶妙のタイミングで売りに出したことは記憶に新しい。1980年から2013年までにIBMが売り手ないし買い手で関与した1億ドル以上のM&Aは86件ある。そのうち買収案件が56件（530億ドル）、売却案件が30件（230億ドル）である。

　それにしても、日本企業のM&A成功確率は50％どころかもっと低いようだ。冒頭にあげた例以外に第16章でも詳しく触れたように、古くは1989年のソニーによるコロンビア・ピクチャーズ買収（約48億ドル）は1995年に2652億円の暖簾を一括償却したし、1991年の松下によるMCA社買収（74億ドル）は95年に1642億円の特損を計上して売却・撤退した。2000年のNTTドコモによるAT&Tワイヤレスへの16％出資は、2004年に約4430億の損失が確定している。

　最近でも、2008年の第一三共によるランバクシー買収（総額約4884億円）では、買収直後に同社が米国FDAに提出した試験データをねつ造していたことなどが発覚し、2009年に3513億円の暖簾一括償却を計上した。このように、失敗例には事欠かない。

成功のための5条件

　これらの失敗の原因は、第17章第12節で述べたように、それぞれがM&Aの基本を逸脱している初歩的なミスという面が多い。しかし、本章ではこれをより一般化して議論したい。少なくとも買い案件において、過去の筆者の経験から、失敗しないために必要な基本条件が五つほど考えられる。過去の失敗案件はこの5条件のいくつかを満

たしていなかったことが原因だと考えられる。そこで成功のための5条件を考えてみよう。

① まず、すでに述べたようにM&Aは負けから始める投資であるということを理解するのが何より重要だ。銀行の窓口で売っている投資信託が2%の販売手数料と2%の年間運用手数料を考えると、100万円投資しても96万円の負けから始める投資であると紹介されて、是非買いたいと思う投資家は多くないだろう。M&Aの買い案件はこれをはるかに上回る数十%の負けから始める投資であり、非常にリスクが高いのだ。

② したがって、支払ったプレミアムを回収してこれを大きく上回る価値増大を実現するためには、第17章第12節でも述べたように買収後に対象会社のキャッシュフロー・プロジェクションを根底から変化させて企業価値を大幅に高めなければならない。経営にコペルニクス的変革を短期間でもたらさなければならないのだ。そのためには、買い手が自らのヒト・モノ・カネを、いつ何をどのように投入して、どうやっていつまでにいくら価値を上げることができるのか、について綿密な計画を持っていることが必要だ。

　自分が経営すれば何とかなるだろうといった、だいたいの感覚程度ではだめだ。綿密な計画があっても実際の企業経営は大抵思った通りにはならない。計画段階ではほぼ完ぺきな詳細設計が頭の中にある状態でないと、価値増大の実現は覚束ない。「それは買って中身を見てからでないと判らない」というのでは、中身が空っぽ、あるいはゴミが入っているかもしれない福袋を買うようなものである。

経営権取得が基本

③ 綿密な計画があっても、それを実行する権限がないと計画は画餅となってしまう。そのためには100%議決権の買収が必要だ。少なくとも50%超買収して経営権を掌握することが基本である。しかし、過去10年間程度の日米のM&Aを比較すると、米国ではすべての

案件の80%以上が100%買収であるが、日本では逆に80%以上が100%未満の買収であり、50%未満の少数株主権の取得案件も多い。

　NTTドコモなどは2000年から2001年にかけて欧米でAT&Tワイヤレスや、ＫＰＮモバイルなどの少数株主持ち分に総額約1.7兆円投資してその大半を失い、すべてのW-CDMA関連海外案件から撤退しているのに、再び2008年にはインド6位の携帯電話会社のタタの26%を26億ドルで買った。

　その前後でタタは11期もの長期にわたって連続赤字に苦しんでいる。プレミアムを支払って買収しながら経営権を取得しないというのは、自ら価値増大を実現する方策を放棄する行為であり、M&Aの基本から逸脱しているのだ。

　もっとも欧米でもマイノリティの資本参加がまったくないわけではないが、通常は過半数あるいは完全買収であり、マイノリティはどうしても特殊な事情で過半数が獲得できないか、将来獲得できる見込みがある場合の過渡的措置など特殊なケースなのだ。

　では、日本の会社の場合、なぜマイノリティ出資が多いのだろうか。これは日本の大企業幹部に共通するリスク回避本能に起因するのかもしれない。実は買収を検討し始めるときは、当該事業部の幹部は100%買収を狙っていることが多い。

　しかし、話が煮詰まってくると、本社の経営会議など（会社によって常務会とか経営会議とか名称は異なるが、いわゆる実質的意思決定機関）で承認を求める際に当該案件にまったく関係のない国内営業や購買部門などの担当幹部から「この買収はリスクがあるんじゃないか？」「リスクを低減する方法はないのか？」といった意見が出る。こうなると日本の大企業で偉くなった人は「リスクはありますが、責任は私が取りますので100%買収したいと思います」などとはまず言わない。そういうことを言ってきた人は、日本の大企業ではあまり出世していないだろう。

　したがって、リスクを指摘されると、リスク低減のために100%買収を51%買収に切り替えて投資金額を押さえてみたり、それでも「まだ経営しなければならないリスクが残るじゃないか？」と言

われると、持ち分は51%とほとんど変わらず、つまり上手くいったときの財務的な見返り（キャピタルゲイン）はほとんど同じで経営を担わなくて済む49%買収に切り替えたり、といった不毛な議論・修正が行われることが実際にあるのだ。

④経営権を取得したとしても、自分で経営する能力は自分自身にないといけない。日本の経営者にありがちな発想として、「この会社を買収するのは現地の経営者が非常に優秀だから買うのだ。投資銀行などは数字で会社を判断するが、実は企業は人だ。いい経営者がいるから買うのだ」というケースが少なくない。まったく間違いというわけではないが、現地の経営者は、普通すでに一生懸命経営しているので、買収後に彼に経営を任せるということは、支払ったプレミアムを丸々損することが決まってしまう可能性が高い。

M&Aの世界では、これはだめなのだ。現地の経営者にCOOを任せるのは良いだろう。しかし、買収した会社をどのように経営してコペルニクス的変革を実現するのか、どうやって支払ったプレミアムを上回る価値増大を実現するのかは、買い手の経営者に答えがあって、CEOとして重要な経営方針を決定・命令する体制を作れなければいけない。

もし現地に任せてしまうと、価値増大が実現しないばかりか、現地の経営者に舐められてしまう。舐められると、そのうち「もっと大きな買収をしたいから、たくさん資金を送金してくれ」とか、「給料を3倍にしてくれ」とか、我儘し放題されて、最後はクビにすると法外な違約金を取られた、という話も決して少なくない。

アメとムチが必要

⑤最後に、海外、特に欧米の経営者（ただし、現地に任せて良いのはCOOまで）を使いこなすには、アメとムチの両方が必要だ。アメとは欧米の場合、おおむね単純に「お金」だ。現地で当該業種・当該規模の会社の経営者が通常もらっているレベルの報酬は、たとえそれが日本の社長の報酬の2倍であっても、正当なレベルの報酬は支払わないと一流の経営者は雇えない。

しかし、金さえ払えばそれでOKというわけではない。ムチとは「リプレイサビリティー」だろう。現地の経営者に舐められないためには、重要な経営方針はCEOが策定するという流れを保つことが必要だ。そうしていれば、自分は言われたことを実行するぐらいには優秀だから使ってもらっているが、言われたことを実行できる人は他にもいるだろうな、と思わせることができる。これなら舐められることはない。

以上の5条件を満たした日本企業の海外買収は非常に稀といってよいだろう。今後はこの5条件を本当に満たせるかをまず考えて、自信をもってYESと言えるときだけ買収を実行する、という行動規範を持てば、日本企業の海外企業買収の成功確率は飛躍的に上がるだろう。もっとも、そのような行動規範を厳密に運用すると、日本企業による海外企業買収はほとんどなくなるかもしれないが。

第2節 ストラクチャーと契約書の重要性

M&Aは「負け」から始める投資

　日本企業のM&A成功率が低いのは、そもそもM&Aが「負けから始める投資」である点の理解が足りないことが大きな原因である。それを含めて、成功のための5条件があるわけだが、そもそもリスクの高い買い手側でM&A戦略を成功させるためには、5条件だけで十分というわけではない。加えて、実際に買収案件を進めるにあたり、技術的に非常に重要な要素があと3点ある。

　1点目は基本中の基本だが、買収価格が妥当な範囲に入っていることだ。企業の価値（株主に帰属する株主価値、あるいはこれに債権者に帰属する価値、即ち有利子負債から現金同等物を控除した純有利子負債を加えた会社総価値）は、上場会社の株価でさえ日々変動することからもわかるように、ピンポイントで正確な値を算出できるという性質のものではない。

あくまでさまざまな手法で測定した結果を総合的に判断して、例えば「100億円から140億円程度の範囲」というような一定のレンジで表現することができるという程度のものである。加えて、そのように測定される価値はその会社が現在の経営方針をそのまま継続する前提で測定されたものであり、スタンドアロンの価値と呼ばれるものである。一方、M&Aにおける買収価格はこれに適正といえる範囲の買収プレミアムを上乗せした価格ということになる。

M&Aにおいて「買収価格が妥当である」ということは、「合意に達した買収価格の前提となったスタンドアロン価値が、計算によって得られる理論的な価格のレンジの範囲内にある」という意味と、「これに買収プレミアムを加えた買収価格が、自分が今までと異なる経営方針でこの会社を経営してコペルニクス的経営変革を起こした場合に実現できる、シナジーを含めた買収後の予定価値よりは安い価格である」という二つの意味を持っている。しかし、これは当たり前の条件だろう。法外な値段で買ったり、自分が実現できると思う価値以上の価格で買ってしまえば、成功はまず不可能だ。

買い方、売り方の選択

2点目は、買収に当たって採用する買収ストラクチャーが妥当であることだ。ストラクチャーという表現は一般にあまり馴染みがないだろうが、要は「買い方」である。一般の商取引であれば、売買の対象となる物件が特定され、価格に関する合意が整えば、通常売買の合意が成立したとみなされる。しかし、M&Aにおいては対象会社とその価値（例えば株主価値）について合意が成立しても、実際に売買を実行する方法が詳細に合意されないと、対価を支払う先も支払う金額も大きく変動し得るので、対象物件と価格の合意だけでは到底売買の合意の成立には至らないのである。

第3章第1節でも述べたが、簡単な例で復習すると、例えばXが100％保有するA社を株主価値100億円で議決権の50％をYに売るという合意が成立したとしよう。この場合、50％議決権の移動にはさまざまな方法が考えられる。いちばん簡単なのは、①Xが保有す

るA社の発行済株式（例えば100株）のうち50株をYに50億円で売る、という方法だろう。この場合、YはXに50億円支払うことになる。あるいは②A社が新たに新株を100株発行して、これをすべてYが引き受けるという方法もある。この場合も売買実行後、A社の議決権はXとYでそれぞれ100株、つまりそれぞれ50％ずつ保有することになるが、Yは対価として100億円をA社に支払うので対価の支払い金額も支払う相手も①とは大きく異なる。

さらにもっと複雑なことを考えれば、③YがAの新株を50株50億円で引き受けて、その50億円を使ってAがYの同意を得てXだけから、Aの株式50株を買入消却するという手順でも結果は①と同じになるが、対価の支払い金額と支払相手の組み合わせは①とも②とも異なる。

さらに③の手法ではXが受け取る50億円の税務上の扱いが①と異なり、場合によっては③の方法であればみなし配当の益金不算入制度によってXがキャピタルゲイン課税を免れる可能性があったりするのだ。

まだまだ他にも④Yが100％保有する株主価値100億円のB社をA社と合併させる、⑤Yが保有する株主価値100億円のBという事業（Y社の一部）を会社分割でA社に吸収させて対価としてA社の新株を受領する、⑥Yが新設した受け皿会社Bに100億円の現金を出資し、Bがその100億円でA社からその事業の全てを事業譲渡で譲り受け、A社を清算して100億円を受領したXがその100億円をB社に出資する、などいくらでも異なる「買い方」が存在し、それぞれが会計・税務・会社法・金融商品取引法・証券取引所規定などの取り扱いが異なるので、XとYにとってどの方法が最適かは税務や会計等の経済面だけでなく、実行の容易さや実行に要する期間など様々な観点で比較・評価して最適な「買い方」「売り方」を決めることになる。

例えば、①②③のような株式買収では、暖簾が発生したとしても、それはXやYにとって連結暖簾で会計上影響があるが、税務に影響はないのだが、⑥事業譲渡なら税務上損金算入可能な単体暖簾（資産

調整勘定）がBに発生して、節税メリットが生まれる場合がある。その代わり事業譲渡は権利義務の承継が包括承継にならないので、すべての契約承継に相手側の同意が必要で、その過程において導入ライセンス契約などで条件変更を求められて経済的に損する場合もあり、手間もかかる。

また事業譲渡自体がAにとっては課税取引である。それでも、Aの課税は過去の繰越欠損等で回避でき、Bに発生する暖簾を使い切るだけの利益を上げる自信がYにあれば、この方法でやった方がよい場合がある。また、株式買収でも実際に買う株式証券の設計次第では連結対象になったりならなかったりするので、結果、買収後の買い手の連結損益が変化したりなど、売り手・買い手双方の価値に直接影響する変化が買い方によっていろいろ出てくる。

M&Aが総合格闘技である理由

つまり「買い方」の選択によって、同じ物件を同じ合意価格で売買しても結果がまるで異なるというのが、一般の商取引と「会社」を売買するM&Aが大きく違うところなのだ。最適な売買ストラクチャーを正しく考案・選択するには、優秀な財務アドバイザーや法律・会計・税務アドバイザーを正しく使いこなす知恵と実力が買い手・売り手双方に求められる。

M&Aが一種の総合格闘技だ、と言われるのはこういったところが原因なのだ。場合によっては、ストラクチャーの選択次第で、価格等の隔たりで合意できなかった案件が、双方の税務上の扱いを変化させることなどで合意に至らせることができてしまう場合もある。ストラクチャーの選択は、M&Aの結果を大きく左右する最重要項目の一つである。

契約書の文言で結果が変わる

3点目は、価格も合意して、ストラクチャーが決まっても、それらの合意事項を詳細な売買契約書に落とし込んで全ての文言を合意するまで、まだまだ売り手・買い手双方にとっての結果が大きく変動する

ということだ。契約書の文言で結果が変わるポイントは多岐にわたる。例えば、保証・表明・補償条項の中身は、経済的な影響が大きい。一般の商取引の契約でも瑕疵担保条項として、売買成立後一定期間に対象物件に瑕疵が見つかった場合の責任の所在を契約書で合意しておく場合があるが、「会社」が対象のM&Aでは、これがきわめて複雑怪奇な内容になる。

　まず通常、対象会社が適法に設立されており、発行済み株式（および新株予約権等）はリストされているだけで他にはなく、その買い手への譲渡は適法に行われるといった形式的な内容から、対象会社が保有する資産はリストの通りでこれらはすべて適法に権利が確保されており、負債はリストされている以外に存在せず、過去の納税は適法に行われており、財務諸表は会計原則にのっとって適法に作成されており、第三者から提起されている訴訟はリストされている以外には存在しない、といった会社の経済的価値に大きな影響を与え得るが、売り手としても完全な自信を持って保証しにくい内容にも言及される。

　例えば過去の納税が適法であるとの保証は、将来税務当局が税務調査等でどのような見解を示すかは予測困難であるから、通常、税金等国家権力にかかわる点について売り手は保証も表明もしたがらない。さらには買収後に特定の重要な従業員が退職しないこと、といった個人の権利に関する事項は、買い手としてはその特定の従業員がテクノロジーベンチャーなどで致命的に重要な場合もあるので買収直後に退職されてはたまらないのだが、売り手としては個人の職業選択の自由に縛りをかけることはできないので、当然保証などできないと主張する。

契約書の交渉が苦手な日本企業

　こういったせめぎあいの中で、一定の文言上の調整（例えば「知る限り」（英文では to the knowledge）とつければ、知らなかったことは補償しなくて済む、「知り得る限り」（英文では to the best knowledge）とつけば、知らなくても注意義務上知るべきであった場合は免責されない、など細かい攻防が契約書文言の交渉の最後まで繰

り広げられるのだ。

契約書の交渉が苦手な日本企業が不利な状況に陥ったケースは少なくない。第16章第15節で詳しく触れたように、2012年のシャープと鴻海のケースでは、3月の発表直後にシャープが新株発行価格を含む第三者割当増資の条件を取締役会決議しているので、3月の契約が最終の正式契約であったはずだが、それをあとになってあれは基本合意で、増資引受の条件変更を求められている、と報道されたのは理解に苦しむ。元の契約書に瑕疵があるとしか思えない。

契約締結から実行までの間に「予想外の経営状況の悪化」（Material Adverse Change、MAC）が発生した場合に条件見直しや案件の白紙撤回を可能にする MAC 条項に抵触したのではないか、とも言われている。しかし、3月の本件発表時点でシャープの2012年3月期の公表予想純利益はすでに2900億円の赤字だった。それが5月の決算発表時点で3761億円の赤字に悪化したことが MAC に該当してしまうような契約を結んでいたなら、やはり契約書の交渉で負けていたということだ。

契約書の文言は、わずかな違いで案件の成否を左右することも珍しくないので、交渉では一瞬たりとも気を抜けない。なお、その後、シャープの2013年3月期の業績予想が再度大幅に下振れしたのは、条件見直し議論が出た後であり、それ以前から条件見直しが議論になっている点が問題だということである。

以上、「価格」と「ストラクチャー」と「契約書の細かい文言」、どれひとつとしておろそかにすれば、他の点でいかに良い案件でも結果的に買い手の買収後の業績を悪化させ、場合によっては買い手自身の屋台骨にまで悪影響を及ぼすこともあり得るのだ。

第3節 欧米と日本の仕事意識の違い

ここまで述べたように、買収は負けから始める投資であり、売りと比べて格段にリスクが高いという点と、したがって、成功のためには、さまざまな条件、特に価格やストラクチャーや契約書の細かい文言ま

で細心の注意を払って交渉に割り負けしないことが必要だ。だが、すでに挙げた NTT グループや日本鉱業、ソニーやパナソニックの例などを見るまでもなく、日本企業の買収は特に欧米で成功確率が非常に低い。

海外勢も日本では連戦連敗

　一方、実は海外企業も日本企業の買収では苦戦している。例えば、第 16 章第 14 節でも触れたように、世界一のラグジュアリーカー・メーカーのドイツのダイムラーは 2000 年に三菱自動車に資本参加したが、三菱のトラック・バス事業は引き続き過半数議決権を保有しているものの、2004 年に乗用車事業の資本提携からは撤退した。また、世界有数の携帯電話会社である英国のボーダフォンは 2000 年から 2004 年にかけて段階的に当時日本に 3 社しかなかった携帯電話会社（PHS を除く）の一つである J フォンのほぼ 100% を買収したが、2006 年に約 1 兆円の特別損失を出してまでこの会社をソフトバンクに売却して撤退した。

　あるいは、世界一のノンバンクといわれる米国の GE キャピタルは 1998 年に経営不振の東邦生命を買収したが、2003 年にはこれを米国保険大手 AIG に売却している。AIG もその後、自らの経営危機に際して東邦生命を今度は別の米国保険大手プルデンシャル・ファイナンシャルに売却している。また、世界有数の小売りチェーンの米国ウォールマート・ストアーズは 2002 年から 2007 年にかけて段階的に日本の食品スーパー大手の西友のほぼ 100% を買収したが、買収後の業績はほとんど開示されていないものの、現在も赤字ないしブレイクイーブン近辺と言われており、あまり良い結果は出ていない。

　さらには事業会社だけでなく、企業買収のプロといえるファンドも苦戦している。例えば世界有数のバイアウト・ファンドのカーライル・グループは 2004 年に PHS オペレーターの DDI ポケットの 60% を買収して経営権を取得したが、この会社（ウイルコムと改称）は 2010 年に東京地裁に会社更生法の適用を申請して倒産した。バイアウトファンドが保有する株式は紙くずとなったわけだ。このように

海外勢も日本での買収は上手くいっていない例が多い。

では、海外勢は日本以外での、特にクロスボーダーの買収で苦戦しているのだろうか、というとそうではない。ドイツのオペルは1931年に米国のGMが買収した会社だが、現在ではフォルクスワーゲンと並ぶドイツの乗用車トップメーカーである。英国のボグゾールも1925年にGMが買収した会社だが、現在では英国に生き残る数少ない代表的乗用車メーカーである。

日本では大失敗した英国ボーダフォンも、アメリカでは1999年にカリフォルニア州のベビーベル（1984年にAT&Tから分割された米国の地域電話会社の一つ）であったパシフィック・テレシスの携帯電話部門で後にスピンオフしたエアタッチを株主価値約600億ドルで買収した。その後エアタッチはベライゾンの携帯電話部門と合併した。そのベライゾン・ワイアレスは全米1位の携帯電話会社となり、その45%をボーダフォンは保有していた。

2013年、ボーダフォンはベライゾン・ワイヤレスの45%を1300億ドルで売却した。買収から14年後に最終的に撤退したとはいえ、700億ドルのキャピタルゲインを得ている。

また、ボーダフォンはインドでは2007年にハチソン・エッサールを買収した。その後、同社は高成長のインド市場で首位と僅差の3位につけており、2007年の買収から2012年までの間に同社は売上も利益もおおむね2倍に成長している。

もちろん買い手側は売り手に比べればリスクが高いので、すべての案件が成功しているわけではないが、統計的にも買い手側の成功確率は50%程度と言われており、日本における海外企業や海外における日本企業のように連戦連敗、というような現象は特殊である。これは何故なのだろうか。

日本人ビジネスマンの所属意識

日本企業の失敗の原因の一つは、すでに指摘したようにこれまでのところ、どちらかというと「買い」一辺倒で、M&Aを「売り」から勉強するという姿勢がほとんどなかったという点だろう。結果として

価格やストラクチャーや契約書の文言という成功のための重要ファクターで割り負けをしてきた面もあるだろう。しかし、これだけでは海外勢も日本で成功確率が低いということの説明にはならない。

この点について一つの仮説として考えられるのは、日本と日本以外（特に欧米だが、加えて中国と韓国とインドも含んでもよいだろう）との間に、ビジネスマンが抱く「仕事」、あるいは「ビジネス」に対する意識・感覚の違いというものが高いハードルとなって横たわっているのではないかということだ。

日本人について言えば、日本のビジネスマンの多くは自分が勤務する「組織」に「所属」することで、すでにエクスタシーを感じている場合が多い。特に大型のM&Aを多数実行するような大企業の場合、この傾向が強い。結果としてそのような日本の財閥系などの伝統的大企業が欧米の会社を買収して日本からそれなりの幹部が現地に社長として赴任すると、初日に現地の幹部を集めてこんなスピーチをしてしまう。

「皆さんは晴れて〇×グループの仲間になりました。よかったですねえ。これでもうレイオフはありません。〇×グループは日本でも有数の、従業員を大切にする企業文化の会社ですからね。従って皆さんは安心して会社のために日夜一生懸命働いてください」

しかし、これは現地の幹部たちの心には響かない。彼らは、

「おいおい、この社長何言ってるんだ？　重要なのは私の年俸をいくら払うかだぜ！　安かったら今日にでも辞めるつもりなんだから。寝言を言ってないで、早く年俸いくらか言ってくれよ」

などと思っているのだ。ところが、このスピーチをした日本人は、「俺は今日なんてすばらしいスピーチをしたんだろう。これでアメリカ人の従業員諸君も後顧の憂いなく、一生懸命働いてくれるだろうなあ。何しろアメリカ人の上司なら絶対に言わない、我々はみなさんを解雇しませんよ！という宣言をしたんだからなあ」などと悦に入っているのだ。これでは両者の溝は埋まらない。

中韓印も欧米の流儀

　欧米の優秀なビジネスマンは、「組織への所属」にエクスタシーを感じない。倒産前のGMなど手厚い年金・医療保険に守られた昔のブルーカラーは別かもしれないが、ホワイトカラーのエリート層は間違いなく感じない。だからこそ彼らはIBMでもカリフォルニアのベンチャー企業でも、自分の能力に応じた充分な報酬（と自分が思う報酬）が支払われれば、そこにこそエクスタシーを感じて働くのだ。

　一方、欧米の会社が日本企業を買収して欧米人が赴任してくると日本人の幹部を集めてこんなことを言う場合がある。

　「皆さん、私は日本には3年しかいません。3年で業績を上げて本社で出世したいのです。ですから3年以内に売上と利益を大きく成長させた人には昇進プラス特別ボーナスも払います。では頑張ってください！」

　しかし、これでは日本人の幹部たちは、「なんだ、この人3年しかいない腰掛なんだ。じゃあ仲間とは言えないな」と引いてしまう。ところが、このスピーチをした欧米人は、「俺は今日なんて良いスピーチをしたんだろう。はっきりとした目標設定をしてくれて、かつ特別ボーナスも約束してくれるなんて、なんとすばらしい上司が来てくれたんだと思っただろうなあ」などと考えている。この溝もなかなか埋まらない。

　この「溝」については、おそらく中国人とインド人と韓国人も日本人からみれば欧米型だろう。彼らには日本人的な組織への帰属意識や忠誠心はあまりない。一生懸命仕事を教えて育てても、給料が上がらないと簡単に競争相手の別会社に転職してしまう。

　一方、ベトナムやタイやインドネシア等の東南アジア諸国はひょっとすると中・韓・印よりは日本に近い面があるかもしれない。対日感情も中国・韓国とは一線を画すし、日本人が得意な、相手の気持ちを慮ってしまうメンタリティに近い「おもてなし」や「思いやり」の精神が、東南アジアにはある程度あるかもしれない。

　そもそも、そういった日本的な精神はビジネスの世界ではやや邪魔

なのかもしれないが、日本の道徳規範はビジネスにおいても現在の中国や韓国よりかなり基準が高い。例えば戦後日本企業は欧米からたくさんの技術導入をしたが、それらはすべて正式な契約に基づく有償の技術導入であった。

しかし、韓国や中国は、平気で技術を盗むようだ。これは2012年に発覚したポスコによる新日鉄住金の方向性電磁鋼板製造技術の不正取得事件や2014年に発覚したSKハイニックスによる東芝のNAND型フラッシュメモリー技術不正取得事件のように特殊なケースでしか表には出ないが、中韓のビジネス・エシックスはスタンダードが低いように思われる。

契約社会の欧米でもこんなことはない。成長に対するどん欲さと日本に対して遅れたものの焦りという面はあるのだろうが、当然ながらそれでは正当化できない。東南アジアはこの面でも中韓より日本寄りかもしれない。

アジア版EU＝「AU」の時代は100年先かもしれないが、そのときに中韓の現在の道徳基準では世界の尊敬を得られないだろう。日本と東南アジアが中韓をこの面でリードする必要があるのかもしれない。いずれ来るAUの時代に日本の役割はビジネス・エシックスという面で大きいのではないだろうか。やや話が逸れたが、仕事に対するメンタリティの根本的な違いを理解しない欧米人が日本で日本企業を経営してもうまくいかないし、逆も真である。

ただし、これはフロムスクラッチの海外進出には当てはまらない。日本の自動車産業がテネシーやカリフォルニアなどUAW（全米自動車労組）の力が及ばない新天地でゼロから工場を作り、現地従業員を雇えば、カルチャーはゼロから始まる。ここで日本的経営を語れば、それなりに心に響く。「UAWに加入しない代わりに、レイオフのない会社」に価値を見出す米国人従業員のコミュニティが成立する場合があるだろう。しかし、すでにカルチャーとコミュニティが存在する既存の会社を買収する場合はそうはいかない。このあたりがM&A、特に買収後の経営の難しいところだろう。

「売り」が生まれない構造要因

ところで、日本の場合、すでに述べたようにM&A戦略が買い一辺倒なのだが、この原因は日本の経営者が、「売り」＝「撤退」＝「先輩の否定」＝「自己の否定」、といったメンタリティに支配されている場合が多いからだろう。つまり日本では指名委員会が存在する会社は稀で、次期社長は前の社長が指名して決める権利があるので、ある社長がある事業や過去に買収した会社を売却して撤退しようとすると、それは自分を社長にしてくれた前任の社長やそのまた前任の社長が始めた事業であったり、買収した会社であったりするので、大事な先輩を否定することになってしまうのだ。

この感覚を捨てて、そもそも最適なビジネスミックスは、時とともに変化するのが当たり前なので、常にビジネスの入れ替えを意識しなくては成長できないというメンタリティに変わる必要がある。

さらに言えば、日本ではベンチャーが大企業内にしか存在しない。だから黎明期のベンチャー経営に適した経営者のもとである程度スタートアップに成功したベンチャー企業が、一定の規模を達成した時点で、アントレプレナー的な経営から、より規模の大きい成長企業の経営に適した別の経営者にバトンタッチされて、それぞれの成長ステージに合致した最適なタイプの経営陣を持てるというプロセスがない。

加えて、日本にベンチャーが少ないもう一つの理由は、日本の銀行にある。銀行は中小企業への融資で経営者に個人保証を求める。これでは1回失敗すると自宅を含めて身ぐるみはがされて2度と再起できない。欧米のベンチャー・キャピタルは過去に会社を倒産させた経験のある経営者にも、失敗から学んだことがあるはずと、金を出す場合がある。このサイクルが日本では成立しないから良いベンチャー経営者が育たないのだ。

銀行は古来、「経営者の能力と人格」と「ビジネスプランの成功の蓋然性」を評価して融資してきたはずだが、現在の日本ではそうなっていないようだ。BISキャピタル規制のあおりで支店長の裁量が少なくなったという面もあるだろうが、銀行の個人保証要求は、日本のベ

ンチャー育成に百害あって一利なしである。これらの結果、日本ではベンチャーの成功確率も低く、成功しつつあるベンチャーというM&Aの「売り」も発生しない。ますます「買い」一辺倒のM&A戦略が強化されるのだ。

　以上、いろいろ述べてきたが、日本企業のM&A戦略はさまざまな面で今後さらなる改善が必要である。しかしグローバル競争の中で、企業の成長戦略の選択肢としてM&Aを捨てることはできない。日本企業のさらなる成長に期待したい。

註

*1　本章は、日経ビジネスオンラインに2013年2月20日、3月6日、4月17日に掲載した拙稿「日本企業のM&A　なぜ成功例が少ないか」を大幅に加筆修正したものである。

番外篇
第19章

日本政府の財政問題

第1節 ストックとしての国債依存度

企業価値評価を使って日本の財政を分析

　本書の番外篇としてM&Aと直接関係はないのだが、M&Aの諸問題を検討するにあたって本書で基本的な考え方として採用してきた企業価値評価論の常識を用いて、日本の財政に関する考察を行ってみたい。結論から言えば、巷で言われている「日本の財政は危機的状況である」という見方は端的に言って間違いである。

　日本は国が約1000兆円の借金を背負っており、これはGDPの200％で、「GDP比率でみた国債発行残高はアルゼンチンやギリシャやスペインより格段に悪く、先進国でも最悪である」とか、「しかも国家予算の半分以上が国債収入で賄われており、いわば収入の2倍以上の支出をしているので、国家財政は早晩破たんせざるを得ない」といった話が巷にあふれている。

　しかし、企業価値評価論の常識の一つである、有利子負債と現預金が両建ての場合には純有利子負債がいくらか、が問題であり、グロスの有利子負債金額だけを見ても企業の財務状況や企業価値評価は正しく理解できない、という考え方を採用するだけで、これらの巷の常識の多くが間違いであるということが分かる。

　順を追って考えてみよう。まずはストックとしての国債依存度、つまり日本の国債発行残高のGDPに対する比率が他の国に比べて本当に突出して高いのかという問題だ。

図19-1 日本の国債発行残高(年度・期末)

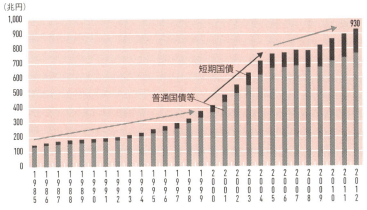

出典:日本銀行

図 19-1 は、日本の内国債発行残高(普通国債等=普通国債+財投債+交付国債+出資・拠出国債+政投銀国債の合計と国庫短期証券の総合計)の年度推移をグラフにしたものである。

2012 年度末(2013 年 3 月末)で 930 兆円になる。国の借金全体はこれに約 55 兆円の借入金と政府系金融機関等の政府関係機関や地方公共団体等が発行する政府保証債約 45 兆円等が加わるのだが、取り敢えず話を国債に限ってみると、国債発行残高は、時系列では 2009 年以降もリーマンショック後の経済対策と東日本大震災の復興予算関連で増えてはいるが、実は 2000 年代前半の小泉政権下で急激に増大したことが分かる。

小泉政権時代に 379 兆円増加したカラクリ

2001 年から 2005 年の 5 年間だけで 379 兆円も増加している。小泉政権時代の一般会計の国債依存度は年間約 30 兆円であり、国会で首相が「一般会計の新規国債発行額を 30 兆円以内に抑える」と発言していてこれが守られず、約束違反だと国会で野党に追及された。その際、小泉首相が「この程度の約束を守れなかったのは大したことではない!」と発言して国会が荒れたことは記憶にあるだろう[*1]。しかし

年間30兆円なら5年間で150兆円なのだが、実際にはその倍以上の金額の国債が増加しているのだ。

図19-2は、これを端的に示している。一般会計、それも予算ではその後の補正予算が含まれないので決算での新規内国債発行金額と日銀統計上の政府の内国債発行残高の増加額は、グラフの1987年から2000年まではおおむね一致していたのだが、2001年から日銀統計が一般会計決算を大きく上回りだし、その現象が2005年まで5年間続いた。その後は逆転して一般会計決算が日銀統計を上回る年が数年続き、2010年には再び両者がおおむね一致している。2001年から2005年のこの現象はなぜ起きたのだろうか。

答えは実は小泉首相がライフワークとして取り組んだ郵政民営化なのだ。別の言葉で言えば、差額は主として特別会計に関する法律第64条1項に基づいて発行された財政投融資特別会計国債によるものなのだ。

財政投融資とは、郵便局（当時）が郵便貯金や簡易保険で国民から集めた（ピーク時に約400兆円以上あった）お金や公的年金で集ま

図19-2 国債増加金額と一般会計決算新規公債発行額

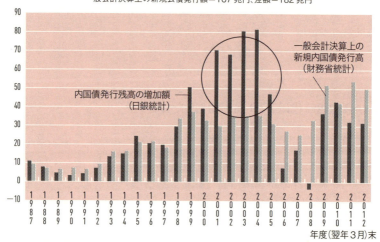

出典：財務省HP　政府決算資料、日本銀行

った掛け金を、郵政省（当時）や厚生省（当時）が大蔵省（当時）資金運用部に運用委託して、大蔵省がこれを政策的に必要があるものの民間では供給できない長期・固定・低利の資金供給や大規模・超長期プロジェクトの実行を可能とするための投融資を行うとして、さまざまな政策金融機関（当時の名称で住宅金融公庫、現在の住宅金融支援機構や日本開発銀行や日本輸出入銀行など）に資金供給してきた制度である。

しかし、第2次橋本内閣で年金資金の財政投融資への預託廃止が決定され、1999年末に年金福祉事業団の廃止法案が成立し、最終的に年金積立金管理運用独立行政法人（GPIF）に改組されて自主運用（という名の金融機関への運用丸投げ）となり、さらに2001年に資金運用部そのものを廃止する法案が成立して、郵便貯金・簡易保険からの預託も廃止された。

その結果、財政投融資がなくなったかというとそうではなく、財政投融資は財政投融資特別会計国債の発行によって調達された資金で引き続き行われているのだ。

平成24年度末（2013年3月末）時点で財政投融資特別会計財政融資資金勘定と投資勘定の資産合計は160兆円であるから、平成14年度末（2003年3月末）に423兆円あったことを考えると規模は半分以下になった。それでも巨額の資金調達と巨額の政策運用がいまだに行われていることに変わりはない。ただ、郵便貯金や簡易保険の資金を直接資金運用部に流して使う方式から、財政投融資特別会計国債による市場調達に切り替えられたことがどのような意味を持っているのかが問題なのである。

図19-3は、この仕組みを図解したものだ。郵貯や簡保が直接資金運用部に資金を流していた時代は図の左側（郵政民営化以前）である。政府（大蔵省）と郵便局の貸借対照表を別々に表記すれば政府（大蔵省）は負債サイドに郵便局から預かった現金（預り金）があり、資産サイドにはそれを財政投融資として様々な投融資に使った結果の投資や融資が計上されている。

一方、郵便局は負債サイドには貯金者や簡保契約者からの貯金等の

図19-3 日本郵政と財投国債

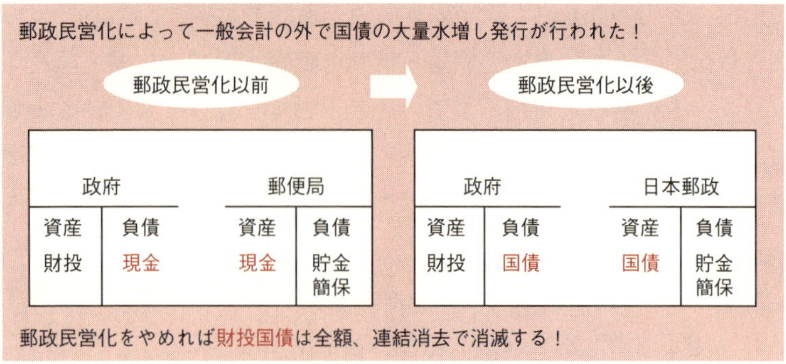

郵政民営化によって一般会計の外で国債の大量水増し発行が行われた！

郵政民営化以前				→	郵政民営化以後			

政府		郵便局	
資産	負債	資産	負債
財投	現金	現金	貯金簡保

政府		日本郵政	
資産	負債	資産	負債
財投	国債	国債	貯金簡保

郵政民営化をやめれば財投国債は全額、連結消去で消滅する！

(参考)
2003年4月1日　　　　　：日本郵政公社設立
2006年1月23日：日本郵政（株）設立（企画会社）
2007年10月1日：日本郵政（株）稼動開始（持ち株会社）

負債があり、資産サイドには大蔵省に預けた現金（預け金）が計上されていることになる。

　実際には郵便局も大蔵省も日本政府の一部であるから、政府全体の貸借対照表としては負債サイドに貯金が、資産サイドには投融資が計上されているだけで、ここには「国債」は1円も存在しない。ところが、図19-3の右側（郵政民営化後）では、郵便局が民営化されて日本郵政株式会社となり、その株式は日本政府が保有しているが、株式会社として政府とは別の組織となった。その結果、日本郵政の貸借対照表には負債サイドに貯金・簡保があり、資産サイドには貯金や簡保で預かったお金の運用先として国債を保有しているので、多額の国債が計上されているのである。

　そして政府（財務省）の貸借対照表は負債サイドに国債（財政投融資特別会計国債）があり、資産サイドに投融資が計上されているのだ。つまり、政府は財政投融資改革と称して郵貯・簡保・年金からの直接運用委託を廃止し、市場調達した資金で財政投融資を行うことで運用に市場規律を働かせるとしていたのだが、実際には財政投融資国債を株式会社化した日本郵政に全額買わせたので、実態は郵貯・簡保資金を財政投融資資金に直接流していたのとまったく同じことなのだ。

　しかもこの図式だと過去には存在しなかった新たな「国債」が発行

されて見かけ上の国債発行残高を大きく押し上げることになった。つまり、日本郵政が保有する国債は郵政民営化をやめて政府の一部である元の郵便局に戻せば、いわゆる連結消去によって一瞬にしてすべて消えてなくなるのだ。なお、連結消去ということで言えば、日本銀行による異次元緩和によって大量に日本銀行が国債を市場から買い入れているが、日本銀行が保有する国債も、実は日本銀行が実質的に政府の部門（子会社）であることを考えれば、連結消去で消えてなくなる国債である。このことは少しあとでまた触れる。

この図式の結果が図19-4である。2003年4月1日に設立された日本郵政公社は設立第1期末（2004年3月末）の総資産が404兆円、保有する国債が141兆円であった。その後、総資産は徐々に減少するが保有国債は徐々に増加し、2013年3月末では総資産が293兆円、保有国債が195兆円となっている。

日本郵政が保有している国債残高は、同時点の財政投融資特別会計の総資産[*2]166兆円に近い数字となっている。保有国債が特別会計の総資産より25兆円多いのは日本郵政が自分の総資産に合わせて財政投融資特別会計国債だけでは足りない分を、普通国債等を購入することで運用しているからであろう。

図19-4　日本郵政の資産と財投特別会計

（出典）日本郵政公社ならびに日本郵政株式会社の公表財務諸表

現金同等物と両建てになっている国債がある

　そもそも日本郵政は、長らく郵便局の時代から日本最大の金融機関でありながら集めた資金を全額大蔵省資金運用部に預託していたので自分で運用したことがなく、運用に関するノウハウや経験は皆無である。企業融資に必要な与信審査能力がないので企業に融資することもできないし、かといって市場で株式や債券等の有価証券に自己資本を投資して運用する能力もない。それでもお金は集まってしまっているので、運用は安全な国債を買うしかないということだ。

　財務省がそのように仕向けているという面もあるのだろう。なにしろ2003年3月末時点で400兆円以上あった財政投融資特別会計総資産を円滑に財政投融資特別会計国債での調達に切り替えていかなければならないわけだったので、財政投融資特別会計国債は全額日本郵政に購入してもらうしかないのが実態だっただろう。同時に運用ノウハウのない日本郵政としても、それは有り難い話であったので、両者の思惑が一致してこのような図式になったということなのだろう。

　このことを別の言葉で言うと、2013年3月末時点で930兆円の国債の発行代り金のうち財政投融資特別会計総資産160兆円は、財政投融資資産として運用されているということだ。財政投融資の最大の運用先は、住宅金融支援機構（「住公」）である。住宅金融支援機構は個人の住宅購入資金として、住宅に第一抵当権を設定して、非常に低い担保掛目で、つまり非常に低い貸し倒れリスクでの融資を実行したり、（財形住宅融資等の）民間金融期間が実行する融資の保証（フラット35など）を行っている。日本の個人向け住宅ローンはノンリコースではなく、非常にデフォルト率が低く、運用資産としては極めて安全なものである。

　財政投融資資産の運用先で住公の次に多いのが政策投資銀行等の政府系金融機関への融資と出資である。政策投資銀行等は日本を代表する大企業の重要なプロジェクト等に融資や投資を実行しており、東京電力への融資もあるが、総じて極めて安定した収益を上げており、やはり非常に安全な運用先である。

このように財政投融資資金の運用先は、中には東京電力向け融資や本四架橋向け出資のように不良債権的なものもあるが、大半は超優良資産であり、ほとんど現金同等物と言ってよい。つまり、この国債は財政投融資資産という現金同等物と両建てになっているということだ。

現金同等物と両建ての有利子負債は、純有利子負債ではない

　現金同等物と両建ての有利子負債は、企業価値評価論の基本では、いわゆる純有利子負債には算入されない。いつでも現金同等物を使って返済できるからだ。そういう意味では、この部分の国債はないも同然なのだ。連結消去で消えるというのも正しいが、同じことを別の言い方で言えば、現金同等物と両建てなのでないも同然と言ってもよいわけだ。

　ちなみに財務省はこの点に関して、住宅金融支援機構への投融資や政府系金融機関への投融資はただちに返済を求めたり、市場に上場されて取引があっていつでも売却できるものではないから、国債の償還資金として使用できるものではないといった反論をHP上に掲載している。

　ここで議論しているのは、市場で売買できるか、ただちに返済を求められるか、ではなく、（政府がやりたくないかもしれない、といった政府の都合や思惑は別として）企業金融のプロフェッショナルが本気になったときに、それが直ちに現金に換金できるものかそうではないか、という考え方である。

　良い例が住宅金融支援機構の融資だ。米国政府も住宅金融支援機構と似たようなことをしているが、米国政府は過去米国の上場会社で現在は上場を廃止しているが公募社債を発行しているので、SECに年次報告書と四半期報告書を提出している継続開示会社であるファニー・メイやフレディ・マックに事実上の政府保証で社債市場から資金を調達させて民間金融機関の個人向け住宅ローン債権を大量に買わせて、さらにそれを証券化して市場に資産担保証券として売却して、次の買い取り資金を調達している。

　ここに米国政府の国債は介在していないが、2社合計の有利子負債

総額は 2013 年 12 月で 5.2 兆ドルだ。そしてこの 5.2 兆ドルは米国政府の借金としてカウントされてはいない。しかし、日本ではほぼこれと同じ性質の借金が政府の借金としてカウントされている。しかし、住宅金融支援機構の住宅ローン債権はその気になれば米国と同様、いつでも証券会社が喜んで資産担保証券として市場で売却してくれる。財務省がそうしたいかどうかは別である。

　あるいは政策投資銀行の融資も、その気になれば資産担保証券でいつでも市場で売れるものが多い。その他の投融資も、そのほとんどはその気になれば市場で資産担保証券として売却すれば、投融資そのものを停止することなく換金できる性質のものである。

　あるいは、政策投資銀行を上場すれば、政策投資銀行への出資金は簿価以上の現金に容易に換金できるだろう。「ただちに返済を求めたり、市場で今すぐそのまま売却できないから換金できない」とは、金融の素人の発言である。

　次に、他に現金同等物と両建てになっている国債はないのだろうか。これがまだまだ沢山あるのだ。図 19-5 の上は、財務省が発表している日本政府の貸借対照表だ。その資産サイドを見ると、流動資産として現金預金・有価証券・未収金・貸付金の合計と固定資産の出資金の合計が 2012 年 3 月末で 331 兆円ある。

　これ以外に流動資産に運用預託金が 111 兆円ある。これは負債サイドの公的年金預り金 119 兆円との見合いであろう。これは将来の年金受給資金であるから、こちらは国債の返済資金に勝手に使うわけにはいかないお金なので、現金同等物ではあるがこれは除いてある。固定資産の出資金を含めたのは、これが独立行政法人や特殊法人等の政府系機関への出資金と思われるからだ。NTT や JR の例を考えるまでもなく、これらの出資金はひとたびその機関を民営化して株式を上場して売れば、簿価以上の金額の現金に化けるものだからである。

　また、その他の固定資産、つまり道路や橋などはカウントしていない。よくある議論で「国は借金も多いが、資産もたくさん持っている」と言うと、「国の資産と言っても、道路や橋は売れないでしょ」という反論を聞く。ここでは、そういうものはカウントしていない。

図19-5 日本政府の純有利子負債

平成23年度と22年度末　日本政府の貸借対照表（兆円）

資産		2012年3月	2011年3月	負債		2012年3月	2011年3月
流動資産	現金預金	18	16		政府短期証券	107	91
	有価証券	98	89		公債	791	759
	未収金	13	14		借入金	25	23
	貸付金	143	148		預託金	8	6
	運用預託金	111	116		公的年金預り金	119	124
	貸し倒れ引当金	(3)	(3)		退職給付引当金等	11	11
固定資産	有形固定資産	181	183		その他負債	29	29
	無形固定資産	0	0	負債合計		1088.2	1042.9
	出資金	59	57	資本	資産負債差額	(459)	(418)
	その他	10	5				
合計		629	625	合計		629	625

			2012年3月	2011年3月
金融資産の合計（兆円）	=		331	324
政府債務の合計（兆円）	=		923	873
政府債務 - 金融資産			592	548
GDP（2011年度と2010年度 名目）	=		471	482
政府債務の合計（兆円）の対GDP比率（グロス）	=		196%	181%
政府債務の合計（兆円）の対GDP比率（グロス）対GDP比率（ネット）	=		126%	114%

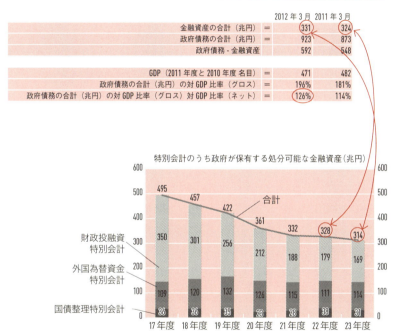

特別会計のうち政府が保有する処分可能な金融資産（兆円）

出典　財務省　日本銀行

あくまで実質現金同等物と見なせる金融資産をカウントしているだけだ[*3]。

外国為替特別会計の総資産は114兆円

では日本政府は、本当に（年金資産以外で）331兆円もの現金同等物を所有しているのだろうか。その答えが図19-5の下側のグラフだ。先ほど財政投融資特別会計を分析したが、これ以外に少なくとも平成26年度において15ある特別会計のうち2つの特別会計はその総負債がほとんど国債で、その総資産がほとんどすべて現金である。一つは外国為替特別会計だ。2012年3月末でその総資産は114兆円もある。

これは過去の日本政府による円売りドル買いの為替介入の結果、たまった外貨建て資産だ。主として米国債で運用されている。米国財務省の資料によると、日本政府の米国債保有残高は世界第2位であり、2013年3月末で1.1兆ドルだ。この金額と外国為替特別会計の総資産はほぼ一致している。

日本政府は、財務大臣が為替介入を決定すると日本銀行が市場で必要な売買を行う。その資金は国債によって調達され、外国為替特別会計にある資金が使用される。一旦、円売りドル買いが実行されると、海外の一般的な為替介入ではその後、時期を見て反対介入して円に戻して国債が償還される。だが、日本政府は過去一度も反対売買を行ったことがない。

だから、過去の為替介入の総額がここにたまって、その総額が114兆円にもなっているのだ。しかし、米国債はあきらかに現金同等物である。日本政府が保有する米国債を大量に売れば、米国の長期金利が急騰してアメリカ経済に打撃を与える。だから、簡単に売ることはできないが、そうはいっても、これもやはり現金同等物と両建ての借金であることに変わりはない。どうしても現金化したければ、米国債を売る代わりに米国債を担保に現金を調達することもできるのだ。

国債整理基金特別会計に31兆円

もう一つ多額の現金同等物がある特別会計は、国債整理基金特別会

計だ。こちらは2012年3月末で31兆円ある。これは財務省が国債について定めたルールによって存在している。財務省は、国債は60年で全額を償還しなければならないと定めている。無尽蔵な借金の増大に一定の歯止めをかけるためのルールだと説明されている。60年償還であるから、財務省は毎年一般会計から前年度期首の国債残高の1.6%（=60分の1）を国債整理特別会計に繰り入れて、将来の円滑な国債償還に備えることとしている。残高が930兆円なら約15兆円が積み立てられていなければならないということだ。

　実際にはすべての国債に1.6%ルールが適用されるわけではないが、例外は少ないので計算結果はあまり変わらない。しかし、現実に特別会計に留保されている金額はこの2倍を少し超える金額となっている。つまり財務省は100万円の借金をするにあたり、わざと将来の返済資金を準備するという名目で103万円強借りて3万円余りを特別会計に貯めてあるということだ。この割り増し分にも金利がかかっているのであるから、意味が分からないのだが、これが現実だ。この特別会計については、資産サイドは現金と有価証券と貸付金等で運用されているが、要は現金同等物である。

労働保険特別会計に14兆円

　これ以外にも、例えば労働保険特別会計には2013年3月末で責任準備金8兆円を大きく上回る14兆円もの資産が滞留している。その気になれば、差額の6兆円は国債償還に今すぐ使用しても何の問題もない。厚生労働省がそうしたいかどうかは別の話だが。そういうわけで、全部で15ある特別会計にはまだまだ現金同等物がストックとして沢山溜まっているのだ。

　さらに言えば、フローとしても特別会計全体の剰余金（1年間の歳入と歳出の差額で余った金額）は2011年度決算（2012年3月期）だけで計算しても33.4兆円もある。ただし33.4兆円というのは、例えば年金特別会計の年度剰余金4兆円を含んでいるが、今後ますます逼迫する年金受給状況を考えれば、この剰余金が自由に使える余ったお金とは言えないことは議論の必要がないだろう。

つまり33.4兆円の黒字（剰余金）がすべて自由に使えるわけではないが、少なくとも特別会計はすべて黒字なのだ。このことを考えれば、この3つの特別会計以外にもまだまだ他の特別会計の中に多額の現金同等物があることは明らかだ。これがいわゆる「霞が関の埋蔵金」と言われるものだ。

300兆円を超える現金同等物

図19-5を眺めても、埋蔵金の全貌は充分明らかにはならないので、これら3つの特別会計の総資産残高だけで計算しても、その合計は2012年3月末で314兆円であり、さきほど日本政府の貸借対照表の資産サイドから試算した日本政府の金融遺産331兆円とほぼ一致し

図19-6 米英政府の純有利子負債GDP比率

2012 米国

米国政府貸借対照表
9月30日末　10億ドル

	2012	2011	2010	2009	2008	2007
現金・預金（金融資産）	206	177	429	393	425	128
Receivables（金融資産）	971	878	783	626	347	320
TARP（*）（金融資産）	40	80	145	240	0	0
在庫	299	296	286	285	290	277
PP&E	855	853	829	784	738	691
投資	220	244	229	181	87	100
その他	158	179	183	159	90	65
（金融資産合計）	1,217	1,136	1,357	1,259	771	448
資産合計	2,748	2,707	2,884	2,668	1,975	1,581
政府公債	11,332	10,174	9,060	7,583	5,836	5,078
退職給付債務	6,274	5,792	5,720	5,284	5,319	4,769
その他負債	1,243	1,526	1,576	1,257	1,023	940
負債合計	18,849	17,493	16,357	14,124	12,178	10,787
資本合計	(16,101)	(14,785)	(13,473)	(11,456)	(10,204)	(9,206)
負債資本合計	2,748	2,707	2,884	2,668	1,975	1,581
政府の金融資産合計	1,217	1,136	1,357	1,259	771	448
政府公債+地方債+政府機関債の債務合計（グロス）（除くGSE）	16,731	15,999	13,146	13,146	10,634	10,634
政府公債+地方債+政府機関債の債務合計（ネット）（除くGSE）	15,514	14,863	11,789	11,887	9,862	10,186
GDP（current dollar：名目）	16,245	15,534	14,958	14,418	14,720	14,480
政府公債+地方債+政府機関債の対GDP比（グロス）（除くGSE）	103%	103%	88%	91%	72%	73%
政府公債+地方債+政府機関債の対GDP比(金融資産ネット)（除くGSE）	96%	96%	79%	82%	67%	70%
(*) TARP= Troubled Asset Relief Program						
(**) GSE= FNMA、FHLMCの有利子負債合計	5,157	5,322	5,440	1,555	1,713	1,535

（出典）米国財務省(Bureau of the Financial Service)、英国(Office for National Statistics, The Blue Book)

ている。やはり日本政府は（年金運用委託金以外で）300兆円を超える現金同等物を保有しているのだ。

では企業金融の常識としてグロスの有利子負債（ここでは国債残高だけではなく、すべての有利子負債を含むように貸借対照表にある政府短期証券と公債〈国債〉と借入金の合計を使用するが、債務保証である政府保証債はオフバランスなので入っていない）から現金同等物を除いてネットの有利子負債を計算してそのGDP比率を計算すると、図19-5の左下にあるように、それは2012年3月で126%となる。グロスでは196%であるから、大きく異なる印象だろう。

図19-6は、同様の計算を米国と英国の政府の貸借対照表について試算したものだ。英国や米国の政府は、日本政府ほど多額の現金同等

2012　英国
連合王国　中央地方連結政府の貸借対照表
（12月31日、billion £）

		2010	2011	2012
固定資産合計		702	750	780
流動資産				
（金融資産）	現金・預金・金・SDR	84	98	104
（金融資産）	有価証券	40	48	49
（金融資産）	貸付金	105	112	132
	株式・出資金	169	171	172
	その他	96	106	105
流動資産合計		494	535	561
資産合計		1,195	1,285	1,341
流動負債				
	現金・預金	123	134	131
	短期・中期・長期国債	1,055	1,322	1,411
	借入金	79	81	88
	政府債務合計	1,256	1,536	1,630
	その他の流動負債	18	20	16
流動負債合計		1,274	1,556	1,646
流動資産 - 流動負債		(781)	(1,022)	(1,084)
純資産（固定資産含む）		(79)	(271)	(305)
政府の金融資産合計　(*)		229	258	285
政府公的債務残高（グロス）(*)		1,256	1,536	1,630
政府公的債務残高（金融資産ネット）(*)		1,028	1,278	1,345
GDP（current £　名目）		1,486	1,537	1,562
政府公的債務残高の対GDP比率（グロス）(*)		85%	100%	104%
政府公的債務残高の対GDP比率（金融資産ネット）(*)		69%	83%	86%

物を保有していないため、グロスとネットの数字の差は日本よりかなり少ない。結局、純有利子負債の対GDP比率は、2012年末で英国が86％、米国が96％であり、おおむね100％近辺という意味では日本と大差がないことが分かる。

日銀の資金循環統計では、政府負債はネットで618兆円

　実はこのことは日本銀行の資金循環統計という資料に毎年書いてある。図19-7がそれだ。資金循環統計上の一般政府（中央政府と地方公共団体と社会保障基金の合計）のグロスの負債は、2012年度末（2013年3月）で1121兆円（これは借入金や政府保証債である政府機関や地方公共団体の負債等を含んでいるので、図19-5で見た国債発行残高等より多い）であるが、ネットは618兆円でその差額は503兆円もあるのだ。つまりすでに検討した3つの特別会計の現金同等物（314兆円）以外にも、まだ政府のグロスとネットの負債の差は200兆円近くあるということだ。ただこの数字には年金資産が含まれているなど前提が異なるので、図19-5と直接比較することはできない。

　しかし、図19-5の計算で政府の純有利子負債592兆円は、図19-7の資金循環統計で見た618兆円とかなり近い。つまり図19-5の分析は、政府の純有利子負債の推定としてはおおむね妥当な数字ということだ。

　結果として日本政府の借金残高は、企業金融の常識である純有利子負債で見れば、世界の他の先進国とおおむね同程度であり、特に突出して悪いということはなく、問題となるレベルではないということだ。だからこそ、いまだに長期国債の金利が1％近辺の超低金利で大量の国債が発行できているのだ。

　なお、黒田東彦総裁による異次元緩和により日本銀行が保有する国債の残高は2014年9月末で211兆円である。資金循環統計では、日本銀行は一般政府や中央政府とは別の区分で「金融機関」の中に分類されているので、図19-7の資金循環統計上の一般政府のネット負債の計算には日本銀行が保有する国債は反映されていないし、図19-5の計算でも日本銀行保有国債の影響は考えていない。

　しかし、日本銀行は金融政策の手段の独立性はあるものの、その出

資者は 55% が日本政府（財務大臣）であり、実質的に日本政府の部門（子会社）であるから、日本銀行が市場から買って保有している国債は、一般の社債等の市場で言えば、社債の発行体が社債の償還前に社債市場から買い戻したのと同じで、政府としては日本銀行保有分の国債は既に借金としては（将来日本銀行が保有国債を市場に放出する逆量的金融緩和、すなわち量的金融引き締めを行わない限り）現時点では連結消去で消えてなくなる国債であり、存在していないのと同じである。そういう意味では、実質的な日本政府の借金は図 19-5 や図 19-7 よりさらに 200 兆円以上少ないということだ。

そもそも世界の生き馬の目を抜く金融市場では、日本国債の 5 年物クレジット・デフォルト・スワップ（CDS、元本リスクの保険料）は、過去 5 年間で 50 〜 150 ベーシスポイント程度 / 年の範囲で変動している。2014 年 10 月で 50 ベーシスポイント程度 / 年である。100 万円の元本の 5 年間の保証が 1 年あたり 5 千円程度で買えるということだ。2012 年ごろは 100 ベーシスポイントを超えていたが、その後下がっている。長期で見ても、だいたいこのくらいのレベルで落ち

図19-7 政府負債と家計資産のグロスとネット時系列 1990-2012

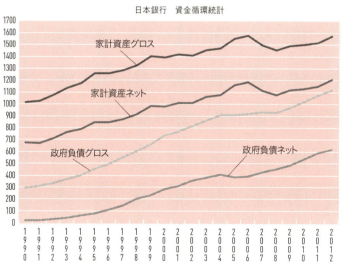

出典　日本銀行

着いている。年50ベーシスポイントということは、確率的に言えば、日本の国債は200年に1度しか破綻しないということだ。

先進国では中間にあるCDSスプレッド

この値は、他の先進国のスプレッドと比べて遜色のないレベルである。米国債のCDSは過去5年で15〜40ベーシスポイント程度の範囲で変動しており、2014年10月で15ベーシスポイント程度で、日本のCDSより安い。英国の場合は25〜100ベーシスポイント程度の範囲で変動して、2014年10月で19ベーシスポイント程度だ。フランスは50〜200ベーシスポイント程度の範囲で変動していて、2014年10月で45ベーシスポイント程度。イタリアは100〜500ベーシスポイント程度の範囲で変動していて、2014年10月で120ベーシスポイント程度である。G7諸国の中で日本はフランスと同程度でおおむね中間程度の位置づけということだ。

日本の財政が破綻に瀕しているという一部の言説が間違いであることを世界の金融市場はよく知っているということだろう。逆に言えば、日本国債が近い将来デフォルトすると本気で思っている人は、現在のCDS相場は安すぎると思っているから、市場でCDSポジションを大量に買っておけば、実際に日本国債がデフォルトしたときに大儲けができるはずだ。多くの人がそうすれば、CDS相場は上がるはずだが、そうはなっていない。

ただ、S＆Pやムーディーズなどの米国の格付機関は、このあたりの理屈が分かっておらず、日本国債の格付けを中国や韓国より低いレベルとしている。しかし、中国国債のCDSは過去5年間に80〜200ベーシスポイントの範囲で変動していて、2014年10月で100ベーシスポイント程度であり、日本より悪い。

なお、図19-7には、政府と並んで家計（個人）の金融資産もネットとグロスが出ている。日本の個人の金融資産は2012年末で1571兆円だが、家計には住宅ローン等の借金もあり、この総額が364兆円。したがって、ネットの家計の金融資産は1207兆円だ。こうしたデータを元に「個人のネットの金融資産1207兆円が国債発行残高930兆

図19-8　日本政府の決算

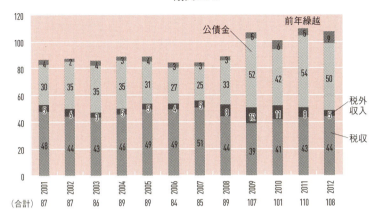

歳入（兆円）

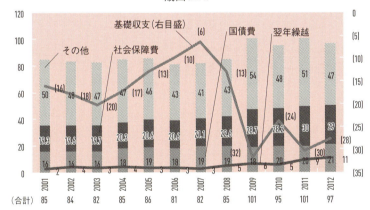

歳出（兆円）

出典　財務省

円と差がなくなってきた。国民が政府に貸せる限界に近い。限界を超えてしまうと、日本国債はデフォルトする」という議論がある。

　もうお分かりだと思うが、この議論はなぜか家計の金融資産については借金とのネットで計算するのに、政府の借金の方は金融資産とのネットではなくグロスで比べている。単に間違った議論であるが、こういう間違った議論を専門家がマスコミ等で沢山述べている。彼らは本当に間違っていることを知らないで話しているのか、それとも分かっていながら故意に危機をあおっているのか、どちらなのかは知らないが、正しい議論は、例えば双方ともネットで比べれば政府のネットの借金は618兆円で家計のネットの金融資産は1207兆円なので、今の倍ぐらいまでは大丈夫ということだ。

　さらに言えば、なにも国債をすべて国内で消化する必要はない。米国債などは2013年3月で5.6兆ドルが外国人（主として外国政府）に保有されている。これは発行残高の約3分の1だ。日本政府の借金も外国人にも積極的に買っていただくように工夫すれば、今の倍どころか、もっと増加しても引き受け手はまだまだいるだろう。[*4]

第2節　フローとしての国債依存度

　次にフローとしての国債依存度を考えてみよう。図19-8は、2001年度から2012年度までの（補正等を含んだ最終の）決算ベースの歳入と歳出の推移を示したグラフだ。

　まず歳出を見ると、2008年までは政府の一般会計の歳出は80兆円台前半で安定して推移していた。しかし、2009年から突然これが100兆円前後になっており、歳出レベルが15兆円程度嵩上げされているのだ。これは言うまでもなく、リーマンショック以降の経済対策と東日本大震災後の復興特別予算の影響である。

　2012年度の決算歳出額は97兆円だ。そして、その97兆円の歳出を賄うために100兆円以上の歳入を得ている。2012年度では決算歳入総額は108兆円でそのうち税収は44兆円に過ぎず、公債金（新規の赤字国債）が50兆円、税外収入が5兆円、前期からの繰り越しが

9兆円となっている。つまり歳入総額の46％が赤字を埋める国債だというわけだ。

執行し切れない100兆円予算

この状況を説明するときによく言われる喩え話は、歳出97兆円を年間の支出970万円の人に喩え、税収44兆円を年収440万円に喩え、年収440万円の人が毎年970万円使うので、足りない分の530万円を銀行から毎年借りて暮らしている状態、というのだ。公債金は50兆円なので500万円だが、喩え話としては分かったような気になる。そんな生活は続けられるわけがない、と思うのだ。

これでは本章第1節で見たように、いくら過去の借金の積み重ね（ストック）が純有利子負債で見ればGDP比で他の先進国と大差ないので問題ないと言っても、毎年の生活態度が悪すぎで、やはり早晩行き詰るのは避けられないと思う。しかし、実はここにも巧妙な間違いが仕組まれている。まず現在の歳出レベルは決算で言って約100兆円前後だが、すでに述べたようにこれは2008年度までと比べて約15兆円水増しされている。

原因は既に述べたようにリーマンショックと東日本大震災の経済対策なのだが、これらは一時的なものだ。ずっと続くわけではない。しかも、経済対策と言っても内容はほとんど公共事業なのだが、土木・建築業界は過去10年以上にわたって継続的に公共事業を減らしてきたので、そもそも就業人口が減少しており、日本全体のキャパシティーが縮んでおり、ここ2年ほどは予算を消化できないでいる。

その結果、2011年度の予算執行金額（歳出決算総額）は101兆円で、歳入決算総額の110兆円より9兆円も少ない。残った9兆円は次期繰り越しで次年度の歳入の一部となっている。2012年度も、執行（歳出）金額は97兆円で歳入の108兆円より11兆円も少なく、差額が次期繰り越しとなっている。

執行しきれない歳入を組んで、なんとか無理やり執行して使い切っている金額が、現在、年間100兆円ということなのだ。リーマンショックは終わったし、東日本大震災の対策も既に瓦礫処理も終了して

いる。5年で25兆円を注ぎ込むという計画の復興予算は、使い切れずに、復興特別区域法などに基づき「基金」に積み立てて「貯金」している金額がすでに被災3県だけで3兆円に上るという報道もある。

考えてみれば、政府の政策経費が永続的に15兆円もジャンプして増えるということはあり得ない。早晩、平常な状態に戻れば、一般会計の歳出は85兆円前後のレベルに戻るのだ。

企業会計の常識に反する仕組み

次に、日本の一般会計の歳出の国債費の計上方法には通常のコーポレートファイナンスの世界で考えるとおかしなことがある。第一に歳出決算上の国債費には国債の元本償還費用が含まれている。2012年度決算で言えば、歳出決算の国債費21兆円のうち12兆円は元本償還費用だ。企業会計の基本では、有利子負債の金利払いは損益計算書の支出項目に計上するが、元本償還費用は損益計算書に影響しない。ところが、日本国の損益計算書である一般会計の歳入歳出計算では、元本償還が費用計上されているのだ。

さらに、残りの9兆円のうち1兆円は剰余金で震災復興特別会計に繰り入れられているので、残りの8兆円が金利支払いだが、企業会計の基本では金利支払いを損益計算書で営業外項目として費用認識すると同時に受取金利や受取配当を営業外項目で収入として認識するのが当たり前だ。

ところが、日本国の一般会計の歳入歳出計算では、支払金利は費用計上するが受取金利・受取配当は収入に計上しないのだ。何故なら、すでに本章第1節で述べたように2012年3月末の国の借金は図19-5から923兆円だが、そのうち金融資産が少なくとも331兆円あり、運用収益を生んでいるが、それらは全て特別会計(国債整理、財政投融資、外国為替資金各特別会計等)に計上されているからだ。

これらの資金は国債で調達されているが、資産としては現預金や財投資産として運用されており、金利収入と配当収入が上がっているのだが、それは特別会計に計上されており、一般会計の歳入には計上されていないのだ。

しかし、これらの特別会計の負債側にある国債の金利支払いはなぜか全額一般会計の国債費に計上されているのだ。例えば外国為替資金特別会計の 2012 年度決算では約 3 兆円の歳入が計上されている。期初の総資産は 114 兆円なので、概ね 2.6% で運用できたことになる。他の特別会計でも同様の運用収入があるはずだが、他の特別会計の決算では運用収入が明記されていないので詳細は不明である。仮に 331 兆円が 2% で運用できたとすれば、6.6 兆円の運用収入があるはずであり、企業会計上のネットの国債費は同額減少する。

　以上の 2 つを考えると、企業会計の常識で考えたネットの国債費は一般会計歳出で言う 21 兆円ではなく、そこから元本償還 12 兆円と運用収入 (仮に)7 兆円を差し引いた 2 兆円でよいということになる。歳出の赤字額が一般会計の見かけより 19 兆円改善するということだ。剰余金をいれれば 20 兆円の改善だ。

　このように一般会計の国債費の計上は企業会計の原則を逸脱しており、実態を正しく表していないのだ。

プライマリーバランス改善にあと 11 兆円

　そこで国債費を含めた歳入と歳出を比べるのではなく、国債費を除いた歳入・歳出決算のプライマリーバランス（基礎的財政収支）で考えてみよう。例えば 2012 年度のプライマリーバランスは歳入決算の税収＋税外収入－（国債費と翌年繰越を除く歳出決算総額）として計算すると、28 兆円のマイナスである。定常収入で政策経費を賄ってできた赤字が 28 兆円ということだ。これがプラスマイナスゼロになれば、財政は最低限度の健全性を確保できるわけだが、歳出の 15 兆円水増しがなくなれば 2012 年度で見たプライマリーバランスはマイナス 28 兆円ではなくマイナス 13 兆円ということだ。

　さらに、2012 年度の税収は最近 12 年間で最低の 2009 年度の 39 兆円と大差なく 44 兆円だが、徐々に景気が良くなれば（消費税を増税しなくても）、少なくとも 2007 年度の 51 兆円程度までは回復するので、51 マイナス 44 で 7 兆円は景気次第でプライマリーバランスが改善するのだ。過去最高の一般会計税収は 1990 年度の 60 兆円だが、

バブル末期の数字であり、ここまでは無理としても、2007年のレベルまでは景気次第で回復は可能だろう。

　それでプライマリーバランスはマイナス13兆円ではなくマイナス6兆円まで回復するのだ。それが現実となったのが2007年度で、この年のプライマリーバランスはまさにマイナス6兆円だったのだ。ただ景気のピークでまだプライマリーバランスがマイナスということでは財政が十分健全とはならないだろう。

　可能であれば、好不況の税収の振れ幅を約10兆円として好景気のときにプライマリーバランスがプラスの5兆円ぐらいで、景気が悪く税収が少ないときにマイナスの5兆円ぐらいで平均して長期的に安定してプライマリーバランスがゼロ近辺にあるという状態が理想だ。そのためには、今より約11兆円〈5−（−6）〉歳入を増やすか、歳出を減らせばいい。これが日本の財政のフローの現実なのだ。

　「85兆円規模の歳入歳出で11兆円歳入を増やすか歳出を減らせば、十分健全な状態になる」という表現と、「年収440万円の人が毎年970万円使うので、足りない分の530万円を銀行から毎年借りて暮らしている状態」という表現は、だいぶ印象が異なる。現実は前者なのだ。11兆円なんとかすればよいだけなのだ。

▌11兆円は消費税増税分に相当

　もちろん11兆円は、予定されていた消費税上げ2回分（5%から10%）での税収増とおおむね一致している。したがって、消費増税2回分で日本の財政は健全化するかというと、今のところそうはならない。政府は、消費増税分はすべて社会保障に使うと言っているが、すでに社会保障には多額の税金が投入されている。2012年度歳出決算で一般会計の社会保障費支出は29兆円だ。ここに消費増税分を投入すれば、今まで消費税収以外で賄っていた税金が同じ金額だけ余る。

　カネに色はないので、その余ったカネを何か別のことに使えば、結局、消費増税分は何に使ってもよいことになる。実際、何に使ってもよいのだ。例えば国土強靭化計画というもので10年間に200兆円公共事業に使うという計画もある。新幹線も高速道路も軒並み過去凍結

図19-9　日米英のGDP推移

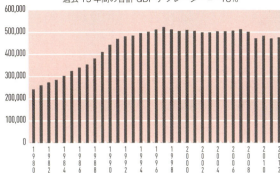

日本のGDP推移（暦年10億円）名目円
過去15年でマイナス9%（48兆円縮小）
過去15年間の合計GDPデフレーター＝−18%

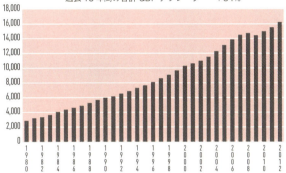

米国のGDP推移（暦年10億ドル）名目ドル
過去15年間で＋89%（7.6兆ドル成長）
過去15年間の合計GDPデフレーター＝＋34%

英国のGDP推移（暦年100万ポンド）名目ポンド
過去15年で＋85%（7170億ポンド成長）
過去10年間の合計GDPデフレーター＝＋27%

出典：日本銀行、米国政府（Bureau of Economic Analysis）、英国政府（Blue Book）

された計画が復活している。もし消費増税を財政健全化に使うなら、全額借金の返済以外には使えないということにでもしない限り、必ず別のことに使ってしまうのだ。

　政府というものは人間が運営している。その人間は政府のカネは自分のカネだとは思っていない。したがって、無駄遣いしても痛みはない。自分の財布を着服すれば横領なのでそんなことはしないが、無駄遣いには鷹揚なのだ。このままでは、実は財政健全化の千載一隅のチャンスである今回の消費増税が、その真逆の結果に終わってしまう可能性が高い。

　これは第1節でのべた特別会計の毎年の黒字は考えに入れていない。2011年度決算で33.4兆円もある年間黒字（剰余金）のすべてが政策経費に使えるというわけではないだろう。特別会計の中身はダブルカウントやトリプルカウントが多く、政府の資料を見ても容易にその全貌が摑めない。摑めないようにしてあるのだろう。

　したがって、正確には判明しないが、少なくとも一般会計でさえあと11兆円なんとかすれば健全になるのであり、その11兆円のうちひょっとすれば全額、実は増税などしなくても特別会計の黒字で賄える、という可能性もある。そこまで考えると、日本の財政はストックで見てももちろん、フローで見ても全く問題などない状態ということが分かる。借金漬けで今にも国債がデフォルトする、などと言っている経済評論家は、大きな間違いを犯しているのだ。

第3節　日本経済の実力

　図19-9は、日米英3か国の1980年以降のGDPの推移を実感に近い名目GDPで暦年で示したものだ。これを見ると、英国病と言われた英国でも1980年以降名目GDPが前年割れしたのは2009年の1回だけだ。米国も同じだ。しかし、日本は1997年をピークに漸減し、2012年では475兆円と、1997年より9％、48兆円も縮んでしまった。これはまさにデフレーションのなせる業だ。

デフレの重荷

1997年から2012年の日本の過去15年の累積GDPデフレーターは、マイナス18%だ。15年間で物価は18%下がっている。もしこの間のデフレがゼロだったら、現在の日本の名目GDPは475兆円より18%上昇して560兆円になっていたことになる。あるいは細かい話は抜きにして大雑把にいえば、デフレのせいで名目GDPは9%縮んで見えるが、実質では9%成長していたということだ。同期間の英国の名目GDPは、過去15年間に8450億ポンドから1兆5620億ポンドと85%成長し、その間の累積GDPデフレーターは+39%だ。インフレがゼロだったとしても、46%成長したということだ。

同期間の米国の名目GDPは8.6兆ドルから16.2兆ドルへ89%成長し、その間の累積GDPデフレーターは+34%だ。インフレがゼロだったとしても55%成長したということだ。英米と比べると、日本の状況がいかに異常かということが分かるだろう。このような異常事態が15年間も続いているのだ。デフレは何としても脱却しなければならない。

そのためには、金融政策の効果が大きい。財政政策はすでに限界がある。そして成長戦略は、「ナショナルプロジェクトに成功なし、人工知能しかり、原子力発電しかり」と言われるように、国が成長分野を決めて投資や減税を行うターゲッティング・ポリシーは、過去に成功したためしがない。

求められる既得権益の打破

国(役人)に成長産業が見極められるなら、日本の年金資産はもっと運用成績が良いはずだろう。成長産業は民間から自然に湧いて出るものだ。何が当たるかなど一部の人間に将来が見通せるわけがないのだ。政府にできる成長戦略はターゲッティングではなく、デ・レギュレーション、この一言に尽きる。

幼保一元化で本気で待機児童がなくなれば、女性の就業が伸びて、それだけでGDPも税収も増える。混合診療の解禁で新たな医療サー

ビスが活性化すれば、医薬品産業も国際競争力がついて、さらに発展できる。そうなればGDPも税収も伸びるだろう。

　解雇条件の明確化で金銭保証による解雇が可能になれば、産業間の就業者移動が容易になり、現在より正社員が増えて雇用が安定化するかもしれないし、少なくとも年収200万円以下のワーキングプアが1000万人という状態は改善するはずだ。そうすればGDPも税収も伸びるだろう。

　農地の取引を農地として使う限り自由化し、農業の法人化を促進すれば、雇用も増えるし、何より国際競争力のある農業が生まれる。日本の甘いイチゴやうまいコメや安全な肉は東南アジアの富裕層に絶対売れる。そうなれば、GDPも税収も増えるだろう。

　結局、政府（公務員）が既得権益を打破できないことが15年続くデフレの元凶と言えるのではないだろうか。もはや岩盤規制などと言って躊躇している時間はないのだが。

根本的解決策を回避する省益優先体質

　このような岩盤規制が岩盤たる所以は、本章でつぶさに分析しているように財務省が国の財政に関してミスリーディングな説明をしている原因と、実は同じところから発生しているものだと考えられる。つまり現在の日本国の政府（各省）は何よりも自らの省益を優先して行動するという本能を獲得しており、国益と省益が互いに相反しない場合には当然ながら国益も追求するが、ひとたび国益と省益が相反する事態に直面すると、最終的には省益を優先して行動することが当然の習いとして浸透しきっている、ということではないだろうか。

　例えば、財務省は1970年代から始まった一般消費税（大平内閣）や売上税（中曽根内閣）や国民福祉税（細川内閣）の議論で初めから現在のようなミスリーディングな議論をしていたわけではない。昔は消費税的な税の導入に関しては「直間比率の是正」という理屈でその必要性を説いていたのだ。所得税や法人税、特に所得税は納税者番号制度のない日本では給与所得者以外の所得の捕捉が難しく、クロヨン（給与所得者の所得捕捉率は9割、自営業者は6割、農林水産業者は

4割という意味）やトーゴーサン（同じく10割、5割、3割の意味）と言われる。

　また法人税に関しては、族議員と業界に天下り先を確保しつつ権力を維持・行使したい役所の思惑が一致して、個別に複雑怪奇な租税特別措置を大量に積み上げて税収を減らしてきた。これらの問題を、所得捕捉率を上げるのではなく、また業界との癒着を断って租税特別措置を縮小・撤廃するのでもなく、単に物やサービスを消費すれば法人・個人を問わず全員がもれなく負担する間接税の比率を上げることで税収を安定させようという考え方だ。

　しかし、この考え方はそもそも所得捕捉率や個別減税措置と業界との癒着といった問題の根本的な解決策ではないし、また理屈がやや難解なので国民には全く受け入れられなかった。問題の根本的な解決策をあえてとらない理由が、すでに国益より省益を優先していたからなのだが、それでも結局、この議論の延長線で消費税が導入され、さらには税率が3%から5%に引き上げられたのだ。ただここまでの議論では「直間比率の是正」なので基本的には増減税一体であり、消費増税分を他の税の減税で相殺していただけなので、その後の財務省（当時は大蔵省）の省益丸出し議論よりはましな面もあった。

　しかし、この税の導入（竹下内閣）や税率引上げを実行（橋本内閣）した内閣は、いずれもその直後に退陣を余儀なくされている。そこで次の消費税議論の新たな枠組みを考えた財務省が小泉政権の郵政民営化をチャンスととらえて、国の借金を過大に見せて危機感をあおるという作戦に方針転換した、ということではないだろうか。

　この考え方の根本は、財務省はその最大の省益、すなわち彼らの権力の源泉である予算編成権とその前提である予算規模あるいは歳入歳出規模を最大化することをすべてに優先して行動しているということではないだろうか。そのためには、場合によっては国益を損なうほどに国の財政を悪く見せて国債の格付けを中国（S&PがAA-、ムーディーズがAa3）や韓国（AA-／Aa3）と同じあるいは劣る（AA-/A1）にされても、これを受け入れているということではないだろうか。

あるいは税収を公平に増やすことを優先するなら、税金と社会保険料を同じ役所で徴収する歳入庁を作ることは世界の常識であるが、徴税権（とそれに伴う必要な場合に行使できる無言の圧力の形成）という財務省のもう一つの権力の源泉を厚生労働省と分け合うことになる歳入庁には絶対反対という立場を取るのも、国益より省益を優先しているからではないだろうか。

経済成長、出生率向上を阻むもの

財務省だけではない。混合診療の解禁を渋る厚生労働省の考えは、一部では混合診療を認めると高価で特殊な治療が裕福な人だけに解禁されて国民皆保険が崩壊し、医療格差が広がるというような理屈も言われるが、金持ちは既に保険外で高価な治療を受けることはできているから、この議論も眉唾である。

本音は（診療報酬などを決定している）中央社会保険医療協議会を通さない医療行為が増加することで医薬品業界や医療業界に対する権力の源泉に穴が開くことを恐れているということではないのだろうか。

幼保一元化を阻んでいるのは、文部科学省と厚生労働省の縄張り争い以外に何か理由があるだろうか。農業の法人化を阻んでいるのは、農林水産省の権力が一部でも経済産業省に漏れることを恐れているということではないのだろうか。

ことほど左様に、経済成長や出生率の底上げなどなすべき改革をことごとく阻んでいるのは、政府の省庁の省益優先の論理が最大の原因ということではないのだろうか。

筆者の仄聞するところでも、国家公務員上級職に就職する優秀な学生は当初は国民のために国益を追求しようという考えを持って仕事を始める人も多いと聞く。しかし、日本人は公務員も会社員も学生時代は国際的に比較しても非常に未熟で幼いので、就職1年目からの数年で所属する組織の論理に徹底的に染まる人が多い。染まる人ほど出世する傾向があるとも言われる。

上級職公務員採用制度の悪弊

そういう前提条件の下で、日本の上級職国家公務員は就職直後に先輩から「省益を守る」ことの重要性を教育されるという。例えば1年目の主な仕事は、他の省庁の所管法案を全文読み尽して自省の権益を侵している部分がないかをつぶさにチェックさせる、という省庁もあるという。このような教育を通じて、最終的には国益より組織・省益を優先する本能が上級職国家公務員に植えつけられていくとしたら、恐ろしいことだ。

しかし、このような悪癖をいとも簡単に根絶するアイデアがないわけでもない。少し時間がかかるが、根本的にこの問題を解決するには、現在各省庁別に採用を決めている上級職国家公務員を内閣府が一括して採用して、民間企業の配属と同様に各省庁に配属し、省庁間を横断する人事を常識化するという方法が最も効果が高いだろう。民間企業でも大卒の幹部候補等は、普通は人事部が一括採用して配属を決めており、必要に応じて部署間の移動も頻繁に行われる。

それでも民間企業にセクショナリズムが存在しないというわけではないが、自分の部署の利益を会社の利益より優先するという本能が培われるということがない程度には人事の柔軟性が確保されているのだ。もちろん一旦、経理や財務に配属されると、営業に転属になることはあっても、研究開発に変わることはほぼないだろう。その程度の最低限必要な人事の硬直性は国家公務員にもあってもよい。しかし、前提条件として一旦、何々省に就職したら一生その省の人間として生きていくしかないというシステムではないということになれば、国益より省益を優先するという本能が生まれる土壌は極めて培われにくくなるだろう。

これを今始めても全幹部公務員が入れ替わるまでに30年以上かかるが、それでも今すぐこのような、原因を根絶する改革を実行しなければ、日本は最終的には公務員によって滅亡させられる可能性もあると言えるだろう。しかし残念ながらこの改革は、現在の制度では公務員側から提案されることは絶対にないだろう。

また、2014年の内閣人事局の設置は方向としては正しいが、人事院の関与が残りその範囲があいまいである限り、事実上、官僚が自分で自分の幹部人事を決められる現在の制度に大きな変化は起きないだろう。このような改革こそ、民意を得て選任された政治家の仕事である。政治のリーダーシップになんとか頑張ってもらいたい。

偉大なる債権国家

最後に、現在の日本の財政は巷言われるほどには悪くないということは分かったが、実際のところ、世界の中でソニーの凋落に代表されるように産業競争力もだいぶ落ちてきたし、実力的に「ジャパン・アズ・ナンバーワン」などと言われていた頃から見ると、やはりだいぶ国力が落ちているのでは、という議論に続いて、国債も大量発行しているのは事実だし、個人の金融資産のネットと政府債務のネットを正しく比較しても618兆円と1207兆円の差額は589兆円で、年間50兆円も新規国債を発行していればやはりあと12年しかもたないじゃないか、やはり日本は借金漬けで、早晩ギリシャのようにデフォルトするのでは、といういまだにある悲観論的議論に対してもう一つだけ反論しておこう。

そもそも国債の90%以上を国内で消化している現状は、国際比較の上ではむしろ異常な状態だ。国内で売れるから売っているので、特段それが問題ということではないが、少なくとも、今後もすべて国内だけで国債を消化する前提で考える必要は全くない。そういう意味で589割る50という計算は意味がない。

また、年間50兆円という新規国債の発行額自体が水増しされていることは、すでに述べた。その面でもこの割り算には意味がない。

さらに言えば、図19-10は、日本（上）と米国（下）の対外純債権（債務）の年度別推移と、2012年末の各国の対外純債権（債務）の対GDP比率を比較したもの（中央）だ。日本は金額ベースで世界一の対外純債権国であり、そのGDP比率は世界7位だ。日本より比率の高い国はGDPの小さな国ばかりなので、実質的には日本はこの点で断トツの世界1位なのだ。

図19-10　対外純債権(債務)金額の国際比較

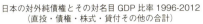

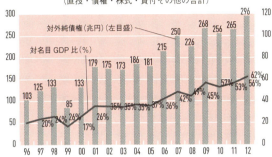

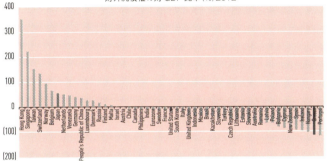

出典：日本銀行、米国政府（Bureau of Economic Analysis）

対外純債権とは、日本（政府・企業・個人の合計）が海外に所有する債権（海外資産）から海外に対する負債（外国人の国内への投資）を差し引いたものだ。日本の過去の経常収支の黒字の累積がこのような対外純債権を生んだのだ。アベノミクスによって超円高が若干修正されて貿易収支が多少のタイムラグを伴って改善するはずが、円安で輸入は円金額が増えるが輸出が伸びないので一向に貿易収支が改善せず、原発が停止しているのでエネルギー輸入が増えて、ついに経常赤字になってしまった、これは大変だ、という議論もある。

しかし、少なくとも経常収支というフローが赤字になっても、過去の蓄積であるストックの対外純債権の黒字が296兆円もある以上、これを全部食いつぶして対外純債務国になるまでには年間10兆円程度の経常赤字を継続したとしてもまだ約30年もかかるのだ。

そのうえ対外純債務国になったとしても、それは米国や英国やカナダやスウェーデンやフランスの仲間になるということだ。それはまずいことなのだろうか。国際収支の発展段階で見て、現在の日本が成熟した債権国（貿易赤字＋所得黒字＋経常黒字＋対外純資産の状態）から債権取り崩し国（貿易赤字＋所得黒字＋経常赤字＋対外純資産の状態）への過渡期にあることは確かだ。その先が成熟した債務国とでもいうべき英米等の状態（貿易赤字＋所得黒字＋経常赤字＋対外純債務の状態）であるが、この状態に日本が至るとしてもそれは数十年も先のことであり、そのとき、現在の英国や米国のように立派に経済成長できる国になれないと考える理由はないだろう。

むしろ現在の日本が突出して経済成長しないデフレ国家なのだ。一方、ギリシャやアルゼンチンやブラジルは、未成熟な債務国（貿易赤字＋所得赤字＋経常赤字＋対外純債務の状態）という発展の第一段階にある。日本とは似ても似つかない状態なのだ。日本のグロスの財政赤字だけをみてGDPの2倍だからもはやデフォルトは必至、もうすぐギリシャのように破綻する、と言っている経済評論家の言説は聞くに値しないのである。

註

*1　日本経済新聞 2003 年 1 月 24 日付朝刊 2 面
*2　財政投融資特別会計の財政融資資金勘定と投資勘定（旧産業投資特別会計）と特定国有財産整備勘定（旧特定国有財産整備特別会計）の合計
*3　一方で財務省が 2013 年 10 月に発表している「日本の財政関係資料」には日本政府の借金の対 GDP 比率がグロスでは 228% 程度（この数字は地方政府等を含んでいるようだが公的年金預り金等も含んでいると思われるため、妙に高い）で、そこから「金融資産（国民の保険料からなる年金積立金等）を差し引いて純債務（ネット）で計算しても 145% ぐらいであり国際的に突出して高い」といった反論も掲載されている。前述のとおりグロスとネットいずれの計算にも年金資産を入れる必要はないが、財務省の計算でもグロスとネットの差は GDP の 83%、つまり 400 兆円ぐらいあるということだ。
*4　http://gotomydreams.blog77.fc2.com/blog-entry-418.html

[著者略歴]

服部暢達（はっとり・のぶみち）

早稲田大学大学院経営管理研究科客員教授、慶應義塾大学大学院客員教授、服部暢達事務所代表取締役。

1981年3月、東京大学工学部卒業。日産自動車を経て89年6月、マサチューセッツ工科大学スローン・スクール経営学修士課程修了。1989年から2003年までゴールドマン・サックスに勤務、M&Aアドバイザリー業務を担当。98年からマネージング・ディレクターとして同業務を統括。手掛けた代表的な大型ディールは以下の通り。

- 日本リースのリース事業のGEキャピタルへの売却
- 第二電電・KDD・日本移動通信の三社合併
- ロシュによる中外製薬の買収
- NKKと川崎製鉄の経営統合

09年、早稲田大学大学院客員教授、17年、慶應義塾大学大学院客員教授に就任。M&Aと企業価値評価の講義を担当。その傍ら、服部暢達事務所を設立、株主価値増大に資するM&Aの研究・評論活動を行っている。ファーストリテイリング取締役、博報堂DYホールディングス取締役。

日本のM&A
―― 理論と事例研究

2015年2月23日	第1版第1刷発行	
2025年4月30日	第1版第5刷発行	
著者	服部暢達	
発行者	中川ヒロミ	
発　行	日経BP社	
発　売	日経BPマーケティング	
	〒105-8308　東京都港区虎ノ門4-3-12	
	http://bookplus.nikkei.com/	
装丁	間村俊一	
カバー写真提供	Getty Images	
制作	アーティザンカンパニー	
印刷・製本	株式会社シナノ	

本書の無断複写・複製（コピー等）は著作権上の例外を除き、禁じられています。購入者以外の第三者による電子データ化及び電子書籍化は、私的使用を含め一切認められておりません。本書に関するお問い合わせ、ご連絡は下記にて承ります。
https://nkbp.jp/bookQA

© Nobumichi Hattori 2014 Printed in Japan
ISBN978-4-8222-5060-7